한 권으로 빨리 많이 쉽게 배우는 중국어 간체자 실용사전

중국어 간체자 쉽게 배우기

임장춘 지음

도서출판 사람과 사람

책머리에

요즘 중국은 우리 앞에 무척 가까이 있다. 미국, 일본에 이은 세 번째의 교역상대국으로 수많은 경제인들이 드나들고, 해마다 1백만 명이 넘는 관광객들이 오가는가 하면, 유학생의 숫자만도 20만 명을 넘어섰다. 1992년 한 중 수교 이후 10년도 채 안 되는 지금, 중국이 이처럼 우리 앞에 다가선 이유는 무엇일까.

일본과 구미 지역의 학생들 사이에는 '일자리를 원하면 영어를 공부하고 일자리를 주는 위치가 되고 싶으면 중국어를 학습하라'는 말이 유행한다고 한다. 중국의 잠재력을 새삼 느끼게 하는 말이다. 실제로 동서양의 미래학자들은 21세기의 중국이야말로 미국과 상대할 만한 세계 최대강국으로 떠오를 것이라고 전망한다. 그에 따라 전세계 15억 인구가 쓰고 있는 중국어(漢語) 역시 영어 못지 않게 세계 공통어의 자리에 오를 것이라고 말한다.

요즘 중국어 공부에 남다른 관심과 열의를 갖고 있는 사람들이 늘고 있다. 사람들은 중국이 우리와 같은 한자문화권이기에 중국어를 쉽게 배울 수 있다고 생각한다. 그러나 막상 중국어를 익히려면 첫 번째로 부닥치는 어려움이 바로 우리가 쓰고 있는 한자와 다르다는 점이다. 지금 중국 대륙에서 쓰이는 중국어의 한자중에는 우리에게 생경한 글자가 많다. 1950년대 중반부터 정체한자(중국에서는 繁體漢字라고 함)의 획수를 대폭 간소화시킨 간체한자(簡體漢字)를 쓰고 있기 때문이다. 따라서 중국어를 공부하려면 먼저 간체한자를 익혀야 한다. 그런데도 우리 사회에는 중국어 간체자에 대해 제대로 참고할 만한 책이 없는 실정이어서 많은 사람들이 어려움을 겪고 있다.

이 책은 중국 정부가 공식적으로 시행하고 있는 모든 간체한자(2,235자)를 총망라하고 있다. 또 우리의 전통문화 발전에 밑거름이 되어온 천자문을 간체자로 바꾸어 부록으로 수록했다. 중국 정부가 발표한 간체자를 모두 수록했을 뿐더러 천자문을 간체자로 바꾸어 작성했다는 기록은 아마도 국내외에서 처음으로 시도된 작업일 것이다.

이 책에 수록된 간체자만 제대로 익힌다면 웬만한 중국어는 습득이 가능하다. 아무쪼록 이 책이 중국어를 공부하는 학생이나 한·중 경제교류의 일선에서 활약하고 있는 경제인들, 그리고 중국을 여행하려는 관광객들에게 지팡이가 되고 믿음직한 길동무로 될 것이다.

이 책을 펴내는데 끊임없는 지지와 협력을 아끼지 않으신 변경섭(卞景燮) 전통일부 남북연락사무소장, 이재정(李在禎) 전성공회대학교 총장, 상옥하(尚玉河) 주한중국대사관 영사, 문상주(文尚株) 한국학원총연합회장 등 여러분들께 감사의 말씀을 드린다. 아울러 어려운 출판 현실 속에서도 이 책의 출판을 기꺼이 허락해준 '도서출판 사람과 사람' 편집진 및 불편한 몸으로 편집, 교정을 맡아 준 아내 김정희(金貞姬) 여사에게도 심심한 사의를 표하는 바이다.

차례

중국어 간체자 쉽게 배우기

일러두기 | 6

간체자에 대하여 | 8
중국 정부가 간체자를 만든 데에는 세 가지 기준이 있다. 간체자 제정 원칙을 설명한다.

간체자의 발음 | 10
중국어의 발음은 병음과 성조 부호에 의해 정확히 발음되며 그 뜻이 전달된다.
병음의 성모 21자와 병음의 운모 36자, 성조의 발음과 특수발음법, 얼화음을 자세히 풀이했다.

부수에 대하여 | 14

간체자로 바뀐 부수 | 16
중국어에서는 총 214개의 부수 가운데 일부 부수를 간체자로 바꾸어 사용한다. 또 그 부수가
글자의 어디에 위치하건 거의 간체자로 바꿔서 사용한다. 간체자에서 흔히 쓰고 있는 24개의 부수는?

간체자의 필순 | 17

간체자 차례 | 20

간체자 2234자 | 34

간체자 천자문 | 356

색인 | 419

일러두기

이 책은 현재 중국에서 공식적으로 쓰이고 있는 간체한자 2,235자를 총망라하고 있다. 순서는 2획부터 25획까지 획순에 따라 배열했으며, 한 글자마다 번체한자와 대조하여 '뜻풀이ㅣ한글 발음ㅣ중국어 발음ㅣ예문(일상용어, 고사성어, 간단한 회화 등)'의 순으로 해설했다. 아울러 한 페이지마다 중국에서 일상적으로 쓰이는 상용구 1,000여 개를 첨가했다.

부록 '간체한자 새 천자문'은 한자(번체자)로 되어 있는 천자문을 간체자로 바꾼 것이다. 여기서도 한 글자마다 번체한자와 대조하여 '뜻풀이ㅣ한글 발음ㅣ중국어 발음ㅣ예문(일상용어, 고사성어, 간단한 회화 등)'의 순으로 해설했다. 아울러 해당 페이지에 쓰여진 한자 4언고시(四言古詩) 250구를 우리말로 풀이해 놓았다.

한자 발음의 우리말 표기는 '우리말 표기법'(문교부 고시 제85-11호, 1986년 1월 7일)의 중국어 한글대조표를 기준으로 했다. 다만 실제 발음과 다르게 표시되는 것에 한해서는 발음의 정확성을 기한다는 점에서 필자가 보완하기도 했다. 그리고 우리말 해설은 국어대사전(이희승 편저, 서울 민중서림, 1994)을 참조했다. 이밖에 새중한사전(중국어대사전 편집위원회 편저, 1990)과 신화자전(새신화자전편집부 편저, 중국 해남출판사, 1995)을 참고했음을 밝힌다.

이 책은 우리에게 낯선 중국어 간체자를 많이(多), 빨리(速), 쉽게(易), 간단명료하고(簡), 체계적으로(全) 익힐 수 있다는 점이 특징이다.

① 많이 배울 수 있다. 본문의 간체한자 2,235자 외에 부록의 천자문 중 간체자가 380자에 달한다. 또 한 글자마다 실용 예문을 3~4씩 표시해 놓았고 본문의 페이지마다 수록한 실용단어 1,200개까지 합치면 총 1만여 단어를 한 번에 익힐 수 있다.
② 빨리 배울 수 있다. 간체자와 번체자를 한 눈에 대조함으로써 한자의 이해를 빠르게 해준다.
③ 쉽게 배울 수 있다. 중국어 간체자에 대한 우리말 토를 달아주어 까다로운 중국어 발음도 손쉽게 할 수 있다(한자 병음 발음기호까지 익히면 중국어 발음은 최고 수준이 된다).
④ 간단명료하게 배울 수 있다. 옥편이나 사전은 한 글자에 대해 너무 구체적으로 설명해 놓아 초보자들이 이용하기에 불편한 점이 한두 가지가 아니다. 이 책에서는 초보자들의 편리를 기해 가장 기본적인 것만 택해 해설함으로써 번잡함을 최소화했다.
⑤ 체계적으로 배울 수 있다. 발음, 뜻풀이, 단어, 예문을 체계적으로 설명해 놓음으로써 사전과 옥편없이 공부할 수 있도록 했다.

간체자에 대하여

간체자란 종래 사용해온 한자(번체자)가 필획이 많아 쓰기 복잡하고 어렵다는 점에서 그 획수를 간소화하여 쓰기 편리하고 기억하기 쉽게 고친 중국의 개혁문자이다. 예컨대, 배워서 익힌다는 뜻의 '학습'을 번체자로 쓰면 '學習(xué xí)'으로 16획과 11획이지만 간체자로는 '学习'이라고 써서 8획과 3획으로 줄어든다. 마음이 개운하지 않다는 뜻의 '우울'을 번체자로 쓰면 '憂鬱(yōu yù)'로 16획과 29획이지만 간체자로는 '忧郁'이라고 써서 7획과 8획으로 대폭 줄어든다.

중국의 한자는 대략 7만여 자이다. 잘 아시다시피, 한자는 수천 년 동안 여러 차례의 변천과정을 겪어 왔다. 주나라 때 태사(太史) 주가 만들었다는 대전(大篆)체에서 시작하여 진시황 때 이사(李斯)가 대전체를 다시 간략하게 변형시킨 소전(小篆)체, 진나라 때의 예서(隸書)체, 그러다가 지금 우리가 쓰고 있는 정자체인 해서(楷書)체로까지 간소화되었다.

그러나 해서체 역시 획수도 많고 모양이 복잡하여 일반인들이 사용하기 쉽지 않았다. 이에 중국 정부는 1956년 1월 간체자 515자와 간화편방(簡化偏旁)자 54자를 확정 발표했고, 1964년 5월에 이르러서는 총 2,235자의 '간화자총표(簡化字總表)'를 확정, 시행했다. 이 책에 수록된 간체자는 바로 이 '간화자총표'에 따른 것이다. 중국에서 사용되는 총 한자의 30분의 1에 불과한 숫자이지만, 일반인들이 일상생활을 꾸려나가는 데는 충분하다.

간체자 제정 원칙

중국 정부가 간체자를 만든 데에는 세 가지 기준이 있다. 첫째, 필획이 17획 이상인 글자는 반드시 그 필획을 줄이며, 12획 이하는 줄이지 않되, 12~17획인 글자는 경우에 따라 처리한다. 둘째, 이미 통용되어 온 간편한 한자는 계속 사용한다. 셋째, 한자 서예법의 규칙과 특징에 맞게 간소화한다. 이상의 세 가지 기준에서 아래와 같이 몇 가지 원칙을 적용시켰다.

1. 필획이 적은 고문자(古文字)나 습관적으로 쓰여온 속자(俗字) 중의 적당한 글자로 대치한다.
    爾→尔(ěr), 從→从(cóng), 無→无(wú)
2. 부수(部首) 가운데 복잡한 것을 단순하게 부호화하거나 간략화한다.
    難→难(nán), 對→对(duì), 師→师(shī), 歸→归(guī), 誰→谁(shéi), 餓→饿(è), 紅→红(hóng)
3. 글자의 한 부분만으로도 다른 글자와 구별할 수 있다면 그 일부분만을 취한다.
    電→电(diàn), 開→开(kāi), 離→离(lí), 習→习(xí)
4. 동음이체자(同音異體字)로 전체를 대체하거나, 글자 중 음이 되는 부분을 음이 같은 간단한 글자로 대체한다.
    繫→系(xì), 嚮→向(xiàng), 後→后(hòu), 遠→远(yuǎn)
5. 흘림체(草書體) 중 일부를 해서체로 사용한다.
    長→长(cháng), 書→书(shū), 爲→为(wèi), 樂→乐(lè)

중국어의 발음은 병음(拼音)과 성조(聲調) 부호에 의해 정확히 발음되며 그 뜻이 전달된다. '병음'은 로마자를 대용한 발음부호, 즉 한글의 자음에 해당한 성모(聲母)와 모음에 해당한 운모(韻母)의 결합을 말하며, '성조'는 매 음절에 표기되는 성음의 고저강약을 나타내는 부호이다. 따라서 이 두 표기만 정확히 알면 중국어를 제대로 발음할 수 있다.

병음의 성모(21자)

- 순음(脣音) - 두 입술을 이용하여 내는 소리 | b(버) p(퍼) m(머)
- 순치음(脣齒音) - 아래 입술과 윗니 사이로 내는 소리 | f(ᅀᅥ)
- 설첨음(舌尖音) - 혀의 끝으로 내는 소리 | d(더) t(터) n(너) l(러)
- 설근음(舌根音) - 혀의 뒷부분으로 내는 소리 | g(거) k(커) h(허)
- 설면음(舌面音) - 혀의 중간부분으로 내는 소리 | j(지) q(치) x(시)
- 권설음(卷舌音) - 혀를 말아서 내는 소리 | zh(ᅀᅳ) ch(ᅀᅳ) sh(ᅀᅳ) r(ᅀᅳ)
- 설치음(舌齒音) - 혀와 이 사이에서 내는 소리 | z(쯔) c(츠) s(쓰)

① zh, ch, sh, r, z, c, s를 제외하고는 모두 단독적인 단음으로 음절을 구성할 수 없으며 반드시 운모 앞에 놓여서만 그 원음을 나타낸다.

② f의 한글발음 위에 'ᅀ'를 표기한 것은(b, p의 중간음, 즉 윗니를 아래입술에 갖다대고 숨을 내쉬며 발음함) 기타 순음 b, p의 한글 발음과 구별하기 위해 표시한 것이다.

③ zh, ch, sh, r의 한글발음 위에 'ㅇ'을 표기한 것은 권설음(혀끝을 위로 말아서 올려 발음함)의 발음을 뜻하며, 설치음 z, c, s (혀끝을 곧게 펴서 앞니 사이로 발음함)와 구별하기 위해 표시한 것이다.

④ zh, ch, sh, r, z, c, s는 다른 운모와 결합되지 않고 단독으로 쓰일 경우에 반드시 뒤에 운모 'i'를 붙여야 한다(예컨대, 知 zhi, 自zi). 그러나 이 경우에 'i'의 음 '이'는 발음되지 않는다.

병음의 운모(36자)
- 단운모(單韻母) - 홑음(6개) ㅣ a(아) o(오) e(어) i(이) u(우) ü(위)
- 복운모(複韻母) - 두 소리가 겹쳐 나는 소리(13개) ㅣ ai(아이) ei(에이) ao(아오) ou(어우) ia(야)
  iao(야오) ie(예) iou(여우) ua(와) uo(워) uai(와이) üei(웨이) üe(위에)
- 비운모(鼻韻母) - 비음을 동반한 소리(16개) ㅣ an(안) en(언) ang(앙) eng(엉) ong(옹) ian(앤)
  in(인) iang(양) ing(잉) iong(융) uan(완) uen(원) uang(왕) ueng(웡) üan(위안) üen(윈)
- 권설운모(卷舌韻母) - 혀를 말아서 내는 소리(1개) ㅣ er(얼)

① 운모 i, u, ü가 단독 음절로 쓰일 때는 각기 그 앞에 y, w, y 부호를 붙여 yi(衣), wu(吳), yu(魚)로 표기한다.

② 앞에 성모 없이 운모로 음절이 시작될 때 운모 i, u, ü의 표기는 다음과 같다.

- i로 시작되는 음절은 i를 y로 바꾸어 표기한다
  牙 ia→ya, 羊 iang→yang
- u로 시작되는 음절은 u를 w로 바꾸어 표기한다
  瓦 ua→wa, 王 uang→wang
- ü로 시작되는 음절은 ü을 yu로 바꾸어 표기한다(원래 ü의 두 점을 취소한 u로)
  魚 ü→yu, 月 üe→yue
- 성모 j, q, x 및 y의 뒤에 운모 ü가 결합될 경우에는 ü의 위 두 점을 취소하여 표기한다
  居 ju, 去 qu, 許 xu, 魚 yu

성조의 발음

성조는 한자의 발음을 정확하게, 그리고 그 음절의 뜻을 나타내거나 구별하는데 매우 중요한 역할을 한다. 예컨대, 동일한 'ma'자 발음을 제1성인 경우에는 mā(妈, 어머니)로, 제2성은 má(麻, 삼)으로, 제3성은 mǎ(马, 말)로, 제4성은 mà(骂, 욕하다)로, 그리고 경성일 경우에는 ma(吗, 어미사)로 각기 그 뜻이 달라진다.

중국어의 성조는 통상 '4성(四聲)'이라 부른다. 제1성, 제2성, 제3성, 제4성 등 네 가지의 성조가 있기 때문이다. 그러나 실제로는 '경성'이란 발음부호도 있음을 유의해야 한다.

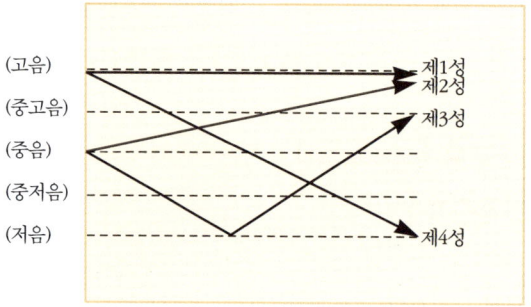

제1성(一聲)은 '阴平'이라고도 함. 부호는 'ā'(높고 평평하게, 즉 고음에서 발음)
제2성(二聲)은 '阳平'이라고도 함. 부호는 'á'(중음에서 고음까지 상승시키며 빨리 발음)
제3성(三聲)은 '上声'이라고도 함. 부호는 'ǎ'(중음에서 저음→중고음으로 상승시켜 발음)
제4성(四聲)은 '去声'이라고도 함. 부호는 'à'(고음에서 저음으로 하강시켜 발음)
경성(輕聲)은 '入声'이라고 하며 부호는 보통 표기하지 않음(짧고 가볍게 발음)

① 성조부호는 각 음절의 주요 운모(발음할 때 입을 크게 벌리는 운모) 위에 표기한다.
② 복합운모(復韻母)는 a, e, o의 순으로, 'iu' 'ui'인 경우에는 뒷운모에 표기한다.
③ 운모 i 위에 성조를 표기할 경우에는 i 위의 점은 생략한다(예: 利 lì, 林 lín, 井 jǐng).

성조의 특수발음법

1 제3성 변화상태의 발음
- 제3성이 두 개 이상 연속 발음될 경우에는 제일 마지막 제3성 음절 이외의 앞의 제3성 음절은 모두 제2성으로 발음한다(你好 nǐ hǎo→ní hǎo, 我很满意 wǒ hěn mǎn yì→wó hén mǎn yì).
- 제3성 뒤에 제1, 2, 4성이 계속될 경우에는 제3성은 원발음의 절반인 반3성으로, 즉 중음 위치에서 저음 위치로 하강하는 부분만 발음한다.

2 '一' '不' 성조 변화상태의 발음
- '一'는 원래 제1성으로 발음되지만 제1, 2, 3성 앞에서는 제4성으로 발음하며, 제4성이나 경성 앞에서는 제2성으로 발음한다(一家 yī jiā→yì jiā, 一国 yī guó→yì guó, 一起 yī qǐ→yì qǐ, 一样 yī yàng→yí yàng, 一个 yī ge→yí ge).
- '不'는 원래 제4성으로 발음되지만 제4성 앞에서는 제2성으로 발음한다(不是 bù shì→bú shì).

얼화음

중국어의 발음에는 혀를 말아서 내는 소리, 즉 얼화음(儿化音)이라는 특수 발음법이 있다. 주로 베이징어에서 자주 쓰인다. 얼화음은 발음을 유연하고 듣기 좋게 하는 역할뿐만 아니라 특별한 경우에는 완전히 한 음절의 뜻을 나타내기도 한다. 예컨대, huà는 画(그리다, 동사)이지만, huàr의 경우는 画儿(그림, 명사)으로 풀이된다.

- 얼화음은 일반적으로 한 음절(또는 중첩되는 음절)의 제일 마지막에 표기된다.
  球 qiúr(볼), 慢慢的 màn mānr de(천천히)
- 얼화음의 기본발음은 권설운모(卷舌韻母) er(얼)로 발음된다.

부수에 대하여

한자는 대체로 '상, 하, 좌, 우, 중' 5개 부분이 합해져서 정방형 모양으로 표기되는데, 이 글자요소 중 가장 기본적이고 공통적으로 쓰이는 부분을 부수라고 한다. 한글로 말하면 자음, 모음과 같은 것이며, 영어의 알파벳과 같다.

한자의 부수는 총 214개이다. 놓이는 위치에 따라 크게 8가지로 나뉘어 부르는데, 옥편(玉篇)이나 자전(字典)을 이용할 때 매우 도움이 된다. 왜냐하면, 옥편이나 자전의 배열 기준이 부수이기 때문이다.

1. 부수가 글자의 왼쪽에 있을 때 '변(邊)' 혹은 '편(扁)'이라 한다.

 亻(사람 인) : 仁(rén), 仙(xiān)
 彳(걸을 척) : 往(wǎng), 待(dài)
 扌(손 수) : 持(chí), 指(zhǐ)
 氵(물 수) : 海(hǎi), 泳(yǒng)

2. 부수가 글자의 오른쪽에 있을 때 '방(傍)'이라 한다.

 攵(칠 복) : 收(shōu), 改(gǎi)
 欠(하품 흠) : 次(cì), 欲(yù)
 页(머리 혈) : 顺(shùn), 领(lǐng)
 阝(언덕 부) : 队(duì), 部(bù)

3. 부수가 글자의 위에 있을 때 '머리'라 한다.

 宀(집 면) : 安(ān), 家(jiā)
 艹(풀 초) : 花(huā), 草(cǎo)
 竹(대 죽) : 笔(bǐ), 答(dá)
 雨(비 우) : 雲(yún), 雪(xuě)

4. 부수가 글자의 밑에 있을 때 '발'이라 한다.

皿(그릇 명) : 益(yì), 盛(shèng)

儿(밑사람 인) : 元(yuán), 兄(xiōng)

灬(불 화) : 然(rán), 熊(xióng)

心(마음 심) : 态(tài), 忠(zhōng)

5. 부수가 글자의 위와 왼쪽을 덮고 있을 때 '엄(안)'이라 한다.

广(바윗집 엄) : 度(dù), 庭(tíng)

尸(주검 시) : 居(jū), 尾(wěi)

虍(범 호) : 虎(hǔ), 虚(xū)

疒(병들 녁) : 病(bìng), 疾(jí)

6. 부수가 글자의 왼쪽과 밑을 감싸고 있을 때 '받침'이라 한다

辶(뛸 착) : 近(jìn), 道(dào)

廴(끌 인) : 建(jiàn), 廷(tíng)

走(달릴 주) : 起(qǐ), 越(yuè)

7. 부수가 글자를 에워싸고 있을 때 '몸'이라 한다.

囗(에워쌀 위) : 困(kùn), 国(guó)

门(문 문) : 间(jiān), 闲(xián)

行(다닐 행) : 街(jiē), 衡(héng)

8. 부수가 독립적인 글자이면서 부수로 쓰이는 것도 있다.

木(나무 목) : 林(lín), 李(lǐ)

山(메 산) : 岩(yán), 峰(fēng)

火(불 화) : 灯(dēng), 灾(zāi)

중국어에서는 총 214개의 부수 가운데 일부 부수를 간체자로 바꾸어 사용하고 있다. 이 경우에, 대체로 그 부수가 글자의 어디에 위치하건 간체자로 바꿔서 사용한다. 간체자에서 흔히 쓰고 있는 24개의 부수는 다음과 같다(순서는 간체자를 기준으로 했음).

言 → 讠 (말씀 언) : 语(yǔ), 辩(biàn)

爿 → 丬 (조각 장, 장수 장) : 壮(zhuàng), 将(jiàng)

門 → 门 (문 문) : 问(wèn), 闻(wén)

辶 → 辶 (쉬엄쉬엄 갈 착) : 远(yuǎn), 违(wéi)

食 → 饣 (밥 식) : 饭(fàn), 饮(yǐn)

糸 → 纟 (실 사) : 红(hóng), 约(yuē)

馬 → 马 (말 마) : 妈(mā), 驯(xùn)

韋 → 韦 (가죽 위) : 伟(wěi), 违(wéi)

車 → 车 (수레 차) : 库(kù), 轮(lún)

貝 → 贝 (조개 패) : 财(cái), 责(zé)

見 → 见 (볼 견) : 现(xiàn), 规(guī)

風 → 风 (바람 풍) : 飒(sà), 飓(jù)

龍 → 龙 (용 룡) : 垄(lǒng), 笼(lóng)

金 → 钅 (쇠 금) : 钢(gāng), 铃(líng)

鳥 → 鸟 (새 조) : 鸡(jī), 鸣(míng)

頁 → 页 (머리 혈) : 项(xiàng), 顺(shùn)

麥 → 麦 (보리 맥) : 籹(chǎo), 麸(fū)

鹵 → 卤 (염전 로) : 盐(gǎn), 鹾(cuó)

角 → 角 (뿔 각) : 解(jiě), 触(chù)

齒 → 齿 (이 치) : 龄(líng), 龉(yǔ)

黽 → 黾 (힘쓸 민) : 鼋(yuán), 鼍(tuó)

魚 → 鱼 (고기 어) : 鱽(dāo), 鱿(yóu)

青 → 青 (푸를 청) : 静(jìng), 靖(jìng)

骨 → 骨 (뼈 골) : 骸(hái), 髁(kē)

간체자로 바뀐 부수

한자의 필순(筆順)이란 글자를 쓰는 획(画)의 순서를 말한다. 필순이 틀리면 글자의 모양이 나지 않을 뿐더러 정확한 글자가 쓰여지지 않으므로 반드시 순서에 따라 획을 써야 한다. 간체자 필순은 대체로 한자의 필순과 동일하다.

왼쪽에서 오른쪽으로 쓴다.
　　川 → 丿 刂 川
위에서 아래로 쓴다
　　三 → 一 二 三
가로 획과 세로 획이 교차될 경우, 가로 획을 먼저 긋고 나서 세로 획을 긋는다.
　　十 → 一 十
삐침과 파임이 만날 때는 삐침을 먼저 쓰고 나서 파임을 쓴다.
　　天 → 一 二 チ 天
좌·우로 대칭이 되는 형태의 글자는 가운데 부분을 먼저 쓰고나서 왼쪽, 오른쪽의 순서로 쓴다.
　　水 → 丨 刂 기 水
안과 바깥쪽이 있을 때는 먼저 바깥쪽을 쓰고난 뒤, 안쪽을 쓰고 아래 입구를 막는다.
　　国 → 丨 冂 冂 月 用 囲 围 国
글자 전체를 가로 혹은 세로로 꿰뚫는 획은 나중에 쓴다.
　　母 → ㄴ 乃 乃 乃 母 母
오른쪽 위의 점은 맨 나중에 찍는다.
　　犬 → 一 ナ 大 犬
받침으로 쓰이는 글자 중, 받침부수 '走'는 먼저 쓰고, 받침부수 '辶'은 나중에 쓴다.
　　起 → 一 十 土 キ キ 非 走 起 起 起
　　建 → 一 ㄱ ㅋ ㅋ ㅌ 聿 聿 津 建 建

간체자의 필순

간체자 획순 차례

획순 차례

2획
34/ 厂〔廠〕
卜〔蔔〕
儿〔兒〕
几〔幾〕
了〔瞭〕

3획
34/ 干〔乾〕
亏〔虧〕
35/ 才〔纔〕
万〔萬〕
与〔與〕
千〔韆〕
亿〔億〕
个〔個〕
么〔麼〕
36/ 广〔廣〕
门〔門〕
义〔義〕
卫〔衛〕
飞〔飛〕
习〔習〕
马〔馬〕
37/ 乡〔鄉〕

4획
【一】
37/ 丰〔豐〕
开〔開〕
无〔無〕
韦〔韋〕
专〔專〕
云〔雲〕
38/ 艺〔藝〕
厅〔廳〕
历〔歷〕
区〔區〕
车〔車〕
【丨】
38/ 冈〔岡〕

38/ 贝〔貝〕
39/ 见〔見〕
【丿】
39/ 气〔氣〕
长〔長〕
仆〔僕〕
币〔幣〕
从〔從〕
仑〔侖〕
40/ 仓〔倉〕
风〔風〕
仅〔僅〕
凤〔鳳〕
乌〔烏〕
【丶】
40/ 闩〔問〕
为〔爲〕
41/ 斗〔鬥〕
忆〔憶〕
订〔訂〕
计〔計〕
讣〔訃〕
认〔認〕
讥〔譏〕
【乛】
42/ 丑〔醜〕
队〔隊〕
办〔辦〕
邓〔鄧〕
劝〔勸〕
双〔雙〕
书〔書〕

5획
【一】
43/ 击〔擊〕
戋〔戔〕
扑〔撲〕
节〔節〕
术〔術〕
龙〔龍〕

43/ 厉〔厲〕
44/ 灭〔滅〕
东〔東〕
轧〔軋〕
【丨】
44/ 卢〔盧〕
业〔業〕
旧〔舊〕
帅〔帥〕
45/ 归〔歸〕
叶〔葉〕
号〔號〕
电〔電〕
只〔隻〕
叽〔嘰〕
叹〔嘆〕
【丿】
46/ 们〔們〕
仪〔儀〕
丛〔叢〕
尔〔爾〕
乐〔樂〕
处〔處〕
冬〔鼕〕
47/ 鸟〔鳥〕
务〔務〕
刍〔芻〕
饥〔飢〕
【丶】
47/ 邝〔鄺〕
冯〔馮〕
闪〔閃〕
48/ 兰〔蘭〕
汇〔匯〕
头〔頭〕
汉〔漢〕
宁〔寧〕
讦〔訐〕
讧〔訌〕
49/ 讨〔討〕
写〔寫〕

49/ 让〔讓〕
礼〔禮〕
讪〔訕〕
讫〔訖〕
训〔訓〕
50/ 议〔議〕
讯〔訊〕
记〔記〕
【乛】
50/ 辽〔遼〕
边〔邊〕
出〔齣〕
发〔發〕
51/ 圣〔聖〕
对〔對〕
台〔臺〕
纠〔糾〕
驭〔馭〕
丝〔絲〕

6획
【一】
51/ 玑〔璣〕
52/ 动〔動〕
执〔執〕
巩〔鞏〕
圹〔壙〕
扩〔擴〕
扪〔捫〕
扫〔掃〕
53/ 扬〔揚〕
场〔場〕
亚〔亞〕
芗〔薌〕
朴〔樸〕
机〔機〕
权〔權〕
54/ 过〔過〕
协〔協〕
压〔壓〕
厌〔厭〕

54/厍〔厙〕	60/价〔價〕	65/讳〔諱〕	71/级〔級〕	77/芸〔蕓〕
页〔頁〕	伦〔儕〕	66/讴〔謳〕	纩〔纊〕	苈〔藶〕
夸〔誇〕	伦〔倫〕	军〔軍〕	纪〔紀〕	苋〔莧〕
55/夺〔奪〕	华〔華〕	讵〔詎〕	72/驰〔馳〕	苁〔蓯〕
达〔達〕	伙〔夥〕	讶〔訝〕	纫〔紉〕	苍〔蒼〕
夹〔夾〕	伪〔偽〕	讷〔訥〕		严〔嚴〕
轨〔軌〕	61/向〔嚮〕	许〔許〕	【7획】	芦〔蘆〕
尧〔堯〕	后〔後〕	讹〔訛〕	【一】	78/劳〔勞〕
划〔劃〕	会〔會〕	67/诉〔訴〕	72/寿〔壽〕	克〔剋〕
迈〔邁〕	杀〔殺〕	论〔論〕	麦〔麥〕	苏〔蘇〕
56/毕〔畢〕	合〔閤〕	讻〔訩〕	玛〔瑪〕	极〔極〕
【丨】	众〔眾〕	讼〔訟〕	进〔進〕	杨〔楊〕
56/贞〔貞〕	爷〔爺〕	讽〔諷〕	远〔遠〕	两〔兩〕
师〔師〕		农〔農〕	73/违〔違〕	丽〔麗〕
当〔當〕	62/伞〔傘〕	设〔設〕	韧〔韌〕	79/励〔勵〕
尘〔塵〕	创〔創〕	68/访〔訪〕	划〔劃〕	医〔醫〕
吁〔籲〕	杂〔雜〕	诀〔訣〕	运〔運〕	还〔還〕
吓〔嚇〕	负〔負〕		抚〔撫〕	矶〔磯〕
	犷〔獷〕	【丿】	坛〔壇〕	奁〔奩〕
57/虫〔蟲〕	犸〔獁〕	68/寻〔尋〕	抟〔摶〕	歼〔殲〕
曲〔麯〕	凫〔鳧〕	尽〔盡〕	74/坏〔壞〕	来〔來〕
吗〔嗎〕	63/邬〔鄔〕	导〔導〕	抠〔摳〕	80/欤〔歟〕
团〔團〕	饦〔飥〕	孙〔孫〕	坜〔壢〕	轩〔軒〕
刚〔剛〕	饧〔餳〕	阵〔陣〕	扰〔擾〕	连〔連〕
屿〔嶼〕		69/阳〔陽〕	坝〔壩〕	轫〔軔〕
岁〔歲〕	【丶】	阶〔階〕	贡〔貢〕	
58/回〔迴〕	63/壮〔壯〕	阴〔陰〕	声〔聲〕	【丨】
岂〔豈〕	冲〔衝〕	妇〔婦〕	75/报〔報〕	80/卤〔鹵〕
则〔則〕	妆〔妝〕	妈〔媽〕	拟〔擬〕	邺〔鄴〕
网〔網〕	庄〔莊〕	戏〔戲〕	㧟〔擓〕	坚〔堅〕
	64/庆〔慶〕	观〔觀〕	折〔摺〕	81/时〔時〕
【丿】	刘〔劉〕	70/欢〔歡〕	抢〔掄〕	呒〔嘸〕
58/钆〔釓〕	齐〔齊〕	买〔買〕	抢〔搶〕	县〔縣〕
钇〔釔〕	产〔產〕	纤〔紆〕	坞〔塢〕	里〔裏〕
朱〔硃〕	闭〔閉〕	红〔紅〕	76/坟〔墳〕	呓〔囈〕
59/迁〔遷〕	问〔問〕	纡〔紆〕	护〔護〕	呕〔嘔〕
乔〔喬〕	闯〔闖〕	驮〔馱〕	壳〔殼〕	园〔園〕
伟〔偉〕	65/关〔關〕	纤〔纖〕	块〔塊〕	82/呖〔嚦〕
传〔傳〕	灯〔燈〕	71/纥〔紇〕	扨〔攄〕	旷〔曠〕
伛〔傴〕	汤〔湯〕	驯〔馴〕	芜〔蕪〕	围〔圍〕
优〔優〕	忏〔懺〕	纳〔納〕	苇〔葦〕	吨〔噸〕
伤〔傷〕	兴〔興〕	约〔約〕		旸〔暘〕
60/伥〔倀〕	讲〔講〕			

중국어 간체자 쉽게 배우기 | 21

82/邮〔郵〕	88/饦〔飥〕	94/怅〔悵〕	99/纭〔紜〕	105/择〔擇〕
困〔睏〕	饪〔飪〕	怆〔愴〕	100/驱〔驅〕	茏〔蘢〕
83/员〔員〕	饫〔飫〕	穷〔窮〕	纯〔純〕	苹〔蘋〕
呗〔唄〕	饬〔飭〕	沧〔滄〕	纰〔紕〕	茑〔蔦〕
听〔聽〕	89/饭〔飯〕	证〔證〕	纱〔紗〕	范〔範〕
呛〔嗆〕	饮〔飲〕	诂〔詁〕	纲〔綱〕	106/茔〔塋〕
呜〔嗚〕	系〔係〕	95/诃〔訶〕	纳〔納〕	茕〔煢〕
别〔彆〕	【丶】	启〔啓〕	纴〔紝〕	茎〔莖〕
财〔財〕	89/冻〔凍〕	评〔評〕	101/驳〔駁〕	枢〔樞〕
84/图〔圖〕	状〔狀〕	补〔補〕	纵〔縱〕	枥〔櫪〕
财〔賕〕	亩〔畝〕	诅〔詛〕	纶〔綸〕	柜〔櫃〕
帏〔幃〕	庑〔廡〕	识〔識〕	纷〔紛〕	枫〔楓〕
岖〔嶇〕	90/库〔庫〕	诇〔詗〕	纸〔紙〕	107/枧〔梘〕
岗〔崗〕	疖〔癤〕	96/诈〔詐〕	纹〔紋〕	枨〔棖〕
岘〔峴〕	疗〔療〕	诉〔訴〕	纺〔紡〕	板〔闆〕
帐〔帳〕	应〔應〕	诊〔診〕	102/驴〔驢〕	纵〔縱〕
85/岚〔嵐〕	这〔這〕	诋〔詆〕	纼〔紖〕	松〔鬆〕
【丿】	庐〔廬〕	诌〔謅〕	纽〔紐〕	枪〔槍〕
85/针〔針〕	闰〔閏〕	词〔詞〕	纾〔紓〕	枫〔楓〕
钉〔釘〕	91/闱〔闈〕	诎〔詘〕	8획	108/构〔構〕
钊〔釗〕	闲〔閑〕	97/诏〔詔〕	【一】	丧〔喪〕
钋〔釙〕	间〔間〕	译〔譯〕	102/玮〔瑋〕	画〔畫〕
钉〔釘〕	闵〔閔〕	诒〔詒〕	环〔環〕	枣〔棗〕
乱〔亂〕	闷〔悶〕	【乛】	责〔責〕	卖〔賣〕
86/体〔體〕	灿〔燦〕	97/灵〔靈〕	103/现〔現〕	郁〔鬱〕
佣〔傭〕	灶〔竈〕	层〔層〕	表〔錶〕	矶〔磯〕
㑇〔㑇〕	92/炀〔煬〕	迟〔遲〕	玱〔瑲〕	109/矿〔礦〕
彻〔徹〕	沣〔灃〕	张〔張〕	规〔規〕	砀〔碭〕
余〔餘〕	沤〔漚〕	98/际〔際〕	甄〔甄〕	码〔碼〕
佥〔僉〕	沥〔瀝〕	陆〔陸〕	拢〔攏〕	厕〔厠〕
谷〔穀〕	沦〔淪〕	陇〔隴〕	栋〔棟〕	奋〔奮〕
87/邻〔鄰〕	沨〔渢〕	陈〔陳〕	104/垆〔壚〕	态〔態〕
肠〔腸〕	沟〔溝〕	坠〔墜〕	担〔擔〕	瓯〔甌〕
龟〔龜〕	93/沩〔溈〕	陉〔陘〕	顶〔頂〕	110/欧〔歐〕
犹〔猶〕	沪〔滬〕	妪〔嫗〕	拥〔擁〕	殴〔毆〕
狈〔狽〕	沈〔瀋〕	99/妩〔嫵〕	势〔勢〕	垄〔壟〕
鸠〔鳩〕	怃〔憮〕	妫〔嬀〕	拦〔攔〕	郏〔郟〕
条〔條〕	怀〔懷〕	到〔到〕	扪〔捫〕	轰〔轟〕
88/岛〔島〕	怄〔慪〕	劲〔勁〕	105/拧〔擰〕	项〔項〕
邹〔鄒〕	忧〔憂〕	鸡〔鷄〕	拔〔撥〕	转〔轉〕
饨〔飩〕	94/忾〔愾〕	纬〔緯〕		111/轭〔軛〕

111/斩〔斬〕	116/钊〔釗〕	122/饲〔飼〕	128/诛〔誅〕	134/绅〔紳〕
轮〔輪〕	钕〔釹〕	饱〔飽〕	试〔試〕	绌〔紬〕
软〔軟〕	117/钖〔錫〕	饳〔飿〕	诖〔註〕	细〔細〕
鸢〔鳶〕	钗〔釵〕	123/饴〔飴〕	诘〔詰〕	驵〔駔〕
【丨】	制〔製〕	【丶】	诗〔詩〕	驶〔駛〕
111/齿〔齒〕	刮〔颳〕	123/变〔變〕	129/诙〔詼〕	驸〔駙〕
虏〔虜〕	侠〔俠〕	庞〔龐〕	诚〔誠〕	驷〔駟〕
112/肾〔腎〕	侥〔僥〕	庙〔廟〕	郓〔鄆〕	135/驹〔駒〕
贤〔賢〕	侦〔偵〕	疟〔瘧〕	衬〔襯〕	骀〔駘〕
昙〔曇〕	118/侧〔側〕	疠〔癘〕	祎〔禕〕	驻〔駐〕
国〔國〕	凭〔憑〕	疡〔瘍〕	视〔視〕	驼〔駝〕
畅〔暢〕	侨〔僑〕	124/剂〔劑〕	诛〔誅〕	驿〔驛〕
咙〔嚨〕	侩〔儈〕	废〔廢〕	130/话〔話〕	骀〔駘〕
虮〔蟣〕	货〔貨〕	闸〔閘〕	诞〔誕〕	终〔終〕
113/黾〔黽〕	侪〔儕〕	郑〔鄭〕	诟〔詬〕	136/织〔織〕
鸣〔鳴〕	侬〔儂〕	闹〔鬧〕	诠〔詮〕	绉〔縐〕
咛〔嚀〕	119/质〔質〕	卷〔捲〕	诡〔詭〕	绊〔絆〕
咝〔噝〕	征〔徵〕	单〔單〕	询〔詢〕	绋〔紼〕
罗〔羅〕	径〔徑〕	125/炜〔煒〕	诣〔詣〕	绌〔絀〕
枣〔棗〕	舍〔捨〕	炝〔熗〕		绍〔紹〕
岿〔巋〕	剑〔劍〕	炉〔爐〕	131/诤〔諍〕	绎〔繹〕
114/帜〔幟〕	郐〔鄶〕	浅〔淺〕	该〔該〕	137/经〔經〕
岭〔嶺〕	怂〔慫〕	泷〔瀧〕	详〔詳〕	给〔給〕
刿〔劌〕	120/籴〔糴〕	泸〔瀘〕	诧〔詫〕	贯〔貫〕
刽〔劊〕	觅〔覓〕	泺〔濼〕	诨〔諢〕	
凯〔凱〕	贪〔貪〕	126/泞〔濘〕	诩〔詡〕	9획
峄〔嶧〕	贫〔貧〕	泻〔瀉〕	【乛】	【一】
败〔敗〕	饯〔餞〕	泼〔潑〕	131/肃〔肅〕	137/贰〔貳〕
115/账〔賬〕	肤〔膚〕	泽〔澤〕	132/隶〔隸〕	帮〔幫〕
贩〔販〕	肺〔腦〕	泾〔涇〕	录〔錄〕	珑〔瓏〕
贬〔貶〕	121/肿〔腫〕	怜〔憐〕	弥〔彌〕	顸〔頇〕
贮〔貯〕	胀〔脹〕	怆〔愴〕	陕〔陝〕	138/赵〔赦〕
图〔圖〕	肮〔骯〕	127/怿〔懌〕	鸢〔鴛〕	垭〔埡〕
购〔購〕	胁〔脅〕	峃〔嶨〕	驾〔駕〕	挜〔掗〕
【丿】	迩〔邇〕	学〔學〕	参〔參〕	挝〔撾〕
115/钍〔釷〕	鱼〔魚〕	宝〔寶〕	133/艰〔艱〕	项〔項〕
116/针〔針〕	狞〔獰〕	宠〔寵〕	线〔線〕	挞〔撻〕
钏〔釧〕	122/备〔備〕	审〔審〕	绀〔紺〕	挟〔挾〕
钐〔釤〕	枭〔梟〕	帘〔簾〕	继〔繼〕	139/挠〔撓〕
钓〔釣〕	钱〔錢〕	128/实〔實〕	绂〔紱〕	赵〔趙〕
钒〔釩〕	饰〔飾〕	诓〔誆〕	练〔練〕	贲〔賁〕
			组〔組〕	

139/挡〔擋〕	145/柠〔檸〕	151/哓〔嘵〕	156/铃〔鈴〕	162/饵〔餌〕
垱〔壋〕	桱〔樫〕	哗〔嘩〕	钨〔鎢〕	饶〔饒〕
挢〔撟〕	树〔樹〕	贵〔貴〕	157/钩〔鈎〕	蚀〔蝕〕
垫〔墊〕	鸹〔鴰〕	虾〔蝦〕	钪〔鈧〕	163/饷〔餉〕
140/挤〔擠〕	郿〔酈〕	蚂〔螞〕	钫〔鈁〕	饸〔飴〕
挥〔揮〕	146/咸〔鹹〕	蚁〔蟻〕	钦〔欽〕	饹〔餎〕
挦〔撏〕	砖〔磚〕	虽〔雖〕	钭〔鈄〕	饺〔餃〕
荐〔薦〕	砗〔硨〕	152/骂〔罵〕	钮〔鈕〕	饼〔餅〕
荚〔莢〕	砚〔硯〕	哕〔噦〕	钯〔鈀〕	饼〔餅〕
贳〔貰〕	砜〔碸〕	剐〔剮〕	158/毡〔氈〕	【丶】
荛〔蕘〕	面〔麵〕	郧〔鄖〕	氢〔氫〕	163/恋〔戀〕
141/荜〔蓽〕	牵〔牽〕	勋〔勛〕	选〔選〕	164/弯〔彎〕
带〔帶〕	147/鸥〔鷗〕	哗〔嘩〕	适〔適〕	孪〔孿〕
茧〔繭〕	垄〔壟〕	响〔響〕	种〔種〕	娈〔孌〕
荞〔蕎〕	残〔殘〕	153/哙〔噲〕	秋〔鞦〕	将〔將〕
荟〔薈〕	殇〔殤〕	哝〔噥〕	复〔復〕	奖〔獎〕
荠〔薺〕	轱〔軲〕	哟〔喲〕	哟〔喲〕	疬〔癧〕
荡〔蕩〕	轲〔軻〕	峡〔峽〕	159/笃〔篤〕	疮〔瘡〕
142/垩〔堊〕	轳〔轤〕	峣〔嶢〕	俦〔儔〕	
荣〔榮〕	148/轴〔軸〕	帧〔幀〕	俨〔儼〕	165/疯〔瘋〕
荤〔葷〕	轶〔軼〕	罚〔罰〕	俩〔倆〕	亲〔親〕
荥〔滎〕	轷〔軤〕	154/峤〔嶠〕	俪〔儷〕	飒〔颯〕
荦〔犖〕	轸〔軫〕	贱〔賤〕	贷〔貸〕	闺〔閨〕
荧〔熒〕	轹〔轢〕	贴〔貼〕	顺〔順〕	闻〔聞〕
荨〔蕁〕	轺〔軺〕	贶〔貺〕	160/俭〔儉〕	闼〔闥〕
143/胡〔鬍〕	轻〔輕〕	贻〔貽〕	剑〔劍〕	闽〔閩〕
荩〔藎〕	149/鸦〔鴉〕		鸧〔鶬〕	166/闾〔閭〕
荪〔蓀〕	虿〔蠆〕	【丿】	须〔須〕	阀〔閥〕
荫〔蔭〕	【|】	154/钘〔銒〕	胧〔朧〕	阁〔閣〕
荬〔蕒〕	战〔戰〕	钙〔鈣〕	胨〔腖〕	阁〔閣〕
荭〔葒〕	觇〔覘〕	155/钚〔鈈〕	胪〔臚〕	阐〔闡〕
荮〔葤〕	点〔點〕	钛〔鈦〕	161/胆〔膽〕	阆〔閬〕
144/药〔藥〕	临〔臨〕	钗〔釵〕	胜〔勝〕	养〔養〕
标〔標〕	览〔覽〕	钝〔鈍〕	胫〔脛〕	167/姜〔薑〕
栈〔棧〕	150/竖〔豎〕	钞〔鈔〕	鸨〔鴇〕	类〔類〕
栉〔櫛〕	尝〔嘗〕	钟〔鐘〕	狭〔狹〕	娄〔婁〕
栊〔櫳〕	眍〔瞘〕	钡〔鋇〕	狮〔獅〕	总〔總〕
栋〔棟〕	眬〔矓〕	156/钢〔鋼〕	独〔獨〕	炼〔煉〕
栌〔櫨〕	哑〔啞〕	钠〔鈉〕	162/狯〔獪〕	炽〔熾〕
145/栎〔櫟〕	显〔顯〕	钥〔鑰〕	狱〔獄〕	烁〔爍〕
栏〔欄〕	哒〔噠〕	钦〔欽〕	狲〔猻〕	168/烂〔爛〕
		钧〔鈞〕	贸〔貿〕	烃〔烴〕

168/ 洼〔窪〕	174/ 说〔說〕	179/ 项〔項〕	185/ 贾〔賈〕	191/ 圆〔圓〕
洁〔潔〕	诵〔誦〕	珲〔琿〕	逦〔邐〕	觊〔覬〕
洒〔灑〕	诶〔誒〕	蚕〔蠶〕	砺〔礪〕	贼〔賊〕
汰〔澾〕	【乛】	顽〔頑〕	砾〔礫〕	贿〔賄〕
浃〔浹〕	174/ 垦〔墾〕	180/ 盏〔盞〕	础〔礎〕	赂〔賂〕
169/ 浇〔澆〕	昼〔晝〕	捞〔撈〕	186/ 砻〔礱〕	赃〔贓〕
浈〔湞〕	费〔費〕	载〔載〕	顾〔顧〕	赅〔賅〕
浉〔溮〕	175/ 逊〔遜〕	赶〔趕〕	轼〔軾〕	192/ 赆〔贐〕
浊〔濁〕	陨〔隕〕	盐〔鹽〕	轻〔輕〕	【丿】
测〔測〕	险〔險〕	埘〔塒〕	轿〔轎〕	192/ 钰〔鈺〕
浍〔澮〕	贺〔賀〕	损〔損〕	辂〔輅〕	钱〔錢〕
浏〔瀏〕	怼〔懟〕	181/ 埙〔塤〕	较〔較〕	钲〔鉦〕
170/ 济〔濟〕	垒〔壘〕	埚〔堝〕	187/ 鸪〔鴣〕	钳〔鉗〕
泸〔瀘〕	娅〔婭〕	捡〔撿〕	顿〔頓〕	钴〔鈷〕
浑〔渾〕	176/ 娆〔嬈〕	赟〔贇〕	趸〔躉〕	钵〔鉢〕
浒〔滸〕	娇〔嬌〕	挚〔摯〕	毙〔斃〕	193/ 钶〔鈳〕
浓〔濃〕	绑〔綁〕	热〔熱〕	致〔緻〕	钜〔鉅〕
浔〔潯〕	绒〔絨〕	捣〔搗〕	【丨】	钹〔鈸〕
浕〔濜〕	结〔結〕	182/ 壶〔壺〕	187/ 龀〔齔〕	钺〔鉞〕
171/ 恸〔慟〕	绔〔絝〕	聂〔聶〕	鸬〔鸕〕	钻〔鑽〕
恹〔懨〕	骁〔驍〕	莱〔萊〕	188/ 虑〔慮〕	钼〔鉬〕
恺〔愷〕	177/ 绕〔繞〕	莲〔蓮〕	监〔監〕	钽〔鉭〕
恻〔惻〕	经〔經〕	莳〔蒔〕	紧〔緊〕	194/ 钾〔鉀〕
恼〔惱〕	骄〔驕〕	莴〔萵〕	党〔黨〕	铀〔鈾〕
恽〔惲〕	骅〔驊〕	获〔獲〕	唛〔嘜〕	钿〔鈿〕
举〔舉〕	绘〔繪〕	183/ 莸〔蕕〕	晒〔曬〕	铁〔鐵〕
172/ 觉〔覺〕	骆〔駱〕	恶〔惡〕	晓〔曉〕	铂〔鉑〕
宪〔憲〕	骈〔駢〕	荮〔藎〕	189/ 唝〔嗊〕	铃〔鈴〕
窃〔竊〕	178/ 绞〔絞〕	莹〔瑩〕	唠〔嘮〕	铄〔鑠〕
诚〔誠〕	骇〔駭〕	莺〔鶯〕	鸭〔鴨〕	195/ 铅〔鉛〕
诬〔誣〕	统〔統〕	鸪〔鴣〕	唢〔嗩〕	铆〔鉚〕
语〔語〕	绗〔絎〕	莼〔蓴〕	晔〔曄〕	铈〔鈰〕
袄〔襖〕	给〔給〕	184/ 栲〔櫟〕	晕〔暈〕	铉〔鉉〕
173/ 诮〔誚〕	绚〔絢〕	桢〔楨〕	鹆〔鵒〕	铊〔鉈〕
祢〔禰〕	绛〔絳〕	档〔檔〕	190/ 唢〔嗩〕	铋〔鉍〕
误〔誤〕	179/ 络〔絡〕	桤〔榿〕	唣〔唕〕	铌〔鈮〕
诰〔誥〕	绝〔絕〕	桥〔橋〕	蚬〔蜆〕	196/ 铍〔鈹〕
诱〔誘〕	**10획**	桦〔樺〕	鸯〔鴦〕	铊〔鏺〕
诲〔誨〕		桧〔檜〕	崂〔嶗〕	铎〔鐸〕
诳〔誑〕	【一】	185/ 桩〔樁〕	崃〔崍〕	氩〔氬〕
174/ 鸩〔鴆〕	179/ 艳〔艷〕	样〔樣〕	罢〔罷〕	牺〔犧〕

중국어 간체자 쉽게 배우기 | 25

196/敌〔敵〕	202/浆〔漿〕	208/宾〔賓〕	214/继〔繼〕	219/硕〔碩〕
积〔積〕	痈〔癰〕	窍〔竅〕	绨〔綈〕	硖〔硤〕
197/称〔稱〕	症〔癥〕	窝〔窩〕	骎〔駸〕	硗〔磽〕
笕〔筧〕	斋〔齋〕	请〔請〕	骏〔駿〕	础〔礎〕
笔〔筆〕	203/痉〔痙〕	诸〔諸〕	鸶〔鷥〕	220/硚〔礄〕
债〔債〕	准〔準〕	209/诹〔諏〕		鸸〔鴯〕
借〔藉〕	离〔離〕	诺〔諾〕	**11획**	聋〔聾〕
倾〔傾〕	顽〔頑〕	诼〔諑〕	**【一】**	龚〔龔〕
赁〔賃〕	资〔資〕	读〔讀〕		袭〔襲〕
198/颀〔頎〕	竞〔競〕	诽〔誹〕	214/焘〔燾〕	鸷〔鷙〕
徕〔徠〕	阃〔閫〕	袜〔襪〕	215/琎〔璡〕	殒〔殞〕
舰〔艦〕	204/阄〔鬮〕	祯〔禎〕	琏〔璉〕	221/殓〔殮〕
舱〔艙〕	阅〔閱〕	210/课〔課〕	琐〔瑣〕	赉〔賚〕
耸〔聳〕	阅〔閱〕	诿〔諉〕	麸〔麩〕	辄〔輒〕
爱〔愛〕	阆〔閬〕	谀〔諛〕	据〔據〕	辅〔輔〕
鸰〔鴒〕	郸〔鄲〕	谁〔誰〕	掳〔擄〕	辆〔輛〕
199/颁〔頒〕	烦〔煩〕	谂〔諗〕	掴〔摑〕	堑〔塹〕
颂〔頌〕	烧〔燒〕	调〔調〕	鸷〔鷙〕	
脍〔膾〕	205/烛〔燭〕	谄〔諂〕	掷〔擲〕	**【丨】**
脏〔臟〕	烨〔燁〕	211/谅〔諒〕	216/掸〔撣〕	221/颅〔顱〕
脐〔臍〕	烩〔燴〕	谆〔諄〕	壶〔壺〕	222/啧〔嘖〕
脑〔腦〕	烬〔燼〕	谇〔誶〕	悫〔慤〕	悬〔懸〕
胶〔膠〕	递〔遞〕	谈〔談〕	据〔據〕	啭〔囀〕
200/脓〔膿〕	涛〔濤〕	谊〔誼〕	掺〔摻〕	跃〔躍〕
鸱〔鴟〕	涝〔澇〕	谉〔讅〕	掼〔摜〕	啮〔嚙〕
玺〔璽〕	206/涞〔淶〕		职〔職〕	跄〔蹌〕
鱽〔魛〕	涟〔漣〕	**【丶】**	217/聍〔聹〕	蛎〔蠣〕
鸲〔鴝〕	润〔潤〕	211/恳〔懇〕	莳〔蒔〕	223/蛊〔蠱〕
猃〔獫〕	涢〔溳〕	212/剧〔劇〕	勚〔勩〕	蛏〔蟶〕
驼〔駝〕	涡〔渦〕	娲〔媧〕	萝〔蘿〕	累〔纍〕
201/衮〔袞〕	涂〔塗〕	娴〔嫻〕	萤〔螢〕	啸〔嘯〕
鸳〔鴛〕	涤〔滌〕	难〔難〕	营〔營〕	帻〔幘〕
皱〔皺〕	207/润〔潤〕	预〔預〕	萦〔縈〕	崭〔嶄〕
饽〔餑〕	涧〔澗〕	绠〔綆〕	218/萧〔蕭〕	逻〔邏〕
饿〔餓〕	涨〔漲〕	骊〔驪〕	萨〔薩〕	224/帼〔幗〕
馁〔餒〕	烫〔燙〕	213/绡〔綃〕	梦〔夢〕	赈〔賑〕
	涩〔澀〕	骋〔騁〕	觋〔覡〕	婴〔嬰〕
【丶】	悭〔慳〕	绢〔絹〕	检〔檢〕	赊〔賒〕
201/栾〔欒〕	悯〔憫〕	绣〔綉〕	棂〔欞〕	
202/挛〔攣〕	208/宽〔寬〕	验〔驗〕	啬〔嗇〕	**【丿】**
恋〔戀〕	家〔傢〕	绥〔綏〕	219/匮〔匱〕	224/铏〔鉶〕
桨〔槳〕		绦〔縧〕	酝〔醞〕	铐〔銬〕
			厣〔厴〕	铑〔銠〕

225/铒〔鉺〕	230/偻〔僂〕	236/兽〔獸〕	242/谞〔諝〕	**12획**
铓〔鋩〕	231/躯〔軀〕	焖〔燜〕	【丁】	
铕〔銪〕	皑〔皚〕	渍〔漬〕	242/弹〔彈〕	【一】
铗〔鋏〕	衅〔釁〕	鸿〔鴻〕	堕〔墮〕	247/靓〔靚〕
铙〔鐃〕	鸻〔鴴〕	渎〔瀆〕	随〔隨〕	248/琼〔瓊〕
铛〔鐺〕	衔〔銜〕	渐〔漸〕	243/巢〔鸏〕	辇〔輦〕
铝〔鋁〕	舻〔艫〕	溇〔漊〕	隐〔隱〕	鼋〔黿〕
226/铜〔銅〕	盘〔盤〕	渊〔淵〕	嫱〔嬙〕	趋〔趨〕
锦〔錦〕	232/鸺〔鵂〕	渔〔漁〕	婵〔嬋〕	揽〔攬〕
铟〔銦〕	龛〔龕〕	淀〔澱〕	嫔〔嬪〕	颉〔頡〕
铠〔鎧〕	鸽〔鴿〕	238/渗〔滲〕	颇〔頗〕	撖〔撖〕
铡〔鍘〕	敛〔斂〕	惬〔愜〕	颈〔頸〕	249/搀〔攙〕
铢〔銖〕	领〔領〕	惭〔慚〕	244/绩〔績〕	蛰〔蟄〕
铣〔銑〕	脶〔腡〕	惧〔懼〕	绪〔緒〕	絷〔縶〕
227/铥〔銩〕	脸〔臉〕	惊〔驚〕	绫〔綾〕	搁〔擱〕
铤〔鋌〕	233/猎〔獵〕	惮〔憚〕	骐〔騏〕	搂〔摟〕
铧〔鏵〕	猡〔玀〕	惨〔慘〕	续〔續〕	搅〔攪〕
铨〔銓〕	猕〔獼〕	239/惯〔慣〕	绮〔綺〕	联〔聯〕
铩〔鎩〕	馃〔餜〕	祷〔禱〕	骑〔騎〕	250/葳〔葳〕
铪〔鉿〕	馄〔餛〕	谌〔諶〕	245/绯〔緋〕	蒉〔蕢〕
铫〔銚〕	馅〔餡〕	谋〔謀〕	绰〔綽〕	蒋〔蔣〕
228/铭〔銘〕	馆〔館〕	谍〔諜〕	骒〔騍〕	萎〔蔞〕
铬〔鉻〕	【丶】	谎〔謊〕	绲〔緄〕	韩〔韓〕
铮〔錚〕	234/鸾〔鸞〕	谏〔諫〕	绳〔繩〕	椟〔櫝〕
铯〔銫〕	庼〔廎〕	240/鞍〔鞍〕	骓〔騅〕	椤〔欏〕
铰〔鉸〕	痒〔癢〕	谐〔諧〕	维〔維〕	251/赍〔賫〕
铱〔銥〕	䴔〔鵁〕	谑〔謔〕	246/绵〔綿〕	椭〔橢〕
铲〔鏟〕	旋〔鏇〕	裆〔襠〕	绶〔綬〕	鹁〔鵓〕
229/铳〔銃〕	阃〔閫〕	祸〔禍〕	绷〔繃〕	鹂〔鸝〕
铵〔銨〕	阄〔鬮〕	谒〔謁〕	绸〔綢〕	觇〔覘〕
银〔銀〕	235/阆〔閬〕	谓〔謂〕	绺〔綹〕	硷〔鹼〕
铷〔銣〕	阅〔閱〕	241/谔〔諤〕	绻〔綣〕	确〔確〕
矫〔矯〕	阋〔鬩〕	谕〔諭〕	综〔綜〕	252/詟〔讋〕
鸹〔鴰〕	阉〔閹〕	谖〔諼〕	247/绽〔綻〕	殚〔殫〕
秽〔穢〕	阎〔閻〕	谗〔讒〕	绾〔綰〕	颊〔頰〕
230/笺〔箋〕	阏〔閼〕	谘〔諮〕	绿〔綠〕	雳〔靂〕
笼〔籠〕	阐〔闡〕	谙〔諳〕	骖〔驂〕	辊〔輥〕
笾〔籩〕	236/羟〔羥〕	谚〔諺〕	缀〔綴〕	辋〔輞〕
偾〔僨〕	盖〔蓋〕	谛〔諦〕	缁〔緇〕	椠〔槧〕
鸺〔鵂〕	粝〔糲〕	谜〔謎〕		253/暂〔暫〕
偿〔償〕	断〔斷〕	谝〔諞〕		辍〔輟〕
				辎〔輜〕

253/翘〔翹〕	259/锂〔鋰〕	264/惫〔憊〕	谢〔謝〕	鹊〔鵲〕
【丨】	锅〔鍋〕	265/馇〔餷〕	谣〔謠〕	276/韫〔韞〕
253/辈〔輩〕	锆〔鋯〕	馈〔饋〕	谤〔謗〕	骛〔騖〕
凿〔鑿〕	锇〔鋨〕	馉〔餶〕	271/谥〔謚〕	摄〔攝〕
辉〔輝〕	锈〔銹〕	馊〔餿〕	谦〔謙〕	摅〔攄〕
254/赏〔賞〕	锉〔銼〕	馋〔饞〕	谧〔謐〕	摆〔擺〕
睐〔睞〕	锋〔鋒〕	【丶】	【乛】	赪〔赬〕
睑〔瞼〕	260/锌〔鋅〕	265/亵〔褻〕	271/属〔屬〕	摈〔擯〕
喷〔噴〕	锎〔鐦〕	装〔裝〕	屡〔屢〕	277/毂〔轂〕
畴〔疇〕	锏〔鐧〕	266/蛮〔蠻〕	鹭〔鷺〕	摊〔攤〕
践〔踐〕	锐〔銳〕	脔〔臠〕	骕〔驌〕	鹊〔鵲〕
遗〔遺〕	锑〔銻〕	痨〔癆〕	272/氄〔氄〕	蓝〔藍〕
255/蛱〔蛺〕	银〔銀〕	痫〔癇〕	犟〔犟〕	蓦〔驀〕
蛲〔蟯〕	锓〔鋟〕	赓〔賡〕	骛〔騖〕	蓟〔薊〕
蛳〔螄〕	261/锔〔鋦〕	颏〔頦〕	缂〔緙〕	278/蒙〔矇〕
蛴〔蠐〕	锕〔錒〕	鹇〔鷳〕	缃〔緗〕	颐〔頤〕
鹃〔鵑〕	犊〔犢〕	267/阑〔闌〕	缄〔緘〕	献〔獻〕
喽〔嘍〕	鹄〔鵠〕	阒〔闃〕	缅〔緬〕	蓣〔蕷〕
嵘〔嶸〕	鹅〔鵝〕	阔〔闊〕	273/缆〔纜〕	榄〔欖〕
256/嵚〔嶔〕	颋〔頲〕	阕〔闋〕	缇〔緹〕	榇〔櫬〕
嵝〔嶁〕	筑〔築〕	粪〔糞〕	缈〔緲〕	榈〔櫚〕
赋〔賦〕	262/筚〔篳〕	鹈〔鵜〕	缉〔緝〕	279/楼〔樓〕
赌〔賭〕	筛〔篩〕	窜〔竄〕	缊〔縕〕	榉〔櫸〕
赌〔賭〕	牍〔牘〕	268/窝〔窩〕	缌〔緦〕	赖〔賴〕
赎〔贖〕	傥〔儻〕	营〔營〕	缎〔緞〕	碛〔磧〕
赐〔賜〕	傧〔儐〕	愤〔憤〕	274/缑〔緱〕	碜〔磣〕
257/赒〔賙〕	储〔儲〕	愦〔憒〕	缓〔緩〕	鹌〔鵪〕
赔〔賠〕	傩〔儺〕	滞〔滯〕	缒〔縋〕	碳〔磧〕
赕〔賧〕	263/惩〔懲〕	湿〔濕〕	缔〔締〕	280/尴〔尷〕
【丿】	御〔禦〕	溃〔潰〕	缕〔縷〕	殡〔殯〕
257/铸〔鑄〕	颌〔頜〕	269/溅〔濺〕	骗〔騙〕	雾〔霧〕
铹〔鐒〕	释〔釋〕	溇〔漊〕	编〔編〕	辏〔輳〕
铺〔鋪〕	鹆〔鵒〕	湾〔灣〕	275/缙〔縉〕	辐〔輻〕
铼〔錸〕	腊〔臘〕	谟〔謨〕	骚〔騷〕	辑〔輯〕
258/铽〔鋱〕	腘〔膕〕	裢〔褳〕	缘〔緣〕	输〔輸〕
链〔鏈〕	264/鱿〔魷〕	裣〔襝〕	飨〔饗〕	【丨】
铿〔鏗〕	鲁〔魯〕	裤〔褲〕	13획	281/频〔頻〕
销〔銷〕	鲂〔魴〕	270/裥〔襇〕	【一】	龃〔齟〕
锁〔鎖〕	颍〔潁〕	禅〔禪〕	275/耢〔耮〕	龄〔齡〕
锃〔鋥〕	飓〔颶〕	谠〔讜〕	275/鹉〔鵡〕	281/龅〔齙〕
锄〔鋤〕	觞〔觴〕	270/谡〔謖〕		

龆〔齠〕	颌〔頜〕	293/滥〔濫〕	**14획**	303/蝉〔蟬〕
鉴〔鑒〕	腻〔膩〕	滢〔瀅〕	**【一】**	鹗〔鶚〕
毻〔毻〕	鹏〔鵬〕	潆〔瀠〕	298/瑷〔璦〕	304/嘤〔嚶〕
282/嗫〔囁〕	腾〔騰〕	漓〔灕〕	赘〔贅〕	黑〔黑〕
跷〔蹺〕	鲅〔鮁〕	滨〔濱〕	觏〔覯〕	赙〔賻〕
跸〔蹕〕	288/鲆〔鮃〕	滩〔灘〕	韬〔韜〕	罂〔罌〕
跻〔躋〕	鲇〔鮎〕	溃〔潰〕	瑷〔璦〕	赚〔賺〕
跹〔躚〕	鲈〔鱸〕	294/慑〔懾〕	299/墙〔墻〕	鹘〔鶻〕
蜗〔蝸〕	鲊〔鮓〕	誉〔譽〕	樱〔櫻〕	**【丿】**
嗳〔噯〕	稣〔穌〕	鲎〔鱟〕	蔷〔薔〕	304/锲〔鍥〕
283/赗〔賵〕	鲋〔鮒〕	骞〔騫〕	蔑〔衊〕	305/锴〔鍇〕
【丿】	鲫〔鯽〕	寝〔寢〕	蔹〔蘞〕	锶〔鍶〕
283/锗〔鍺〕	289/鲍〔鮑〕	窥〔窺〕	蔺〔藺〕	锷〔鍔〕
错〔錯〕	鲅〔鮁〕	窦〔竇〕	蔼〔藹〕	锹〔鍬〕
锘〔鍩〕	鲐〔鮐〕	295/谨〔謹〕	300/鹕〔鶘〕	锸〔鍤〕
锚〔錨〕	颖〔穎〕	谩〔謾〕	榉〔櫸〕	锻〔鍛〕
锛〔錛〕	鸲〔鴝〕	谪〔謫〕	槛〔檻〕	锼〔鎪〕
锝〔鍀〕	飓〔颶〕	谢〔謝〕	槟〔檳〕	306/锾〔鍰〕
284/锞〔錁〕	飕〔颼〕	谬〔謬〕	槠〔櫧〕	锵〔鏘〕
锟〔錕〕	290/触〔觸〕	**【丁】**	酽〔釅〕	镂〔鏤〕
锡〔錫〕	雏〔雛〕	295/辟〔闢〕	酾〔釃〕	镀〔鍍〕
锢〔錮〕	馎〔餺〕	媛〔嬡〕	301/酿〔釀〕	镁〔鎂〕
锣〔鑼〕	馍〔饃〕	296/嫔〔嬪〕	霁〔霽〕	镂〔鏤〕
锤〔錘〕	馏〔餾〕	缙〔縉〕	愿〔願〕	镃〔鎡〕
锥〔錐〕	馐〔饈〕	缜〔縝〕	殡〔殯〕	307/镄〔鐨〕
285/锦〔錦〕	**【丶】**	缚〔縛〕	辕〔轅〕	锱〔錙〕
锁〔鎖〕	290/酱〔醬〕	缛〔縟〕	辖〔轄〕	鹜〔鶩〕
锨〔鍁〕	291/鹑〔鶉〕	辔〔轡〕	辗〔輾〕	稳〔穩〕
锫〔錇〕	瘅〔癉〕	缝〔縫〕	**【丨】**	簧〔簣〕
锭〔錠〕	瘆〔瘮〕	297/骠〔驃〕	302/龀〔齔〕	篑〔篋〕
键〔鍵〕	鹧〔鷓〕	缦〔縵〕	龈〔齦〕	箨〔籜〕
锯〔鋸〕	阖〔闔〕	缟〔縞〕	赐〔賜〕	308/箩〔籮〕
286/锰〔錳〕	阗〔闐〕	缠〔纏〕	颗〔顆〕	箪〔簞〕
锱〔錙〕	阙〔闕〕	缡〔縭〕	膑〔臏〕	箓〔籙〕
辞〔辭〕	292/誊〔謄〕	缢〔縊〕	睐〔睞〕	箫〔簫〕
穆〔穆〕	粮〔糧〕	缣〔縑〕	暧〔曖〕	舆〔輿〕
颓〔頹〕	数〔數〕	298/缤〔繽〕	鹖〔鶡〕	膑〔臏〕
筹〔籌〕	滟〔灧〕	骟〔騸〕	303/踌〔躊〕	鲑〔鮭〕
签〔簽〕	漤〔濫〕		踊〔踴〕	309/鲒〔鮚〕
287/简〔簡〕	满〔滿〕		蜡〔蠟〕	鲔〔鮪〕
287/觎〔覦〕	292/滤〔濾〕		蛔〔蛔〕	鲖〔鮦〕
			蝇〔蠅〕	

309/鲥〔鰤〕	315/骢〔驄〕	320/嘱〔囑〕	325/澜〔瀾〕	330/锛〔錛〕
鲙〔鱠〕	缩〔縮〕	颛〔顓〕	326/额〔額〕	331/镛〔鏞〕
鲚〔鱭〕	缪〔繆〕	【丿】	谶〔讖〕	镜〔鏡〕
鲛〔鮫〕	缫〔繅〕	320/锲〔鍥〕	褴〔襤〕	镝〔鏑〕
310/鲜〔鮮〕		镇〔鎮〕	谴〔譴〕	镞〔鏃〕
鲟〔鱘〕	**15획**	镉〔鎘〕	鹤〔鶴〕	氇〔氌〕
飗〔飀〕	【一】	321/锐〔鐯〕	谵〔譫〕	赞〔贊〕
馑〔饉〕	315/耧〔耬〕	镌〔鎸〕	【乛】	穑〔穡〕
馒〔饅〕	璎〔瓔〕	镍〔鎳〕	326/屦〔屨〕	332/篮〔籃〕
【丶】	叇〔靆〕	锋〔鋒〕	327/缬〔纈〕	篱〔籬〕
310/銮〔鑾〕	316/撵〔攆〕	镏〔鎦〕	缭〔繚〕	魉〔魎〕
瘗〔瘞〕	撷〔擷〕	镐〔鎬〕	缮〔繕〕	鲭〔鯖〕
311/瘘〔瘻〕	撺〔攛〕	镑〔鎊〕	缯〔繒〕	鲮〔鯪〕
阚〔闞〕	殨〔殨〕	322/镒〔鎰〕		鲰〔鯫〕
羞〔羞〕	聪〔聰〕	镓〔鎵〕	**16획**	鲱〔鯡〕
鲞〔鯗〕	觐〔覲〕	镔〔鑌〕	【一】	333/鲲〔鯤〕
糁〔糝〕	鞑〔韃〕	镉〔鎬〕	327/擞〔擻〕	鲳〔鯧〕
鹚〔鷀〕	317/鞒〔鞽〕	赟〔贇〕	颞〔顳〕	鲵〔鯢〕
潇〔瀟〕	蕲〔蘄〕	篑〔簣〕	328/颟〔顢〕	鲶〔鯰〕
312/潋〔瀲〕	赜〔賾〕	鹇〔鵰〕	薮〔藪〕	鲷〔鯛〕
潍〔濰〕	蕴〔蘊〕	323/鹌〔鵪〕	颠〔顛〕	鲸〔鯨〕
赛〔賽〕	樯〔檣〕	鹉〔鵡〕	橹〔櫓〕	鲻〔鯔〕
窦〔竇〕	樱〔櫻〕	鲠〔鯁〕	橼〔櫞〕	334/獭〔獺〕
谭〔譚〕	飘〔飄〕	鲡〔鱺〕	鹭〔鷺〕	【丶】
谮〔譖〕	318/靥〔靨〕	鲢〔鰱〕	赝〔贗〕	334/鹧〔鷓〕
袜〔襪〕	魇〔魘〕	鲣〔鰹〕	329/飙〔飆〕	瘿〔癭〕
313/褛〔褸〕	餍〔饜〕	鲥〔鱘〕	獴〔獴〕	瘾〔癮〕
谯〔譙〕	霉〔黴〕	324/鲤〔鯉〕	錾〔鏨〕	斓〔斕〕
谰〔讕〕	辘〔轆〕	鲦〔鰷〕	辙〔轍〕	辩〔辯〕
谱〔譜〕	【丨】	鲧〔鯀〕	辚〔轔〕	濑〔瀨〕
谲〔譎〕	318/龉〔齬〕	鲩〔鯇〕	【丨】	335/濒〔瀕〕
【乛】	龊〔齪〕	卿〔鄉〕	329/醛〔醛〕	懒〔懶〕
313/鹛〔鶥〕	319/觑〔覷〕	325/馓〔饊〕	螨〔蟎〕	黉〔黌〕
嬷〔嬤〕	瞒〔瞞〕	馔〔饌〕	330/鹦〔鸚〕	【乛】
314/鹜〔鶩〕	题〔題〕	【丶】	赠〔贈〕	335/鹨〔鷚〕
缥〔縹〕	颙〔顒〕	325/瘪〔癟〕	【丿】	颡〔顙〕
骠〔驃〕	颛〔顓〕	瘫〔癱〕	330/镡〔鐔〕	缰〔韁〕
缦〔縵〕	踬〔躓〕	斋〔齋〕	镢〔鐝〕	缱〔繾〕
骡〔騾〕	蹒〔蹣〕	颜〔顏〕	镣〔鐐〕	336/缲〔繰〕
缧〔縲〕	螨〔蟎〕	鹈〔鵜〕	镗〔鏜〕	缳〔繯〕
缨〔纓〕	320/蝼〔螻〕	鲨〔鯊〕	镘〔鏝〕	缴〔繳〕

30

17획

【一】
336 / 藓〔蘚〕
　　鹩〔鷯〕
【丨】
336 / 龋〔齲〕
　　龌〔齷〕
337 / 瞩〔矚〕
　　蹒〔蹣〕
　　蹑〔躡〕
　　蟥〔蟥〕
　　嚓〔嚓〕
　　羁〔羈〕
　　赡〔贍〕
【丿】
338 / 镢〔鐝〕
　　镣〔鐐〕
　　镤〔鏷〕
　　镥〔鑥〕
　　镦〔鐓〕
　　镧〔鑭〕
　　镨〔鐥〕
339 / 镭〔鐳〕
　　镩〔鑹〕
　　镪〔鏹〕
　　镫〔鐙〕
　　簖〔籪〕
　　鹪〔鷦〕
　　鳍〔鰆〕
340 / 鲽〔鰈〕
　　鳂〔鱦〕
　　鳃〔鰓〕
　　鳁〔鰛〕
　　鳄〔鰐〕
　　鳅〔鰍〕
　　鳆〔鰒〕
341 / 鳇〔鰉〕
　　鳉〔鱂〕
　　鳊〔鯿〕
【丶】
341 / 鹫〔鷲〕

341 / 辫〔辮〕
　　赢〔贏〕
　　懑〔懣〕
【乛】
342 / 鹬〔鷸〕
　　骤〔驟〕

18획

【一】
342 / 鳌〔鰲〕
　　鞯〔韉〕
　　黡〔黶〕
【丨】
342 / 颥〔顬〕
　　颢〔顥〕
343 / 鹭〔鷺〕
　　嚣〔囂〕
　　髅〔髏〕
【丿】
343 / 镬〔鑊〕
　　镭〔鐳〕
　　镮〔鐶〕
　　镯〔鐲〕
344 / 镰〔鐮〕
　　镱〔鐿〕
　　雠〔讎〕
　　臜〔臢〕
　　鳍〔鰭〕
　　鳎〔鰨〕
　　鳏〔鰥〕
345 / 鳑〔鰟〕
　　鳒〔鰜〕
【丶】
345 / 鹯〔鸇〕
　　鹰〔鷹〕
　　癞〔癩〕
　　冁〔囅〕
　　谳〔讞〕
【乛】
346 / 鹱〔鸌〕

19획

【一】
346 / 攒〔攢〕
　　霭〔靄〕
【丨】
346 / 鳖〔鱉〕
　　蹿〔躥〕
　　巅〔巔〕
　　髋〔髖〕
347 / 髌〔髕〕
【丿】
347 / 镲〔鑔〕
　　籁〔籟〕
　　鳓〔鰳〕
　　鳌〔鱉〕
　　鳔〔鰾〕
　　鳕〔鱈〕
348 / 鳗〔鰻〕
　　鳙〔鱅〕
　　鳚〔鳚〕
【丶】
348 / 颤〔顫〕
　　癣〔癬〕
　　谶〔讖〕
【乛】
348 / 骥〔驥〕
349 / 缵〔纘〕

20획

【一】
349 / 瓒〔瓚〕
　　鬓〔鬢〕
　　颥〔顬〕
【丨】
349 / 黩〔黷〕
　　黪〔黲〕
【丿】
349 / 镳〔鑣〕
350 / 镴〔鑞〕
　　臜〔臢〕
　　鳜〔鱖〕

350 / 鳝〔鱔〕
　　鳞〔鱗〕
　　鳟〔鱒〕
【乛】
350 / 骧〔驤〕

21획

351 / 颦〔顰〕
　　躏〔躪〕
　　鳢〔鱧〕
　　鳣〔鱣〕
　　癫〔癲〕
　　赣〔贛〕
　　灏〔灝〕

22획

352 / 鹳〔鸛〕
　　镶〔鑲〕

23획

352 / 趱〔趲〕
　　颧〔顴〕
　　攒〔躦〕

25획

352 / 镬〔钁〕
　　戆〔戇〕
353 / 戆〔戇〕

간체자 2235자

2/3 획

헛간 **창** 창 chǎng	厂 廠	厂子(廠子) chǎng zi 공장 厂长(廠長) chǎng zhǎng 공장장 厂校挂钩(廠校掛鈎) chǎng xiào guà gōu 산학협동 这个工厂规模大 zhè ge gōng chǎng guī mó dà 이 공장의 규모는 크다	
무 **복** 버 bo	卜 蔔	萝卜(蘿蔔) luó bo 무 卜匏(蔔匏) bo páo 무와 박(검소한 음식을 이르는 말) 萝卜干儿(蘿蔔干兒) luó bo gānr 썰어 말린 무조각 他长得象个萝卜干儿 tā zhǎng de xiàng ge luó bo gānr 그는 마치 말린 무조각 같다(야위었음을 이르는 말)	
아이 **아** 얼 ér	儿 兒	儿童(兒童) ér tóng 어린이 儿媳妇儿(兒媳婦兒) ér xí fùr 며느리 儿婚女嫁(兒婚女嫁) ér hūn nǚ jià 아들(남자)은 장가를 들고 딸(여자)은 시집을 간다 他们是可敬的英雄儿女 tā men shì kě jìng de yīng xióng ér nǚ 그들은 존경할 만한 영웅 같은 아들딸들이다	
기미 **기** 몇 **기** 지 jī, jǐ	几 幾	几乎(幾乎) jī hū 거의 几点(幾點) jǐ diǎn 몇 시 相差无几(相差無幾) xiāng chà wú jǐ 차이가 별로 없다 飞机几点起飞? fēi jī jǐ diǎn qǐ fēi? 비행기가 언제 이륙합니까?	
밝을 **료** 끝날 **료** 랴오 liǎo	了 瞭	了解(瞭解) liǎo jiě 이해하다 了不起(瞭不起) liǎo bù qǐ 보통이 아니다 了如指掌(瞭如指掌) liǎo rú zhǐ zhǎng 손금을 보듯 훤하다 你把情况了解一下 nǐ bǎ qíng kuàng liǎo jiě yī xià (당신이) 상황을 알아보시오 * 간체자의 발음은 liǎo로, 번체자의 발음은 liào로 함	
마를 **건** 줄기 **간** 간 gān, gàn	干 乾 幹	干杯(乾杯) gān bēi 술잔을 높이 들어 마심, 술잔을 내다 干净(乾淨) gān jìng 깨끗하다 干净利落(乾淨利落) gān jìng lì luò 매우 깨끗이 干什么都要干好 gàn shén me dōu yào gàn hǎo 무엇을 하든다 잘 해야 한다	
이즈러질 **휴** 쿠이 kuī	亏 虧	亏本(虧本) kuī běn 본전을 날리다 亏损(虧損) kuī sǔn 적자나다 亏众不亏一(虧眾不虧一) kuī zhòng bù kuī yī 손해는 모든 사람의 책임이지 혼자만의 잘못이 아니다 做亏本儿买卖 zuò kuī běnr mǎi mài 밑지는 장사를 한다	

我 wǒ 나   我们 wǒ men 우리   你 nǐ 너, 당신   您 nǐ 당신, 그대(你의 존칭)

3획

| 비로소 재
차이 cái | 才 / 纔 | 会议才开始(會議纔開始) huì yì cái kāi shǐ 회의가 방금 열렸다
회의가 이제야 비로소 시작되었다
他才来 tā cái lái 그는 이제야 왔다 |

| 일만 만
완 wàn | 万 / 萬 | 万能(萬能) wàn néng 모든 일을 다 잘하다
万年(萬年) wàn nián 아주 오랜 세월
万古长青(萬古長青) wàn gǔ cháng qīng 봄의 초목처럼 영원히 푸르고 싱싱하다(정신이나 우의가 영원히 변치 않는다는 뜻)
祝你万事如意 zhù nǐ wàn shì rú yì 모든 일이 당신의 뜻대로 되기를 바랍니다 |

| 줄 여
더불 여
위 yǔ | 与 / 與 | 与否(與否) yǔ fǒu 그러함과 그렇지 아니함
与你(與你) yǔ nǐ 당신과 더불어
与众不同(與眾不同) yǔ zhòng bù tóng 보통 사람과 다르다
你不要参与这件事情 nǐ bù yào cān yǔ zhè jiàn shì qíng 당신은 이 일에 참견하지 마시오 |

| 그네 천
챈 qiān | 千 / 韆 | 秋千(秋韆) qiū qiān 그네
打秋千(打秋韆) dǎ qiū qiān 그네를 뛰다 |

| 억 억
이 yì | 亿 / 億 | 亿万(億萬) yì wàn 무수한
亿中(億中) yì zhòng 추측이 적중하다
亿万斯年(億萬斯年) yì wàn sī nián 아주 긴 세월
中国人口近十三亿 zhōng guó rén kǒu jìn shí sān yì 중국의 인구는 13억에 가깝다 |

| 낱 개
거 gè | 个 / 個 | 个别(個別) gè bié 하나 하나
个性(個性) gè xìng 각각의 독특한 성질
个男只女(個男只女) gè nán zhǐ nǚ 1남1녀
有几个? 有五个 yǒu jǐ gè? yǒu wǔ gè 몇 개 있습니까? 다섯 개가 있습니다 |

| 잘 마
머 me | 么 / 麼 | 这么(這麼) zhè me 이렇게
怎么(怎麼) zěn me 어떻게, 왜
什么(什麼) shén me 무슨, 무엇
为什么不去? wèi shén me bù qù? 어째서 가지 않습니까? |

你们 ní men 너희들, 당신들   他 tā 그   她 tā 그(여자)   它 tā 그것(사물, 동물)

3획

훈음	간체	번체	용례
넓을 광 광 guǎng	广	廣	广告(廣告) guǎng gào 널리 알리다 广众(廣眾) guǎng zhòng 군중, 많은 사람 广开才路(廣開纔路) guǎng kāi cái lù 널리 재능있는 이들에게 모든 가능성을 열어 놓다 人民大众是国家的主人 rén mín dà zhòng shì guó jiā de zhǔ rén 민중은 나라의 주인이다
문 문 먼 mén	门	門	门票(門票) mén piào 입장권 门卫(門衛) mén wèi 경비원 门庭若市(門庭若市) mén tíng ruò shì 방문객이 매우 많음 你把门关上 nǐ bǎ mén guān shàng 당신, 문을 닫으시오
옳을 의 이 yì	义	義	义务(義務) yì wù 맡은 직분 义兄(義兄) yì xiōng 의로 맺은 형 义不容辞(義不容辭) yì bù róng cí 도의상 사퇴(거절)할 수 없다 那是中國式的社會主義 nà shì zhōng guó shì de shè huì zhǔ yì 그것은 중국식 사회주의입니다
지킬 위 웨이 wèi	卫	衛	卫生(衛生) wèi shēng 깨끗하다 卫星(衛星) wèi xīng 행성 주위를 도는 별 保家卫国(保家衛國) bǎo jiā wèi guó 가정을 지키고 나라를 보위하다 要讲究卫生 yào jiǎng jiū wèi shēng 위생을 중요시해야 한다
날 비 베이 fēi	飞	飛	飞机(飛機) fēi jī 비행기 飞语(飛語) fēi yǔ 뜬소문 飞奔(飛奔) fēi bēn 나는 듯이 달리다, 급히 가다 飞机五点到汉城(北京) fēi jī wǔ diǎn dào hàn chéng (běi jīng) 비행기가 5시에 서울(베이징)에 도착한다
익힐 습 시 xí	习	習	习惯(習慣) xí guàn 풍습, 버릇 习题(習題) xí tí 연습 문제 习以为常(習以爲常) xí yǐ wéi cháng 습관이 되다 我们要努力学习 wǒ men yào nǔ lì xué xí 우리는 공부에 힘써야 한다
말 마 마 mǎ	马	馬	马力(馬力) mǎ lì 말 한 마리의 힘(工率의 실용단위) 马路(馬路) mǎ lù 큰 길 马不停蹄(馬不停蹄) mǎ bù tíng tí 잠시도 쉬지 않고 계속 달리다 路遥知马力 lù yáo zhī mǎ lì 사람은 같이 오래 살아봐야만 알 수 있다는 뜻

他们 tā men 그들　　她们 tā men 그녀들　　它们 tā men 그것들　　各位 gè wèi 여러분　　大家 dà jiā 모두(들)

3/4 획

한자	뜻/음	간체/번체	예시
	시골 향 샹 xiāng	乡 鄉	乡村(鄉村) xiāng cūn 농촌, 시골 乡亲(鄉親) xiāng qīn 같은 고향 사람 背井离乡(背井離鄉) bèi jǐng lí xiāng 고향을 떠나다 乡下人心眼儿好 xiāng xià yén xīn yǎnr hǎo 시골 사람들은 마음씨가 착하다
	풍년 풍 예쁠 봉 펑 fēng	丰 豊	丰年(豊年) fēng nián 농사가 잘 된 해 丰盛(豊盛) fēng shèng 풍부하다 丰衣足食(豊衣足食) fēng yī zú shí 먹고 입는 것이 풍족하다 庆祝丰收 qìng zhù fēng shōu 풍년을 경축하다
	열 개 카이 kāi	开 開	开车(開車) kāi chē 차를 운전하다 开花(開花) kāi huā 꽃이 피다 开云见日(開雲見日) kāi yún jiàn rì 구름이 걷히고 해가 나다 (오해가 풀림을 비유한 말) 他来开门 tā lái kāi mén 그가 와서 문을 열다
	없을 무 우 wú	无 無	无味(無味) wú wèi 맛이 없다 无知(無知) wú zhī 아는 것이 없다 无价之宝(無价之寶) wú jià zhī bǎo 값을 매길 수 없는 보물 如今是无限竞争年代 rú jīn shì wú xiàn jìng zhēng nián dài 지금은 무한경쟁 시대이다
	다룸가죽 위 웨이 wéi	韦 韋	韦带(韋帶) wéi dài 가난하고 천한 사람이 두르는 띠 韦衣(韋衣) wéi yī 가죽으로 만든 사냥옷 韦编三绝(韋編三絕) wéi biān sān jué 위편이 여러 번 끊어지다 要学习古人韦编三绝的精神 yào xué xi gǔ rén wéi biān sān jué de jīng shén 선인들의 위편삼절 정신을 배워야 한다
	오로지 전 쫜 zhuān	专 專	专长(專長) zhuān cháng 특수기능, 전문기술 专利(專利) zhuān lì 특허 专心致志(專心致志) zhuān xīn zhì zhì 온 정성을 다 기울이다 请专家指教 qǐng zhuān jiā zhǐ jiào 전문가를 청해 지도를 받다
	구름 운 윈 yún	云 雲	云彩(雲彩) yún cǎi 구름 云散(雲散) yún sàn 구름처럼 흩어지다, 뿔뿔이 흩어져 사라지다 云消雾散(雲消霧散) yún xiāo wù sàn 구름처럼 사라지고 안개같이 흩어지다 今天多云, 可能下雨 jīn tiān duō yún, kě néng xià yǔ 오늘은 구름이 많아 비가 올 것 같다

谁 shéi 누구　　哪位 nǎ wèi 누구, 어느 분　　这位 zhè wèi 이 분　　那位 nà wèi 저 분

4획

심을 **예** 이 yì	艺 藝	艺术(藝術) yì shù 기예와 학술 艺人(藝人) yì rén 연예인 艺高胆大(藝高膽大) yì gāo dǎn dà 재간이 있으면 대담해진다 他喜欢艺术 tā xǐ huān yì shù 그는 예술을 즐긴다	

관청 **청**
대청 **청**
팅 tīng

厅 廳

厅堂(廳堂) tīng táng 크고 넓은 방, 대청
客厅(客廳) kè tīng 응접실
厅审(廳審) tīng shěn 심문하다
我要住两室一厅的 wǒ yào zhù liǎng shì yī tīng de 나는 방 두 개, 거실 하나인 집에서 살겠다

지낼 **력**
리 lì

历 歷

历史(歷史) lì shǐ 변화의 자취
历程(歷程) lì chéng 지나온 과정
历历在目(歷歷在目) lì lì zài mù 눈앞에 선하다
人民是历史的见证人 rén mín shì lì shǐ de jiàn zhèng rén 대중은 역사를 지켜보는 중인이다

지경 **구**
취 qū

区 區

区分(區分) qū fēn 따로따로 갈라놓다
区域(區域) qū yù 갈라놓은 지역
区区之众(區區之衆) qū qū zhī zhòng 불과 몇 사람
对客人要区别对待 duì kè rén yào qū bié duì dài 손님을 구별하여 대해야 한다

수레 **거**
수레 **차**
처 chē

车 車

车库(車庫) chē kù 차를 넣어두는 곳간
车价(車價) chē jià 차의 가격
车水马龙(車水馬龍) chē shuǐ mǎ lóng 차가 끊이지 않고 많이 다니다
坐公共汽车 zuò gōng gòng qì chē 버스를 타다

언덕 **강**
강 gāng

冈 岡

冈陵(岡陵) gāng líng 산등성이와 구릉
冈峦(岡巒) gāng luán 연이어진 산등성이
冈峦起伏(岡巒起伏) gāng luán qǐ fú 높고 낮게 이어진 산등성이
我的家背靠山冈 wǒ de jiā bèi kào shān gāng 나의 집은 산등성이를 등지고 있다

조개 **패**
뻬이 bèi

贝 貝

贝母(貝母) bèi mǔ 백합과의 다년초(중국이 원산지임)
贝雕(貝雕) bèi diāo 조개로 만든 조각품
贝壳(貝殼) bèi ké 조가비
这座贝雕很吸引人 zhè zuò bèi diāo hěn xī yǐn rén 이 조개로 만든 조각품은 그야말로 사람들의 눈길을 끈다

这个 zhè ge 이, 이것   那个 nà ge 저, 저것, 그, 그것   那些 nà xie 저것들, 그것들

4획

볼 견 쟨 jiàn	见 見	见到(見到) jiàn dào 목격하다 见解(見解) jiàn jiě 의견, 견해 见缝插针(見縫插針) jiàn fèng chā zhēn 틈만 보이면 바늘을 꽂다 (이용할 수 있는 시간이나 공간을 모두 이용한다는 말) 见到您很高兴 jiàn dào nín hěn gāo xìng 당신을 만나서 매우 기쁩니다
기운 기 치 qì	气 氣	气氛(氣氛) qì fēn 분위기 气喘(氣喘) qì chuǎn 숨이 차다 气味(儿)相投(氣味(兒)相投) qì wèi (r) xiāng tóu 마음이 맞다 南北会谈气氛想象以外地好 nán běi huì tān qì fēn xiǎng xiàng yǐ wài de hǎo 남북회담 분위기가 기대 이상 좋다
길 장 어른 장 창 cháng 창 zhǎng	长 長	长远(長遠) cháng yuǎn 항구적이다 长寿(長壽) cháng shòu 오래 살다 长年累月(長年纍月) cháng nián lěi yuè 오랜 세월 要做长期打算 yào zuò cháng qī dǎ suàn 장기적으로 계산해야 한다
종 복 푸 pú	仆 僕	仆人(僕人) pú rén 하인, 고용인 仆仆(僕僕) pú pú 매우 지치다, 번거롭고 너저분하다 风尘仆仆(風塵僕僕) fēng chén pú pú 바람이 불든 먼지가 일든 개의치 않고 바쁘게 돌아치다 他风尘仆仆(地)来到这里 tā fēng chén pú pú (de) lái dào zhè lǐ 그는 고생을 무릅쓰고 여기에 왔다
비단 폐 삐 bì	币 幣	人民币(人民幣) rén mín bì 중국 화폐 货币(貨幣) huò bì 화폐 外币(外幣) wài bì 외화 今天外币汇率多少 jīn tiān wài bì huì lǜ duō shǎo 오늘의 외환율은 어떻습니까?
좇을 종 시중들 종 충 cóng	从 從	从来(從來) cóng lái 지금까지 从事(從事) cóng shì (열심히) 일하다 从头至尾(從頭至尾) cóng tóu zhì wěi 처음부터 끝까지 从北京到天津只有两个小时路程 cóng běi jīng dào tiān jīn zhī yǒu liǎng ge xiǎo shí lù chéng 베이징에서 톈진까지는 두 시간 거리밖에 안 된다
둥글 륜 룬 lún	仑 侖	昆仑(昆侖) kūn lún 곤륜산

哪个? nǎ ge? 어느, 어느 것?   哪些? nǎ xiē? 어느 것들?

4획

곳집 **창** 슬퍼할 창 창 cāng	仓 倉	仓库(倉庫) cāng kù 물건을 보관하는 곳 仓皇(倉皇) cāng huáng 어찌할 겨를이 없을 만큼 매우 급함 仓皇失措(倉皇失措) cāng huáng shī cuò 당황하여 어쩔줄 모르다 仓库里已堆满东西 cāng kù lǐ yǐ duī mǎn dōng xi 창고에 이미 물건이 꽉 차 있다
바람 **풍** 펑 fēng	风 風	风景(風景) fēng jǐng 경치 风俗(風俗) fēng sú 옛부터 내려온 하나의 습관 风吹日晒(風吹日曬) fēng chuī rì shài 비바람 맞고 햇볕을 쬐다 杭州西湖的风景太美了 háng zhōu xī hú de fēng jǐng tài měi le 항쩌우 서호의 풍경은 정말로 아름답다
겨우 **근** 진 jǐn	仅 僅	仅仅(僅僅) jǐn jǐn 다만, 겨우, 간신히 仅有(僅有) jǐn yǒu 오직 …밖에 없다 仅有绝无(僅有絶無) jǐn yǒu jué wú 좀처럼 없다 仅仅两句话却很有份量 jǐn jǐn liǎng jù huà què hěn yǒu fèn liàng 단지 두 마디의 말이지만 무게가 있다
봉새 **봉** 펑 fèng	凤 鳳	凤凰(鳳凰) fèng huáng 봉황 凤仙花(鳳仙花) fèng xiān huā 봉선화 凤凰于飞(鳳凰於飛) fèng huáng yú fēi 부부가 화목하다는 말 他的字犹如龙飞凤舞 tā de zì yóu rú lóng fēi fèng wǔ 그의 필체는 마치 용이 날아 오르고 봉황이 춤추는 듯 보기 좋다
까마귀 **오** 우 wū	乌 烏	乌黑(儿)(烏黑(兒)) wū hēi (r) 새까맣다 乌亮(烏亮) wū liàng 검고 반들반들하다 乌烟瘴气(烏煙瘴氣) wū yān zhàng qì 온통 뒤죽박죽 되다 他的头发乌黑发亮 tā de tóu fà wū hēi fā liàng (그의) 머리칼은 검고 윤기 있다
빗장 **산** 솬 shuān	闩 門	门闩(門閂) mén shuān 문의 빗장 下闩(下閂) xià shuān 빗장을 빼다 上闩(上閂) shàng shuān 빗장을 지르다 进院子后要闩门 jìn yuàn zi hòu yào shuān mén 정원에 들어오면 빗장을 질러야 한다
할 **위** 위할 위 웨이 wéi, wèi	为 爲	为人(爲人) wéi rén 사람 됨됨이, 인품 为国为民(爲國爲民) wèi guó wèi mín 나라와 국민을 위하다 为时不晚(爲時不晚) wéi shí bù wǎn 때가 늦지 않다 他的为人很好 tā de wéi rén hěn hǎo 그의 됨됨이가 좋다

这儿 zhèr 이곳, 여기   这里 zhè li 이곳, 여기

4획

싸울 투 떠우 dòu	斗 鬥	斗志(鬥志) dòu zhì 싸우고자 하는 의지, 투혼 斗争(鬥爭) dòu zhēng 싸우다 斗志昂扬(鬥志昂揚) dòu zhì áng yáng 투지를 북돋우다 他的斗志很顽强 tā de dòu zhì hěn wán qiáng 그의 투지는 매우 완강하다
생각할 억 이 yì	忆 憶	忆念(憶念) yì niàn 마음속에 확실히 기억하다 忆苦(憶苦) yì kǔ 쓰라린 과거를 회상하다 忆苦思甜(憶苦思甜) yì kǔ sī tián 쓰라린 과거를 추억하고 오늘의 행복을 생각하다 回忆过去 huí yì guò qù 지난 날을 떠올리다
바로잡을 정 맺을 정 띵 dìng	订 訂	订报(訂報) dìng bào 신문 구독을 신청하다 订婚(訂婚) dìng hūn 약혼하다 订货(訂貨) dìng huò 물품을 주문하다 甲乙双方签订合同 jiǎ yǐ shuāng fāng qiān dìng hé tóng 갑과 을 쌍방이 계약을 맺다
꾀 계 지 jì	计 計	计划(計劃) jì huà 일의 얽이를 잡음 计算机(計算機) jì suàn jī 계산기 计上心来(計上心來) jì shàng xīn lái 계략이 떠오르다 作计划越细越好 zuò jì huà yuè xì yuè hǎo 계획은 구체적 일수록 좋다
부고 부 부 fù	讣 訃	讣告(訃告) fù gào 사람이 죽었음을 알리다 讣书(訃書) fù shū 사망 통지서 讣闻(訃聞) fù wén 사람이 죽었다는 소식 讣告接到了 fù gào jiē dào le 부고를 받았다
알 인 런 rèn	认 認	认为(認爲) rèn wéi 생각하다 认帐(認帳) rèn zhàng 부채를 인정하다, 잘못을 시인하다 认假为真(認假爲真) rèn jiǎ wéi zhēn 거짓을 진실로 여기다 认真地研究一下 rèn zhēn de yán jiū yī xià 진지하게 검토해 봅시다
나무랄 기 지 jī	讥 譏	讥笑(譏笑) jī xiào 비웃다, 조롱하다 讥讽(譏諷) jī fěng 풍자하다, 비꼬다 讥评(譏評) jī píng 악평하다 不要讥笑别人 bù yào jī xiào bié rén 남을 비웃지 말라

那儿 nàr 그곳, 저곳   那里 nà li 그곳, 저곳

4획

추할 추 처우 chǒu	丑 醜	丑态(醜態) chǒu tài 추잡한 행위 丑闻(醜聞) chǒu wén 추잡한 소문, 나쁜 평판 丑态百出(醜態百出) chǒu tài bǎi chū 온갖 추태를 다 부리다 那个人长象很丑 nà ge rén zhǎng xiàng hěn chǒu 그 사람 생김새가 아주 못났다
대 대 뚜이 duì	队 隊	队长(隊長) duì zhǎng 한 대오의 우두머리 队伍(隊伍) duì wǔ 대열 军队(軍隊) jūn duì 군인들의 집단 要排队买票 yào pái duì mǎi piào 줄서서 표를 사야 한다
힘쓸 판 빤 bàn	办 辦	办法(辦法) bàn fǎ 방법, 수단, 방식 办公(辦公) bàn gōng 근무하다, 공무를 보다 办事儿(辦事兒) bàn shìr 일처리, 일을 보다 办完手续 bàn wán shǒu xù 수속을 마치다
나라이름 등 떵 dèng	邓 鄧	邓小平(鄧小平) dèng xiǎo píng 등소평 邓小平是中国改革开放的总设计师 dèng xiǎo píng shì zhōng guó gǎi gé kāi fàng de zǒng shè jì shī 등소평은 중국의 개혁과 개방의 총설계사이다
권할 권 취안 quàn	劝 勸	劝告(勸告) quàn gào 권하다, 충고 劝酒(勸酒) quàn jiǔ 술을 권하다 劝善惩恶(勸善懲惡) quàn shàn chéng è 착한 일은 권장하고 악한 일은 징계하다 不听劝告,必有恶果 bù tīng quàn gào, bì yǒu è guǒ 충고를 듣지 않으면 반드시 쓴맛을 볼 것이다
쌍 쌍 쑤앙 shuāng	双 雙	双亲(雙親) shuāng qīn 양친, 부모 双手(雙手) shuāng shǒu 양손, 두 손 双眉紧锁(雙眉緊鎖) shuāng méi jǐn suǒ 양미간을 찌푸리다 有一双手,何必吃闲饭? yǒu yī shuāng shǒu, hé bì chī xián fàn 두 손이 있는데 공짜로 밥을 먹을 수야 없지 않은가?
쓸 서 수 shū	书 書	书店(書店) shū diàn 책을 파는 곳 书架(書架) shū jià 책꽂이 书不尽言(書不盡言) shū bù jìn yán 글로써 말을 충분히 표현할 수는 없다 到书店去买书 dào shū diàn qù mǎi shū 서점에 가서 책을 사다

哪儿 nǎr 어디에, 어느 곳?   哪里 nǎ lǐ 어디에, 어느 곳?

5획

| 칠 격
지 jī | 击 擊 | 击灭(擊滅) jī miè 섬멸하다
击毙(擊斃) jī bì 사살하다, 총살하다
击中(擊中) jī zhòng 명중하다
击败对手 jī bài duì shǒu 적수를 물리치다 |

| 적을 전
잰 jiān | 戋 戔 | 戋戋(戔戔) jiān jiān 적다, 보잘 것 없다
为数戋戋 wéi shù jiān jiān 극히 적다, 보잘것 없다 |

| 칠 박
푸 pū | 扑 撲 | 扑鼻(撲鼻) pū bí (냄새가) 코를 찌르다, 풍겨오다
扑打(撲打) pū dǎ (얇은 것으로) 세게 내려치다
扑救(撲救) pū jiù 불을 끄고 인명과 재산을 구하다
扑朔迷离 pū shuò mí lí 뒤섞여 갈피 잡을 수 없다 |

| 마디 절
제 jié | 节 節 | 节日(節日) jié rì 경축일, 명절
节子(節子) jié zi 마디
节外生枝(節外生枝) jié wài shēng zhī 또다른 문제가 파생되다
节约一滴水 jié yuē yī dī shuǐ 한 방울의 물도 절약하다 |

| 꾀 술
수 shù | 术 術 | 技术(技術) jì shù 공예의 재주
艺术(藝術) yì shù 기예와 학술
学术(學術) xué shù 학문
技术是个铁饭碗 jì shù shì ge tiě fàn wǎn 기술은 철밥통이다 |

| 용 룡
룽 lóng | 龙 龍 | 龙虾(龍蝦) lóng xiā 큰 새우
龙井茶(龍井茶) lóng jǐng chá 용정차(녹차의 일종)
龙争虎斗(龍爭虎鬥) lóng zhēng hǔ dòu 용과 호랑이가 서로 싸우다(투쟁이나 경쟁이 매우 치열함을 비유)
办事不能搞成龙头蛇尾 bàn shì bù néng gǎo chéng lóng tóu shé wěi 일처리를 용두사미격으로 해서는 안 된다 |

| 갈 려
리 lì | 厉 厲 | 厉害(厲害) lì hài 사납다
厉行(厲行) lì xíng 실시하다, 단행하다
厉行节约(厲行節約) lì xíng jié yuē 애써 절약하다
他病得很厉害 tā bìng de hěn lì hài 그의 병이 아주 심각하다 |

何时? hé shí 어느 때?   什么时候? shén me shí hòu 언제, 어느 때?

5획

멸망할 멸
몌 miè
灭 滅

灭火(滅火) miè huǒ 불을 끄다
灭口(滅口) miè kǒu 입을 막다, 비밀누설을 막기 위해 죽이다
灭绝人性(滅絶人性) miè jué rén xìng 잔인무도하다
消灭敌人 xiāo miè dí rén 적을 소멸시키다

동녘 동
둥 dōng
东 東

东海(東海) dōng hǎi 동해
东京(東京) dōng jīng 동경
东找西借(東找西借) dōng zhǎo xī jiè 여기 저기서 돈을 꾸다
往东走 wǎng dōng zǒu 동쪽으로 가다

삐걱거릴 알
야 yà
轧 軋

轧米(軋米) yà mǐ 쌀을 찧다, 줄서서 쌀을 사다
轧死(軋死) yà sǐ 차에 치어 사망하다
轧碎机(軋碎機) yà suì jī 분쇄기
把路面轧平 bǎ lù miàn yà píng 도로 지면을 평평하게 고르다

밥그릇 로
루 lú
卢 盧

卢弓卢矢(盧弓盧矢) lú gōng lú shǐ 검게 칠한 활과 화살
卢布(盧布) lú bù 루블(소련의 화폐 단위)
卢生之梦(盧生之夢) lú shēng zhī mèng 인생의 영고성쇠는 꿈과 같이 헛되고 덧없다
卢布贬值了 lú bù biǎn zhí le 루블이 평가절하되다

업 업
예 yè
业 業

业主(業主) yè zhǔ 기업주
就业(就業) jiù yè 취직하다
业精于勤(業精於勤) yè jīng yú qín 학문과 기예는 부지런해야 정통해진다
企业要讲效益 qǐ yè yào jiǎng xiào yì 기업은 이익을 따져야 한다

옛날 구
쥬 jiù
旧 舊

旧迹(舊蹟) jiù jì 옛날 자취
旧友(舊友) jiù yǒu 오랜 친구
旧地重游(舊地重游) jiù dì chóng yóu 옛터에서 다시 노닐다
旧友重逢 jiù yǒu chóng féng 옛 친구가 다시 만나다

장수 수
솨이 shuài
帅 帥

将帅(將帥) jiàng shuài 장수, 군사를 거느리는 우두머리
帅领(帥領) shuài lǐng 거느리다
真帅(真帥) zhēn shuài 너무 멋지다
由你挂帅处理这件事 yóu nǐ guà shuài chǔ lǐ zhè jiàn shì 당신이 책임지고 이 일을 처리하시오

怎么? zěn me 어떻게?   什么? shén me 무엇?

5획

돌아갈 귀 구이 guī	归 歸	归国(歸國)guō guó 조국에 돌아옴 归还(歸還)guó huán 되돌리다 归根到底(歸根到底)guó gēn dào dǐ 결국, 끝내 出国几个月, 归心似箭 chū guó jǐ ge yuè, guī xīn sì jiàn 출국하고나서 몇 달 지나니 집으로 돌아가고 싶은 마음이 간절하다
잎 엽 예 yè	叶 葉	叶子(葉子)yè zi 잎 落叶(落葉)luò yè 떨어진 나뭇잎 叶落归根(葉落歸根)yè luò guī gēn 잎은 떨어져서 뿌리로 돌아간다는 말로 무엇이든 결국에는 근본으로 되돌아간다는 뜻 红花也要绿叶配 hóng huā yě yào lǜ yè pèi 붉은 꽃도 푸른 잎이 있어야 빛을 발한다
부를 호 하오 hào	号 號	号召(號召)hào zhào 외치다 号脉(號脈)hào mài 진맥하다 号令如山(號令如山)hào lìng rú shān 추상같은 호령 政府号召反腐败 zhèng fǔ hào zhào fǎn fǔ bài 정부는 반부패를 호소했다
번개 전 땐 diàn	电 電	电脑(電腦)diàn nǎo 컴퓨터 电视(電視)diàn shì 텔레비전 电光朝露(電光朝露)diàn guāng zhāo lù 번갯불과 아침이슬, 덧없는 인생을 이르는 말 打电话 dǎ diàn huà 전화를 걸다
하나 척 다만 지 즈 zhī	只 隻	只身(隻身)zhī shēn 단신, 홀몸 只句(隻句)zhī jù 간단한 문장 只言片语(隻言片語)zhī yán piàn yǔ 한 마디의 말 只好这样, 没有别的办法 zhī hǎo zhè yàng, méi yǒu bié de bàn fǎ 오직 이럴뿐, 다른 방법은 없다
쪽잘거릴 기 지 jī	叽 嘰	叽咕(嘰咕)jī gū 소곤거리다, 투덜거리다 叽咯儿(嘰咯兒)jī gēr 조르다, 요구하다 叽哩咕噜(嘰哩咕嚕)jī lī gū lū 알아들을 수 없는 말, 재잘거리는 소리 你们在那里叽咕什么? nǐ mén zài nà lǐ jī gū shén me? 당신들, 거기서 뭘 수군거리는 거요?
탄식할 탄 탄 tàn	叹 嘆	叹服(嘆服)tàn fú 감복하다 叹气(嘆氣)tàn qì 탄식하다, 한숨쉬다 叹为观止(嘆爲觀止)tàn wéi guān zhǐ 찬사를 아끼지 않는 말 哀声叹气没用 āi shēng tàn qì méi yòng 슬퍼하며 탄식해도 소용이 없다

曾祖父 zēng zǔ fù 증조부   曾祖母 zēng zǔ mǔ 증조모

5획

들 문 먼 mén	们 們	人们(人們) rén mén 사람들 我们(我們) wǒ mén 우리들 乡亲们(鄉親們) xiāng qīn mén 마을 사람들 我们和你们都主张和平 wǒ mén hé nǐ mén dōu zhǔ zhāng hé píng 우리와 당신들은 모두 다 평화를 주장합니다
거동 의 이 yí	仪 儀	仪表(儀表) yí biǎo 풍채, 위용 仪器(儀器) yí qì 제도 또는 실험용 기구의 총칭 仪态万方(儀態萬方) yí tài wàn fāng (여자의) 용모나 몸가짐 하나하나가 참으로 아름답다 在国外, 仪表更要大方 zài guó wài, yí biǎo gèng yào dà fāng 외국에서는 몸가짐이 더욱 대범해야 한다
모일 총 충 cóng	丛 叢	丛草(叢草) cóng cǎo 풀섶, 우거진 풀 丛竹(叢竹) cóng zhú 대나무숲 丛轻折轴(叢輕折軸) cóng qīng zhé zhóu 작은 것도 많이 모이면 큰 힘이 된다는 뜻 这套历史丛书多少钱? zhè tào lì shǐ cóng shū duō shǎo qián 이 역사총서 한 질은 얼마입니까?
너 이 얼 ěr	尔 爾	尔后(爾后) ěr hòu 이후, 그 후 尔我(爾我) ěr wǒ 너와 나 尔汝之交(爾汝之交) ěr rǔ zhī jiāo 친근한 벗 他们的关系是一种尔虞我诈的关系 tā mén de guān xì shì yī zhōng ěr yú wǒ zhà de guān xì 그들은 속고 속이는 관계이다
즐길 락 풍류 악 러 lè 웨 yuè	乐 樂	乐园(樂園) lè yuán 안락하게 살 수 있는 곳 乐器(樂器) yuè qì 음악을 연주하기 위해 쓰이는 기구 乐天知命(樂天知命) lè tiān zhī mìng 천명에 순종하다, 자신의 운명을 달갑게 받아들이다 祝您快乐! zhù nín kuài lè 당신이 즐겁기를 바랍니다!
살 처 추 chǔ, chù	处 處	处理(處理) chǔ lǐ 해결하다 处处(處處) chù chù 도처에, 어디든지, 각 방면에 处之泰然(處之泰然) chǔ zhī tài rán 어떤 상황에도 서두르지 않고 태연자약하다 处处有熟人 chù chù yǒu shóu rén 가는 곳마다 아는 사람이 있다
북소리 동 뚱 dōng	冬 鼕	冬冬(鼕鼕) dōng dōng 북소리 또는 문을 두드리는 소리 大鼓冬冬响 dà gǔ dōng dōng xiǎng 큰 북이 둥둥 울리다

祖父 zǔ fù (爷爷 yé ye) 할아버지　　祖母 zǔ mǔ (奶奶 nǎi nai) 할머니

새 조 냐오 niǎo	鸟 鳥	鸟巢(鳥巢) niǎo cháo 새둥주리 鸟蛋(鳥蛋) niǎo dàn 새알 鸟语花香 niǎo yǔ huā xiāng 새가 지저귀고 꽃이 향기롭다 春暖花开, 鸟语花香 chūn nuǎn huā kāi, niǎo yǔ huā xiāng 　봄이 따뜻하니 꽃이 피어나고 새들 노래 속에 꽃향기가 그윽하다
일 무 우 wù	务 務	务必(務必) wù bì 반드시, 필히 任务(任務) rèn wù 맡은 일 务虚务实(務虛務實) wù xū wù shí 학습에 힘쓰고 구체적 사업 　수행에 노력하다 一定要完成任务 yī dìng yào wán chéng rèn wù 반드시 　임무를 완수해야 한다
꼴 추 추 chú	刍 芻	刍牧(芻牧) chú mù 가축을 놓아 기르다 刍秣(芻秣) chú mò 여물, 꼴 (마소에게 먹이는 사료 풀) 刍议(芻議) chú yì 자신의 의견이나 주장을 낮추는 말 刍言不必计较 chú yán bù bì jì jiào 너무나 하찮은 말이기에 　따질 필요도 없다
주릴 기 지 jī	饥 飢	饥饿(飢餓) jī è 굶주림 饥寒(飢寒) jī hán 굶주림과 추위 饥寒交迫(飢寒交迫) jī hán jiāo pò 굶주림과 추위가 함께 닥치다 饥一顿饱一顿 jī yī dùn bǎo yī dùn (가난하여) 한끼 건너 한끼 　먹기(가 계속되다)
성씨 광 쾅 kuàng	邝 鄺	* 성(姓)으로만 쓰임
탈 빙 성씨 풍 핑 píng 벙 féng	冯 馮	冯冯(馮馮) píng píng 말이 빨리 달리는 모습 冯怒(馮怒) píng nù 크게 노함 暴虎冯河(暴虎馮河) bào hǔ píng hé 힘만 믿고 덤비다, 용기는 　있으나 지략이 없다 野马你追我赶, 冯冯而来 yě mǎ nǐ zhuī wǒ gǎn, píng píng 　ér lái 야생말이 앞서거니 뒤서거니 하며 달리고 있다
번쩍일 섬 산 shǎn	闪 閃	闪光(閃光) shǎn guāng 번갯불 闪开(閃開) shǎn kāi 피하다 闪烁其辞(閃爍其辭) shǎn shuò qí cí 말을 요리조리 돌려대다 灯光闪闪 dēng guāng shǎn shǎn 등불이 반짝반짝 빛나다

外祖父 wài zǔ fù (老爷 lǎo yé) 외할아버지　　外祖母 wài zǔ mǔ (姥姥 lǎo lao) 외할머니

5획

난초 란 란 lán	兰 蘭	兰花(蘭花) lán huā 난초 兰芳(蘭芳) lán fāng 난초의 향기 兰因絮果(蘭因絮果) lán yīn xù guǒ 사람이 만나고 헤어지는 게 덧없다 我最喜欢兰花香 wǒ zuì xǐ huān lán huā xiāng 나는 난초 향기를 가장 좋아한다
물돌 회 후이 huì	汇 匯	汇款(匯款) huì kuǎn 송금하다 汇率(匯率) huì lǜ 환율 汇总(匯總) huì zǒng (자료 따위를) 한데 모으다 请写好汇款单儿 qǐng xiě hǎo huì kuǎn dānr 송금 전표를 똑바로 쓰세요
머리 두 터우 tóu	头 頭	头脑(頭腦) tóu nǎo 머리, 지도자 头疼(頭疼) tóu téng 두통 头昏脑胀(頭昏腦脹) tóu hūn nǎo zhàng 머리가 어지럽고 아프다 我洗头 wǒ xǐ tóu 나는 머리를 감는다
한수 한 한 hàn	汉 漢	汉城(漢城) hàn chéng '서울'의 옛이름 汉语(漢語) hàn yǔ 중국어(한어) 身在曹营,心在汉室 shēn zài cáo yíng, xīn zài hàn shì 비록 (관우의) 몸은 조조 진영에 있지만 마음은 한나라 유비한테 가 있다 (역경에서도 절개를 굽히지 않는다는 뜻) 学习汉语 xué xí hàn yǔ 한어(중국어)를 배우다
편안할 녕 닝 níng, nìng	宁 寧	安宁(安寧) ān níng 안녕(인사말) 宁可(寧可) nìng kě 차라리 宁折不弯(寧折不彎) nìng zhé bù wān 꺾일지언정 굽히지 않는다, 죽어도 굴복하지 않는다 宁静的夜晚 níng jìng de yè wǎn 고요한 밤
들추어낼 알 제 jié	讦 訐	讦扬(訐揚) jié yáng 들추어내다, 폭로하다 讦直(訐直) jié zhí 강직하여 숨기지 못하다, 남의 잘못을 곧바로 지적하다 不能讦扬别人的隐私 bù néng jié yáng bié rén de yǐn sī 다른 사람의 사적인 비밀을 밝혀서는 안 된다
무너질 홍 홍 hòng	讧 訌	讧阻(訌阻) hòng zǔ 승복하지 않고 그 일을 떠들어 대다 内讧(內訌) nèi hòng 내부 갈등과 분열 要防止出内讧 yào fáng zhǐ chū nèi hòng 내부에서 갈등과 분열이 생기는 것을 방지해야 한다

父亲 fù qin (爸爸 bà ba, 爹 diē) 아버지   母亲 mǔ qin (妈妈 mā ma, 娘 niáng) 어머니

5획

칠 토 타오 tǎo	讨 討	讨论(討論) tǎo lùn 여러 사람이 의견을 말하며 의논함 讨债(討債) tǎo zhài 빚을 독촉하다 讨价还价(討價還價) tǎo jià huán jià 흥정하다, 옴니암니를 따져 보다, 에누리하다 事前要讨论好 shì qián yào tǎo lùn hǎo 사전에 토론을 잘 해야 한다
베낄 사 셰 xiě	写 寫	写字(寫字) xiě zì 글씨를 쓰다 写信(寫信) xiě xìn 편지를 쓰다 写写记记(寫寫記記) xiě xiě jì jì 쓰거나 기록하다 他字写得好 tā zì xiě de hǎo 그는 글씨를 잘 쓴다
사양할 양 랑 ràng	让 讓	让步(讓步) ràng bù 사양하여 남에게 미룸 让权(讓權) ràng quán 권리를 양도하다 让枣推梨(讓棗推梨) ràng zǎo tuī lí 대추나 배를 상대방에 권하며 양보하다(우정이나 우애가 두텁다는 뜻) 让步是团结的前提 ràng bù shì tuán jié de qián tí 양보는 단결의 기본 전제이다
예도 례 리 lǐ	礼 禮	礼节(禮節) lǐ jié 예의범절 礼堂(禮堂) lǐ táng 예식장 礼尚往来(禮尚往來) lǐ shàng wǎng lái 예의상 선물받으면 답례하는 것이 도리이다 不要乱送礼物 bù yào luàn sòng lǐ wù 아무에게나 건성으로 선물을 해서는 안 된다
헐뜯을 산 산 shàn	讪 訕	讪笑(訕笑) shàn xiào 조소하여 비웃다 讪脸(訕臉) shàn liǎn 뻔뻔스런 표정을 짓다 讪讪地(訕訕地) shàn shàn de 멋쩍은 듯, 무안한 듯 他讪讪地红了脸 tā shàn shàn de hóng le liǎn 그는 어색하게 얼굴을 붉혔다
마칠 글 치 qì	讫 訖	讫今(訖今) qì jīn 지금까지 付讫(付訖) fù qì 지불이 끝나다 起讫(起訖) qǐ qì 시작과 끝 讫今为止,我已获大奖五个 qì jīn wéi zhǐ, wǒ yǐ huò dà jiàng wǔ gè 지금까지 나는 대상을 다섯 번이나 받았다
가르칠 훈 쉰 xùn	训 訓	训练(訓練) xùn liàn 실무를 배워 익힘 训服(訓服) xùn fú 길들이다 训练有素(訓練有素) xùn liàn yǒu sù 평소 훈련을 많이 하다, 훈련이 잘 되어 있다 指导训练 zhǐ dǎo xùn liàn 훈련을 지도하다

伯父 bó fù(大爷 dà ye) 큰아버지   伯母 bó mǔ(大娘 dà niáng) 큰어머니

5획

훈음	간체	번체	예문
의논할 의 이 yì	议	議	议案(議案) yì àn 안건 议论(議論) yì lùn 서로 일을 상의함 议事日程(議事日程) yì shì rì chéng 의사일정 请各位议论 qǐng gè wèi yì lùn 여러분들이 의논하십시오
물을 신 기별 신 쉰 xùn	讯	訊	讯问(訊問) xùn wèn 일의 자초지종을 따지고 물음 讯访(訊訪) xùn fǎng 방문하다 喜迅传来(喜迅傳來) xǐ xùn chuán lái 희소식이 들려 오다 不要这样讯问我 bù yào zhè yàng xùn wèn wǒ 저한테 이렇게 따지고 묻지 마세요
기록할 기 지 jì	记	記	记住(記住) jì zhù 확실히 기억해 두다 记者(記者) jì zhě 신문, 잡지 등의 기사를 쓰는 사람 记忆犹新(記憶猶新) jì yì yóu xīn 기억이 새롭다 请记住, 别忘了 qǐng jì zhù, bié wàng le 잊지 말고 기억해 두시오
멀 료 랴오 liáo	辽	遼	辽远(遼遠) liáo yuǎn 아득히 멀다 辽阔(遼闊) liáo kuò 끝없이 넓다 辽东白豕(遼東白豕) liáo dōng bái shǐ 흔히 보는 일을 신기하게 생각하다 中国大地辽阔 zhōng guó dà dì liáo kuò 중국의 땅은 끝없이 넓다
가 변 뱬 biān	边	邊	边境(邊境) biān jìng 국경지대, 변방 边旁(邊旁) biān páng 근처, 옆 边整边改(邊整邊改) biān zhěng biān gǎi 정돈하면서 고치다 这儿离边境多远? zhèr lí biān jìng duō yuǎn 여기서 변경까지 얼마나 멀어요?
날 출 추 chū	出	齣	一出戏(一齣戲) yī chū xì 한 편의 연극 这出戏很出名 zhè chū xì hěn chū míng 이 연극은 대단히 소문이 나 있다
쏠 발 바 fā	发	發	发财(發財) fā cái 돈을 벌다, 부자가 되다 发病(發病) fā bìng 병이 나다 发人深省(發人深省) fā rén shēn xǐng 깊이 깨닫게 하다 韩国经济发展很快 hán guó jīng jì fā zhǎn hěn kuài 한국의 경제발전은 매우 빠르다

叔叔 shū shu 작은아버지   婶婶 shěn shen 작은어머니

성스러울 성 셩 shèng	圣	聖	圣诞节(聖誕節) shèng dàn jié 크리스마스 圣人(聖人) shèng rén 성스러운 사람 圣经贤传(聖經賢傳) shèng jīng xián zhuàn 성인이 지은 책과 그에 의거하여 현인이 지은 책 神圣领土不可侵犯 shén shèng lǐng tǔ bù kě qīn fàn 성스런 영토를 침범해서는 안 된다
대할 대 대답할 대 뚜이 duì	对	對	对方(對方) duì fāng 상대방 对话(對話) duì huà 마주보며 이야기하다 对牛弹琴(對牛彈琴) duì niú tán qín 쇠귀에 거문고 뜯기(아무리 가르쳐도 알지 못함을 비유하는 말) 我对你有意见 wǒ duì nǐ yǒu yì jiàn 나는 당신에게 의견이 있습니다
돈대 대 타이 tái	台	臺	台阶(臺階) tái jiē 계단 台风(臺風) tái fēng 태풍 亭台楼阁(亭臺樓閣) tíng tái lóu gé 높은 정자와 누각 上台阶 shàng tái jiē 계단을 오르다
꼴 규 맺힐 교 쥬 jiū	纠	糾	纠纷(糾紛) jiū fēn 다툼, 분쟁 纠正(糾正) jiū zhèng 바로잡다 纠众闹事(糾眾鬧事) jiū zhòng nào shì 무리를 규합하여 소동을 일으키다 解决纠纷才能签合同 jiě jué jiū fēn cái néng qiān hé tóng 분규가 해결되어야만 계약을 체결할 수 있다
말부릴 어 위 yù	驭	馭	驭马(馭馬) yù mǎ 말을 부리다 驭边(馭邊) yù biān 국경지대를 다스리다 驭风之客(馭風之客) yù fēng zhī kè 바람을 타고 날아 다니는 사람(선인을 이르는 말) 他驭马真有一套 tā yù mǎ zhēn yǒu yī tào 그는 정말 말을 부리는 솜씨가 좋다
실 사 스 sī	丝	絲	丝袜(絲襪) sī wà 명주 양말, 비단 버선 丝雨(絲雨) sī yǔ 이슬비 丝来线去(絲來線去) sī lái xiàn qù 얼기설기 뒤엉키다, 종잡을 수 없다 他办事一丝不苟 tā bàn shì yī sī bù gǒu 그는 일을 처리할 때 조금도 경솔하지 않다
구슬 기 지 jī	玑	璣	珠玑(珠璣) zhū jī 둥글지 않은 구슬 璇玑(璇璣) xuán jī 고대에 천체를 관측하던 기계

姑姑 gū gu (姑妈 gū mā) 고모　　姑夫 gū fu (姑丈 gū zhàng) 고모부

6획

움직일 동 똥 dòng	动 動	动身(動身) dòng shēn 출발하다, 떠나다 动作(動作) dòng zuò 행동, 움직이다 动人心弦(動人心弦) dòng rén xuán 심금을 울리다 现在动身到机场 xiàn zài dòng shēn dào jī chǎng 지금 출발하여 공항으로 가다
잡을 집 즈 zhí	执 執	执行(執行) zhí xíng 실행하다 执政(執政) zhí zhèng 정권을 잡다 执迷不悟(執迷不悟) zhí mí bù wù 잘못을 고집하며 뉘우치지 않다 您有营业执照吗? nín yǒu yíng yè zhí zhào ma? 당신은 사업 증명서가 있어요?
묶을 공 궁 gǒng	巩 鞏	巩固(鞏固) gǒng gù 견고하다 巩膜(鞏膜) gǒng mó (안구의) 공막 巩固边防,确保安全 gǒng gù biān fáng, què ān quán 변방의 수비를 튼튼히 하여 안전을 확보한다
광 광 쾅 kuàng	圹 壙	圹埌(壙壙) kuàng làng 매우 넓은 들판 圹穴(壙穴) kuàng xué 시체를 묻는 구덩이 圹中(壙中) kuàng zhōng 무덤 속 你们去打圹穴 nǐ mén qù dǎ kuàng xué 당신들이 가서 묘혈을 파시오
넓을 확 쿼 kuò	扩 擴	扩大(擴大) kuò dà 넓히다 扩张(擴張) kuò zhāng (세력, 야심 따위를) 키우다, 확장하다 扩而充之(擴而充之) kuò ér chōng zhī 넓힘으로써 충실하게 하다 扩大影响 kuò dà yǐng xiǎng 영향력을 증대하다
어루만질 문 먼 mén	扪 捫	扪心(捫心) mén xīn 가슴을 어루만지다 扪舌(捫舌) mén shé 말을 못하게 하다, 말하지 않다 扪心自问(捫心自問) mén xīn zì wèn 가슴에 손을 얹고 반성하다 用手扪话筒 yòng shǒu mén huà tǒng 손으로 수화기를 막다
쓸 소 싸오 sǎo	扫 掃	扫地(掃地) sǎo dì 청소하다, (명예, 신용 따위가) 없어지다 扫兴(掃興) sǎo xìng 흥이 깨지다 扫除天下(掃除天下) sǎo chú tiān xià 천하를 평정하다 扫兴而归 sǎo xìng ér guī 흥이 깨져 돌아가다

舅舅 jiù jiu 외삼촌   舅母 jiù mǔ 외숙모

6획

오를 양 흉배 양 양 yáng	扬 揚	扬手(揚手) yáng shǒu 손을 쳐들다, 손을 내젓다 扬名(揚名) yáng míng 이름을 날리다 扬鞭催马(揚鞭催馬) yáng biān cuī mǎ 채찍을 휘두르며 말을 재촉하다 他扬扬得意地说明了过程 tā yáng yáng dé yì de shuō míng le guò chéng 그는 득의양양하여 과정을 설명했다
마당 장 챵 chǎng	场 場	场所(場所) chǎng suǒ 자리 场次(場次) chǎng cì (공연) 횟수 场院(場院) chǎng yuàn 마당, 뜰 会场设在广场 huì chǎng shè zài guǎng chǎng 회의장은 광장에 마련되었다
버금 아 야 yà	亚 亞	亚洲(亞洲) yà zhōu 아시아주 亚军(亞軍) yà jūn (운동 경기의) 제2위, 준우승 亚非(亞非) yà fēi 아시아 아프리카 我得了亚军 wǒ dé le yà jūn 내가 2등을 했다
곡식냄새 향 샹 xiāng	芗 薌	芗萁(薌萁) xiāng qí 수수(종묘 제사에 쓰이는 식물) 芗泽(薌澤) xiāng zé 향기 芗合(薌合) xiāng hé 종묘 제사에 쓰는 기장 芗剧 xiāng jù 타이완, 푸젠성 향강 일대에서 유행하는 지방극
통나무 박 푸 pǔ	朴 樸	朴素(樸素) pǔ sù 꾸밈이나 거짓이 없음, 소박함 朴厚(樸厚) pǔ hòu 소박하고 정이 두텁다 朴而不文(樸而不文) pǔ ér bù wén 소박하여 겉치레가 없음 他非常朴素 tā fēi cháng pǔ sù 그는 매우 소박하다
틀 기 기회 기 지 jī	机 機	机场(機場) jī chǎng 비행장, 공항 机器(機器) jī qì 기계, 기구의 총칭 机不可失(機不可失) jī bù kě shī 기회는 놓치지 말아야 한다 上(去)机场 shàng (qù) jī chǎng 공항으로 가다
저울추 권 취안 quán	权 權	权利(權利) quán lì 권세와 이익 权威(權威) quán wēi 권세와 위력 权宜之计(權宜之計) quán yí zhī jì 일시적인 계책, 임시조치 公民既有权力, 又有义务 gōng mín jì yǒu quán lì, yòu yǒu yì wù 국민에게는 권리가 있을 뿐더러 의무도 있다

姨母 yí mǔ (姨妈 yí mā) 이모   姨夫 yí fu (姨丈 yí zhàng) 이모부

6획

| 지날 과
허물 과
guò | 过 過 | 过去(過去) guò qù 지나간 때, (동사 뒤에서는) 자기가 있던 곳을 떠나거나 지나감을 나타냄
过期(過期) guò qī 기한을 넘기다
过目不忘(過目不忘) guò mù bù wàng 한번 보면 잊지 않는다
知过必改 zhī guò bì gǎi 잘못을 알면 반드시 고쳐야 한다 |

| 맞을 협
셰 xié | 协 協 | 协力(協力) xié lì 힘을 모아 서로 돕다
协议(協議) xié yì 여러 사람이 모여 의논하다
协力同心(協力同心) xié lì tóng xīn 한마음으로 협력하다
请(你)协助 qǐng (nǐ) xié zhù 당신께서 협조해 주십시오 |

| 누를 압
야 yā | 压 壓 | 压迫(壓迫) yā pò 내리 누름
压力(壓力) yā lì 압박하는 힘
压肩叠背(壓肩疊背) yā jiān dié bèi 구경꾼들이 물샐틈없이 둘러싸다, 인산인해를 이루다
必须压倒对方 bì xū yā dǎo duì fāng 상대방을 필히 이겨야 한다 |

| 싫을 염
얜 yàn | 厌 厭 | 厌恶(厭惡) yàn wù 싫어하고 미워함
厌弃(厭棄) yàn qì 싫어서 버리다
厌旧喜新(厭舊喜新) yàn jiù xǐ xīn 낡은 것을 싫어하고 새것을 좋아하다
那个人真讨厌 ná ge rén zhēn tǎo yàn 그 사람은 정말 밉다 |

| 마을이름 서
셔 shè | 厍 厙 | 厍(厙) shè 마을(주로 마을 이름에 쓰임)
厍(厙) shè 서(성으로 쓰임) |

| 쪽 엽
머리 혈
예 yè | 页 頁 | 页边(頁邊) yè biān 여백
页码(頁碼) yè mǎ 쪽수, 페이지
页心(頁心) yè xīn 책의 한 페이지
这本书一共多少页? zhè běn shū yī gòng duō shǎo yè?
이 책은 모두 몇 쪽입니까? |

| 자랑할 과
콰 kuā | 夸 誇 | 夸大(誇大) kuā dà 과장하다, 칭찬하다
夸嘴(誇嘴) kuā zuǐ 허풍을 떨다
夸夸其谈(誇誇其談) kuā kuā qí tán 호언장담하다
不要夸大成绩 bù yào kuā dà chéng jì 성적을 과장하지 마시오 |

哥哥 gē ge (兄 xiōng) 형, 오빠   嫂子 sǎo zi (兄嫂 xiōng sǎo) 형수, 아주머니

6획

빼앗을 탈 둬 duó	夺 奪	夺取(奪取) duó qǔ 빼앗아 가지다 夺回(奪回) duó huí 되찾다, 탈환하다 夺眶而出(奪眶而出) duó kuàng ér chū 눈물이 쏟아지다 要夺回被抢去的东西 yào duó huí bèi qiǎng qù de dōng xi 빼앗긴 물건을 되찾아오다
통할 달 다 dá	达 達	达到(達到) dá dào 달성, 도달(하다) 达标(達標) dá biāo (체육 성적 등이) 기준에 도달하다 达官显宦(達官顯宦) dá guān xiǎn huàn 높은 벼슬이나 직위 表达我的心意 biǎo dá wǒ de xīn yì 나의 마음을 표현하다
뒤섞일 잡 설익을 잡 쟈 jiā	夹 夾	夹生(夾生) jiā shēng 설익다, 어중간하다, 원만하지 않다 夹杂(夾雜) jiā zá 혼합하다, 뒤섞다 夹袋人物(夾袋人物) jiā dài rén wù 관직에 오를 인물 吃了夹生饭 chī le jiā shēng fàn 설익은 밥을 먹었다
길 궤 구이 guǐ	轨 軌	轨道(軌道) guǐ dào 꼭 밟아야 할 정도(正道), 선로 越轨(越軌) yuè guǐ 상궤를 벗어나다, 규칙을 벗어나다 图谋不轨(圖謀不軌) tú móu bù guǐ 나쁜 일을 도모하다 火车出轨了 huǒ chē chū guǐ le 기차가 탈선하다
요임금 요 야오 yáo	尧 堯	尧尧(堯堯) yáo yáo 매우 높은 모양 尧年(堯年) yáo nián 요 임금이 재위한 기간 尧风舜雨(堯風舜雨) yáo fēng shùn yǔ 태평한 세상을 이르는 말 尧舜是中国古代的皇帝 yáo shùn shì zhōng guó gǔ dài de huáng dì 요와 순은 고대 중국의 황제들이다
그을 획 화 huà	划 劃	划分(劃分) huà fēn 구분하다, 구획하다 划付(劃付) huà fù 지출(지불)하다 划一不二(劃一不二) huà yī bù èr 완전히 똑같다 划分界线 huà fēn jiè xiàn 계선을 구분하다
갈 매 마이 mài	迈 邁	迈步(邁步) mài bù 발걸음을 내딛다 迈进(邁進) mài jìn 힘써 나아가다 迈众超群(邁眾超群) mài zhòng chāo qún (남다르게) 뛰어나다 向前迈步走 xiàng qián mài bù zǒu 앞을 향해 걸어나가다

姐姐 jiě jie 누나, 언니   姐夫 jiě fu 자형, 형부, 아저씨

6획

| 마칠 필
삐 bì | 毕 畢 | 毕业(畢業) bì yè 졸업(하다)
毕露(畢露) bì lù 전부 드러나다, 완전히 폭로되다
毕恭毕敬(畢恭畢敬) bì gōng bì jìng 몹시 공경하다, 굽신거리다
我们将在七月毕业 wǒ men jiāng zài qī yuè bì yè 우리는 7월에 졸업한다 |

| 곧을 정
전 zhēn | 贞 貞 | 贞洁(貞潔) zhēn jié 정조가 굳고 행실이 결백하다
贞操(貞操) zhēn cāo 여자의 깨끗한 정절
坚贞不屈(堅貞不屈) jiān zhēn bù qū 지조를 지켜 굽히지 않다
要守贞洁 yào shǒu zhēn jié 정결(정조)을 지켜야 한다 |

| 스승 사
스 shī | 师 師 | 老师(老師) lǎo shī 스승, 선생
师傅(師傅) shī fu 스승, 그 일에 익숙한 사람
师心自用(師心自用) shī xīn zì yòng 자기가 옳다고 고집하며
　남의 말에 귀를 기울이지 않는다
祝老师健康! zhù lǎo shī jiàn kāng! 선생님의 건강을 기원합니다! |

| 당할 당
당 dāng | 当 當 | 当官儿(當官兒) dāng guānr 관리가 되다
恰当(恰當) qià dāng 타당하다, 적절하다
当家作主(當家作主) dāng jiā zuò zhǔ 주인이 되다
当官要为百姓多做好事 dāng guān yào wèi bǎi xìng duō zuò
　hǎo shì 관리가 되면 백성을 위해 좋은 일을 많이 해야 한다 |

| 티끌 진
천 chén | 尘 塵 | 尘埃(塵埃) chén āi 먼지, 티끌
除尘器(除塵器) chú chén qì 먼지청소기
尘合泰山(塵合泰山) chén hé tài shān 티끌 모아 태산
步人家后尘 bù rén jiā hòu chén 다른 사람의 뒤꽁무니를
　뒤따라 가다 |

| 부를 유
위 yù
쉬 xū | 吁 籲 | 吁请(籲請) yù qǐng 호소하다, 하소연하다
吁天(籲天) yù tiān 하늘을 우러러 부르짖음
气喘吁吁(氣喘籲籲) qì chuǎn xū xū 헐떡헐떡 숨차다
吁天天不应 yù tiān tiān bù yīng 하늘을 향해 호소해도 응답이
　없다 |

| 웃을 하
성낼 혁
샤 xià
허 hè | 吓 嚇 | 吓哭(嚇哭) xià kū 놀라서 울다
恐吓(恐嚇) kǒng hè 위협하다, 공갈하다
杀鸡吓猴(殺鷄嚇猴) shā jī xià hóu 닭을 잡아 원숭이를 길들이
　다(다른 것으로 혼내어 버릇을 고친다는 뜻)
这孩子被吓哭了 zhè hái zi bèi xià kū le 이 아이가 놀라서 운다 |

孩子他爹(爸) hái zi tā diē(bà) 아기 아빠(남편)　　孩子他娘(妈) hái zi tā niáng(mā) 아기 엄마(아내)

6획

훈음	간체	번체	예문
벌레 충 충 chóng	虫	蟲	虫子(蟲子) chóng zi 벌레 长虫(長蟲) cháng chóng 뱀 虫臂鼠肝(蟲臂鼠肝) chóng bì shǔ gān 벌레의 팔과 쥐의 간(극히 사소하고 보잘것 없음을 이르는 말) 生虫要打药 shēng chóng yào dǎ yào 벌레가 생기면 약을 쳐야 한다
누룩 국 취 qū	曲	麯	曲子(麯子) qū zi 누룩 大曲(大麯) dà qū 백주(白酒)를 양조하는 누룩 四川大曲酒是中国一大名酒 sì chuān dà qū jiǔ shì zhōng guó yī dà míng jiǔ 쓰촨성의 대곡주는 중국의 이름난 술 중의 하나이다
꾸짖을 마 어조사 마 마 má, ma	吗	嗎	干吗?(干嗎?) gàn má? 어째서, 왜? 你说吗?(你說嗎?) nǐ shuō ma? 뭐라구? 有谁吗?(有誰嗎?) yǒu shéi má? 누가 있는가? 你干吗到这里来? nǐ gàn má dào zhè lǐ lái? 당신은 왜 여기에 왔어요?
둥글 단 퇀 tuán	团	團	团体(團體) tuán tǐ 집단 饭团(飯團) fàn tuán 주먹밥 全家团圆(全家團圓) quán jiā tuán yuán 온 가족이 모여 앉다 我们是一个团体 wǒ men shì yī ge tuán tǐ 우리는 한 단체이다
강직할 강 마침 강 강 gāng	刚	剛	刚才(剛才) gāng cái 지금 막, 방금 刚强(剛強) gāng qiáng (성격이나 의지가) 굳세다 刚劲气魄(剛勁氣魄) gāng jìn qì pò 굳센 기백 他性情太刚 tā xìng qíng tài gāng 그의 성격은 매우 강하다
섬 서 위 yǔ	屿	嶼	岛屿(島嶼) dǎo yǔ 크고 작은 섬들 这个岛屿很美丽 zhè ge dǎo yǔ hěn měi lì 이 섬은 대단히 아름답다
해 세 쑤이 suì	岁	歲	岁数儿(歲數兒) suì shùr 나이, 연령 岁朝(歲朝) suì zhāo 정월 초하룻날 아침 岁不我与(歲不我與) suì bù wǒ yǔ 세월은 사람을 기다리지 않는다 岁月流逝很快 suì yuè liú shì hěn kuài 세월의 흐름은 대단히 빠르다

弟弟 dì di (남)동생   弟妹 dì mèi 제수   妹妹 mèi mei (여)동생   妹夫 mèi fu 매부

6획

돌 회 후이 huí	回 迴	回答(迴答) huí dá 대답하다 回家(迴家) huí jiā 집으로 돌아가다 回肠荡气(迴腸蕩氣) huí cháng dàng qì 심금을 울리다 请回答问题 qǐng huí dá wèn tí 문제에 답하시오
어찌 기 치 qǐ	岂 豈	岂敢(豈敢) qǐ gǎn 어찌 감히 … 하겠는가? 岂奈(豈奈) qǐ nài 어떻게 하겠는가?(어찌할 도리가 없다는 뜻) 岂有此理(豈有此理) qǐ yǒu cǐ lǐ 어찌 이럴 수 있는가? 我岂敢与你竞争? wǒ qǐ gǎn yǔ nǐ jìng zhēng? 제가 어떻게 감히 당신과 겨루겠습니까?
곧 즉 법 칙 저 zé	则 則	法则(法則) fǎ zé 꼭 지켜야 하는 규범, 규칙 准则(準則) zhǔn zé 준용할 규칙 以身作则(以身作則) yǐ shēn zuò zé 솔선수범하다 遵守准则 zūn shǒu zhǔn zé 준칙을 지키다
그물 망 왕 wǎng	网 網	网络(網絡) wǎng luò 네트워크 网球(網球) wǎng qiú 정구, 테니스 网开三面(網開三面) wǎng kāi sān miàn 관대하게 대하다 利用电脑网络 lì yòng diàn nǎo wǎng luò 컴퓨터 네트워크를 이용하다
가돌리늄 가 가 gá	钆 釓	钆(釓) gá 가돌리늄 Gd(화학원소)
이트륨 을 이 yǐ	钇 釔	钇(釔) yǐ 이트륨 Yt 또는 Y(화학원소)
주사 주 주 zhū	朱 硃	朱砂(硃砂) zhū shā 주사(물감이나 한방약으로 사용하는 광물) 朱墨(硃墨) zhū mò 붉은 색과 검은 색 朱颜鹤发(硃顏鶴髮) zhū yán hè fà 혈기왕성한 노인 朱砂对小孩病很灵 zhū shā duì xiǎo hái bìng hěn líng 주사가 아이들 병에 매우 효험이 있다

堂哥 táng gē 사촌형, 사촌오빠   堂姐 táng jiě 사촌누나, 사촌언니

6획

| 옮길 천
챈 qiān | 迁 遷 | 迁居(遷居) qiān jū 이사하다
迁延(遷延) qiān yán 질질 끌다, 지연시키다
迁延时日(遷延時日) qiān yán shí rì 시일을 지연시키다
我迁居到北京市西单(区域) wǒ qiān jū dào běi jīng shì xī dān (qū yù) 나는 베이징시 시단(구역)으로 이사했다 |

| 높을 교
챠오 qiáo | 乔 喬 | 乔岳(喬岳) qiáo yuè 높은 산
乔志(喬志) qiáo zhì 원대한 뜻, 큰 포부
乔装打扮(喬裝打扮) qiáo zhuāng dǎ bàn 교묘하게 분장하다
心怀乔志 xīn huái qiáo zhì 가슴에 큰 포부를 품다 |

| 훌륭할 위
웨이 wěi | 伟 偉 | 伟大(偉大) wěi dà 뛰어나고 훌륭하다
伟业(偉業) wěi yè 위대한 업적, 위대한 사업
丰功伟绩(豐功偉績) fēng gōng wěi jì 위대한 공적
努力实现伟大的事业 nǔ lì shí xiàn wěi dà de shì yè 힘써서 위대한 사업을 실현하다 |

| 전할 전
역 전
촨 chuán
촨 zhuàn | 传 傳 | 传达(傳達) chuán dá 전하여 이르게 하다
自传(自傳) zì zhuàn 자서전
传闻失实(傳聞失實) chuán wén shī shí 뜬소문은 진실성이 없다, 뜬소문은 어디까지나 뜬소문일 뿐이다
传达命令 chuán dá mìng lìng 명령을 전달하다 |

| 구부릴 구
위 yǔ | 伛 傴 | 伛偻(傴僂) yǔ lǚ 몸을 굽히다, 허리를 구부리다
伛拊(傴拊) yǔ fǔ 가엾이 여겨 사랑함
伛偻而入(傴僂而入) yǔ lǚ ér rù 허리를 굽히고 들어가다
他好象是个伛人 tā hǎo xiàng shì ge yǔ rén 그는 곱사등인 것같다 |

| 넉넉할 우
유 yōu | 优 優 | 优秀(優秀) yōu xiù 뛰어남
优势(優勢) yōu shì 남보다 나음
优胜劣汰(優勝劣汰) yōu shèng liè tài 뛰어난 자는 이기고 그렇지 못한 자는 패한다(적자생존)
要发挥优点 yào fā huī yōu diǎn 장점을 살려야 한다 |

| 상처 상
상 shāng | 伤 傷 | 伤风(傷風) shāng fēng 감기에 걸리다
伤害(傷害) shāng hài 손상시키다, 해치다
伤天害理(傷天害理) shāng tiān hài lǐ 하늘의 뜻을 어기다, 사람으로서 못할 짓을 하다
他受伤了 tā shòu shāng le 그는 상처를 입었다 |

表哥 biǎo gē 외종사촌형, 외종사촌오빠   表姐 biǎo jiě 외종사촌누나, 외종사촌언니

6획

훈음	간체	번체	용례
미칠 창 홀로설 창 창 chāng	伥	倀	伥鬼(倀鬼) chāng guǐ 창귀(귀신 이름) 伥伥(倀倀) chāng chāng 보이지 않아 더듬는 모양(어찌할 바를 모른다는 뜻) 为虎作伥(爲虎作倀) wèi hǔ zuò chāng 나쁜 놈의 앞잡이가 되다 无法则伥然 wú fǎ zé chāng rán 법이 없으면 곧 어찌할 바를 모른다
값 가 쟈 jià	价	價	价钱(價錢) jià qián 가격 价值(價值) jià zhí 값, 값어치 货真价实(貨眞價實) huò zhēn jià shí 값도 맞고 물건도 확실하다 这个东西价格多少(钱)? zhè ge dōng xi jià gé duō shǎo (qián)? 이 물건은 얼마입니까?
천할 창 창 cāng	伧	傖	伧人(傖人) cāng rén 시골뜨기, 비천한 사람 伧荒(傖荒) cāng huāng 두메산골, 궁벽한 시골 伧俗(傖俗) cāng sú 속되고 비천하다 伧人伧俗改不了 cāng rén cāng sú gǎi bù liǎo 비천한 사람의 속됨은 고치지 못한다
인륜 륜 룬 lún	伦	倫	伦次(倫次) lún cì 조리, 차례, 질서 天伦(天倫) tiān lún 부자, 형제간에 지켜야 할 도리 및 관계 语无伦次(語無倫次) yǔ wú lún cì 말에 조리가 없다 共享天伦之乐 gòng xiǎng tiān lún zhī lè 집안의 즐거움을 함께 누리다
빛날 화 화 huá	华	華	华丽(華麗) huá lì 번화하고 고움 才华(才華) cái huá 뛰어난 재능 华而不实(華而不實) huá ér bù shí 꽃만 피고 열매를 맺지 않는다 (겉만 번지르하고 실속이 없다는 뜻) 这座城市很繁华 zhè zuò chéng shì hěn fán huá 이 도시는 매우 번화하다
많을 과 훠 huǒ	伙	夥	伙计(夥計) huǒ jì 무리, 동업자, 동료 伙办(夥辦) huǒ bàn 함께 처리하다 伙同一气(夥同一氣) huǒ tóng yī qì 한패가 되다 学校伙食怎么样? xué xiào huǒ shí zěn me yàng? 학교의 단체 급식은 어떻니?
거짓 위 웨이 wěi	伪	僞	伪币(僞幣) wěi bì 위조화폐 伪造(僞造) wěi zào 가짜를 만듦 去伪存真(去僞存眞) qù wěi cún zhēn 거짓된 것을 버리고 참된 것을 남기다 市场流行伪币 shì chǎng liú xíng wěi bì 시장에 위조지폐가 나돌고 있다

侄子 zhí zi 조카   侄女 zhí nǚ 여조카   外甥 wài sheng 생질   外甥女 wài sheng nǚ 생질녀

6획

향할 향 쌍 xiàng	向 嚮	向前(嚮前) xiàng qián 앞으로 나아감, 전진하다 向导(嚮導) xiàng dǎo 길을 안내하다 向无此例(嚮無此例) xiàng wú cǐ lì (지금까지) 그런 선례가 없다 向国旗敬礼! xiàng guó qí jìng lǐ! 국기를 향하여 경례!
뒤 후 허우 hòu	后 後	后代(後代) hòu dài 후세 后果(後果) hòu guǒ 최후의 결과 后来居上(後來居上) hòu lái jū shàng 뒤졌던 사람이 앞 사람을 추월하다, 뒤에 온 사람이 상좌에 앉다 我担心后果 wǒ dān xīn hòu guǒ 나는 최후의 결과가 걱정된다
모일 회 후이 huì 콰이 kuài	会 會	会见(會見) huì jiàn 서로 만나 대면함 会计(會計) kuài jì 따져서 셈함 会道能说(會道能說) huì dào néng shuō 말주변이 좋다 要开会, 会员都要来 yào kāi huì, huì yuán dōu yào lái 회의를 시작하겠으니 회원들 모두 오십시오
죽일 살 사 shā	杀 殺	杀菌(殺菌) shā jūn 세균 등 미생물을 없애다 杀人(殺人) shā rén 사람을 죽임 杀气腾腾(殺氣騰騰) shā qì téng téng 서슬이 푸르다 杀人犯罪 shā rén fàn zuì 살인은 곧 범죄이다
모두 합 허 hé	合 合	合家(合家) hé jiā 온 가족, 온 집안 十合为一升(十合爲一昇) shí hé wéi yī shēng 10홉은 1리터 (여기서 合은 용량의 단위인 홉을 나타냄) 合家欢乐 hé jiā huān lè 온 집안이 즐겁다
무리 중 쭝 zhòng	众 眾	众人(眾人) zhòng rén 대중, 뭇사람 观众(觀眾) guān zhòng 구경꾼들 众所周知(眾所周知) zhòng suǒ zhōu zhī 모든 사람이 알고 있다 来了不少观众 lái le bù shǎo guān zhòng 적지 않은 관중이 왔다
아비 야 예 yé	爷 爺	爷爷(爺爺) yé yé 할아버지 少爷(少爺) shào yé 시동생, 도련님 爷有娘有不如自己有 yé yǒu niáng yǒu bù rú zì jǐ yǒu 아버지, 어머니에게 있는 것이 자기에게 있는 것보다 못하다 爷爷叫奶奶来 yé yé jiào nǎi nǎi lái 할아버지가 할머니에게 오라고 하셨다

岳父 yuè fù (丈人 zhàng ren) 장인   岳母 yuè mǔ (丈母娘 zhàng mǔ niáng) 장모

6획

| 우산 산
싼 sǎn | 伞 傘 | 伞铺(傘鋪) sǎn pù 우산 가게
打伞(打傘) dǎ sǎn 우산을 들다
雨后送伞(雨後送傘) yǔ hòu sòng sǎn 비온 후에 우산을 보내다
下雨天要带伞 xià yǔ tiān yào dài sǎn 비오는 날에는 우산을 지녀야 한다 |

| 비롯할 창
촹 chuàng | 创 創 | 创业(創業) chuàng yè 사업을 시작하다
创造(創造) chuàng zào 처음으로 만들다
创家立业(創家立業) chuàng jiā lì yè 가업을 일으키다
努力创业 nǔ lì chuàng yè 노력하여 창업하다 |

| 섞일 잡
짜 zá | 杂 雜 | 杂粮(雜糧) zá liǎng 잡곡
杂物(雜物) zá wù 여러 가지 대수롭지 않은 물건들
杂乱无章(雜亂無章) zá luàn wú zhāng 무질서하다, 난잡하다
订阅杂志 dìng yuè zá zhì 잡지를 주문해서 보다 |

| 질 부
뿌 fù | 负 負 | 负伤(負傷) fù shāng 몸에 상처를 입음
负责(負責) fù zé 책임이 있다, 책임을 지다
负屈含冤(負屈含冤) fù qū hán yuān 원한을 품다
我找负责人 wǒ zhǎo fù zé rén 나는 책임자를 찾습니다 |

| 사나울 광
광 guǎng | 犷 獷 | 犷悍(獷悍) guǎng hàn 거칠고 사납다
粗犷(粗獷) cū guǎng 조야하다, 촌스럽다
犷俗(獷俗) guǎng sú 거칠고 속되다
口出犷语 kǒu chū guǎng yǔ 입에서 속되고 거친 말이 나오다 |

| 맘모스 마
마 mǎ | 犸 獁 | 猛犸(猛獁) měng mǎ 매머드(거대한 것이라는 뜻) |

| 오리 부
부 fú | 凫 鳧 | 凫趋(鳧趨) fú qū 기뻐 날뛰다, 기꺼이 가다
凫水(鳧水) fú shuǐ 수영하다, 헤엄치다
凫趋雀跃(鳧趨雀躍) fú qū què yuè 기뻐서 어쩔 줄 모르다
鸭子会凫水 yā zi huì fú shuǐ 오리는 헤엄칠 줄 안다 |

公公 gōng gong 시아버지　　婆婆 pó po 시어머니

6획

| 땅이름 오
우 wū | 邬 (鄔) | 邬波斯迦(鄔波斯迦) wū bō sī jiā 여자 불교도의 총칭
邬波索迦(鄔波索迦) wū bō suǒ jiā 남자 불교도의 총칭 |

수제비 **탁**
튀 tuō

饦 (飥)

馎饦(餺飥) bó tuō 박탁(밀가루로 만든 옛날 수제비의 일종)

엿 **당**
싱 xíng

饧 (餳)

饧糖(餳糖) xíng táng 물엿
饧涩(餳澀) xíng sè 눈이 거슴츠레하다
眼睛发饧(眼睛發餳) yǎn jīng fā xíng 눈이 흐리멍덩하다
饧糖一斤多少钱? xíng táng yī jīn duō shǎo qián? 물엿이 한 근에 얼마입니까?

씩씩할 **장**
쫭 zhuàng

壮 (壯)

壮观(壯觀) zhuàng guān 멋진 풍경, 멋진 장면
健壮(健壯) jiàn zhuàng 몸이 크고 굳세다
壮志凌云(壯志凌雲) zhuàng zhì líng yún 하늘을 찌를 듯한 큰뜻, 원대한 이상이 나래치다
你很健壮 nǐ hěn jiàn zhuàng 당신의 몸은 아주 건장하네요

찌를 **충**
충 chōng

冲 (衝)

冲击(衝擊) chōng jī 강한 자극이나 세게 부딪침, 충격
冲突(衝突) chōng tū 모순되다, 서로 부딪치다
冲口而出(衝口而出) chōng kǒu ér chū 말이 불쑥 튀어 나오다, 되는 대로 말하다
他总是冲锋陷阵 tā zhǒng shì chōng fēng xiàn zhèn 그는 늘 앞장서서 싸워 적진을 함락한다

꾸밀 **장**
쫭 zhuāng

妆 (妝)

妆修(妝修) zhuāng xiū 꾸미다, 치장하다
化妆(化妝) huà zhuāng 얼굴을 곱게 꾸미다, 분장하다
梳妆台(梳妝臺) shū zhuāng tái 화장대
妆修房间 zhuāng xiū fáng jiān 방을 꾸미다

풀성할 **장**
삼갈 **장**
쫭 zhuāng

庄 (莊)

庄子(莊子) zhuāng zi 마을, 촌락
庄稼(莊稼) zhuāng jia 농작물
亦庄亦谐(亦莊亦諧) yì zhuāng yì nuò 극 따위가 장중하면서도 해학적이다
庄稼长势好 zhuāng jia zhǎng shì hǎo 농작물의 자라는 모양새가 좋다

儿子 ér zi 아들　(儿)媳妇儿 (ér) xí fur 며느리

6획

경사 경 칭 qìng	庆 慶	庆祝(慶祝) qìng zhù 경사를 축하하다 庆幸(慶幸) qìng xìng 축하할 만하다, 경사스럽다, 기쁘다 庆吊不行(慶吊不行) qìng diào bù xíng 거래를 끊다, 발길을 끊다 庆祝韩中建交纪念日 qìng zhù hán zhōng jiàn jiāo jì niàn rì 한·중 수교기념일을 경축하다
죽일 류 류 liú	刘 劉	刘览(劉覽) liú lǎn 널리 봄, 통람하다 虔刘(虔劉) qián liú 죽이다 咸刘厥敌(咸劉厥敵) xián liú jué dí 적을 모두 죽이다 刘览群书 liú lǎn qūn shū 많은 책을 통람하다
가지런할 제 조화할 제 치 qí	齐 齊	齐心(齊心) qí xīn 마음을 합치다, 뜻을 같이하다 齐整(齊整) qí zhěng 가지런하다, 단정하다 齐心协力(齊心協力) qí xīn xié lì 마음과 힘을 합치다 齐心才能协力 qí xīn cái néng xié lì 마음을 합쳐야 비로소 힘을 모을 수 있다
낳을 산 찬 chǎn	产 産	产品(産品) chǎn pǐn 제품, 산물 特产(特産) tè chǎn 특산품 产销失衡(産銷失衡) chǎn xiāo shī héng 생산과 소비가 불균형을 이루다 这个产品质量好 zhè ge chǎn pǐn zhì liàng hǎo 이 제품은 질이 좋다
닫을 폐 삐 bì	闭 閉	闭灯(閉燈) bì dēng 전등을 끄다, 불을 끄다 闭门(閉門) bì mén 문을 닫다 闭口无言(閉口無言) bì kǒu wú yán 입을 다물고 말하지 않다 睡前要闭灯 shuì qián yào bì dēng 자기 전에 전등을 꺼야 한다
물을 문 원 wèn	问 問	问好(問好) wèn hǎo 문안드리다, 안부를 묻다 问答(問答) wèn dá 질문과 대답 问心无愧(問心無愧) wèn xīn wú kuì 마음이 부끄럽지 않다 我问你答 wǒ wèn nǐ dá 제가 물으면 당신이 대답하세요
쑥내밀 틈 촹 chuǎng	闯 闖	闯关(闖關) chuǎng guān 관문을 돌파하다 闯祸(闖禍) chuǎng huò 사고를 내다, 화를 야기하다 闯门而入(闖門而入) chuǎng mén ér rù 느닷없이 뛰어들다 不要闯红灯 bù yào chuǎng hóng dēng 빨간 신호등을 무시하고 앞질러 나가지 마세요

女儿 nǚ ér (姑娘 gū niang) 딸   女婿 nǚ xù (姑爷 gū yé) 사위

6획

빗장 관 관 guān	关 關	关门(關門) guān mén 문을 닫다, 폐업하다, 사람을 피하다 关系(關系) guān xi 둘 이상이 서로 걸림, (관련된) 영향, 중요성 关山迢递(關山迢遞) guān shān tiáo dì 갈 길이 아득히 멀다 关闭收音机 guān bì shōu yīn jī 라디오를 끄다
등잔 등 떵 dēng	灯 燈	灯光(燈光) dēng guāng 불빛, 조명 灯笼(燈籠) dēng lóng 초롱, 제등(提燈) 灯下黑(燈下黑) dēng xià hēi 등잔 밑이 어둡다 挑灯夜战 tiāo dēng yè zhàn 등불을 켜고 밤에 작업을 하다
끓인물 탕 탕 tāng	汤 湯	汤料(湯料) tāng liào 국거리 汤菜(湯菜) tāng cài 국과 반찬 赴汤蹈火(赴湯蹈火) fù tāng dǎo huǒ 물불 가리지 않고 뛰어들다 我愿意吃酱汤 wǒ yuàn yì chī jiàng tāng 나는 장국을 좋아한다
뉘우칠 참 찬 chàn	忏 懺	忏悔(懺悔) chàn huǐ 죄를 뉘우치다 忏礼(懺禮) chàn lǐ 부처님에게 참회하고 예불을 올리다 忏除罪障(懺除罪障) chàn chú zuì zhàng 죄를 뉘우치고 고치다 事到如今, 忏悔也来不及了 shì dào rú jīn, chàn huǐ yě lái bù jí le 지금 와서 후회해도 때는 이미 늦었다
일 흥 본뜰 흥 싱 xīng, xìng	兴 興	兴奋(興奮) xīng fèn 감정이 북받쳐 일어남 高兴(高興) gāo xìng 기쁘다 兴风作浪(興風作浪) xīng fēng zuò làng 소동을 일으키다 他兴奋地叫了起来 tā xīng fèn de jiào le qǐ lái 그는 흥분하여 소리를 질러댔다
익힐 강 쟝 jiǎng	讲 講	讲话(講話) jiǎng huà 이야기하다, 발언하다 讲理(講理) jiǎng lǐ 시비를 가리다, 도리에 따르다 蛮不讲理(蠻不講理) mán bù jiǎng lǐ 막무가내로 행동하다 讲理才能说服人 jiǎng lǐ cái néng shuō fú rén 도리를 따져야만 다른 사람을 설득시킬 수 있다
꺼릴 휘 후이 huì	讳 諱	讳言(諱言) huì yán 말하려 하지 않다, 말하기를 꺼리다 讳饰(諱飾) huì shì 꺼려서 감추다 讳莫如深(諱莫如深) huì mò rú shēn 깊이 숨기다 他忌讳谈起那件事 tā jì huì tán qǐ nà jiàn shì 그는 그 사실을 말하기 꺼려한다

大姑子 dà gū zi (손위) 시누이   小姑子 xiǎo gū zi (손아래) 시누이

6획

훈음	간체	번체	예문
노래할 구 어우 ōu	讴	謳	讴歌(謳歌) ōu gē 노래를 부르다 讴唱(謳唱) ōu chàng 노래를 부름 善讴善跳(善謳善跳) shàn ōu shàn tiào 노래와 춤을 잘 한다 高声讴唱国歌(儿) gāo shēng ōu chàng guó gē (r) 소리 높여 국가를 부르다
군사 군 쥔 jūn	军	軍	军队(軍隊) jūn duì 군인들의 집단 军令(軍令) jūn lìng 군사명령 贻误军机(貽誤軍機) yí wù jūn jī 군사전략을 그르치다 一人参军, 全家光荣 yī rén cān jūn, quán jiā guāng róng 한 사람이 군에 입대하면 그의 온 가족이 영광스럽게 된다
어찌 거 쥐 jù	讵	詎	讵料(詎料) jù liào 어찌 알겠는가, 뜻밖에도 讵意(詎意) jù yì 뜻밖에 讵能成功(詎能成功) jù néng chéng gōng 어찌 성공할 수 있으랴 讵知天气这么冷 jù zhī tiān qì zhè me lěng 날씨가 이렇게 추울 줄 누가 알았겠는가
맞을 아 야 yà	讶	訝	惊讶(驚訝) jīng yà 놀라다, 이상하게 여기다 讶异(訝異) yà yì 의아해 하다 疑讶(疑訝) yí yà 이상하게 여기다 不要惊讶, 这很自然 bù yào jīng yà, zhè hěn zì rán 놀라울 게 없습니다. 이는 아주 자연적인 것이에요
말더듬을 눌 너 nè	讷	訥	讷口(訥口) nè kǒu 말을 더듬거리다 讷辩(訥辯) nè biàn 더듬더듬 거리는 서투른 말씨 讷言敏行(訥言敏行) nè yán mín xíng 말수는 적고 일손이 빠르다 他讷讷地说不出两句话来 tā nè nè de shuō bù chū liǎng jù huà lái 그는 더듬거리며 몇 마디 말도 하지 못 한다
허락할 허 쉬 xǔ	许	許	许约(許約) xǔ yuē 약속하다 许多(許多) xǔ duō 대단히 많음 以身许国(以身許國) yǐ shēn xǔ guó 몸을 나라에 바치다 允许他出国 yǔn xǔ tā chū guó 그의 출국을 허락하다
그릇될 와 어 é	讹	訛	讹诈(訛詐) é zhà 사람을 속이고 재산을 취하다 讹言(訛言) é yán 거짓말, 헛소문 以讹传讹(以訛傳訛) yǐ é chuán é 잘못이 그대로 전해지다 到处去讹诈 dào chù qù é zhà 가는 곳마다 기인편재하다

大舅子 dà jiù zi (손위) 처남   小舅子 xiǎo jiù zi (손아래) 처남   小姨子 xiǎo yí zi 처제

6획

기뻐할 흔 신 xīn	䜣 訢	䜣然(訢然) xīn rán 기뻐하는 모양 䜣䜣(訢訢) xīn xīn 온화하며 공손한 태도 父母䜣然同意我俩的婚事 fù mǔ xīn rán tóng yì wǒ liǎ de hūn shì 부모님들은 기꺼이 우리 두 사람의 결혼을 허락했다
말할 론 룬 lùn	论 論	论文(論文) lùn wén 어떤 주제에 대해 논한 글 与论(與論) yù lùn 사회 대중의 의견 论长论短(論長論短) lùn cháng lùn duǎn 이러쿵 저러쿵 시비를 따지다 充分地议论 chōng fèn de yì lùn 충분히 의논하다
송사할 흉 숑 xiōng	讻 訩	讻讻(訩訩) xiōng xiōng 소란한 모양, 뒤숭숭한 모양 讻讻不可收拾 xiōng xiōng bù kě shōu shí 소란스러움을 수습하기가 어렵다
송사할 송 쏭 sòng	讼 訟	诉讼(訴訟) sù sòng 고소하다, 소송을 내다 讼案(訟案) sòng àn 소송사건 讼则终凶(訟則終凶) sòng zé zhōng xiōng 소송하면 좋을 게 없다 向法院提起诉讼 xiàng fǎ yuàn tí qǐ sù sòng 법원에 고소하다
욀 풍 벙 fěng	讽 諷	讽刺(諷刺) fěng cì 뭔가에 빗대어 재치있게 비판함 讽味(諷味) fěng wèi 흥얼거리며 음미하다 讽言讽语(諷言諷語) fěng yán fěng yǔ 빈정대다 不要讽刺人 bù yào fěng cì rén 사람을 빈정거리지 말라
농사 농 눙 nóng 넝 néng	农 農	农民(農民) nóng mín 농사짓는 사람 农药(農藥) nóng yào 농사에 쓰이는 살균제·살충제 따위 不违农时(不違農時) bù wéi nóng shí 농사철을 어기지 않다 农民种地 nóng mín zhòng dì 농민은 농사를 짓는다
베풀 설 서 shè	设 設	设立(設立) shè lì 세우다 设施(設施) shè shī 시설, 목적을 두고 있는 건조물 设身处地(設身處地) shè shēn chǔ dì 당사자 입장에서(생각하다) 设备齐全 shè bèi qí quán 시설이 모두 온전하다

孙子 sūn zi 손자   孙女 sūn nǚ 손녀   曾孙子 zēng sūn zi 증손자   曾孙女 zēng sūn nǚ 증손녀

6획

찾을 방 — 访 / 訪 — 방 fǎng
- 访问(訪問) fǎng wèn 남을 찾아봄
- 访友(訪友) fǎng yǒu 친구를 찾아가다
- 访贫问苦(訪貧問苦) fǎng pín wèn kǔ 가난한 집을 찾아가서 어려운 점을 알아보다
- 访问中方代表 fǎng wèn zhōng fāng dài biǎo 중국측 대표를 방문하다

이별할 결 — 诀 / 訣 — 줴 jué
- 诀别(訣別) jué bié 헤어지다, 이별하다
- 诀法(訣法) jué fǎ 비밀리에 전해지는 그 집안만의 방법, 방식
- 秘诀(秘訣) mì jué 혼자만 아는 비밀스런 방법
- 这不是诀别, 而是暂时分开住 zhè bù shì jué bié, ér shì zàn shí fēn kāi zhù 이는 이별이 아니라 잠시 떨어져 지내는 것이다

찾을 심 — 寻 / 尋 — 쉰 xún
- 寻常(尋常) xún cháng 대수롭지 않고 예사롭다, 보통이다
- 寻求(尋求) xún qiú 찾다, 탐구하다
- 寻根问底(尋根問底) xún gēn wèn dǐ 뿌리를 캐어 물음
- 寻求真理 xún qiú zhēn lǐ 진리를 탐구하다

다될 진 — 尽 / 盡 — 진 jìn
- 尽到(盡到) jìn dào 다하다
- 尽职(盡職) jìn zhí 직무를 다하다
- 尽如人意(盡如人意) jìn rú rén yì 모든 것이 뜻대로 되다
- 尽到了责任 jìn dào le zé rèn 책임을 다했다

이끌 도 — 导 / 導 — 다오 dǎo
- 领导(領導) lǐng dǎo 거느려 이끌다
- 导言(導言) dǎo yán 머리말, 서론
- 导诱(導誘) dǎo yòu 꾀여 내다, 유인하다
- 选出领导人 xuǎn chū lǐng dǎo rén 지도자를 선출하다

손자 손 — 孙 / 孫 — 쑨 sūn
- 孙子(孫子) sūn zi 손자, 애송이, 손자뻘되는 놈(남을 경멸하는 말)
- 祖孙(祖孫) zǔ sūn 할아버지와 손자
- 孝子贤孙(孝子賢孫) xiào zǐ xián sūn 효성스런 아들과 어진 손자 (온순하고 충실한 후계자라는 부정적인 의미로도 사용)
- 事关子孙万代 shì guān zǐ sūn wàn dài 자손만대에 관계되는 일

줄 진 — 阵 / 陣 — 쩐 zhèn
- 阵地(陣地) zhèn dì 주된 활동이 이루어지는 곳
- 阵风(陣風) zhèn fēng 갑자기 불어 왔지만 곧 그치는 센 바람
- 严阵以待(嚴陣以待) yán zhèn yǐ dài 엄정한 진용으로 대기하다
- 突然吹来阵风 tū rán chuī lái zhèn fēng 돌연 진풍이 불어오다

先生 xiān sheng 선생님(주로 품위있는 남성에게)   同志 tóng zhì 동지

6획

볕 양 양 yáng	阳 陽	阳光(陽光) yáng guāng 태양의 광선, 햇빛 太阳(太陽) tài yáng 태양 阳奉阴违(陽奉陰違) yáng fèng yīn wéi 겉으로는 복종하지만 속으로는 그렇지 않다 阳光明媚的春天来到了 yáng guāng míng mèi de chūn tiān lái dào le 햇빛 찬란한 봄이 왔다
섬돌 계 계 jiē	阶 階	阶梯(階梯) jiē tī 계단 阶层(階層) jiē céng 사회를 구성하는 여러 층 阶前万里(階前萬里) jiē qián wàn lǐ 만 리나 되는 먼 곳도 계단 앞과 같다(임금은 지방정치의 좋고 나쁨을 잘 알고 있다는 뜻) 邀请各阶层人士 yāo qǐng gè jiē céng rén shì 각계각층 인사를 초청하다
응달 음 인 yīn	阴 陰	阴影(陰影) yīn yǐng 그림자, 그늘 阴谋(陰謀) yīn móu 비밀에 일을 꾸미다 阴错阳差(陰錯陽差) yīn cuò yáng chā 우연한 일로 잘못되다 今天是阴天 jīn tiān shì yīn tiān 오늘은 흐린 날씨이다
며느리 부 부 fù	妇 婦	妇人(婦人) fù rén 아내 夫妇(夫婦) fū fù 남편과 아내 妇人之仁(婦人之仁) fù rén zhī rén 하찮은 인정 与妇人同行 yǔ fù rén tóng xíng 부인과 함께 동행하다
어미 마 마 mā	妈 媽	妈妈(媽媽) mā ma 엄마, 어머니 姨妈(姨媽) yí mā 이모 爹妈(爹媽) diē mā 아버지와 어머니를 부를 때 쓰는 말 管妈妈又叫母亲或娘 guǎn mā ma yòu jiào mǔ qīn huò niáng 어머니를 모친 또는 엄마라고도 한다
놀 희 시 xì	戏 戲	戏台(戲臺) xì tái 연극무대 戏票(戲票) xì piào 연극입장권, 극장관람권 酒后戏谈(酒候戲談) jiǔ hòu xì tán 술 마시며 주고받는 농담 我们去看戏 wǒ men qù kàn xì 우리 연극을 보러 가자
볼 관 관 guān	观 觀	观光(觀光) guān guāng 구경, 참관 观念(觀念) guān niàn 생각, 견해 观过知仁(觀過知仁) guān guò zhī rén 그가 저지른 잘못을 보면 그 됨됨이를 알 수 있다 到中国去观光旅游 dào zhōng guó qù guān guāng lǚ yóu 중국 관광여행을 가다

师傅 shī fu 스승, 선생, 선배(숙련공의 경우)

6획

기뻐할 환	欢 歡	欢迎(歡迎) huān yíng 즐겁게 맞이하다 欢喜(歡喜) huān xǐ 기쁘다, 좋아하다 欢欣鼓舞(歡欣鼓舞) huān xīn gǔ wǔ 펄쩍 뛰면서 좋아하다 欢迎贵客 huān yíng guì kè 귀빈을 환영합니다
환 huān		

살 매	买 買	买菜(買菜) mǎi cài 나물을 사다 买卖(買賣) mǎi mài 사고팔다, 장사를 하다 买誉成名(買譽成名) mǎi yù chéng míng 부당한 방법으로 명예를 얻다 到商场买东西 dào shāng chǎng mǎi dōng xi 시장에서 물건 사다
마이 mǎi		

굽을 우	纡 紆	纡余(紆余) yū yú 꾸불꾸불하다 纡回(紆回) yū huí 에돌다, 우회하다 纡尊降贵(紆尊降貴) yū zūn jiàng guì 높은 사람이 아랫사람에게 머리를 숙이다(스스로 자신의 처지를 낮춘다는 말) 纡回向前 yū huí xiàng qián 에돌아 앞으로 나가다
위 yū		

붉을 홍	红 紅	红枣(紅棗) hóng zǎo 붉은 대추 红肿(紅腫) hóng zhǒng 피부가 빨갛게 붓다 红嘴白牙(紅嘴白牙) hóng zuǐ bái yá 빨간 입에 하얀 이(아름다운 입을 가리키는 말) 中国人喜欢用红色 zhōng guó rén xǐ huān yòng hóng sè 중국 사람들은 붉은 색을 쓰기 좋아한다
홍 hóng		

껑거리끈 주	纣 紂	纣棍(紂棍) zhòu gùn 밀치(안장, 길마의 마소 꼬리밑에 거는 막대기) 后鞧纣(后鞧紂) hòu qiū zhòu 밀치에 거는 끈 纣王(紂王) zhòu wáng 주왕(중국 은나라 마지막 왕) 纣王是殷代的暴君 zhòu wáng shì yīn dài de bào jūn 주왕은 은나라 폭군이었다
저우 zhòu		

실을 태	驮 馱	驮马(馱馬) tuó mǎ 짐을 싣는 말 驮运(馱運) tuó yùn 짐승의 등에 실어 나르다 驮子(馱子) tuó zi 짐바리(말이나 소에 실어 나르는 짐) 蒙古人习惯于驮运 měng gǔ rén xí guàn yú tuó yùn 몽골인은 짐을 말로 나르는 데 습관되어 있다
퉈 tuó		

가늘 섬 밧줄 념	纤 纖	纤维(纖維) xiān wéi 실 모양의 물질 纤弱(纖弱) xiān ruò 가냘프고 약하다 不差纤毫(不差纖毫) bù chā xiān háo 조금도 틀리지 않다 纤腰之女 xiān yāo zhī nǚ 허리가 잘록한 미녀
섄 xiān 챈 qiàn		

师母 shī mǔ (师娘 shī niáng) 사모님   女士 nǚ shì 여사(품위있고 유식한 여성)

6획

실끝 홀 / 거 gē — 纥 / 紇

- 纥繨(紇繨) gē da 매듭, 말이 유창하지 못하다
- 纥里纥繨(紇里紇繨) gē lí gē da 많이 엉키다
- 纥仰纥仰(紇仰紇仰) gē yǎng gē yǎng 뒤뚱뒤뚱 걷는 모양
- 解纥繨 jiě gē da 매듭을 풀다

길들 순 / 가르칠 훈 / 쉰 xùn — 驯 / 馴

- 驯服(馴服) xùn fú 온순하다, 길들이다, 순종하다
- 驯和(馴和) xùn hé 온순하여 남과 잘 어울리다
- 驯至于此(馴至於此) xùn zhǐ yú cǐ 점차로 이 지경에 이르다
- 这匹马很驯 zhè pǐ mǎ hěn xùn 이 말은 매우 온순하다

흰비단 환 / 완 wán — 纨 / 紈

- 纨扇(紈扇) wán shàn 흰 비단으로 만든 부채
- 纨素(紈素) wán sù 올이 곱고 흰 비단
- 纨裤子弟(紈褲子弟) wán kù zǐ dì 호강하며 자란 부잣집 자식
- 买一把纨扇 mǎi yī bǎ wán shàn 흰 비단 부채 (하나)를 사다

묶을 약 / 웨 yuē — 约 / 約

- 约会(約會) yuē huì 만날 약속을 하다
- 约期(約期) yuē qī 기일을 약정하다, 약속한 날짜
- 不约而同(不約而同) bù yuē ér tóng 한결같이, 약속이나 한듯
- 我有约会不能去 wǒ yǒu yuē huì bù néng qù 저는 약속이 있어서 가지 못합니다

등급 급 / 지 jí — 级 / 級

- 级别(級別) jí bié 순위, 등급의 구별
- 上级(上級) shàng jí 상급
- 级差工资(級差工資) jí chā gōng zī 등급별 임금
- 他的级别很高 tā de jí bié hěn gāo 그의 등급은 매우 높다

솜 광 / 쾅 kuàng — 纩 / 纊

- 纩衣(纊衣) kuàng yī 솜옷
- 纩縑(纊縑) kuàng jiān 솜과 합사로 짠 비단
- 身着纩衣 shēn zhuó kuàng yī 몸에 솜옷을 걸치다

벼리 기 / 지 jì — 纪 / 紀

- 纪念(紀念) jì niàn 오래도록 전하여 잊지 않게 함
- 纪功(紀功) jì gōng 공적을 기록하다
- 违法乱纪(違法亂紀) wéi fǎ luàn jì 법을 어기고 문란하게 하다
- 这张照片给你做个纪念吧 zhè zhāng zhào piàn gěi nǐ zuò ge jì niàn ba 이 사진을 당신에게 드리니 기념으로 삼으세요

夫人 fū ren 부인(자기의 아내나 타인의 아내를 높여 칭하거나 또는 외교사절의 부인)

6/7 획

달릴 치 츠 chí 驰 馳	飞驰(飛馳) fēi chí 날듯이 달려가다 奔驰(奔馳) bēn chí 질주하다 背道而驰(背道而馳) bèi dào ér chí 반대 방향으로 달아나다 驰名天下 chí míng tiān xià 이름이 천하에 알려지다
실꿸 인 런 rèn 纫 紉	纫头(紉頭) rèn tóu 바늘귀에 꿰는 실의 끝머리 纫佩(紉佩) rèn pèi 깊이 탄복하다 缝纫机(縫紉機) féng rèn jī 재봉틀 老太太眼花了, 纫不上针 lǎo tài tài yǎn huā le, rèn bù shàng zhēn 노부인은 눈이 침침하여 실을 바늘귀에 꿰지 못하다
목숨 수 서우 shòu 寿 壽	寿命(壽命) shòu mìng 생명, 목숨 长寿(長壽) cháng shòu 긴 생명 寿比南山(壽比南山) shòu bǐ nán shān 오래오래 살다 活到一百岁, 真长寿 huó dào yī bǎi suì, zhēn cháng shòu 백세까지 살았으니 정말 장수한 것이지요
보리 맥 마이 mài 麦 麥	大麦(大麥) dà mài 보리(小麦 xiǎo mài 밀) 麦地(麥地) mài dì 밀밭, 보리밭 麦秀之叹(麥秀之嘆) mài xiù zhī tàn 고국의 멸망을 한탄하다 在麦地里干活 zài mài dì lǐ gàn huó 밀밭에서 일하다
마노 마 마 mǎ 玛 瑪	玛瑙(瑪瑙) mǎ nǎo 마노(차돌의 하나, 미술품의 재료로 쓰임) 玛雅人(瑪雅人) mǎ yǎ rén 마야족 买玛瑙项链 mǎi mǎ nǎo xiàng liàn 마노 목걸이를 사다
나아갈 진 진 jìn 进 進	进步(進步) jìn bù 앞으로 나아가다, 차차 발전하다 进学(進學) jìn xué 상급학교로 가다 进退两难(進退兩難) jìn tuì liǎng nán 앞으로 나아갈 수도, 뒤로 물러설 수도 없는 궁지에 빠짐 他进步慢 tā jìn bù màn 그는 나아지는 속도가 더디다
멀 원 위안 yuǎn 远 遠	远处(遠處) yuǎn chù 먼 곳 远路(遠路) yuǎn lù 먼 길 远渡重洋(遠渡重洋) yuǎn dù chóng yáng 바다 건너 멀리 외국으로 가다 釜山离汉城远 fǔ shān lí hàn chéng yuǎn 부산은 서울에서 멀다

太太 tài tai 마님, 부인(기혼)　　小姐 xiǎo jiě 아가씨, 양(미혼)

7획

| 어길 위
웨이 wéi | 违 違 | 违背(違背) wéi bèi 어기다, 어긋나다
违法(違法) wéi fǎ 법을 어기다
违约(違約) wéi yuē 약속을 어기다
违法就要处罚 wéi fǎ jiù yào chǔ fá 법을 어기면 곧 처벌해야 한다 |

| 질길 인
런 rèn | 韧 韌 | 韧度(韌度) rèn dù 질긴 정도
坚韧(堅韌) jiān rèn 단단하고 질기다
坚韧不拔(堅韌不拔) jiān rèn bù bá 견고하고 질기다
要有韧劲儿 yào yǒu rèn jìnr 끈기있는 정신이 있어야 한다 |

| 깎을 잔
찬 chǎn | 刬 剗 | 刬平(剗平) chǎn píng 깎아서 평평하게 하다
刬平土堆 chǎn píng tǔ duī 흙더미를 깎아서 평평하게 고르다 |

| 돌 운
윈 yùn | 运 運 | 运动(運動) yùn dòng 스포츠
运输(運輸) yùn shū 운반, 운송
运斤成风(運斤成風) yùn jīn chéng fēng 솜씨가 신기하고 더할 나위없이 묘하다
运动有很多好处 yùn dòng yǒu hěn duō hǎo chù 운동은 매우 좋은 점이 많다 |

| 어루만질 무
부 fǔ | 抚 撫 | 抚爱(撫愛) fǔ ài 어루만지며 사랑하다
抚慰(撫慰) fǔ wèi 위안, 위로
抚今忆往(撫今憶往) fǔ jīn yì wǎng 현실과 부딪치면서 지난날을 회상하다
爷爷抚摸着孙子的头 yé yé fǔ mó zhe sūn zi de tóu 할아버지가 손자의 머리를 쓰다듬는다 |

| 술병 담
단 단
탄 tán | 坛 罎壇 | 坛子(罎子) tán zi 오지단지
酒坛(酒罎) jiǔ tán 술 항아리
登坛拜将(登壇拜將) dēng tán bài jiāng 단에 올라가 장군으로 임명을 받다
整修花坛 zhěng xiū huā tán 화단을 손질하다 |

| 뭉칠 단
퇀 tuán | 抟 摶 | 抟饭(摶飯) tuán fàn 주먹밥을 뭉치다
抟直(摶直) tuán zhí 도자기를 빚다
抟土无功(摶土無功) tuán tǔ wú gōng 하나로 뭉치려는 노력이 허사로 끝나다
抟泥球儿 tuán ní qiúr 진흙을 동그랗게 빚다 |

阿姨 ā yí 아주머니, 이모(어머니와 나이 비슷한 여성)   叔叔 shū shu 아저씨(어린이들이 삼촌 또래의 남자에 대한 호칭)

7획

| 무너질 괴
화이 huài | 坏 壞 | 坏处(壞處) huài chù 나쁜 점, 결점
坏根(壞根) huài gēn 화근, 악의 근원
成事不足, 坏事有余 chéng shì bù zú, huài shì yǒu yú 일을 성공시키기는 커녕 오히려 망친 것이 더 많다
从坏处着想 cóng huài chù zhuó xiǎng 나쁜 점으로부터 생각하다 |

| 던질 구
커우 kōu | 抠 摳 | 抠开(摳開) kōu kāi 후벼 뚫다, 끄집어 내다
抠破(摳破) kōu pò 부수다, 찔러서 뚫다
抠心挖胆(摳心挖膽) kōu xīn wā dǎn 깜짝 놀라다, 혼나다
抠开冻土救出了人 kōu kāi dòng tǔ jiù chū le rén 언 땅을 파헤치고 사람을 구해냈다 |

| 지명 력
리 lì | 坜 壢 | 中坜(中壢) zhōng lì 중국 타이완성에 있는 지명 |

| 어지러울 요
라오 rǎo | 扰 擾 | 扰乱(擾亂) rǎo luàn 혼란하게 하다, 교란하다
扰动(擾動) rǎo dòng 소동을 일으키다
扰乱射击(擾亂射擊) rǎo luàn shè jī 적군을 교란시키고자 총을 쏘다
扰乱社会秩序 rǎo luàn shè huì zhì xù 사회질서를 어지럽히다 |

| 방죽 파
빠 bà | 坝 壩 | 坝子(壩子) bà zi 제방
坝坎(壩坎) bà kǎn 제방의 높은 곳
坝基(壩基) bà jī 제방의 기초
修好河坝, 确保全部落安全 xiū hǎo hé bà, què bǎo quán bù luò ān quán 제방을 잘 구축하여 온 부락의 안전을 확보하다 |

| 바칠 공
꿍 gòng | 贡 貢 | 贡献(貢獻) gòng xiàn 기여하다
贡品(貢品) gòng pǐn 공물, 헌상품
进贡(進貢) jìn gòng 공물을 바치다
为人民做出贡献 wèi rén mín zuò chū gòng xiàn 인민에 기여하다 |

| 소리 성
성 shēng | 声 聲 | 声势(聲勢) shēng shì 위풍과 기세
声音(聲音) shēng yīn 소리, 음성
声东击西(聲東擊西) shēng dōng jī xī 동쪽을 칠 듯 소리를 내고 실제로는 서쪽을 치다(적을 속여 공격한다는 뜻)
声音小, 听不着 shēng yīn xiǎo, tīng bù zhǎo 소리가 낮아서 들리지 않는다 |

老太爷 lǎo tài ye 할아버님, 영감님　　老太太 lǎo tài tai 할머님, 노부인

7획

갚을 보 빠오 bào	报 報	报名(報名) bào míng 신청하다, 지원하다 画报(畫報) huà bào 그림, 사진 등으로 꾸며진 책 报仇雪恨(報仇雪恨) bào chóu xuě hèn 원수를 갚고 원한을 풀다 百年报恩 bǎi nián bào ēn 백 년 동안 은혜를 갚는다
헤아릴 의 니 nǐ	拟 擬	拟订(擬訂) nǐ dìng 초안을 세우다, 입안(立案)하다 拟制(擬制) nǐ zhì 본떠서 만들다 拟于不论(擬於不論) nǐ yú bù lún 비교할 수 없는 것과 견주다 拟文儿下发 nǐ wénr xià fā 서류를 작성하여 내려 보내다
들어올릴 강 강 gāng	抠 摜	抠(摜) gāng '물건을 들다'와 같은 뜻이지만 오늘날 사용되지 않음
접을 접 저 zhé	折 摺	折磨(摺磨) zhé mó 고통스럽게 하다, 구박하다 折断(摺斷) zhé duàn 절단하다, 끊다 不折不扣(不摺不扣) bù zhé bù kòu 틀림없다, 에누리 없다 保管好存折 bǎo guǎn hǎo cún zhé 저금통장을 잘 보관하다
가릴 론 휘두를 륜 륜 lún, lūn	抡 掄	抡材(掄材) lún cái 목재를 고르다 抡择(掄擇) lún zé 고르다, 선택하다 抡枪舞剑(掄槍舞劍) lūn qiāng wǔ jiàn 총칼을 휘두르다 他俩抡拳抡手地打起来了 tā liǎ lūn quán lūn shǒu de dǎ qǐ lái le 그들 두 사람은 손과 주먹을 휘두르며 싸웠다
닿을 창 챵 qiǎng	抢 搶	抢风(搶風) qiǎng fēng 맞바람, 역풍 抢救(搶救) qiǎng jiù 급히 구조하다 抢嘴夺舌(搶嘴奪舌) qiǎng zuǐ duó shé 남에게는 말할 기회를 주지 않고 혼자 제멋대로 떠들다, 혼자 수다를 떨다 抢救落水儿童 qiǎng jiù luò shuǐ ér tóng 물에 빠진 어린아이를 재빠르게 구조하다
둑 오 우 wǔ	坞 塢	山坞(山塢) shān wǔ 산간의 평지 坞壁(塢壁) wǔ bì 흙을 쌓아 만든 성채 花坞(花塢) huā wǔ 꽃을 재배하는 우묵한 곳 整理花坞 zhěng lǐ huā wǔ 꽃 재배지를 정리하다

老大爷 lǎo dà ye 할아버지(老太爷보다는 나이 어린 경우)   老大娘 lǎo dà niáng 할머니

7획

무덤 분
펀 fén
坟 墳
坟地(墳地) fén dì 무덤이 있는 땅
坟坑(墳坑) fén kēng 묘혈
坟墓(墳墓) fén mù 묘지
自掘坟墓 zì jué fén mù 자기가 스스로 죽을 자리를 파다

보호할 호
후 hù
护 護
护理(護理) hù lǐ 간호
护士(護士) hù shì 간호사
环境保护(環境保護) huán jìng bǎo hù 환경을 지키고 보호하다
保护妇女合法权益 bǎo hù fù nǚ hé fǎ quán yì 부녀자의 합법적 권익을 보호하다

껍질 각
챠오 qiào
壳 殼
地壳(地殼) dì qiào 지구의 외각
躯壳(軀殼) qū qiào 동물의 껍데기
金蝉脱壳(金蟬脫殼) jīn chán tuō qiào 매미가 허물을 벗다(꾀를 써서 도망한다는 뜻)
地壳裂了 dì qiào liè le 지각이 갈라지다

흙덩이 괴
콰이 kuài
块 塊
肉块儿(肉塊兒) ròu kuàir 고기덩어리
糖块儿(糖塊兒) táng kuàir 설탕덩어리
块然无知(塊然無知) kuài rán wú zhī 어리석고 무지함
这块地是我家的 zhè kuài dì shì wǒ jiā de 이 땅뙈기는 우리것이다

움츠릴 송
쑹 sǒng
扨 攄
扨身(攄身) sǒng shēn 몸을 움츠리다
扨出去(攄出去) sǒng chū qù 밀어내다
扨身欲飞(攄身欲飛) sǒng shēn yù fēi 몸을 움츠렸다 곧추 세워 날아보려 하다
当胸一扨 dāng xīng yī sǒng 가슴에 대고 밀다

거칠어질 무
우 wú
芜 蕪
芜没(蕪沒) wú mò 잡초에 파묻히다
芜浅(蕪淺) wú qiǎn 거칠고 천박하다
举要删芜(舉要刪蕪) jǔ yào shān wú 요점만 가려내고 나머지 거추장스런 것들은 버리다
多年不除草, 芜杂得很 duō nián bù chú cǎo, wú zá de hěn 오랫동안 풀을 매지 않아 거칠고 난잡하기 그지 없다

갈대 위
웨이 wěi
苇 葦
苇子(葦子) wěi zi 갈대
苇席(葦席) wěi xí 삿자리(갈대로 엮어서 만든 자리)
割苇(割葦) gē wěi 갈대를 베다
铺苇席 pū wěi xí 삿자리를 펴다

大爷 dà ye 아주버님(나이 지긋한 남자에게)　　大娘 dà niáng 아주머님(나이 지긋한 여자에게)

7획

평지 운 원 yún	芸 蕓	芸黄(蕓黃) yún huáng 짙은 황색 芸香(蕓香) yún xiāng 운향(향초 이름) 芸芸众生(蕓蕓眾生) yún yún zhòng shēng 불교에서 말하는 무릇 살아있는 모든 것 遍地芸苔 biān dì yún tái 온 들판은 유채 천지이다
개냉이 력 리 lì	苈 藶	葶苈(葶藶) tíng lì 개냉이(일년생 초본식물, 약재로도 쓰임)
비름 한 자리공 현 샌 xiàn	苋 莧	苋菜(莧菜) xiàn cài 비름 苋陆(莧陸) xiàn lù 자리공, 자리공의 뿌리
육종용 종 충 cōng	苁 蓯	苁蓉(蓯蓉) cōng róng 육종용(肉苁蓉)과 초종용(草苁蓉)의 총칭. 버섯의 한 가지 苁蓉可治病 cōng róng kě zhì bìng 종용으로 병을 치료할 수 있다 肉苁蓉可补肾壮阳 ròu cōng róng kě bǔ shèn zhuàng yáng 육종용은 정력을 보하고 양기를 북돋아 준다
푸를 창 창 cāng	苍 蒼	苍天(蒼天) cāng tiān 푸른 하늘 苍白(蒼白) cāng bái 희끗희끗하다, 창백하다 苍黄翻复(蒼黃翻復) cāng huáng fān fù 변화무쌍하다 苍天保佑! cāng tiān bǎo yòu! 푸른 하늘이여, 보우하소서!
엄할 엄 얜 yán	严 嚴	严格(嚴格) yán gé 말과 행동이 엄하고 딱딱하다 严肃(嚴肅) yán sù 진지하다, 어수룩함이 없다 严以律己(嚴以律己) yán yǐ lǜ jǐ 자신을 엄하게 단속하다 严格要求 yán gé yāo qiú 엄격히 요구하다
갈대 로 루 lú	芦 蘆	芦苇(蘆葦) lú wěi 갈대 芦笋(蘆笋) lú sǔn 갈대의 새싹 割芦苇(割蘆葦) gē lú wěi 갈대를 베다 墙上芦苇头重根底浅 qiáng shàng lú wěi tóu zhòng gēn dǐ qiǎn 담장 위의 갈대는 이삭은 커도 뿌리는 얕다(학식이 적은 사람을 비유)

大叔 dà shū 아저씨　　大婶儿 dà shěnr 아주머니　　大嫂 dà sǎo 아주머니(大婶儿보다 좀 어린 여자에게)

7획

일할 로
라오 láo
劳 勞
劳动(勞動) láo dòng 일(하다)
劳心(勞心) láo xīn 마음으로 애쓰다, 걱정하다
劳而无功(勞而無功) láo ér wú gōng 노력했으나 공이 없다
靠劳动吃饭 kào láo dòng chī fàn 일해서 벌어 먹다

이길 극
커 kè
克 剋
克服(剋服) kè fú 참고 견디다
克食(剋食) kè shí 소화를 돕다
以柔克刚(以柔剋剛) yǐ róu kè gāng 부드러움으로 강함을 이기다
克服困难 kè fú kùn nán 어려움을 이겨내다

깨날 소
쑤 sū
苏 蘇
苏醒(蘇醒) sū xǐng 소생하다, 되살아나다
苏软(蘇軟) sū ruǎn 나른하다, 노곤하다
死而复苏(死而復蘇) sǐ ér fù sū 죽었다가 다시 살아나다
他总于苏醒过来了 tā zǒng yú sū xǐng guò lái le 그는 마침내 되살아났다

다할 극
지 jí
极 極
极力(極力) jí lì 있는 힘을 다하다
极端(極端) jí duān 몹시, 극단적으로, 극도의
登峰造极(登峰造極) dēng fēng zào jí 최고도에 달하다
要极力去保护 yào jí lì qù bǎo hù 있는 힘을 다하여 보호하다

버들 양
양 yáng
杨 楊
杨柳(楊柳) yáng liǔ 수양버들, 백양나무와 버드나무
杨花(楊花) yáng huā 버들개지
百步穿杨(百步穿楊) bǎi bù chuān yáng 백 걸음밖에서 버드나무 잎을 쏘아 맞히다 (백발백중)
春风杨柳好风光 chūn fēng yáng liǔ hǎo fēng guāng 봄바람에 수양버들이 춤추는 좋은 풍경

두 량
량 liǎng
两 兩
两口子(兩口子) liǎng kǒu zi 부부 두 사람
两不相让(兩不相讓) liǎng bù xiāng ràng 양쪽이 서로 양보하지 않다
两全其美(兩全其美) liǎng quán qí měi 쌍방이 다 좋다
两个人一起去 liǎng ge rén yī qǐ qù 두 사람이 함께 가다

고울 려
리 lì
丽 麗
丽日(麗日) lì rì 화창한 햇볕, 밝은 태양
美丽(美麗) měi lì 아름답다
风和日丽(風和日麗) fēng hé rì lì 바람은 부드럽고 날씨는 화창함
这里风景很美丽 zhè lǐ fēng jǐng hěn měi lì 이곳 풍경이 매우 아름답다

大哥 dà gē 큰형님, 큰오빠(맏형과 나이 비슷한 남자에 대한 호칭)

7획

힘쓸 려 / 리 lì 励 勵
- 励精(勵精) lì jīng 정신을 가다듬다
- 励行(勵行) lì xíng 힘써 행하다
- 励精图治(勵精圖治) lì jīng tú zhì 힘을 다하여 다스리다
- 大家要励行节约 dà jiā yào lì xíng jié yuē 여러 사람들이 모두 절약에 힘쓰다

의원 의 / 이 yī 医 醫
- 医生(醫生) yī shēng 의사
- 医院(醫院) yī yuàn 병원
- 医不治医(醫不治醫) yī bù zhì yī 의사가 자기 병은 못 고친다 (자신의 문제점이나 어려운 점을 스스로 고치기는 어렵다는 뜻)
- 上医院请医生来 shàng yī yuàn qǐng yī shēng lái 병원에 가서 의사를 모셔와라

돌아올 환 / huán, hái 还 還
- 还回(還回) huán huí 되돌려 주다
- 还是(還是) hái shì 아직도, 여전히, 또는, 아니면, 이처럼
- 血债血还(血債血還) xuè zhài xuè huán 피는 피로써 갚다
- 骂不还口 mà bù huán kǒu 욕을 해도 대꾸하지 않는다

물가 기 / 지 jī 矶 磯
- 钓矶(釣磯) diào jī 앉아서 낚시질할 수 있는 물가의 바위
- 采石矶(採石磯) cǎi shí jī 채석기(안후이성의 지명)
- 燕子矶(燕子磯) yàn zi jī 연자기(쟝수성의 지명)

거울상자 렴 / 랜 lián 奁 奩
- 奁币(奩幣) lián bì 시집갈 때 가져가는 혼수와 지참금
- 镜奁(鏡奩) jìng lián 화장품 상자
- 奁田(奩田) lián tián 옛날에 신부 지참금 대신 떼주는 논밭
- 既送女儿又给奁币 jì sòng nǚ ér yòu gěi lián bì 딸을 시집 보낼 뿐만 아니라 지참금까지 주다

다죽일 섬 / 잰 jiān 歼 殲
- 歼灭(殲滅) jiān miè 적을 무찔러 멸망시키다
- 歼击(殲擊) jiān jī 공격하여 섬멸하다
- 聚而歼之(聚而殲之) jù ér jiān zhī 무리지어 섬멸하다
- 歼灭来犯之敌 jiān miè lái fàn zhī dí 침범해온 적을 섬멸하다

올 래 / 라이 lái 来 來
- 来到(來到) lái dào 오다, 도착하다
- 来源(來源) lái yuán 근원, 출처
- 来之不易(來之不易) lái zhī bù yì 성공을 거두기란 쉽지 않다
- 来到天安门广场 lái dào tiān ān mén guǎng chǎng 천안문 광장에 도착하다(오다)

老弟 lǎo dì (小弟 xiǎo dì) 아우, 군, 너, 자네   小妹 xiǎo mèi (老妹 lǎo mèi) 꼬마여동생

7획

어조사 여 위 yú	欤 歟	在齐欤? 在鲁欤? zài qí yú? zài lǔ yú? 제나라에 있느뇨? 노나라에 있느뇨? * 문장 끝에 쓰여 '의문, 반문, 감탄'을 나타내는 조사 '乎'(hū) 용법과 비슷함
추녀 헌 쉬안 xuān	轩 軒	轩昂(軒昂)xuān áng 위풍당당하다, 기세가 대단하다 轩举(軒舉)xuān jǔ 풍채가 당당하다 轩朗(軒朗)xuān lǎng 탁 트여 시원스럽다 轩然大波 xuān rán dà bō 큰 파문, 큰 분쟁
잇닿을 련 랜 lián	连 連	连天(連天)lián tiān 연속하여 끊이지 않다, 하늘에 맞닿다 连心(連心)lián xīn 마음이 잘 맞다, 마음이 통하다 连翩而至(連翩而至)lián piān ér zhì 끊임없이 오다 连续不断地送去医疗用品 lián xù bù duàn de sòng qù yī liáo yòng pǐn 끊임없이 계속 의료용품을 보내주다
쐐기나무 인 런 rèn	轫 軔	发轫(發軔)fā rèn 바퀴의 굄목을 빼거나 늦추어 수레를 움직이게 하다, 첫발을 내딛다 车轫(車軔)chē rèn 브레이크 轫块(軔塊)rèn kuài 브레이크의 제동자 车轫出了故障 chē rèn chū le gù zhàng 브레이크가 고장나다
소금 로 루 lǔ	卤 鹵	卤汁(鹵汁)lǔ zhī 여러 가지 조미료를 넣은 소금물이나 간장, 간수 卤架(鹵架)lǔ jià 노략질하다, 약탈하다 卤莽灭裂(鹵莽滅裂)lǔ mǎng miè liè 무모하다, 경망스럽다 卤鸡味道特别香 lǔ jī wèi dào tè bié xiāng 소금 간장과 오향을 넣고 삶은 닭의 맛은 특별히 고소하다
땅이름 업 예 yè	邺 鄴	邺(鄴)yè 예(허난성 안양현 북쪽에 위치한 곳의 옛 지명)
굳을 견 잰 jiān	坚 堅	坚信(堅信)jiān xìn 굳게 믿다 坚固(堅固)jiān gù 굳고 튼튼하다 坚持不懈(堅持不懈)jiān chí bù xiè 해이해지지 않은채 유지하다 坚持到底就是胜利 jiān chí dào dǐ jiù shì shèng lì 끝까지 견지하면 곧 승리한다

老金 lǎo jīn 김형(나이 비슷하고 친한 사이에)   小金 xiǎo jīn 김군(친한 손아래 사람에게)

7획

| 때 시
ㅅ shí | 时 時 | 时间(時間) shí jiān 동안, 기간
时节(時節) shí jié 철, 절기
时乎不待(時乎不待) shí hū bù dài 시간은 기다려주지 않는다
　(시기를 놓쳐서는 안 된다는 뜻)
时代变了,意识也要变化 shí dài biàn le, yì shí yě yào biàn huà 시대가 변했으므로 의식도 변화되어야 한다 |

| 분명하지않을 무
ㅁ ḿ | 呒 嘸 | 呒啥(嘸啥) ḿ shá 아무 것도 없다, 아무 것도 아니다 |

| 고을 현
섄 xiàn | 县 縣 | 县(縣) xiàn 현(지방 행정구역의 단위)
县城(縣城) xiàn chéng 현 정부 소재지
县府(縣府) xiàn fǔ 현 정부(한국의 군청에 해당함)
到县城去赶集 dào xiàn chéng qù gǎn jí 현 정부 소재지로 장보러 가다 |

| 속 리
리 lǐ | 里 裏 | 表里(表裏) lǐ biǎo 안팎, 겉과 속
里袋(裏袋) lǐ dài 안주머니
里出外进(裏出外進) lǐ chū wài jìn 울퉁불퉁하다, 들락날락하다
这里人口达五十万 zhè lǐ rén kǒu dá wǔ shí wàn 이곳 인구는 오십만에 달한다 |

| 잠꼬대 예
이 yì | 呓 囈 | 呓语(囈語) yì yǔ 잠꼬대, 헛소리
梦呓(夢囈) mèng yì 잠꼬대(하다)
呓怔(囈怔) yì zhēng 잠꼬대하다, 헛소리하다
梦呓多, 精神不振 mèng yì duō, jīng shén bù zhèn 잠꼬대가 심하니 정신이 흐리멍덩하다 |

| 게울 구
어우 ǒu | 呕 嘔 | 呕吐(嘔吐) ǒu tù 먹었던 것을 다시 토하다
呕泄(嘔泄) ǒu xiè 구토와 설사
呕尽心血(嘔盡心血) ǒu jìn xīn xuè 심혈을 기울이다
吃药不呕吐 chī yào bù ǒu tù 약을 먹으면 토하지 않는다 |

| 동산 원
위안 yuán | 园 園 | 园丁(園丁) yuán dīng 원예사, 유치원이나 초등학교 교사
植物园(植物園) zhí wù yuán 식물원
园艺师(園藝師) yuán yì shī 원예사
到公园去玩儿 dào gōng yuán qù wánr 공원에 가서 놀다 |

总书记 zǒng shū jì 총서기, 총비서　　总裁 zǒng cái 총재

7획

새울음 력
리 lì

呖 壢

呖呖(壢壢) lì lì 새의 맑고 깨끗한 울음소리
莺声呖呖(鶯聲壢壢) yīng shēng lì lì 꾀꼬리가 지저귀는 소리 (듣기 좋다는 뜻)

밝을 광
쾅 kuàng

旷 曠

旷野(曠野) kuàng yě 너른 들판
旷课(曠課) kuàng kè 무단결석(하다)
旷日持久(曠日持久) kuàng rì chí jiǔ 헛되이 시일을 보내면서 오래 끌다
旷野处处是羊群 kuàng yě chù chù shì yáng qún 광야 곳곳에 양떼들이 있다

둘레 위
웨이 wéi

围 圍

围巾(圍巾) wéi jīn 목도리, 스카프
包围(包圍) bāo wéi 포위하다
围魏救赵(圍魏救趙) wéi wèi jiù zhào 위나라를 포위 공격하여 조나라를 구하라(후방을 공격하여 적을 물리치라는 뜻)
天冷了, 要带好围巾 tiān lěng le, yào dài hǎo wéi jīn 날씨가 추우니 목도리를 잘 두르라

무게 톤
둔 dūn

吨 噸

吨(噸) dūn 톤(중량 계산단위)
吨数(噸數) dūn shù 톤수, 함선의 용량
吨公里(噸公里) dūn gōng lǐ 화물이동 단위(화물 1t을 1km 옮기는 것을 一噸公里라고함)
能装多少吨? néng zhuāng duō shǎo dūn? 몇 톤을 실을 수 있습니까?

해돋이 양
양 yáng

旸 暘

旸谷(暘谷) yáng gǔ (고서에서) 해가 돋는 동쪽 끝을 가리키는 말

역참 우
유 yóu

邮 郵

邮件(郵件) yóu jiàn 우편물
邮票(郵票) yóu piào 우표
邮局(郵局) yóu jú 우체국
上邮局邮信件 shàng yóu jú yóu xìn jiàn 우체국에 가서 편지를 부치다

괴로울 곤
졸릴 곤
쿤 kùn

困 睏

困乏(睏乏) kùn fá 피로하다, 곤궁하다
困觉(睏覺) kùn jiào 잠자다
困兽犹斗(睏獸猶斗) kùn shòu yóu dòu 궁지에 몰린 짐승이 더욱 최후의 반항을 한다(벼랑끝에 몰리면 저항이 심해진다는 뜻)
困了就睡 kùn le jiù shuì 곤하면(졸리면) 자다

执政党 zhí zhèng dǎng 집권당　　与党 yǔ dǎng 여당　　在野党 zài yě dǎng 야당

7획

수효 원 위안 yuán	员 員	员工(員工) yuán gōng 종업원 教员(教員) jiào yuán 교사 动员(動員) dòng yuán 사람이나 물건을 집중시킴 我爸是个教员 wǒ bà shì ge jiào yuán 나의 아버지는 교사이다
찬불 패 바이 bài	呗 唄	呗赞(唄贊) bài zàn 부처의 공덕을 찬미하는 노래 呗匿(唄匿) bài nì 부처의 공덕을 칭송하다, 독경하다
들을 청 팅 tīng	听 聽	听从(聽從) tīng cóng 따르다, 복종하다 听不见(聽不見) tīng bù jiàn 들리지 않다, 듣지 못하다 听天由命(聽天由命) tīng tiān yóu mìng 운명을 하늘에 맡기다 听老师讲课 tīng lǎo shī jiǎng kè 선생님의 강의를 듣다
사레들 창 챵 qiāng	呛 嗆	呛人(嗆人) qiāng rén 숨이 막히다, (숨막힐 정도로) 기침이 심하다 呛火(嗆火) qiāng huǒ 울화가 치밀다, 화내다 呛咕(嗆咕) qiāng gū 논쟁하다 烟冒得呛人 yān mào de qiāng rén 연기가 피어올라 숨이 막히다
탄식소리 오 우 wū	呜 嗚	呜咽(嗚咽) wū yè 목메어 울다, 흐느껴 울다 呜哑(嗚啞) wū yà 까욱까욱(까마귀의 울음소리를 흉내낸 말) 一命呜呼(一命嗚呼) yī mìng wū hū 죽어 버리다 他伤心地呜咽起来 tā shāng xīn de wū yè qǐ lái 그는 슬프게 목메어 울어댔다
활뒤틀릴 별 볘 biè	别 彆	别扭(彆扭) biè niǔ 괴곽하다, 비뚤어지다, 어색하다 别嘴(彆嘴) biè zuǐ 말대꾸하다 别不过(彆不過) biè bù guò 거역하다, 고집을 꺾지 못하다 他总闹别扭 tā zǒng nào biè niǔ 그는 늘 심술을 부린다
재물 재 차이 cái	财 財	财产(財産) cái chǎn (살림살이에 드는) 재물, 자산 发财(發財) fā cái 돈을 벌다, 부자가 되다 财大气粗(財大氣粗) cái dà qì cū 돈이 있다고 우쭐렁거리다 保护人民财产 bǎo hù rén mín cái chǎn 인민 재산을 보호하다

国家主席 guó jiā zhǔ xí 국가주석   总统 zǒng tǒng 총통, 대통령

7획

| 완전할 륜
룬 lún | 囵 圇 | 囫囵(囫圇)hú lún 통째로, 송두리째
囫囵吞枣(囫圇吞棗)hú lún tūn zǎo 대추를 통째로 삼키다(새로운 분석 없이 기계적으로 받아들인다는 뜻)
囫囵个儿睡着了 hú lún gèr shuì zháo le 옷을 입은 채로 깊은 잠에 빠지다 |

| 지명 연
얜 yàn | 岿 崄 | 岿口(崄口)yàn kǒu 연구(쩌쟝성에 있는 곳의 지명) |

| 휘장 위
웨이 wéi | 帏 幃 | 帏幕(幃幕)wéi mù 식장이나 행사장 주변에 치는 휘장
罗帏(羅幃)luó wéi 명주나 깁으로 만든 장막
落下帏幕 luò xià wéi mù 막이 내리다, 결말짓다 |

| 험할 구
취 qū | 岖 嶇 | 崎岖(崎嶇)qí qū (산길이) 울퉁불퉁하다, 평탄하지 않다
崎岖山路不好走 qí qū shān lù bù hǎo zǒu 울퉁불퉁한 산길은 걷기 힘들다 |

| 언덕 강
초소 강
강 gǎng | 岗 崗 | 门岗(門崗)mén gǎng 수위, 경호실
岗位(崗位)gǎng wèi 보초 서는 곳, 직책, 본분
岗峦起伏(崗巒起伏)gǎng luán qǐ fú 작은 산과 언덕이 높아졌다가 낮아지며 기복을 이루다
这个岗位很重要 zhè ge gǎng wèi hěn zhòng yào 이 직책은 아주 중요하다 |

| 재 현
샌 xiàn | 岘 峴 | 岘山(峴山)xiàn shān 현산(후베이성 양양현 남쪽에 위치한 산) |

| 휘장 장
장 zhàng | 帐 帳 | 帐蓬(帳蓬)zhàng péng 장막, 천막
帐桌(帳桌)zhàng zhuō 계산대, 카운터
帐实相符(帳實相符)zhàng shí xiāng fú 장부와 현금이 맞다
金会计的帐目不清 jīn kuài ji de zhàng mù bù qīng 김씨의 회계장부는 정확하지 않다 |

全国人大常委会委员长 quán guó rén dà cháng wěi huì wěi yuán zhǎng 전국인민대표대회 상무위원장

7획

남기 람	岚 嵐	山岚(山嵐) shān lán 산속의 안개, 습기
란 lán		晓岚(曉嵐) xiǎo lán 새벽 안개
		夕岚(夕嵐) xī lán 저녁 안개
		晓岚绕在半山腰 xiǎo lán rào zài bàn shān yāo 새벽 안개가 산허리를 감싸고 돌다

바늘 침	针 針	针线(針線) zhēn xiàn 바늘과 실
전 zhēn		针灸(針灸) zhēn jiǔ 침질과 뜸질
		针芥相投(針芥相投) zhēn jiè xiāng tóu 의기투합하다
		他俩针锋相对 tā liǎ zhēn fēng xiāng duì 그들 두 사람은 (바늘끝과 바늘끝이 마주 대하듯) 서로 날카롭게 맞서다

못 정	钉 釘	钉子(釘子) dīng zi 못, 장애
딩 dīng		钉住(釘住) dīng zhù 지키다
		钉手钉嘴(釘手釘嘴) dīng shǒu dīng zuǐ 악랄한 수단과 야비한 말
		要钉住对方的前锋 yào dīng zhù duì fāng de qián fēng 상대방의 공격수를 바짝 견제하다

| 힘쓸 소 | 钊 釗 | 无不钊(無不釗) wú bù zhāo 격려하지 않는 사람이 없다(부지런히 힘을 쓴다는 뜻, 주로 인명에 쓰임) |
| 자오 zhāo | | |

| 폴로늄 박 | 钋 鈢 | 钋(鈢) pō 폴로늄 Po(화학원소) |
| 퍼 pō | | |

재갈 조	钌 釕	钌(釕) liǎo 루테늄 Ru(화학원소)
랴오 liǎo, liào		钌铞儿(釕銱兒) liào diàor 창문걸쇠
		门钌(門釕) mén liào 문열쇠
		把钌铞儿扣上 bǎ liào diàor kòu shang 창문 걸쇠를 잠그다

어지러울 란	乱 亂	乱发(亂發) luàn fà 헝클어진 머리
롼 luàn		乱用(亂用) luàn yòng 함부로 쓰다, 남용하다
		乱唤乱叫(亂喚亂叫) luàn huàn luàn jiào 소리 지르며 떠들다
		屋里很乱, 清理一下 wū lǐ hěn luàn, qīng lǐ yī xià 방안이 너무 지저분하니 깨끗이 정리하라

国会议长 guó huì yì zhǎng 국회의장   全国人大代表 quán guó rén dà dài biǎo 전국인민대표대회 대표

7획

훈음	간체	번체	용례
몸 체 티 tǐ	体	體	体育(體育) tǐ yù 건강한 몸을 만들기 위한 교육 体验(體驗) tǐ yàn 직접 겪음 体贴入微(體貼入微) tǐ tiē rù wēi 세세한 것까지 돌보다, 극진히 돌보다 谈谈学习体会 tán tán xué xí tǐ huì 학습 체험을 이야기하다
품팔이 용 융 yōng	佣	傭	佣人(傭人) yōng rén 고용인, 머슴, 하인 佣食(傭食) yōng shí 고용되어 생활하다, 품팔이 생활을 하다 佣金(傭金) yōng jīn 수수료, 구전 佣人荒 yōng rén huāng 일할 사람을 구하기 어렵다
밸 추 저우 zhòu	伹	儠	伹美人(儠美人) zhòu měi rén 똑똑하고 영리한 미인 很伹(很儠) hěn zhòu 매우 깔끔하다 他打扮得实在伹 tā dǎ bàn de shí zài zhòu 그는 실로 아름답게 분장했다
통할 철 처 chè	彻	徹	彻底(徹底) chè dǐ 밑바닥이 보일만큼 맑다, 사물의 이치가 분명하다 彻求(徹求) chè qiú 철저히 연구 검토하다 响彻云霄(響徹雲霄) xiǎng chè yún xiāo 하늘끝까지 울려 퍼지다 彻底完成任务 chè dǐ wán chéng rèn wù 임무를 철저하게 수행하다
남을 여 위 yú	余	餘	余年(餘年) yú nián 만년, 여생 余富(餘富) yú fù 넉넉하다, 유족하다 余可类推(餘可類推) yú kě lèi tuī 나머진 미루어 짐작할 수 있다 有生余年多干事儿 yǒu shēng yú nián duō gàn shìr 살아있는 동안에 더 많이 일하다
다 첨 챈 qiān	佥	僉	佥谋(僉謀) qiān móu 여러 사람이 협의하다, 계획을 모의하다 佥署(僉署) qiān shǔ 서명하다, 조인하다 佥无异仪(僉無異儀) qiān wú yì yí 모두 이의가 없다 请您佥署名字 qǐng nín qiān shǔ míng zi 이름을 서명하세요
닥나무 곡 구 gǔ	谷	穀	谷子(穀子) gǔ zi 조, 좁쌀 谷穗儿(穀穗兒) gǔ suìr 조이삭, 벼이삭 谷贱伤农(穀賤傷農) gǔ jiàn shāng nóng 쌀값이 싸서 농민이 손해를 보다 五谷丰登 wǔ gǔ fēng dēng 오곡이 풍성하다, 풍년이 들다

国会议员 guó huì yì yuán 국회의원　　全国政协主席 quán guó zhèng xié zhǔ xí 전국인민정치협상회의 주석

7획

| 이웃 린
린 lín | 邻 鄰 | 邻居(鄰居) lín jū 이웃, 이웃사람
邻睦(鄰睦) lín mù 이웃과 화목하다
左邻右舍(左鄰右舍) zuǒ lín yòu shè 좌우로 가까운 이웃집
邻居要和睦相处 lín jù yào hé mù xiāng chǔ 이웃끼리 화목하게 지내다 |

| 창자 장
챵 cháng | 肠 腸 | 肠胃(腸胃) cháng wèi 장과 위
肠痛病(腸痛病) cháng tòng bìng 장의 통증
肠肥脑满(腸肥腦滿) cháng féi nǎo mǎn 살만 피둥피둥 찌고 무식하다, 또는 그런 사람
最近肠胃不好 zuì jìn cháng wèi bù hǎo 요즘 장과 위가 좋지 않다 |

| 거북 귀
구이 guī | 龟 龜 | 龟缩(龜縮) guī suō 움츠리다, 틀어 박히다
龟裂(龜裂) guī liè 균열(하다)
龟鹤遐寿(龜鶴遐壽) guī hè xiá shòu 오랫동안 장수하다
龟缩不前 guī suō bù qián 거북이처럼 움추리고 앞으로 나가지 않는다 |

| 오히려 유
유 yóu | 犹 猶 | 犹之(猶之) yóu zhī 마치 …과 같다(猶如와 같은 의미)
犹有(猶有) yóu yǒu 아직 …할 여지가 있다
犹豫不定(猶豫不定) yóu yù bù dìng 망설여 결정하지 못하다
虽死犹荣 suī sǐ yóu róng 죽었지만 영광스럽다 |

| 이리 패
뻬이 bèi | 狈 狽 | 狼狈(狼狽) láng bèi 궁지에 빠지다, 몹시 괴로워하다, 당황하다
狼狈不堪(狼狽不堪) láng bèi bù kān 꼴불견이다, 궁지에 빠지다
他们互相勾结,狼狈为奸 tā men hù xiāng gōu jié, láng bèi wéi jiān 그들은 서로 결탁하여 나쁜짓을 한다 |

| 비둘기 구
쥬 jiū | 鸠 鳩 | 鸠居(鳩居) jiū jū 허술한 집
鸠率(鳩率) jiū shuài 모집하여 통솔하다
鸠形鹄面(鳩形鵠面) jiū xíng hú miàn 굶어서 얼굴과 몸이 마름
鸠占他人成果 jiū zhàn tā rén chéng guǒ (비둘기가 자기 둥지는 짓지 않고 까치둥지를 빼앗아 살듯이) 남의 성과를 가로채다 |

| 가지 조
탸오 tiáo | 条 條 | 条件(條件) tiáo jiàn 기준
条例(條例) tiáo lì 규정, 조합
条分缕析(條分縷析) tiáo fēn lǚ xī 조목조목 명확하게 분석하다
无条件地服从 wú tiáo jiàn de fú cóng 무조건 복종하다 |

中央军委主席 zhōng yāng jūn wěi zhǔ xí 중앙군사위원회 주석

7획

섬 도 / 다오 dǎo
島 (島)

岛国(島國) dǎo guó 섬나라
半岛(半島) bàn dǎo 삼면이 바다로 둘러싸인 땅
岛际贸易(島際貿易) dǎo jì mào yì 섬나라간의 무역
日本是个岛国 rì běn shì ge dǎo guó 일본은 섬나라이다

나라이름 추 / 쩌우 zōu
邹 (鄒)

邹(鄒) zōu 추(중국 주대의 나라 이름)
邹鲁(鄒魯) zōu lǔ 추나라는 맹자, 노나라는 공자의 출생지로 공맹(孔孟)을 가리킨다(文教가 흥성했던 지역을 가리키는 말)

찐만두 돈 / 툰 tún
饨 (飩)

馄饨(宛飩) hún tún 혼돈자(물만두보다 조금 작은 것)
买一碗馄饨吃 mǎi yī wǎn hún tún chī 혼돈자 한 그릇을 사먹다

보낼 희 / 시 xì
饩 (餼)

饩羊(餼羊) xì yáng 삭망(朔望)에 종묘에 바치는 희생양
饩牵(餼牽) xì qiān 제물로 바치는 짐승(소, 양, 돼지 따위)
饩牢(餼牢) xì láo 희생
饩之以粟 xì zhī yǐ sù 이에 좁쌀을 선물하다

익힐 임 / 런 rèn
饪 (飪)

烹饪(烹飪) pēng rèn 요리(하다)
饪熟(飪熟) rèn shú 음식물을 알맞게 익힘
他的烹饪技术高 tā de pēng rèn jì shù gāo 그의 요리 솜씨는 훌륭하다

물릴 어 / 위 yù
饫 (飫)

饱饫(飽飫) bǎo yù 배불리 먹다
厌饫(厭飫) yàn yù 배가 불러 물리다
饫闻厌见(飫聞厭見) yù wén yàn jiàn 짜증날 정도로 많이 듣고 보다
他吃得厌饫了 tā chī de yàn yù le 그는 질릴 정도로 많이 먹었다

신칙할 칙 / 츠 chì
饬 (飭)

饬厉(飭厲) chì lì 타이르고 격려하다
饬捕(飭捕) chì bǔ 체포를 명하다
整饬纪律(整飭紀律) zhěng chì jì lǜ 규율을 바로 잡다
饬呈(送)一函 chì chéng (sòng) yī hán 삼가 편지 한 통을 부송합니다(인편에 편지 보낼 때 쓰는 말)

部长 bù zhǎng 부장, 장관   副部长 fù bù zhǎng 부부장, 차관

7획

| 밥 반 반 fàn | 饭 飯 | 饭菜(飯菜) fàn cài 밥과 찬
吃饭(吃飯) chī fàn 식사하다
饭来开口(飯來開口) fàn lái kāi kǒu 밥이 오면 입을 벌린다
(게으른 탓에 아무런 힘도 쓰지 아니함을 가리키는 말)
要少吃饭, 但要吃好 yào shǎo chī fàn, dàn yào chī hǎo 식사하는 양을 적게 하되, 영양이 좋아야 한다 |

| 마실 음 인 yǐn | 饮 飲 | 饮茶(飲茶) yǐn chá 차를 마시다
饮食(飲食) yǐn shí 먹고 마실 만한 것
饮水思源(飲水思源) yǐn shuǐ sī yuán 물을 마실 때면 그 근원을 생각한다(근본을 잊지 말아야 한다는 뜻)
要改变饮酒习惯 yào gǎi biàn yǐn jiǔ xí guàn 음주 습관을 고쳐야 한다 |

| 걸릴 계 시 xì | 系 係 | 系列(係列) xì liè 서로 관련되어 조를 이룸
系鞋带儿(係鞋帶兒) jì xié dàir 신발 끈을 매다
名誉所系(名譽所係) míng yù suǒ xì 명예와 관련되다
生产系列产品 shēng chǎn xì liè chǎn pǐn 계열 제품을 생산하다 |

| 얼 동 뚱 dòng | 冻 凍 | 冻冰(凍冰) dòng bīng 얼음이 얼다, 결빙하다
冻肉(凍肉) dòng ròu 냉동시킨 고기
冰冻三尺, 非一日之寒 bīng dòng sān chǐ, fēi yī rì zhī hán 얼음이 석 자 정도 언 것은 하루 추위에 된 것이 아니다(하루이틀 사이에 이루어진 일이 아니라는 뜻)
小心别冻着 xiǎo xīn bié dòng zhe 얼지 않게 조심하라 |

| 형상 상 쫭 zhuàng | 状 狀 | 状况(狀況) zhuàng kuàng 형편, 처지
诉状(訴狀) sù zhuàng 고소장
不可名状(不可名狀) bù kě míng zhuàng 말로 다 나타낼 수 없다
近日状况不太妙 jìn rì zhuàng kuàng bù tài miào 근래 형편이 별로 좋지 않다 |

| 이랑 묘 무 mǔ | 亩 畝 | 亩(畝) mǔ 묘(토지 면적의 단위, 30평이 1묘임)
亩产(畝產) mǔ chǎn 1묘당 단위 생산량
亩级(畝級) mǔ jí 농지의 등급
买十亩地 mǎi shí mǔ dì 땅 10묘를 사다 |

| 곁채 무 우 wǔ | 庑 廡 | 东庑(東廡) dōng wǔ 마당 동쪽에 있는 곁채
盖庑(蓋廡) gài wǔ 집을 짓다
我家还有东庑, 西庑 wǒ jiā hái yǒu dōng wǔ, xī wǔ 우리집은 동쪽 곁채와 서쪽 곁채를 갖고 있다 |

省长 shěng zhǎng 성장(도지사)   市长 shì zhǎng 시장

7획

곳집 고 쿠 kù	库 庫	库存(庫存) kù cún 재고 车库(車庫) chē kù 차를 넣어두는 곳 库仑定律(庫侖定律) kù lún dìng lǜ 쿨롱의 법칙 库存货物多 kù cún huò wù duō 재고품이 많다
부스럼 절 제 jiē	疖 癤	疖子(癤子) jiē zi 종기, 부스럼, (나무의) 옹이 头部长了疖子(頭部長了癤子) tóu bù zhǎng le jiē zi 머리에 부스럼이 나다 砍掉树疖子 kǎn diào shù jiē zi 나무의 옹이를 잘라버리다
병고칠 료 랴오 liáo	疗 療	疗病(療病) liáo bìng 병을 고치다 疗养(療養) liáo yǎng 병을 치료하여 건강을 회복하다 治疗(治療) zhì liáo 병을 다스려 낫게 하다 金大夫(医生)的疗法很出名 jīn dài fu (yī shēng) de liáo fǎ hěn chū míng 김 의사의 치료방법이 크게 소문나다
응할 응 잉 yīng	应 應	应有(應有) yīng yǒu 상응하는, 합당한 应届(應屆) yīng jiè 본기(졸업생에 한해), 시기에 이르다 应有尽有(應有盡有) yīng yǒu jìn yǒu 있어야 할 것은 다 있다 我应该去参加 wǒ yīng gāi qù cān jiā 응당 내가 참석해야 한다
이 저 쩌 zhè	这 這	这个(這個) zhè ge 이, 이것 这里(這里) zhè lǐ 이곳, 여기 这瞧那看(這瞧那看) zhè qiáo nà kàn 이리 보고 저리 본다 这是我们的公司 zhè shì wǒ mén de gōng sī 이곳은 우리 회사이다
오두막집 려 루 lú	庐 廬	庐房(廬房) lú fáng 오두막집, 오막살이 庐帐(廬帳) lú zhàng 천막집 庐帐而居(廬帳而居) lú zhàng ér jū 천막집에 살다 他们还在庐房里 tā mén hái zài lú fáng lǐ 그들은 아직도 오두막집에서 산다
윤달 윤 룬 rùn	闰 閏	闰年(閏年) rùn nián 윤년 闰位(閏位) rùn wèi 정통이 아닌 제위(帝位) 黄杨厄闰(黃楊厄閏) huáng yáng è rùn 운수 사납다 今年五月是闰月 jīn nián wǔ yuè shì rùn yuè 올해 오월은 윤달이다

公务员 gōng wù yuán 공무원   干部 gàn bù 간부   职工(员) zhí gōng (yuán) 직원, 회사원

7획

문 위 웨이 wéi	闹 闈	闱门(闈門) wéi mén 궁궐의 쪽문 宫闱(宮闈) gōng wéi 궁중의 내전 春闱(春闈) chūn wéi 봄철의 과거시험 小吏们出入闱门 xiǎo lì men chū rù wéi mén 직위가 낮은 관원들은 궁궐의 쪽문으로 출입한다
막을 한 샌 xián	闲 閑	闲事(閑事) xián shì 자기와 관계없는 일 闲谈(閑談) xián tán 잡담을 나누다 游手好闲(游手好閑) yóu shǒu hào xián 떠돌아 다니며 노는 것을 즐기다 闲话少说, 要谈正事 xián huà shǎo shuō, yào tán zhèng shì 잡담은 삼가하고 본론을 이야기합시다
틈 간 잰 jiàn, jiān	间 間	间断(間斷) jiàn duàn (연속적 일이) 중단되다 间隔(間隔) jiàn gé (공간이나 시간의) 사이, 칸막이 间不容息(間不容息) jiàn bù róng xi 성패가 경각에 달리다 间隔几分钟来一次电话 jiàn gé jǐ fēn zhōng lái yī cì diàn huà 몇 분 간격으로 한 번씩 전화가 걸려오다
위문할 민 민 mǐn	闵 閔	闵勉(閔勉) mǐn miǎn 열심히 노력하다 闵慰(閔慰) mǐn wèi 불쌍히 여기고 위로함 闵伤(閔傷) mǐn shāng 가엾게 여기며 마음 아파함 闵伤无家可归的孩子们的处境 mǐn shāng wú jiā kě guī de hái zi men de chǔ jìng 집없이 떠돌아다니는 아이들 처지를 가엾게 여기다
번민할 민 먼 mēn, mèn	闷 悶	闷热(悶熱) mēn rè 무덥다 愁闷(愁悶) chóu mèn 근심하고 고민하다 闷闷不乐(悶悶不樂) mèn mèn bù lè 마음이 답답하고 울적하다 喝闷酒会伤身子 hē mèn jiǔ huì shāng shēn zi 홧김에 마시는 술은 몸에 해롭다
빛날 찬 찬 càn	灿 燦	灿烂(燦爛) càn làn 선명하게 빛나다 灯光灿烂(燈光燦爛) dēng guāng càn làn 불빛이 눈부시다 灿烂的民族文化 càn làn de mín zú wén huà 찬란한 민족문화
부엌 조 짜오 zào	灶 竈	灶间(竈間) zào jiān 부엌, 주방 灶冷(竈冷) zào lěng 생활이 곤궁하다 灶儿上的(竈兒上的) zàor shàng de 주방장 打扫灶间 dǎ sǎo zào jiān 부엌을 청소하다

工人 gōng rén 노동자　　农民 nóng mín 농민　　渔民 yú mín 어민, 어부

7획

쇠녹일 **양**
양 yáng

炀 煬

炀火(煬火) yáng huǒ 불을 지피다
炀和(煬和) yáng hé 화기온화함, 덕분에 부드러워짐
炀者(煬者) yáng zhě 밥 짓는 사람
金炀则液, 水冻则坚 jīn yáng zé yè, shuǐ dòng zé jiān 금속이 녹으면 액체가 되고 물이 얼면 고체가 된다

강이름 **풍**
펑 fēng

沣 灃

沣水(灃水) fēng shuǐ 풍수(중국 싼시성에 있는 강 이름)

담글 **구**
어우 òu

沤 漚

沤变(漚變) òu biàn 물에 오래 담가두어 변색(변질)되다
沤透(漚透) òu tòu 물에 흠뻑 젖다
浮沤(浮漚) fú òu 물거품
常在水里, 小心沤坏了 cháng zài shuǐ lǐ, xiǎo xīn òu huài le 항상 물에서 일하기 때문에 그로 인해 탈이 나지 않도록 조심하라

거를 **력**
리 lì

沥 瀝

沥酒(瀝酒) lì jiǔ 술을 거르다
沥血(瀝血) lì xuè 핏방울이 떨어지다
沥水成灾(瀝水成災) lì shuǐ chéng zāi 낙수 때문에 재해가 생기다
他为事业呕心沥血 tā wèi shì yè ǒu xīn lì xuè 그는 사업을 위해 온 심혈을 기울인다

물놀이 **륜**
룬 lún

沦 淪

沦亡(淪亡) lún wáng 나라가 멸망하다
沦灭(淪滅) lún miè 소멸하다
沦入风尘(淪入風塵) lún rù fēng chén 살림이 보잘것없이 떨어져 기녀가 되다
她已经沦落为罪人 tā yǐ jīng lún luò wéi zuì rén 그녀는 이미 죄인으로 타락했다

물소리 **풍**
펑 fēng

沨 渢

沨沨(渢渢) fēng fēng 풍풍(물소리를 표현한 의성어)
远处传来沨沨水声 yuǎn chù chuán lái fēng fēng shuǐ shēng 먼 곳에서 풍풍하며 쏟아지는 물소리가 들려오다

봇도랑 **구**
거우 gōu

沟 溝

沟池(溝池) gōu chí 웅덩이, 도랑, 시궁창
沟通(溝通) gōu tōng (서로) 통하다, 교류하다, 소통하다
七沟八梁(七溝八梁) qī gōu bā liáng 협곡과 산등성이
随时沟通情况 suí shí gōu tōng qíng kuàng 수시로 사정과 상황을 소통하다

商人 shāng rén 상인   军人 jūn rén 군인

7획

| 강이름 위
웨이 wéi | 沩 潙 | 沩水 (潙水) wéi shuǐ 위수(중국 후난성에 있는 강 이름) |

강이름 위
웨이 wéi
沩 潙
沩水 (潙水) wéi shuǐ 위수(중국 후난성에 있는 강 이름)

강이름 호
후 hù
沪 滬
沪 (滬) hù 호(중국 상하이의 별칭)
沪渎 (滬瀆) hù dú 상하이 시내를 흐르는 오송강
沪宁铁路 hù níng tiě lù 상하이-난징 구간철도

즙 심
션 shěn
沈 瀋
沈阳 (瀋陽) shěn yáng 선양(중국 료닝성에 있는 도시)
沈山铁路 (瀋山鐵路) shěn shān tiě lù 심산 철도(선양-산하이관을 잇는 철도)

어루만질 무
우 wǔ
怃 憮
怃然 (憮然) wǔ rán 실망(낙심)한 모양
怃然说不出话来 wǔ rán shuō bù chū huà lái 실망한 나머지 아무 말도 못하다

품을 회
화이 huái
怀 懷
怀抱 (懷抱) huái bào 품, 품에 안다, (마음속에 생각을) 품다
怀念 (懷念) huái niàn 그리워하다, 생각하다
怀才不遇 (懷才不遇) huái cái bù yù 재능은 있지만 빛볼 기회를 만나지 못하다
怀念祖国 huái niàn zǔ guó 조국을 그리워하다

화낼 우
어우 òu
怄 慪
怄气 (慪氣) òu qì 화내다, 화나게 하다
怄死 (慪死) òu sǐ (이것저것 뒤얽혀) 매우 귀찮다, 부아가 나다
怄急 (慪急) òu jí 애타다, 속타게 하다
怄一肚子气 òu yī dù zi qì 화가 가슴 가득 치밀다, 잔뜩 화를 내다

근심할 우
유 yōu
忧 憂
忧愁 (憂愁) yōu chóu 우울하다, 걱정스럽다
忧闷 (憂悶) yōu mèn 근심하여 번민하다
忧思成病 (憂思成病) yōu sī chéng bìng 걱정한 나머지 병이 들다
高枕无忧 gāo zhěn wú yōu 베개를 높이 베니 근심걱정이 없다

学生 xué shēng 학생　　小学生 xiǎo xué shēng 초등학생　　中学生 zhōng xué shēng 중학생

7획

성낼 개
카이 kài
忾 愾
忾愤(愾憤) kài fèn 분개함
忾然(愾然) kài rán 감정이 북받치는 모양, 탄식하는 모양
发动侵略战争, 全世界人民同仇敌忾 fā dòng qīn lüè zhàn zhēng, quán shì jiè rén mín tóng chóu dí kài 침략전쟁을 일으키니 전세계 인민들이 한결같이 원수를 미워한다

한탄할 창
창 chàng
怅 悵
怅惋(悵惋) chàng wǎn 실망하여 한탄하다
怅望(悵望) chàng wàng 슬피 바라보다, 원망스럽게 보다
怅怅而返(悵悵而返) chàng chang ér fǎn 낙담하여 돌아오다
骨肉兄弟见不着面儿, 惆怅得很 gǔ ròu xiōng dì jiàn bù zháo miànr, chóu chàng de hěn 혈육을 만나지 못하니 섭섭한 마음이 그지없다

슬퍼할 창
창 chuàng
怆 愴
怆恍(愴恍) chuàng huǎng 실망한 모양
怆然(愴然) chuàng rán 슬퍼하는 모양
怆然泪下(愴然淚下) chuàng rán lèi xià 슬피 눈물을 흘리다
旧居不在, 他怆然地离开了故乡 jiù jū bù zài, tā chuàng rán de lí kāi le gù xiāng 옛집이 보이지 않자 그는 섭섭해 하며 고향을 떠나갔다

다할 궁
충 qióng
穷 窮
穷人(窮人) qióng rén 가난한 사람
无穷无尽(無窮無盡) wú qióng wú jìn 무궁무진하다
穷坑难满(窮坑難滿) qióng kēng nán mǎn 궁한 사람 욕심은 끝이 없다
不少人过着穷苦日子 bù shǎo rén guò zhe qióng kǔ rì zi 적지 않은 사람들이 빈곤한 나날을 보내고 있다

찰 창
창 cāng
沧 滄
沧海(滄海) cāng hǎi 넓고 푸른 바다
沧凉(滄凉) cāng liáng 몹시 차다
沧海遗珠(滄海遺珠) cāng hǎi yí zhū 넓은 바다에 내버려진 구슬 (세상에 알려지지 않고 묻혀 있는 빼어난 인물을 비유)
沧海一粟 cāng hǎi yī sù 큰 바다에 던져진 한 알의 좁쌀(우주 안에서 한 사물의 하찮음을 비유)

증거 증
정 zhèng
证 證
证件(證件) zhèng jiàn 증명서, 증거 서류
证人(證人) zhèng rén 증인
对证定案(對證定案) duì zhèng dìng àn 검증하고 판결하다
这位女士能证明我的身份 zhè wèi nǚ shì néng zhèng míng wǒ de shēn fèn 이 여사님이 제 신분을 증명할 수 있어요

주낼 고
구 gǔ
诂 詁
诂训(詁訓) gǔ xùn 주석, 고어를 해석하다
字诂(字詁) zì gǔ 글자의 해석
这本古书附有诂训 zhè běn gǔ shū fù yǒu gǔ xùn 이 고서에는 주석이 달려 있다

学院 xué yuàn 학원(단과대학) 大学生 dà xué shēng 대학생 老师 lǎo shī 선생 教授 jiào shòu 교수

7획

꾸짖을 가 허 hē — 诃 (訶)
- 诃诋(訶詆) hē dǐ 꾸짖어 나무라다
- 诃斥(訶斥) hē chì 큰 소리로 꾸짖고 물리치다
- 诃止(訶止) hē zhǐ 꾸짖어 못하게 하다
- 你不应该诃斥对方 nǐ bù yīng gāi hē chì duì fāng 당신은 상대방을 된소리로 꾸짖지 말아야 합니다

열 계 치 qǐ — 启 (啓)
- 启示(啓示) qǐ shì 시사(하다)
- 启发(啓發) qǐ fā 슬기와 재능을 발휘할 수 있도록 해주다
- 难以启齿(難以啓齒) nán yǐ qǐ chǐ 말하기가 어렵다
- 这句话很有启发 nǐ zhè jù huà hěn yǒu qǐ fā 당신의 이 한 마디는 많은 계발이 이루어지도록 합니다

평론할 평 핑 píng — 评 (評)
- 评价(評價) píng jià 가치를 논하다
- 评论(評論) píng lùn 세평, 비평, 평론
- 评头品足(評頭品足) píng tóu pǐn zú 부인의 머리모양새나 발의 모양새를 논하다, 이러쿵 저러쿵 함부로 평하다
- 评价要公平 píng jià yào gōng píng 평가는 공정해야 한다

기울 보 부 bǔ — 补 (補)
- 补偿(補償) bǔ cháng 결손 부분이나 차액을 보충하다
- 补药(補藥) bǔ yào 몸을 보하는 약
- 补天浴日(補天浴日) bǔ tiān yù rì 매우 큰 공훈
- 补养好身子 bǔ yǎng hǎo shēn zi 몸을 잘 보양하다

저주할 저 주 zǔ — 诅 (詛)
- 诅咒(詛咒) zǔ zhòu 남이 잘못되기를 바라다
- 诅盟(詛盟) zǔ méng 서약, 맹세
- 诅天咒地(詛天咒地) zǔ tiān zhòu dì 세상을 저주하다
- 诅咒罪恶的历史 zǔ zhòu zuì è de lì shǐ 죄악의 역사를 저주하다

알 식 스 shí — 识 (識)
- 识别(識別) shí bié 가려내다
- 识货(識貨) shí huò 물품의 좋고 나쁨을 감별하다
- 素不相识(素不相識) sù bù xiāng shí 전혀 모르는 사이다
- 你可真识货 nǐ kě zhēn shí huò 너, 정말 물건을 볼 줄 아는구나

염탐할 형 슝 xiòng — 诇 (詗)
- 诇察(詗察) xiòng chá 탐색하다
- 诇知(詗知) xiòng zhī 탐지하다
- 诇逻(詗邏) xiòng luó 순찰하다
- 诇察军情 xiòng chá jūn qíng 군의 정황을 정찰하다

记者 jì zhě 기자   工程师 gōng chéng shī 기사

7획

| 속일 사 | 诈 詐 | 诈取(詐取)zhà qǔ 속여 빼앗다
诈哭(詐哭)zhà kū 우는 체하다
尔虞我诈(爾虞我詐)ěr yú wǒ zhà 서로 속이고 속다
诈取人民血汗 zhà qǔ rén mín xuè hàn 인민의 피땀을 갉아먹다 |
| zhà |

| 하소연할 소 | 诉 訴 | 诉苦(訴苦)sù kǔ 괴로움을 하소연하다
诉讼(訴訟)sù sòng 재판을 걺
诉说苦衷(訴說苦衷)sù shuō kǔ zhōng 고충을 하소연하다
向法院诉讼 xiàng fǎ yuàn sù sòng 법원에 소송하다 |
| 쑤 sù |

| 볼 진 | 诊 診 | 诊病(診病)zhěn bìng 병을 진찰하다
诊脉(診脈)zhěn mài 진맥하다
门诊部(門診部)mén zhěn bù 진료실
去诊疗所看病 qù zhěn liáo suǒ kàn bìng 진료소에 가서 (질병을) 진찰하다 |
| 젼 zhěn |

| 꾸짖을 저 | 诋 詆 | 诋毁(詆毀)dǐ huǐ 헐뜯다, 비방(중상)하다
丑诋(丑詆)chǒu dǐ 듣기 싫은 말로 욕하다
恶言相诋(惡言相詆)è yán xiāng dǐ 서로 악담으로 헐뜯다
不能无故诋毁他人 bù néng wú gù dǐ huǐ tā rén 이유없이 다른 사람을 비방하고 중상해서는 안 된다 |
| 디 dǐ |

| 농담할 초 | 诌 謅 | 诌咧(謅咧)zhōu liē 허튼소리를 해대다, 되는 대로 지껄이다
胡诌(胡謅)hú zhōu 대중없이 함부로 말하다
瞎诌胡咧(瞎謅胡咧)xiā zhōu hú liē 함부로 지껄이다
你别乱胡诌 nǐ bié luàn hú zhōu 네 맘대로 허튼소리를 하지 말라 |
| 져우 zhōu |

| 말씀 사 | 词 詞 | 词典(詞典)cí diǎn 사전
言词(言詞)yán cí 언사, 말
振振有词(振振有詞)zhèn zhèn yǒu cí 자신만만하게 말하다
他的言词非常诚恳 tā de yán cí fēi cháng chéng kěn 그의 언사는 매우 성실하고 간절하다 |
| 츠 cí |

| 굽힐 굴 | 诎 詘 | 诎伸(詘伸)qū shēn 신축성(이 있다)
诎服(詘服)qū fú 몸을 굽혀 복종함
笔画诘诎(筆畫詰詘)bǐ huà jié qū 필체가 꼬불꼬불하다
诎伸几次身子 qū shēn jǐ cì shēn zi 몸을 몇번 굽혔다 폈다 하다 |
| 취 qū |

演员 yǎn yuán 배우   司机 sī jī 운전기사   秘书 mì shū 비서

7획

고할 조 자오 zhào	诏 詔	诏令(詔令) zhào lìng 천자(天子)의 명령 诏敕(詔敕) zhào chì 조칙, 칙령 臣接诏书(臣接詔書) chén jiē zhào shū 신하가 황제의 조서를 접수하다 为人父者, 必诏其子 wéi rén fù zhě, bì zhào qí zǐ 아비된 사람은 반드시 그 자식을 가르쳐 지도해야 한다
통변할 역 이 yì	译 譯	译员(譯員) yì yuán 통역관 译文(譯文) yì wén 역문 古诗今译(古詩今譯) gǔ shī jīn yì 고시의 현대어 번역 找一名韩译汉译员 zhǎo yī míng hán yì hàn yì yuán 한국어를 중국어로 통역해 줄 통역사 한 명을 구하다
보낼 이 이 yí	诒 詒	诒言(詒言) yí yán 유언 诒厥(詒厥) yí jué 자손 诒后之物(詒後之物) yí hòu zhī wù 후대에 물려주는 물품 父母诒言铭刻在心里 fù mǔ yí yán míng kè zài xīn lǐ 부모님의 유언을 가슴속에 아로새기다
신령 령 링 líng	灵 靈	灵敏(靈敏) líng mǐn 반응이 빠르다 灵巧(靈巧) líng qiǎo 민첩하고 교묘하다, 솜씨가 뛰어나다 灵丹妙药(靈丹妙藥) líng dān miào yào 영험하고 효력있는 영약 (모든 문제를 해결할 수 있는 방법을 이르는 말) 灵活地运用 líng huó de yùn yòng 융통성이 있게 활용하다
층 층 청 céng	层 層	层楼(層樓) céng lóu 2층 이상의 건물 层台(層台) céng tái 층층대 层出不穷(層出不窮) céng chū bù qióng 차례차례 나타나서 끝이 없다, 계속되다 我住三层楼房 wǒ zhù sān céng lóu fáng 나는 3층집에 산다
늦을 지 츠 chí	迟 遲	迟钝(遲鈍) chí dùn 둔하다, 무디다 迟到(遲到) chí dào 지각하다, 연착하다 事不宜迟(事不宜遲) shì bù yí chí 일을 지체해서는 안 된다 为什么迟迟不来 wèi shén me chí chí bù lái 어째서 꾸물거리며 오지 않는가?
베풀 장 장 zhāng	张 張	张开(張開) zhāng kāi 열다, 벌리다, 펼치다 张声(張聲) zhāng shēng 소리를 내다, 소문을 퍼뜨리다 张口结舌(張口結舌) zhāng kǒu jié shé 말문이 막히다 这件事情不能张扬出去 zhè jiàn shì qíng bù néng zhāng yáng chū qù 이 일을 떠벌여 퍼뜨려서는 안 된다

社长 shè zhǎng 사장　　会长 huì zhǎng 회장

7획

사이 제 지 jì	际 際	际限(際限) jì xiàn 끝, 한계 一望无际(一望無際) yī wàng wú jì 아득하게 멀어서 눈을 가리는 것이 없다 重视国际关系 zhòng shì guó jì guān xi 국제관계를 중요시하다
뭍 륙 루 lù	陆 陸	陆地(陸地) lù dì 뭍 陆运(陸運) lù yùn 육상 운송 光怪陆离(光怪陸離) guāng guài lù lí 기괴하다, 알송달송하다 进行水陆联运 jìn xíng shuǐ lù lián yùn 수륙연락 운송을 하다
고개이름 롱 룽 lǒng	陇 隴	陇山(隴山) lǒng shān 농산(중국 싼시성과 깐쑤성 경계에 있는 산) 陇西(隴西) lǒng xī 농서(깐쑤성의 별칭) 陇亩(隴畝) lǒng mǔ 밭이랑, 시골 这故事传在陇亩之间 zhè gù shì chuán zài lǒng mǔ zhī jiān 이 이야기는 민간에 전해지고 있다
늘어놓을 진 천 chén	陈 陳	陈谷(陳谷) chén gǔ 묵은 곡물 陈列(陳列) chén liè 전시하다 陈规陋习(陳規陋習) chén guī lòu xí 낡은 규칙과 낡은 습관 陈列样品 chén liè yàng pǐn 견본을 전시하다
떨어질 추 쭈이 zhuì	坠 墜	坠地(墜地) zhuì dì 태어나다, 땅에 떨어지다, 쇠락하다 坠毁(墜毁) zhuì huǐ 추락하여 부서지다 坠茵落溷(墜茵落溷) zhuì yīn luò hùn 방석 위에도 떨어지고 똥통 위에도 떨어지다(운명은 우연한 기회에 이루어진다는 뜻) 坠入大海 zhuì rù dà hǎi 바다에 떨어져 빠지다
지레목 형 싱 xíng	陉 陘	陉岘(陘峴) xíng xiàn 골짜기와 재 陉阻(陘阻) xíng zǔ 험준한 곳 逾越陉阻(逾越陘阻) yú yuè xíng zǔ 험준한 곳을 뛰며 넘어가다
할미 구 구 yù	妪 嫗	妪育(嫗育) yù yù 잘 보살펴 기름 妪伏(嫗伏) yù fú 새가 알을 품어 따뜻하게 함 翁妪(翁嫗) wēng yù 할아버지와 할머니 妪育之情岂能忘 yù yù zhī qíng qǐ néng wàng 애육의 정을 어찌 잊을 수 있으랴

作家 zuò jiā 작가　　画家 huà jiā 화가　　歌手 gē shǒu 가수　　诗人 shī rén 시인

7획

아리따울 무 우 wǔ	妩 嫵	妩媚(嫵媚) wǔ mèi 자태가 예쁘고 사랑스럽다 妩媚柔软(嫵媚柔軟) wǔ mèi róu ruǎn (여자처럼) 야들야들하고 나약하다 妩丽(嫵麗) wǔ lì 예쁘고 풍치도 아름답다 她那妩丽身子令人羡慕 tā nà wǔ lì shēn zi lìng rén xiàn mù 그녀의 예쁜 몸매는 사람들의 부러움을 산다
성 규 구이 guī	妫 嬀	妫水(嬀水) guī shuǐ 규수(중국 허베이성에 있는 강)
목벨 경 징 jīng	刭 剄	刭杀(剄殺) jīng shā 목을 베어 죽임 自刭(自剄) zì jīng 자살하다 走投无路, 自刭而死 zǒu tóu wú lù, zì jīng ér sǐ 막다른 골목에 이르자 목을 베어 자살하다
굳셀 경 징 jìng 진 jìn	劲 勁	劲风(勁風) jìng fēng 강한 바람 强劲(强勁) qiáng jìng 강하다 疾风知劲(疾風知勁) jí fēng zhī jìng 강한 바람이 불어야만 강한 풀을 알 수 있다(극한상황에서 의지가 굳은 인물을 알 수 있다는 뜻) 劲上加劲 jìng shàng jiā jìn 노력에 노력을 거듭하다
닭 계 지 jī	鸡 鷄	鸡蛋(鷄蛋) jī dàn 계란 鸡仔(鷄仔) jī zǎi 병아리, 약자 鸡犬不宁(鷄犬不寧) jī quǎn bù níng 개나 닭까지도 편안치 못함 (치안 상태가 극히 어지럽다는 뜻) 鸡蛋里挑骨头 jī dàn lǐ tiāo gǔ tóu 달걀 속에서 뼈를 찾다(억지로 남의 흠을 들추어 낸다는 뜻)
씨 위 웨이 wěi	纬 緯	纬道(緯道) wěi dào 지구 좌표의 하나 纬世(緯世) wěi shì 천하를 다스리다 纬世之才(緯世之才) wěi shì zhī cái 천하를 다스릴만한 인재 半岛南北以北纬三十八度为界 bàn dǎo nán běi yǐ běi wěi sān shí bā dù wéi jiè 남북한은 북위 38도를 계선으로 하고 있다
어지러울 운 윈 yún	纭 紜	纭纭(紜紜) yún yún 번잡하고 어지러운 모양 纷纭(紛紜) fēn yún 번잡하다 众说纷纭(衆說紛紜) zhòng shuō fēn yún 여러 사람들의 의견이 분분하다 众说纷纭, 难辩是非 zhòng shuō fēn yún, nán biàn shì fēi 의견이 분분하니 시비를 가리기 어렵다

律师 lǜ shī 변호사　　警察 jǐng chá 경찰　　家庭妇女 jiā tíng fù nǚ 가정주부

7획

몰 구 취 qū — 驱 驅
- 驱赶(驅趕) qū gǎn 쫓다, 내몰다, 재촉하다
- 驱虫剂(驅蟲劑) qū chóng jì 기생충, 해충 등을 없애는 약제
- 并驾齐驱(并駕齊驅) bìng jià qí qū 어깨 나란히 전진하다
- 驱散蚊子 qū sàn wén zi 모기를 몰아내다

생사 순 춘 chún — 纯 純
- 纯洁(純潔) chún jié 티없이 깨끗하다, 사심이 없다
- 纯金(純金) chún jīn 다른 것이 섞이지 않은 황금
- 纯一不二(純一不二) chún yī bù èr 대단히 순수하다
- 纯金不怕火炼 chún jīn bù pà huǒ liàn 순금은 불에 달궈지는 것을 겁내지 않는다(진짜는 그 어떤 시련도 이겨낸다는 뜻)

잘못 비 피 pī — 纰 紕
- 纰漏(紕漏) pī lòu 실수, 잘못
- 纰缪(紕繆) pī miù 착오
- 正其纰缪(正其紕繆) zhèng qí pī miù 그 오류를 바로잡다
- 不得有半点纰漏 bù dé yǒu bàn diǎn pī lòu 아주 작은 실수도 있어서는 안 된다

깁 사 사 shā — 纱 紗
- 纱布(紗布) shā bù 면사와 면포
- 纱厂(紗廠) shā chǎng 방직공장
- 纺纱(紡紗) fǎng shā 실을 뽑다
- 用纱布包伤口 yòng shā bù bāo shāng kǒu 거즈로 상처를 싸매다

벼리 강 강 gāng — 纲 綱
- 纲领(綱領) gāng lǐng 으뜸이 되는 큰 줄기
- 纲理(綱理) gāng lǐ 다스리다
- 纲举目张(綱舉目張) gāng jǔ mù zhāng 벼리를 당기면 그물의 작은 구멍이 열린다(핵심을 알면 그밖의 것은 자연히 해결된다는 뜻)
- 这是个纲领性文件 zhè shì ge gāng lǐng xìng wén jiàn 이것은 강령 성격의 문건이다

바칠 납 나 nà — 纳 納
- 纳入(納入) nà rù 받아 넣다, (궤도에) 들어서다
- 纳税(納稅) nà shuì 세금을 내다
- 纳屦踵决(納屦踵決) nà jù zhǒng jué 옷차림이 남루하다
- 照章纳税 zhào zhāng nà shuì 규정에 따라 세금을 내다

짤 임 런 rèn — 纴 紝
- 纴器(紝器) rèn qì 베를 짜는 도구
- 纴织(紝織) rèn zhī 베를 짜다
- 民俗博物馆里展示着纴器 mín sú bó wù guǎn lǐ zhǎn shì zhe rèn qì 민속박물관에 베틀이 전시되어 있다

姓名 xìng míng 이름　　国籍 guó jí 국적　　出生年月日 chū shēng nián yuè rì 출생년월일

7획

| 얼룩말 박
버 bó | 驳 駁 | 驳斥(駁斥) bó chì 반박하다, 비난하다
驳口(駁口) bó kǒu 말대답하다
色彩斑驳(色彩斑駁) sè cǎi bān bó 색깔이 얼룩덜룩하다
驳斥谣言 bó chì yáo yán 유언비어를 반박하다 |

| 늘어질 종
쭝 zòng | 纵 縱 | 纵情(縱情) zòng qíng 한껏, 마음껏
纵步(縱步) zòng bù (큰)걸음을 내딛다, 앞으로의 도약
纵横驰骋(縱橫馳騁) zòng héng chí chěng 막힘없이 사방으로 마구 치달리다(용감하여 가는 곳마다 대항할 적이 없음을 뜻함)
纵情歌唱 zòng qíng gē chàng 마음껏 노래 부르다 |

| 낚싯줄 륜
룬 lún | 纶 綸 | 纶棉(綸棉) lún mián 실과 솜
钓纶(釣綸) diào lún 낚시질하다
纶言如汗(綸言如汗) lún yán rú hàn 땀이 한번 나면 도로 들어갈 수 없듯이 임금의 말도 한 번 내리면 고칠 수 없다는 뜻
江边垂纶乐无穷 jiāng biān chuí lún lè wú qióng 강가의 낚시질은 무척 재미있다 |

| 어지러워질 분
펀 fēn | 纷 紛 | 纷乱(紛亂) fēn luàn 혼잡하고 어수선하다
纷散(紛散) fēn sàn 어지럽게 흩어지다
纷纹不一(紛紋不一) fēn wēn bù yī 종잡을 수 없다
秩序纷乱 zhì xù fēn luàn 질서가 혼란스럽다 |

| 종이 지
즈 zhǐ | 纸 紙 | 纸笔(紙筆) zhǐ bǐ 종이와 붓
纸箱(紙箱) zhǐ xiāng (상품을 포장하는 데 쓰는) 마분지 상자
纸上谈兵(紙上談兵) zhǐ shàng tán bīng 탁상공론
拿一张纸来 ná yī zhāng zhǐ lái 종이 한 장 가져오라 |

| 무늬 문
원 wén | 纹 紋 | 纹样(紋樣) wén yàng 무늬
指纹(指紋) zhǐ wén 손가락 끝의 피부 무늬 또는 그 흔적
纹风不动(紋風不動) wén fēng bù dòng 조금도 움직이지 않다
检验指纹 jiǎn yàn zhǐ wén 지문을 대조하다 |

| 자을 방
방 fǎng | 纺 紡 | 纺织(紡織) fǎng zhī 기계로 피복을 짜는 일
纺丝(紡絲) fǎng sī 실, 또는 실을 지음
纺毛(紡毛) fǎng máo 짐승의 털을 방적함
到纺织厂去参观 dào fǎng zhī chǎng qù cān guān 방직공장을 참관하러 가다 |

性别 xìng bié 성별   男 nán 남   女 nǚ 여

7/8 획

훈음	간체	번체	용례
나귀 려 뤼 lú	驴	驢	驴马(驢馬) lú mǎ 나귀와 말 驴唇不对马嘴 lú chún bù duì mǎ zuǐ 나귀 입술은 말 주둥이에 맞지 않는다(엉뚱한 소리를 뜻함) 只要有盼头, 做驴做马也心甘 zhǐ yào yǒu pàn tóu, zuò lú zuò mǎ yě xīn gān 희망만 있다면 나귀든 말이든 달갑게 받아들이겠습니다
고삐 진 전 zhèn	纼	紖	纼子(紖子) zhèn zi 고삐 执纼, 还要往前拉 zhí zhèn, hái yào wǎng qián lā 고삐는 잡지만 말고 앞으로 끌어 당겨야 한다
끈 뉴 뉴 niǔ	纽	紐	纽带(紐帶) niǔ dài 연결체, 허리끈 纽扣(儿)(紐扣(兒)) niǔ kòu(r) 옷단추 纽口(紐口) niǔ kǒu 단추 구멍 摁电纽 èn diàn niǔ 스위치를 누르다
느슨할 서 수 shū	纾	紓	纾祸(紓禍) shū huò 우환을 없애다 纾难(紓難) shū nàn 어려움을 제거하다, 위험을 없애다 纾忧(紓憂) shū yōu 근심을 늦추다 帮灾民纾难 bāng zāi mín shū nàn 재난당한 사람을 도와 어려움을 풀다
옥이름 위 웨이 wěi	玮	瑋	玮宝(瑋寶) wěi bǎo 기이하고 진귀한 보물 玮奇(瑋奇) wěi qí 진귀하다 瑰玮(瑰瑋) guī wěi 구슬이 진귀하고 아름답다 古墓里挖出不少玮宝 gǔ mù lǐ wā chū bù shǎo wěi bǎo 옛 무덤에서 적지 않은 진귀한 보물을 파내다
고리 환 환 huán	环	環	环境(環境) huán jìng 주위 상황, 주변 조건 环宇(環宇) huán yǔ 전세계 环视四周(環視四周) huán shì sì zhōu 사방을 둘러보다 学语言, 语言环境很重要 xué yǔ yán, yǔ yán huán jìng hěn zhòng yào 언어 공부에는 언어 환경이 매우 중요하다
꾸짖을 책 저 zé	责	責	责备(責備) zé bèi 탓하다, 책망하다 责任(責任) zé rèn 도맡아 해야 할 일 责无旁贷(責無旁貸) zé wú páng dài 자기 책임을 남에게 미루지 않는다 要负起责任 yào fù qǐ zé rèn 책임을 다해야 한다

年龄 nián líng 연령   职业 zhí yè 직업   住址 zhù zhǐ 주소   原籍 yuán jí 본적, 원적

8획

나타날 현	现 現	现金(現金) xiàn jīn 현재 갖고 있는 돈
샨 xiàn		现象(現象) xiàn xiàng 사물의 형상
		现吃现做(現吃現做) xiàn chī xiàn zuò 그때 그때 임시변통하다
		现金要少带 xiàn jīn yào shǎo dài 현금은 적게 지참하라

겉 표	表 錶	表态(錶態) biǎo tài 태도를 표명하다
뱌오 biǎo		表彰(錶彰) biǎo zhāng (선행, 공적 따위를) 표창하다
		表里如一(錶里如一) biǎo lǐ rú yī 안팎이 같다, 생각과 언행이 일치하다
		他表示要支持 tā biǎo shì yào zhī chí 그는 지지한다고 태도를 표명했다

옥소리 창	玲 瑲	玲玲(瑲瑲) qiāng qiāng 딸랑딸랑(옥이 부딪치는 소리나 방울소리)
챵 qiāng		远处传来了玲玲玲声 yuǎn chù chuán lái le qiāng qiāng líng shēng 먼 곳에서 딸랑딸랑하는 방울소리가 울려 왔다

법 규	规 規	规格(規格) guī gé 규격
구이 guī		规定(規定) guī dìng 정하다, 규칙
		规规矩矩(規規矩矩) guī guī jǔ jǔ 고지식하다
		遵守有关规定 zūn shǒu yǒu guān guī dìng 해당 규정을 지키다

상자 궤	匦 匭	票匦(票匭) piào guǐ 투표함
구이 guǐ		匦匣(匭匣) guǐ xiá 작은 함, 작은 상자
		镜匦(鏡匭) jìng guǐ 화장대
		这个镜匦非常精巧 zhè gè jìng guǐ fēi cháng jīng qiǎo 이 화장대가 매우 깜찍하다

누를 롱	拢 攏	拢帮(攏幫) lǒng bāng 서로 돕다, 도와주다
룽 lǒng		靠拢(靠攏) kào lǒng 접근하다
		合不拢嘴(合不攏嘴) hé bù lǒng zuǐ 입을 다물지 못하다
		爷爷高兴得合不拢嘴 yé yé gāo xìng de hé bù lǒng zuǐ 할아버지는 기뻐서 입을 다물지 못한다

가릴 간	拣 揀	拣食(揀食) jiǎn shí 먹이를 찾다, 주워 먹다
쟨 jiǎn		挑拣(挑揀) tiāo jiǎn 고르다
		拣精拣肥(揀精揀肥) jiǎn jīng jiǎn féi 엄격하고 세밀하게 고르다
		拣选衣料 jiǎn xuǎn yī liào 옷감을 고르다

已婚 yǐ hūn 기혼   未婚 wèi hūn 미혼

8획

흑토 로

루 lú

垆 壚
垆埴(壚埴) lú zhí 검은색 점토
垆土(壚土) lú tǔ 부식토
酒垆(酒壚) jiǔ lú 술집
酒垆常客 jiǔ lú cháng kè 술집의 단골 손님

멜 담
짐 담

단 dān, dàn

担 擔
担子(擔子) dàn zi 짐, 책임
担心(擔心) dān xīn 염려하다, 걱정하다
担惊受怕(擔驚受怕) dān jīng shòu pà 놀라고 무서워 흠칫하다
由我担保 yóu wǒ dān bǎo 내가 보증한다

정수리 정

딩 dǐng

顶 頂
顶点(頂點) dǐng diǎn 정상, 절정
顶风(頂風) dǐng fēng 맞바람, 역풍
顶天立地(頂天立地) dǐng tiān lì dì 하늘을 떠받치고 땅에 우뚝서다(영웅적 기개를 형용하는 말)
水平达到了顶点 shuǐ píng dā dào le dǐng diǎn 수준이 정상에 도달하다

안을 옹

융 yōng

拥 擁
拥抱(擁抱) yōng bào 품에 껴안다
拥挤(擁擠) yōng jǐ 한데 모이다, 한 곳으로 몰리다
拥干爱兵(擁干愛兵) yōng gàn ài bīng 사병은 장교를 옹호하고 장교는 사병을 아껴주다
古友重逢, 互相拥抱 gù yǒu chóng féng, hù xiāng yōng bào 옛 친구가 만나 서로 포옹하다

기세 세

스 shì

势 勢
势必(勢必) shì bì 꼭, 반드시, 필연코
势力(勢力) shì lì 세력
势同水火(勢同水火) shì tóng shuǐ huǒ 기세가 물, 불과 같다 (서로를 용납하지 못하는 추세라는 뜻)
势必成功 shì bì chéng gōng 반드시 성공할 것이다

막을 란

란 lán

拦 攔
拦阻(攔阻) lán zǔ 가로막다
拦劝(攔勸) lán quàn 못하도록 권고하다
拦腰截断(攔腰截斷) lán yāo jié duàn 허리를 끊다
让他去, 不要拦阻 ràng tā qù, bù yào lán zǔ 그를 막지 말고 가게 하라

긁을 회

콰이 kuǎi

扐 撶
扐痒痒儿(撶痒痒兒) kuǎi yǎng yǎngr 가려운 데를 긁다
扐小篮(撶小籃) kuǎi xiǎo lán 작은 바구니를 팔에 걸다
扐水(撶水) kuǎi shuǐ 물을 뜨다
你给我扐一碗凉水 nǐ gěi wǒ kuǎi yī wǎn liáng shuǐ 너, 나에게 냉수 한 그릇을 떠 주렴

出身 chū shēn 출신   成分 chéng fèn 성분   民族 mín zú 민족

8획

| 비틀 녕
닝 níng | 拧 | 擰 | 拧干(擰干) níng gān 짜서 물기를 없애다
拧紧(擰緊) níng jǐn 꽉 조이다, 꼭 짜다
拧眉瞪眼(擰眉瞪眼) níng méi dèng yǎn 눈썹을 추켜 올리고 눈을 부라리다(몹시 화내는 모양)
拧紧酒瓶盖(儿) níng jǐn jiǔ píng gài (r) 술병 마개를 꽉 조여 막다 |

| 다스릴 발
버 bō | 拨 | 撥 | 拨动(撥動) bō dòng (손가락이나 막대기로) 돌리다
拨款(撥款) bō kuǎn 돈을 지급하다
拨乱反正(撥亂反正) bō luàn fǎn zhèng 어지러운 세상을 바로잡아 정상을 회복하다
拨动电话号码盘儿 bō dòng diàn huà hào mǎ pánr 전화 다이얼을 돌리다 |

| 가릴 택
저 zé | 择 | 擇 | 择定(擇定) zé dìng 골라 정하다
择吉(擇吉) zé jí 좋은 날을 고르다
饥不择食(飢不擇食) jī bù zé shí 배가 고파 음식을 가리지 않는다, 좋고 나쁜 것을 가리지 않는다
选择好对象 xuǎn zé hǎo duì xiàng 상대를 잘 선택하다 |

| 개여뀌 롱
룽 lóng | 茏 | 蘢 | 葱茏(蔥蘢) cōng lóng (초목이) 푸르고 무성하다
茏茸(蘢茸) lóng róng 모여 있는 모양
春草纤茏(春草纖蘢) chūn cǎo xiān lóng 봄의 풀은 가늘고 부드럽다
葱茏的树林 cōng lóng de shù lín 푸르고 무성한 수림 |

| 사과 평
핑 píng | 苹 | 苹 | 苹果(苹果) píng guǒ 사과
苹果核儿(苹果核兒) píng guǒ hér 사과의 속(씨 있는 부분)
苹果脯(苹果脯) píng guǒ fǔ 말린 사과
买一斤苹果 mǎi yī jīn píng guǒ 사과 한 근을 사다 |

| 담쟁이 조
냐오 niǎo | 茑 | 蔦 | 茑萝(蔦蘿) niǎo luó 담쟁이넝쿨(친척 또는 서로 기대며 산다는 뜻)
这两家如同茑萝 zhè liǎng jiā rú tóng niǎo luó 이 두 집은 친척처럼 서로 사이좋게 지낸다 |

| 법 범
판 fàn | 范 | 範 | 范围(範圍) fàn wéi 테두리, 범위
范例(範例) fàn lì 예시하여 모범으로 삼는 것
扩大范围(擴大範圍) kuò dà fàn wéi 범위를 넓히다
参考违法范例 cān kǎo wéi fǎ fàn lì 법을 어긴 범례를 참조하다 |

居民身份证 jū mín shēn fèn zhèng 주민신분증   居民证号码 jū mín zhèng hào mǎ 주민등록(증)번호

8획

무덤 영 잉 yíng	茔 塋	茔地(塋地) yíng dì 묘지 祖茔(祖塋) zǔ yíng 조상의 묘지 这是祖先的茔地 zhè shì zǔ xiān de yíng dì 이것은 조상의 묘지이다
외로울 경 츙 qióng	茕 煢	茕独(煢獨) qióng dú 의지할 곳 없는 외로운 사람 茕嫠(煢嫠) qióng lí 외롭고 가난한 과부 茕茕孑立, 形影相吊 qióng qióng jié lì, xíng yǐng xiāng diào 의지할 곳 없고 몹시 외로워 제 그림자를 친구로 삼는 처지를 비유
줄기 경 징 jīng	茎 莖	茎叶(莖葉) jīng yè 줄기와 잎 茎柯(莖柯) jīng kē 줄기와 가지 数茎小草(數莖小草) shù jīng xiǎo cǎo 몇 포기의 작은 풀 数茎白发, 来日不多 shù jīng bái fà, lái rì bù duō 몇 가닥의 백발 뿐이니 앞날이 멀지 않다
지도리 추 수 shū	枢 樞	枢近(樞近) shū jìn 곁에서 시중드는 사람 枢纽(樞紐) shū niǔ (사물의) 중요한 관건, 중추 户枢不蠹(户樞不蠹) hù shū bù dù 문지도리는 좀 먹지 않는다 这里是个交通枢纽 zhè lǐ shì ge jiāo tōng shū niǔ 이곳은 교통의 중추이다
말구유 력 리 lì	枥 櫪	枥马(櫪馬) lì mǎ 마구간에 매여 있는 말(자유롭지 못한 신세를 뜻함) 枥饲(櫪飼) lì sì 마구간에서 말에게 먹이를 먹이다 老骥伏枥, 志在千里 lǎo jì fú lì, zhì zài qiān lǐ 몸은 비록 늙었어도 여전히 웅지를 품고 있다는 뜻
함 궤 구이 guì	柜 櫃	柜台(櫃臺) guì tái 계산대, 카운터 衣柜(衣櫃) yī guì 옷상자 柜跑老鼠(櫃跑老鼠) guì pǎo lǎo shǔ 상점이 파산되어 쥐가 돌아다니다, 폐점했음을 비유 站柜台 zhàn guì tái 카운터에서 일보다
강나무 강 강 gāng	枫 橺	青枫(青橺) qīng gāng 떡갈나무

护照号码 hù zhào hào mǎ 여권번호   发行机关 fā xíng jī guān 발급 기관

8획

비누 견 잰 jiǎn	枧　梘	香枧(香梘) xiāng jiǎn 세수비누 番枧(番梘) fān jiǎn 빨랫비누 枧盒(梘盒) jiǎn hé 비눗갑 买一块香枧 mǎi yī kuài xiāng jiǎn 세수비누 하나를 사다
문설주 정 쳥 chéng	枨　棖	枨触(棖觸) chéng chù 건드리다, 감동하다 枨拨(棖撥) chéng bō (손으로) 털어 버리다 枨枨(棖棖) chéng chéng 현악기의 소리 不要去枨触它 bù yào qù chéng chù tā 그 놈을 건드리지 말라
주인 반 반 bǎn	板　闆	老板(老闆) lǎo bǎn 상점의 주인, 지배인 这位是这个公司的总老板 zhè wèi shì zhè ge gōng sī de zǒng lǎo bǎn 이 분은 이 회사의 총지배인입니다 他是我们饭店的大老板 tā shì wǒ mén fàn diàn de dà lǎo bǎn 그는 우리 호텔의 제일 책임자(총지배인)입니다 他是个小老板 tā shì ge xiǎo lǎo bǎn 그는 작은 주인입니다
전나무 종 충 cōng	枞　樅	枞树(樅樹) cōng shù 종나무(가구 및 건축 용재로 쓰임) 枞枞(樅樅) cōng cōng 나뭇잎이 우거진 모양, 높이 솟은 모양 穿过枞枞老林 chuān guò cōng cōng lǎo lín 나뭇잎이 우거져 어둑한 수림을 꿰뚫고 나가다
더벅머리 송 쑹 sōng	松　鬆	松手(松手) sōng shǒu 손을 놓다(늦추다) 松懈(松懈) sōng xiè 해이하다, 긴장이 풀리다 松松垮垮(松松垮垮) sōng sōng kuǎ kuǎ 해이하다 要抓紧, 不能放松 yào zhuā jǐn, bù néng fàng sōng 바짝 틀어 쥐어야지 늦추어서는 안 된다
창 창 챵 qiāng	枪　槍	刀枪(刀槍) dāo qiāng 칼과 총 枪法(槍法) qiāng fǎ 사격술 枪林弹雨(槍林彈雨) qiāng lín dàn yǔ 총칼이 숲을 이루고 탄알이 빗발치듯하다 持枪抢劫 chí qiāng qiǎng jié 총을 들고 강탈하다
단풍나무 풍 벙 fēng	枫　楓	枫树(楓樹) fēng shù 단풍나무 满山枫叶红(滿山楓葉紅) mǎn shān fēng yè hóng 모든 산이 단풍으로 붉게 물들다 秋天到北京香山观枫叶 qiū tiān dào běi jīng xiāng shān guān fēng yè 가을에 베이징 샹산에 가서 단풍을 감상하다

有效 yǒu xiào 유효　　无效 wú xiào 무효

8획

얽을 구 / 꺼우 gòu — 构 / 構
- 构成(構成) gòu chéng 형성(하다)
- 构思(構思) gòu sī 생각을 얽어놓음
- 虚构(虛構) xū gòu 상상력으로 꾸며냄
- 这个构图很理想 zhè ge gòu tú hěn lǐ xiǎng 이 구도는 매우 이상적이다

죽을 상 / 잃을 상 / 쌍 sāng, sàng — 丧 / 喪
- 丧事(喪事) sāng shì 장례, 장의
- 丧心(喪心) sàng xīn 양심을 잃다
- 丧命(喪命) sàng mìng 목숨을 잃다
- 丧尽天良 sàng jìn tiān liáng 양심이라고는 조금도 없다

그림 화 / 화 huà — 画 / 畫
- 画店(畫店) huà diàn 화랑, 그림가게
- 画图(畫圖) huà tú 그림, 그림을 그리다
- 画地自限(畫地自限) huà dì zì xiàn 스스로 자신을 단속할 규칙을 만들어서 지키다
- 他画画(儿)真有一套(儿) tā huà huà (r) zhēn yǒu yī tào (r) 그는 그림 그리는 데 정말 남다른 솜씨가 있다

대추나무 조 / 짜오 zǎo — 枣 / 棗
- 枣(儿)(棗(兒)) zǎo(r) 대추
- 枣树(棗樹) zǎo shù 대추나무
- 枣不结杏(棗不結杏) zǎo bù jiē xìng 대추나무에 살구는 열리지 않는다
- 中国陕北大枣很出名 zhōng guó shǎn běi dà zǎo hěn chū míng 중국 산베이 대추는 아주 유명하다

팔 매 / 마이 mài — 卖 / 賣
- 卖出(賣出) mài chū 팔다
- 卖命(賣命) mài mìng 목숨을 바쳐 일하다
- 卖剑买牛(賣劍買牛) mài jiàn mǎi niú 칼을 팔아 소를 사다(나쁜 마음을 버리고 착한 사람이 된다는 뜻)
- 管买卖叫生意 guǎn mǎi mài jiào shēng yì 사고 파는 것을 장사라고 한다

막힐 울 / 위 yù — 郁 / 鬱
- 郁闷(鬱悶) yù mèn 마음이 답답하고 괴롭다
- 郁葱(鬱蔥) yù cōng 무성하다, 왕성하다
- 皆郁于胸(皆鬱於胸) jiē yù yú xiōng 모두 가슴에 맺히다
- 解除郁闷 jiě chú yù mèn 가슴속의 울민을 제거하다

명반 반 / 반 fán — 矾 / 礬
- 矾石(礬石) fán shí 명반석
- 白矾(白礬) bái fán 백반
- 明矾(明礬) míng fán 명반(매염제와 제지 등에 쓰임)
- 白矾多用于干燥 bái fán duō yòng yú gān zào 백반은 건조에 많이 쓰인다

出发地点 chū fā dì diǎn 출발지　　目的地 mù dì dì 목적지　　联络地址 lián luò dì zhǐ 연락처

8획

| 쇳돌 광
쾅 kuàng | 矿 礦 | 矿质(礦質) kuàng zhì 광물질
铁矿(鐵礦) tiě kuàng 철광석
采矿(采礦) cǎi kuàng 광석을 캐다
装运矿石 zhuāng yùn kuàng shí 광석을 실어 운반하다 |

| 옥돌 탕
당 dàng | 砀 碭 | 砀山(碭山) dàng shān 탕산(중국 안후이성에 있는 지명) |

| 마노 마
마 mǎ | 码 碼 | 码头(碼頭) mǎ tóu 부두, 선창
数码儿(數碼兒) shù mǎr 숫자
页码儿(頁碼兒) yè mǎr 페이지
我说的跟他讲的都是一码事(儿) wǒ shuō de gēn tā jiǎng de dōu shì yī mǎ shì (r) 내가 말한 것이나 그가 이야기하는 것 모두가 같은 것이다 |

| 뒷간 측
처 cè | 厕 厠 | 厕所(厠所) cè suǒ 화장실
公厕(公厠) gōng cè 공중화장실
厕身(厠身) cè shēn 끼어들다, 참여하다
韩国管厕所叫化妆室 hán guó guǎn cè suǒ jiào huà zhuāng shì 한국에서는 변소를 화장실이라고 한다 |

| 떨칠 분
번 fèn | 奋 奮 | 奋发(奮發) fèn fā 마음과 힘을 돋우어 일으키다
兴奋(興奮) xìng fèn 흥분하다
奋不顾身(奮不顧身) fèn bù gù shēn 생명을 돌보지 않고 용감하게 앞으로 돌진해 나가다, 헌신적으로 분투하다
努力奋斗 nǔ lì fèn dòu 힘써 분투하다 |

| 모양 태
타이 tài | 态 態 | 态度(態度) tài dù 몸짓, 거동, 기색
态势(態勢) tài shì 태도나 자세, 형세
千姿百态(千姿百態) qiān zī bǎi tài 여러 가지 자태
端正态度 duān zhèng tài dù 태도를 단정히 하다 |

| 사발 구
어우 ōu | 瓯 甌 | 瓯眍(甌瞘) ōu kōu 움푹하다
瓯子(甌子) ōu zi (손잡이가 없는) 잔, 연지와 분을 담아두는 작은 잔
茶瓯(茶甌) chá ōu 찻잔
眼睛瓯眍进去了 yǎn jīng ōu kōu jìn qù le 눈이 움푹하게 들어가다 |

出国目的 chū guó mù dì 출국 목적   业务 yè wù 업무   旅游 lǚ yóu 관광

8획

노래할 구
欧 歐
어우 ōu

欧洲(歐洲) ōu zhōu 유럽주
欧战(歐戰) ōu zhàn 제1차 세계대전
欧亚大陆(歐亞大陸) ōu yà dà lù 유라시아 대륙
欧式生活习惯 ōu shì shēng huó xí guàn 유럽식 생활습관

때릴 구
殴 毆
어우 ōu

殴打(毆打) ōu dǎ 때리다
殴伤(毆傷) ōu shāng 때려서 상처를 입히다
殴杀(毆殺) ōu shā 때려 죽이다
被人殴打了 bèi rén ōu dǎ le 남에게 구타당하다

언덕 롱
垄 壟
룽 lǒng

垄断(壟斷) lǒng duàn 독점하다, 마음대로 다루다
垄丘(壟丘) lǒng qiū 언덕, 둔덕, 무덤
宽垄密植(寬壟密植) kuān lǒng mì zhí 이랑의 폭을 넓히고 촘촘하게 심다
不能垄断 bù néng lǒng duàn 농단(독점)해서는 안 된다

고을이름 겹
郏 郟
쟈 jiá

郏县(郟縣) jiá xiàn 겹현(중국 허난성에 있는 현)

울릴 굉
轰 轟
훙 hōng

轰动(轟動) hōng dòng 뒤흔들다, 진동시키다
轰塌(轟塌) hōng tā 폭파하여 무너뜨리다, 폭격에 무너지다
轰天动地(轟天動地) hōng tiān dòng dì 천지를 뒤흔들다
轰动全世界 hōng dòng quán shì jiè 전세계를 진동시키다

밭이랑 경
顷 頃
칭 qǐng

顷(頃) qǐng 경(논밭의 면적 단위)
顷刻(頃刻) qǐng kè 매우 짧은 동안, 눈 깜짝할 사이
碧波万顷(碧波萬頃) bì bō wàn qǐng 한없이 넓고 푸른 바다
顷刻间塌了下来 qǐng kè jiān tā le xià lái 눈 깜짝할 사이에 무너져 내리다

구를 전
转 轉
좐 zhuǎn, zhuàn

转变(轉變) zhuǎn biàn 바뀌다, 전환하다
转播(轉播) zhuǎn bō 중계방송하다
转悲为喜(轉悲爲喜) zhuǎn bēi wéi xǐ 슬픔을 기쁨으로 바꾸다
促进转变 cù jìn zhuǎn biàn 전변(전환)을 추진하다

防疫证 fáng yì zhèng 방역 증명서　　植物检疫 zhí wù jiǎn yì 식물검역

8획

멍에 액	轭 軛	牛轭(牛軛) niú è 소(의) 멍에
어 è		轭束(軛束) è shù 속박, 공제
		摆脱套在身上的轭束 bǎi tuō tào zài shēn shàng de è shù 몸에 덧씌워진 속박에서 벗어나다

벨 참	斩 斬	斩罪(斬罪) zhǎn zuì 참형 당할 죄
짠 zhǎn		斩断(斬斷) zhǎn duàn 딱 자르다, 절단하다
		斩草除根(斬草除根) zhǎn cǎo chú gēn 풀을 베고 뿌리를 뽑다, 화근을 철저히 없애다
		斩断黑手 zhǎn duàn hēi shǒu 검은 마수를 잘라 버리다

바퀴 륜	轮 輪	轮船(輪船) lún chuán 배, 기선
룬 lún		轮班(儿)放风(輪班(兒)放風) lún bān (r) fàng fēng 교대로 망을 보다
		历史的巨轮驶进了新千年 lì shǐ de jù lún shǐ jìn le xīn qiān nián 역사의 (거대한) 수레바퀴는 새 천년에 들어섰다

연할 연	软 軟	软弱(軟弱) ruǎn ruò 가냘프다
롼 ruǎn		软卧(軟臥) ruǎn wò 열차의 일등침대
		软硬兼施(軟硬兼施) ruǎn yìng jiān shī 강온책을 함께 쓰다
		坐软卧很舒服 zuò ruǎn wò hěn shū fú 침대열차를 타면 매우 편안하다

솔개 연	鸢 鳶	鸢肩(鳶肩) yuān jiān 치켜 올라간 어깨
위안 yuān		鸢色(鳶色) yuān sè 다갈색(茶褐色)
		鸢飞鱼跃(鳶飛魚躍) yuān fēi yú yuè 솔개, 물고기 등 모든 동물이 자연 그대로 즐겁게 생활하다
		放风鸢 fàng fēng yuān 솔개연을 날리다(띄우다)

이 치	齿 齒	齿龈(齒齦) chǐ yín 치은, 잇몸
츠 chǐ		齿牙余论(齒牙餘論) chǐ yá yú lùn 치아에서 새어 나오는 몇마디 말, (남을) 찬양, 고무하는 말
		牙齿要保持清洁 yá chǐ yào bǎo chí qīng jié 치아의 청결을 유지해야 한다

포로 로	虏 虜	虏获(虜獲) lǔ huò (적을) 사로잡다
루 lǔ		俘虏(瀾虜) fú lǔ 포로
		虏掠(虜掠) lǔ lüè 사람을 사로잡고 재물을 약탈하다
		优待俘虏 yōu dài fú lǔ 포로를 우대하다

机场 jī chǎng 공항　　国际机场 guó jì jī chǎng 국제공항　　入境登记卡 rù jìng dēng jì kǎ 입국신고서

8획

콩팥 신 / 션 shèn — 肾 腎
- 肾脏(腎臟) shèn zàng 신장, 콩팥
- 肾炎(腎炎) shèn yán 신염, 신장염
- 肾盂炎(腎盂炎) shèn yú yán 신우염
- 肾脏部位出了毛病 shèn zàng bù wèi chū le máo bìng 신장 부위에 탈이 나다

어질 현 / 섄 xián — 贤 賢
- 贤慧(賢慧) xián huì (여자가) 어질고 총명하다
- 贤明(賢明) xián míng 재능과 지혜가 많고 도리가 밝다
- 贤妻良母(賢妻良母) xián qī liáng mǔ 어진 어머니, 착한 아내
- 他有个贤慧的老婆 tā yǒu ge xián huì de lǎo pó 그에게는 어질고 총명한 아내가 있다

흐릴 담 / 탄 tán — 昙 曇
- 昙昙(曇曇) tán tán 흐린 모양, 먹구름이 낀 모양
- 昙天(曇天) tán tiān 흐린 날씨
- 昙花一现(曇花一現) tán huā yī xiàn 우담화(優曇花)처럼 잠깐 피었다가 바로 사라지다(사람 혹은 사물이 덧없음을 뜻함)
- 不做昙花一现的人物 bù zuò tán huā yī xiàn de rén wù 우담화처럼 잠깐 나타났다가 바로 사라지는 인물이 되지 않는다

나라 국 / 궈 guó — 国 國
- 国家(國家) guó jiā 나라
- 国产(國産) guó chǎn 자기 나라에서 생산함
- 国破家亡(國破家亡) guó pò jiā wáng 나라와 집안이 망하다
- 保护国家利益 bǎo hù guó jiā lì yì 나라의 이익을 보호하다

펼 창 / 챵 chàng — 畅 暢
- 畅谈(暢談) chàng tán 흉금을 털어 놓고 마음껏 이야기하다
- 畅通(暢通) chàng tōng (도로, 우편 따위가) 막힘없이 잘 통하다
- 畅销(暢銷) chàng xiāo 매상이 좋다, 판로가 넓다
- 畅谈体会 chàng tán tǐ huì 흉금을 털고 체험을 이야기하다

목구멍 롱 / 룽 lóng — 咙 嚨
- 喉咙(喉嚨) hóu lóng 목구멍
- 卡在喉咙里(卡在喉嚨里) qiǎ zài hóu lóng lǐ 목구멍에 걸리다

서캐 기 / 지 jǐ — 虮 蟣
- 虮子(蟣子) jǐ zi 서캐, 이
- 虮肝(蟣肝) jǐ gān 이의 간장(지극히 작고 하찮은 것을 뜻함)
- 虮虱(蟣虱) jǐ shī 사람 몸의 해충, 이와 이의 알, 서캐
- 身上长虮子 shēn shàng zhǎng jǐ zi 몸에 서캐가 생기다

飞机 fēi jī 비행기　买票 mǎi piào 표를 사다　退票 tuì piào 표를 물리다

8획

| 힘쓸 민
민 mǐn | 黾 / 黽 | 黾勉(黽勉) mǐn miǎn 부지런히 힘씀
黾勉从事(黽勉從事) mǐn miǎn cóng shì 열심히 일하다 |

| 울 명
밍 míng | 鸣 / 鳴 | 鸣放(鳴放) míng fàng 솔직하게 자신의 의견을 발표하고 의논하다, 폭죽 따위를 터뜨리다
鸣枪(鳴槍) míng qiāng 총소리로 경고하다
鸣冤叫屈(鳴冤叫屈) míng yuān jiào qū 억울함을 큰 소리로 호소하다, 불평이나 불만을 호소하다
以此鸣谢 yǐ cǐ míng xiè 이것으로 사의를 표합니다 |

| 간곡할 녕
닝 níng | 咛 / 嚀 | 叮咛(叮嚀) dīng níng 신신당부하다
千叮咛万嘱咐(千叮嚀萬囑咐) qiān dīng níng wàn zhǔ fù 천만번 신신당부하다
牢记老人的叮咛 láo jì lǎo rén de dīng níng 부모님의 신신당부를 깊이 간직하다 |

| 울림소리 사
쓰 sī | 咝 / 噝 | 咝咝(噝噝) sī sī 피융 피융(포탄, 총알 따위가 날아가는 소리)
听见头上咝咝枪子(儿)响 tīng jiàn tóu shàng sī sī qiāng zǐ(r) xiǎng 머리 위로 피융피융 하며 총알이 날아가는 소리가 들리다 |

| 새그물 라
뤄 luó | 罗 / 羅 | 罗网(羅網) luó wǎng 새 짐승을 잡는 그물, 함정, 올가미
搜罗(搜羅) sōu luó 수집하다
罗掘一空(羅掘一空) luó jué yī kōng 돈을 다 쓰고 한푼도 남은 것이 없다, 무일푼이다
布下天罗地网 bù xià tiān luó dì wǎng 새도 빠져 나갈 수 없는 그물을 치다(엄한 경계를 이르는 말) |

| 곳 동
둥 dōng | 岽 / 崠 | 岽罗(崠羅) dōng luó 동나(중국 광둥성 동족자치구에 있는 지명) |

| 홀로설 귀
쿠이 kuī | 岿 / 巋 | 岿然(巋然) kuī rán 홀로 우뚝 선 모양
岿崎(巋崎) kuī qí 산이 가파르게 멀리 뻗은 모양
岿然不动(巋然不動) kuī rán bù dòng 우뚝 서서 움직이지 않다
洪峰冲来, 河坝却岿然不动 hóng fēng chōng lái, hé bà què kuī rán bù dòng 큰 물이 닥쳐도 제방은 우뚝 선 채 꿈쩍도 않는다 |

机场大楼 jī chǎng dà lóu 공항터미널　　国际线 guó jì xiàn 국제선　　国内线 guó nèi xiàn 국내선

8획

한글	간체	번체	예문
기 치 즈 zhì	帜	幟	旗帜(旗幟) qí zhì 깃발 幡帜(幡幟) fān zhì 표지의 기, 표지, 표적 独树一帜(獨樹一幟) dú shù yī zhì 따로 일가를 이루다, 독특한 풍을 창조하다 旗帜要鲜明 qí zhì yào xiān míng 기치는 선명해야 한다
재 령 링 lǐng	岭	嶺	山岭(山嶺) shān lǐng 산고개 岭嶂(嶺嶂) lǐng zhàng 높고 험한 산봉우리 爬山越岭(爬山越嶺) pá shān yuè lǐng 산을 오르고 재를 넘다 越过这座山岭 yuè guò zhè zuò shān lǐng 이 산고개를 넘어가다
상처입힐 귀 구이 guì	刿	劌	刿首(劌首) guì shǒu 목을 베다 刿首示众(劌首示眾) guì shǒu shì zhòng 목을 베어 대중에게 보이다(경고의 뜻)
알맞을 개 카이 kǎi	剀	剴	剀备(剴備) kǎi bèi 알맞게 두루 미침 剀切(剴切) kǎi qiè 사리에 합당하다, 적절하다 剀切中理(剴切中理) kǎi qiè zhòng lǐ 사리에 딱 들어맞다 剀切教导 kǎi qiè jiào dǎo 바르고 적절하게 가르치다
즐길 개 카이 kǎi	凯	凱	凯歌(凱歌) kǎi gē 승리의 노래 凯旋门(凱旋門) kǎi xuán mén 승리를 축하하는 문 奏凯而归(奏凱而歸) zòu kǎi ér guī 개선가를 부르며 돌아오다 高唱凯歌 gāo chàng kǎi gē 승리의 노래를 높이 부르다
산이름 역 이 yì	峄	嶧	峄山(嶧山) yì shān 역산(중국 산동성에 있는 산) 峄桐(嶧桐) yì tóng 중국 장수성 역양에서 산출되는 오동나무(훌륭한 금(琴)의 재료, 인재를 뜻함) 峄山碑(嶧山碑) yì shān bēi 역산비 峄桐闻名于国内外 yì tóng wén míng yú guó nèi wài 역산의 오동나무는 국내외로 유명하다
깨뜨릴 패 빠이 bài	败	敗	败坏(敗壞) bài huài (명예, 풍속 따위를) 손상시키다, 망치다 失败(失敗) shī bài 일을 그르침 败风乱俗(敗風亂俗) bài fēng luàn sú 풍기를 문란하게 하다 失败是成功之母 shī bài shì chéng gōng zhī mǔ 실패는 성공의 어머니이다

航空公司 háng kōng gōng sī 항공회사   航班 háng bān 비행편, 편명   航班号 háng bān hào 비행번호

8획

| 장부 장
짱 zhàng | 账 賬 | 账目(賬目)zhàng mù 장부의 항목, 계정
结账(結賬)jié zhàng 계산하다
账实相符(賬實相符)zhàng shí xiāng fú 장부와 실물이 맞다
吃了饭要结账 chī le fàn yào jié zhàng 밥을 먹었으니 계산해야 한다 |

| 팔 판
판 fàn | 贩 販 | 贩卖(販賣)fàn mài 구입하여 팔다
贩布(販布)fàn bù 천을 파다
贩子(販子)fàn zi 소상인, 행상인, 중개인
他是小贩子出身 tā shì xiǎo fàn zi chū shēn 그는 소상인 출신이다 |

| 떨어뜨릴 폄
뺀 biǎn | 贬 貶 | 贬值(貶值)biǎn zhí 값이 떨어지다, 평가절하하다
贬低(貶低)biǎn dī 낮게 평가하다, 얕잡아 보다, 헐뜯다
褒贬(褒貶)bāo biǎn 좋고 나쁨을 평하다
外币贬值了 wài bì biǎn zhí le 외화가 평가절하되다 |

| 쌓을 저
주 zhù | 贮 貯 | 贮存(貯存)zhù cún 저축해 두다, 저장하다
贮量(貯量)zhù liàng 매장량
贮粮备荒(貯糧備荒)zhù liáng bèi huāng 식량을 저장하여 흉년에 대비하다
贮存资料 zhù cún zī liào 자료를 저장하다 |

| 그림 도
투 tú | 图 圖 | 图财(圖財)tú cái 재물을 탐내다
图片(圖片)tú piàn 사진, 그림
图贱多买(圖賤多買)tú jiàn duō mǎi 값이 싸서 많이 사다
到图书馆查资料 dào tú shū guǎn chá zī liào 도서관에 가서 자료를 찾다 |

| 살 구
꺼우 gòu | 购 購 | 购价(購价)gòu jià 구입 가격
购进(購進)gòu jìn 구입하다
购销两旺(購銷兩旺)gòu xiāo liǎng wàng 매매가 활발하다
选购生活用品 xuǎn gòu shēng huó yòng pǐn 생활용품을 골라 사다 |

| 토륨 토
투 tǔ | 钍 釷 | 钍(釷)tǔ 토륨 Th(방사성 금속원소) |

预约 yù yuē 예약   确认 què rèn 확인

8획

정 **정** 챈 qiān	钎 釺	钎子(釺子) qiān zī 정 钎头(釺頭) qiān tóu 정의 날 부분 钎杆儿(釺桿兒) qiān gǎnr 정의 중간 부분 用钎子开凿山洞 yòng qiān zi kāi záo shān dòng 정으로 쪼아서 산굴을 뚫다	
팔찌 **천** 촨 chuàn	钏 釧	钏钗(釧釵) chuàn chāi 팔찌와 비녀 玉钏(玉釧) yù chuàn 옥 팔찌 钏臂(釧臂) chuàn bì 팔찌를 낀 팔 臂佩玉钏 bì peì yù chuàn 팔에 옥 팔찌를 끼다	
낫 **삼** 싼 shàn	钐 釤	钐刀(釤刀) shàn dāo (풀을 베는) 자루가 긴 낫 钐草(釤草) shàn cǎo 풀을 베다 钐麦(釤麥) shàn mài 보리(밀)를 베다 用钐刀钐草 yòng shàn dāo shàn cǎo 큰 낫으로 풀을 베다	
낚시 **조** 땨오 diào	钓 釣	钓具(釣具) diào jù 낚시 도구 钓鱼(釣魚) diào yú 물고기를 낚다 沽名钓誉(沽名釣譽) gū míng diào yù 수단방법을 가리지 않고 명예를 챙기다 我钓了一条鲤鱼 wǒ diào le yī tiáo lǐ yú 나는 잉어 한 마리를 낚았다	
바나듐 **범** 반 fán	钒 釩	钒(釩) fán 바나듐 v(화학원소)	
멘델레븀 **문** 먼 mén	钔 鍆	钔(鍆) mén 멘델레븀 Md(화학원소)	
네오디뮴 **녀** 뉘 nǚ	钕 釹	钕(釹) nǚ 네오디뮴 Na(화학원소)	

起飞时间 qǐ fēi shí jiān 출발시간　　抵达时间 dǐ dá shí jiān 도착시간

8획

| 당노 양
양 yáng | 锡 錫 | 锡(錫) yáng 당노(말 이마에 다는 장식물) |

| 비녀 차
차이 chāi | 钗 釵 | 钗梳(釵梳) chāi shū 비녀와 빗
荆钗布裙(荊釵布裙) jīng chāi bù qún 나무 비녀를 꽂고 무명치마를 입은 여자의 검소한 옷차림
钗光鬓影令人眼花缭乱 chāi guāng bìn yǐng lìng rén yǎn huā liáo luàn 화려하게 분장한 그녀 모습은 보는 이의 눈을 어지럽힌다 |

| 지을 제
즈 zhì | 制 製 | 制造(製造) zhì zào 만들다, (상황이나 분위기를) 조성하다
制革(製革) zhì gé 생가죽으로 유피를 만듦
制敌死命(製敵死命) zhì dí sǐ mìng 적을 제압하여 사지에 몰아넣다
参观汽车制造厂 cān guān qì chē zhì zào chǎng 자동차 제조 공장을 참관하다 |

| 바람불 괄
과 guā | 刮 颳 | 刮风(颳風) guā fēng 바람이 불다
刮飞(颳飛) guā fēi 바람에 불려 날려가다
刮刮叫(颳颳叫) guā guā jiào 매우 훌륭하다, 아주 훌륭하다
不管刮风下雨都要去 bù guǎn guā fēng xià yǔ dōu yào qù 바람이 불고 비가 오더라도 꼭 가야 한다 |

| 호협할 협
샤 xiá | 侠 俠 | 侠客(俠客) xiá kè 의협심이 많은 사람
侠棍(俠棍) xiá gùn 난폭한 사람, 불한당
行侠作义(行俠作義) xíng xiá zuò yì 의협심을 발휘하여 좋은 일을 하다
他有一股可敬的侠气 tā yǒu yī gǔ kě jìng de xiá qì 그에게는 경탄할 만한 대장부의 의협심이 있다 |

| 바랄 요
쟈오 jiǎo | 侥 僥 | 侥幸(僥幸) jiǎo xìng 우연히 얻은 행복
侥幸心理(僥幸心理) jiǎo xìng xīn lǐ 요행을 바라는 마음
心存侥幸(心存僥幸) xīn cún jiǎo xìng 맘속으로 요행수를 바라다
不能有侥幸心理 bù néng yǒu jiǎo xìng xīn lǐ 요행을 바라는 마음이 있어서는 안 된다 |

| 정탐할 정
전 zhēn | 侦 偵 | 侦查(偵查) zhēn chá 수사(조사)하다
侦探(偵探) zhēn tàn 탐정, 밀정, 간첩
侦查缉捕(偵查緝捕) zhēn chā jī bǔ 조사하여 체포하다
进行侦察活动 jìn xíng zhēn chá huó dòng 정찰 활동을 하다 |

座位号码 zuò wèi hào mǎ 좌석 번호   头等舱 tóu děng cāng 일등석   经济舱 jīng jì cāng 일반석

8획

| 겉 측
처 cè | 侧 側 | 侧面(側面) cè miàn 좌우의 한 면
侧耳(側耳) cè ěr 귀를 기울이다
侧耳倾听(側耳傾聽) cè ěr qīng tīng 귀담아 듣다
工作要有所侧重 gōng zuò yào yǒu suǒ cè zhòng 일에는 중점을 두는 바가 있어야 한다 |

| 기댈 빙
핑 píng | 凭 憑 | 凭据(憑據) píng jù 증거, 근거, 증거물
文凭(文憑) wén píng 증서
空口无凭(空口無憑) kōng kǒu mú píng 말뿐으로 증거가 없다
凭据不足 píng jù bù zú 증거물이 부족하다 |

| 우거할 교
챠오 qiáo | 侨 僑 | 侨胞(僑胞) qiáo bāo 해외동포
侨居(僑居) qiáo jū 타향에 거주하다, 외국에서 살다
归国侨胞(歸國僑胞) guī guó qiáo bāo 고국에 돌아온 교포
请找侨务委员会 qǐng zhǎo qiáo wù wěi yuán huì 교민 사무위원회를 찾아 주세요 |

| 거간 쾌
콰이 kuài | 侩 儈 | 市侩(市儈) shì kuài 중간 상인, 악덕 상인
市侩哲学(市儈哲學) shì kuài zhē xué 자기 이익만 추구하는 인생 철학
一身充满市侩习气 yī shēn chōng mǎn shì kuài xí qì 온몸에 모리배 기질이 꽉 배이다 |

| 재화 화
훠 huò | 货 貨 | 货币(貨幣) huò bì 돈
货运(貨運) huò yùn 화물운송
货真价实(貨真價實) huò zhēn jià shí 진품인데 값싸다, 조금도 거짓이 없다, 철두철미하다
进行易货贸易 jìn xíng yì huò mào yì 물물교환 무역을 하다 |

| 동배 제
챠이 chái | 侪 儕 | 侪辈(儕輩) chái bèi 동료, 한패
侪居(儕居) chái jū 동거하다
长幼侪居(長幼儕居) zhǎng yòu chái jū 어른과 아이가 같이 살다
侪辈聚集一堂 chái bèi jù jí yī táng 동배들이 한자리에 모이다 |

| 나 농
눙 nóng | 侬 儂 | 侬(儂) nóng 나, 당신, 그대(중국 상하이 지역 방언)
侬家(儂家) nóng jiā 나
侬族(儂族) nóng zú 농족(중국 소수민족의 하나, 윈난성에 거주)
侬去哪(儿)? nóng qù nǎ(r)? 당신 어디로 가나요? |

起飞 qǐ fēi 이륙   降落 jiàng luò 착륙

8획

바탕 질
즈 zhì
质 質
质量(質量) zhì liàng 품질, 질적인 내용, 품성
变质(變質) biàn zhì 품질이 변함
质疑问难(質疑問難) zhì yí wèn nàn 의심나거나 어려운 문제를 제기하고 토론하다
江山易改,本质难移 jiāng shān yì gǎi, běn zhì nán yí 산과 물은 쉽게 다스릴 수 있어도 사람의 본질은 고치기 어렵다

부를 징
정 zhēng
征 徵
征兵(徵兵) zhēng bīng 군대에 복무시킴
特征(特徵) tè zhēng 특별한 성질
征山服水(徵山服水) zhēng shān fú shuǐ 자연을 정복하다
有什么特征? yǒu shén me tè zhēng? 어떤 특징이 있는가요?

지름길 경
징 jìng
径 徑
径直(徑直) jìng zhí 곧장, 곧바로, 직접
曲径(曲徑) qū jìng 구불구불한 길
径情直遂(徑情直遂) jìng qíng zhí suì 뜻대로 순조롭게 성공하다
直径达五公里 zhí jìng dá wǔ gōng lǐ 직경이 5km에 달하다

버릴 사
서 shě
舍 捨
舍得(舍得) shě de 아깝지 않다, 헤아리지 않다
舍弃(舍棄) shě qì 버리다, 포기하다,
舍己为人(舍己爲人) shě jǐ wèi rén 남을 위해 자기를 바치다
舍不得离开您 shě bù de lí kāi nín 당신과 헤어지는 게 아쉽구려

끊을 회
꾸이 guì
刽 劊
刽子手(劊子手) guì zi shǒu 망나니, 하수인, 원흉
惩罚刽子手 chéng fá guì zi shǒu 원흉을 징벌하다

나라이름 회
콰이 kuài
郐 鄶
郐(鄶) kuài 회(춘추시대 때 허난성 밀현 근처에 있던 작은 나라)

권할 종
쑹 sǒng
怂 慫
怂恿(慫恿) sǒng yǒng 꼬드기다, 달래고 부추기다
怂兢(慫兢) sǒng jīng 두려워 마음이 편안하지 않다
他受到别人怂恿 tā shòu dào bié rén sǒng yǒng 그는 다른 사람에게 꼬드김을 당했다

正点起飞 zhèng diǎn qǐ fēi 정시(정각) 이륙   晚点到达 wǎn diǎn dào dá 연착되어 도착

중국어 간체자 쉽게 배우기 | 119

8획

쌀사들일 적
디 dí

籴 (糴)

- 籴米(糴米) dí mǐ 양식을 사들이다
- 籴粜(糴糶) dí tiào 양식의 매입과 매출
- 粜贵籴贱(糶貴糴賤) tiào guì dí jiàn 양식 시세가 쌀 때 사들이고 비쌀 때면 내다 팔다
- 籴价低于粜价 dí jià dī yú tiào jià 사는 양식 값이 파는 값보다 싸다

찾을 멱
미 mì

觅 (覓)

- 觅人(覓人) mì rén 사람을 찾다(방문하다)
- 觅食(覓食) mì shí 먹을 것을 구하다
- 觅索线索(覓索線索) mì suǒ xiàn suǒ 실마리를 찾다
- 四处觅人 sì chù mì rén 사처로 탐문하여 사람을 찾다

탐할 탐
탄 tān

贪 (貪)

- 贪欲(貪欲) tān yù 욕심
- 贪财(貪財) tān cái 재물을 탐내다
- 贪生怕死(貪生怕死) tān shēng pà sǐ 죽기를 겁내다
- 不能贪得无厌 bú néng tān de wú yàn 욕심이 과하면 안 된다

가난할 빈
핀 pín

贫 (貧)

- 贫困(貧困) pín kùn 곤궁하다
- 贫血(貧血) pín xuè 빈혈
- 贫贱骄人(貧賤驕人) pín jiàn jiāo rén 비록 가난하지만 남에게 떳떳하다
- 摆脱贫困 bǎi tuō pín kùn 곤궁함에서 벗어나다

다칠 창
챵 qiàng

戗 (戧)

- 戗柱(戧柱) qiàng zhù 버팀목, 지주
- 戗墙保梁(戧牆保梁) qiàng qiáng bǎo liáng 벽을 버티여 마룻대를 보호하다
- 用棍子戗上门 yòng gùn zi qiàng shàng mén 나무막대기로 문을 버티다

살갗 부
부 fū

肤 (膚)

- 肤色(膚色) fū sè 피부색
- 肤见(膚見) fū jiàn 천박한 견해
- 肤如凝脂(膚如凝脂) fū rú níng zhī 피부가 매끈하고 윤기가 있다
- 保护好皮肤 bǎo hù hǎo pí fū 피부를 잘 보호하다

저민고기 전
좐 zhuān

肫 (膞)

- 鸡肫(鷄膞) jī zhuān 닭의 위, 닭의 똥집
- 喜欢吃鸡肫儿 xǐ huān chī jī zhuānr 닭의 똥집을 즐겨 먹다

飞行员 fēi xíng yuán 비행사(조종사)   航空小姐 háng kōng xiǎo jiě 스튜어디스

부스럼 **종** 중 zhǒng	肿	腫	肿大(腫大) zhǒng dà 붓다, 부어 오르다 打肿脸充胖子(打腫臉充胖子) dǎ zhǒng liǎn chōng pàng zi 제 얼굴을 스스로 쳐서 붓게 하고 뚱뚱한 체 한다(못난 게 잘난 체 하고 있음을 뜻함) 到肿瘤医院看病 dào zhǒng liú yī yuàn kàn bìng 종양 병원에 가서 병을 진찰하다
배부를 **창** 장 zhàng	胀	脹	胀肚(脹汲) zhàng dù 배가 더부룩하다 胀痛(脹痛) zhàng tòng (소화불량 따위로 생긴) 통증 头昏脑胀(頭昏腦脹) tóu hūn nǎo zhàng 머릿속이 몽롱하고 터질 듯이 멍하다 胀肚要吃药 zhàng dù yào chī yào (소화가 되지 않아) 배가 더부룩하면 약을 먹어야 한다
살찔 **항** 앙 āng	肮	骯	肮脏(骯臟) āng zāng 더럽다, 수치스럽다 肮脏计(骯臟計) āng zāng jì 음모, 묘략 肮里肮脏(骯里骯臟) āng li āng zāng 더럽다, 지저분하다 不做肮脏的交易 bù zuò āng zāng de jiāo yì 더럽고 수치스런 교역은 하지 않는다
옆구리 **협** 셰 xié	胁	脅	胁从(脅從) xié cóng (협박에 못이겨) 복종하다, 협조하다 胁肩(脅肩) xié jiān 어깨를 움추리다 胁肩累足(脅肩累足) xié jiān lěi zú 무서워 어깨를 움츠리고 발을 멈추다 胁迫他人一起犯罪 xié pò tā rén yī qǐ fàn zuì 타인을 협박하여 함께 죄를 짓다
가까울 **이** 얼 ěr	迩	邇	迩来(邇來) ěr lái 근래, 요사이, 그 후 迩言(邇言) ěr yán 통속적인 말 遐迩驰名(遐邇馳名) xiá ěr chí míng 명성이 두루 알려져 있다 迩来可好 ěr lái kě hǎo? 근래에 무사하겠지요?
고기 **어** 위 yú	鱼	魚	鱼刺(魚刺) yú cì 생선 가시, 물고기의 잔뼈 鱼鳞(魚鱗) yú lín 물고기의 비늘 鱼目混珠(魚目混珠) yú mù hùn zhū 물고기 눈알을 진주에 섞다, 가짜를 진짜로 속이다 吃鱼要吃鱼头 chī yú yào chī yú tóu 생선은 머리 부분을 먹어야 한다
모질 **녕** 닝 níng	狞	獰	狞丑(獰丑) níng chǒu 꼴 사납다, 추하다 狞笑(獰笑) níng xiào 흉물스러운 웃음을 짓다 梦见其狰狞面目 mèng jiàn qí zhēng níng miàn mù 꿈에 그의 흉악한 생김새를 보았다

登机牌儿 dēng jī páir 탑승권   机票 jī piào 항공권

8획

갖출 비 뻬이 bèi	备 備	备战(備戰) bèi zhàn 전쟁에 대비하다, 전쟁을 준비하다 备忘(備忘) bèi wàng 잊지 않기 위해 준비하다 备而不用(備而不用) bèi ér bù yòng 만일에 대비해 쓰지 않고 마련해 두다 要做到有备无患 yào zuò dào yǒu bèi wú huàn 사전에 준비하여 우환이 없게 해야 한다
올빼미 효 샤오 xiāo	枭 梟	枭张(梟張) xiāo zhāng 횡포하다 枭将伏虎(梟將伏虎) xiāo jiàng fú hǔ 용맹한 장수가 범을 항복시키다 他太枭张了,谁也不愿和他共事 tā tài xiāo zhāng le, shéi yě bù yuàn hé tā gòng shì 그는 너무나 횡포해서 누구도 그와 함께 일하려 하지 않는다
전별할 전 잰 jiàn	饯 餞	饯果(餞果) jiàn guǒ 꿀에 재거나 졸인 과일 饯行(餞行) jiàn xíng 송별연을 베풀다 互赠饯礼(互贈餞禮) hù zèng jiàn lǐ 이별의 선물을 주고 받다 今晚给他饯行 jīn wǎn gěi tā jiàn xíng 오늘 저녁에 그를 위한 송별연을 베푼다
꾸밀 식 스 shì	饰 飾	装饰(裝飾) zhuāng shì 분장, 꾸미다 饰物(飾物) shì wù 장신구, 장식품 文过饰非(文過飾非) wén guò shì fēi 허위적 말로 잘못을 숨기다 那女人盛饰而入 nà nǚ rén shèng shì ér rù 그녀가 화려한 차림을 하고 들어오다
먹일 사 쓰 sì	饲 飼	饲料(飼料) sì liào 가축의 먹이 饲养(飼養) sì yǎng 사육(하다) 打草储饲(打草儲飼) dǎ cǎo chú sì 풀을 베어 사료를 마련하다 饲养家禽和牲畜 sì yǎng jiā qín hé shēng chù 가금을 기르고 가축을 치다
물릴 포 바오 bǎo	饱 飽	饱餐(飽餐) bǎo cān 배부르게 먹다 饱和(飽和) bǎo hé 가득 찬 상태 饱经风霜(飽經風霜) bǎo jīng fēng shuāng 온갖 시련을 겪다 吃饱了 chī bǎo le 배가 부르게 먹었다
고기만두 돌 둬 duò	饳 飿	馉饳(餶飿) gǔ duò 고기만두국의 일종(혼돈자와 비슷함) 吃一碗馉饳 chī yī wǎn gǔ duò 고기만두국 한 그릇을 먹다

单程机票 dān chéng jī piào 편도 비행기표   往返机票 wǎng fǎn jī piào 왕복 비행기표

8획

엿 이 이 yí	饴 (飴)	高粱饴(高粱飴) gāo liáng yí 수수엿 甘之如饴(甘之如飴) gān zhī rú yí 엿같이 달콤하게 여기다, 고되고 힘든 일을 기꺼이 하다 饴糖(飴糖) yí táng 보리싹으로 달인 엿 话说得甜如饴蜜 huà shuō de tián rú yí mì 말하는 게 엿이나 꿀처럼 달다
변할 변 뺀 biàn	变 (變)	变色(變色) biàn sè 색깔이 변하다, (인간, 사회가) 변질하다 变天(變天) biàn tiān 날씨가 변하다(사회가 교체됨도 뜻함) 变幻莫测(變幻莫測) biàn huàn mò cè 변화무쌍하여 예측하기 힘들다 北京变化很大 běi jīng biàn huà hěn dà 베이징이 크게 변했다
클 방 팡 páng	庞 (龐)	庞大(龐大) páng dà 거대하다 庞然(龐然) páng rán 거대한 모양 庞然大物(龐然大物) páng rán dà wù 대단히 거대한 물건, 또는 겉으로는 거대하게 보이지만 실제로 속은 텅 비었음을 뜻함 那个建筑规模很庞大 nà ge jiàn zhù guī mó hěn páng dà 그 건축물의 규모는 매우 거대하다
사당 묘 먀오 miào	庙 (廟)	庙主(廟主) miào zhǔ 사당에 모시는 신주 庙院(廟院) miào yuàn 사원, 사당, 묘의 경내(境內) 庙小神领大 miào xiǎo shén lǐng dà 절은 작아도 신령은 많다 (규모는 작지만 인재들이 많다, 혹은 유명하지 않지만 영향력이 크다는 것을 뜻함)
학질 학 눼 nüè	疟 (瘧)	疟疾(瘧疾) nüè jí 학질, 말라리아 疟蚊(瘧蚊) nüè wén 학질모기, 말라리아모기 疟虫(瘧蟲) nüè chóng 말라리아원충(原蟲) 得疟疾要赶紧治 dé nüè jí yào gǎn jǐn zhì 학질에 걸리면 시급하게 치료해야 한다
창질 려 리 lì	疠 (癘)	疠疫(癘疫) lì yì 유행병, 돌림병 疥疠(疥癘) jiè lì 옴벌레의 기생으로 생기는 전염성 피부병 疠风(癘風) lì fēng 문둥병 预防疠疫 yù fǎng lì yì 유행병을 예방하다
송기 양 양 yáng	疡 (瘍)	肿疡(腫瘍) zhǒng yáng 종양 脓疡(膿瘍) nóng yáng 농양 胃溃疡(胃潰瘍) wèi kuì yáng 위궤양 治好了胃溃疡 zhì hǎo le wèi kuì yáng 위궤양을 완전치료 했다

入境手续 rù jìng shǒu xù 입국 수속

8획

| 약지을 제
지 jì | 剂 劑 | 剂量(劑量) jì liàng (약의) 조제량, 사용량
针剂(針劑) zhēn jì 주사약
酌盈剂虚(酌盈劑虛) zhuó yíng jì xū 과부족을 조정하다
要当一名药剂师 yào dāng yī míng yào jì shī 약제사가 되려고 한다 |

| 폐할 폐
베이 fèi | 废 廢 | 废物(廢物) fèi wù 쓸모없는 놈, 무능력자
废除(廢除) fèi chú (법령, 제도 따위를) 폐지하다
废寝忘食(廢寢忘食) fèi qǐn wàng shí 어떤 일에 전심전력하다
废话少说 fèi huà shǎo shuō 쓸데없는 말을 적게 하다 |

| 물문 갑
자 zhá | 闸 閘 | 闸门(閘門) zhá mén 물문
水闸(水閘) shuǐ zhá 수문
捏手闸(捏手閘) niē shǒu zhá 핸드 브레이크를 걸다
你说话好像开了闸似的 nǐ shuō huà hǎo xiàng kāi le zhá shì de 당신 말하는 것이 마치 갑문을 연 것처럼 청산유수네요 |

| 나라이름 정
쩡 zhèng | 郑 鄭 | 郑重(鄭重) zhèng zhòng 정중하다, 신중하다
郑(鄭) zhèng 정나라(주대의 제후국, 허난성 신정현 일대에 있었음)
事态郑重(事態鄭重) shì tài zhèng zhòng 사태가 매우 심각하다
郑重声明如下 zhèng zhòng shēng míng rú xià 신중하게 아래와 같이 성명을 발표한다 |

| 시끄러울 뇨
나오 nào | 闹 鬧 | 闹翻(鬧潼) nào fān 사이가 벌어지다, 소란을 피우다
闹情绪(鬧情緒) nào qíng xù (뜻대로 되지 않아) 우울해지다
闹死闹活(鬧死鬧活) nào sǐ nào huó 죽느니 사느니 하며 큰 소동을 벌이다
不要(打)闹了 bù yào (dǎ) nào le 장난치지 말라, 떼를 쓰지 말라 |

| 말 권
쥐안 juǎn | 卷 捲 | 卷发(捲發) juǎn fà 고수머리
卷烟(捲煙) juǎn yān 종이로 말아놓은 담배
卷土重来(捲土重來) juǎn tǔ chóng lái 실패 후 재기를 다짐하다
把纸卷起来 bǎ zhǐ juǎn qǐ lái 종이를 (동그랗게) 말아라 |

| 홀 단
단 dān | 单 單 | 单人(單人) dān rén 한 사람, 혼자
单思(單思) dān sī 짝사랑(하다)
单枪匹马(單槍匹馬) dān qiāng pǐ mǎ 남의 도움을 받지 않고 독립적으로 해낸다는 뜻
我一人单独去 wǒ yī rén dān dú qù 나 혼자 독자적으로 간다 |

出境卡 chū jìng kǎ 출국 카드   入境卡 rù jìng kǎ 입국 카드

8획

빨갈 **위** 웨이 wěi	炜 煒	炜然(煒然) wěi rán 눈빛이 날카로운 모양 炜哗(煒嘩) wěi huá 왕성한 모양 炜管(煒管) wěi guǎn 빨간 붓대
데칠 **창** 챵 qiàng	炝 熗	炝芹菜(熗芹菜) qiàng qín cài 미나리를 데쳐서 무치다 炝蛤蜊(熗蛤蜊) qiàng gé lí 동죽조개, 무명조개를 데쳐서 무치다 炝白菜好吃 qiàng bái cài hǎo chī 배추를 데쳐서 무쳐 먹으면 맛이 좋다
화로 **로** 루 lú	炉 爐	炉子(爐子) lú zi 난로, 용광로, 아궁이 따위의 총칭 炉灰(爐灰) lú huī 타고 남은 재 炉火纯青(爐火純青) lú huǒ chún qīng (학문, 기술 따위가) 최고 수준에 이름 烧锅炉 shāo guō lú 증기 보일러를 가동시키다
얕을 **천** 챈 qiǎn	浅 淺	浅色(淺色) qiǎn sè 연한 색 水浅(水淺) shuǐ qiǎn 물이 얕다 浅而易见(淺而易見) qiǎn ér yì jiàn 평이하여 알기 쉽다 浅水也要当深水过 qiǎn shuǐ yě yào dāng shēn shuǐ guò 얕은 물도 깊다고 생각하며 건너다
비올 **롱** 룽 lóng	泷 瀧	泷船(瀧船) lóng chuán 급류를 헤쳐 나가는 배, 쾌속선 泷夫(瀧夫) lóng fū 수영을 잘 하는 사람 泷泷(瀧瀧) lóng lóng 콸콸, 졸졸(물 흐르는 소리), 주룩주룩 泷船前头万木春 lóng chuán qián tóu wàn mù chūn 급류를 헤쳐 가는 배 앞엔 초목이 소생하는 봄이다(고생 끝에 보람이 있다는 뜻)
강이름 **로** 루 lú	泸 瀘	泸水(瀘水) lú shuǐ 노수(장강 상류의 금사강, 노강)
강이름 **락** 뤄 luò	泺 濼	泺水(濼水) luò shuǐ 낙수(산동성에 있는 강)

护照 hù zhào 여권　　*签证* qiān zhèng 비자　　*护照检查* hù zhào jiǎn chá 여권 심사

8획

| 진창 녕
닝 nìng | 泞 濘 | 泥泞(泥濘) ní nìng 진흙탕
泞滞(濘滯) nìng zhì 진창이어서 걷기 힘들다
泞滞不前(濘滯不前) nìng zhì bù qián 진창에서 뭉개다
雨后路泞 yǔ hòu lù nìng 비가 온 뒤 길이 질척하다 |

| 쏟을 사
셰 xiè | 泻 瀉 | 泻肚(瀉肚) xiè dù 설사하다
泻吐(瀉吐) xiè tù 설사하고 토하다
上吐下泻(上吐下瀉) shàng tù xià xiè 위로 토하고 아래로 설사하다
一夜泻肚, 全身疲软 yī yè xiè dù, quán shēn pí ruǎn 밤새 설사하고 나니 온몸이 나른해진다 |

| 뿌릴 발
퍼 pō | 泼 潑 | 泼水(潑水) pō shuǐ 물을 뿌리다
泼妇(潑婦) pō fù 무지막지한 여자, 기가 센 여자
泼冷水(潑冷水) pō lěng shuǐ 찬물을 끼얹다(흥이 깨졌음을 뜻함)
泼妇骂街 pō fù mà jiē 무지막지한 여자가 길가에서 마구 욕하다 |

| 못 택
저 zé | 泽 澤 | 泽国(澤國) zé guó 호수나 늪이 많은 나라
恩泽(恩澤) ēn zé 은혜와 덕택
泽及枯骨(澤及枯骨) zé jí kū gǔ 은택이 죽은 사람에게까지 미치다
这简直是竭泽而渔 zhè jiǎn zhí shì jié zé ér yú 이야말로 못의 물을 퍼내고 고기를 잡는 짓이다(미련하게 일하는 것을 뜻함) |

| 통할 경
징 jīng | 泾 涇 | 泾河(涇河) jīng hé 경하(중국 깐쑤성에서 싼시성으로 흐르는 강)
泾渭(涇渭) jīng wèi 경수와 위수(싼시성에 있는 강들로, 위수는 혼탁하고 경수는 맑음)
他处事一向泾渭分明 tā chǔ shì yī xiàng jīng wèi fēn míng 그의 처사는 줄곧 시비나 한계가 분명하다 |

| 불쌍히여길 련
랜 lián | 怜 憐 | 怜心(憐心) lián xīn 동정심
怜爱(憐愛) lián ài 어여삐 여기다
同病相怜(同病相憐) tóng bìng xiāng lián 같은 병을 앓는 사람끼리 서로 가엾게 여기다
那个人真可怜 nà ge rén zhēn kě lián 그는 참으로 가련하다 |

| 고집셀 추
저우 zhòu | 㤘 㥮 | 㤘搜(㥮搜) zhòu sōu 완고하다, 고집스럽다
我爷性情㤘搜,奈何不得 wǒ yé xìng qíng zhòu sōu, nài hé bù dé 저희 할아버지의 성격은 고집스러워 어찌하지 못한답니다 |

出入境管理处 chū rù jìng guǎn lǐ chù 출입국 관리처

8획

| 기뻐할 역
이 yì | 怿 懌 | 怿悦(懌悅) yì yuè 기뻐하다
怿怀(懌懷) yì huái 마음을 기쁘게 하다
闻之不怿(聞之不懌) wén zhī bù yì 들으니 기분이 좋지 않다
他禁不住内心怿悦 tā jīn bù zhù nèi xīn yì yuè 그는 마음속의 기쁨을 참을 수 없었다 |

| 돌산 학
쉐 xué | 峃 嶨 | 峃口(嶨口) xué kǒu 학구(저쟝성 문성현 남쪽에 있는 도시) |

| 배울 학
쉐 xué | 学 學 | 学生(學生) xué shēng 학생
学习(學習) xué xí 공부(하다)
学而不厌(學而不厭) xué ér bù yàn 배움에 싫증내지 않다
到中国去留学 dào zhōng guó qù liú xué 중국에 유학하다 |

| 보배 보
바오 bǎo | 宝 寶 | 宝贝(寶貝) bǎo bèi 보배, 귀여운 아이
宝贵(寶貴) bǎo guì 귀중하다
宝石(寶石) bǎo shí 보석
不要浪费宝贵时间 bù yào làng fèi bǎo guì shí jiān 귀중한 시간을 허비하지 말라 |

| 괼 총
충 chǒng | 宠 寵 | 宠爱(寵愛) chǒng ài 남달리 귀엽게 여기고 사랑함
宠坏(寵壞) chǒng huài 지나치게 사랑하며 버릇없게 만들다
宠辱皆忘(寵辱皆忘) chǒng rǔ jiē wàng 영욕을 모두 잊다
不要把孩子宠坏了 bù yào bǎ hái zi chǒng huài le 아이를 편애해서 버릇없게 만들지 말라 |

| 살필 심
선 shěn | 审 審 | 审查(審查) shěn chá 심사, 심의(하다)
审稿(審稿) shěn gǎo 원고를 심사하다
审时度势(審時度勢) shěn shí duó shì 시기와 형세를 판단(하다)
审议协议书 shěn yì xié yì shū 협의서를 심의하다 |

| 발 렴
랜 lián | 帘 簾 | 帘子(簾子) lián zi 발, 커튼
门帘(儿)(門簾(兒)) mén lián(r) 문발
垂帘听政(垂簾聽政) chuí lián tīng zhèng 수렴청정하다
打开窗帘(儿) dǎ kāi chuāng lián(r) 창문 커튼을 열다 |

海关 hǎi guān 세관   报关单儿 bào guān dānr 세관 신고서   海关检查 hǎi guān jiǎn chá 세관검사

8획

열매 실 实 實 shí
- 实用(實用) shí yòng 사용하다, 실제로 소용이 됨
- 果实(果實) guǒ shí 수확, 열매
- 实话实说(實話實說) shí huà shí shuō 진실을 말하다
- 实事求是地指出毛病 shí shì qíu shì de zhǐ chū máo bìng 실사구시적인 태도로 결함을 지적하다

속일 광 诓 誆 kuāng
- 诓哄(誆哄) kuāng hǒng 속이다
- 诓骗(誆騙) kuāng piàn (거짓말로) 속이다
- 诓诈(誆詐) kuāng zhà 거짓말로 속임
- 这些话只能诓哄小孩 zhè xiē huà zhǐ néng kuāng hǒng xiǎo hái 이런 말에 속을 사람은 어린애밖에 없다

뇌사 뢰 诔 誄 lěi
- 诔文(誄文) lěi wén 뇌문(옛날, 죽은 사람의 사적을 저술하여 애도를 표시하는 글)
- 诔赞(誄贊) lěi zàn 뇌찬(추도문, 죽은 이의 생전의 사적을 기술하고 그 덕행을 찬양한 글)

시험할 시 试 試 shì
- 试衣(試衣) shì yī (옷을 살 때) 입어 보다
- 以身试法(以身試法) yǐ shēn shì fǎ 위험을 무릅쓰고 법을 어기다
- 在北京王府井市场试销自产品 zài běi jīng wáng fǔ jīng shì chǎng shì xiāo zì chǎn pǐn 베이징 왕부징 시장에서 자사 제품 시험판매를 하다

그르칠 괘 诖 詿 guà
- 诖误(詿誤) guà wù (남의 죄에 연루되어) 처벌받거나 손해를 입다
- 诖乱(詿亂) guà luàn 사람을 속여서 어지럽히다
- 诖乱天下(詿亂天下) guà luàn tiān xià 사람을 속이고 기만하여 세상을 어지럽히다
- 诖误大事 guà wù dà shì 큰 일을 망치다

물을 힐 诘 詰 jié
- 诘问(詰問) jié wèn 따져 묻다
- 反诘(反詰) fǎn jié 반문하다
- 诘其缘故(詰其緣故) jié qí yuán gù 그 원인을 따져 묻다
- 诘问他为什么迟到 jié wèn tā wéi shén me chí dào 그에게 무엇 때문에 늦었느냐고 힐문하다

시 시 诗 詩 shī
- 诗人(詩人) shī rén 시를 쓰는 사람
- 古诗(古詩) gǔ shī 옛시
- 诗情画意(詩情畫意) shī qíng huà yì 시적인 정취와 그림 같은 경치(풍경 따위가 시나 그림처럼 아름답다는 뜻)
- 他作的诗很有激情 tā zuò de shī hěn yǒu jī qíng 그의 시는 매우 격정적이다

免税 miǎn shuì 면세　　检疫 jiǎn yì 검역

8획

조롱할 회 후이 huī	诙 詼	诙浑(詼諢) huī hùn 익살을 떨다 诙俳(詼俳) huī pái 농담, 해학, 익살 诙谑(詼謔) huī xuè 농을 하다, 익살 떨다 诙谐之谈, 别见怪 huī xié zhī tán, bié jiàn guài 익살떠는 말이니 개의치 말아요
정성 성 청 chéng	诚 誠	诚意(誠意) chéng yì 진심 诚恳(誠懇) chéng kěn 성실하다, 간절하다 诚心诚意(誠心誠意) chéng xīn chéng yì 마음과 뜻을 다함 诚有此事 chéng yǒu cǐ shì 확실히 이런 일이 있었다
고을이름 운 윈 yùn	郓 鄆	郓邑(鄆邑) yùn yì 운읍(춘추시대 노나라의 읍) 郓城(鄆城) yùn chéng 운성(중국 산동성에 있는 도시)
속옷 친 천 chèn	衬 襯	衬衣(襯衣) chèn yī 속옷, 셔츠 衬衫料子(襯衫料子) chèn shān liào zi 옥양목, 와이셔츠 등에 사용되는 면직물(중국 남부 지방의 방언) 白雪衬着红梅, 景色十分美丽 bái xuě chèn zhe hóng méi, jǐng sè shí fēn měi lì 흰 눈이 붉은 매화에 어울리니 경치가 정말로 아름답다
아름다울 의 이 yī	祎 禕	祎祎(禕禕) yī yī 아름답다(주로 인명에 많이 쓰임)
볼 시 스 shì	视 視	视野(視野) shì yě 보이는 범위 重视(重視) zhòng shì 중요하게 여기다 视而不见(視而不見) shì ér bù jiàn 보고도 못 본 척하다 要重视这件事(儿) yào zhòng shì zhè jiàn shì(r) 이 일을 중시해야 한다
벨 주 주 zhū	诛 誅	诛灭(誅滅) zhū miè 죽여 없애다 诛锄(誅鋤) zhū chú 초목을 뿌리째 없애 버리다 罪不容诛(罪不容誅) zuì bù róng zhū 죽여도 시원치 않다 违反规律要天诛地灭 wéi fǎn guī lǜ yào tiān zhū dì miè 규율을 어기면 천벌을 받기 마련이다

行李 xíng li 짐   行李寄存处 xíng li jì cún chù 짐 보관처   行李牌儿 xíng li páir 짐표

8획

말할 화 화 huà	话 話	话题(話題) huà tí 이야깃거리 话里有话(話里有話) huà lǐ yǒu huà 말 속에 말이 있다 酒逢知己千杯少, 话不投机半杯多 jiǔ féng zhī jǐ qiān bēi shǎo, huà bù tóu jī bàn bēi duō 술은 지기를 만나 마시면 천 잔도 많은 게 아니지만 말뜻이 통하지 않으면 반 잔도 마시기 어렵다
태어날 탄 딴 dàn	诞 誕	诞生(誕生) dàn shēng 태어남 圣诞节(聖誕節) shèng dàn jié 크리스마스 荒诞无稽(荒誕無稽) huāng dàn wú jī 말이 허황하여 믿을 수 없다 祝圣诞节快乐 zhù shèng dàn jié kuài lè 유쾌한 크리스마스가 되기를 기원합니다
꾸짖을 후 꺼우 gòu	诟 詬	诟辱(詬辱) gòu rǔ 창피를 주다 诟怒(詬怒) gòu nù 성내어 꾸짖다 含诟忍辱(含詬忍辱) hán gòu rěn rǔ 치욕을 참고 견디다 当众诟骂 dāng zhòng gòu mà 대중 앞에서 공개적으로 꾸짖다
설명할 전 취안 quán	诠 詮	诠释(詮釋) quán shì 설명(하다), 해석(하다) 诠次(詮次) quán cì 차례를 정하다, 순서, 짜임새 辞无诠次(辭無詮次) cí wú quán cì 말에 조리가 없다 诠释其人生哲学 quán shì qí rén shēng zhé xué 그의 인생철학을 설명하다
속일 궤 구이 guǐ	诡 詭	诡计(詭計) guǐ jì 간사한 꾀, 모략 诡病(詭病) guǐ bìng 폐단, 협잡, 계략 诡计多端(詭計多端) guǐ jì duō duān 궤계가 다양하다 你别诡辩 nǐ bié guǐ biàn 너, 궤변 부리지 말아
물을 순 쉰 xún	询 詢	询问(詢問) xún wèn 질문하다, 알아보다 询查(詢查) xún chá 물어서 조사하다 询事考言(詢事考言) xún shì kǎo yán 지난 언행을 알아보고 검열하다 查询货价 chá xún huò jià 물건 값을 물어보다
이를 예 이 yì	诣 詣	诣谒(詣謁) yì yè 방문하다 诣阙(詣闕) yì què 예궐하다, 입궐하다 诣师问学(詣師問學) yì shī wèn xué 스승을 찾아 학문을 배우다 诣谢先辈 yì xiè xiān bèi 선배님을 찾아가 인사를 올리다

随身行李 suí shēn xíng li 수하물   手推车 shǒu tuī chē 밀차

8획

한자	간체	번체	예시
간할 쟁 / 다툴 정 정 zhèng	诤	諍	诤友(諍友) zhèng yǒu 잘못을 솔직하게 충고해 주는 친구 诤议(諍議) zhèng yì 논쟁하다 诤臣命短(諍臣命短) zhèng chén mìng duǎn 직언하는 신하는 벼슬자리를 오래 유지하지 못한다 诤友难找 zhèng yǒu nán zhǎo 진정으로 충고해 주는 친구는 얻기 힘들다
그 해 까이 gāi	该	該	该班(儿)(該班(兒)) gāi bān(r) 당직하다 该着(該着) gāi zhe 빚지다, …할 차례가 되다, 당연하다 该当何罪?(該當何罪) gāi dāng hé zuì 무슨 죄에 해당하는가? 我应不应该去? wǒ yīng bù yīng gāi qù? 내가 응당 가야 하는가, 아니면 가지 말아야 하는가?
자세할 상 샹 xiáng	详	詳	详细(詳細) xiáng xì 자세하다 详情(詳情) xiáng qíng 자세한 사정 详谈细讲(詳談細講) xiáng tán xì jiǎng 자세히 이야기하다 详叙内情 xiáng xù nèi qíng 속사정을 자세하게 설명하다
자랑할 타 챠 chà	诧	詫	诧异(詫異) chà yì 의아하게 여기다, 깜짝 놀라다 诧绝(詫絶) chà jué 매우 괴이하여 추측할 수가 없다 诧为奇事(詫爲奇事) chà wéi qí shì 기이한 일로 놀라워하다 大家都十分诧异 dà jiā dōu shí fēn chà yì 여러 사람 모두 깜짝 놀라다
농담할 원 훈 hùn	诨	諢	诨名(諢名) hùn míng 별명 诨衣(諢衣) hùn yī 음란한 말을 낙서한 옷 插科打诨(插科打諢) chā kē dǎ hùn 익살, 유머로 남을 웃기다 你别打诨 nǐ bié dǎ hùn 너, 농담 하지 말아라
자랑할 후 쉬 xǔ	诩	詡	诩诩(詡詡) xǔ xǔ 날개 치는 소리, 뽐내다 自诩(自詡) zì xǔ 자기 스스로 뽐내다 自诩有能(自詡有能) zì xǔ yǒu néng 스스로 유능하다고 뽐내다 他自诩为老大 tā zì xǔ wéi lǎo dà 그는 스스로 자기가 우두머리라고 우쭐댔다
엄숙할 숙 쑤 sù	肃	肅	肃静(肅靜) sù jìng 정숙하다, 조용하다 肃立(肅立) sù lì 경건하게 서다 肃然起敬(肅然起敬) sù rán qǐ jìng 경건한 마음으로 존경을 표시하다 气氛严肃 qì fēn yán sù 분위기가 엄숙하다

安全带 ān quán dài 안전벨트   救生衣 jiù shēng yī 구명조끼

8획

훈음	간체	번체	예문
붙을 례 리 lì	隶	隸	奴隶(奴隸) nú lì 종 隶书(隸書) lì shū 예서(한자 서체의 하나) 隶属关系(隸屬關系) lì shǔ guān xi 종속된 관계 我们隶属于中小企业中央委员会 wǒ mén lì shǔ yú zhōng xiǎo qǐ yè zhōng yāng wěi yuán huì 우리는 중소기업중앙위원회에 종속되었다
기록할 록 루 lù	录	錄	记录(記錄) jì lù 남길 필요가 있는 일을 적음 录像带(錄像帶) lù xiàng dài 녹화 테이프 登录(登錄) dēng lù 문서에 올림 看录像 kàn lù xiàng 녹화(테이프)를 보다
두루 미 미 mí	弥	彌	弥补(彌補) mí bǔ (결점, 결손 따위를) 메우다 弥深(彌深) mí shēn 더욱 깊다 弥天大谎(彌天大謊) mí tiān dà huǎng 새빨간 거짓말 弥补缺陷 mí bǔ quē xiàn 결함을 보완하다
고을이름 섬 산 shǎn	陕	陝	陕西(陝西) shǎn xī 산시성(중국 행정구역 명칭) 陕县(陝縣) shǎn xiàn 산현(중국 허난성에 있는 현) 陕北三宝(陝北三寶) shǎn běi sān bǎo 산베이 삼보(양모,식염, 감) 陕北延安是中国老革命根据地 shǎn běi yán ān shì zhōng guó lǎo gé mìng gēn jù dì 산베이 앤안은 중국의 옛 혁명근거지이다
둔할 노 누 nú	驽	駑	驽才(駑才) nú cái 미련한 인간 驽马(駑馬) nú mǎ 걸음이 느린 말, 둔한 말 驽骀竭力(駑駘竭力) nú tái jié lì 노마처럼 최선을 다하다 驽马千里,功在不舍 nú mǎ qiān lǐ, gōng zài bù shě 노마가 천 리를 갈 수 있는 것은 쉬지 않고 부지런하기 때문이다
멍에 가 쟈 jià	驾	駕	驾驶(駕駛) jià shǐ 운전하다, 조종하다 驾临(駕臨) jià lín 왕림 驾轻就熟(駕輕就熟) jià qīng jiù shú 가벼운 차를 몰고 익숙한 길을 가다(좋은 도구로 익숙한 일을 한다는 뜻) 劳驾,请让路! láo jià, qǐng ràng lù! 죄송해요, 길을 좀 비켜주세요!
간여할 참 층날 참 찬 cān 천 cēn	参	參	参观(參觀) cān guān 견학(하다) 参加(參加) cān jiā 참여하다, 참가(하다) 参差不齐(參差不齊) cēn cī bù qí 일치하지 않다, 고르지 않다 我也参与你们的活动 wǒ yě cān yù nǐ mén de huó dòng 나도 당신들의 활동에 가담하겠습니다

清洁袋儿 qīng jié dàir 위생봉지 厕所 cè suǒ 화장실

8획

| 어려울 간 잰 jiān | 艰 艱 | 艰难(艱難) jiān nán 곤란하다, 어렵다
艰苦(艱苦) jiān kǔ 고달프다, 힘들고 어렵다
艰苦卓绝(艱苦卓絶) jiān kǔ zhuó jué 지극히 힘들고 어렵다
熬着艰难岁月 áo zhe jiān nán suì yuè 어려운 세월을 참아내고 있다 |

| 실 선 샌 xiàn | 线 線 | 毛线(毛線) máo xiàn 털실
电线(電線) diàn xiàn 전기줄
穿针引线(穿針引線) chuān zhēn yǐn xiàn 연줄을 달아주다
确定这次旅游路线 què dìng zhè cì lǚ yóu lù xiàn 이번의 유람 코스를 결정하다 |

| 감색 감 간 gàn | 绀 紺 | 绀青(紺青) gàn qīng 짙고 산뜻한 남색
绀宇(紺宇) gàn yǔ 절, 불사, 귀인의 저택
绀碧(紺碧) gàn bì 짙은 검푸른 빛
偶得绀珠特别高兴 ǒu dé gàn zhū tè bié gāo xìng 우연히 감색 구슬을 얻게 되어 특별히 기쁘다 |

| 고삐 설 셰 xiè | 绁 紲 | 缧绁(縲紲) léi xiè 포승(옛날 죄인을 묶는 새끼줄)
绁袢(紲袢) xiè pàn 더울 때 입는 속옷, 땀받이
绁牛(紲牛) xiè niú 소를 매다
身在缧绁之中 shēn zài léi xiè zhī zhōng 감옥에 갇혀 있다 |

| 인끈 불 부 fú | 绂 紱 | 绂冕(紱冕) fú miǎn 인수(印綬)와 관(冠)(고관의 지위를 이름)
印绂(印紱) yìn fú 옛날 관저의 인감이 달려있는 비단띠 |

| 익힐 련 랜 liàn | 练 練 | 练习(練習) liàn xí 익히다, 훈련
练工(練工) liàn gōng (기술을) 연마하다, 단련하다
练达世事(練達世事) liàn dá shì shì 세상사에 통달하다
训练基本功 xùn liàn jī běn gōng 기본지식과 기능을 익히다 |

| 끈 조 주 zǔ | 组 組 | 组织(組織) zǔ zhī 구성(하다)
小组(小組) xiǎo zǔ 소조(사회주의 국가의 작은 조직단위)
组训民众(組訓民衆) zǔ xùn mín zhòng 민중을 조직하여 훈련하다
组织参观团 zǔ zhī cān guān tuán 참관단을 조직하다 |

公共汽车 gōng gòng qì chē 공공버스　　长途汽车 cháng tú qì chē 장거리버스

8획

큰띠 신 션 shēn	绅	紳	绅带(紳帶) shēn dài 문관이 행사의식 때 착용하던 띠 绅士(紳士) shēn shì 시골에 있는 벼슬아치 绅宦(紳宦) shēn huàn 퇴직 관리 他有绅士风度 tā yǒu shēn shì fēng dù 그의 몸에서 신사다운 풍모가 보인다
실마리 주 저우 zhòu	绌	紬	绌绎(紬繹) zhòu yì 실마리를 찾아내다 绌绩(紬績) zhòu jì 실을 지어내다 绌次(紬次) zhòu cì 뽑아내어 차례를 붙이다 重在绌绎 zhòng zài zhòu yì (문제의) 실마리를 찾아내는 데 중점을 두다
가늘 세 시 xì	细	細	细心(細心) xì xīn 주의 깊다 细弱(細弱) xì ruò 가냘프다, 연약하다 细枝末节(細枝末節) xì zhī mò jié 자질구레한 일, 하찮은 일 细心观察 xì xīn guān chá 세심하게 관찰하다
준마 장 짱 zǎng	驵	駔	驵侩(駔儈) zǎng kuài 중개인 驵头(駔頭) zǎng tóu 행동이 몹시 거친 사람, 건달 乘驵而至(乘駔而至) chéng zǎng ér zhì 준마를 타고 오다 这个驵头三句话就翻脸 zhè ge zǎng tóu sān jù huà jiù fān liǎn 이 건달은 세 마디의 말에 곧바로 화를 낸다
달릴 사 스 shǐ	驶	駛	驶船(駛船) shǐ chuán 배를 젓다 驶回(駛回) shǐ huí 서둘러 돌아오다 急流奔驶(急流奔駛) jí liú bēn shǐ 급류가 거세게 치달리다 驾驶汽车 jià shǐ qì chē 차를 운전하다
곁마 부 부 fù	驸	駙	驸马(駙馬) fù mǎ 부마(왕의 사위를 부르는 호칭) 古时候当驸马是个人们垂涎三尺的官职 gǔ shí hòu dāng fù mǎ shì ge rén mén chuí xián sān chǐ de guān zhí 옛날에 부마 자리는 사람들이 침을 석 자씩 흘리며 탐내는 좋은 관직이었다
사마 사 쓰 sì	驷	駟	驷马(駟馬) sì mǎ 한 수레를 끄는 네 필의 말 良驷(良駟) liáng sì 좋은 말 驷马难追(駟馬難追) sì mǎ nán zhuī 사두마차도 따라잡지 못한다 (한 번 말한 것은 수습하지 못 한다는 뜻) 君子一言出口,驷马难追 jūn zi yī yán chū kǒu, sì mǎ nán zhuī 군자가 한 번 말하면 수습하기 어렵다는 뜻

出租车 chū zū chē 택시　　面的 miàn dī 승합택시

8획

망아지 구 / 쥐 jū — 驹 駒
- 驹子(駒子) jū zi 망아지, 새끼 당나귀
- 驹光(駒光) jū guāng 광음, 세월
- 白驹过隙(白駒過隙) bái jū guò xì 흰 망아지가 틈 사이를 달려 지나듯 시간이 빨리 지나감을 형용한 말
- 人生犹如白驹过隙 rén shēng yóu rú bái jū guò xì 인생은 마치 흰 망아지가 틈새를 지나듯 덧없이 지나간다

마부 추 / 쩌우 zōu — 驺 騶
- 驺奴(騶奴) zōu nú 종
- 驺御(騶御) zōu yù 마부
- 驺唱(騶唱) zōu chàng 길을 비키라고 외쳐대다
- 驺唱而入宫门 zōu chàng ér rù gōng mén 길을 비키라고 외치며 궁문으로 들어오다

머무를 주 / 쭈 zhù — 驻 駐
- 驻军(駐軍) zhù jūn 군대를 주둔시킴 또는 그 부대
- 驻在国(駐在國) zhù zài guó 주재하는 나라
- 敌驻我挠(敵駐我撓) dí zhù wǒ rǎo 적이 정지하면 우리는 교란한다(쉴새없이 공격한다는 뜻)
- 与驻在国大使馆取得联系 yú zhù zài guó dà shǐ guǎn qǔ dé lián xì 주재국 대사관과 연계를 갖다

낙타 타 / 퉈 tuó — 驼 駝
- 骆驼(駱駝) luò tuó 낙타
- 驼背(駝背) tuó bèi 곱사등이
- 熊掌, 驼峰皆佳肴 xióng zhǎng, tuó fēng jiē jiā yáo 곰 발바닥과 낙타의 혹은 모두 맛있고 좋은 안주이다
- 爷爷的背已都驼了 yé yé de bèi yǐ dōu tuó le 할아버지의 등은 벌써 꼬부라졌다

역참 역 / 이 yì — 驿 驛
- 驿使(驛使) yì shǐ (옛날의) 우편배달부
- 驿马星照命(驛馬星照命) yì mǎ xīng zhào mìng 역마살이 끼어 항상 여행하는 운명이다
- 古人出门, 一般在驿馆投宿 gǔ rén chū mén, yī bān zài yì guǎn tóu sù 옛날 사람들은 집을 나서면 보통 역관에 행장을 풀고 쉬어 간다

둔마 태 / 타이 tái — 骀 駘
- 驽骀(駑駘) nú tái 노둔한 말(둔하고 재주가 없는 사람을 뜻함)
- 骀荡(駘蕩) tái dàng 흩어져 정리되지 않은 모양
- 驽骀也行千里路 nú tái yě xíng qiān lǐ lù 노둔한 말도 천리길을 간다(끈질긴 노력을 뜻함)

끝날 종 / 중 zhōng — 终 終
- 终点(終點) zhōng diǎn 종착점, 결승점
- 终日(終日) zhōng rì 하루 종일
- 终身大事(終身大事) zhōng shēn dà shì 일생의 큰일(결혼 등)
- 饱食终日, 无所用心 bǎo shí zhōng rī, wú suǒ yòng xīn 하루 종일 배불리 먹기만 하고 아무 일도 하지 않는다

火车 huǒ chē 열차　　自行车 zì xíng chē 자전거　　摩托车 mó tuō chē 오토바이

8획

짤 직 즈 zhī	织 織	织布(織布) zhī bù 천을 짜다 织毛线针(織毛線針) zhī máo xiàn zhēn 대바늘, 뜨개(질) 바늘 来往如织(來往如織) lái wǎng rú zhī 꼬리를 물고 오가다 织毛衣 zhī máo yī 털실 옷을 뜨개질하여 만들다
주름질 추 쩌우 zhòu	绉 縐	绉子(縐子) zhòu zi 주름, 구김살, 접은 자국 绉布(縐布) zhòu bù 오글쪼글한 주름이 있는 면직물 绉子满目(縐子滿目) zhòu zi mǎn mù 얼굴이 주름살투성이이다 脸上绉子说明其身世 liǎn shàng zhòu zi shuō míng qí shēn shì 얼굴의 주름살이 그의 경력을 말해 준다
줄 반 빤 bàn	绊 絆	绊子(絆子) bàn zi 올가미, 고삐 绊脚石(絆脚石) bàn jiǎo shí 방해물, 장애물 绊手绊脚(絆手絆脚) bàn shǒu bàn jiǎo 거추장스럽다 小心绊倒 xiǎo xīn bàn dǎo 걸려 넘어지지 않도록 조심하다
상여줄 불 부 fú	绋 紼	执绋(執紼) zhí fú 불을 잡다(장송한다는 말) 绋讴(紼謳) fú ōu 상여를 메고 갈 때 부르는 노래 绋缅(紼纚) fú lí 관을 묻을 때 쓰는 동아줄 绋讴凄凉 fú ōu qī liáng 장송곡이 처량히 들려 오다
물리칠 출 추 chù	绌 絀	绌臣(絀臣) chù chén 쫓겨난 신하 短绌(短絀) duǎn chù 부족하다 相形见绌(相形見絀) xiāng xíng jiàn chù 서로 비교하니 부족함이 드러나다 财源支绌 cái yuán zhī chù 재원이 고갈나다
이을 소 사오 shào	绍 紹	绍位(紹位) shào wèi 지위를 잇다, 계승하다 绍继(紹繼) shào jì 계승하다 介绍(介紹) jiè shào 소개하다 绍其传统 shào qí chuán tǒng 그의 전통을 이어 받다
풀어낼 역 이 yì	绎 繹	绎味(繹味) yì wèi 의미를 탐구하다 绎续(繹續) yì xù 끊임없이 계속되다 络绎不绝(絡繹不絕) luò yì bù jué 그치지 않고 이어지다 清明节, 前来扫墓的人络绎不绝 qīng míng jié, qián lái sǎo mù de rén luò yì bù jué 청명절, 성묘객이 꼬리를 물고 이어지다

地铁 dì tiě 지하철　　飞机 fēi jī 비행기　　船 chuán 배　　卡车 kǎ chē 트럭

날 **경** 징 jīng	经 經	经济(經濟) jīng jì 살림살이 经验(經驗) jīng yàn 겪다, 체험하다 不经之谈(不經之談) bù jīng zhī tán 황당무계한 말 发展经济 fā zhǎn jīng jì 경제를 발전시키다
속일 **태** 따이 dài	给 給	东越即绐吴王(東越即給吳王) dōng yuè jì dài wú wáng 중국 춘추시대에 동월나라는 오나라 왕을 속여 넘겼다(춘추시대에 오·월 두 나라간의 끊임없는 싸움에서 나온 이야기)
꿸 **관** 꽌 guàn	贯 貫	贯彻(貫徹) guàn chè (정책, 정신, 방법 따위를) 관철하다 贯注(貫注) guàn zhù (정신, 주의력을) 집중하다 如雷贯耳(如雷貫耳) rú léi guàn ěr 명성이 자자하다 坚决贯彻上级意图 jiān jué guàn chè shàng jí yì tú 웃사람의 의도를 단호히 관철하다
두 **이** 얼 èr	贰 貳	贰心(貳心) èr xīn 두 마음, 딴마음 贰言(貳言) èr yán 딴말, 했던 말에 반대되는 말 贰臣(貳臣) èr chén 두 임금을 섬기는 신하 不可有贰心 bù kě yǒu èr xīn 딴마음을 가져서는 안 된다
도울 **방** 빵 bāng	帮 幫	帮助(幫助) bāng zhù 돕다, 보좌(하다) 帮上(幫上) bāng shàng (천을) 잇대다, 덧붙이다 互帮互学(互幫互學) hù bāng hù xué 서로 돕고 배우다 帮忙要帮到底 bāng máng yào bāng dào dǐ 일을 도우려면 끝까지 도와야 한다
옥소리 **롱** 룽 lóng	珑 瓏	珑璁(瓏璁) lóng cōng 쨍그랑, 쩽쩽(금속이 부딪치는 소리) 玲珑(玲瓏) líng lóng 눈부시게 찬란함 八面玲珑 bā miàn líng lóng 처세술이 능하다, 팔방미인 那个人八面玲珑, 会来事(儿) nà ge rén bā miàn líng lóng, huì lái shì (r) 그 사람은 처세술에 능하여 변장술도 많다
얼굴클 **한** 한 hān	预 預	预实(預實) hān shí 소박하고 진실하다 树预(樹預) shù hān 나무가 굵다 他的心眼儿预实 tā de xīn yǎnr hān shí 그는 마음씨가 소박하고 진실하다

租车 zū chē 렌트카　　班车 bān chē 통근차　　货车 huò chē 화물차　　消防车 xiāo fáng chē 소방차

9획

폐슬 불
부 fú
韨 韨
韨冕(韨冕) fú miǎn 슬갑(추위를 막기 위해 무릎까지 내려오는 옷)과 면류관
韨佩(韨佩) fú pèi 슬갑과 패옥(조복 좌우에 늘여 차는 옥)
着韨磕头 zhuó fú kè tóu 조복을 입고 이마를 땅에 조아리며 절하다

산길 아
야 yà
垭 埡
垭口(埡口) yà kǒu (길이 있는) 골짜기
马头垭(馬頭埡) mǎ tóu yà 마두아(후베이성에 있는 지명)
黄桷垭(黃桷埡) huáng jué yà 황각아(충칭시에 있는 지명)
在那垭口有条小路 zài nà yà kǒu yǒu tiáo xiǎo lù 그 골짜기 어구에 한 갈래의 오솔길이 있다

떠맡길 아
야 yà
挜 掗
挜(掗) yà 남에게 물건을 억지로 주다(팔다, 떠맡기다)
没有现金, 只好挜实物 méi yǒu xiàn jīn, zhī hǎo yà shí wù 현금이 없기에 물건을 억지로 떠맡길 수밖에 없다

칠 과
좌 zhuā
挝 撾
挝门(撾門) zhuā mén 문을 두드리다
挝鼓(撾鼓) zhuā gǔ 북을 치다
挝杀(撾殺) zhuā shā 때려서 죽이다
他们两人挝打起来了 tā mén liǎng rén zhuā dǎ qǐ lái le 그들 두 사람은 서로 치고 받으며 싸웠다

목 항
쌍 xiàng
项 項
项颈(項頸) xiàng jǐng 목
项目(項目) xiàng mù 사항
项背相望(項背相望) xiàng bèi xiāng wàng 앞뒤 사람이 마주 쳐다보다(사람의 왕래가 빈번함을 뜻함)
戴金项链 dài jīn xiàng liàn 금목걸이를 걸다

매질할 달
타 tà
挞 撻
挞斗(撻鬥) tà dǒu 탈곡기
鞭挞(鞭撻) biān tà 격려하다, 채찍질하다
大张挞伐(大張撻伐) dà zhāng tà fá 호되게 폭로하고 비판하다
这是一次对我的鞭挞 zhè shì yī cì duì wǒ de biān tà 이것은 나에 대한 한차례의 편달이다

낄 협
세 xié
挟 挾
挟带(挾帶) xié dài 몰래 휴대하다
挟恨(挾恨) xié hèn 원한을 품다
挟山超海(挾山超海) xié shān chāo hǎi 태산을 겨드랑이에 끼고 바다를 건너다(불가능한 일, 할 수 없는 일을 뜻함)
不能挟带禁物过关 bù néng xié dài jīn wù guò guān 금지하는 물건을 숨긴 채 통관하려고 해서는 안 된다

快车 kuài chē 급행열차   特快 tè kuài 특급열차   慢车 màn chē 완행열차

9획

| 어지러울 뇨
나오 náo | 挠 撓 | 挠心(撓心) náo xīn 마음을 어지럽히다, 괴롭히다
挠破(撓破) náo pò 긁어 생채기를 내다
心痒难挠(心痒難撓) xīn yǎng nán náo 마음의 가려움은 긁기 어렵다(안타까움을 어쩔 수 없다는 뜻)
真挠心 zhēn náo xīn 그야말로 마음이 괴롭다 |

| 나라 조
짜오 zhào | 赵 趙 | 赵(趙) zhào 조(산시성 북부와 중부에 있던 나라)
赵宋(趙宋) zhào sòng 조광윤이 건국한 송나라
完璧归赵 wán bì guī zhào 완벽한 옥을 조나라에 그대로 되돌려 주다(빌리거나 빼앗은 남의 물건을 손실없이 그대로 주인에게 되돌려 줌을 뜻함) |

| 꾸밀 비
클 분
비 bì
뻔 bēn | 贲 賁 | 贲然(賁然) bì rán 빛나다, 화려하다
贲鼓(賁鼓) bēn gǔ 큰 북
贲军之将(賁軍之將) bēn jūn zhī jiāng 싸움에 진 장수, 패장
今蒙贲临,甚为荣幸 jīn méng bì lín, shèn wéi róng xìng 오늘 왕림해 주셔서 매우 영광스럽습니다 |

| 막을 당
땅 dǎng | 挡 擋 | 挡住(擋住) dǎng zhù 저지하다
挡不住(擋不住) dǎng bù zhù 당해 내기 어렵다
挡风避雨(擋風避雨) dǎng fēng bì yǔ 바람을 막고 비를 피하다
你力气大,我挡不住 nǐ lì qì dà, wǒ dǎng bù zhù 당신 힘이 세기 때문에 내가 당해 내지 못하지요 |

| 시원한땅 개
카이 kǎi | 垲 塏 | 爽垲(爽塏) shuǎng kǎi 건조하고 상쾌하다
垲朗(塏朗) kǎi lǎng 밝고 환하다
垲朗的好天气 kǎi lǎng de hǎo tiān qì 맑게 개인 좋은 날씨 |

| 들 교
쟈오 jiǎo | 挢 撟 | 挢舌(撟舌) jiǎo shé 너무 놀라 혀가 굳어지다, 어안이 벙벙하다
挢捷(撟捷) jiǎo jié 행동이 민첩하다
挢舌无语(撟舌無語) jiǎo shé wú yǔ 혀가 굳어지고 말문이 막히다
年纪大,但行动却很挢捷 nián jì dà, dàn xíng dòng què hěn jiǎo jié 몸은 늙었어도 행동은 오히려 민첩하다 |

| 빠질 점
땬 diàn | 垫 墊 | 垫子(墊子) diàn zi 깔개, 방석, 매트
垫平(墊平) diàn píng 평평하게 고르다, 반듯하게 괴다
垫道铺路(墊道鋪路) diàn dào pū lù 길에 깔고 펴다(기초를 다진다는 뜻)
车费我先垫了 chē fèi wǒ xiān diàn le 차비는 내가 먼저 대신 냈다 |

餐车 cān chē 식당차   缆车 lǎn chē 케이블카

9획

밀 제 지 jǐ	挤 擠	挤掉(擠掉) jǐ diào 배척하다, 따돌리다 挤满(擠滿) jǐ mǎn 꽉 차다 挤眼攒眉(擠眼攢眉) jǐ yǎn cuán méi 눈살을 찌푸리다, 근심스런 얼굴 모양 我被挤掉了 wǒ bèi jǐ diào le 내가 배척당했다
휘두를 휘 후이 huī	挥 揮	挥动(揮動) huī dòng 흔들다, 휘두르다 挥霍浪费(揮霍浪費) huī huò làng fèi 돈을 헤프게 써 낭비하다 挥汗如雨(揮汗如雨) huī hàn rú yǔ 땀이 비오듯하다 挥动拳头 huī dòng quán tóu 주먹을 휘두르다
딸 잠 샌 xián	挦 撏	挦扯(撏扯) xián chě (털 따위를) 잡아 뽑다, 쥐어뜯다 挦取(撏取) xián qǔ 함부로 손을 내밀다 挦绵扯絮(撏綿扯絮) xián mián chě xù 솜을 뜯어 놓다(눈 내리는 모습을 뜻함) 挦住他问个明白 xián zhù tā wèn ge míng bái 그를 붙잡고 확실하게 따져 묻다
천거할 천 잰 jiàn	荐 薦	推荐(推薦) tuī jiàn 천거하다 荐主(薦主) jiàn zhǔ 추천인, 소개인 饥馑荐臻(飢饉薦臻) jī jǐn jiàn zhēn 기근이 자주 들다 我推荐小李 wǒ tuī jiàn xiǎo lǐ 나는 이 군을 추천한다
풀열매 협 쟈 jiá	荚 莢	荚果(莢果) jiá guǒ 협과(꼬투리로 맺히는 과실) 豆荚(豆莢) dòu jiá 콩꼬투리 皂荚(皂莢) zào jiá 쥐엄나무 열매의 껍데기 烧豆荚吃 shāo dòu jiá chī 콩꼬투리를 구워 먹다
세낼 세 스 shì	贳 貰	贳屋(貰屋) shì wū 집을 세내다 贳酒(貰酒) shì jiǔ 술을 외상으로 사다 贳其罪(貰其罪) shì qí zuì 그 죄를 용서하다 求人贳罪 qiú rén shì zuì 죄를 용서해 달라고 빌다
땔나무 요 라오 ráo	荛 蕘	荛子(蕘子) ráo zi 나무꾼 刍荛(芻蕘) chú ráo 꼴을 베고 나무를 하다 荛花(蕘花) ráo huā 산닥나무 荛子上山打柴 ráo zi shàng shān dǎ chái 나무꾼이 산에 올라가 나무를 하다

港口 gǎng kǒu 항구　　车站 chē zhàn 정거장, 역　　公共汽车站 gōng gòng qì chē zhàn 버스정류장

9획

| 콩 필
비 bì | 荜 (蓽) | 荜拔(蓽撥) bì bō 필발(후추과의 풀)
荜澄茄(蓽澄茄) bì déng qié 필징가(후추과에 속하는 약재의 일종) |

| 띠 대
따이 dài | 带 (帶) | 带子(帶子) dài zi 띠, 끈, 리본 따위의 총칭
带鱼(帶魚) dài yú 갈치
带病延年(帶病延年) dài bìng yán nián 앓으면서도 오래 살다
请您给我们带路 qǐng nín gěi wǒ men dài lù 우리에게 길을 안내해 주세요 |

| 고치 견
잰 jiǎn | 茧 (繭) | 茧子(繭子) jiǎn zi (손발에 생기는) 굳은 살, 고치
茧虫(繭蟲) jiǎn chóng (누에의) 번데기
茧壳(繭殼) jiǎn qiào 고치 껍질
手上生茧子 shǒu shàng shēng jiǎn zi 손에 못박이다 |

| 메밀 교
챠오 qiáo | 荞 (蕎) | 荞麦(蕎麥) qiáo mài 메밀
荞巴(蕎巴) qiáo bā 메밀가루를 구워 만든 떡
荞面条(儿)(蕎麵條(兒)) qiáo miàn tiáo(r) 메밀국수
这是进口荞麦 zhè shì jìn kǒu qiáo mài 이것은 수입한 메밀이다 |

| 무성할 회
후이 huì | 荟 (薈) | 荟萃(薈萃) huì cuì (우수한 인물이나 물건 따위가) 모이다
荟郁(薈鬱) huì yù 초목이 무성한 모양
人才荟萃(人才薈萃) rén cái huì cuì 인재가 모이다
英雄荟萃一堂 yīng xióng huì cuì yī táng 영웅이 한 곳에 모이다 |

| 냉이 제
지 jì | 荠 (薺) | 荠菜(薺菜) jì cài 냉이
荠苨(薺苨) jì nǐ 제니, 모싯대 |

| 쓸어버릴 탕
땅 dàng | 荡 (蕩) | 荡产(蕩産) dàng chǎn 파산하다, 재산을 탕진하다
动荡(動蕩) dòng dàng 흔들리다
荡然全无(蕩然全無) dàng rán quán wú 씻은 듯 하나도 없다
别太放荡 bié tài fàng dàng 너무 방탕하지 말라 |

头班车 tóu bān chē 첫차   末班车 mò bān chē 막차

9획

백로 악 垩 (堊)
어 è
- 垩壁(堊壁) è bì 흰 벽
- 垩粉(堊粉) è fěn 백악가루
- 垩帚(堊帚) è zhǒu 벽 바르는 데 쓰는 솔
- 用垩粉代替白灰 yòng è fěn dài tì bái huī 백악분으로 횟가루를 대체하다

꽃 영 荣 (榮)
룽 róng
- 荣誉(榮譽) róng yù 영광스런 명예
- 繁荣(繁榮) fán róng 일이 잘 되어 영화로움
- 欣欣向荣(欣欣向榮) xīn xīn xiàng róng 초목이 무럭무럭 자라다, (사업이) 번창하다
- 祝愿贵公司繁荣昌盛 zhù yuàn guì gōng sī fán róng chàng shèng 귀사의 번영과 창성을 기원합니다

매운채소 훈 荤 (葷)
훈 hūn
- 荤油(葷油) hūn yóu 돼지 기름
- 荤酒(葷酒) hūn jiǔ 고기 요리와 술
- 三荤一素(三葷一素) sān hūn yī sù 고기요리 셋과 야채요리 하나
- 应该多吃素的, 少吃荤的 yīng gāi duō chī sù de, shǎo chī hūn de (마땅히) 야채를 많이 먹고 고기 요리는 적게 먹어야 한다

물결일 영 荥 (滎)
잉 yíng
- 荥泽县(滎澤縣) yíng zé xiàn 영택현(쓰촨성에 있는 현)
- 荥泞(滎濘) yíng nìng 수량이 적어 졸졸 흐르는 물의 모양
- 小溪荥泞流去 xiǎo xī yíng nìng líu qù 실개천 물이 졸졸 흘러가다

얼룩소 락 荦 (犖)
뤄 luò
- 荦牛(犖牛) luò niú 얼룩소
- 卓荦(卓犖) zhuó luò (일이) 분명하다, 뚜렷하다
- 荦荦大端(犖犖大端) luò luò dà duān 주요한 항목, 명확한 요점
- 山路荦确 shān lù luò què 산길이 매우 험하다

등불 형 荧 (熒)
잉 yíng
- 荧惑(熒惑) yíng huò 현혹하다
- 荧光灯(熒光燈) yíng guāng dēng 형광등
- 一灯荧然(一燈熒然) yī dēng yíng rán 등불이 희미하다
- 不要受荧惑 bù yào shòu yíng huò 미혹되지 말라

쐐기풀 심 荨 (蕁)
쉰 xún
- 荨麻(蕁麻) xún má 쐐기풀
- 荨麻疹(蕁麻疹) xún má zhěn 두드러기
- 患了荨麻疹 huàn le xún má zhěn 두드러기에 걸렸다

软卧车 ruǎn wò chē 일등 침대차   软席车 ruǎn xí chē 상등석 열차

9획

수염 호 후 hú	胡	鬍	胡子(鬍子) hú zi 수염 胡来(鬍來) hú lái 되는 대로 하다, 소란을 피우다 胡子眉毛一把抓(鬍子眉毛一把抓) hú zi méi máo yī bǎ zhuā 수염이며 눈썹이며 한줌에 뽑다(분별없이 한데 얼버무림을 뜻함) 不要胡思乱想 bù yào hú sī luàn xiǎng 허튼 생각을 하지 말라
조개풀 신 진 jìn	荩	藎	荩草(藎草) jìn cǎo 조개풀(포아풀과에 속하는 일년초) 荩臣(藎臣) jìn chén 충신 忠荩(忠藎) zhōng jìn 충성, 몹시 사랑하는 마음 臣为君子献忠荩 chén wèi jūn zi xiàn zhōng jìn 신하가 군주를 위해 충성을 다하다
향풀이름 손 쑨 sūn	荪	蓀	溪荪(溪蓀) xī sūn 창포, 향초 秧荪(秧蓀) yāng sūn 볏모 秧荪还嫩 yāng sūn hái nèn 볏모가 아직 여리다
그늘 음 인 yìn	荫	蔭	荫蔽(蔭蔽) yìn bì (나뭇가지 따위에) 가리우다 荫林(蔭林) yìn lín 수목이 무성한 삼림 荫蔽集结(蔭蔽集結) yìn bì jí jié 은밀히 집결하다 这屋子很荫凉 zhè wū zi hěn yìn liáng 이 방은 너무 그늘지고 서늘하다
시화 매 마이 mǎi	荬	蕒	荬菜(蕒菜) mǎi cài 방가지똥(꽃상추과에 속하는 두해살이 풀) 苣荬菜(苣蕒菜) qǔ mǎi cài 야생 다년생 초본 식물
털여뀌 홍 훙 hóng	荭	葒	荭草(葒草) hóng cǎo 말여뀌(마디풀과에 속하는 한해살이 풀)
꾸러미 주 쩌우 zhòu	荮	葤	一荮碗(一葤碗) yī zhòu wǎn (새끼로 묶은) 사발 한 꾸러미 把那烧柴荮起来 bǎ nà shāo chái zhòu qǐ lái 그 땔나무를 (새끼로) 묶어라

硬席 yìng xí 보통(일반)석　软席 ruǎn xí 상등석(부드러운 좌석)

9획

약 **약** 야오 yào	药 藥	药酒(藥酒) yào jiǔ 약주술, 약술 吃药(吃藥) chī yào 약을 먹다 不可救药(不可救藥) bù kě jiù yào (아무리 해도) 고칠 수 없다 我每天喝药酒 wǒ měi tiān hē yào jiǔ 나는 매일 약주를 마신다
우듬지 **표** 뱌오 biāo	标 標	标准(標准) biāo zhǔn 표준, 기준 商标(商標) shāng biāo 상품의 표지, 상표 标新立异(標新立異) biāo xīn lì yì 남달리 특별한 주장을 내세우다, 혁신 창조하다 伙食标准多少? huǒ shí biāo zhǔn duō shǎo? 표준 식사값은 얼마인가?
잔도 **잔** 잔 zhàn	栈 棧	羊栈(羊棧) yáng zhàn 양우리 货栈(貨棧) huò zhàn 화물창고 栈豆之恋(棧豆之戀) zhàn dòu zhī liàn 자그마한 이익에 연연하다 找客栈住下来 zhǎo kè zhàn zhù xià lái 여관을 찾아 머물다
빗 **즐** 즈 zhì	栉 櫛	栉发(櫛發) zhì fà 머리를 빗다 栉栉(櫛櫛) zhì zhì 죽 잇닿아 늘어선 모양을 나타내는 말 栉风沐雨(櫛風沐雨) zhì fēng mù yǔ 바람으로 머리를 빗질하고 비로 머리를 감다(갖은 고생을 다 하며 바삐 돌아다닌다는 뜻) 新建楼房栉比鳞次 xīn jiàn lóu fáng zhì bǐ lín cì 건물들이 빗살과 고기비늘마냥 즐비하게 늘어 서다
우리 **롱** 룽 lóng	栊 櫳	栊槛(櫳檻) lóng jiàn 짐승을 가두어 두는 우리 帘栊(簾櫳) lián lóng 커튼이 있는 창문 房栊(房櫳) fáng lóng 창문의 격자
용마루 **동** 뚱 dòng	栋 棟	栋梁(棟梁) dòng liáng 마룻대와 들보 栋树(棟樹) dòng shù 단향목 栋折榱崩(棟折榱崩) dòng zhé cuī bēng 마룻대가 부러지고 서까래가 무너지다(국가가 패망한다는 뜻) 年轻人是国家的栋梁 nián qīng rén shì guó jiā de dòng liáng 젊은이들은 나라의 동량지재이다
두공 **로** 루 lú	栌 櫨	栌橘(櫨橘) lú jú 노귤(감귤의 일종) 栌腊(櫨臘) lú là 목랍 栌树(櫨樹) lú shù 거먕옻 나무

上车 shàng chē 차에 오르다   下车 xià chē 차에서 내리다   停车 tíng chē 차를 멈추다

9획

| 상수리나무 력
리 lì | 栎 櫟 | 栎散(櫟散) lì sǎn 쓸데없는 재목
栎樗(櫟樗) lì chū 상수리나무와 가죽나무(재수 없고 쓸데없는 사람을 뜻함)
栎釜(櫟釜) lì fǔ 솥 밑바닥을 문질러 소리를 냄(솥 안에 아무것도 없음을 나타내 보이는 말)
弃栎散 qì lì sǎn 쓸데없는 것을 버리다 |

| 난간 란
란 lán | 栏 欄 | 栏杆(欄杆) lán gān 층계 가장자리에 세운 작은 기둥
猪栏(豬欄) zhū lán 돼지우리
凭栏远望(憑欄遠望) píng lán yuǎn wàng 난간에 기대어 멀리 바라보다
靠栏杆(儿)站稳 kào lán gān(r) zhàn wěn 난간에 기대어 똑바로 서다 |

| 레몬 녕
닝 níng | 柠 檸 | 柠檬(檸檬) níng méng 레몬
柠檬素(檸檬素) níng méng sù 비타민 P
柠檬汁(儿)(檸檬汁(兒)) níng méng zhī(r) 레몬 쥬스
喝一杯柠檬汁(儿) hē yī bēi níng méng zhī(r) 레몬 쥬스 한 컵을 마시다 |

| 위성류 정
청 chēng | 柽 檉 | 柽柳(檉柳) chēng liǔ 위성류(위성류과의 작은 낙엽고목) |

| 나무 수
심을 수
수 shù | 树 樹 | 树林(樹林) shù lín 수풀, 숲
松树(松樹) sōng shù 소나무
树大阴凉(樹大陰涼) shù dà yīn liáng 나무가 크니 그늘도 크다(될 수 있으면 큰 세력에 기대어야 한다는 뜻)
百年树人 bǎi nián shù rén 백 년에 인재가 나다(인재의 양성이 쉽지 않음을 뜻함) |

| 동고비 사
스 shī | 䴓 鳾 | 䴓鸟(鳾鳥) shī niǎo 동고비(조류의 일종) |

| 고을이름 력
리 lì | 郦 酈 | 郦(酈) lì 리(춘추시대 노나라의 땅 이름) |

始发站 shǐ fā zhàn 시발역   终点站 zhōng diǎn zhàn 종착역

9획

짤 함 샌 xián	咸 鹹	咸菜(鹹菜) xián cài 짠지(소금에 절인 야채) 咸淡(鹹淡) xián dàn 짜고 싱거움, 간 老少咸宜(老少鹹宜) lǎo shào xián yí 나이가 많고 적음을 막론하고 모두에게 다 좋다 这个菜咸淡如何? zhè ge cài xián dàn rú hé? 이 요리의 간이 어떠한가요?
벽돌 전 좐 zhuān	砖 磚	砖头(磚頭) zhuān tóu 벽돌 砖房(磚房) zhuān fáng 벽돌집 砖座瓦顶(磚座瓦頂) zhuān zuò wǎ dǐng 바닥은 벽돌 깔고 지붕은 기와를 올린 집 为国添砖加瓦 wèi guó tiān zhuān jiā wǎ 나라를 위해(벽돌이나 기와 한 장 보태듯이) 작은 힘이나마 이바지하다
조개이름 차 처 chē	砗 硨	砗磲(硨磲) chē qú 거거(굴의 일종)
벼루 연 앤 yàn	砚 硯	砚台(硯台) yàn tái 벼루 砚友(硯友) yàn yǒu 학우, 동학 砚田无凶岁(硯田無凶歲) yàn tián wú xiōng suì 문필 생활에는 흉년이 없다 我们是多年砚友 wǒ mén shì duō nián yàn yǒu 우리는 오랜 학우이다
설폰 풍 벙 fēng	砜 碸	砜(碸) fēng 설폰(유기화합물의 일종)
밀가루 면 낯 면 맨 miàn	面 麵	面粉(麵粉) miàn fěn 밀가루 面食(麵食) miàn shí 밀가루 음식 面不改色(面不改色) miàn bù gǎi sè 낯빛이 조금도 변하지 않다 突出重点, 不能面面俱到 tū chū zhòng diǎn, bù néng miàn miàn jù dào 중점을 돌출시켜야지 이것저것 다 언급해선 안 된다
끌 견 챈 qiān	牵 牽	牵引(牽引) qiān yīn (가축, 차량 따위를) 끌다 牵挂(牽掛) qiān guà 걸다, 걸리다, 걱정(하다) 牵肠挂肚(牽腸掛肚) qiān cháng guà dù 늘 마음에 걸리다 我也受到牵连了 wǒ yě shòu dào qiān lián le 나도 연루되었다

车费 chē fèi 차비   售票处 shòu piào chù 매표소   司机 sī jī 기사

9획

갈매기 구 어우 ōu	鸥 鷗	海鸥(海鷗) hǎi ōu 바다 갈매기 燕鸥(燕鷗) yàn ōu 제비갈매기 银鸥(銀鷗) yín ōu 재갈매기 海鸥飞翔 hǎi ōu fēi xiáng 갈매기가 날아가다
고명할 엄 얜 yǎn	奊 龑	奊(龑) yǎn 엄(인명에 사용)
해칠 잔 찬 cán	残 殘	残废(殘廢) cán fèi 불구가 되다, 신체장애자 残货(殘貨) cán huò 불량품 残羹剩饭(殘羹剩飯) cán gēng shèng fàn 먹다 남은 국과 밥 同情残疾人 tōng qíng cán jí rén 신체장애자를 동정하다
일찍죽을 상 상 shāng	殇 殤	殇折(殤折) shāng zhé 요절하다 幼子早殇(幼子早殤) yòu zi zǎo shāng 어린 아들이 일찍 요절하다
수레 고 구 gū	轱 軲	轱辘(軲轆) gū lù 차 바퀴, 구르다 轱辘鞋(軲轆鞋) gū lù xié 롤러 스케이트 车轱辘转动了 chē gū lù zhuàn dòng le 차 바퀴가 돌아가다
굴대 가 커 kē	轲 軻	孟轲(孟軻) mèng kē 맹자 荆轲(荊軻) jīng kē 형가(중국 전국시대 말년의 협객) 轲亲断机(軻親斷機) kē qīn duàn jī 맹모단기(맹자 어머니가 유학 도중에 돌아온 맹자를 훈계하기 위해 짜고 있던 베틀의 날실을 끊어 버렸던 일)
도르래 로 루 lú	轳 轤	轳栌(轤轤) lù lú 물레 栌纸呢(轤紙呢) lú zhǐ ní 제지용 모포 栌轴(轤軸) lú zhóu 도르래의 축 南道民谣'轳栌歌'非常好听 nán dào mín yáo 'lù lú gē' fēi cháng hǎo tīng 남도민요 '물레가'는 그야말로 듣기 좋다

马路 mǎ lù 큰길, 대로   胡同 hú tòng 골목   小巷 xiǎo xiàng 골목길

9획

굴대 축 저우 zhóu	轴	軸	轴承(軸承) zhóu chéng 베어링 轴心(軸心) zhóu xīn 바퀴축, 중심 古画二轴(古畫二軸) gǔ huà èr zhóu 고화 두 축(이때의 축은 수량을 세는 단위) 价格总是以价值为轴心 jià gē zǒng shì yǐ jià zhí wéi zhóu xīn 가격은 언제나 가치를 중심으로 한다
앞지를 일 이 yì	轶	軼	轶材(軼材) yì cái 뛰어난 사람 轶事(軼事) yì shì 알려지지 않은 사실, 일화 名人轶事(名人軼事) míng rén yì shì 명인의 일화 愿意听祖先的遗闻轶事 yuàn yì tīng zǔ xiān de yí wén yì shì 선대의 숨은 일화 듣기를 즐긴다
성 호 후 hū	轷	軤	轷(軤) hū 호, 성(姓)의 하나
수레뒤턱나무 진 전 zhěn	轸	軫	轸子(軫子) zhěn zi (현악기의) 줄 감개 轸痛(軫痛) zhěn tòng 애통해 하다 轸念老友(軫念老友) zhěn niàn lǎo yǒu 오랜 벗을 가슴 아프게 그리다 轸痛他的去世 zhěn tòng tā de qù shì 그의 별세를 애통해 하다
삐걱거릴 력 리 lì	轹	轢	轹脚(轢脚) lì jiǎo 수레에 다리가 깔림 轹磨(轢蹙) lì cù 침범하다 陵轹(陵轢) líng lì 학대하다 陵轹家佣太甚 líng lì jiā yōng tài shèn 머슴을 너무나 학대하다
수레 초 야오 yáo	轺	軺	轺车(軺車) yáo chē 고대에 사용했던 마차 轺轩(軺軒) yáo xuān 가벼운 수레(고관이 타는 수레) 轺传(軺傳) yáo chuán 신분이 낮은 사람이 타는 역참 轺车曾当兵车使用 yáo chē céng dāng bīng chē shǐ yòng 옛날, 가볍고 작은 민용마차도 군용마차로 대신 사용했다
가벼울 경 칭 qīng	轻	輕	轻巧(輕巧) qīng qiǎo 가볍고 정교하다, 솜씨가 좋다 轻快(輕快) qīng kuài 간편하다, 홀가분하다 轻举妄动(輕舉妄動) qīng jǔ wàng dòng 경솔하게 행동함 轻视小事儿也会吃亏的 qīng shì xiǎo shì r yě huì chī kuī de 작은 일이라도 경시하면 손해를 보게 되는 것이다

地下道 dì xià dào 지하도   隧道 suí dào 터널

9획

| 갈가마귀 아
야 yā | 鸦 鴉 | 鸦青(鴉青) yā qīng 검붉은 빛
乌鸦(烏鴉) wū yā 까마귀
鸦雀无声(鴉雀無聲) yā què wú shēng 쥐 죽은 듯 조용하다
天下乌鸦一般黑 tiān xià wū yā yī bān hēi 천하의 까마귀는 모두 검다(세상의 못된 이들은 모두 매한가지임을 비유) |

| 전갈 채
차이 chài | 虿 蠆 | 虿芥(蠆芥) chài jiè 가시, 독살스럽게 화내는 모양
虿尾(蠆尾) chài wěi 전갈의 독이 있는 꼬리(사람해치는 것을 뜻함)
蜂虿有毒 fēng chài yǒu dú 벌과 전갈은 독이 있다(악한 것은 작아도 사람을 해칠 수 있다는 뜻) |

| 싸울 전
짠 zhàn | 战 戰 | 战争(戰爭) zhàn zhēng 싸움
战术(戰術) zhàn shù 전쟁의 방법
战无不胜(戰無不勝) zhàn wú bù shèng 싸우면 반드시 이기다
坚决反对侵略战争 jiān jué fǎn duì qīn lüè zhàn zhēng 침략 전쟁을 단호히 반대한다 |

| 엿볼 점
찬 chān | 觇 覘 | 觇逻(覘邏) chān luó 탐색하여 보다
觇望(覘望) chān wàng 엿보다
觇敌(覘敵) chān dí 적의 형세를 엿보다
觇视敌情 chān shì dí qíng 적의 정황을 정찰하다 |

| 점 점
댄 diǎn | 点 點 | 点名(點名) diǎn míng 출석 부르다, 지명하다
点菜(點菜) diǎn cài 요리를 주문하다
点兵派将(點兵派將) diǎn bīng pài jiàng 병사를 뽑고 장수를 파견하다, 일에 인원을 배치하다
午饭由你点菜 wǔ fàn yóu nǐ diǎn cài 점심식사는 당신이 주문하세요 |

| 임할 림
린 lín | 临 臨 | 临危(臨危) lín wēi 병이 위중하여 죽음에 직면하다
临近(臨近) lín jìn (시간이나 거리상) 접근하다
临难不惧(臨難不懼) lín nàn bù jù 위험에 처해도 겁내지 않다
如临大敌, 怕得要死 rú lín dà dí, pà de yào sǐ 강한 적이나 만난 것처럼 매우 겁내다 |

| 볼 람
란 lǎn | 览 覽 | 览胜(覽勝) lǎn shèng 명승지를 유람하다
览观(覽觀) lǎn guān 구경
一览无余(一覽無余) yī lǎn wú yú 남김없이 훑어보다
游览名胜古迹 yóu lǎn míng shèng gǔ jì 명승고적을 유람하다 |

丁字路 dīng zì lù 정자로   十字路口 shí zì lù kǒu 사거리, 로터리

중국어 간체자 쉽게 배우기 | 149

9획

더벅머리 수 수 shù	竖 豎	竖起(竪起) shù qǐ 세우다 竖耳(竪耳) shù ěr 귀를 세우다, 귀를 기울이다 竖柱上梁(竪柱上梁) shù zhù shàng liáng 기둥을 세우고 들보를 올리다 竖耳恭听 shù ěr gōng tīng 공손하게 귀를 기울여 듣다
맛볼 상 챵 cháng	尝 嘗	尝试(嘗試) cháng shì 시험(해 보다), 경험(해 보다) 尝味(儿)(嘗味(兒)) cháng wèi(r) 맛 보다 艰苦备尝(艱苦備嘗) jiān kǔ bèi cháng 온갖 어려움을 모두 겪다 尝一尝, 这道菜味道怎么样 cháng yi cháng, zhè dào cài wèi dào zěn me yàng? 맛 좀 보세요, 이 요리의 맛이 어때요?
눈들어갈 구 커우 kōu	眍 瞘	眍䁖(瞘瞜) kōu lōu 눈이 움푹 들어가다 眍眍着(瞘瞘着) kōu kōu zhe 움푹 들어가 있다 眍䁖眼(儿)(瞘瞜眼(兒)) kōu lōu yǎn(r) 움푹 들어간 눈 她病得眼睛都眍进去了 tā bìng de yǎn jīng dōu kōu jìn qù le 그녀는 앓더니 눈마저 움푹 들어갔다
어스레할 롱 룽 lóng	昽 曨	昽昽(曨曨) lóng lóng 어슴푸레하다 昽昒(曨昒) lóng hū 동틀 무렵의 어슴푸레하게 밝은 모양 朦昽(朦曨) méng lóng 달빛이 흐리다, 어렴풋하다 周围一片朦昽, 什么也看不清 zhōu wéi yī piàn méng lóng, shén me yě kàn bù qīng 사방이 (온통) 어슴푸레하여 잘 보이지 않는다
벙어리 아 야 yǎ	哑 啞	哑巴(啞巴) yǎ ba 벙어리, 속으로만 끙끙거리다 哑嗓(啞嗓) yǎ sǎng 허스키한 목소리 哑口无言(啞口無言) yǎ kǒu wú yán 벙어리처럼 말을 못하다 把他说得哑口无言 bǎ tā shuō de yǎ kǒu wú yán 그의 말문을 막히게 (말)했다
나타날 현 섄 xiǎn	显 顯	显明(顯明) xiǎn míng 명백하다 显影(顯影) xiǎn yǐng 현상하다 显达门庭(顯達門庭) xiǎn dá mén tíng 가문의 명예를 높이다 成果显著 chéng guǒ xiǎn zhù 성과가 뚜렷하다
오랑캐이름 달 다 dā	哒 噠	哒哒(噠噠) dā dā 달가닥달가닥, 또르륵또르륵 机枪哒哒响 jī qiāng dā dā xiǎng 기관총 소리가 또르륵 또르륵 하며 울린다

高速公路 gāo sù gōng lù 고속도로   收费公路 shōu fèi gōng lù 유료도로

9획

| 두려워할 효
샤오 xiāo | 哓 曉 | 哓哓(曉曉) xiāo xiāo 재잘재잘거리는 모양, 아웅다웅하는 모양
哓咋(曉咋) xiāo zhà 공갈하다, 위협하다
哓哓不休(曉曉不休) xiāo xiāo bù xiū 쉬지 않고 계속 지껄여대다
他俩哓哓争个不休 tā liǎ xiāo xiāo zhēng ge bù xiū 그들 두 사람은 아웅다웅하며 계속 다투고 있다 |

| 울 필
비 bì | 哔 嗶 | 哔叽(嗶嘰) bì jī 베이지, 서지(천 이름)
哔哔剥剥响(嗶嗶剝剝響) bì bì bō bō xiǎng 픽픽 소리를 내며 울리다
买一套哔叽服(装) mǎi yī tào bì jī fú (zhuāng) 서지 옷 한 벌을 사다 |

| 귀할 귀
구이 guì | 贵 貴 | 贵宾(貴賓) guì bīn 귀한 손님
宝贵(寶貴) bǎo guì 귀하다
贵人语迟(貴人語遲) guì rén yǔ chí 귀인은 입이 무겁다
请到贵宾室休息 qǐng dào guì bīn shì xiū xī 귀빈실로 가서서 휴식을 취하시지요 |

| 새우 하
샤 xiā | 虾 蝦 | 虾干(儿)(蝦干(兒)) xiā gān (r) 말린 새우
虾酱(蝦醬) xiā jiàng 새우젓
虾兵蟹将(蝦兵蟹將) xiā bīng xiè jiàng 앞잡이, 졸개
大鱼吃小鱼, 小鱼吃小虾 dà yú chī xiǎo yú, xiǎo yú chī xiǎo xiā 큰 물고기는 작은 물고기를 먹고 작은 물고기는 작은 새우를 먹어 치운다(강자가 약자를 해함을 비유) |

| 말거머리 마
마 mǎ | 蚂 螞 | 蚂螂(螞螂) mǎ láng 잠자리
蚂蚁(螞蟻) mǎ yǐ 개미
蚂蚁啃骨头(螞蟻啃骨頭) mǎ yǐ kěn gǔ tóu 개미가 금탑을 쌓다 (작은 힘으로써 큰 일을 해냄을 뜻함)
蚂蟥可真硌人 mǎ huáng kě zhēn gè rén 말거머리는 정말로 징그럽다 |

| 개미 의
이 yǐ | 蚁 蟻 | 蚁穴(蟻穴) yǐ xué 개미굴
蚁结(蟻結) yǐ jié (도둑, 비적 따위가) 개미떼처럼 뭉치다
蚁负粒米, 象负千斤 yǐ fù lì mǐ, xiàng fù qiān jīn 각자 능력대로 힘을 다한다는 뜻
千里之堤, 溃于蚁穴 qiān lǐ zhī dī, kuì yú yǐ xué 천 리 되는 제방도 개미구멍 때문에 무너지다 |

| 비록 수
수이 suī | 虽 雖 | 虽然(雖然) suī rán 비록 …일지라도, 하지만
虽说(雖說) suī shuō 비록 …이라도
虽然如此(雖然如此) suī rán rú cǐ 비록 그렇다고 해도
虽然去了, 但是没有座(儿) suī rán qù le, dàn shì méi yǒu zuò(r) 비록 가기는 했지만 앉을 자리가 없었다 |

单行道 dān xíng dào 일방 통행로　　立交桥 lì jiāo qiáo 입체 교차로

9획

욕할 매 / 마 mà — 骂 罵
- 骂人(罵人) mà rén 남을 욕하다, 매도하다
- 挨骂(挨罵) āi mà 욕을 먹다
- 骂不绝口(罵不絶口) mà bù jué kǒu 끊임없이 욕을 퍼붓다
- 骂人说明你没有能耐 mà rén shuō míng nǐ méi yǒu néng nài 남을 욕한다는 것은 당신이 능력이 없다는 것을 의미한다

방울소리 홰 / 후이 huì — 哕 噦
- 哕哕(噦噦) huì huì 짤랑짤랑 방울소리를 표현하는 말
- 传来哕哕牛铃铛声 chuán lái huì huì niú líng dāng shēng 짤랑짤랑하는 소방울 소리가 들려오다

바를 과 / 과 guǎ — 剐 剮
- 剐破(剮破) guǎ pò 걸려 찢어지다, 할퀴어 찢어지다
- 舍得一身剐, 敢把皇帝拉下马 shě de yī shēn guǎ, gǎn bǎ huáng dì lā xià mǎ 이 몸이 능지처참을 당해도 황제를 말에서 끌어내리다(목숨 걸고 권력자를 타도한다는 뜻)
- 千刀万剐也难解恨 qiān dāo wàn guǎ yě nán jiě hèn 칼로 살을 바르고 갈갈이 찢어도 원한을 풀지 못한다

나라이름 운 / 윈 yún — 郧 鄖
- 郧县(鄖縣) yún xiàn 운현(후베이성에 있는 현)

공 훈 / 쉰 xūn — 勋 勳
- 勋臣(勳臣) xūn chén 훈신, 공신
- 勋烈(勳烈) xūn liè 공훈이 있는 충열지사
- 卓著勋劳(卓著勳勞) zhuó zhù xūn láo 뛰어난 공로
- 他荣获一枚总统勋章 tā róng huò yī méi zǒng tǒng xūn zhāng 그는 영광스럽게 대통령훈장을 받았다

시끄러울 화 / 화 huá — 哗 嘩
- 哗然(嘩然) huá rán 떠들썩하다
- 哗笑(嘩笑) huá xiào 떠들썩하게 웃다
- 寂静无哗(寂靜無嘩) jì jìng wú huá 떠들지 않고 매우 조용하다
- 人们哗然起哄起来了 rén men huá rán qǐ hòng qǐ lái le 사람들은 떠들썩하게 고함쳐 댔다

울림 향 / 샹 xiǎng — 响 響
- 响声(響聲) xiǎng shēng 울리는 소리
- 响应(響應) xiǎng yìng 호응(하다), 응답(하다)
- 响彻云霄(響徹雲霄) xiǎng chè yún xiāo 소리가 하늘에까지 울려 퍼지다
- 响应祖国的号召 xiǎng yìng zǔ guó de hào zhāo 나라의 부름에 응해 나서다

人行橫道 rén xíng héng dào 횡단보도　　红绿灯 hóng lǜ dēng 신호등　　天桥 tiān qiáo 육교

9획

목구멍 쾌

쾌이 kuài

哙 噲

哙哙(噲噲) kuài kuài 너그럽고 밝은 모양, 상쾌한 모양
哙伍(噲伍) kuài wǔ 평범한 사람들

소곤거릴 농

눙 nóng

哝 噥

哝哝(噥噥) nóng nóng 작은 소리로 말하다, 중얼중얼하다
你哝哝什么? nǐ nóng nóng shén me? 넌 뭘 그렇게 중얼거리냐?

어조사 약

요 yō

哟 喲

哟, 这不是小王吗? yō, zhè bù shì xiǎo wáng ma? 아이구, 이게 왕군이 아닌가?
* 哟(喲) yō 문장 끝에 쓰여 소망이나 권유 등의 어감을 나타냄, 말의 흐름을 정돈하기 위해 어구 중간에 첨가되어 쓰이기도 함

골짜기 협

샤 xiá

峡 峽

峡谷(峽谷) xiá gǔ 골짜기, 두멧길
峡路(峽路) xiá lù 산길, 협로
三门峡(三門峽) sān mén xiá 삼문협(중국 장강 상류의 협곡)
峡谷无退路 xiá gǔ wú tuì lù 골짜기에서 더 물러설 길이 없다 (궁지에 이르렀음을 뜻함)

높을 요

야오 yáo

峣 嶢

峣阙(嶢闕) yáo jué 높고 멀리 보이는 문, 궁궐의 높은 문
峣榭(嶢榭) yáo xiè 높은 정자
嶕峣(嶕嶢) jiāo yáo 산이 높고 험준하다, 우뚝 솟은 모양
其势嶕峣 qí shì jiāo yáo 그 (산의) 기세가 험준하다

그림족자 정

전 zhēn

帧 幀

帧频(幀頻) zhēn pín (텔레비전의) 프레임, 화면
买一帧油画作个纪念 mǎi yī zhēn yóu huà zuò ge jì niàn 기념으로 유화 한 점을 사다

죄 벌

바 fá

罚 罰

罚站(罰站) fá zhàn 벌로 서 있게 하다
罚款(罰款) fá kuǎn 벌금을 내다
罚不当罪(罰不當罪) fá bù dāng zuì 부당한 처벌을 하다
违反规定, 罚了款 wéi fǎn guī dìng, fá le kuǎn 규정을 어겨 벌금을 냈다

邮电局 yóu diàn jú 우편 전신국   邮政局 yóu zhèng jú 우체국

9획

산길 교 쟈오 jiào 챠오 qiáo	峤 嶠	峤道(嶠道) jiào dào 산길, 산마루에 난 길 峤雾(嶠霧) jiào wù 높은 산에 끼어 있는 안개 峤岳(嶠岳) qiáo yuè 뾰족하게 솟은 높은 산 峤雾绕山腰 jiào wù rào shān yāo 안개가 산허리를 휘감다
천할 천 쨴 jiàn	贱 賤	贱价(賤價) jiàn jià 싼값, 헐값 贫贱(貧賤) pín jiàn 가난하고 천하다 贱卖不赊(賤賣不賒) jiàn mài bù shē 싸게는 팔아도 외상은 주지 않는다 贱价处理 jiàn jià chǔ lǐ 헐값으로 처리하다
붙을 첩 톄 tiē	贴 貼	贴心(貼心) tiē xīn 가장 친하다, 마음이 맞다 贴身(儿)(貼身(兒)) tiē shēn(r) (옷이) 몸에 꼭 끼다, 주변에 붙다 贴邮票(貼郵票) tiē yóu piào 우표를 붙이다 讲出贴心话(儿) jiǎng chū tiē xīn huà(r) 마음속 깊이 묻혀 있던 말을 하다, 속마음을 털어 놓다
줄 황 쾅 kuàng	贶 貺	贶仪(貺儀) kuàng yí 선물 贶临(貺臨) kuàng lín 왕림 贶祐(貺祐) kuàng yòu 복을 주다, 주는 복 多谢厚贶 duō xiè hòu kuàng 많은 선물을 주어 대단히 감사합니다
끼칠 이 이 yí	贻 貽	贻赠(貽贈) yí zèng 선사하다 贻害(貽害) yí hài 해를 끼치다 贻笑大方(貽笑大方) yí xiào dà fāng 세상 사람들 웃음거리가 되다 不要留下贻患 bù yào liú xià yí huàn 후환을 남기지 말라
술그릇 형 싱 xíng	钘 鈃	钘(鈃) xíng 목이 긴 술병
칼슘 개 가이 gài	钙 鈣	钙(鈣) gài 칼슘 Ca(화학원소) 钙化(鈣化) gài huà 칼슘화하다, 굳어지다 乳酸钙(乳酸鈣) rǔ suān gài 유산 칼슘 缺钙补钙 quē gài bǔ gài 칼슘이 부족하면 칼슘을 보충해야 한다

市内电话 shì nèi diàn huà 시내전화   长途电话 cháng tú diàn huà 장거리전화

9획

| 플루토늄 부 부 bù | 钚 鈈 | 钚(鈈) bù 플루토늄 Pu(화학원소) |

| 티타늄 태 타이 tài | 钛 鈦 | 钛(鈦) tài 티타늄 Ti(화학원소)
钛铁矿(鈦鐵礦) tài tiě kuàng 티탄 철광 |

| 칼이름 야 야 yá | 铱 鈋 | 铱(鈋) yá 아인슈타이늄 Es(화학원소) |

| 무딜 둔 둔 dùn | 钝 鈍 | 钝刀(子)(鈍刀(子)) dùn dāo (zi) (날이) 무딘 칼
钝伤(鈍傷) dùn shāng 무딘 칼날에 벤 상처
成败利钝(成敗利鈍) chéng bài lì dùn 일의 성패, 순리와 좌절
钝刀也能割肉 dùn dāo yě néng gē ròu 무딘 칼로도 고기를 벨 수 있다(능력이 약해도 할 수 있다는 뜻) |

| 노략질할 초
지폐 초
챠오 chāo | 钞 鈔 | 钞票(鈔票) chāo 지폐, 돈
钞盗(鈔盜) chāo dào 빼앗고 훔치다, 노략질하다
钞暴日增(鈔暴日增) chāo bào rì zēng 약탈과 만행이 날로 심해지다
身上带现钞不安全 shēn shàng dài xiàn chāo bù ān quán 몸에 현금을 지니면 안전하지 못하다 |

| 종 종 중 zhōng | 钟 鍾 | 钟表(鍾表) zhōng biǎo 시계의 총칭
酒钟(酒鍾) jiǔ zhōng 손잡이 없는 작은 술잔
一见钟情(一見鍾情) yī jiàn zhōng qíng 첫눈에 반하다
新年钟声响了 xīn nián zhōng shēng xiǎng le 새해를 알리는 종소리가 울리다 |

| 바륨 패 베이 bèi | 钡 鋇 | 钡(鋇) bèi 바륨 Ba(화학원소)
钡餐(鋇餐) bèi cān 바륨죽
空腹吃钡餐 kōng fù chī bèi cān (엑스광선 투시하려면) 공복일 때 바륨죽을 마시다 |

国内电话 guó nèi diàn huà 국내전화   国际电话 guó jì diàn huà 국제전화

9획

강철 강 강 gāng	钢 鋼	钢材(鋼材) gāng cái 강철 软钢(軟鋼) ruǎn gāng 강철의 하나 钢打铁铸(鋼打鐵鑄) gāng dǎ tiě zhù 강철로 만들어진 것처럼 튼튼하다 好钢用在刀刃(儿)上 hǎo gāng yòng zài dāo rèn(r) shàng 좋은 강철은 칼날 만드는데 써야 한다(인재를 중시해야 한다는 뜻)
나트륨 납 나 nà	钠 鈉	钠(鈉) nà 나트륨 Na(화학원소) 碳酸钠(碳酸鈉) tàn suān nà 탄산나트륨 亚硝酸钠(亞硝酸鈉) yà xiāo suān nà 아초산나트륨
자물쇠 약 야오 yào	钥 鑰	钥匙(鑰匙) yào shi 열쇠 钥环(鑰環) yào huán 열쇠고리 一把钥匙开一把锁 yī bǎ yào shi kāi yī bǎ suǒ 한 개의 열쇠로 한 개의 자물쇠만 열다(조건에 따라 대책을 달리한다는 뜻) 别忘带钥匙 bié wàng dài yào shi 열쇠를 지니는 것을 잊지 말라
공경할 흠 친 qīn	钦 欽	钦佩(欽佩) qīn pèi 우러러 탄복하다 钦赐(欽賜) qīn cì 하사하다 英勇可钦(英勇可欽) yīng yǒng kě qīn 영특하고 용맹함은 존경할 만한 것이다 那个人值得钦佩 nà ge rén zhí de qīn pèi 그 사람은 우러러 탄복할 만하다
서른근 균 쥔 jūn	钧 鈞	钧(鈞) jūn 균(무게 30근에 해당하는 단위) 钧衡(鈞衡) jūn héng 균형있게 하다, 공평하게 하다 千钧一发(千鈞一發) qiān jūn yī fā 극히 위험하다 在那千钧一发之际, 他冲上去了 zài nà qiān jūn yī fā zhī jì, tā chōng shàng qù le 바로 그 위험한 시각에 그가 뛰어 나섰다
비녀장 검 챈 qián	钤 鈐	钤印(鈐印) qián yìn 날인하다 钤键(鈐鍵) qián jiàn 관건, 열쇠 钤记(鈐記) qián jì 옛날 관청에서 하급 관리가 사용한 도장 钤印呈报 qián yìn chéng bào 날인하여 상급(기관)에 보고하다
텅스텐 오 우 wū	钨 鎢	钨(鎢) wū 텅스텐 W(화학원소) 钨钢(鎢鋼) wū gāng 텅스텐 강 钨砂(鎢砂) wū shā 정제된 텅스텐 광석

直拨电话 zhí bō diàn huà 직통전화　　移动电话 yí dòng diàn huà 이동전화

9획

갈고랑이 **구** 거우 gōu	钩	鉤	钩钩(釣鉤) diào gōu 낚시바늘 画上钩(畫上鉤) huà shàng gōu 확인 표시를 하다 钩心斗角(鉤心鬥角) gōu xīn dòu jiǎo 서로 헐뜯다 如果同意就画上钩 rú guǒ tóng yì jiù huà shàng gōu 만약 동의한다면 곧바로 체크하세요
스칸듐 **강** 캉 kàng	钪	鈧	钪(鈧) kàng 스칸듐 Sc(화학원소)
되그릇 **방** 방 fāng	钫	鈁	钫(鈁) fāng 프란슘 Fr(화학원소) 钫(鈁) fāng 고대에 술을 담았던 네모난 그릇(솥의 일종)
홀뮴 **화** 훠 huǒ	钬	鈥	钬(鈥) huǒ 홀뮴 Ho(화학원소)
성 **두** 더우 dǒu	钭	鈄	钭(鈄) dǒu 두(성으로 주로 쓰임) 铜渠钭(銅渠鈄) tóng qú dǒu 술을 담는 그릇
인꼭지 **뉴** 뉴 niǔ	钮	鈕	钮扣(鈕扣) niǔ kòu (옷의) 단추 电钮(電鈕) diàn niǔ 전기 스위치, 누름 단추 旋钮(旋鈕) xuán niǔ (라디오, TV 따위의) 회전 손잡이 摁电钮 èn diàn niǔ 전기 스위치를 누르다
병거 **파** 바 bǎ	钯	鈀	钯(鈀) bǎ 팔라듐 Pa(화학원소)

手机 shǒu jī (大哥大 dà gē dà) 핸드폰

9획

훈음	간체	번체	예
모전 전 잔 zhān	毡	氈	毡子(氈子) zhān zi 펠트, 양탄자 毡衣(氈衣) zhān yī 두꺼운 모직 옷 毡状滤纸(氈狀濾紙) zhān zhuàng lǜ zhǐ 펠트형 여과지 戴毡帽, 穿毡鞋 dài zhān mào, chuān zhān xié 펠트로 만든 모자를 쓰고 펠트로 만든 방한화를 신다
수소 경 칭 qīng	氢	氫	氢(氫) qīng 수소 H(화학원소) 氢弹(氫彈) qīng dàn 수소폭탄 氢氧化钠(氫氧化鈉) qīng yǎng huà nà 가성소다 氢弹发射成功 qīng dàn fā shè chéng gōng 수소폭탄 발사에 성공하다
선택 선 쉬안 xuǎn	选	選	选举(選舉) xuǎn jǔ 선출(하다) 选择(選擇) xuǎn zé 고르다 选派代表(選派代表) xuǎn pài dài biǎo 대표를 선발 파견하다 选拔人才不拘一格 xuǎn bá rén cái bù jū yī gé 인재 선발에 있어 하나의 기준으로 국한되지 않는다
갈 적 스 shì	适	適	适当(適當) shì dàng 알맞다 适应(適應) shì yìng 걸맞아 서로 어울림 适得其反(適得其反) shì dé qí fǎn (원하는 바와) 정반대가 되다 适应环境 shì yìng huán jìng 환경에 적응하다
씨 종 심을 종 중 zhǒng zhòng	种	種	种子(種子) zhǒng zi 씨 种菜(種菜) zhòng cài 야채를 재배하다 种豆得豆(種豆得豆) zhòng dòu dé dòu 콩 심은 데 콩 난다 农民种地 nóng mín zhòng dì 농민은 농사일을 한다
그네 추 츄 qiū	秋	鞦	秋千(鞦韆) qiū qiān 그네 荡秋千 dàng qiū qiān 그네를 뛰다
돌아올 복 겹칠 부 부 fù	复	復	复查(復查) fù chá 재검사(하다) 复杂(復雜) fù zá 뒤섞여 어수선함 反复无常(反復無常) fǎn fù wú cháng 변덕이 심하다 情况复杂, 调查清楚 qíng kuàng fù zá, diào chá qīng chǔ 정황이 복잡하니 확실히 조사하다

传真 chuán zhēn 팩시밀리　　电传 diàn chuán 전송하다　　电脑 diàn nǎo 컴퓨터

9획

도타울 독 두 dǔ	笃 篤	笃学(篤學) dǔ xué 열성으로 학문을 닦다 笃信(篤信) dǔ xìn 진심으로 믿다 笃实笃厚(篤實篤厚) dǔ shí dǔ hòu 독실하고 정이 두텁다 情爱甚笃 qíng ài shèn dǔ 애정이 대단히 도탑다
짝 주 처우 chóu	俦 儔	俦侣(儔侶) chóu lǚ 짝, 패, 동아리 俦拟(儔擬) chóu nǐ 동류가 되어 한패에 들다 俦俪(儔儷) chóu lì 반려 他俩是一对(儿)好俦俪 tā liǎ shì yī duì (r) hǎo chóu lì 그들은 서로 상대가 되는 한 쌍의 배필이다
의젓할 엄 얜 yǎn	俨 儼	俨然(儼然) yǎn rán 엄숙하고 위엄이 있다 俨如(儼如) yǎn rú 흡사하다, …과 같다 道貌俨然(道貌儼然) dào mào yǎn rán 도의있는 사람의 모습은 엄숙하다 灯亮俨如白昼 dēng liàng yǎn rú bái zhòu 등 밝은 것이 마치 대낮과도 같다
둘 량 재주 량 랴 liǎ 량 liǎng	俩 倆	俩人(倆人) liǎ rén 두 사람 伎俩(伎倆) jì liǎng 수단, 수법(부정적 의미로 쓰임) 俩心眼(儿)(倆心眼(兒)) liǎ xīn yǎn(r) 의견이 일치하지 않는 것, 두 가지 마음, 불성실한 마음 我们哥儿俩好好唠唠 wǒ mén gēr liǎ hǎo hǎo lào lào 우리 둘이 속마음을 털자구나
짝 려 리 lì	俪 儷	俪安(儷安) lì ān 부부의 안부를 묻다, 부부의 건강을 축원하다 伉俪(伉儷) kàng lì 부부 俪句(儷句) lì jù 대구(서로 대응되는 문구) 他们是一对(儿)天生的伉俪 tā mén shì yī duì (r) tiān shēng de kàng lì 그들은 한 쌍의 타고난 배필이다
빌릴 대 따이 dài	贷 貸	贷款(貸款) dài kuǎn 빌리다, 대부금 贷主(貸主) dài zhǔ 빌려준 사람 责无旁贷(責無旁貸) zé mú páng dài 책임을 타인에게 전가하지 않는다 我要无息贷款 wǒ yào wú xī dài kuǎn 나는 무이자 대부금을 받으려 한다
순할 순 순 shùn	顺 順	顺利(順利) shùn lì 순조롭다 顺序(順序) shùn xù 차례 顺天应人(順天應人) shùn tiān yìng rén 하늘과 민심에 따르다 顺利完成任务 shùn lì wán chéng rèn wù 임무를 무사히 완수하다

电子邮件 diàn zi yóu jiàn 전자우편   因特网 yīn tè wǎng 인터넷   网页 wǎng yè 홈페이지

9획

훈음	간체	번체	예문
검소할 **검** 젠 jiǎn	俭	儉	俭约(儉約) jiǎn yuē 절약하다 俭学(儉學) jiǎn xué 아껴 쓰면서 공부하다 省吃俭用(省吃儉用) shěng chī jiǎn yòng 아껴 먹고 아껴 쓰다 富了也要节俭 fù le yě yào jiē jiǎn 부유해도 아끼며 검소해야 한다
칼 **검** 젠 jiàn	剑	劍	剑柄(劍柄) jiàn bǐng 칼자루 一把剑(一把劍) yī bǎ jiàn 칼 한 자루 剑拔弩张(劍拔弩張) jiàn bá nǔ zhāng 칼을 뽑고 활을 당기다(아슬아슬하고 위급한 시각을 비유) 他的话象一把利剑刺通要害 tā de huà xiàng yī bǎ lì jiàn cī tōng yào hài 그의 말은 예리한 칼처럼 요점을 찔렀다
왜가리 **창** 창 cāng	鸧	鶬	鸧鸹(鶬鸹) cāng guā 재두루미 鸧鹒(鶬鶊) cāng gēng 꾀꼬리 鸧鹒催春耕 cāng gēng cuī chūn gēng 꾀꼬리가 봄갈이를 재촉하다
모름지기 **수** 수염 **수** 쉬 xū	须	須	须知(須知) xū zhī 반드시 알아야 함 胡须(胡須) hú xū 수염 须眉交白(須眉交白) xū méi jiāo bái 수염도 눈썹도 아주 희다(나이가 많다는 뜻) 无须费事 wú xū tèi shì 귀찮은 일을 할 필요가 없다
흐릿할 **롱** 룽 lóng	胧	朧	胧胧(朧朧) lóng lóng 어슴푸레한 모양 朦胧(朦朧) méng lóng 달빛이 흐리다, 모호하다 在朦胧的月光下，依稀可见其身影 zài méng lóng de yuè guāng xià, yī xī kě jiàn qí shēn yǐng 어슴푸레한 달빛 아래서 희미하게나마 그의 모습을 볼 수 있었다
펩톤 **동** 둥 dòng	胨	腖	胨(腖) dòng 펩톤(인공 단백질) 蛋白胨(蛋白腖) dàn bái dòng 펩톤 蛋白胨对人体特别好 dàn bái dòng duì rén tǐ tè bié hǎo 인공 단백질은 인체에 비할 바 없이 이롭다
살갗 **려** 루 lú	胪	臚	胪列(臚列) lú liè 늘어 놓다, 열거하다 胪传(臚傳) lú chuán (위에서 아래로) 전하다 胪陈(臚陳) lú chén 일일이 진술하다(주로 서신, 공문서에 쓰임) 胪陈实情 lú chén shí qíng 실정을 차례로 진술하다

电话号码 diàn huà hào mǎ 전화번호　　区域号码 qū yù hào mǎ (地区号 dì qū hào) 지역번호

쓸개 **담** 딴 dǎn	胆	膽	胆囊(膽囊) dǎn náng 담낭, 쓸개 胆小(膽小) dǎn xiǎo 담이 작다, 소심하다 胆大心细(膽大心細) dǎn dà xīn xì 대담하면서 세심하다 那个人胆小如鼠 nà ge rén dǎn xiǎo rú shǔ 그 사람은 쥐처럼 담이 작다
이길 **승** 썽 shèng	胜	勝	胜利(勝利) shèng lì 이기다 胜负(勝負) shèng fù 승패 胜而不骄(勝而不驕) shèng ér bù jiāo 이겼다고 자만하지 않는다 争取胜利 zhēng qǔ shèng lì 승리를 쟁취하다
정강이 **경** 징 jìng	胫	脛	胫骨(脛骨) jìng gǔ 정강이뼈 胫筋(脛筋) jìng jīn 정강이 근육 不胫而飞(不脛而飛) bù jìng ér fēi 다리가 없어도 잘 달리다, (소문 따위가) 빨리 퍼지다, (물건이) 갑자기 없어지다 伤了胫骨 shāng le jìng gǔ 경골이 상했다
능에 **보** 바오 bǎo	鸨	鴇	大鸨(大鴇) dà bǎo 너새(능에과의 새) 鸨母(鴇母) bǎo mǔ 기생 어미 鸨(儿)(鴇(兒)) bǎo (r) 매춘부, 기생 어미 妓院兴衰全靠鸨母 jì yuàn xīng shuāi quán kào bǎo mǔ 기생 집이 흥하고 망하는 것은 기생 어미에게 달렸다
좁을 **협** 샤 xiá	狭	狹	狭窄(狹窄) xiá zhǎi (마음, 도량, 견식 등이) 좁다 狭隘(狹隘) xiá ài 좁고 활달하지 못하다 狭路相逢(狹路相逢) xiá lù xiāng féng 좁은 길에서 만나 양보할 여지가 없다, 원수는 외나무 다리에서 만난다 心胸狭窄 xīn xiōng xiá zhǎi 도량이 좁다
사자 **사** 스 shī	狮	獅	狮子(獅子) shī zi 사자 狮舞(獅舞) shī wǔ 사자춤 狮子搏兔(獅子搏兔) shī zi bó tù 사자가 토끼를 잡다(작은 일도 경시하지 않고 전력을 다한다는 뜻) 我很欣赏中国的狮子舞 wǒ hěn xīn shǎng zhōng guó de shī zi wǔ 나는 중국의 사자춤을 매우 즐겨 본다
홀로 **독** 두 dú	独	獨	独立(獨立) dú lì 홀로 서다 独生儿子(獨生兒子) dú shēng ér zi 외아들, 독자 独往独来(獨往獨來) dú wǎng dú lái 혼자서 자유로이 오가다, 글이나 글씨 등에서 독특한 품격을 이루다 过独身生活 guò dú shēn shēng huó 독신생활을 하다

电话机 diàn huà jī 전화, 전화기   电话卡 diàn huà kǎ 전화카드   电话亭 diàn huà tíng 전화박스

9획

교활할 회 콰이 kuài	狯 獪	狯猾(獪猾) kuài huá 간악하고 교활함 狡狯(狡獪) jiǎo kuài 교활하다 使尽狡狯伎俩 shǐ jìn jiǎo kuài jì liǎng 교활한 수단을 다 쓰다
옥 옥 위 yù	狱 獄	监狱(監獄) jiān yù 형무소 入狱(入獄) rù yù 감옥에 들어가다 越狱(越獄) yuè yù 탈옥하다 犯罪入狱 fàn zuì rù yù 죄를 범해서 감옥에 가다
원숭이 손 쑨 sūn	狲 猻	猢狲(猢猻) hú sūn 원숭이 树倒猢狲散 shù dǎo hú sūn sàn 나무가 넘어지니 그 위에서 살던 원숭이들이 뿔뿔이 흩어진다(우두머리가 쓰러지면 그에 기대어 살던 자들이 뿔뿔이 흩어지고 만다는 뜻)
바꿀 무 마오 mào	贸 貿	贸易(貿易) mào yì 교역, 매매 贸贸(然)(貿貿(然)) mào mào (rán) 경솔하다, 무턱대고 …하다, 눈이 흐릿하다 贸首之仇(貿首之仇) mào shǒu zhī chóu 불구대천의 원수 进行对外贸易 jìn xíng duì wài mào yì 대외무역을 하다
먹이 이 얼 ěr	饵 餌	鱼饵(魚餌) yú ěr 낚시 미끼 饵敌(餌敵) ěr dí (미끼로) 적을 유인하다 饵以重利(餌以重利) ěr yǐ zhòng lì 큰 이익으로 사람을 유인하다 以此饵敌 yǐ cǐ ěr dí 이것을 미끼로 하여 적을 유인하다
넉넉할 요 라오 ráo	饶 饒	饶人(饒人) ráo rén 남을 용서하다 富饶(富饒) fù ráo 넉넉함 饶有风趣(饒有風趣) ráo yǒu fēng qù 정취가 넘쳐 흐르다, 유머 감각이 풍부하다 我错了, 饶我一次吧! wǒ cuò le, ráo wǒ yī cì ba! 제가 잘못했습니다. 한번만 용서해 주세요!
좀먹을 식 스 shí	蚀 蝕	蚀损(蝕損) shí sǔn 손상(되다) 腐蚀(腐蝕) fǔ shí 썩어 문드러짐 锈能蚀铁(銹能蝕鐵) xiù néng shí tiě 녹은 쇠를 부식시키다 防止腐蚀 fáng zhǐ fǔ shí 부식을 방지하다

听筒 tīng tǒng 수화기　　号码盘儿 hào mǎ pánr 다이얼　　拨号 bō hào (전화)다이얼을 돌리다

건량 향 샹 xiǎng	饷	餉	饷宾(餉賓) xiǎng bīn 손님을 접대하다 饷馈(餉饋) xiǎng kuì 군량미 饷给不继(餉給不繼) xiǎng jǐ bù jì 식량 배급이 이어지지 않는다 备足饷银 bèi zú xiǎng yín 비용(군비)을 넉넉히 마련하다
떡 협 허 hé	饸	餄	饸饹(餄餎) hé le 메밀가루나 수수가루 따위로 만든 틀국수 吃饸饹不抗饿 chī hé le bù kàng è 틀국수를 먹으면 일찍 배가 고프다
굵은국수 로 거 gē 러 le	饹	餎	饹馇(餎馇) gē chā 콩가루로 만들어 기름에 튀긴 식품 绿豆饹馇(綠豆餎馇) lǜ dòu gē chā 녹두전으로 만든 죽 绿豆饹馇能解暑 lǜ dòu gē chā néng jiě shǔ 녹두전 만든 죽은 더위와 갈증을 풀어준다
경단 교 쟈오 jiǎo	饺	餃	饺子(餃子) jiǎo zi 물만두 包饺子(包餃子) bāo jiǎo zi 물만두를 만들다 一头扎进饺子(一頭扎進餃子) yī tóu zhā jìn jiǎo zi 교자 속에 머리를 쑥 들이밀다(단숨에 핵심에 접근한다는 뜻) 中国人爱吃饺子 zhōng guó rén ài chī jiǎo zi 중국인은 물만두를 즐겨 먹는다
화폐계산단위 의 시 xī	饻	餏	饻(餏) xī 의(중국 로해방구에서 사용하던 일종의 화폐단위)
떡 병 빙 bǐng	饼	餅	饼干(餅干) bǐng gān 과자, 비스켓 饼铺(餅鋪) bǐng pù 빵집, 떡집 画饼充饥(畫餅充飢) huà bǐng chōng jī 떡을 그리며 시장기를 달래다(공상 속에서 만족을 느낀다는 뜻) 我喜欢吃馅(儿)饼 wǒ xǐ huān chī xiàn (r) bǐng 나는 소를 넣어 굽은 떡을 즐겨 먹는다
뫼 만 롼 luán	峦	巒	峦弟(巒弟) luán dì 손아래 처남 峦兄(巒兄) luán xiōng 손윗 처남 岗峦起伏(崗巒起伏) gǎng luán qǐ fú 이어져 있는 크고 작은 산들이 기복을 이루다 峰峦起伏,好不壮观 fēng luán qǐ fú, hǎo bù zhuàng guān 산봉우리가 이어지고 기복을 이루어 그야말로 장관이다

总机 zǒng jī 교환   分机 fēn jī 구내전화교환   内线 nèi xiàn 구내전화선

9획

훈음	간체	번체	예문
굽을 만 완 wān	弯	彎	弯道(彎道) wān dào 굽은 길, 트랙의 커브 弯腰(彎腰) wān yāo 허리를 굽히다 拐弯抹角(拐彎抹角) guǎi wān mò jiǎo 꼬불꼬불 돌아서 길을 가다(말을 돌려서 한다는 뜻) 弯腰敬礼 wān yāo jìng lǐ 허리를 굽혀 인사하다
쌍둥이 련 롼 luán	孪	孿	孪生(孿生) luán shēng 쌍둥이 孪生兄弟(孿生兄弟) luán shēng xiōng dì 쌍둥이 형제 孪生姐妹(孿生姐妹) luán shēng jiě mèi 쌍둥이 자매 他们俩是孪生兄弟 tā men liǎ shì luán shēng xiōng dì 그 두 사람은 쌍둥이 형제이다
아름다울 련 롼 luán	娈	孌	娈童(孌童) luán tóng 미소년 娈婉(孌婉) luán wǎn 아름다운 모양새 她那娈婉的仪态令人可爱 tā nà luán wǎn de yí tài lìng rén kě ài 그녀의 아름다운 용모와 몸매는 모든 사람들이 그녀를 사랑하게 한다
장차 장 장수 장 쟝 jiāng, jiàng	将	將	将军(將軍) jiàng jūn 군의 우두머리 将计就计(將計就計) jiāng jì jiù jì 상대방의 계략을 역이용하여 공격하다 我将要到中国开办一所合资企业 wǒ jiāng yào dào zhōng guó kāi bàn yī suǒ hé zī qǐ yè 나는 (앞으로) 중국에 가서 합작기업을 꾸리려고 한다
권면할 장 쟝 jiǎng	奖	獎	奖励(獎勵) jiǎng lì 권하여 북돋다 奖券(獎券) jiǎng quàn 복권, 추첨권 奖罚兑现(獎罰兌現) jiǎng fá duì xiàn 상벌을 실제로 행하다 立功授奖 lì gōng shòu jiǎng 공을 세워 상을 받다
연주창 력 리 lì	疬	癧	瘰疬(瘰癧) luǒ lì 임파선 결핵, 연주창 患有瘰疬要赶紧治 huàn yǒu luǒ lì yào gǎn jǐn zhì 연주창에 걸렸으면 서둘러 치료해야 한다
부스럼 창 촹 chuāng	疮	瘡	疮口(瘡口) chuāng kǒu 부스럼, 종기 따위의 터진 자리 疮痂(瘡痂) chuāng jiā 상처 딱지 疮痍满目(瘡痍滿目) chuāng yí mǎn mù 상처투성이다 好了疮疤不忘痛 hǎo le chuāng bā bù wàng tòng 부스럼이 나았어도 아픔을 잊지 않다(쓰라린 과거를 잊지 않는다는 뜻)

占线 zhàn xiàn 통화중　　转线 zhuǎn xiàn 전화선로를 바꾸다　　挂号 guà hào 신청하다, 접수하다

9획

두풍 풍 병 fēng	疯 瘋	疯病(瘋病) fēng bìng 정신병 发疯(發瘋) fā fēng 발광하다, 미치다 疯头疯脑(瘋頭瘋腦) fēng tóu fēng nǎo 정신이 이상해지다 他气得要发疯 tā qì de yào fā fēng 그는 화나서 미칠 지경이다
친할 친 친 qīn	亲 親	亲戚(親戚) qīn qī 친족과 외척 母亲(母親) mǔ qīn 어머니 父亲(父親) fù qīn 아버지 相亲相爱 xiāng qīn xiāng ài 서로 아끼고 사랑하다
바람소리 삽 싸 sà	飒 颯	飒爽(颯爽) sà shuǎng 씩씩하고 시원스럽다 飒戾(颯戾) sà lì 시원하다, 청량하다 飒爽英姿(颯爽英姿) sà shuǎng yīng zī 씩씩하고 늠름하다 秋风飒飒刮不停 qiū fēng sà sà guā bù tíng 가을바람이 쏴쏴 하며 멎지 않고 불어오다
도장방 규 구이 guī	闺 閨	闺秀(閨秀) guī xiù 규수, 학문과 재주가 뛰어난 여자 闺女(閨女) guī nǚ 처녀, 딸 闺门不谨(閨門不謹) guī mén bù jǐn 가정의 풍기가 문란하다 您家闺女今年多大? nín jiā guī nǚ jīn nián duō dà? 댁의 따님은 올해 나이가 몇이지요?
들을 문 원 wén	闻 聞	闻风(聞風) wén fēng 소문을 듣다 闻名(聞名) wén míng 명성을 듣다, 이름나다 闻所未闻(聞所未聞) wén suǒ wèi wén 금시초문이다 这部电影闻名世界 zhè bù diàn yǐng wén míng shì jiè 이 영화는 세계적으로 유명하다
문 달 타 tà	闼 闥	闼门(闥門) tà mén 작은 문 闼尔(闥爾) tà ěr 가로막힌 것 없이 환하게 시원스러운 모양 排闼直入(排闥直入) pái tà zhí rù 문을 밀치고 바로 들어가다 出入闼门 chū rù tà mén 작은 문으로 드나들다
종족이름 민 민 mǐn	闽 閩	闽红(閩紅) mǐn hóng 중국 부젠성에서 나는 홍차 闽姜(閩姜) mǐn jiāng 중국 부젠성에서 생산되는 생강 闽(閩) mǐn 부젠성의 간칭(簡稱) 我不会说闽语 wǒ bù huì shuō mǐn yǔ 나는 부젠성 토착어를 할 줄 모른다

邮票 yóu piào 우표   信封 xìn fēng 편지봉투   信纸 xìn zhǐ 편지지

9획

훈음	간체	번체	예
이문 려 뤼 lǘ	闾	閭	闾阎(閭閻) lǘ yán 마을 입구에 있는 문 闾帐(閭帳) lǘ zhàng 마을의 호적부 倚闾而望(倚閭而望) yǐ lǘ ér wàng 마을 어귀에서 돌아오기를 기다리다(집 나간 자식을 기다리는 부모의 마음을 비유) 闾里闾外皆为人 lǘ lǐ lǘ wài jiē wéi rén 골목 안팎에 온통 사람들로 가득하다
열 개 카이 kǎi	闿	闓	闿门(闓門) kǎi mén 문을 활짝 열다 闿导(闓導) kǎi dǎo 계발하여 인도하다 想不通, 请给闿导闿导 xiǎng bù tōng, qǐng gěi kǎi dǎo kǎi dǎo 이해가 안 되니 제발 이해할 수 있도록 해주세요
공훈 벌 바 fá	阀	閥	门阀(門閥) mén fá 가문 阀门(閥門) fá mén 밸브 阀族(閥族) fá zú 명문가 开阀放水 kāi fá fàng shuǐ 밸브를 열어 물을 빼다
문설주 각 거 gé	阁	閣	阁楼(閣樓) gé lóu 다락방 入阁(入閣) rù gé 내각의 한 사람이 되다 束之高阁(束之高閣) shù zhī gāo gé 높은 시렁에 묶어두다(사용하지 않고 내버려둔다는 뜻) 谁当头儿, 就由谁组阁 shéi dāng tóu (r), jiù yóu shéi zǔ gé 누구든 영수가 되면 그가 바로 내각을 세운다
버틸 쟁 쩡 zhèng	阐	閛	阐閛(閛閛) zhèng chuài 발버둥치다, 애쓰다, 버티다 速起, 阐閛何用? sù qǐ, zhèng chuài hé yòng? 빨리 일어나거라, 버티고 앉아 있어봤자 무슨 소용이 있겠나?
문잠글 애 허 hé	阂	閡	隔阂(隔閡) gé hé (감정적) 틈 消除我们之间的隔阂 xiāo chú wǒ men zhī jiān de gé hé 우리들 사이의 간격을 없애다
기를 양 양 yǎng	养	養	养家(養家) yǎng jiā 가족을 부양하다 养花(儿)(養花(兒)) yǎng huā (r) 꽃을 재배하다 养生送死(養生送死) yǎng shēng sòng sǐ 부모님이 살아계실 때나 돌아가신 뒤에도 효도를 다하다 养精蓄锐 yǎng jīng xù ruì 정신력과 굳센 기세를 갈고 닦다

邮筒 yóu tǒng (信箱 xìn xiāng) 우체통   邮件 yóu jiàn 우편물   邮递员 yóu dì yuán 집배원

생강 강 쟝 jiāng	姜	薑	姜茶(薑茶) jiāng chá 생강차 干姜(干薑) gān jiāng 말린 생강 姜是老的辣(薑是老的辣) jiāng shì lǎo de là 생강은 여문 것이 맵다(나이가 들면 일처리가 노련해진다는 뜻) 喝姜汤预防感冒 hē jiāng tāng yù fǎng gǎn mào 생강탕을 마셔서 감기를 예방하다
무리 류 레이 lèi	类	類	类似(類似) lèi sì 비슷(하다) 分类(分類) fēn lèi 구분하다 诸如此类(諸如此類) zhū rú cǐ lèi 어느 것이든 다 이런 종류이다 分类指导 fēn lèi zhǐ dǎo 분류하여 지도하다
별이름 루 끌 루 러우 lóu	娄	婁	娄子(婁子) lóu zi 혼란, 분규 出娄子(出婁子) chū lóu zi 혼란이 생기다 捅娄(子)(捅婁(子)) tǒng lóu (zi) 말썽을 일으키다 不要出娄子 bù yào chū lóu zi 혼란이 생기지 않게 하라
거느릴 총 쫑 zǒng	总	總	总结(總結) zǒng jié 총결산(하다) 总值(總值) zǒng zhí 총액 总而言之(總而言之) zǒng ér yán zhī 총괄적으로 말하면, 요컨대 写总结报告 xiě zǒng jié bào gào 총괄 보고서를 작성하다
불릴 련 랜 liàn	炼	煉	锻炼(鍛煉) duàn liàn 몸과 마음을 닦다 炼蜜(煉蜜) liàn mi 정제한 꿀, 꿀을 정제하다 千锤百炼(千錘百煉) qiān chuí bǎi liàn 온갖 시련을 다 겪다 锻炼好身体 duàn liàn hǎo shēn tǐ 신체를 튼튼하게 단련하다
성할 치 츠 chì	炽	熾	炽热(熾熱) chì rè 몹시 뜨겁다 炽盛(熾盛) chì shèng (불길이) 매우 거세다, 번성하다 林木炽茂(林木熾茂) lín mù chì mào 수림이 매우 무성하다 抑不住炽热的情感 yì bù zhù chì rè de qíng gǎn 타오르는 듯한 정감을 억누를 길이 없다
빛날 삭 숴 shuò	烁	爍	烁亮(爍亮) shuò liàng 매우 밝다 烁金(爍金) shuò jīn 쇠붙이를 녹이다(여러 사람의 입이 쇠붙이를 녹인다는 뜻으로 여론의 힘을 비유) 繁星闪烁(繁星閃爍) fán xīng shǎn shuò 뭇 별이 반짝이다 目光烁烁 mù guāng shuò shuò 눈빛이 반짝반짝 빛나다

地址 dì zhi 주소　　电汇 diàn huì 전신환　　邮费 yóu fèi 우표값

9획

문드러질 란 란 làn	烂 爛	烂掉(爛掉) làn diào 썩어서 못쓰게 되다 烂熟(爛熟) làn shú (고기, 야채 따위가) 푹 익다, 일에 익숙하다 烂扯淡话(爛扯淡話) làn chě dàn huà 실없는 소리를 하다 发展灿烂的民族文化 fā zhǎn càn làn de mín zú wén huà 찬란한 민족문화를 발전시키다
탄화수소 경 팅 tīng	烃 烴	烃(烴) tīng 탄화수소 烃基(烴基) tīng jī 탄화수소기 烃气(烴氣) tīng qì 탄화수소 가스
웅덩이 와 와 wā	洼 窪	洼地(窪地) wā dì 움푹한 지대, 저지대 洼水(窪水) wā shuǐ 고인 물, 웅덩이 물 洼心脸(儿)(窪心臉(兒)) wā xīn liǎn(r) 움푹 들어간 얼굴 路面(儿)坑坑洼洼, 不好走 lù miàn (r) kēng kēng wā wā, bù hǎo zǒu 길바닥이 움푹움푹하여 다니기 불편하다
깨끗할 결 제 jié	洁 潔	洁白(潔白) jié bái 새하얗다, 깨끗하다 洁净(潔淨) jié jìng 청렴결백하다 洁身自好(潔身自好) jié shēn zì hào 세속에 물들지 않고 자신의 순결을 지키다, 자신만을 돌보다 客房要整洁 kè fáng yào zhěng jié 객실은 깨끗히 정돈해야 한다
뿌릴 쇄 싸 sǎ	洒 灑	洒泪(灑淚) sǎ lèi 눈물을 흘리다 洒脱(灑脫) sǎ tuō (말이나 행동이) 소탈하다, 시원스럽다 洒泪而别(灑淚而別) sǎ lèi ér bié 눈물을 흘리며 헤어지다 他为人洒脱 tā wéi rén sǎ tuō 그는 사람 됨됨이가 대범하고 시원스럽다
미끄러울 달 타 tà	洷 澾	滑洷(滑澾) huá tà 미끄럽다 这条路滑洷难行 zhè tiáo lù huá tà nán xíng 길이 질척거리고 미끄러워 다니기가 불편하다
두루미칠 협 쟈 jiā	浃 浹	浃日(浹日) jiā rì 열흘간 浃辰(浹辰) jiā chén 12일간 汗流浃背(汗流浹背) hàn liú jiā bèi 등이 땀으로 축축하게 젖다 他跑得汗流浃背 tā pǎo de hàn liú jiā bèi 그는 등이 땀으로 축축해질 정도로 뛰었다

邮政编码 yóu zhèng biān mǎ 우편번호   邮政信箱 yóu zhèng xìn xiāng 사서함

물댈 요 쟈오 jiāo	浇	澆	浇水(澆水) jiāo shuǐ 물을 끼얹다 浇花(澆花) jiāo huā 꽃에 물을 주다 火上浇油(火上澆油) huǒ shàng jiāo yóu 불에 기름을 붓다(붙는 불에 부채질하다) 老爷习惯每天浇花 lǎo yé xí guàn měi tiān jiāo huā 외조부는 매일 꽃에 물을 주시는 게 습관이 되었다
강이름 정 전 zhēn	浈	湞	浈水(湞水) zhēn shuǐ 정수(광동성에 있는 강)
강이름 사 스 shī	浉	溮	浉河(溮河) shī hé 사하(허난성에 있는 강)
흐릴 탁 줘 zhuó	浊	濁	浊水(濁水) zhuó shuǐ 흐린 물 混浊(混濁) hùn zhuó 흐리고 탁하다 浊泾清渭(濁涇清渭) zhuó jīng qīng wèi 흐린 경수와 맑은 위수 (흑백을 분명히 한다는 뜻) 雨后河水混浊 yǔ hòu hé shuǐ hùn zhuó 비가 내린 후 강물이 혼탁해지다
잴 측 처 cè	测	測	测验(測驗) cè yàn 시험(하다) 测量(測量) cè liáng (길이, 너비, 높이 따위를) 재고 헤아림 人心难测(人心難測) rén xīn nán cè 사람 마음은 헤아리기 어렵다 我预测这河宽有五十米 wǒ yù cè zhè hé kuān yǒu wǔ shí mǐ 나는 이 강의 폭이 오십 미터가 될 거라고 추측한다
봇도랑 회 콰이 kuài	浍	澮	沟浍(溝澮) gōu kuài 봇도랑 田浍(田澮) tián kuài 논, 밭의 봇도랑 整修田浍 zhěng xiū tián kuài 논밭의 봇도랑을 수리하다
맑을 류 류 liú	浏	瀏	浏亮(瀏亮) liú liàng 맑고 밝음 浏风(瀏風) liú fēng 시원한 바람 浏览群书(瀏覽群書) liú lǎn qūn shū 많은 책을 대충 훑어보다 浏览一遍就知道中心内容 liú lǎn yī biàn jiù zhī dào zhōng xīn nèi róng 대충 한번 보면 곧 그 주요 내용을 파악할 수 있다

平信 píng xìn 보통우편　　挂号信 guà hào xìn 등기우편　　航空信 háng kōng xìn 항공우편

9획

건널 **제** 지 jì	济	濟	济贫(濟貧) jì pín 가난한 사람을 구제하다 济河(濟河) jì hé 강을 건너다 同舟共济(同舟共濟) tóng zhōu gòng jì 서로 협력하여 난국을 타개하여 나가다 找救济中心请求支援 zhǎo jiù jì zhōng xīn qǐng qiú zhī yuán 구제센터를 찾아 지원을 요청하다
강이름 **산** 찬 chǎn	浐	滻	浐(滻) chǎn 산(싼시성에 있는 강)
흐릴 **혼** 훈 hún	浑	渾	浑水(渾水) hún shuǐ 흐린 물 浑厚(渾厚) hún hòu (시문, 서화의 풍격이) 소박하고 무게 있다 浑水摸鱼(渾水摸魚) hún shuǐ mō yú 흐린 물에서 고기를 잡다 (혼란한 틈을 타서 한몫 본다는 뜻) 这水浑得连脚也洗不了 zhè shuǐ hún de lián jiǎo yě xǐ bù liǎo 이 물은 발도 씻지 못할 정도로 흐리다
물가 **호** 후 hǔ	浒	滸	浒湾(滸灣) hǔ wān 호만(허난성에 있는 지명) 水浒传(水滸傳) shuǐ hǔ zhuàn 수호전(중국 사대기서의 하나) 『水浒传』是一部名著 『shuǐ hǔ zhuàn』 shì yī bù míng zhù 『수호전』은 명작 가운데 하나이다
짙을 **농** 눙 nóng	浓	濃	浓度(濃度) nóng dù 용액 속에 들어 있는 성분의 비율 浓厚(濃厚) nóng hòu 짙고 뚜렷하다, (흥미, 관심 따위가) 많다 浓妆艳裹(濃妝艷裹) nóng zhuāng yàn guǒ 분장과 옷차림이 화려하다 乡土味儿很浓厚 xiāng tǔ wèi(r) hěn nóng hòu 향토맛이 너무 진하다
물가 **심** 쉰 xún	浔	潯	江浔(江潯) jiāng xún 강가 浔(潯) xún 심(장시성 구강의 별칭) 在江浔立界碑 zài jiāng xún lì jiè bēi 강가에 경계비를 세우다
급히흐를 **진** 찐 jìn	浕	濜	浕水(濜水) jìn shuǐ 진수(후베이성에 있는 강)

特快传递 tè kuài chuán dì 특급송달　　电报 diàn bào 전보　　包裹 bāo guǒ 소포

9획

서럽게울 통 퉁 tòng	恸 恸 慟	恸哭(慟哭) tòng kū 몹시 슬피 울다 恸切(慟切) tòng qiè 매우 슬퍼하다 恸心(慟心) tòng xīn 가슴 아파하다 不要过于悲恸 bù yào guò yú bēi tòng 너무 슬퍼하지 마세요
앓을 염 얜 yān	恹 懨	恹恹(懨懨) yān yān (병으로) 쇠약해진 모양 恹煎(懨煎) yān jiān (병으로) 정신이 흐리터분하다 神色恹恹, 需要休息 shēn sè yān yān, xū yào xiū xi 지친 것 같으니 쉬어야 한다
즐거울 개 카이 kǎi	恺 愷	恺切(愷切) kǎi qiè 간절하다 恺乐(愷樂) kǎi yuè 개선곡, 즐김 恺悌(愷悌) kǎi tì 덕이 장대하다, 마음이 누그러져 화평하고 즐거움 他的言辞恺切 tā de yán cǐ kǎi qiè 그의 언사는 간절하다
슬퍼할 측 처 cè	恻 惻	恻然(惻然) cè rán 가엾게 여기는 모양 凄恻(凄惻) qī cè 슬프다 恻隐之心(惻隱之心) cè yǐn zhī xīn 불쌍히 여겨 언짢아하는 마음 表示恳恻之心 biǎo shì kěn cè zhī xīn 간절하고 지성스러운 심정을 표하다
괴로워할 뇌 나오 nǎo	恼 惱	恼火(惱火) nǎo huǒ 분노(하다) 苦恼(苦惱) kǔ nǎo 고민하다 恼羞成怒(惱羞成怒) nǎo xiū chéng nù 부끄럽고 분한 나머지 성을 내다 解除烦恼 jiě chú fán nǎo 번민을 없애다
도타울 운 윈 yùn	恽 惲	恽(惲) yùn 중후하다 恽厚(惲厚) yùn hòu 돈독하다 他是一位很恽厚的人 tā shì yī wèi hěn yùn hòu de rén 그는 매우 돈후한 사람이다
들 거 쥐 jǔ	举 擧	举手(擧手) jǔ shǒu 손을 들다 举行(擧行) jǔ xíng 진행하다 举一反三(擧一反三) jǔ yī fǎn sān 하나를 보고 열을 알다, 미루어 알다, 추리하다 举办欢送宴会 jǔ bàn huān sòng yàn huì 환송 연회를 베풀다

收件人 shōu jiàn rén 수신인   寄件人 jì jiàn rén 발신인

9획

한자	간체/번체	예문
깨달을 각 쥐 jué	觉 覺	觉察(覺察) jué chá 깨닫다, 감지하다 听觉(聽覺) tīng jué 듣는 감각 大梦初觉(大夢初覺) dà mèng chū jué 깨닫기 시작하다 早已觉察到了 zǎo yǐ jué chá dào le 이미 일찍이 알아차렸다
법 헌 샌 xiàn	宪 憲	宪法(憲法) xiàn fǎ 근본이 되는 법규 宪令(憲令) xiàn lìng 법령, 법규 建政立宪(建政立憲) jiàn zhèng lì xiàn 정권을 세우고 헌법을 제정하다 遵守宪法 zūn shǒu xiàn fǎ 헌법을 준수하다
훔칠 절 체 qiè	窃 竊	窃听(竊聽) qiè tīng 남몰래 듣다 盗窃(盜竊) dào qiè 훔치다 窃窃私语(竊竊私語) qiè qiè sī yǔ 소곤소곤 속삭이다 窃听电话 qiè tīng diàn huà 전화를 엿듣다
경계할 계 제 jiè	诫 誡	告诫(告誡) gào jiè 경고하다 劝诫(勸誡) quàn jiè 권계하다 谆谆告诫(諄諄告誡) zhūn zhūn gào jiè 간곡히 타이르다 不忘家父的谆谆告诫 bù wàng jiā fù de zhūn zhūn gào jiè 아버님의 간곡한 교시를 잊지 않다
무고할 무 우 wū	诬 誣	诬蔑(誣蔑) wū miè 비방(하다), 모욕(하다) 诬陷(誣陷) wū xiàn 모함하다 诬良为盗(誣良爲盜) wū liáng wéi dào 공연한 사람에게 죄를 씌워 도적으로 몰다 诬蔑他人要犯罪 wū miè tā rén yào fàn zuì 다른 사람을 중상모략하면 죄가 된다
말씀 어 위 yǔ	语 語	语言(語言) yǔ yán 말 外国语(外國語) wài guó yǔ 외국어 语重心长(語重心長) yǔ zhòng xīn cháng 말이 의미심장하다 要学好语言, 非下苦功夫不可 yào xué hǎo yǔ yán, fēi xià kǔ gōng fū bù kě 언어를 배우려면 피나는 노력을 해야 한다
웃옷 오 아오 ǎo	袄 襖	棉袄(棉襖) mián ǎo 솜저고리 夹袄(夾襖) jiá ǎo 겹저고리 红袄绿裤(紅襖綠褲) hóng ǎo lǜ kù 빨간 상의와 녹색 바지 冬季要穿棉袄 dōng jì yào chuān mián ǎo 겨울철에는 솜저고리를 입어야 한다

宾馆 bīn guǎn 영빈관, 호텔   旅馆(店) lǚ guǎn (diàn) 여관   写字楼 xiě zì lóu 오피스텔

9획

| 꾸짖을 초
챠오 qiào | 诮 誚 | 诮呵(誚呵) qiào hē 꾸짖다
诮责(誚責) qiào zé 질책하다
讥诮(譏誚) jī qiào 비꼬다, 비웃다
当面诮责 dāng miàn qiào zé 면전에서 질책하다 |

| 아비사당 녜
니 nǐ | 祢 禰 | 祢(禰) nǐ 선친(별세한 후 사당에 위패를 모신 뒤에 부르는 호칭)
祢庙(禰廟) nǐ miào 아버지를 모신 사당
祢祖(禰祖) nǐ zǔ 아버지와 조상을 모신 사당 |

| 그릇할 오
우 wù | 误 誤 | 误会(誤會) wù huì 오해(하다)
误事(誤事) wù shì 일을 그르치다
误入歧途(誤入歧途) wù rù qí tú 미혹되어 잘못된 길로 들어서다
这是一场误会 zhè shì yī cháng wù huì 이것은 오해이다 |

| 고할 고
가오 gào | 诰 誥 | 诰命(誥命) gào mìng 임금이 신하에게 내리는 명령
诰敕(誥敕) gào chì 명·청 시대 관리에게 토지, 작위를 내리는 사령
诰诫(誥誡) gào jiè 훈계하다(告誡와 같은 뜻)
聆听先辈诰诫 líng tīng xiān bèi gào jiè 선배님의 훈계를 공손히 귀담아 듣다 |

| 꾈 유
유 yòu | 诱 誘 | 诱引(誘引) yòu yǐn 꾀어 냄
诱导(誘導) yòu dǎo 꾀어서 이끌다
诱敌深入(誘敵深入) yòu dí shēn rù 적을 깊숙이 유인하다
诱引青少年犯罪 yòu yǐn qīng shào nián fàn zuì 청소년들이 죄를 범하도록 유인하다 |

| 가르칠 회
후이 huì | 诲 誨 | 诲示(誨示) huì shì 가르치다
诲谕(誨諭) huì yù 가르쳐서 깨닫게 하다
诲人不倦(誨人不倦) huì rén bù juàn 싫증내지 않고 남을 교도하다
不忘老师的教诲 bù wàng lǎo shī de jiào huì 스승의 가르침을 잊지 않다 |

| 속일 광
쾅 kuáng | 诳 誑 | 诳人(誑人) kuáng rén 사람을 속이다
诳语(誑語) kuáng yǔ 거짓말, 허풍
诳语乱言(誑語亂言) kuáng yǔ luàn yán 거짓말하다, 헛소리하다
口出诳语, 有失身份 kǒu chū kuáng yǔ, yǒu shī shēn fèn 입에 담지 못할 소리를 하니 신분에 맞지 않는다 |

预约 yù yuē 예약   付款 fù kuǎn 돈을 지불하다   钥匙 yào shi 열쇠   柜台 guì tái 카운터

9획

짐새 짐 전 zhèn	鸩 鴆	鸩毒(鴆毒) zhèn dú 독주, 짐독 鸩羽(鴆羽) zhèn yǔ 짐새의 깃털 饮鸩止渴(飮鴆止渴) yǐn zhèn zhǐ kě 독주로 갈증을 풀다(일시적 위기 모면을 위해 장차의 큰 화를 돌보지 않는다는 뜻) 饮鸩自尽 yǐn zhèn zì jìn 독주를 마시고 자살하다
말씀 설 쉬 shuō	说 說	说明(說明) shuō míng 풀어서 밝힘 说情(說情) shuō qíng 인정에 호소하다, 사정을 봐 달라고 부탁하다 说到做到(說到做到) shuō dào zuò dào 말한 것은 반드시 실행하다, 약속은 반드시 지킨다 说明情况 shuō míng qíng kuàng 상황을 설명하다
욀·송 쑹 sòng	诵 誦	诵诗(誦詩) sòng shī 시를 낭송하다 背诵(背誦) bèi sòng 외우다, 암기내다 熟读成诵(熟讀成誦) shú dú chéng sòng 숙독해서 외울 수 있는 정도가 되다 背诵名句 bèi sòng míng jù 명구를 외우다
탄식할 희 어 ē 에이 ēi, éi, ěi, èi	诶 誒	诶, 你快来 ē, nǐ kuài lái 어이, 빨리와(부름, 분부 등을 표현) 诶, 他怎么走了! éi, tā zěn me zǒu le! 어어, 그가 왜 갔지!(놀람, 의아함 등을 표현) 诶, 你这话可不对呀! ěi, nǐ zhè huà kě bù duì ya 엉, 너 이 말 맞지 않을걸(부정의 표현) 诶, 我就来! èi, wǒ jiù lái 웅, 내 곧 갈게(승낙, 동의 등의 표현)
따비할 간 컨 kěn	垦 墾	开垦(開墾) kāi kěn 개간하다 垦田(墾田) kěn tián 개간하여 논밭으로 만들다 垦户(墾戶) kěn hù 개간자 开垦荒地种田 kāi kěn huāng dì zhòng tián 황무지를 개간하여 농사를 짓다
낮 주 쩌우 zhòu	昼 晝	昼夜(晝夜) zhòu yè 밤낮 昼寝(晝寢) zhòu qīn 낮잠 灯光如昼(燈光如晝) dēng guāng rú zhòu 불빛이 대낮같이 환하다 昼夜不停, 连轴(儿)转 zhòu yè bù tíng, lián zhóu(r) zhuàn 밤낮 쉬지 않고 연속 돌아가다(치다)
쓸 비 베이 fèi	费 費	费用(費用) fèi yòng 어떤 일을 할 때 드는 돈 水电费(水電費) shuǐ diàn fèi 수도 전기세 费尽心机(費盡心機) fèi jìn xīn jī 머리를 짜서 생각하다 节约费用 jié yuē fèi yòng 비용을 절약하다

开门 kāi mén 문을 열다   锁门 suǒ mén 문을 잠그다

훈음	간체	번체	용례
겸손할 손 쉰 xùn	逊	遜	逊位(遜位) xùn wèi 직위를 물려주다 逊愿(遜願) xùn yuàn 겸손하고 신중하다 逊志时敏(遜志時敏) xùn zhì shí mǐn 겸허하게 배우고 항상 스스로 노력하다 这个人很谦逊 zhè ge rén hěn qiān xùn 이 사람은 매우 겸손하다
떨어질 운 윈 yǔn	陨	隕	陨石(隕石) yǔn shí 운석 陨落(隕落) yǔn luò 고공에서 떨어지다 幸免陨越(幸免隕越) xìng miǎn yǔn yuè 다행히 실패를 면하다 幸免陨灭 xìng miǎn yǔn miè 다행히 죽음을 면하다
험할 험 샌 xiǎn	险	險	险道(險道) xiǎn dào 험한 길 冒险(冒險) mào xiǎn 위험을 무릅쓰 险风恶浪(險風惡浪) xiǎn fēng è làng 사나운 바람과 거친 파도 不能冒这个险 bù néng mào zhè ge xiǎn 이런 모험은 할 필요가 없다
하례 하 허 hè	贺	賀	贺年(賀年) hè nián 새해를 축하하다 贺寿(賀壽) hè shòu 생일을 축하하다 可喜可贺(可喜可賀) kě xǐ kě hè 경사스럽고 축하할 만하다 祝贺你生日愉快! zhù hè nǐ shēng rì yú kuài! (당신의) 생일이, 유쾌하기를 기원합니다!
원망할 대 뚜이 duì	怼	懟	怨怼(怨懟) yuàn duì 원망(하다), 원한(을 품다) 怼怒(懟怒) duì nù 원망하며 화를 내다 怼恨(懟恨) duì hèn 원한(을 품다) 怨怼满腹 yuàn duì mǎn fù 원한이 가슴에 꽉 차다
진 루 레이 lěi	垒	壘	垒壁(壘壁) lěi bì 성채, 보루 垒城(壘城) lěi chéng 성벽을 쌓다 深沟高垒(深溝高壘) shēn gōu gāo lěi 깊은 해자와 높은 성벽 森严壁垒, 很难攻破 sēn yán bì lěi, hěn nán gōng pò 견고한 방어시설은 함락하기가 매우 어렵다
동서 아 야 yà	娅	婭	娅壻(婭壻) yà xù 동서(아내의 자매의 남편) 此二人皆为张家娅壻 cǐ èr rén jiē wéi zhāng jiā yà xù 이들 두 사람은 모두 장씨 가문의 사위이다

登记 dēng jì 등록   收据 shōu jù 영수증   住宿卡 zhù sù kǎ 숙박카드

9획

한자	훈음	예문
娆 (嬈)	약할 뇨 번거로울 뇨 라오 ráo, rǎo	妖娆(妖嬈) yāo ráo 요염하다, 매혹적이다 娆恼(嬈惱) rǎo nǎo 몹시 괴로워하다 娆害(嬈害) rǎo hài 성가시게 굴며 일을 그르치다 总是娆害, 不得安宁 zǒng shì rǎo hài, bù dé ān níng 늘 성가시게 굴며 일을 망치니 편안할 수가 없다
娇 (嬌)	아리따울 교 쟈오 jiāo	娇姿(嬌姿) jiāo zī 고운 자태 撒娇(撒嬌) sā jiāo 애교를 부리다 娇小玲珑(嬌小玲瓏) jiāo xiǎo líng lóng 작고 깜찍하다 快都二十了, 你还撒娇 kuài dōu èr shí le, nǐ hái sā jiāo 곧 스무 살인데도 넌 아직도 응석을 부리는구나
绑 (綁)	동여맬 방 빵 bǎng	绑架(綁架) bǎng jià 납치하다, 받침대를 세우다 绑牢(綁牢) bǎng láo 단단히 묶어 놓다 绑绑捆捆(綁綁捆捆) bǎng bǎng kǔn kǔn 묶거나 매다 绑架人做人质 bǎng jià rén zuò rén zhì 사람을 납치하여 인질로 삼다
绒 (絨)	융 융 룽 róng	绒绦(絨縧) róng tāo 털실 鸭绒(鴨絨) yā róng 오리 솜털 绒毡轰炸(絨氈轟炸) róng zhān hōng zhà 융단 폭격 买一套绒衣裤 mǎi yī tào róng yī kù 보온 메리야스 한 벌을 사다
结 (結)	맺을 결 제 jié	结婚(結婚) jié hūn 혼인 结果(結果) jié guǒ 결말의 상태, 열매를 맺음, 마침내 结不解之缘(結不解之緣) jié bù jiě zhī yuán 갈라질 수 없는 인연을 맺다 祝贺你结婚! zhù hè nǐ jié hūn! 당신의 결혼을 축하합니다!
绔 (絝)	바지 고 쿠 kù	绔(絝) kù 바지 纨绔(紈絝) wán kù 흰 비단으로 만든 화려한 복장 纨绔子弟(紈絝子弟) wán kù zǐ dì 호강스럽게 자란 부잣집 자식 纨绔子弟经不起风雨 wán kù zǐ dì jīng bù qǐ fēng yǔ 호강스레 자란 부잣집 자식들은 어려움을 이겨 내지 못한다
骁 (驍)	날랠 효 샤오 xiāo	骁勇(驍勇) xiāo yǒng 용맹하다 骁骁(驍驍) xiāo xiāo 용감하게 앞으로 나아가는 모습 骁勇善战(驍勇善戰) xiāo yǒng shàn zhàn 용맹하고 싸움을 잘한다 刘备是个骁将 liú bèi shì ge xiāo jiàng 유비는 용맹한 장수였다

贵重物品寄存处 guì zhòng wù pǐn jì cún chù 귀중품 보관실

9획

두를 요 라오 rào	绕 繞	绕道(儿)(繞道(兒)) rào dào(r) 우회하다, 에돌아 가다 绕线(繞線) rào xiàn 실을 감다 绕梁三日(繞梁三日) rào liáng sān rì 오랫동안 귀전에 울리다 再绕一圈(儿) zài rào yī quān(r) 한 번 더 돌다
질 질 뎨 dié	绖 絰	首绖(首絰) shǒu dié 수질(상복 입을 때 머리에 두르는 띠) 腰绖(腰絰) yāo dié 요질(상복 입을 때 허리에 두르는 띠) 绖皇(絰皇) dié huáng 무덤 앞에 두두룩하게 만든 곳 着绖送丧 zhuó dié sòng sāng 몸에 수질과 요질을 걸치고 영구를 모시다
교만할 교 쟈오 jiāo	骄 驕	骄傲(驕傲) jiāo ào 교만하고 거만함, 자랑하다 骄阳(驕陽) jiāo yáng 뙤약볕, 폭양 骄傲自满(驕傲自滿) jiāo ào zì mǎn 스스로 교만하여 자신만만함 骄傲使人落后 jiāo ào shǐ rén luò hòu 교만함은 사람을 뒤처지게 한다
준마 화 화 huá	骅 驊	骅骝(驊騮) huá liú 적색의 준마(주나라 목왕의 팔준마 중 하나) 周王好骅(骝) zhōu wáng hào huá (liú) 주나라 목왕은 팔준마 중 적색 준마를 좋아했다
그림 회 후이 huì	绘 繪	绘画(繪畫) huì huà 그림을 그림 描绘(描繪) miáo huì 묘사(하다) 绘声绘色(繪聲繪色) huì shēng huì sè (묘사, 서술이) 생생하다 描绘风景 miáo huì fēng jǐng 풍경을 묘사하다
낙타 락 뤄 luò	骆 駱	骆驼(駱駝) luò tuó 낙타 骆马(駱馬) luò mǎ 라마, 낙타의 일종 骆驼上车(駱駝上車) luò tuó shàng chē 낙타는 죽어서 푸줏간에 실려갈 때에만 수레를 탄다(죽는다는 뜻) 骑骆驼 qí luò tuó 낙타를 타다
나란히할 변 팬 pián	骈 駢	骈拇(駢拇) pián mǔ 육손이, 육발이 骈衍(駢衍) pián yǎn 연속되다 骈拇枝指(駢拇枝指) pián mǔ zhī zhǐ 쓸데없는 군더더기 骈肩而过 pián jiān ér guò 서로 어깨를 맞부딪치며 지나가다

餐厅 cān tīng 식당   西餐厅 xī cān tīng 레스토랑   咖啡店 kā fēi diàn 커피숍

9획

목맬 교 쟈오 jiǎo	绞 絞	绞刀(絞刀) jiǎo dāo 가위 绞票(絞票) jiǎo piào 개찰하다 心如刀绞(心如刀絞) xīn rú dāo jiǎo 칼로 에이듯 마음이 아프다 我已绞票了 wǒ yǐ jiǎo piào le 나는 이미 검표를 마쳤다
놀랄 해 하이 hài	骇 駭	骇愕(駭愕) hài è 몹시 놀라다 骇异(駭異) hài yì 의아해 하다 骇人听闻(駭人聽聞) hài rén tīng wén 듣는 사람을 깜짝 놀라게 하다 冲破惊涛骇浪 chōng pò jīng tāo hài làng 거친 파도를 박차고 나가다(위험하고 어려운 처지를 두려워 않고 용감히 나간다는 뜻)
큰줄기 통 퉁 tǒng	统 統	统一(統一) tǒng yī 여럿을 하나로 만듦, 통일(하다) 传统(傳統) chuán tǒng 계통을 이어받음 统筹兼顾(統籌兼顧) tǒng chóu jiān gù 여러 방면의 일을 통일적으로 계획하고 돌보다 实现南北统一 shí xiàn nán běi tǒng yī 남북통일을 실현하다
바느질할 행 항 háng	绗 絎	绗针(絎針) háng zhēn 누비 바늘 绗被子(絎被子) háng bèi zi 이불을 누비다 绗棉裤(絎棉褲) háng mián kù 솜바지를 누비다 多绗几趟 duō háng jǐ tàng 여러 번 누비다
넉넉할 급 게이 gěi 지 jǐ	给 給	供给(供給) gōng jǐ 공급, 물품을 제공함 给脸(給臉) gěi liǎn 체면을 세워주다 给与(給與) gěi yǔ 베풀어 주다, 주다, 해주다 给钱就卖 gěi qián jiù mài 돈만 주면 팔다(남이 시키는 대로 한다는 뜻)
무늬 현 쉬안 xuàn	绚 絢	绚烂(絢爛) xuàn làn 현란하다, 눈부시다 绚饰(絢飾) xuàn shì 아름답게 꾸미다 绚丽多彩(絢麗多彩) xuàn lì duō cǎi 눈부시게 아름답고 다채롭다 送给你一束绚丽的鲜花 sòng gěi nǐ yī shù xuàn lì de xiān huā 당신에게 아름다운 생화 한 묶음을 드려요
진홍 강 쟝 jiàng	绛 絳	绛紫(絳紫) jiàng zǐ 진홍색 绛虹(絳虹) jiàng hóng 붉은 무지개(비가 갤 무렵에 나타남) 绛衣大冠(絳衣大冠) jiàng yī dà guàn 붉은 휘장 雨后出绛虹 yǔ hòu chū jiàng hóng 비가 그친 후 진홍색 무지개가 나타나다

酒吧 jiǔ bā 술집, 바   商务中心 shāng wù zhōng xīn 상업센타

훈	간체	번체	예시
헌솜 락 뤄 luò	络	絡	络丝(絡絲) luò sī 엉킨 실 经络(經絡) jīng luò 오장육부에서 생긴 병이 몸 거죽에 나타난 자리 络绎不绝(絡繹不絕) luò yì bù jué 왕래가 잦아 끊이지 않다 与他取得联络 yǔ tā qǔ dé lián luò 그와 연락을 취하다
끊을 절 쥐에 jué	绝	絕	绝缘(絕緣) jué yuán 인연을 끊다 拒绝(拒絕) jù jué 응낙하지 않고 물리침 断子绝孙(斷子絕孫) duàn zǐ jué sūn 자손이 끊어지다 拒绝他的请求 jù jué tā de qǐng qiú 그의 청을 거절하다
고울 염 얜 yàn	艳	艷	艳丽(艷麗) yàn lì 곱고 아름답다 艳容(艷容) yàn róng 매력있는 모습, 아름다운 얼굴 艳丽多姿(艷麗多姿) yàn lì duō zī 곱고 아름다운 몸맵시 打扮得非常艳丽 dǎ bàn de fēi cháng yàn lì 매우 아름답게 치장하다
삼갈 욱 쉬 xū	顼	頊	颛顼(顓頊) zhuān xū 전욱(고대 제왕의 이름) 顼(頊) xū 욱(성으로 주로 쓰임)
아름다운옥 혼 훈 hún	珲	琿	珲(琿) hún 혼(옥의 일종) 珲春市(琿春市) hún chūn shì 훈춘시(지린성에 있는 도시) 珲春市是中·朝·俄三国边境市 hún chūn shì shì zhōng cháo é sān guó biān jìng shì 훈춘시는 중국, 조선, 러시아 3국이 인접한 변경 도시이다
누에 잠 찬 cán	蚕	蠶	蚕丝(蠶絲) cán sī 누에고치에서 뽑아낸 실 养蚕(養蠶) yǎng cán 누에를 침 蚕食鲸吞(蠶食鯨吞) cán shí jīng tūn 조금씩 침략하여 결국 병탄하여 버리다 蚕食邻国领土 cán shí lín guó lǐng tǔ 이웃 나라의 영토를 누에가 뽕잎을 먹듯이 잠식하다
완고할 완 완 wán	顽	頑	顽固(頑固) wán gù 고집이 세다 顽皮(頑皮) wán pí 개구쟁이, 장난이 심하다 顽固不化(頑固不化) wán gù bù huà 매우 완고하다, 고집불통 顽固坚持错误 wán gù jiān chí cuò wù 착오를 끝까지 고집하다

免税商店 miǎn shuì shāng diàn 면세점   结帐处 jié zhàng chù 계산대

10획

훈음	간체	번체	예시
잔 잔 잔 zhǎn	盏	盞	酒盏(酒盞) jiǔ zhǎn 술잔 茶盏(茶盞) chá zhǎn 찻잔 一盏灯(一盞燈) yī zhǎn dēng 전등 하나 把盏敬酒 bǎ zhǎn jìng jiǔ 잔을 들고 술을 권하다
잡을 로 라오 lāo	捞	撈	捞鱼(撈魚) lāo yú 고기를 잡다 捞取(撈取) lāo qǔ 잡아 올리다, (부정한 방법으로 이익 등을) 얻다 大海捞针(大海撈針) dà hǎi lāo zhēn 바다에서 바늘 건지기(불가능한 일을 하고 있음을 비유) 捞取政治资本 lāo qǔ zhèng zhì zī běn 정치자금을 얻어내다
실을 재 짜이 zài	载	載	载客(載客) zài kè (차, 배에) 승객을 태우다 载满(載滿) zài mǎn 가득 싣다 载歌载舞(載歌載舞) zài gē zài wǔ 노래하고 춤추다, 마음껏 즐기다 满载而归 mǎn zài ér guī 가득 싣고 돌아오다
달릴 간 깐 gǎn	赶	趕	赶上(趕上) gǎn shàng 따라잡다 赶巧(趕巧) gǎn qiǎo 공교롭게, 때마침 赶死赶活(趕死趕活) gǎn sǐ gǎn huó 급히 허둥대다 赶紧处理业务 gǎn jǐn chǔ lǐ yè wù 급히 서둘러 실무를 처리하다
소금 염 절일 염 얜 yán	盐	鹽	盐菜(鹽菜) yán cài 소금에 절인 채소 食盐(食鹽) shí yán 소금 撒盐(撒鹽) sā yán 소금을 치다 盐菜炖猪肉非常好吃 yán cài dùn zhū ròu fēi cháng hǎo chī 소금에 절인 채소와 돼지고기를 함께 볶으면 맛이 대단히 좋다
홰 시 스 shí	埘	塒	埘(塒) shí 시(흙벽에 구멍을 파서 만든 닭장) 掏埘 táo shí 닭장을 뒤지다
덜 손 쑨 sǔn	损	損	损害(損害) sǔn hài 해를 봄 损失(損失) sǔn shī 축나서 없어짐 损人利己(損人利己) sǔn rén lì jǐ 남에게 손해를 끼치고 자기의 이익을 도모하다 弥补损失 mí bǔ sǔn shī 손실을 보충하다

问讯处 wèn xùn chù 안내소   接待处 jiē dài chù 접대소

훈		
질나팔 훈 쉰 xūn	埙 塤	埙(塤) xūn 훈(고대에 흙으로 구워 만든 악기) 埙篪(塤篪) xūn chí 훈지(피리의 일종, 고대 악기) 埙篪相合 xūn chí xiāng hé 형제가 화합함을 뜻함
도가니 과 궈 guō	埚 堝	坩埚(坩堝) gān guō 도가니(금속제련 용기)
단속할 검 잰 jiǎn	捡 撿	捡漏(撿漏) jiǎn lòu 지붕의 새는 곳을 수리하다 捡便宜(撿便宜) jiǎn pián yí 편리한 것을 찾다, 잇속을 차리다 捡了芝麻, 丢了西瓜 jiǎn le zhī má, diū le xī guā 참깨를 줍고 수박을 잃다(큰 것은 잃고 작은 것만 얻는다는 뜻) 总想捡便宜 zǒng xiǎng jiǎn pián yí 늘 자기 잇속만 챙기려 한다
폐백 지 즈 zhì	赘 贄	赘见(贄見) zhì jiàn 예물을 갖고 방문하다 赘敬(贄敬) zhì jìng 옛날에 제자가 스승을 찾아뵐 때 갖고 가는 예물 执赘(執贄) zhí zhì 제자가 스승에게 예물을 갖고 가서 경의를 표함 赘见上司 zhì jiàn shàng sī 예물을 갖고 상사를 찾아가다
잡을 지 즈 zhì	挚 摯	挚友(摯友) zhì yǒu 진실한 벗, 참된 벗 挚兽(摯獸) zhì shòu 사나운 짐승 挚而有别(摯而有別) zhì ér yǒu bié (물수리는) 정은 두텁지만 암수 구별이 있어서 예의가 바르다 珍视我们真挚的友谊 zhēn shì wǒ mén zhēn zhì de yǒu yì 우리의 성실한 우의를 소중히 여기다
더울 열 러 rè	热 熱	凉热(凉熱) liáng rè 추위와 더위 热闹(熱鬧) rè nào 번화하다, 떠들썩하다 热泪盈眶(熱淚盈眶) rè lèi yíng kuàng 눈물이 글썽거리다 市场很热闹 shì chǎng hěn rè nào 시장에 사람들이 많아 매우 흥성하다
찧을 도 다오 dǎo	捣 搗	捣乱(搗亂) dǎo luàn 교란하다, 장난을 치다 捣鬼(搗鬼) dǎo guǐ 음모를 꾀하다, 짓궂은 장난 直捣黄龙(直搗黃龍) zhí dǎo huáng lóng 곧바로 적의 소굴까지 들이치다, 끝을 보다 总在背后捣鬼 zǒng zài bèi hòu dǎo guǐ 항상 배후에서 음모를 꾀하다

服务员 fú wù yuán 종업원   经理 jīng lǐ 경리

10획

병 호 후 hú	壶	壺	茶壶(茶壺)chá hú 차 주전자 外出要带水壶(外出要帶水壺)wài chū yào dài shuǐ hú 외출할 때는 물통을 가지고 나가야 한다 茶壶里煮饺子-吐不出来 chá hú lǐ zhǔ jiǎo zi-tù bù chū lái 찻주전자에 물만두를 삶으니 꺼내기 어렵다(아는 것이 많지만 표현하지 못함을 비유)
소곤거릴 섭 녜 niè	聂	聶	聂许(聶許)niè xǔ 귀에 대고 소곤거리다 聂聂(聶聶)niè niè 나뭇잎이 움직이는 모양 聂许片刻(聶許片刻)niè xǔ piàn kè 얼마동안 귀에 대고 소곤거리다
명아주 래 라이 lái	莱	萊	莱田(萊田)lái tián 황폐한 논밭 莱山(萊山)lái shān 내산(광동성에 있는 산) 莱田杂草丛生 lái tián zá cǎo cóng shēng 폐경지에 잡초가 우거지다
연밥 련 랜 lián	莲	蓮	莲花(儿)(蓮花(兒))lián huā(r) 연꽃 莲根(蓮根)lián gēn 연꽃뿌리 莲断丝牵(蓮斷絲牽)lián duàn sī qiān 미련을 가지다 摘莲花(儿) zhāi lián huā(r) 연꽃을 따다
모종낼 시 소화향 시 스 shì, shí	莳	蒔	莳秧(蒔秧)shì yāng 이앙하다 莳田(蒔田)shì tián 못자리 莳花(蒔花)shì huā 꽃을 재배하다 及时莳秧 jí shí shì yāng 제철에 모를 옮겨 심다
상추 와 워 wō	莴	萵	莴苣(萵苣)wō jù 상추 莴笋(萵笋)wō sǔn 상추 吃莴苣包 chī wō jù bāo 상추쌈을 먹다
얻을 획 훠 huò	获	獲	获得(獲得)huò dé 얻다 获胜(獲勝)huò shèng 승리하다, 이기다 欲行不获(欲行不獲)yù xíng bù huò 하려고 해도 할 수 없다 获得胜利 huò dé shèng lì 승리를 획득하다

楼梯 lóu tī 층계, 계단　　电梯 diàn tī 엘리베이터　　房间 fáng jiān 방

10획

누린내풀 유 유 yóu	莸 蕕	莸(蕕)yóu 충꽃풀(악취가 풍기는 풀의 일종) 莸薰(蕕薰)yóu xūn 악취나는 풀과 향기나는 풀 莸薰不分 yóu xūn bù fēn 악취나는 풀과 향기나는 풀을 분별하지 못하다(좋은 사람과 나쁜 사람을 분별하지 못함을 뜻함)
악할 악 미워할 오 어 è 우 wù	恶 惡	善恶(善惡)shàn è 좋고 나쁨 恶化(惡化)è huà 나빠지다 恶劳好逸(惡勞好逸)wù láo hào yì 일하기 싫어하고 편한 것을 좋아하다 恶有恶报 è yǒu è bào 나쁜 일을 하면 나쁜 결과가 따른다
궁궁이 궁 츙 qióng	芎 藭	芎䓖(芎藭)xiōng qióng 궁궁이(미나리 과에 딸린 여러해살이 풀)
밝을 영 잉 yíng	莹 瑩	莹彻(瑩徹)yíng chè 투명하다, 속까지 환히 밝음 莹泽(瑩澤)yíng zé 밝고 광택이 나는 모양 晶莹玉手(晶瑩玉手)jīng yíng yù shǒu 수정같이 맑은 여자의 손 面对莹镜修心积德 miàn duì yíng jìng xiū xīn jī dé 맑은 거울에 비추며 마음을 닦고 덕을 쌓다
꾀꼬리 앵 잉 yīng	莺 鶯	莺谷(鶯谷)yīng gǔ 꾀꼬리가 골짜기에 있다(아직 출세치 못함을 비유) 我们的祖国山青水秀, 莺歌燕舞 wǒ mén de zǔ guó shān qīng shuǐ xiù, yīng gē yàn wǔ 우리 조국은 산수가 아름다우며 기쁨이 가득차 넘친다
자고 고 구 gū	鸪 鴣	鹁鸪(鹁鴣)bó gū 산비둘기 이름 鹧鸪(鷓鴣)zhè gū 자고(꿩과의 새로 메추리와 비슷함) 鹧鸪菜(鷓鴣菜)zhè gū cài 해인초(홍조류에 속하는 해조)
순채 순 츈 chún	莼 蒓	莼菜(蒓菜)chún cài 순채(수련과에 딸린 여러해살이 물풀) 莼羹(蒓羹)chún gēng 순채국, 순나물국 莼羹鲈脍 chún gēng lú kuài 순나물국과 농어회(고향을 그리워하는 마음을 뜻함)

单人间 dān rén jiān 싱글　　双人间 shuāng rén jiān 트윈　　床 chuáng 침대

10획

굽을 뇨 라오 ráo	桡	橈	桡木(橈木) ráo mù 휜 나무 归桡(歸橈) guī ráo 배를 돌려 보내다 停桡不前 tíng ráo bù qián 노를 멈추고 전진하지 않는다
광나무 정 전 zhēn	桢	楨	桢木(楨木) zhēn mù 단단한 나무 桢干(楨干) zhēn gàn 핵심 인물, 유능한 인재 桢臣(楨臣) zhēn chén 기둥감, 동량 可谓桢臣 kě wèi zhēn chén 실로 (나라의) 기둥감이라고 할 수 있다
문서 당 당 dàng	档	檔	档案(檔案) dàng àn (분류하여 보관하는) 공문서나 서류 归档(歸檔) guī dàng 문서를 서류함에 보관하다 查档(查檔) chá dàng 보존서류를 조사하다 管理好档案 guǎn lǐ hǎo dàng àn 보관서류를 잘 관리하다
오리나무 기 치 qī	桤	榿	桤木(榿木) qī mù 오리나무 桤林(榿林) qī lín 오리나무 숲 桤木不成材 qī mù bù chéng cái 오리나무는 목재로 쓸 수 없다
다리 교 챠오 qiáo	桥	橋	桥梁(橋梁) qiáo liáng 다리 搭桥(搭橋) dā qiáo 다리를 가설하다 桥头(橋頭) qiáo tóu 다리 어귀 过桥 guò qiáo 다리를 건너다
자작나무 화 화 huà	桦	樺	桦木(樺木) huà mù 자작나무 桦皮(樺皮) huà pí 화피(중약), 벚나무 껍질 桦烛(樺燭) huà zhú 화촉(자작나무 껍질을 말아서 만든 초) 西伯利亚白桦林数世界上等 xī bó lì yà bái huà lín shù shì jiè shàng děng 시베리아의 벚나무 숲은 세계적으로 상등품으로 꼽힌다
노송나무 회 구이 guì	桧	檜	桧柽柳(檜檉柳) guì chēng liǔ 위성류(나무의 하나) 桧树(檜樹) guì shù 전나무

洗澡间 xǐ zǎo jiān 욕실   牙膏 yá gāo 치약   牙刷 yá shuā 칫솔   毛巾 máo jīn 타월

10획

훈음	간체	번체	예시
말뚝 장 쫭 zhuāng	桩	椿	木桩(木樁) mù zhuāng 나무 말뚝 打桩(打樁) dǎ zhuāng 말뚝을 박다 拔桩(拔樁) bá zhuāng 말뚝을 뽑다 以桩为界(以樁爲界) yǐ zhuāng wéi jiè 말뚝을 경계로 삼다
모양 양 양 yàng	样	樣	样子(樣子) yàng zi 태도, 견본, 추세 榜样(榜樣) bǎng yàng 본보기 装模作样(裝模作樣) zhuāng mú zuò yàng 짐짓 꾸미다, 거드름 피우다, 허장성세하다 拿着样品去协商 ná zhe yàng pǐn qù xié shāng 견본을 갖고 가서 협상하다
장사 고 구 gǔ	贾	賈	贾人(賈人) gǔ rén 상인 贾市(賈市) gǔ shì 시장 多钱善贾(多錢善賈) duō qián shàn gǔ 자본이 많으면 장사가 잘된다 贾祸 gǔ huò 화를 초래하다
이어질 리 리 lǐ	逦	邐	逦迤(邐迤) lǐ yí 꾸불꾸불 연달아 있다 逦倚(邐倚) lǐ yǐ (길 따위가) 꾸불꾸불하고 높았다 낮았다 한 모양 山路逦倚很难行 shān lù lǐ yǐ hěn nán xíng 산길이 꾸불꾸불하고 울퉁불퉁하여 다니기 매우 불편하다
거친숫돌 려 리 lì	砺	礪	砺兵(礪兵) lì bīng 무기를 갈다 秣马砺兵(秣馬礪兵) mò mǎ lì bīng 전쟁 준비를 하다 砺山带河(礪山帶河) lì shān dài hé 태산이 숫돌만큼, 황하가 허리띠만큼 작아질 때까지 나라가 영원무궁하게 번영하다 全军秣马砺兵, 做好了准备 quán jūn mò mǎ lì bīng, zuò hǎo le zhǔn bèi 전 부대는 말과 병기 손질로 준비를 다했다
조약돌 력 리 lì	砾	礫	砾石(礫石) lì shí 자갈, 조약돌 砂砾(砂礫) shā lì 모래와 자갈 瓦砾(瓦礫) wǎ lì 기왓장과 자갈(가치없는 물건, 하찮은 사람을 뜻함) 成了一片瓦砾场 chéng le yī piàn wǎ lì chǎng 온통 폐허가 되어 버렸다
주춧돌 초 추 chǔ	础	礎	础石(礎石) chǔ shí 주춧돌 立础(立礎) lì chǔ 기초를 세우다 础润知雨(礎潤知雨) chǔ rùn zhī yǔ 주춧돌이 물기에 젖어 축축해진 것을 보고 비가 올 것을 알다(사소한 일에서 전체 또는 깊은 뜻을 헤아려 안다는 뜻) 打好业务基础 dǎ hǎo yè wù jī chǔ 업무 기초를 탄탄히 닦다

空调设备 kōng tiáo shè bèi 냉난방시설   小费 xiǎo fèi 서비스료, 팁

10획

갈 롱	砻 聾	砻坊(礲坊) lóng fáng 방앗간 砻糠(礲糠) lóng kāng 왕겨, 벼의 겉겨 砻稻子(礲稻子) lóng dào zi 벼를 찧다 砻糠里榨不出油来 lóng kāng lǐ zhà bù chū yoú lái 왕겨에서 기름을 짤 수 없다(신통치 않은 것으로 좋은 것을 만들 수 없다)
롱 lóng		

돌아볼 고	顾 顧	顾家(顧家) gù jiā 집안을 돌보다 顾虑(顧慮) gù lǜ 우려(하다), 주저(하다) 顾名思义(顧名思義) gù míng sī yì 이름을 보고 그 뜻을 생각하다, 이름 그대로, 글자 그대로 顾虑重重 gù lǜ chóng chóng 고려해야 할 일이 겹쳐서 생겨나다
구 gù		

수레앞턱가로나무 식	轼 軾	轼(軾) shì 식(옛날 수레의 앞부분에 기댈 수 있도록 만든 가름대) 登轼(登軾) dēng shì 수레 앞부분의 가름대에 오르다
스 shì		

숙은수레 지	轾 輊	轩轾(軒輊) xuān zhì 수레의 높은 부분과 낮은 부분 不分轩轾(不分軒輊) bù fēn xuān zhì 우열을 가릴 수 없다 议论轩轾 yì lùn xuān zhì 의견이 서로 일치하지 않는다
스 zhì		

가마 교	轿 轎	轿子(轎子) jiào zi 가마 抬轿(擡轎) tái jiào 가마를 들메다, 아첨하다 吹喇叭, 抬轿子 chuī lǎ ba, tái jiào zi 추켜올려 주며 아첨하다 专给人抬轿子 zhuān gěi rén tái jiào zi 전문하여 권력자에게 아첨하다
쟈오 jiào		

수레 로	辂 輅	辂马(輅馬) lù mǎ 커다란 말(임금이 타는 말) 辂木(輅木) lù mù 꾸밈이 없는 수레 辂车(輅車) lù chē 임금이 타는 큰 수레
루 lù		

견줄 교	较 較	较量(較量) jiào liàng (힘, 기량 따위를) 겨루다 较多(較多) jiào duō 다소 많다 斤斤计较(斤斤計較) jīn jīn jì jiào 꼬치꼬치 따지다 比较满意 bǐ jiào mǎn yì 비교적 만족하다
쟈오 jiào		

保管 bǎo guǎn 보관   办住宿手续 bàn zhù sù shǒu xù 체크인   退房间 tuì fáng jiān 체크아웃

10획

지빠귀 동	鸫 鶇	黑鸫(黑鶇) hēi dōng 검은 지빠귀, 티티새
둥 dōng		

조아릴 돈	顿 頓	顿然(頓然) dùn rán 갑자기, 별안간 顿足(頓足) dùn zú 발을 (동동) 구르다 顿口无言(頓口無言) dùn kǒu wú yán 갑자기 말문이 막혀 입을 다물다 一天吃三顿饭 yī tiān chī sān dùn fàn 하루에 세 끼 식사하다
뚠 dùn		

거룻배 돈	趸 躉	趸发(躉發) dǔn fā 도매하다 趸数(躉數) dǔn shù 거액 现趸现卖(現躉現賣) xiàn dǔn xiàn mài 공장, 도매상에서 물건을 받아 팔다 趸批买进 dǔn pī mǎi jìn 도매로 사들이다
둔 dǔn		

넘어질 폐	毙 斃	毙命(斃命) bì mìng 죽다, 목숨을 잃다 枪毙(槍斃) qiāng bì 총살하다 毙而后己(斃而后己) bì ér hòu jǐ 죽을 때까지 그치지 않고 힘씀 就地枪毙 jiù dì qiāng bì 그곳에서 총살하다
삐 bì		

찬찬할 치	致 緻	致密(緻密) zhì mì 자세하고 꼼꼼함 精致(精緻) jīng zhì 정세하고 치밀함 工致(工緻) gōng zhì 정교하고 섬세하다 检查要致细 jiǎn chá yào zhì xì 검사는 세심하게 해야 한다
즈 zhì		

이갈 츤	龀 齔	龀童(齔童) chèn tóng 이를 갈 때의 아이 龀齿(齔齒) chèn chǐ 이가 빠지고 다시 남 年已逾龀(年已逾齔) nián yǐ yú chèn 이미 유년기를 지났다 年已逾龀, 还不懂事(儿) nián yǐ yú chèn, hái bù dǒng shì (r) 나이로 보면 이미 유년기를 넘었지만 아직 철들지 않았다
천 chèn		

가마우지 로	鸬 鸕	鸬鹚(鸕鶿) lú cí 가마우지(가마우지과에 딸린 물새) 鸬鹚咳(鸕鶿咳) lú cí ké 백일해(百日咳)의 다른 이름 鸬鹚不打脚下塘 lú cí bù dǎ jiǎo xià táng 가마우지는 제가 서식하는 곳의 물고기는 해치지 않는다(아무리 잔인해도 이웃에는 인심을 잃지 않으려 함을 뜻함)
루 lú		

早饭(餐) zǎo fàn (cān) 아침식사   午饭(餐) wǔ fàn (cān) 점심식사   晚饭(餐) wǎn fàn (cān) 저녁식사

10획

훈음	한자	예문
생각할 려 뤼 lǜ	虑 慮	考虑(考慮) kǎo lǜ 생각하여 봄 过虑(過慮) guò lǜ 지나치게 걱정하다 朝不虑夕(朝不慮夕) zhāo bù lǜ xī 아침에 저녁일을 예측할 수 없다 充分地考虑问题 chōng fēn de kǎo lǜ wèn tí 문제를 충분히 고려하다
살필 감 쟨 jiān	监 監	监督(監督) jiān dū 보살펴 단속함 监狱(監獄) jiān yù 옥 监守自盗(監守自盜) jiān shǒu zì dào 자기가 관리하는 공공재물을 훔치다 监督比赛 jiān dū bǐ sài 경기를 감독하다
굳게얽을 긴 진 jǐn	紧 緊	紧张(緊張) jǐn zhāng 정신을 바짝 차림 紧急(緊急) jǐn jí 일이 긴요하고 급함 紧打细用(緊打細用) jǐn dǎ xì yòng 살림을 절약하다 不要紧张 bù yào jǐn zhāng 긴장할 필요가 없다
무리 당 당 dǎng	党 黨	政党(政黨) zhèng dǎng 정치결사의 하나 党员(黨員) dǎng yuán 당에 속한 사람 野党(野黨) yě dǎng 정당정치에서 내각에 참여하지 않은 정당 搞好党群关系 gǎo hǎo dǎng qún guān xi 당과 대중의 관계를 잘 처리하다
음역자 마 마 mà	唛 嘜	唛酚生(嘜酚生) mà fēn shēng 마분생(신경, 근육질환의 치료에 쓰이는 화합물)
쬘 쇄 싸이 shài	晒 曬	晒黑(曬黑) shài hēi 볕에 타다 晒衣服(曬衣服) shài yī fú 옷을 볕에 쪼이다 晒太阳(曬太陽) shài tài yáng 햇볕을 쬐다, 일광욕을 하다 晒干衣服 shài gān yī fú 옷을 볕에 말리다
새벽 효 샤오 xiǎo	晓 曉	晓天(曉天) xiǎo tiān 새벽녘 晓得(曉得) xiǎo de 알다 家喻户晓(家喻戶曉) jiā yù hù xiǎo 집집마다 다 알다 不晓得那件事(儿) bù xiǎo de nà jiàn shì(r) 그 일을 알지 못하다(알 바가 없다)

夜餐 yè cān 밤참, 야식   点心 diǎn xīn 간식   茶点 chá diǎn 다과

10획

| 음역자 홍
궁 gòng | 唝 (嗊) | 唝呗(嗊呗) gòng bù 캄포트(캄보디아공화국의 도시) |

떠들썩할 로
라오 láo
唠 嘮

唠叨(嘮叨) láo dāo 되풀이하여 말하다, 시끄럽게 떠들다
唠三叨四(嘮三叨四) láo sān dāo sì 쓸데없는 말을 계속하여 소란하다
不要唠叨 bù yào láo dāo 되풀이하여 말하지 말라

오리 압
야 yā
鸭 鴨

鸭子(鴨子) yā zi 오리
鸭跩鹅行(鴨跩鵝行) yā zhuǎi é xíng (걸음이) 뒤뚱뒤뚱하다
去北京一定要吃前门 '北京烤鸭' qù běi jīng yī dìng yào chī qián mén 'běi jīng kǎo yā' 베이징에 가면 꼭 챈먼의 '베이징 구은 오리'를 먹어야 한다

온스 량
량 liǎng
唡 喨

唡(喨) liǎng (yīng liǎng) 온스(ounce, 1온스는 16분의 1파운드, '英两'의 합성약자로 지금은 '英兩'을 주로 씀)

빛날 엽
예 yè
晔 曄

晔晔(曄曄) yè yè 빛나는 모양
晔煜(曄煜) yè yù 소리가 크게 울리는 모양
晔然(曄然) yè rán 성한 모양
深夜路灯晔晔发光 shēn yè lù dēng yè yè fā guāng 깊은 밤의 가로등은 유난히 빛난다

무리 훈
윈 yūn, yùn
晕 暈

头晕(頭暈) tóu yūn 머리가 어지럽다
吓晕(嚇暈) xià yūn 놀라 기절하다
晕头转向(暈頭轉向) yūn tóu zhuàn xiàng 머리가 어지러워 방향을 잃다(뭐가 뭔지 모르겠다는 뜻)
先吃药,以防晕车 xiān chī yào, yǐ fāng yùn chē 먼저 약을 먹음으로써 차멀미를 예방하다

부엉이 효
샤오 xiāo
鸮 鴞

鸮炙(鴞炙) xiāo zhì 부엉이 구이(사치스러운 음식을 뜻함)
鸮卣(鴞卣) xiāo yǒu 올빼미 모양의 청동 술단지
鸮音(鴞音) xiāo yīn 흉포한 사람을 가리키는 말
喜爱鸮炙佳品 xǐ ài xiāo zhì jiā pǐn 구운 부엉이 고기 따위의 고급 식품을 즐기다

点菜 diǎn cài 요리 주문   菜单儿 cài dānr 요리메뉴   食谱 shí pǔ 식단

10획

한자	뜻/음	예시
唢 (嗩)	날라리 쇄 / 쒀 suǒ	唢呐 (嗩吶) suǒ nà 수르나이(관악기의 일종) 吹唢呐 chuī suǒ nà 수르나이를 불다
喎 (喎)	입비뚤어질 와 / 와이 wāi	喎口 (喎口) wāi kǒu 비뚤어진 입 喎斜 (喎斜) wāi xié 기울어지다, 비뚤다 口眼喎斜 (口眼喎斜) kǒu yǎn wāi xié (안면 신경마비로) 입과 눈이 비뚤다 喎口正言 wāi kǒu zhèng yán 입은 비뚤어졌어도 말은 제대로 한다(그 어떤 경우에도 직언해야 한다는 뜻)
蚬 (蜆)	가막조개 현 / 샌 xiǎn	蚬子 (蜆子) xiǎn zi 가막조개 蚬蛤 (蜆蛤) xiǎn há 가막조개와 대합 蚬蝶 (蜆蝶) xiǎn dié 부전나비 去海边(儿)拣蚬子 qù hǎi biān(r) jiǎn xiǎn zi 바닷가에 가서 가막조개를 줍다
鸯 (鴦)	원앙 앙 / 양 yāng	鸳鸯 (鴛鴦) yuān yāng 원앙새 鸯锦 (鴦錦) yāng jǐn 아름다운 비단 鸳鸯剑 (鴛鴦劍) yuān yāng jiàn 자웅 한 쌍으로 된 검 他俩是很伴配的一对(儿)鸳鸯 tā liǎ shì hěn bàn pèi de yī duì(r) yuān yāng 두 사람은 매우 잘 어울리는 한 쌍의 부부이다
崂 (嶗)	산이름 로 / 라오 láo	崂山 (嶗山) láo shān 노산(산동성에 있는 산) 崂山风景很优美 láo shān fēng jǐng hěn yōu měi 노산 풍경은 매우 아름답다
崃 (崍)	산이름 래 / 라이 lái	崃山 (崍山) lái shān 내산(쓰촨성에 있는 산)
罢 (罷)	방면할 파 / 빠 bà	罢免 (罷免) bà miǎn 직무를 면제시킴 罢课 (罷課) bà kè 수업을 거부하다 欲罢不能 (欲罷不能) yù bà bù néng 그만두고 싶어도 그만둘 수 없다 违反纪律, 只好罢免其职 wéi fǎn jì lǜ, zhǐ hǎo bà miǎn qí zhí 규율을 어겼으니 그의 직위를 파면시키는 수밖에 없다

中餐 zhōng cān 중국 음식   韩食 hán shí 한식   西餐 xī cān 서양 음식

둥글 원 위안 yuán	圆 圓	圆满(圓滿)yuán mǎn 충분히 가득 참, 사이가 좋음 圆月(圓月)yuán yuè 둥근달, 보름달 花好月圆(花好月圓)huā hǎo yuè yuán 경사스러운 밤, 달 밝고 꽃 향기가 그윽하다 圆满(地)完成任务 yuán mǎn (de) wán chéng rèn wù 임무를 원만하게 수행하다
바랄 기 지 jì	觊 覬	觊幸(覬幸)jì xìng 요행을 바라다 觊望(覬望)jì wàng 바라고 또 바람 觊觎之心(覬覦之心)jì yú zhī xīn 분에 넘치는 야심 不可觊觎别国领土 bù kě jì yú bié guó lǐng tǔ 다른 나라 영토에 대해 야심을 품고 노려서는 안 된다
도둑 적 쩨이 zéi	贼 賊	贼心(賊心)zéi xīn 사악한 생각, 흉계 贼亮(賊亮)zéi liàng 눈부시게 밝다 贼喊捉贼(賊喊捉賊)zéi hǎn zhuō zéi 도둑이 도둑을 잡으라고 고함치다(자신의 죄를 감추려고 이목을 다른 데로 돌린다는 뜻) 贼心不死 zéi xīn bù sǐ 도둑 심보가 사라지지 않다
뇌물 회 후이 huì	贿 賄	贿赂(賄賂)huì lù 뇌물(을 주다) 贿选(賄選)huì xuǎn (선거에서) 당선되기 위해 뇌물을 쓰다 贿赂公行(賄賂公行)huì lù gōng xíng 공공연히 뇌물을 먹이다 行贿受贿都是犯罪 xíng huì shòu huì dōu shì fàn zuì 뇌물을 주거나 받는 것 모두 다 범죄이다
뇌물줄 뢰 루 lù	赂 賂	赂物(賂物)lù wù 사사로운 이익을 위해 주는 검은 돈 赂赐(賂賜)lù cì 뇌물을 주다 赂遣(賂遣)lù qiǎn 뇌물을 보내다 退回赂物 tuì huí lù wù 뇌물을 되돌려 보내다
장물 장 짱 zāng	赃 贓	赃款(贓款)zāng kuǎn 부정한 돈, 훔친 돈, 뇌물로 받은 돈 赃物(贓物)zāng wù (훔쳤거나 뇌물로 받은) 부정한 재물 窝赃(窩贓)wō zāng 장물을 감추다 退掉赃物 tuì diào zāng wù 장물을 되돌리다
족할 해 가이 gāi	赅 賅	赅博(賅博)gāi bó 박학다식하다 赅括(賅括)gāi kuò 개괄하다 言简意赅(言簡意賅)yán jiǎn yì gāi 말은 간결하나 뜻은 포괄적이다 举一赅百 jǔ yī gāi bǎi 한 가지 실례로 모든 것을 설명하다

饭桌 fàn zhuō 식탁   椅子 yǐ zi 의자   碗 wǎn 그릇   筷子 kuài zi 젓가락   叉子 chā zi 포크

10획

전별할 신 진 jìn	赆 贐	赆仪(贐儀)jìn yí 송별할 때 선물로 주는 재물 赆送(贐送)jìn sòng 시문이나 물품 등을 주며 석별의 정을 표함 赆行(贐行)jìn xíng 연회, 시문 등으로 석별의 정을 표하는 일 为他调动赆行 wèi tā diào dòng jìn xíng 그의 전근을 기념하여 송별연을 베풀다
보배 옥 위 yù	钰 鈺	国钰(國鈺)guó yù 나라의 보물 珍钰(珍鈺)zhēn yù 진귀한 보물 这是个国钰,要保护好 zhè shì ge guó yù, yào bǎo hù hǎo 이것은 나라의 진귀한 보물이니 잘 보호해야 한다
돈 전 챈 qián	钱 錢	钱包(錢包)qián bāo 돈지갑 车钱(車錢)chē qián 차비 钱可通神(錢可通神)qián kě tōng shén 돈만 있으면 귀신도 부릴 수 있다 付饭钱 fù fàn qián 밥값을 치르다
징 정 정 zhēng	钲 鉦	钲鼓(鉦鼓)zhēng gǔ 징과 북(옛날 군대에서 사용) 钲铎(鉦鐸)zhēng duó 징과 방울 钲鼓齐鸣 zhēng gǔ qí míng 징과 북이 함께 울리다
칼 겸 챈 qián	钳 鉗	钳子(鉗子)qián zi 쪽집게, 집게 钳制(鉗制)qián zhì 억압하다, 제한하다 钳口结舌(鉗口結舌)qián kǒu jié shé (감히) 말하지 못하다 他钳口不言 tā qián kǒu bù yán 그는 입을 다물고 침묵을 지킨다
다리미 고 구 gǔ	钴 鈷	钴(鈷)gǔ 코발트 Co(화학원소) 钴钢(鈷鋼)gǔ gāng 코발트강 钴鉧(鈷鉧)gǔ mǔ 다리미
바리때 발 버 bō	钵 鉢	钵盂(鉢盂)bō yú 중의 사발, 바리때 钵囊(鉢囊)bō náng 바리때를 넣는 큰 주머니, 중의 배낭 沿门托钵(沿門托鉢)yán mén tuō bō 집집마다 찾아다니며 탁발하다, 문전걸식하다 衣钵相传 yī bō xiāng chuán 선인들 문화유산이 대대로 전해지다

米饭 mǐ fàn (쌀)밥   面(条) miàn (tiáo) 면, 밀국수   粥 zhōu (稀饭 xī fàn) 죽

10획

콜럼븀 아 커 kē	钶 鈳	钶(鈳) kē 콜럼븀 Cb(화학원소)
프로메튬 파 퍼 pó	钷 鉕	钷(鉕) pó 프로메튬 Pm(화학원소)
방울 발 버 bó	钹 鈸	钹(鈸) bó 심벌즈(타악기의 일종)
도끼 월 웨 yuè	钺 鉞	斧钺(斧鉞) fǔ yuè 부월(도끼 모양의 고대 무기, 형벌에 사용) 钺钺(鉞鉞) yuè yuè 월월(수레의 방울소리) 寨外传来钺钺马车声 zhài wài chuán lái yuè yuè mǎ chē shēng 동구 밖에서 월월 하는 마차소리가 들려오다
뚫을 찬 좐 zuān	钻 鑽	钻孔(鑽孔) zuān kǒng 구멍을 뚫다 钻研(鑽研) zuān yán 깊이 연구하다 钻究好学(鑽究好學) zuān jiū hào xué 연구와 학문을 즐기다 善于钻研问题 shàn yú zuān yán wèn tí 문제점을 깊게 연구하기를 즐긴다
몰리브덴 목 무 mù	钼 鉬	钼(鉬) mù 몰리브덴 Mo(화학원소) 钼丝(鉬絲) mù sī 몰리브덴 선 钼钢(鉬鋼) mù gāng 몰리브덴 강
탄탈 단 탄 tǎn	钽 鉭	钽(鉭) tǎn 탄탈 Ta(화학원소)

冷面 lěng miàn 냉면　　方便面 fāng biàn miàn 라면　　炸酱面 zhá jiàng miàn 자장면

10획

갑옷 **갑** 쟈 jiǎ	钾 鉀	钾(鉀) jiǎ 칼륨 K(화학원소) 高锰酸钾(高錳酸鉀) gāo měng suān jiǎ 과망간산 칼륨 葡萄, 土豆是钾质植物 pú táo, tǔ dòu shì jiǎ zhì zhí wù 포도와 감자는 칼륨을 필요로 하는 갑질성 식물이다	
우라늄 **유** 유 yóu	铀 鈾	铀(鈾) yóu 우라늄 U(화학원소) 铀后元素(鈾后元素) yóu hòu yuán sù 초우라늄 원소 铀壳(鈾殼) yóu ké 방사능 먼지 代用浓缩铀 dài yòng nóng suō yóu 농축 우라늄을 대용하다	
동전 **전** 전비녀 **전** 톈 tián 뎬 dián	钿 鈿	铜钿(銅鈿) tóng tián 동전 车钿(車鈿) chē tián 차비 钿带(鈿帶) tián dài 금으로 장식한 띠 带足车钿 dài zú chē tián 차비를 넉넉히 지니다	
쇠 **철** 톄 tiě	铁 鐵	铁路(鐵路) tiě lù 철도 铁丝(鐵絲) tiě sī 쇠줄, 철사 铁面无私(鐵面無私) tiě miàn wú sī 인정에 구애받지 않고 공평 무사하다 这是一个历史的铁证 zhè shi yī ge lì shǐ de tiě zhèng 이는 (하나의) 역사적 증거물이다	
금박 **박** 버 bó	铂 鉑	铂(鉑) bó 백금 Pt(화학원소) 铂表(鉑表) bó biǎo 백금 시계 松铂(松鉑) sōng bó 백금 해면 铂多用于耐腐蚀的化学仪器 bó duō yòng yú nài fǔ shí de huà xué yí qì 백금은 주로 부식 저항력이 강한 화학기구에 사용된다	
방울 **령** 링 líng	铃 鈴	铃铛(鈴鐺) líng dāng 방울, 초인종 门铃(門鈴) mén líng 초인종 上课铃(上課鈴) shàng kè líng 수업 시작종 进门之前先摁门铃 jìn mén zhī qián xiān èn mén líng 집에 들어가기 전에 먼저 초인종을 누르다	
녹일 **삭** 숴 shuò	铄 鑠	铄胶(鑠膠) shuò jiāo 아교를 녹이다 铄金(鑠金) shuò jīn 쇠를 녹이다, 아름다운 황금 众口铄金(眾口鑠金) zhòng kǒu shuò jīn 군중들의 입은 쇠도 녹인다(여론의 힘은 강하다는 뜻) 铄石流金的大热天 shuò shí liú jīn de dà rè tiān 돌과 쇠도 녹아 내리는 불볕더위의 날씨	

紫菜饭 zǐ cài fàn 김밥　　拌饭 bàn fàn 비빔밥　　炒饭 chǎo fàn 볶음밥

10획

납 연 챈 qiān	铅 鉛	铅(鉛) qiān 연 Pb(화학원소) 铅笔(鉛筆) qiān bǐ 연필 铅刀一割(鉛刀一割) qiān dāo yī gē 재주는 별로 없지만 때로는 쓸 모가 있다는 뜻 买一支铅笔 mǎi yī zhī qiān bǐ 연필 한 자루를 사다
쇠 류 대갈못 류 마오 mǎo 류 liǔ	铆 鉚	铆钉(鉚釘) mǎo dīng 리베트 铆钉枪(鉚釘槍) mǎo dīng qiāng 리베트 해머 铆眼(儿)(鉚眼(兒)) mǎo yǎn(r) 리베트를 박는 구멍 打铆眼(儿) dǎ mǎo yǎn(r) 리베트(를 박는) 구멍을 뚫다
세륨 시 스 shì	铈 鈰	铈(鈰) shì 세륨 Ce(화학원소)
솥귀 현 쉬안 xuàn	铉 鉉	金铉(金鉉) jīn xuàn 솥귀의 구멍에 달려 있는 금속고리 铉台(鉉台) xuàn tái 삼공을 이름(태현, 중신을 비유) 铉席(鉉席) xuàn xí 삼공의 지위(에 있는 사람)
분동 사 분동 타 타 tā	铊 鉈	铊(鉈) tā 탈륨 Tl(화학원소)
창자루 필 삐 bì	铋 鉍	铋(鉍) bì 비스무트 Bi(화학원소) 次硝酸铋(次硝酸鉍) cì xiāo suān bì 차 초산 비스무트 次碳酸铋(次碳酸鉍) cì tàn suān bì 차 탄산 비스무트
니오브 니 니 ní	铌 鈮	铌(鈮) ní 니오브 Nb(화학원소)

面包 miàn bāo 빵   馒头 mán tou 만두(소가 없음)   油条 yóu tiáo 기름에 튀긴 밀가루 음식(아침식사용)

10획

훈음	간체	번체	용례
바늘 피 흩어질 피 피 pí, pī	铍	鈹	铍(鈹) pí 베릴륨 Be(알칼리 토금속) 铍盾(鈹盾) pī dùn 검과 방패 铍滑(鈹滑) pī huá 어지러운 일 铍针形树叶 pī zhēn xíng shù yè 커다란 침엽(針葉)
낫 발 퍼 pō	铍	鏺	铍(鏺) pō 발(낫의 일종) 铍麦(鏺麥) pō mài 밀(보리)을 베다
방울 탁 뒤 duó	铎	鐸	木铎(木鐸) mù duó 불구(佛具)의 하나 金铎(金鐸) jīn duó 쇠로 만든 추가 달린 큰 방울 牛铎(牛鐸) níu duó 소의 목 밑에 매다는 방울 到乡下才能听到牛铎响 dào xiāng xià cái néng tīng dào níu duó xiǎng 시골에 가야 소방울 소리를 들을 수 있다
아르곤 아 야 yà	氩	氬	氩(氬) yà 아르곤 Ar(화학원소)
희생 희 시 xī	牺	犧	牺牲(犧牲) xī shēng 몸을 돌보지 않음 牺牲品(犧牲品) xī shēng pǐn 희생이 되는 물품 牺象(犧象) xī xiàng 주나라 때 사용되던 술잔 光荣牺牲 guāng róng xī shēng 영광스럽게 희생되다
원수 적 디 dí	敌	敵	敌视(敵視) dí shì 적대시하다 仇敌(仇敵) chóu dí 원수, 적 同仇敌忾(同仇敵愾) tóng chóu dí kài 한결같이 원수를 증오하다 不能把同志当敌人看待 bù néng bǎ tóng zhì dàng dí rén kàn dài 친구를 적으로 여겨서는 안 된다
쌓을 적 지 jī	积	積	积尘(積塵) jī chén 먼지가 쌓이다 积极(積極) jī jí 진취, 능동, 철저 积劳成疾(積勞成疾) jī láo chéng jí 피로가 쌓여 병이 되다 多积德, 必有后福 duō jī dé, bì yǒu hòu fú 덕을 많이 쌓으면 나중에 꼭 복을 받게 된다

麻花儿 má huār 기름에 튀긴 꽈배기　　馄饨 hún tun(dun) 혼돈자　　饺子 jiǎo zi 물만두

10획

훈음	간체	번체	용례
일컬을 칭 걸맞을 칭 칭 chēng 천 chèn	称	稱	称呼(稱呼) chēng hū 부르다, 일컫다 称职(稱職) chèn zhí 직무를 담당할 만하다 称兄道弟(稱兄道弟) chēng xiōng dào dì 호형호제하는 친밀한 관계(때로는 나쁜 뜻으로도 쓰임) 称心如意 chèn xīn rú yì 마음에 꼭 들다, 생각대로 되다
대홈통 견 잰 jiǎn	笕	筧	笕水(筧水) jiǎn shuǐ 홈통으로 끌어오는 물 屋笕(屋筧) wū jiǎn (빗물받이) 홈통 笕水灌溉 jiǎn shuǐ guàn gài 홈통으로 물을 끌어 올려 관개하다
붓 필 비 bǐ	笔	筆	笔记(筆記) bǐ jì 글씨를 씀 圆珠笔(圓珠筆) yuán zhū bǐ 볼펜 笔底生花(筆底生花) bǐ dǐ shēng huā 붓끝에서 꽃이 피다(문장을 잘 쓴다는 뜻) 他的笔锋锐利 tā de bǐ fēng ruì lì 그의 필봉은 예리하다
빚 채 짜이 zhài	债	債	债务(債務) zhài wù 빚 公债(公債) gōng zhài 공적인 채무 债多不愁(債多不愁) zhài duō bù chóu 빚이 너무 엄청나서 오히려 근심하지 않다 及时还债 jí shí huán zhài 제때에 빚을 갚다
깔개 자 제 jiè	借	藉	借款(藉款) jiè kuǎn 돈을 빌리다, 빌린 돈 借光(藉光) jiè guāng 남의 신세를 지다 借风驶船(藉風駛船) jiè fēng shǐ chuán 남의 힘을 빌어 자기의 목적을 이루다 你还有什么借口 nǐ hái yǒu shén me jiè kǒu? 당신이 또 무슨 구실이 있는가요?
기울 경 칭 qīng	倾	傾	倾倒(傾倒) qīng dǎo 무너지다, 매혹되다 倾向(傾向) qīng xiàng 추세, 마음이 쏠림 倾盆大雨(傾盆大雨) qīng pén dà yǔ 호우, 장대비 灵活处理倾向性问题 líng huó chǔ lǐ qīng xiàng xìng wèn tí 경향성 문제를 원활하게 처리하다
품팔이 임 린 lìn	赁	賃	赁书(賃書) lìn shū 삯을 받고 대필해 주다, 유료로 책을 빌리다 赁房(賃房) lìn fáng 집(방)을 세내다, 세낸 집(방) 赁据(賃據) lìn jù 임차계약서, 부동산 차용증명서 租赁土地五十年 zū lìn tǔ dì wǔ shí nián 땅을 50년간 임대하다

烤肉 kǎo ròu 불고기   烧烤 shāo kǎo 불고기   酱汤 jiàng tāng 장국

10획

훈음	간체	번체	예문
헌걸찰 기 치 qí	颀	頎	颀长(頎長) qí cháng 키가 크다 颀大(頎大) qí dà 키가 크고 살이 찌다, 비대하다 身颀肩阔(身頎肩闊) shēn qí jiān kuò 키가 크고 어깨가 벌어지다 他身材颀伟 tā shēn cái qí wěi 그는 키가 크고 몸집이 거대하다
올 래 위로할 래 라이 lái	徕	徠	徕呆(徠獃) lái dāi 나쁘다 劳徕(勞徠) láo lái 노고를 위로하다 劳徕安集 láo lái ān jí 모여드는 사람을 위로하여 안착시키다
싸움배 함 잰 jiàn	舰	艦	舰队(艦隊) jiàn duì 군함 두 척 이상으로 편성된 부대 舰长(艦長) jiàn zhǎng 군함의 장 舰艇(艦艇) jiàn tǐng 전함, 잠수함, 어뢰정 등의 총칭 我们有强大的海洋舰队 wǒ mén yǒu qiáng dà de hǎi yáng jiàn duì 우리는 강대한 해양 함대를 갖고 있다
선창 창 창 cāng	舱	艙	舱客(艙客) cāng kè (배의) 승객 舱房(艙房) cāng fáng 선실, 선창 舱口(艙口) cāng kǒu 배 갑판의 승강구, 선실 입구 预订舱位(預訂艙位) yù dìng cāng wèi (배, 비행기 등의) 객석을 예약하다
솟을 용 쑹 sǒng	耸	聳	耸肩(聳肩) sǒng jiān 어깨를 으쓱하다 耸立(聳立) sǒng lì 우뚝 솟다, 높이 솟다 耸入云霄(聳入云霄) sǒng rù yún xiāo (산, 건물이 높아) 하늘을 찌를듯 우뚝 솟다 这不是耸人听闻, 而是事实 zhè bù shì sǒng rén tīng wén, ér shì shì shí 이것은 공연한 말이 아니라 사실이다
사랑 애 아이 ài	爱	愛	爱好(愛好) ài hào 사랑하고 즐김 爱情(愛情) ài qíng 사랑하는 마음 爱人如己(愛人如己) ài rén rú jǐ 남을 자기처럼 사랑하다 爱国之心不可变 ài guó zhī xīn bù kě biàn 나라를 사랑하는 마음은 변할 수 없다
할미새 령 링 líng	鸰	鴒	鹡鸰(鶺鴒) jí líng 할미새 捕一只鹡鸰 bǔ yī zhī jí líng 할미새 한 마리를 잡다

鸡蛋汤 jī dàn tāng 계란탕   排骨汤 pái gǔ tāng 갈비탕   参鸡汤 shēn jī tāng 삼계탕

10획

| 나눌 반 颁 頒 빤 bān |

颁布(頒布) bān bù 세상에 널리 알려 퍼지게 함
颁发(頒發) bān fā (명령 등을) 하달하다, (훈장, 상장 등을) 수여하다
颁奖(頒獎) bān jiǎng 상을 주다
颁发奖状 bān fā jiǎng zhuàng 상과 상장을 수여하다

| 기릴 송 颂 頌 쑹 sòng |

颂词(頌詞) sòng cí 찬사, 축하의 말
颂扬(頌揚) sòng yáng 찬미하다, 극구 찬양하다
歌颂(歌頌) gē sòng 노래하여 찬양하다
为他歌功颂德 wèi tā gē gōng sòng dé 그의 공과 덕을 칭송하다

| 회 회 脍 膾 콰이 kuài |

脍刀(膾刀) kuài dāo 고기를 저미는 칼
脍炙(膾炙) kuài zhì 육회와 구운 고기
脍炙人口(膾炙人口) kuài zhì rén kǒu 좋은 시문이나 사물이 널리 사람의 입에 오르다(많은 사람이 즐긴다는 뜻)
这是一首脍炙人口的好诗 zhè shì yī shǒu kuài zhì rén kǒu de hǎo shī 이것은 사람들에게 인기 있는 한 편의 훌륭한 시이다

| 오장 장 脏 臟 짱 zàng |

脏腑(臟腑) zàng fǔ 오장육부, 가슴속
脏水(臟水) zàng shuǐ 더러운 물, 하수
五脏六腑(五臟六腑) wǔ zàng liù fǔ 내장의 총칭
麻雀虽小, 五脏俱全 má què suī xiǎo, wǔ zàng jù quán 참새는 작지만 오장은 다 갖추고 있다(규모는 작아도 무엇이든 다 갖추고 있음을 뜻함)

| 배꼽 제 脐 臍 치 qí |

肚脐(肚臍) dù qí 배꼽
脐带(儿)(臍帶(兒)) qí dài (r) 탯줄
脐风(臍風) qí fēng 신생아의 파상풍
剪脐带(儿) jiǎn qí dài (r) 탯줄을 자르다

| 뇌 뇌 脑 腦 나오 nǎo |

脑力(腦力) nǎo lì 이해력, 사고력
脑溢血(腦溢血) nǎo yì xuè 뇌동맥이 터져 뇌 속에 출혈하는 병
脑满肠肥(腦滿腸肥) nǎo mǎn cháng féi 호의호식하여 살이 피둥피둥 찌다(놀기만하고 머리가 둔한 사람을 뜻함)
善于动脑子 shàn yú dòng nǎo zi 머리를 잘 쓴다

| 아교 교 胶 膠 쟈오 jiāo |

胶水(膠水) jiāo shuǐ 고무풀, 아교풀
胶皮(膠皮) jiāo pí 고무
胶住鼓瑟(膠住鼓瑟) jiāo zhù gǔ sè 기러기발을 아교로 붙여 놓고 비파를 타다(고지식하여 조금도 융통성이 없다는 뜻)
胶执己见 jiāo zhí jǐ jiàn 자기 의견을 고집하다

炒鱼片儿 chǎo yú piànr 생선볶음　　青椒肉丝 qīng jiāo ròu sī 풋고추고기 볶음　　海鲜 hǎi xiān 해산물

10획

고름 농 눙 nóng	脓	膿	脓包(膿包) nóng bāo 고름집(쓸데없는 놈을 비유) 化脓(化膿) huà nóng 곪다 挤脓(擠膿) jǐ nóng 고름을 짜다 伤口化脓了, 要挤出脓 shāng kǒu huà nóng le, yào jǐ chū nóng 상처가 곪았으니 고름을 짜내야 한다
소리개 치 츠 chī	鸱	鴟	鸱鸮(鴟鴞) chī xiāo 올빼미 鸱吓(鴟嚇) chī hè 허세를 부리다 鸱目虎吻(鴟目虎吻) chī mù hǔ wěn 올빼미 눈과 호랑이 입(흉악한 용모를 비유) 鸱视行人, 寻找目标 chī shì xíng rén, xún zhǎo mù biāo 오가는 사람을 올빼미눈으로 지켜보며 목표물을 찾는다
도장 새 시 xǐ	玺	璽	玺(璽) xǐ 제왕의 도장 玉玺(玉璽) yù xǐ 임금의 인(印) 掌玺大臣(掌璽大臣) zhǎng xǐ dà chén 권력을 장악한 대신 掌管玉玺 zhǎng guǎn yù xǐ 제왕의 도장을 맡아 관리하다
웅어 도 다오 dāo	鱽	魛	鱽鱼(魛魚) dāo yú 갈치나 웅어 따위의 물고기 新鲜鱽鱼味道香 xīn xiān dāo yú wèi dào xiāng 싱싱한 갈치가 맛이 좋다
구관조 구 취 qú	鸲	鴝	鸲鹆(鴝鵒) qú yù 구관조(지빠귀과의 새) 鸲鹆眼儿(鴝鵒眼兒) qú yù yǎnr 단계석으로 만든 벼루의 돌 위에 있는 둥근 반점
오랑캐이름 험 샌 xiǎn	猃	獫	猃狁(獫狁) xiǎn yǔn 험윤(옛날 중국 서북지방에 거주하던 부족) 防范猃狁南犯 fáng fàn xiǎn yǔn nán fàn (옛날 중국) 서북쪽의 소수민족이 남쪽으로 들이닥치는 것을 방비하다
타조 타 퉈 tuó	鸵	鴕	鸵鸟(鴕鳥) tuó niǎo 타조(타조과의 새) 鸵鸟政策(鴕鳥政策) tuó niǎo zhèng cè 눈가리고 아웅하기(현실을 무시하고 자위하려는 정책을 뜻함) 勇于面对现实, 不可施鸵鸟政策 yǒng yú miàn duì xiàn shí, bù kě shī tuó niǎo zhèng cè 용감하게 현실을 직시해야지 타조식의 눈가림 방법을 취해서는 안 된다

松花蛋 sōng huā dàn 피단   涮羊肉 shuàn yáng ròu 양고기 샤블샤블   重庆火锅 chóng qìng huǒ guō 충칭 신선로

10획

| 간드러질 뇨 / 냐오 niǎo | 袅 (裊) | 袅娜(裊娜) niǎo nuó (나무나 풀이) 가늘고 부드럽다
袅袅(裊裊) niǎo niǎo (냄새, 연기가) 모락모락 피어오름을 표현한 말
袅袅婷婷(裊裊婷婷) niǎo niǎo tíng tíng (여자의 걸음걸이가) 날씬하고 가볍다
炊烟袅袅 chuī yān niǎo niǎo 밥짓는 연기가 모락모락 피어오르다 |

| 원앙 원 / 위안 yuān | 鸳 (鴛) | 鸳侣(鴛侶) yuān lǚ 부부, (직위가 같은) 동료
鸳鸯剑(鴛鴦劍) yuān yāng jiàn 자웅 한 쌍으로 된 칼
鸳鸯谱(鴛鴦譜) yuān yāng pǔ 혼인서약
各执一份鸳鸯谱 gè zhí yī fèn yuān yāng pǔ 제각기 혼인서약 한 부씩 지니다 |

| 주름 추 / 쩌우 zhòu | 皱 (皺) | 皱纹(皺紋) zhòu wén 주름살, 구김살
皱眉(皺眉) zhòu méi 미간을 찌푸리다
皱眉哭脸(皺眉哭臉) zhòu méi kū liǎn 미간을 찌푸리고 울상짓다
眉头一皱, 计上心来 méi tóu yī zhòu, jì shàng xīn lái 눈살을 한 번 찌푸리기만 하면 꾀가 떠오른다 |

| 떡 발 / 버 bō | 饽 (餑) | 饽饽钱(餑餑錢) bō bō qián 용돈
煮饽饽(煮餑餑) zhǔ bō bō 물만두
饽饽利儿(餑餑利兒) bō bō lìr 적은 이익
得点儿饽饽利儿 dé diǎnr bō bō lìr 적은 이익을 얻다 |

| 주릴 아 / 어 è | 饿 (餓) | 饿肚(餓肚) è dù 배를 곯다
饿死(餓死) è sǐ 굶어 죽다
饿虎扑食(餓虎撲食) è hǔ pū shí 굶은 범이 먹이를 덮치듯 하다
饿极了! è jí le! 몹시 배고프구나! |

| 주릴 뇌 / 네이 něi | 馁 (餒) | 馁病(餒病) něi bìng 굶주려 병들다
气馁(氣餒) qì něi 기가 꺾이다, 맥이 풀리다
败不气馁(敗不氣餒) bài bù qì něi 실패에 기가 꺾이지 않는다
胜不骄, 败不馁 shèng bù jiāo, bài bù něi 이겼다고 교만하지 않고, 졌다고 낙심하지 않는다 |

| 나무이름 란 / 롼 luán | 栾 (欒) | 栾树(欒樹) luán shù 모감주나무 |

羊肉串儿 yáng ròu chuànr 양고기 꼬치구이   北京烤鸭 běi jīng kǎo yā 베이징 오리 통구이

10획

| 걸릴 련
롼 luán | 挛 攣 | 挛缩(攣縮) luán suō 경련으로 오그라들다
挛躄(攣躄) luán bì (손발의) 경련
痉挛(痙攣) jìng luán 경련을 일으키다
手冻得拘挛 shǒu dòng de jū luán 손이 얼어 오그라들다 |

| 사모할 련
랜 liàn | 恋 戀 | 恋爱(戀愛) liàn ài 남녀간에 그리워 사모하는 애정
恋情(戀情) liàn qíng 그리워하는 마음
恋恋不舍(戀戀不舍) liàn liàn bù shě 작별하기가 몹시 아쉽다
不可理解同性恋(爱) bù kě lǐ jiě tóng xìng liàn (ài) 동성연애는 이해하기 어렵다 |

| 상앗대 장
쟝 jiǎng | 桨 槳 | 划桨(划槳) huá jiǎng 노를 젓다
桨手(槳手) jiǎng shǒu 노젓는 사람
桨式飞机(槳式飛機) jiǎng shì fēi jī 프로펠러 비행기
划桨到岸 huá jiǎng dào àn 노를 저어 강 건너편에 닿다 |

| 미음 장
쟝 jiāng | 浆 漿 | 浆汁(漿汁) jiāng zi 즙, 국물
泥浆(泥漿) ní jiāng 흙탕물
豆浆(豆漿) dòu jiāng 콩국
中国人喜欢早晨喝豆浆 zhōng guó rén xǐ huān zǎo chén hē dòu jiāng 중국인들은 아침에 콩물을 즐겨 먹는다 |

| 악창 옹
융 yōng | 痈 癰 | 痈疮(癰瘡) yōng chuāng 옹(화농균의 전염으로 생기는 혹)
痈疽(癰疽) yōng jū 독창, 큰 종기
痈肿(癰腫) yōng zhǒng 조그마한 종기
治愈痈疮 zhì yù yōng chuāng 독창을 치료하여 완쾌되었다 |

| 적취 징
정 zhēng | 症 癥 | 症结(癥結) zhēng jié (일의) 문제점, 매듭
找出症结所在 zhǎo chū zhēng jié suǒ zài 문제점의 매듭을 찾아내다 |

| 재계할 재
자이 zhāi | 斋 齋 | 斋堂(齋堂) zhāi táng 절의 식당, 절
书斋(書齋) shū zhāi 글방
斋舍(齋舍) zhāi shè 재계(齋戒)하는 방, 서재
到书斋去找他 dào shū zhāi qù zhǎo tā 서재로 가서 그를 찾다 |

咸菜 xián cài (泡菜 pào cài) 김치   辣椒酱 là jiāo jiàng 고추장   酸辣汤 suān là tāng 시큼하고 매운탕

10획

심줄땅길 경 징 jìng	痉 痙	痉挛(痙攣) jìng luán 경련(을 일으키다) 痉病(痙病) jìng bìng 경련 등의 증상을 수반하는 열병 我的手脚经常痉挛 wǒ de shǒu jiǎo jīng cháng jìng luán 나의 손과 발에 늘 경련이 일어나다
수준기 준 준 zhǔn	准 準	准备(準備) zhǔn bèi 미리 마련하여 갖춤 准时(準時) zhǔn shí 정확한 시간, 정각, 제때에 准确无误(準確無誤) zhǔn què wú wù 틀림없이 정확하다 准予入境 zhǔn yǔ rù jìng 입국을 허가하다
떨어질 리 리 lí	离 離	离别(離別) lí bié 헤어짐 离家(離家) lí jiā 집(고향)을 떠남 离乡背井(離鄉背井) lí xiāng bèi jǐng 고향을 등지고 떠나다 离散家属欢聚一堂 lí sàn jiā shǔ huān jù yī táng 이산가족이 즐겁게 한데 모이다
새날아내릴 항 항 háng	颃 頏	颉颃(頡頏) xié háng 새가 오르내리며 날다 颃(頏) háng 목구멍, 인후 引颃高歌 yǐn háng gāo gē 목청을 돋구어 노래하다
재물 자 즈 zī	资 資	资本(資本) zī běn 밑천 资料(資料) zī liào 바탕이 되는 재료 资怨助祸(資怨助禍) zī yuàn zhù huò 원한을 더 키우고 화를 더 보태다 招商引资 zhāo shāng yǐn zī 상인을 불러모으며 자금을 모으다
겨룰 경 찡 jìng	竞 競	竞赛(競賽) jìng sài 경쟁, 경기 竞选(競選) jìng xuǎn 여러 사람을 경쟁시켜 한 사람을 뽑음 竞短争长(競短爭長) jìng duǎn zhēng cháng 우열을 가리다 公平竞争 gōng píng jìng zhēng 공정한 경쟁을 하다
문지방 곤 쿤 kǔn	阃 閫	阃内(閫内) kǔn nèi 부인의 거실 내부, 국내 阃外(閫外) kǔn wài 성밖, 변방, 국외 阃令(閫令) kǔn lìng 아내의 명령(공처가를 조소하는 말) 不得进一步阃阈 bù dé jìn yī bù kǔn yù 성문 안으로 한 발도 들여 놓지 못한다

水果 shuǐ guǒ 과일   橘子 jú zi 귤   苹果 píng guǒ 사과   葡萄 pú táo 포도   梨 lí 배

10획

| 버틸 좌
촤이 chuài | 㘚 （踭） | 㘚㘚（踭踭）zhèng chuài 발버둥치다(원나라 잡극에서 흔히 쓰임)
垂死㘚㘚 chuí sǐ zhèng chuài 죽도록 발악하다 |

| 제비 구
쥬 jiū | 阄 鬮 | 抓阄(儿)(抓鬮(兒)) zhuā jiū(r) 제비를 뽑다, 추첨하다
拈阄决定(拈鬮決定) niān jiū jué dìng 제비를 뽑아 결정하다
抓阄(儿)靠运气 zhuā jiū(r) kào yùn qì 제비뽑기는 운에 달려 있다 |

| 검열할 열
웨 yuè | 阅 閱 | 阅历(閱曆) yuè lì 체험하다, 이력
阅览(閱覽) yuè lǎn 책 등을 죽 내리 훑어봄
阅世渐深(閱世漸深) yuè shì jiàn shēn 인생 경험이 점점 깊어지다
阅读文件 yuè dú wén jiàn 공문서류를 읽다 |

| 솟을대문 랑
랑 làng | 阆 閬 | 阆(閬) làng 랑(주로 지명에 쓰임)
阆中(閬中) làng zhōng 랑중(쓰촨성에 있는 현)
阆风瑶池(閬風瑤池) làng fēng yáo chí 신선이 사는 곳을 뜻함
阆苑 làng yuàn 속세를 떠난 깨끗한 곳 |

| 조나라서울 단
단 dān | 郸 鄲 | 邯郸(邯鄲) hán dān 한단(허베이성에 있는 지명)
邯郸学步(邯鄲學步) hán dān xué bù 한단지보(전국시대 연나라의 한 청년이 조나라의 서울 한단에 가서 걸음걸이를 배우려 했으나 오히려 자기 걸음걸이마저 잊어버려 기어왔다는 데서 유래한 말로, 남의 흉내를 내다가 자기 재주마저 잃음을 뜻함) |

| 괴로워할 번
판 fán | 烦 煩 | 烦恼(煩惱) fán nǎo 마음이 시달려서 괴로움
烦人(煩人) fán rén 귀찮다, 번거롭다
烦言碎辞(煩言碎辭) fán yán suì cí 말, 문장이 어지럽고 장황하다
消一消烦恼 xiāo yī xiāo fán nǎo 번뇌를 없애다 |

| 사를 소
사오 shāo | 烧 燒 | 烧火(燒火) shāo huǒ 불을 지피다
烧伤(燒傷) shāo shāng 화상(을 입다)
烧纸引鬼(燒紙引鬼) shāo zhǐ yǐn guǐ 친절이 도리어 화가 되다, 혹 떼러 갔다가 혹 붙이고 온다
中国烧酒好喝 zhōng guó shāo jiǔ hǎo hē 중국 소주는 맛이 좋다 |

桃儿 táor 복숭아   柿子 shì zi 감   栗子 lì zi 밤   枣儿 zǎor 대추   杏儿 xìngr 살구

10획

촛불 촉	烛 燭	蜡烛(蠟燭) là zhú 양초 烛光(燭光) zhú guāng 촛불의 빛 洞房花烛(洞房花燭) dòng fáng huā zhú 신랑이 첫날밤에 신부방에서 자는 일 买一包蜡烛 mǎi yī bāo là zhú 양초 한 봉지를 사다
주 zhú		

빛날 엽	烨 燁	烨烨(燁燁) yè yè 빛나는 모습 烨然(燁然) yè rán 아름답게 빛나는 모양 烨烨发光 yè yè fā guāng (불빛, 햇살이) 찬란히 빛나다
예 yè		

모아끓일 회	烩 燴	烩(燴) huì 기름에 볶은 후 물과 전분을 넣어 만드는 요리법 烩三丁(燴三丁) huì sān dīng 세 가지 재료를 배합하여 회(燴) 요리법으로 만든 요리 烩生鸡丝 huì shēng jī sī 닭 가슴의 연한 살을 재료로 회(燴) 요리법으로 만든 음식
후이 huì		

깜부기불 신	烬 燼	灰烬(灰燼) huī jìn 재로 되다 烬骨(燼骨) jìn gǔ 화장한 유골 化为灰烬(化爲灰燼) huà wéi huī jìn 잿더미로 변하다 人死都得化为灰烬 rén sǐ dōu děi huà wéi huī jìn 사람이 죽으면 모두 재로 변할 것이다
찐 jìn		

갈마들 체	递 遞	递加(遞加) dì jiā 점차 증가하다 递减(遞減) dì jiǎn 점차 감소하다 递嘻和儿(遞嘻和兒) dì xī hér 알랑거리다, 아첨을 떨다 传递邮件 chuán dì yóu jiàn 우편물을 전달하다
띠 dì		

큰물결 도	涛 濤	海涛(海濤) hǎi tāo 바다의 파도 风涛(風濤) fēng tāo 세찬 바람과 험한 물결 惊涛骇浪(驚濤駭浪) jīng tāo hài làng 성난 파도 耳听松涛声, 别有情趣(儿) ěr tīng sōng tāo shēng, bié yǒu qíng qù(r) 소나무 숲이 설레이는 소리가 귓가에 들려오니 특별한 정취가 풍긴다
타오 tāo		

큰물결 로	涝 澇	防涝(防澇) fáng lào 침수를 막다 涝死(澇死) lào sǐ (벼가) 물에 잠겨 죽다 涝年头儿(澇年頭兒) lào nián tóur 비가 많은 해 防好涝灾 fáng hǎo lào zāi 수재 방비를 잘 하다
라오 lào		

香蕉 xiāng jiāo 바나나 草莓 cǎo méi 딸기 西瓜 xī guā 수박 西红柿 xī hóng shì 토마토

10획

강이름 래 라이 lái	涞	涞	涞水(涞水) lái shuǐ 내수(허베이성의 현과 강) 涞源(涞源) lái yuán 내원(허베이성 서부에 있는 현, 내수의 발원지)
물놀이 련 롄 lián	涟	漣	涟漪(漣漪) lián yī 잔잔한 물결 涟涟(漣漣) lián lián 눈물이 계속 흘러내리는 모양 涟漪微扬(漣漪微揚) lián yī wēi yáng 잔잔한 물결이 남실대다 翡翠色的涟漪, 十分壮观 fěi cuì sè de lián yī, shí fēn zhuàng guān 비취색의 잔잔한 물결은 그야말로 장관이다
지명 위 웨이 wéi	涠	潿	涠洲(潿洲) wéi zhōu 위주도(광시 쫭족 자치구에 있는 섬)
강이름 운 윈 yún	涢	溳	涢水(溳水) yún shuǐ 운수(후베이성에 있는 강)
소용돌이 와 워 wō	涡	渦	涡流(渦流) wō liú 맴돌이, 소용돌이 水涡(水渦) shuǐ wō 소용돌이 大气涡旋(大氣渦旋) dà qì wō xuán 회오리 她那脸上笑涡(儿)惹人喜欢 tā nà liǎn shàng xiào wō(r) rě rén xǐ huán 그녀의 볼우물은 사람들의 호감을 자아내게 한다
진흙 도 투 tú	涂	塗	涂抹(塗抹) tú mǒ 칠하다, 어지러이 갈겨쓰다 涂改(塗改) tú gǎi 글자를 지우고 고쳐쓰다 涂脂抹粉(塗脂抹粉) tú zhī mǒ fěn 입술연지나 분을 마구 칠하다 (악인이 본래 모습을 감추고 남을 속인다는 뜻) 不可涂改文件 bù kě tú gǎi wén jiàn 문건을 고쳐 써서는 안 된다
씻을 척 디 dí	涤	滌	涤除(滌除) dí chū 씻어버리다 涤荡(滌蕩) dí dàng (더러운 것을) 세척하다 涤瑕荡垢(滌瑕蕩垢) dí xiá dàng gòu 흠과 때를 씻다(과거의 실패에서 벗어나 면목을 일신한다는 뜻) 涤除恶习 dí chū è xí 악습을 제거하다

蔬菜 shū cài 야채   白菜 bái cài 배추   萝卜 luó bo 무   洋葱 yáng cōng 양파   葱 cōng 파

젖을 윤	润 潤	润肤(潤膚) rùn fū 피부를 매끄럽게 하다 润泽(潤澤) rùn zé 윤기나게 하다, 적시다 珠圆玉润(珠圓玉潤) zhū yuán yù rùn 노랫소리가 매우 아름답다 空气湿润宜人 kōng qì shī rùn yí rén 공기가 촉촉하여 사람들에게 알맞다
룬 rùn		

| 산골물 간 | 涧 澗 | 涧沟(澗溝) jiàn gōu 계곡
涧水(澗水) jiàn shuǐ 골짜기 사이에 흐르는 시냇물
溪涧(溪澗) xī jiàn 골짜기, 협곡
涧水也能流成大河 jiàn shuǐ yě néng liú chéng dà hé 골짜기의 냇물도 큰 강이 되어 흐를 것이다(작은 일도 견지해 나가면 나중에 성사될 수 있다는 뜻) |
| 쟨 jiàn | | |

| 불을 창 | 涨 漲 | 涨价(漲價) zhǎng jià 값이 오르다
涨落(漲落) zhǎng luò 밀물과 썰물, (물가, 시세가) 오르고 내림
水涨船高(水漲船高) shuǐ zhǎng chuán gāo 물이 불으면 배도 높이 뜨게 된다(사물이 그 기초의 변화에 따라 변한다는 뜻)
物价暴涨 wù jià bào zhǎng 물가가 폭등하다 |
| 쟝 zhǎng | | |

| 데울 탕 | 烫 燙 | 烫伤(燙傷) tàng shāng 화상(을 입다)
烫斗(燙斗) tàng dǒu 다리미, 인두
烫发(燙發) tàng fà 머리를 퍼머하다, 퍼머한 머리
这件事(儿)很烫手 zhè jiàn shì (r) hěn tàng shǒu 이 일은 매우 처리하기가 어렵다 |
| 탕 tàng | | |

| 떫을 삽 | 涩 澀 | 涩苦(澀苦) sè kǔ 떫고 쓰다
涩味儿(澀味兒) sè wèi r 떫은 맛
晦涩文字(晦澀文字) huì sè wén zì 뜻이 분명치 않은 문장
他苦涩地笑了起来 tā kǔ sè de xiào le qǐ lái 그는 쓴웃음을 지었다 |
| 써 sè | | |

| 아낄 간 | 悭 慳 | 悭囊(慳囊) qiān náng 자린고비, 구두쇠
悭贪(慳貪) qiān tān 몹시 탐하고 인색함
缘悭一面(緣慳一面) yuán qiān yī miàn 자그마한 인연도 없다
他是个悭吝财物的人 tā shì ge qiān lìn cái wù de rén 그는 재물에 인색한 사람이다 |
| 챈 qiān | | |

| 근심할 민 | 悯 憫 | 悯恻(憫惻) mǐn cè 가련하다, 측은하다
悯惜(憫惜) mǐn xī 애석하다
其情可悯(其情可憫) qí qíng kě mǐn 그 사정이 딱하다
求您悯宥 qiú nín mǐn yòu 부디 불쌍히 여겨 용서해 주세요 |
| 민 mǐn | | |

黄瓜 huáng guā 오이   茄子 jié zi 가지   南瓜 nán guā 호박   菠菜 bō cài 시금치   胡萝卜 hú luó bo 당근

10획

너그러울 관 콴 kuān	宽 寬	宽裕(寬裕) kuān yù 여유롭다, 유복하다 宽待(寬待) kuān dài 관대하게 대우하다 宽宏大量(寬宏大量) kuān hóng dà liàng 도량이 넓고 크다 宽恕罪犯是对人民的犯罪 kuān shù zuì fàn shì duì rén mín de fàn zuì 죄인에 대해 너그러이 용서한다면 그것은 곧바로 인민에게 죄를 짓는 것이다	
가구 가 쟈 jiā	家 家	家具(家具) jiā jù 집안 살림에 쓰는 기구 家伙(家夥) jiā huǒ 공구나 도구 따위를 가리킴, 녀석, 자식, 놈 家破人亡(家破人亡) jiā pò rén wáng 집안이 망하다 这件事(儿)对我来说是个家常便饭 zhè jiàn shì(r) duì wǒ lái shuō shì ge jiā cháng biàn fàn 이 일은 내게 식은 죽 먹기이다	
손 빈 빈 bīn	宾 賓	外宾(外賓) wài bīn 외부 손님 宾至如归(賓至如歸) bīn zhì rú guī 제 집에 돌아온 것 같다(마음 편한 대접을 받는다는 뜻) 请问, 北京友谊宾馆电话号码是多少? qǐng wèn, běi jīng yǒu yì bīn guǎn diàn huà hào mǎ shì duō shǎo? 문의해도 괜찮을까요, 베이징 우의영빈관의 전화번호가 몇 번이지요?	
구멍 규 챠오 qiào	窍 竅	窍门(儿)(竅門(兒)) qiào mén(r) 요령, 묘리 七窍(七竅) qī qiào 이목구비의 일곱 구멍 找窍门(儿)(找竅門(兒)) zhǎo qiào mén(r) 묘리를 찾다 一窍通, 百窍通 yī qiào tōng, bǎi qiào tōng 하나가 통하면 만사가 통한다	
그윽할 조 으슥할 요 땨오 diào	窎 窵	窎远(窵遠) diào yuán 아득히 멀다 窎窅(窵窅) diào yǎo 깊숙한 모양 窎桥(窵橋) diào qiáo 적교(吊橋) 他住的地方太窎远 tā zhù de dì fāng tài diào yuán 그가 사는 곳은 으슥하고도 너무 멀다	
청할 청 칭 qǐng	请 請	请客(請客) qǐng kè 손님을 초대하다 请假(請假) qǐng jià 휴가를 신청하다, 말미를 청하다 请君入瓮(請君入甕) qǐng jūn rù wèng 제 도끼에 제 발등 찍히다(제가 놓은 덫에 걸린다는 뜻) 发请帖 fā qǐng tiě 초대장을 띄우다	
모든 제 주 zhū	诸 諸	诸多(諸多) zhū duō 수많은, 허다한 诸色(諸色) zhū sè 여러 가지의 색깔, 각양각색 诸如此类(諸如此類) zhū rú cǐ lèi 이러하다, 이러한 유형 诸位好! zhū wèi hǎo 여러분, 안녕하십니까!	

土豆儿 tǔ dòur 감자   蒜 suàn 마늘   姜 jiāng 생강

10획

| 꾀할 추
쩌우 zōu | 诹 諏 | 诹访(諏訪) zōu fǎng 물어서 의논하다
诹吉(諏吉) zōu jí 상의하여 좋은 날짜를 정하다
诹食(諏食) zōu shí 음식을 고르다
咨诹其缘由 zī zōu qí yuán yóu 그 원인에 대해 의논하다 |

| 대답할 낙
눠 nuò | 诺 諾 | 慨诺(慨諾) kǎi nuò 쾌히 승낙하다
许诺(許諾) xǔ nuò 청하는 일을 들어줌
履行诺言(履行諾言) lǚ xíng nuò yán 언약을 이행하다
您得兑现自己的诺言 nín děi duì xiàn zì jǐ de nuò yán 당신은 자신의 말을 실행해야 합니다 |

| 헐뜯을 착
줘 zhuó | 诼 諑 | 谣诼(謠諑) yáo zhuó 헛소문을 퍼뜨려 헐뜯다
谣诼好人 yáo zhuó hǎo rén 좋은 사람을 비방하다 |

| 읽을 독
두 dú | 读 讀 | 读书(讀書) dú shū 책을 읽다
读书种子(讀書種子) dú shū zhǒng zǐ 대대로 학문을 좋아하는 혈통
万般皆下品, 唯有读书高 wàn bān jiē xià pǐn, wéi yǒu dú shū gāo 모든 것이 다 하찮지만 오직 독서만은 고상하다 |

| 헐뜯을 비
베이 fěi | 诽 誹 | 诽谤(誹謗) fěi bàng 비웃고 헐뜯어서 욕함
诽笑(誹笑) fěi xiào 비웃음, 비방하여 웃음
诽谤之木(誹謗之木) fěi bàng zhī mù 옛날 임금의 잘못을 써붙이는 나무
不要信口诽谤人 bù yào xìn kǒu fěi bàng rén 입에서 나오는 대로 남을 비방하지 말라 |

| 버선 말
와 wà | 袜 襪 | 袜子(襪子) wà zi 양말, 버선
线袜(線襪) xiàn wà 면 양말
袜套(儿)(襪套(兒)) wà tào(r) 덧양말, 덧버선
穿好袜子,别冻脚 chuān hǎo wà zi, bié dòng jiǎo 발이 얼지 않도록 양말을 잘 신으세요 |

| 상서 정
전 zhēn | 祯 禎 | 祯瑞(禎瑞) zhēn ruì 길조(吉兆)
祯祥(禎祥) zhēn xiáng 길상, 좋은 징조
祯祺(禎祺) zhēn qí 행복, 길상
这可是祯祥之兆! zhè kě shì zhēn xiáng zhī zhào! 이것이야말로 길상인 것이다 |

洋酒 yáng jiǔ 양주　　茅台酒 máo tái jiǔ 마오타이주　　五粮液 wǔ liáng yè 우량예(명주)　　啤酒 pí jiǔ 맥주

10획

매길 과 커 kè	课 課	课本(儿)(課本(兒)) kè běn(r) 교과서 上课(上課) shàng kè 수업을 하다 课堂讨论(課堂討論) kè táng tǎo lùn (대학에서의) 세미나 需要研究的课题多 xū yào yán jiū de kè tí duō 연구해야 할 과제가 많다
번거롭게할 위 웨이 wěi	诿 諉	诿过(諉過) wěi guò 잘못을 남에게 전가하다 诿罪(諉罪) wěi zuì 죄를 남에게 돌리다 诿为不知(諉爲不知) wěi wéi bù zhī 남에게 책임을 덮어 씌우거나 핑계를 대고 모른 체하다 诿卸责任 wěi xiè zé rèn 책임을 회피하다
아첨할 유 위 yú	谀 諛	阿谀(阿諛) ē yú 아첨하다 谀词(諛詞) yú cí 아첨하는 말 阿谀奉承(阿諛奉承) ē yú fèng chéng 아첨하다, 굽실거리다 不可重用阿谀奉承的人 bù kě zhòng yòng ē yú fèng chéng de rén 굽실거리며 아첨하는 자는 중용할 수 없다
누구 수 쎄이 shéi	谁 誰	谁的(誰的) shéi de 누구의, 누군가의 谁知道?(誰知道) shéi zhī dào? 누가 알겠는가? 谁是谁非(誰是誰非) shéi shì shéi fēi 누가 옳고 그른가, 시비 你是谁? nǐ shì shéi? 당신은 누구십니까?
고할 심 선 shěn	谂 諗	谂知(諗知) shěn zhī 잘 알다 素谂(素諗) sù shěn 이미 전부터 잘 알다 谂知其内幕 shěn zhī qí nèi mù 그 내막을 잘 알고 있다
고를 조 뽑힐 조 탸오 tiáo 땨오 diào	调 調	调味(調味) tiáo wèi 맛을 내다, 맛을 조절하다 调嘴学舌(調嘴學舌) tiáo zuǐ xué shé 뒤에서 이러쿵저러쿵 남의 흉을 보며 말썽을 일으키다, 시비를 붙이다 调动(調動) diào dòng (위치, 인원 등을) 옮기다, 불러일으키다 调整关系 tiáo zhěng guān xi 관계를 조정하다
아첨할 첨 찬 chǎn	谄 諂	谄媚(諂媚) chǎn mèi 아첨하다, 알랑거리다 谄笑(諂笑) chǎn xiào 간사하게 웃다, 아첨하며 웃다 谄上欺下(諂上欺下) chǎn shàng qī xià 윗사람에게는 아첨하고 아랫사람은 얕잡아 보다 胁肩谄笑 xié jiān chǎn xiào 어깨를 움츠리고 간사하게 웃다

烧酒 shāo jiǔ (白酒 bái jiǔ) 소주　　葡萄酒 pú táo jiǔ 포도주　　香宾 xiāng bīn 샴페인　　威士忌 wēi shì jì 위스키

10획

| 믿을 량
량 liàng | 谅 諒 | 体谅(體諒) tǐ liàng 알아주다, 양해하다
谅必(諒必) liàng bì 생각건대, 필시 (…일 것이다)
谅必如此(諒必如此) liàng bì rú cǐ 틀림없이 이러할 것이다
请您谅解 qǐng nín liàng jiě 양해하여 주시길 바랍니다 |

| 타이를 순
준 zhūn | 谆 諄 | 谆嘱(諄囑) zhūn zhǔ 간곡하게 부탁하다
谆言(諄言) zhūn yán 되풀이하여 말하다, 잔소리(하다)
谆谆告诫(諄諄告誡) zhūn zhūn gào jiè 간곡히 타이르다
言者谆谆, 听者藐藐 yán zhě zhūn zhūn, tīng zhě miǎo miǎo 말하는 사람은 진지하지만 듣는 사람은 귀담아 듣지 않는다 |

| 욕할 수
쑤이 suì | 谇 誶 | 谇骂(誶罵) suì mà 꾸짖다
谇语(誶語) suì yǔ 책망하다
谇候(誶候) suì hòu 힐문하다
无故谇骂部下 wú gù suì mà bù xià 연고없이 부하를 꾸짖어대다 |

| 말씀 담
탄 tán | 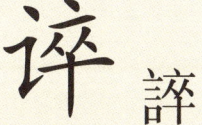 談 | 谈话(談話) tán huà 이야기하다
面谈(面談) miàn tán 서로 만나 이야기함
谈笑自若(談笑自若) tán xiào zì ruò 자연스럽게 이야기도 하고 웃기도 하다
随便谈谈 suí biàn tán tán 자유롭게 이야기를 나누다 |

| 옳을 의
이 yì | 谊 誼 | 情谊(情誼) qíng yì 서로 사귀어 친해진 정
深情厚谊(深情厚誼) shēn qíng hòu yì 두터운 정
谊不可辞(誼不可辭) yì bù kě cí 정은 거절할 수 없다
韩中友谊比什么都重要 hán zhōng yǒu yì bǐ shén me dōu zhòng yào 한국과 중간간의 친선관계는 그 무엇보다도 중요하다 |

| 살필 심
선 shěn | 谉 譜 | 验谉(驗譜) yàn shěn 자세히 살피다
谉悉(譜悉) shěn xī 익숙하다
未谉其详(未譜其詳) wèi shěn qí xiáng 상세한 것을 알지 못하다
谉知内情 shěn zhī nèi qíng 내부 사정을 자세히 알다 |

| 정성 간
컨 kěn | 恳 懇 | 诚恳(誠懇) chéng kěn 정성스럽고 간절하다
勤恳(勤懇) qín kěn 근면 성실하다
意诚辞恳(意誠辭懇) yì chéng cí kěn 뜻이 정성스럽고 말이 간절하다
再三恳求出国留学 zài sān kěn qiú chū guó liú xué 외국 유학을 재삼 간청하다 |

水 shuǐ 물   开水 kāi shuǐ 끓인물   茶水 chá shuǐ 찻물   咖啡 kā fēi 커피   牛奶 niú nǎi 우유

10획

심할 극 쥐 jù	剧 劇	剧烈(劇烈) jù liè 극렬하다, 격렬하다 剧药(劇藥) jù yào 약효가 강한 약 演剧(演劇) yǎn jù 연극(종합예술의 하나), 수작을 피우다 克服剧痛坚持下去 kè fú jù tòng jiān chí xià qù 심한 고통을 참아가며 견지하다
여신 과 여신 와 와 wā	娲 媧	女娲(女媧) nǚ wā 여와 씨(중국 신화 속의 여황제)
우아할 한 샌 xián	娴 嫺	娴静(嫺靜) xián jìng (성격이) 조용하다, 얌전하다 娴雅(嫺雅) xián yǎ 고상하다(주로 여자를 형용하는 말) 娴于辞令(嫺於辭令) xián yú cí lìng 구변이 좋다 他技术娴熟 tā jì shù xián shú 그는 기술이 능숙하다
어려울 난 난 nán	难 難	难办(難辦) nán bàn 하기(다루기) 어렵다 难治(難治) nán zhì 고치기 힘들다 难舍难分(難舍難分) nán shě nán fēn 차마 떨어지지 못하다 有难处, 请找我 yǒu nán chù, qǐng zhǎo wǒ 어려운 일이 있으면 저를 찾으세요
미리 예 위 yù	预 預	预报(預報) yù bào 일을 미리 알림 预备(預備) yù bèi 앞일에 대비함 预祝成功(預祝成功) yù zhù chéng gōng 성공을 미리 축하하다 预防突然袭击 yù fáng tū rán xí jī 불의의 습격을 예방하다
두레박줄 경 겅 gěng	绠 綆	汲绠(汲綆) jí gěng 두레박줄 绠缶(綆缶) gěng fǒu 두레박줄과 두레박 绠短汲深(綆短汲深) gěng duǎn jí shēn 두레박줄은 짧은데 우물은 깊다(능력은 부족하나 책임이 무거움을 뜻함) 绠短不可以汲深井之泉 gěng duǎn bù kě yǐ jí shēn jǐng zhī quán 짧은 두레박줄로는 깊은 우물의 물을 길을 수 없다
가라말 려 리 lí	骊 驪	骊驹(驪駒) lí jū 검은 말 骊歌(驪歌) lí gē 이별가 骊龙之珠(驪龍之珠) lí lóng zhī zhū 흑룡의 턱밑에 있는 구슬 (값이 비싸거나 얻기 어려운 보물을 뜻함) 岂非骊龙之珠! qǐ fēi lí lóng zhī zhū! (이것이) 어찌 보물이 아닐 수가 있으랴!

果汁儿 guǒ zhīr 쥬스   汽水儿 qì shuǐr 사이다   可口可乐 kě kǒu kě lè 코카콜라   矿泉水 kuàng quán shuǐ 광천수

10획

| 생사 초
샤오 xiāo | 绡 綃 | 绡头(綃頭) xiāo tóu 생초댕기, 생초머리띠
绡纹(綃紋) xiāo wén 생초의 무늬
绡巾(綃巾) xiāo jīn 비단 수건
身披绡纨 shēn pī xiāo wán 몸에 얇은 흰 비단을 걸치다 |

| 달릴 빙
청 chěng | 骋 騁 | 骋驰(騁馳) chěng chí 빨리 달리다
骋怀(騁懷) chěng huái 포부나 소신을 말하다, 흉금을 털어놓다
驰骋万里(馳騁萬里) chí chěng wàn lǐ 만 리를 내달리다
骋目远眺 chěng mù yuǎn tiào 눈을 들어 먼 곳을 바라보다 |

| 명주 견
쥐안 juàn | 绢 絹 | 画绢(畫絹) huà juàn 서화(書畫)에 쓰이는 비단
绢绸(絹綢) juàn chóu 멧누에 실로 짠 누르스름한 견사
绢丝织物(絹絲織物) juàn sī zhī wù 견사직물
带手绢(儿) dài shǒu juàn(r) 손수건을 지니다 |

| 수놓을 수
슈 xiù | 绣 綉 | 刺绣(刺綉) cì xiù 수를 놓음
绣花枕头(綉花枕頭) xiù huā zhěn tóu 꽃을 수놓은 베개에 불과하다(겉치레만 하고 실속은 없다는 뜻)
她会绣画 tā huì xiù huà 그는 그림 수놓이를 할 줄 안다 |

| 증험할 험
얜 yàn | 验 驗 | 验证(驗證) yàn zhèng 검시하여 증명함
验血(驗血) yàn xuè 혈액검사
验放行人(驗放行人) yàn fàng xíng rén 통행자를 검문하여 통과시키다
经受考验 jīng shòu kǎo yàn 검증을 받다 |

| 편안할 수
수이 suí | 绥 綏 | 绥和(綏和) suí hé 평온하다, 평안하다
绥抚(綏撫) suí fǔ 어루만져 달래다, 애무하다
绥边(綏邊) suí biān 변경을 평정하다
全家绥和 quán jiā suí hé 온 집안이 평안하다 |

| 끈 조
타오 tāo | 绦 縧 | 绦带(縧帶) tāo dài 여러 가닥으로 땋은 긴 끈
彩绦(彩縧) cǎi tāo 여러 가지 실로 엮은 띠
绦虫(縧蟲) tāo chóng 촌백충
吃药打绦虫 chī yào dǎ tāo chóng 약을 먹어 촌백충을 없애다 |

豆浆 dòu jiāng 콩물   冰淇淋 bīng qí lín 아이스크림   冰棍儿 bīng gùnr 하드

10/11획

이을 계 지 jì	继	繼	继承(繼承) jì chéng 상속하다, 이어받다 继母(繼母) jì mǔ 아버지의 후처 前赴后继(前赴後繼) qián fù hòu jì 앞사람이 쓰러지면 뒷사람이 이어나가다 继续干活(儿) jì xù gàn huó(r) 일을 계속하다
깁 제 티 tí	绨	綈	绨袍(綈袍) tí páo 두꺼운 비단으로 만든 옷 绨弋(綈弋) tí yì 두꺼운 검은 비단 绨袍恋恋(綈袍戀戀) tí páo liàn liàn 옛 은혜를 생각하다(우정이 두터움을 뜻함) 穿绨袍 chuān tí páo 솜을 넣은 비단옷을 입다
말달릴 침 친 qīn	骎	駸	骎骎(駸駸) qīn qīn 말이 빨리 달리는 모양, 일의 진행이 빠른 모양 骎数年矣(駸數年矣) qīn shù nián yǐ 순식간에 여러 해가 지났다 骎骎日上(駸駸日上) qīn qīn rì shàng 일의 진척이 빠르다 扩建工程骎骎日上 kuò jiàn gōng chéng qīn qīn rì shàng 확장공사 진척은 날마다 빨라지고 있다
준마 준 쥔 jùn	骏	駿	骏奔(駿奔) jùn bēn 준마처럼 빨리 달리다 骏发(駿發) jùn fā 빨리 발전하다 驽骏不分(駑駿不分) nú jùn bù fēn 말이 좋고 나쁜지 못가린다 骏马奔腾 jùn mǎ bēn téng 준마가 기운차게 내달리다
해오라기 사 스 sī	鹭	鷥	鹭鸶(鷺鷥) lù sī 해오라기(새의 일종)
비출 도 다오 dào 타오 tāo	焘	燾	焘(燾) dào 또는 tāo 도(주로 인명에 쓰임)
옥돌 진 진 jīn	琎	璡	琎(璡) jīn 옥과 비슷한 아름다운 돌 琎(璡) jīn 진(주로 인명에 쓰임)

百货大楼 bǎi huò dà lóu (商店 shāng diàn) 백화점, 상점

11획

호련 **련**	琏 琏	瑚琏(瑚璉)hú liǎn 옛날 제사 때 곡식을 담아 놓던 그릇 琏(璉)liǎn 련(주로 인명에 쓰임)
랜 liǎn		

자질구레할 **쇄** 琐 瑣
쒀 suǒ
- 琐碎(瑣碎)suǒ suì 자질구레하고 번거롭다
- 琐闻(瑣聞)suǒ wén 자질구레한 소식
- 琐尾流离(瑣尾流離)suǒ wěi liú lí 처음에는 순탄하지만 나중에는 좋지 않다
- 不要管家庭琐事 bù yào guǎn jiā tíng suǒ shì 집안의 자질구레한 일은 관계치 말라

밀기울 **부** 麸 麩
부 fū
- 麸壳(麩殼)fū ké 밀기울, 보릿겨
- 麸金(麩金)fū jīn 사금(砂金)
- 麸炒(麩炒)fū chǎo 한약 정제법의 하나(밀가루를 묻혀 볶는 것)
- 麦麸子可作饲料 mài fū zi kě zuò sì liào 밀기울은 사료로 사용할 수 있다

사로잡을 **로** 掳 擄
루 lǔ
- 掳人(擄人)lǔ rén 사람을 사로잡다, 납치하다
- 掳获(擄獲)lǔ huò 빼앗아 얻다
- 掳袖子(擄袖子)lǔ xiù zi 소매를 걷어올리다
- 掳掠钱财 lǔ lüè qián cái 돈과 재물을 약탈하다, 노략질하다

칠 **괵** 掴 摑
과이 guāi
궈 guó
- 掴耳光(摑耳光)guāi(또는 guó)ěr guāng 뺨을 때리다
- 掴他一个耳光 guāi(또는 guó)tā yī ge ěr guāng 그의 뺨을 (한 번) 후려치다

맹금 **지** 鸷 鷙
즈 zhì
- 鸷鸟(鷙鳥)zhì niǎo 지조, 맹금(猛禽)
- 勇鸷(勇鷙)yǒng zhì 용맹하다
- 鸷忍(鷙忍)zhì rěn 사납고 잔인하다
- 大鹰鸷悍地扑向鸡群 dà yīng zhì hàn de pū xiàng jī qún 큰 매가 사납게 닭무리를 덮치다

던질 **척** 掷 擲
즈 zhì
- 掷挂(擲掛)zhì guà 돌을 던져서 점치는 일
- 弃掷(棄擲)qì zhì 팽개치다
- 掷地有声(擲地有聲)zhì dì yǒu shēng (글이나 말이) 빈틈없고 힘 있음을 뜻함
- 投掷手榴弹 tóu zhì shǒu liú dàn 수류탄을 던지다

纺织品 fǎng zhī pǐn 방직품　　皮革制品 pí gé zhì pǐn 피혁제품　　化妆品 huà zhuāng pǐn 화장품

11획

손에들 **탄** 딴 dǎn	掸 揮	掸子(撣子) dǎn zi 먼지떨이 掸帚(撣帚) dǎn zhǒu 새털로 만든 비 掸把子(撣把子) dǎn bà zi 먼지떨이의 자루 掸掉身上的灰尘 dǎn diào shēn shàng de huī chén 몸의 먼지를 떨어버리다
대궐안길 **곤** 쿤 kǔn	壶 壼	壸政(壼政) kǔn zhèng 궁중의 내정(內政) 壸德(壼德) kǔn dé 부덕(婦德) 壸闱(壼闈) kǔn wéi 궁중의 깊숙한 곳, 여자가 거처하는 내실 勿问壸政 wù wèn kǔn zhèng 궁중 내정은 알려고 하지 말라
삼갈 **각** 췌 què	悫 愨	悫素(愨素) què sù 바르고 온순함 悫善(愨善) què shàn 성실하고 착함 悫士(愨士) què shì 성실한 사람 悫(愨) què 각(인명에 쓰임)
의거할 **거** 쥐 jù	据 據	据点(據點) jù diǎn 발판 收据(收據) shōu jù 영수증 据为心得(據爲心得) jù wéi xīn dé 스스로 자신 있다고 생각하다 据我所知他已经去了 jù wǒ suǒ zhī tā yǐ jīng qù le 내가 아는 바로는 그는 이미 갔다
가질 **삼** 찬 chān	掺 摻	掺水(摻水) chān shuǐ 물을 섞다 掺手(摻手) chān shǒu 손을 잡다 掺袂(摻袂) chān mèi 소매를 잡다 大豆(儿)和大米不能掺和 dà dòu(r) hé dà mǐ bù néng chān hé 콩과 입쌀은 뒤섞으면 안 된다
익숙해질 **관** 내던질 **관** 관 guàn	掼 摜	掼交(摜交) guàn jiāo 씨름 掼稻(摜稻) guàn dào 벼를 털다 掼手榴弹(摜手榴彈) guàn shǒu liú dàn 수류탄을 던지다 一气之下掼了纱帽 yī qì zhī xià guàn le shā mào 홧김에 사퇴하다
벼슬 **직** 즈 zhí	职 職	职业(職業) zhí yè 일상 종사하는 업무 职员(職員) zhí yuán 사무원 忠于职守(忠于職守) zhōng yú zhí shǒu 직분에 충실하다 他辞职了 tā cí zhí le 그는 사퇴했다

装饰品 zhuāng shì pǐn 장식품   特产品 tè chǎn pǐn 특산품   工艺品 gōng yì pǐn 공예품

11획

귀지 녕 닝 níng	聍	聹	耵聍(耵聹) dīng níng 귓밥, 귀지 掏耵聍(掏耵聹) tāo dīng níng 귓밥을 후벼내다
낙엽 탁 퉈 tuò	萚	蘀	萚兮(蘀兮) tuò xī 나뭇잎이 시들어 떨어지려 하는 모양 萚(蘀) tuò 낙엽 또는 (풀이나 나무의) 벗겨져 떨어진 껍질 十月陨萚 shí yuè yǔn tuò 시월에 나뭇잎과 풀잎이 떨어지다
수고로울 예 이 yì	勚	勩	勚(勩) yì 고생스럽다, 닳아 없어지다 螺丝扣勚了 luó sī kòu yì liǎo 나사가 닳아 못쓰게 되다
소나무겨우살이 라 뤄 luó	萝	蘿	萝卜(蘿蔔) luó bo 무 松萝(松蘿) sōng luó 소나무 겨우살이 萝卜子(蘿蔔子) luó bo zǐ 무의 씨 拔萝卜 bá luó bo 무를 뽑다
개똥벌레 형 잉 yíng	萤	螢	萤火虫(螢火蟲) yíng huǒ chóng 개똥벌레 萤窗雪案(螢窗雪案) yíng chuāng xuě àn 반딧불과 창 밖의 눈빛을 등불삼아 공부하다(온갖 고생을 하며 학문을 닦는다는 뜻) 捉萤火虫 zhuō yíng huǒ chóng 개똥벌레를 잡다
경영할 영 잉 yíng	营	營	营救(營救) yíng jiù 방법을 강구하며 구원하다 营养(營養) yíng yǎng 양분, 영양 营私舞弊(營私舞弊) yíng sī wǔ bì 협잡질하다 营救落水儿童 yíng jiù luò shuǐ ér tóng 물에 빠진 어린이를 구하다
얽힐 영 잉 yíng	萦	縈	萦身(縈身) yíng shēn (몸을) 얽매이다 萦回(縈回) yíng huí 감돌다, 맴돌다 琐事萦身(瑣事縈身) suǒ shì yíng shēn 하찮은 일에 몸이 얽매이다 日夜萦思 rì yè yíng sī 밤낮으로 이리저리 생각하다

服装店 fú zhuāng diàn 옷가게　　钟表店 zhōng biǎo diàn 시계방　　食品店 shí pǐn diàn 식품점

11획

맑은대쑥 소 / 샤오 xiāo — 萧 萧
- 萧艾(蕭艾) xiāo ài 소인(주로 자기 자신을 낮추는 말)
- 萧然(蕭然) xiāo rán 적막하고 조용함
- 萧曹避席(蕭曹避席) xiāo cáo bì xí 소화와 조참도 머리를 숙이게 하다(남다른 정치적 재능을 갖고 있다는 뜻)
- 他孤独得萧然落了泪 tā gū dú de xiāo rán luò le lèi 그는 적적하여 쓸쓸히 눈물을 흘렸다

보살 살 / 싸 sà — 萨 薩
- 菩萨(菩薩) pú sà 불교에서 부처 다음 가는 성인
- 萨克管(薩克管) sà kè guǎn 섹스폰(악기의 일종)
- 菩萨心肠(菩薩心腸) pú sà xīn cháng 자비로운 마음씨
- 菩萨保佑 pú sà bǎo yòu 보살이 돕다

꿈 몽 / 멍 mèng — 梦 夢
- 梦话(夢話) mèng huà 잠꼬대, 얼토당토 않는 말
- 恶梦(惡夢) è mèng 나쁜 꿈
- 梦寐以求(夢寐以求) mèng mèi yǐ qiú 꿈 속에서도 바라다
- 昨晚我作了一场恶梦 zuó wǎn wǒ zuò le yī chǎng è mèng 지난밤에 나는 악몽을 꾸었다

박수 격 / 시 xí — 觋 覡
- 觋(覡) xí 박수(남자 무당)

봉함 검 / 쟨 jiǎn — 检 檢
- 检票(檢票) jiǎn piào 개찰하다
- 检阅(檢閱) jiǎn yuè (군대를) 사열(하다), 살펴보다
- 检举(檢舉) jiǎn jǔ 범죄의 증거를 걸어 모음
- 检查身体 jiǎn chá shēn tǐ 신체를 검사하다

격자창 령 / 링 líng — 棂 欞
- 棂床(欞床) líng chuáng 격자(格子)로 꾸민 난간이 있는 침대
- 棂布(欞布) líng bù (천으로 된) 방충망
- 棂子(欞子) líng zi 격자창, 창살
- 拉棂布 lā líng bù 방충망을 걷다

아낄 색 / 써 sè — 啬 嗇
- 啬刻(嗇刻) sè kè 인색하다
- 啬刻子(嗇刻子) sè kè zi 구두쇠
- 啬帐(嗇帳) sè zhàng 빚을 갚는 것을 주저하다
- 她对养女非常吝啬 tā duì yǎng nǚ fēi cháng lìn sè 그녀는 수양딸에게 매우 인색하다

超级市场 chāo jí shì chǎng 슈퍼마켓　　农贸市场 nóng mào shì chǎng 농산물시장

11획

| 다할 궤
쿠이 kuì | 匮 匱 | 匮乏(匱乏) kuì fá (물자가) 부족하다
匮竭(匱竭) kuì jié 다 써버리다
不虞匮乏(不虞匱乏) bù yú kuì fá 가난을 근심하지 않는다
匮乏物资 kuì fá wù zī 물자가 부족하다 |

| 빚을 온
윈 yùn | 酝 醞 | 酝酿(醞釀) yùn niàng 술을 빚다, 미리 준비하다
酝户(醞户) yùn hù 술을 빚는 사람
酝言(醞言) yùn yán 부드러운 말, 다정한 말
酝酿候选人 yùn niàng hòu xuǎn rén 후보자를 예비 토의하다 |

| 조개껍질 염
얜 yǎn | 厣 厴 | 厣(厴) yǎn (다슬기, 우렁이, 소라 따위) 고둥의 각구(殼口)에 있는 동그란 뚜껑, 게의 배딱지 |

| 클 석
쉬 shuò | 硕 碩 | 硕果(碩果) shuò guǒ 큰 과실(훌륭한 성적이나 큰 업적을 뜻함)
硕大(碩大) shuò dà 매우 크다
硕学通儒(碩學通儒) shuò xué tōng rú 학식이 풍부한 사람
拿到了硕士学位 ná dào le shuò shì xué wèi 석사학위를 받았다 |

| 고을이름 협
샤 xiá | 硖 硤 | 硖石(硤石) xiá shí 협석(허난성 멍진현 서쪽에 위치한 황하의 나루) |

| 메마른땅 교
챠오 qiāo | 硗 磽 | 硗确(磽確) qiāo què 돌이 많고 메마른 땅, 단단함
硗薄之地(磽薄之地) qiāo bó zhī dì 메마른 땅
地有肥硗(地有肥磽) dì yǒu féi qiāo 땅에는 기름진 곳과 메마른 곳이 있다
人情也硗薄 rén qíng yě qiāo bó 인정마저 메마르다 |

| 쌓을 외
맷돌 애
웨이 wéi, wèi | 硙 磑 | 硙硙(磑磑) wéi wéi 높이 솟아 있는 모양
硙茶(磑茶) wéi chá 차를 맷돌로 갈다
推硙(推磑) tuī wèi 맷돌질하다 |

信用卡 xìn yòng kǎ 신용카드　　支票 zhī piào 수표　　折价 zhé jià 할인

11획

훈음	간체	번체	용례
땅이름 교 챠오 qiáo	硚	礄	硚头(礄頭) qiáo tóu 교두(스촨성에 있는 지명)
새이름 이 얼 ér	鸸	鶃	鸸鹋(鴯鶓) ér miáo 에뮤(새의 일종)
귀머거리 롱 룽 lóng	聋	聾	聋哑人(聾啞人) lóng yǎ rén 귀머거리 聋聩(聾聵) lóng kuì 귀가 어둡다, 멍청하다 聋子爱打岔(聾子愛打岔) lóng zi ài dǎ chà 귀머거리의 지레짐작 支援聋哑儿童上学 zhī yuán lóng yǎ ér tóng shàng xué 농아 어린이들을 도와서 공부를 하게 하다
공손할 공 궁 gōng	龚	龔	龚(龔) gōng 공(주로 성으로 쓰임)
엄습할 습 시 xí	袭	襲	袭击(襲擊) xí jī 갑자기 적을 덮쳐 공격함 空袭(空襲) kōng xí 항공기로 습격함 袭人故智(襲人故智) xí rén gù zhì 다른 사람의 낡은 방법을 그대로 모방하다(새로운 창조정신이 부족하다는 뜻) 抄袭别人文章 chāo xí bié rén wén zhāng 다른 사람의 글을 그대로 베끼다
딱다구리 렬 례 liè	䴕	鴷	䴕(鴷) liè 딱다구리 䴕为益鸟 liè wéi yì niǎo 딱다구리는 좋은 새이다
죽을 운 윈 yǔn	殒	殞	巨星殒(巨星殞) jù xīng yǔn 위인이 죽다 殒落(殞落) yǔn luò 떨어지다, 죽다 殒身不恤(殞身不恤) yǔn shēn bù xù 목숨을 아끼지 않다 巨星殒落 jù xīng yǔn luò 위대한 인물이 세상을 떠나다

衣服 yī fu 옷　西服 xī fú 양복　衬衫儿 chèn shānr 와이셔츠　领带 lǐng dài 넥타이　背心儿 bèi xīnr 조끼

11획

염할 렴	殓 殮	殓具(殮具) liàn jù 염습할 때 쓰는 도구, 염구
랜 liàn		殓衣(殮衣) liàn yī 수의(壽衣)
		殓葬(殮葬) liàn zàng 납관하여 장사지내다
		死身还没入殓, 兄弟俩吵了起来 sǐ shēn hái méi rù liàn, xiōng dì liǎ chǎo le qǐ lái 시신을 아직 입관하지도 않았는데 두 형제는 다투어 댔다

줄 뢰	赉 賚	赉品(賚品) lài pǐn 하사품
라이 lài		赉赐(賚賜) lài cì 하사하다
		劳赉(勞賚) láo lài 격려하다
		赉赐有功之臣 lài cì yǒu gōng zhī chén 공신들에게 상을 주다

문득 첩	辄 輒	辄尽(輒盡) zhé jìn 순식간에 다 써버리다
저 zhé		辄悔(輒悔) zhé huǐ 이미 약속한 일을 후회하여 변경하다
		浅尝辄止(淺嘗輒止) qiǎn cháng zhé zhǐ 조금 해보고는 곧 그만두다(깊이 파고 들지 않는다는 뜻)
		动辄挨骂 dòng zhé āi mà 조금 움직이기만 하면 곧 욕을 먹다

덧방나무 보	辅 輔	辅车(輔車) fǔ chē 수레와 수레의 덧방나무가 떠날 수 없다는 뜻에서 광대뼈와 턱을 이르는 말(이해관계가 밀접함을 뜻함)
부 fǔ		辅导(輔導) fǔ dǎo (학습, 훈련 등을) 도우며 지도하다
		相辅相成(相輔相成) xiāng fǔ xiāng chéng 상부상조하다
		辅导学习 fǔ dǎo xué xí 학습을 도우며 지도하다

수레 량	辆 輛	辆(輛) liàng 대(차량을 셀 때 쓰는 단위)
량 liàng		一辆汽车(一輛汽車) yī liàng qì chē 자동차 한 대
		车辆(車輛) chē liàng 여러 가지 수레의 총칭
		来回车辆很多 lái huí chē liàng hěn duō 오가는 차량이 매우 많다

구덩이 참	堑 塹	堑刺(塹刺) qiàn cì 문신
챈 qiàn		堑垒(塹壘) qiàn lěi 참호와 성루
		挖堑壕(挖塹壕) wā qiàn háo 참호를 파다
		吃一堑, 长一智 chī yī qiàn, zhǎng yī zhì 도랑에 한 번 빠지면 그만큼 현명하게 된다(한 번 실패하면 그만큼 교훈을 얻는다는 뜻)

머리뼈 로	颅 顱	颅骨(顱骨) lú gǔ 두개골
루 lú		颅腔(顱腔) lú qiāng 두개골강
		颅内压(顱內壓) lú nèi yā 뇌압, 뇌내압(腦內壓)
		做颅腔手术 zuò lú qiāng shǒu shù 두개골 수술을 하다

夹克 jiá kè 재킷, 잠바　　羽绒服 yǔ róng fú 오리털잠바　　毛衣 máo yī 털옷, 스웨터　　棉袄 mián ǎo 솜저고리

11획

외칠 책
쩌 zé
啧 (嘖)

啧啧(嘖嘖) zé zé 많은 사람이 평하는 소리
啧嘴(嘖嘴) zé zuǐ 혀를 차다
啧有烦言(嘖有煩言) zé yǒu fán yán 여러 사람이 입을 모아 비난하다(비난하는 소리가 그칠 새 없다는 뜻)
啧啧赞叹不绝 zé zé zàn tàn bù jué 끌끌 혀를 차며 찬탄해 마지 않다

매달 현
쉬안 xuán
悬 (懸)

悬挂(懸掛) xuán guà 걸다, 매달다
悬赏(懸賞) xuán shǎng (모집 등에서) 상을 걸다
墙上悬挂一幅油画 qiáng shàng xuán guà yī fú yóu huà 벽에 유화 한 폭을 걸다
悬崖勒马 xuán yá lè mǎ 벼랑에 이르러 말고삐를 잡아채다(위험에 직면해서야 돌아선다는 뜻)

지저귈 전
좐 zhuàn
啭 (囀)

啭(囀) zhuàn (새가) 지저귀다
雁儿高啭(雁兒高囀) yàn ér gāo zhuàn 기러기가 높이 소리내다
雁儿高啭往南飞 yàn ér gāo zhuàn wǎng nán fēi 기러기가 높이 소리내며 남쪽으로 날아가다

뛸 약
웨 yuè
跃 (躍)

跃过(躍過) yuè guò 뛰어넘다
跃居(躍居) yuè jū 일약 …되다, 단번에 차지하다
跃跃欲试(躍躍欲試) yuè yuè yù shì 해보고 싶어 안달하다
跃身扑过去 yuè shēn pū guò qù 몸을 날려 덮치다

깨물 교
녜 niè
啮 (嚙)

啮牙(嚙牙) niè yá 이를 악물다
啮噬(嚙噬) niè shì 물다, 씹다
穷鼠啮猫(窮鼠嚙貓) qióng shǔ niè māo 쥐도 다급하면 고양이를 문다(특수한 경우에 비정상적 행동을 취함을 뜻함)
啮牙反抗 niè yá fǎn kàng 이를 악물고 반항하다

비틀거릴 창
챵 qiàng
跄 (蹌)

跄跄(蹌蹌) qiàng qiàng (예법에 맞게) 걷는 모양
跄踉(蹌踉) qiàng liàng (걸음이) 비틀거리는 모양
踉踉跄跄走了一段路 liàng liàng qiàng qiàng zǒu le yī duàn lù 비틀거리며 얼마쯤 걸어갔다

굴 려
리 lì
蛎 (蠣)

牡蛎(牡蠣) mǔ lì 굴
蛎干儿(蠣干兒) lì gānr 말린 굴
蛎房(蠣房) lì fáng 굴 껍데기
经营蛎塘 jīng yíng lì táng 굴 양식장을 경영하다

旗袍 qí páo 치파오(중국 여자 전통옷)   裙子 qún zi 치마   内衣 nèi yī 속옷   睡衣 shuì yī 잠옷

11획

독 고 구 gǔ	盅 蠱	蛊媚(蠱媚) gǔ mèi 매혹하다 蛊毒(蠱毒) gǔ dú 암암리에 독살하다, (독충 따위의) 독기 蛊疾(蠱疾) gǔ jí 정신이 어지럽다 蛊惑人心 gǔ huò rén xīn 인심을 미혹시키다
긴맛 정 쳥 chēng	蛏 蟶	蛏子(蟶子) chēng zi 긴맛, 맛조개 蛏干儿(蟶干兒) chēng gānr 말린 긴맛 蛏田(蟶田) chēng tián 긴맛 양식장 蛏田蛏子不如海产蛏子 chēng tián chēng zi bù rú hǎi chǎn chēng zi 양식장의 긴맛은 바다에서 나는 긴맛만 못하다
맬 루 모을 루 레이 léi, lěi	累 纍	累赘(纍贅) léi zhuì 번거롭다, 부담이 되다 累积(纍積) lěi jī 축적하다 累次三番(纍次三番) lěi cì sān fān 누차, 거듭 몇 번이고 上夜校, 孩子成了累赘 shàng yè xiào, hái zi chéng le léi zhuì 야간학교를 다니는데 아기가 부담이 된다
휘파람불 소 샤오 xiào	啸 嘯	啸鸣(嘯鳴) xiào míng 높고 긴 소리 呼啸(呼嘯) hū xiào 획획 소리를 내다, 큰소리로 외치다 啸聚山林(嘯聚山林) xiào jù shān lín 삼림 속으로 (사람들을) 불러 모으다 海风呼啸 hǎi fēng hū xiào 바닷바람이 쏴쏴 하며 울부짖다
건 책 쩌 zé	帻 幘	帻巾(幘巾) zé jīn 책건(고대에 썼던 두건의 일종) 戴帻巾 dài zé jīn 두건을 쓰다
높을 참 잔 zhǎn	崭 嶄	崭然(嶄然) zhǎn rán 높이 솟아있다 崭壁(嶄壁) zhǎn bì 깎아지른 낭떠러지 崭露头角(嶄露頭角) zhǎn lù tóu jiǎo 두각을 나타내다 提出崭新的设想 tí chū zhǎn xīn de shè xiǎng 참신한 구상을 제기하다
돌 라 뤄 luó	逻 邏	逻辑(邏輯) luó jí 논리, 객관적 법칙성 巡逻(巡邏) xún luó 순찰하다 逻骑(邏騎) luó qí 순찰하는 기병 符合逻辑 fú hé luó jí 논리에 부합되다

外套儿 wài tàor 외투, 오버코트   雨衣 yǔ yī 비옷   风衣 fēng yī 스프링 코트   中山服 zhōng shān fú 중산복

11획

머리장식 **귁**	帼 帼	巾帼(巾幗) jīn guó 옛날 부녀자들이 쓰던 두건 巾帼英雄(巾幗英雄) jīn guó yīng xióng 여장부, 여중호걸 巾帼英雄们了不起 jīn guó yīng xióng mén liǎo bù qǐ 여장부들은 대단하다
귁 guó		

| 구휼할 **진** | 赈 賑 | 赈助(賑助) zhèn zhù 구제금을 내다
赈款(賑款) zhèn kuǎn 구제금
以工代赈(以工代賑) yǐ gōng dài zhèn 일거리를 주는 것으로 구휼을 대신하다
送去赈灾物资 sòng qù zhèn zāi wù zī 이재민 구호물자를 보내다 |
| 쩐 zhèn | | |

| 갓난아이 **영** | 婴 嬰 | 婴儿(嬰兒) yīng ér 젖먹이
妇婴(婦嬰) fù yīng 산모와 아기
保婴(保嬰) bǎo yīng 영아를 보호하다
注意婴儿期营养调节 zhù yì yīng ér qī yíng yǎng tiáo jié 영아의 영양 조절에 유의하다 |
| 잉 yīng | | |

| 외상으로살 **사** | 赊 賒 | 赊帐(賒帳) shē zhàng 외상으로 팔다
赊购(賒購) shē gòu 외상으로 구입하다
赊三不敌见二 shē sān bù dí jiàn èr 세 푼으로 외상 판매하기보다 두 푼으로 현금 판매하는 편이 낫다
国营百货店不赊卖 guó yíng bǎi huò diàn bù shē mài 국영백화점에서는 외상 판매를 하지 않는다 |
| 서 shē | | |

| 국그릇 **형** | 铏 鉶 | 铏器(鉶器) xíng qì (제사지낼 때) 국을 담는 그릇
铏俎(鉶俎) xíng zǔ 국을 담는 그릇과 어육을 올려놓는 도마
铏鼎(鉶鼎) xíng dǐng 국을 담는 그릇과 솥 |
| 싱 xíng | | |

| 쇠고랑 **고** | 铐 銬 | 手铐(手銬) shǒu kào 수갑
铐镣(銬鐐) kào liào 수갑과 족쇄
戴手铐(戴手銬) dài shǒu kào 수갑을 채우다
把犯人铐起来 bǎ fàn rén kào qǐ lái 범인에게 수갑을 채우다 |
| 카오 kào | | |

| 로듐 **로** | 铑 銠 | 铑(銠) lǎo 로듐 Rh(화학원소) |
| 라오 lǎo | | |

裤子 kù zi 바지   牛仔裤 niú zǎi kù 청바지   皮带 pí dài 혁띠   游泳服 yóu yǒng fú 수영복

11획

| 갈고랑이 이
얼 ěr | 铒 鉺 | 铒(鉺) ěr 에르븀 Er(화학원소) |

| 칼끝 망
망 máng | 铓 鋩 | 铓锣(鋩鑼) máng luó 타악기의 일종(완난성 와족의 악기)
锋铓(鋒鋩) fēng máng 칼날, 겉으로 드러난 재능
锋铓外露(鋒鋩外露) fēng máng wài lù 재능이 밖으로 드러나다
锋铓逼人 fēng máng bī rén 기세가 등등하여 사람을 핍박하다 |

| 유로퓸 유
유 yǒu | 铕 銪 | 铕(銪) yǒu 유로퓸 Eu(화학원소) |

| 집게 협
쟈 jiá | 铗 鋏 | 铗(鋏) jiá 불에 달군 쇠를 집는 대장간의 집게
火铗(火鋏) huǒ jiá 석탄이나 목탄불로 작업할 때 사용하는 집게
用火铗夹炭火块儿 yòng huǒ jiá jiā tàn huǒ kuàir 집게로 목탄 불덩이를 집다 |

| 징 뇨
나오 náo | 铙 鐃 | 铙歌(鐃歌) náo gē 옛날의 군악(징소리에 맞춰 불렀던 노래)
铙钹(鐃鈸) náo bó 요발(구리로 만든 바리 모양의 악기)
铙心(鐃心) náo xīn 마음을 어지럽히다
敲铙钹 qiāo náo bó 요발을 치다 |

| 쇠사슬 당
당 dāng | 铛 鐺 | 铛铛(鐺鐺) dāng dāng 땡땡(금속을 치는 소리)
铃铛(鈴鐺) líng dāng 방울
锒铛(銀鐺) láng dāng 쇠사슬
钟声铛铛响 zhōng shēng dāng dāng xiǎng 종소리가 땡땡 울리다 |

| 줄 려
뤼 lǚ | 铝 鋁 | 铝线(鋁線) lǚ xiàn 알루미늄 선
铝锅(鋁鍋) lǚ guō 알루미늄 냄비
铝合金(鋁合金) lǚ hé jīn 듀랄루민
买一套铝制用具 mǎi yī tào lǚ zhì yòng jù 알루미늄 제품 한 조를 사다 |

皮鞋 pí xié 가죽구두　　凉鞋 liáng xié 샌들　　球鞋 qiú xié 운동화　　袜子 wà zi 양말　　手套 shǒu tào 장갑

중국어 간체자 쉽게 배우기 | 225

11획

구리 동 / 퉁 tóng — 铜 銅
铜牌(銅牌) tóng pái 구리로 만든 상패
铜丝(銅絲) tóng sī 구리철사
铜墙铁壁(銅牆鐵壁) tóng qiáng tiě bì 철옹성, 철통 같은 수비
得了一块铜牌 dé le yī kuài tóng pái 동메달을 하나 획득했다

걸쇠 조 / 댜오 diào — 铞 銱
钌铞儿(釕銱兒) liào diàor 걸쇠
上钌铞 shàng liào diào 걸쇠를 건다

인듐 인 / 인 yīn — 铟 銦
铟(銦) yīn 인듐 In(화학원소)

갑옷 개 / 카이 kǎi — 铠 鎧
铠甲(鎧甲) kǎi jiǎ 갑옷
铠仗(鎧仗) kǎi zhàng 갑옷과 무기
铠马(鎧馬) kǎi mǎ 고대의 갑옷을 씌운 군마
身穿铠甲上阵 shēn chuān kǎi jiǎ shàng zhèn 몸에 갑옷을 걸치고 싸움판에 뛰어들다

작두 찰 / 자 zhá — 铡 鍘
铡刀(鍘刀) zhá dāo 작두
铡草(鍘草) zhá cǎo 풀을 작두질하다
铡死(鍘死) zhá sǐ 작두로 목을 잘라 죽이다(형벌의 하나)
铡草喂牛 zhá cǎo wèi niú 풀을 작두질하여 소에게 먹이다

무게단위 수 / 주 zhū — 铢 銖
铢两(銖兩) zhū liǎng 사소한 것
铢两悉称(銖兩悉稱) zhū liǎng xī chèn 피차 일반이다
铢积寸累(銖積寸累) zhū jī cùn lěi 조금씩 축적하다
这笔款是铢积寸累起来的 zhè bǐ kuǎn shì zhū jī cùn lěi qǐ lái de 이 돈은 한 푼 두 푼씩 모은 것이다

끌 선 / 샌 xiǎn, 시 xǐ — 铣 銑
铣铁(銑鐵) xiǎn tiě 무쇠
铣工(銑工) xǐ gōng 프레이즈반으로 깎는 작업
铣切(銑切) xǐ qiē 프레이즈반에 넣어 절단하다, 절삭하다
当一名铣工 dāng yī míng xǐ gōng 프레이즈공이 되다

手绢儿 shǒu juànr 손수건   钱包 qián bāo 돈지갑   手提包 shǒu tí bāo 핸드백   书包 shū bāo 책가방

툴늄 주 / 듀 diū	铥 (銩)	铥(銩) diū 툴늄 Tm(화학원소)
쇳덩이 정 / 딩 dìng / 팅 tíng	铤 (鋌)	铤(鋌) dìng 정련하지 않은 철동광석 铤钥(鋌鑰) dìng yào 쇠붙이 열쇠 铤而走险(鋌而走險) tíng ér zǒu xiǎn 위험을 무릅쓰다 生活十分困难, 只好铤而走险 shēng huó shí fēn kùn nán, zhǐ hǎo tíng ér zǒu xiǎn 살림살이가 매우 어려우니 위험을 무릅쓰고 나갈 수밖에 없다
가래 화 / 화 huá	铧 (鏵)	铧(鏵) huá 보습(쟁기 따위에 맞추는 삽 모양의 쇳조각) 双铧犁(雙鏵犁) shuāng huá lí 쌍날 보습 用双铧犁耕地 yòng shuāng huá lí gēng dì 쌍날 보습으로 밭을 갈다
저울질할 전 / 취안 quán	铨 (銓)	铨衡(銓衡) quán héng 저울, 저울질하여 뽑다 铨选(銓選) quán xuǎn 자격을 시험하여 뽑다 铨择(銓擇) quán zé 평가하여 선택하다 铨衡人才 quán héng rén cái 인재를 저울질하여 뽑다
창 쇄 / 사 shā	铩 (鎩)	铩(鎩) shā 고대의 긴 창의 일종 铩羽(鎩羽) shā yǔ 창살에 날개를 다치다, 실의(失意)하다 铩羽之鸟(鎩羽之鳥) shā yǔ zhī niǎo 실의한 사람을 비유하는 말 铩羽而归 shā yǔ ér guī 날개가 꺾여 돌아오다(실패하여 돌아옴)
하프늄 합 / 하 hā	铪 (鉿)	铪(鉿) hā 하프늄 Hf(화학원소)
가래 조 / 댜오 diào	铫 (銚)	铫耨(銚耨) diào nòu 가래와 호미 药铫(儿)(藥銚(兒)) yào diào(r) 약탕관 沙铫(儿)(沙銚(兒)) shā diào(r) 도자기탕관 用药铫(儿)熬药 yòng yào diào(r) āo yào 약탕관으로 약을 다리다

珠宝 zhū bǎo 보석　　钻石 zuàn shí 다이아몬드　　金银 jīn yín 금은　　玉(翡翠) yù (fěi cuì) 옥

11획

새길 명 밍 míng — 铭 銘
- 铭记(銘記) míng jì 마음에 깊이 새기어 둠
- 铭功(銘功) míng gōng (금석에) 공적을 새기다
- 刻骨铭心(刻骨銘心) kè gǔ míng xīn 마음속에 깊이 새겨두다
- 您的话, 我要铭记(铭刻)在心 nín de huà, wǒ yào míng jì (míng kè) zài xīn 당신의 말씀을 가슴속 깊이 아로새기겠습니다

크롬 각 거 gè — 铬 鉻
- 铬(鉻) gè 크롬 Cr(화학원소)
- 铬镍(鉻鎳) gè niè 니크롬
- 铬钢(鉻鋼) gè gāng 크롬강

쇳소리 쟁 정 zhēng — 铮 錚
- 铮铮(錚錚) zhēng zhēng 뛰어남
- 铮铮佼佼(錚錚佼佼) zhēng zhēng jiǎo jiǎo 범인 중 뛰어난 인물
- 铮光瓦亮(錚光瓦亮) zhēng guāng wǎ liàng (쇠붙이가) 반짝반짝 빛나다
- 他是一个铮铮铁骨汉 tā shì yī ge zhēng zhēng tiě gǔ hàn 그는 강하고 쟁쟁한 사나이다

세슘 색 써 sè — 铯 銫
- 铯(銫) sè 세슘 Cs(화학원소)

가위 교 쟈오 jiǎo — 铰 鉸
- 铰断(鉸斷) jiǎo duàn 가위로 자르다
- 铰票(鉸票) jiǎo piào 표를 끊다
- 铰具(鉸具) jiǎo jù 경첩, 돌쩌귀
- 上车前先铰票 shàng chē qián xiān jiǎo piào 차에 타기 전에 먼저 표를 끊다

이리듐 의 이 yī — 铱 銥
- 铱(銥) yī 이리듐 Ir(화학원소)

깎을 산 찬 chǎn — 铲 鏟
- 铲草(鏟草) chǎn cǎo 풀을 매다
- 铲雪(鏟雪) chǎn xuě 눈을 치우다
- 铲迹销声(鏟跡銷聲) chǎn jì xiāo shēng 흔적을 없애고 숨다
- 铲草要除根(儿) chǎn cǎo yào chú gēn(r) 김매기할 때는 뿌리를 뽑아 버려야 한다(나쁜 것은 근본부터 다스려야 한다는 뜻)

眼镜 yǎn jìng 안경　　手表 shǒu biǎo 손목시계　　耳环 ěr huán 귀걸이　　项链儿 xiàng liànr 목걸이

총 총 충 chòng	铳 銃	铳剑(銃劍) chòng jiàn 총 끝에 꽂는 칼 铳创(銃創) chòng chuàng 총알에 다친 상처 铳火(銃火) chòng huǒ 총을 쏠 때 총구에서 번쩍이는 불꽃 用火铳打猎 yòng huǒ chòng dǎ liè 화승총으로 사냥하다	
암모늄 안 안 ǎn	铵 銨	铵(銨) ǎn 암모늄 硝酸铵(硝酸銨) xiāo suān ǎn 초산 암모늄 溴化铵(溴化銨) xiù huà ǎn 취화 암모늄	
은 은 인 yín	银 銀	银行(銀行) yín háng 금융기관의 하나 银价(銀價) yín jià 은의 값 银样镴枪头(銀樣鑞槍頭) yín yàng là qiāng tóu 겉은 은 같으나 실제는 땜질용 납이다(보기는 좋으나 실제로는 쓸데없음을 뜻함) 要有银行担保件(儿) yào yǒu yín háng dān bǎo jiàn(r) 은행의 담보서류가 있어야 한다	
루비듐 여 루 rú	铷 銣	铷(銣) rú 루비듐 Rb(화학원소)	
바로잡을 교 쟈오 jiǎo	矫 矯	矫正(矯正) jiǎo zhèng 바로잡다 矫捷(矯捷) jiǎo jié 용감하고 날쌔다 矫枉过正(矯枉過正) jiǎo wǎng guò zhèng 휜 것을 펴려다 더 구부러지게 하다(바로잡으려다 또다른 잘못을 불러온다는 뜻) 矫正心理状态 jiǎo zhèng xīn lǐ zhuàng tài 심리상태를 바로잡다	
재두루미 괄 과 guā	鸹 鴰	老鸹(老鴰) lǎo guā 까마귀의 속칭 老鸹叫, 不吉利 lǎo guā jiào, bù jí lì 까마귀가 울어대니 불길한 징조이다	
더러울 예 후이 huì	秽 穢	秽污(穢污) huì wū 더럽다, 불결하다 秽语(穢語) huì yǔ 욕지거리 秽声载道(穢聲載道) huì shēng zài dào 더러운 소문으로 가득하다 秽闻远扬 huì wén yuǎn yáng 추악한 소문이 멀리까지 퍼지다	

戒指 jiè zhi 반지　　手镯 shǒu zhuó 팔지　　围巾 wéi jīn 목도리, 스카프

11획

찌지 전
잰 jiān
箋 箋
箋候(箋候) jiān hòu 편지로 안부를 묻다
信箋(信箋) xìn jiān 편지지
箋注(箋注) jiān zhù 주석, 주해
用便箋留言 yòng biàn jiān liú yán 메모지철에 메모를 남기다

대그릇 롱
축축해질 롱
룽 lóng, lǒng
笼 籠
笼子(籠子) lóng zi 새장, 바구니
笼罩(籠罩) lǒng zhào 덮어씌우다, (연기 안개 등이) 자욱하다
笼统(籠統) lǒng tǒng 어느 것이나 대체로, 막연하게
烟雾笼罩大地 yān wù lǒng zhào dà dì 연기와 안개가 대지를 뒤덮었다

제기이름 변
밴 biān
笾 籩
笾(籩) biān 변(고대에 사용한 대나무로 만든 식기)

넘어질 분
번 fèn
偾 僨
偾事(僨事) fèn shì 일을 망치다
偾兴(僨興) fèn xīng 움직이기 시작하다
偾裂(僨裂) fèn liè 나라일을 망치다
不细心, 只能偾事 bù xì xīn, zhī néng fèn shì 세심하지 못하면 일을 망치기 마련이다

수리부엉이 휴
슈 xiū
鸺 鵂
鸺鹠(鵂鶹) xiū liú 올빼미과의 총칭

갚을 상
창 cháng
偿 償
偿命(償命) cháng mìng 목숨으로 대가를 치르다
赔偿(賠償) péi cháng 남에게 입힌 손해를 갚아줌
得不偿失(得不償失) dé bù cháng shī 얻는 것보다 잃는 게 많다
偿还旧债 cháng huán jiù zhài 오래된 빚을 상환하다

구부릴 루
러우 lóu
偻 僂
佝偻病(佝僂病) gōu lóu bìng 척추나 사지의 만곡을 일으키는 병
偻麻质斯(僂麻質斯) lóu má zhì sī 류머티즘
偻指计之(僂指計之) lóu zhǐ jì zhī 손가락을 꼽아가며 수를 세다
偻身求人 lóu shēn qiú rén 허리를 굽히고 빌다

电子用品 diàn zi yòng pǐn 전자제품   彩色电视机 cǎi sè diàn shì jī (彩电 cǎi diàn) 컬러텔레비전

11획

몸 구 취 qū	躯 軀	身躯(身軀) shēn qū 신체, 몸 躯壳(軀殼) qū qiào (정신에 대한) 육체 七尺之躯(七尺之軀) qī chǐ zhī qū 7척의 체구 为国捐躯 wèi guó juān qū 나라를 위해 몸을 바치다
흴 애 아이 ái	皑 皚	皑皑(皚皚) ái ái 새하얗다 皑皑白雪(皚皚白雪) ái ái bái xuě 백설 皑皑雪山(皚皚雪山) ái ái xuě shān 눈이 하얗게 덮힌 산 飞越皑皑雪山 fēi yuè ái ái xuě shān 하얗게 눈이 덮인 산을 날아 넘다
파바를 흔 신 xìn	衅 釁	挑衅(挑釁) tiāo xìn 도전하다 寻衅(尋釁) xún xìn 불화를 일으키다 衅起萧墙(釁起蕭牆) xìn qǐ xiāo qiáng 화근이 내부에 있다는 말 寻衅闹事(儿), 不得安宁 xún xìn nào shì(r), bù dé ān níng 시비를 걸며 소란을 피우니 평안할 수 없다
참새 행 헝 héng	鸻 鴴	白鸻(白鴴) bái héng 흰 물떼새
재갈 함 샌 xián	衔 銜	衔接(銜接) xián jiē 잇다, 맞물리다 衔命(銜命) xián mìng 명령을 받들다 衔尾相随(銜尾相隨) xián wěi xiāng suí 뒤따르는 말의 재갈이 앞 말의 꼬리를 따른다(꼬리에 꼬리를 물고 줄지어서 간다는 뜻) 衔接甲乙两方业务 xián jiē jiǎ yǐ liǎng fāng yè wù 갑, 을 양측 업무를 연결시키다
뱃머리 로 루 lú	舻 艫	舳舻(舳艫) zhú lú 큰 배를 가리키는 말 调舻而逃 tiáo lú ér táo 뱃머리를 돌려 도망치다
소반 반 판 pán	盘 盤	茶盘(茶盤) chá pán 찻쟁반 盘据(盤據) pán jù 점령하여 웅거하다, 둥지를 틀고 들어앉다 盘根究底(盤根究底) pán gēn jiū dǐ 일의 근본을 끝까지 캐다 打错算盘儿 dǎ cuò suàn pánr 주산을 잘못 놓다(타산을 잘못한다는 뜻)

电冰箱 diàn bīng xiāng 냉장고　　洗衣机 xǐ yī jī 세탁기　　照相机 zhào xiàng jī 카메라

11획

산비둘기 주 저우 zhōu	鵃 䳤	鵃鵃(鵃鵃) gǔ zhōu 산비둘기
감실 감 칸 kān	龕 龕	龕子(龕子) kān zi 감실(제대 위에 성체를 모셔 두는 곳) 佛龕(佛龕) fó kān 불감(부처, 보살 등을 안치하는 감실) 龕儿(龕兒) kān ér 배경, 뒷받침 龕儿硬 kān ér yìng 배경이 든든하다
집비둘기 합 거 gē	鸽 鴿	鸽子(鴿子) gē zi 비둘기 和平鸽(和平鴿) hé píng gē 평화의 비둘기 养鸽专业户(養鴿專業戶) yǎng gē zhuān yè hù 비둘기를 전문적으로 기르는 집 放飞和平鸽 fàng fēi hé píng gē 평화의 비둘기를 날리다
거둘 렴 랜 liǎn	敛 斂	敛手(斂手) liǎn shǒu 손을 빼다(떼다) 敛迹(斂迹) liǎn jì 얌전히 굴다, (나쁜 것에서) 발을 끊다 敛财(斂財) liǎn cái 재물을 긁어 모으다, 착취하다 敛声静气 liǎn shēng jìng qì 소리를 죽이고 숨을 가라앉히다
옷깃 령 링 lǐng	领 領	衣领(衣領) yī lǐng 옷깃 领导(領導) lǐng dǎo 거느려 이끎, 책임자 领奖(領獎) lǐng jiǎng 상을 타다, 상품을 받다 找领导商量 zhǎo lǐng dǎo shāng liáng 책임자를 찾아 상의하다
손가락끝 라 뤄 luó	脶 腡	脶肌(腡肌) luó jī 손가락 끝의 지문이 있는 부분 脶纹(腡紋) luó wén 지문 以脶纹为据 yǐ luó wén wéi jù 지문을 근거로 삼다
뺨 검 랜 liǎn	脸 臉	脸色(臉色) liǎn sè 안색, 혈색, 얼굴빛 洗脸(洗臉) xǐ liǎn 얼굴을 씻다 脸上贴金(臉上貼金) liǎn shàng tiē jīn 자기를 내세우다 脸部表情很严肃 liǎn bù biǎo qíng hěn yán sù 얼굴 표정이 매우 엄숙하다

收音机 shōu yīn jī 라디오   录音机 lù yīn jī 녹음기   电风扇 diàn fēng shàn 선풍기   电饭锅 diàn fàn guō 전기밥

11획

사냥 렵	猎 獵	猎手(獵手) liè shǒu 사냥꾼 猎枪(獵槍) liè qiāng 엽총, 사냥총 猎获(獵獲) liè huò 사냥해서 잡다 上山打猎 shàng shān dǎ liè 산에 가서 사냥하다
례 liè		

올랑캐이름 라	猡 玀	猪猡(猪玀) zhū luó 돼지(쟝쑤성 남부, 쩌쟝성 북부의 방언), 얼뜨기 他笨得象个猪猡 tā bèn de xiàng ge zhū luó 그는 마치 돼지처럼 우둔하다
뤄 luó		

원숭이 미	猕 獼	猕猴(獼猴) mí hóu 미후(원숭이의 일종) 猕猴桃(獼猴桃) mí hóu táo 다래 台湾猕猴(台灣獼猴) tái wān mí hóu 타이완 원숭이 摘猕猴桃 zhāi mí hóu táo 다래를 따다
미 mí		

떡 과	馃 餜	馃子(餜子) guǒ zi 밀가루를 반죽하여 기름에 튀긴 식품 早晨吃馃子, 喝豆浆 zǎo chén chī guǒ zi, hē dòu jiāng 아침에는 튀긴 밀가루 음식을 먹으며 콩물을 마신다
궈 guǒ		

떡 혼	馄 餛	馄饨(餛飩) hún tún 혼돈자(음식의 하나) 吃馄饨很舒服 chī hún tún hěn shū fú 혼돈자를 먹으면 (속이) 매우 편안하다
훈 hún		

소 함	馅 餡	饺子馅(餃子餡) jiǎo zi xiàn 교자(물만두) 소 馅(儿)饼(餡(兒)餅) xiàn(r) bǐng 반죽한 피에 고기나 야채의 소를 넣어 굽거나 튀긴 둥글넓적한 떡 买一碗肉馅(儿)饺子 mǎi yī wǎn ròu xiàn(r) jiǎo zi 고기 소를 넣은 물만두 한 그릇을 사다
샨 xiàn		

객사 관	馆 館	馆子(館子) guǎn zi 음식점, 요리점 旅馆(旅館) lǚ guǎn 여객을 치는 집 照相馆(照相館) zhào xiàng guǎn 사진관 韩国驻华大使馆怎么找? hán guó zhù huá dà shǐ guǎn zěn me zhǎo? 주중 한국대사관을 찾으려면 어떻게 해야 하죠?
관 guǎn		

录像机 lù xiàng jī 비디오 카메라　　吸尘器 xī chén qì 청소기　　吹风机 chuī fēng jī 헤어드라이어

11획

| 난새 **란** 롼 luán | 鸾 鸞 | 鸾凤(鸞鳳) luán fèng 난새와 봉황, 좋은 친구, 걸출한 사람
鸾交凤友(鸞交鳳友) luán jiāo fèng yǒu 벗으로 사귀다
他们俩是鸾凤和鸣, 叫人美慕 tā mén liǎ shì luán fèng hé míng, jiào rén xiàn mù 그들 두 사람은 봉황새마냥 화목하게 지내 사람들의 부러움을 사다 |

| 작은마루 **경** 칭 qǐng | 庼 廎 | 庼(廎) qǐng (작은) 마루방, 작은 대청
到庼上稍坐一会儿 dào qǐng shàng shāo zuò yī huì r 마루방에 들어가 잠깐 (앉아) 쉬다 |

| 가려울 **양** 양 yǎng | 痒 癢 | 痒痒(癢癢) yǎng yǎng 가려움, 안타깝다
痒处(癢處) yǎng chù 가려운 곳
不痛不痒(不痛不癢) bù tòng bù yǎng 아프지도 가렵지도 않다, 아무렇지도 않다
挠痒处 náo yǎng chù 가려운 부위를 긁다 |

| 해오라기 **교** 쟈오 jiāo | 鹪 鷞 | 鹪鹃(鷞鶄) jiāo jīng 해오라기, 백로(새의 일종) |

| 돌릴 **선** 쉬안 xuàn | 旋 鏇 | 旋风(鏇風) xuàn fēng 회오리바람
旋冲(鏇衝) xuàn chōng (비행기, 매 등이) 회전하며 강하다
河水打旋(河水打鏇) hé shuǐ dǎ xuàn 강물이 소용돌이 치다
把梨皮旋掉 bǎ lí pí xuàn diào 배의 껍질을 깎다 |

| 문지방 **역** 위 yù | 阈 閾 | 阈(閾) yù 문지방, 한계
视阈(視閾) shì yù 시각의 한계
听阈(聽閾) tīng yù 청각의 한계
误差出自于视阈 wù chā chū zì yú shì yù 오차는 시각의 한계에서 비롯된다 |

| 내시 **엄** 얜 yān | 阉 閹 | 阉割(閹割) yān gē 거세하다
阉牛(閹牛) yān niú 거세된 소
阉猪割耳朵(閹猪割耳朵) yān zhū gē ěr duo 돼지를 거세하고 귀를 잘라내다(양쪽으로 낭패를 당한다는 뜻)
阉猪会长膘 yān zhū huì zhǎng biāo 거세된 돼지는 살이 잘 찐다 |

家具 jiā jù 가구　　衣柜 yī guì 옷장　　写字台 xiě zì tái 책상, 사무용 테이블　　书架 shū jià 서가, 책꽂이

11획

훈음	간체	번체	용례
천문 창 챵 chāng	阊	閶	阊风(閶風) chāng fēng 가을 바람 阊阖(閶闔) chāng hé 천상계(天上界)의 문, 궁의 정문 阊阖风 chāng hé fēng 가을 바람
다툴 혁 시 xì	阋	鬩	阋墙(鬩牆) xì qiáng 울타리 안에서 싸우다(형제간 싸움이나 내부의 불화를 뜻함) 兄弟俩阋于墙 xiōng dì liǎ xì yú qiáng 두 형제가 집에서 다투다
땅이름 문 원 wén	阌	閿	阌乡(閿鄉) wén xiāng 문향(허난성에 있는 옛 현)
문지기 혼 혼 hūn	阍	閽	阍者(閽者) hūn zhě (궁)문지기 叩阍(叩閽) kòu hūn 궁문을 두드리다 阍寺(閽寺) hūn sì 내정에서 봉사하는 환관(宦官) 阍者也得势 hūn zhě yě dé shì 문지기도 득세하다
이문 염 얜 yán	阎	閻	阎王(閻王) yán wáng 염라대왕 阎王债(閻王債) yán wáng zhài 고리채 阎王利息(閻王利息) yán wáng lì xī 염라대왕의 이자(지독한 이자를 비유) 这一笔阎王债,何时能还清? zhè yī bǐ yán wáng zhài hé shí néng huán qíng? 이 고리대금은 언제 다 갚겠는가?
가로막을 알 어 è	阏	閼	阏塞(閼塞) è sāi 막히다 阏性(閼性) è xìng 하고 싶은 대로 하지 않다 阏与(閼與) è yú 원만한 모양, 너그럽고 여유가 있는 모양 交通阏塞 jiāo tōng è sāi 교통이 막히다
열 천 챤 chǎn	阐	闡	阐明(闡明) chǎn míng 드러내어 밝히다 阐述(闡述) chǎn shù (비교적 심오한 문제를) 명백히 논술하다 阐幽发微(闡幽發微) chǎn yōu fā wēi 심오한 진리를 설명하다, 하나하나 깨우쳐 주다 阐明观点 chǎn míng guān diǎn 관점을 분명히 밝히다

复印机 fù yìn jī 복사기　　电子计算机 diàn zi jì suàn jī 전자계산기

11획

양이름 간
챵 qiǎng
羟 羥
- 羟基(羥基) qiǎng jī 히드록시기(hydroxy, 화학 명칭)
- 羟基氨(羥基氨) qiǎng jī ān 히드록실아민(hydroxylamine)
- 羟基羧(羥基羧) qiǎng jī suō 옥시카르복실산(oxycarboxylic)

덮을 개
까이 gài
盖 蓋
- 盖章(蓋章) gài zhāng 도장을 찍다
- 盖棺论定(蓋棺論定) gài guān lùn dìng 사람에 대한 평가는 죽은 후에야 결정된다
- 盖天铺地(蓋天鋪地) gài tiān pù dì 온 천하를 덮다
- 盖章才能生效 gài zhāng cái néng shēng xiào 날인해야만 효력이 발생된다

현미 려
리 lì
粝 糲
- 粝米(糲米) lì mǐ 현미
- 粝米饭(糲米飯) lì mǐ fàn 현미밥
- 粗粝之食(粗糲之食) cū lì zhī shí 변변찮은 음식
- 粗粝之食, 别见怪 cū lì zhī shí, bié jiàn guài 변변찮은 음식이라고 언짢아 마세요

끊을 단
똰 duàn
断 斷
- 断绝(斷絕) duàn jué 끊다
- 断粮(斷糧) duàn liáng 식량이 떨어지다
- 断线风筝(斷線風箏) duàn xiàn fēng zhēng 실이 끊어진 연(떠난 후 소식이 없는 사람이나 물건을 뜻함)
- 断绝关系 duàn jué guān xi 관계를 끊다

짐승 수
쎠우 shòu
兽 獸
- 兽类(獸類) shòu lèi 짐승(류)
- 兽性(獸性) shòu xìng 야비한 욕망, 야만성
- 人面兽心(人面獸心) rén miàn shòu xīn 얼굴은 사람꼴이나 마음은 짐승같다
- 兽心发作 shòu xīn fā zuò 흉악한 마음이 드러나다

뜸들일 민
먼 mèn
焖 燜
- 焖饭(燜飯) mèn fàn 밥을 뜸들이다
- 焖肉(燜肉) mèn ròu (뚜껑을 꼭 닫고) 고기를 오래 삶다
- 焖烂(燜爛) mèn làn (뚜껑을 닫고) 약한 불로 삶아 연하게 하다
- 吃一顿红焖肉 chī yī dùn hóng mèn ròu (돼지고기로 만든) 장조림을 한 끼 먹다

담글 지
쯔 zì
渍 漬
- 渍水(漬水) zì shuǐ 침수하다
- 渍痕(漬痕) zì hén 땟자국
- 淳而渍之(淳而漬之) chún ér zì zhī 깨끗이 하여 물들이다
- 洗净油渍 xǐ jìng yóu zì 기름때를 깨끗이 씻다

身体 shēn tǐ 신체　头 tóu 머리　头发 tóu fa 머리카락　额头 é tóu 이마

11획

훈음	간체	번체	예문

큰기러기 홍
홍 hóng

鸿 鴻

鸿雁(鴻雁) hóng yàn 기러기, 이재민
鸿图(鴻圖) hóng tú 원대한 계획, 광대한 영토
鸿鹄之志(鴻鵠之志) hóng hú zhī zhì 원대한 뜻
鸿雁传佳音 hóng yàn chuán jiā yīn 기러기가 기쁜 소식을 전하다

도랑 독
두 dú

渎 瀆

沟渎(溝瀆) gōu dú 도랑
渎烦(瀆煩) dú fán 심려를 끼치다, 귀찮게 굴다
渎犯(瀆犯) dú fàn 모독하다
惩罚渎职者 chéng fá dú zhí zhě 독직한 자를 징벌하다

점점 점
쟨 jiàn

渐 漸

渐渐(漸漸) jiàn jiàn 점차, 점점
渐入佳境(漸入佳境) jiàn rù jiā jìng 차츰 재미있는 경지로 들어감
渐染恶习(漸染惡習) jiàn rǎn è xí 서서히 악습에 물들다
逐渐好起来 zhú jiàn hǎo qǐ lái 점차로 좋아지다

강이름 승
고을이름 민
성 shéng
맨 miǎn

渑 澠

渑水(澠水) shéng shuǐ 승수(싼둥성 임치현에 있는 강의 옛 이름)
渑池(澠池) miǎn chí 민지(허난성에 있는 현)

못 연
위안 yuān

渊 淵

深渊(深淵) shēn yuān 깊은 못
渊博(淵博) yuān bó (학식이) 깊고 넓다
为渊驱鱼(爲淵驅魚) wèi yuān qū yú 물고기를 깊은 못에 몰아 넣다(아군으로 만들 수 있는 것도 적군으로 몰아준다는 뜻)
知识渊博 zhī shí yuān bó 지식이 해박하다

고기잡을 어
위 yú

渔 漁

渔船(漁船) yú chuán 고기잡이배
渔民(漁民) yú mín 고기잡는 사람
竭泽而渔(竭澤而漁) jié zé ér yú 못의 물을 말려서 고기를 잡다 (뒷일은 생각하지 않고 눈앞의 이익만 추구함을 뜻함)
从事渔业 cóng shì yú yè 어업에 종사하다

앙금 전
땐 diàn

淀 澱

淀粉(澱粉) diàn fěn 녹말
沉淀(沉澱) chén diàn 가라앉은 앙금
淀粉酶(澱粉酶) diàn fěn méi 전분 효소
清除沉淀物 qīng chú chén diàn wù 침전물을 깨끗이 제거하다

脸 liǎn 얼굴　眉毛 méi máo 눈썹　眼睛 yǎn jing 눈　鼻子 bí zi 코　耳 ěr duo 귀

11획

스밀 삼 션 shèn — 渗 渗
- 渗透(滲透) shèn tòu 스며들다, 침투하다
- 渗出(滲出) shèn chū 배어나오다, 물이 새다
- 渗透战术(滲透戰術) shèn tòu zhàn shù 침투전술
- 防止渗水 fáng zhǐ shèn shuǐ 물이 스며드는 것을 방지하다

쾌할 협 체 qiè — 惬 愜
- 惬当(愜當) qiè dàng 알맞다, 적절하다
- 惬心适意(愜心適意) qiè xīn shì yì 만족스럽고 마음에 들다
- 深惬人心(深愜人心) shēn qiè rén xīn 사람 마음을 흐뭇하게 하다
- 这句话很惬当 zhè jù huà hěn qiè dàng 이 말은 매우 적절하다

부끄러워할 참 찬 cán — 惭 慚
- 惭悔(慚悔) cán huǐ 부끄럽게 여기며 뉘우치다
- 惭惶(慚惶) cán huáng 부끄러워 하고 두려워하다
- 大言不惭(大言不慚) dà yán bù cán 큰소리치고 부끄러워하지 않다
- 从内心感到惭愧 cóng nèi xīn gǎn dào cán kuì 마음속으로 면구스러움을 느끼다

두려워할 구 쥐 jù — 惧 懼
- 惧色(懼色) jù sè 두려워하는 기색
- 恐惧(恐懼) kǒng jù 두려워하다
- 毫无所惧(毫無所懼) háo wú suǒ jù 조금도 겁낼 바가 없다
- 临危不惧 lín wēi bù jù 위험한 지경인데도 두려워하지 않는다

놀랄 경 징 jīng — 惊 驚
- 吃惊(吃驚) chī jīng 놀라다
- 惊喜(驚喜) jīng xǐ 놀람과 기쁨 (뜻밖의 좋은 일로) 놀라고 기뻐하다
- 打草惊蛇(打草驚蛇) dǎ cǎo jīng shé 풀을 쳐서 뱀을 놀라게 하다 (비밀스러운 일을 할 때 부주의해서 상대가 미리 알게 한다는 뜻)
- 惊惶失措 jīng huáng shī cuò 놀라 허둥지둥 어찌할 바를 모르다

꺼릴 탄 단 dàn — 惮 憚
- 惮服(憚服) dàn fú 두려워 복종하다
- 惮改(憚改) dàn gǎi 고치기가 두려워 망설이다
- 肆无忌惮(肆無忌憚) sì wú jì dàn 방자하여 꺼리는 것이 없다
- 不惮烦 bù dàn fán 귀찮게 여기지 않다

참혹할 참 찬 cǎn — 惨 慘
- 惨叫(慘叫) cǎn jiào 비명(을 지르다), 울부짖다
- 惨杀(慘殺) cǎn shā 참혹하게 죽이다
- 惨无人道(慘無人道) cǎn wú rén dào 극도로 흉악하고 잔인하다
- 惨苦镇压工人运动 cǎn kǔ zhèn yà gōng rén yùn dòng 노동운동을 참혹하게 진압하다

嘴 zuǐ (口 kǒu) 입   嘴唇 zuǐ chún 입술   舌头 shé tou 혀   牙齿 yá chǐ 이, 치아

11획

버릇 관 꽌 guàn	惯 慣	惯用(慣用) guàn yòng 상용하다, 상투적임 惯养(慣養) guàn yǎng 응석받이로 기르다 惯说嘴惯打嘴 guàn shuō zuǐ guàn dǎ zuǐ 제 자랑만 하는 사람은 입으로만 떠든다 养成好习惯 yǎng chéng hǎo xí guàn 좋은 습관을 기르다
빌 도 다오 dǎo	祷 禱	祷辞(禱辭) dǎo cí 기도의 말 祷盼(禱盼) dǎo pàn 기도하여 바라다 向耶稣祷告(向耶蘇禱告) xiàng yē sū dǎo gào 예수님에게 기도드리다 为你出国事业成功而祈祷 wèi nǐ chū guó shì yè chéng gōng ér qí dǎo 당신이 출국하여 사업에 성공하기를 바라며 기도드립니다
참 심 천 chén	谌 諶	谌义(諶義) chén yì 신의 谌挚(諶摯) chén zhì 근면하고 진실하다 珍惜我们之间谌挚的友谊 zhēn xī wǒ mén zhī jiān chén zhì de yǒu yì 우리 사이의 성실한 우의를 귀중히 여기다
꾀할 모 머우 móu	谋 謀	参谋(參謀) cān móu 참모, 조언(하다) 谋利(謀利) móu lì 이익을 꾀하다 谋财害命(謀財害命) móu cái hài mìng 재물을 탐내며 목숨까지 해치다 你为我参谋一下 nǐ wèi wǒ cān móu yī xià (당신께서) 저에게 조언을 좀 해주십시오
염탐할 첩 뎨 dié	谍 諜	谍报(諜報) dié bào 적의 정세 등을 탐지하여 보고함 间谍(間諜) jiàn dié 스파이 防谍(防諜) fáng dié 간첩을 방어함 严防国际间谍 yán fáng guó jì jiān dié 국제간첩을 엄밀히 막다
속일 황 황 huǎng	谎 謊	谎报(謊報) huǎng bào 거짓보고하다 谎言(謊言) huǎng yán 거짓말 弥天大谎(彌天大謊) mí tiān dà huǎng 새빨간 거짓말 不要撒谎 bù yào sā huǎng 거짓말을 하지 말라
간할 간 쟨 jiàn	谏 諫	谏劝(諫勸) jiàn quàn 간하다, 충고하다 纳谏(納諫) nà jiàn 간언을 듣다(받아들이다) 从谏如流(從諫如流) cóng jiàn rú liú 순순히 간언을 좇다 谏王投降 jiàn wáng tóu xiáng 왕에게 투항할 것을 간언하다

脸蛋儿 liǎn dànr 볼, 뺨　　下巴 xià ba 턱　　脖子 bó zi 목　　嗓子 sǎng zi 목청, 성대

11획

훈음	간체	번체	예문
틀 군 쥔 jūn	皲	皸	皲裂(皸裂) jūn liè (추위로) 살갗이 트다 皲瘃(皸瘃) jūn zhú 추위로 인해 살갗이 트거나 상처를 입다 戴手套, 以防皲裂 dài shǒu tào, yǐ fáng jūn liè 장갑 끼어 피부가 트지 않도록 하다
화할 해 셰 xié	谐	諧	谐价(諧价) xié jià 가격을 흥정하다 谐谈(諧談) xié tán 농담 亦庄亦谐(亦莊亦諧) yì zhuāng yì xié 위엄 있으면서 익살스럽다 声音和谐 shēng yīn hé xié 소리가 조화되다
희롱거릴 학 쉐 xuè	谑	謔	谑人(謔人) xuè rén 놀리다, 희롱하다 戏谑(戲謔) xì xuè 익살스럽다 谑而不虐(謔而不虐) xuè ér bù nüè 지나친 조롱으로 감정을 상하게 해서는 안 된다 他可真会谑人 tā kě zhēn huì xuè rén 그는 정말 사람을 잘 놀린다
잠방이 당 당 dāng	裆	襠	开裆裤(開襠褲) kāi dāng kù 개구멍바지 横裆(橫襠) héng dāng 바짓가랑이의 치수 直裆(直襠) zhí dāng 양 가랑이가 만난 지점에서 바지 상단까지의 치수 从穿开裆裤时起就认识 cóng chuān kāi dāng kù shí qǐ jiù rèn shi 개구멍바지를 입던 시절부터 알고 있다
재화 화 휘 huò	祸	禍	祸根(禍根) huò gēn 재앙의 근원 车祸(車禍) chē huò 교통사고 祸不单行(禍不單行) huò bù dān xíng 엎친 데 덮친 격 发生车祸 fā shēng chē huò 교통사고가 발생하다
아뢸 알 예 yè	谒	謁	拜谒(拜謁) bài yè 높은 어른께 뵘 进谒(進謁) jìn yè 뵈러 가다 谒归故里(謁歸故里) yè guī gù lǐ 사직하고 고향에 돌아가다 谒见政府领导 yè jiàn zhèng fǔ lǐng dǎo 정부의 주요 책임자를 알현하다
이를 위 웨이 wèi	谓	謂	所谓(所謂) suǒ wèi 이른바 何谓(何謂) hé wèi 무엇을 …라고 하는가 无所谓(無所謂) wú suǒ wèi 무의미하다, 괜찮다 这水平可谓世界第一 zhè shuǐ píng kě wèi shì jiè dì yī 이 수준이면 세계 제일이라고 말할 수 있다

肩膀 jiān bǎng 어깨   胳膊 gē bo 팔   肘子 zhǒu zi 팔굽   肚子 dù zi 배   腹 fù 복부   腰 yāo 허리

11획

| 곧은말할 **악**
어 è | 谔 謣 | 谔谔(謣謣) è è 시비와 선악을 가려 직언하는 모양
谔然(謣然) è rán 조금도 꺼리지 않는 모양
谔然劝告(謣然勸告) è rán quàn gào 거리낌없이 충고하다
千人之诺诺, 不如一士之谔 qiān rén zhī nuò nuò, bù rú yī shì zhī è 천 명이 비판없이 받아들이는 것은 한 사람이 바른말을 하는 것보다 못하다 |

| 깨우칠 **유**
위 yù | 谕 諭 | 谕知(諭知) yù zhī 고지하다, 지시하다
面谕(面諭) miàn yù (상급이 하급에게) 직접 만나서 지시하다
奉谕办理(奉諭辦理) fèng yù bàn lǐ 지시를 받아 처리하다
面谕心机 miàn yù xīn jī 직접 만나서 마음속 계략을 이야기하다 |

| 속일 **훤**
쉬안 xuān | 谖 諼 | 谖言(諼言) xuān yán 실속없는 말, 거짓말
谖草(諼草) xuān cǎo 원추리, 망우초
永矢弗谖(永矢弗諼) yǒng shǐ fú xuān 영원히 잊지 않겠다고 맹세하다
不信那个谖言 bù xìn nà ge xuān yán 실속없는 말은 믿지 않는다 |

| 참소할 **참**
찬 chán | 谗 讒 | 谗害(讒害) chán hài 참언하여 모함하다
谗人(讒人) chán rén 남을 잘 비방하는 사람, 다른 사람을 헐뜯다
谗害忠良(讒害忠良) chán hài zhōng liáng 참언으로 충성스럽고 선량한 사람을 해치다
不可听信谗言 bù kě tīng xìn chán yán 남을 모함하는 말을 곧이 들을 수 없다 |

| 물을 **자**
즈 zī | 谘 諮 | 谘询(諮詢) zī xún 자문
谘商(諮商) zī shāng 상의(하다)
谘谋(諮謀) zī móu 계획하다, 획책하다
谘询物价 zī xún wù jià 물가에 대해 자문하다 |

| 욀 **암**
안 ān | 谙 諳 | 谙达(諳達) ān dá 숙달하다
谙识(諳識) ān shí 잘 알다, 정통하다
谙于世故(諳于世故) ān yú shì gù 처세술이 능하다
谙算这道题 ān suàn zhè dào tí 이 문제를 암산해 내다 |

| 상말 **언**
얜 yàn | 谚 諺 | 谚语(諺語) yàn yǔ 속어, 속담
农谚(農諺) nóng yàn 농사일과 관계있는 속담
谚儿咕(諺兒咕) yànr gū 헐뜯다, 비방하다
讲谚语开开心 jiǎng yàn yǔ kāi kāi xīn 속담으로 (이야기하면서) 기분을 바꾸다 |

背 bèi 등   胸 xiōng 가슴   乳房 rǔ fáng 유방   乳头 rǔ tou 젖꼭지   肚脐 dù qí 배꼽

중국어 간체자 쉽게 배우기 | 241

11획

| 살필 체
디 dì | 谛 諦 | 谛视(諦視) dì shì 찬찬히 보다
妙谛(妙諦) miào dì 뛰어난 진리
真谛(真諦) zhēn dì 참다운 도리, 참뜻
谛听演讲 dì tīng yǎn jiǎng 연설을 상세히 듣다 |

| 수수께끼 미
미 mí | 谜 謎 | 谜语(謎語) mí yǔ 수수께끼
谜底(謎底) mí dǐ 수수께끼의 답
猜谜(猜謎) cāi mí 수수께끼를 맞추다
这是个谜, 谁能解(破)? zhè shì ge mí, shéi néng jiě (pò)?
이것은 하나의 수수께끼인데 누가 풀 수 있는가? |

| 말교묘히할 편
팬 piǎn | 谝 諞 | 谝子(諞子) piǎn zi 허풍쟁이
谝阔(諞闊) piǎn kuò 돈 자랑하다, 부자 티 내다
谝能(諞能) piǎn néng 재능을 뽐내다
不用谝能了, 谁都不会相信你 bù yòng piǎn néng le, shéi dōu bù huì xiāng xìn nǐ 잘난 체 할 필요없어. 누구도 당신을 믿지 않으니까 |

| 슬기 서
쉬 xū | 谞 諝 | 谞谋(諝謀) xū móu 계략을 꾸미다
谞谋出众 xū móu chū zhòng 지혜와 계략이 뛰어나다 |

| 탄알 탄
튀길 탄
딴 dàn
탄 tán | 弹 彈 | 导弹(導彈) dǎo dàn 유도탄
弹如雨下(彈如雨下) dàn rú yǔ xià 탄환이 빗발치듯 하다
弹钢琴(彈鋼琴) tán gāng qín 피아노를 치다
老调重弹 lǎo diào chóng tán 옛 곡조를 다시 연주하다(진부한 이야기를 다시 한다는 뜻) |

| 떨어질 타
뛰 duò | 堕 墮 | 堕落(墮落) duò luò 떨어지다, 부패하다
堕入(墮入) duò rù 빠져들다
堕入五里雾中(墮入五里霧中) duò rù wǔ lí wù zhōng 오리무중에 빠지다
堕落为罪人 duò luò wéi zuì rén 죄인으로 타락하다 |

| 따를 수
수이 suí | 随 隨 | 随地(隨地) suí dì 어디서나
随身(隨身) suí shēn 몸에 지니다
随机应变(隨機應變) suí jī yìng biàn 임기응변하다
随便说说 suí biàn shuō shuō 부담없이 이야기하다 |

手 shǒu 손　　手心 shǒu xīn (手掌儿 shǒu zhǎngr) 손바닥　　手背 shǒu bèi 손등　　手指 shǒu zhǐ 손가락

11획

| 쌀내어팔 조
탸오 tiào | 粜 糶 | 平粜(平糶) píng tiào 가격 안정을 위해 미곡을 방출하다
粜出(糶出) tiào chū 팔려고 내놓은 쌀
粜贵籴贱(糶貴糴賤) tiào guì dí jiàn 곡식 시세가 쌀 때 사들이고, 비쌀 때 내다 팔다
秋季粜新谷 qiū jì tiào xīn gǔ 가을철에 햇곡식을 내다팔다 |

| 숨길 은
인 yǐn | 隐 隱 | 隐蔽(隱蔽) yǐn bì 덮어 감춤
隐处(隱處) yǐn chù 감추고 있던 일
隐恶扬善(隱惡揚善) yǐn è yáng shàn (남의) 단점을 감싸주고 좋은 점을 치켜세우다
隐瞒身份 yǐn mán shēn fèn 신분을 속이다 |

| 정숙할 획
화 huà | 姽 嫿 | 姽嫿(姽嫿) guǐ huà (여자의 동작이) 얌전하다
贵妇人行止姽嫿 guì fù rén xíng zhǐ guǐ huà 귀부인의 행동거지가 얌전하다 |

| 고울 선
찬 chán | 婵 嬋 | 婵媛(嬋媛) chán yuán 곱고 아름답다, 관련되다
婵娟(嬋娟) chán juān (자태가) 곱고 아름답다
婵连(嬋連) chán lián 친족(혈연) 관계
婵承寨主 chán chéng zhài zhǔ 부락장 직위를 물려받다 |

| 숙모 심
션 shěn | 婶 嬸 | 婶子(嬸子) shěn zi 숙모, 동서
大婶儿(大嬸兒) dà shěn r 큰숙모, 아주머니
婶婆(嬸婆) shěn pó 남편의 숙모, 시숙모
大婶儿在家吗? dà shěn r zài jiā ma? 아주머니는 집에 계시나요? |

| 자못 파
퍼 pō | 颇 頗 | 颇久(頗久) pō jiǔ 매우 오래되다
颇佳(頗佳) pō jiā 상당히 좋다
颇有其事(頗有其事) pō yǒu qí shì 그런 일이 흔히 있다
颇为感人 pō wéi gǎn rén 사람을 매우 감동시킨다 |

| 목 경
징 jǐng | 颈 頸 | 颈脖子(頸脖子) jǐng bó zi 목
颈链(頸鏈) jǐng liàn 목걸이
颈窝(頸窩) jǐng wō 목덜미
颈椎有毛病 jǐng zhuī yǒu máo bìng 경추에 탈이 나다 |

屁股 pì gu 엉덩이　　肛门 gāng mén 항문　　子宫 zǐ gōng 자궁　　手指甲 shǒu zhǐ jiǎ 손톱

11획

| 실낳을 적 | 绩 績 |
| 지 jì | |

成绩(成績) chéng jì 성적, 성과, 기록
战绩(戰績) zhàn jì 싸움의 결과
绩学之士(績學之士) jì xué zhī shì 학문이 깊은 사람
取得好成绩 qǔ dé hǎo chéng jì 좋은 성적을 따내다

| 실마리 서 | 绪 緒 |
| 쉬 xù | |

绪论(緒論) xù lùn (학술논문, 저서 따위의) 머리말
绪余(緒余) xù yú 나머지, 남은 일
心绪缭乱(心緒繚亂) xīn xù liáo luàn 마음이 산란하다
他今天情绪不好 tā jīn tiān qíng xù bù hǎo 그는 오늘 기분이 좋지 않다

| 비단 릉 | 绫 綾 |
| 링 líng | |

绫子(綾子) líng zi 능(무늬가 있는 얇은 비단)
绫被(綾被) líng bèi 능단으로 잇을 시친 비단 이불
绫罗绸缎(綾羅綢緞) líng luó chóu duàn 능단과 비단, 명주와 비단 (견직물의 총칭으로 쓰임)
买一把绫扇 mǎi yī bǎ líng shàn 비단 부채를 하나 사다

| 털총이 기 | 骐 騏 |
| 치 qí | |

骐(騏) qí 청흑색의 말, 준마
骐麟(騏驎) qí lín 기린, 준마
骐骥(騏驥) qí jì 천리마
骐骥千里, 也始于蹄下 qí jì qiān lǐ, yě shǐ yú tí xià 준마가 천리를 달린다 해도 (역시) 첫 발굽으로부터 시작하는 것이다

| 이을 속 | 续 續 |
| 쉬 xù | |

续集(續集) xù jí 속편
继续(繼續) jì xù 끊이지 않고 잇대어 나감
继续联络(繼續聯絡) jì xù lián luò 계속 연락하다
续招新生 xù zhāo xīn shēng 계속해서 신입생을 모집하다

| 비단 기 | 绮 綺 |
| 치 qǐ | |

绮丽(綺麗) qǐ lì 아름답다, 곱다
绮语(綺語) qǐ yǔ 교묘하게 잘 꾸며대는 말
绮年蕙质(綺年蕙質) qǐ nián huì zhì (여자가) 젊고 얼굴이 뛰어나게 아름답다
西湖风景格外绮丽 xī hú fēng jǐng gé wài qǐ lì 서호 경치는 각별히 아름답다

| 말탈 기 | 骑 騎 |
| 치 qí | |

骑马(騎馬) qí mǎ 말을 타다
骑车(騎車) qí chē 자전거를 타다
骑虎难下(騎虎難下) qí hǔ nán xià 호랑이를 타고 있어 내리기가 힘들다(어떤 일을 도중에 중단하고 손을 뗄 수 없다는 뜻)
骑自行车 qí zì xíng chē 자전거를 타다

腿 tuǐ 다리   大腿 dà tuǐ (넓적)다리, 허벅지   小腿 xiǎo tuǐ 아랫다리   膝盖 xī gài 무릎

11획

붉은빛 비 / 베이 fēi	绯 緋	绯绿(緋綠) fēi lǜ 빨간색과 초록색 绯紫(緋紫) fēi zǐ 보라색 两颊绯红(兩頰緋紅) liǎng jiá fēi hóng 두 뺨이 빨갛게 달아오르다 绯红的晚霞 fēi hóng de wǎn xiá 붉게 타는 저녁노을
너그러울 작 / 춰 chuò	绰 綽	绰然(綽然) chuò rán 침착하고 여유가 있는 모양 生活阔绰(生活闊綽) shēng huó kuò chuò 생활이 넉넉하다 绰绰有余(綽綽有餘) chuò chuò yǒu yú 아주 넉넉하다 手头儿宽绰, 不用愁 shǒu tóu(r) kuān chuò, bù yòng chóu 주머니 사정이 넉넉하니 근심할 필요가 없다
암말 과 / 커 kè	骒 騍	骒马(騍馬) kè mǎ 암말 骒骡(騍騾) kè luó 암노새 骒不上阵 kè bù shàng zhèn 암말은 전쟁터에 나가지 못한다 (여자를 경멸하는 말)
띠 곤 / 군 gǔn	绲 緄	绲带(緄帶) gǔn dài 짜서 만든 띠 绲边(儿)(緄邊(兒)) gǔn biān(r) 선을 두른 옷단(또는 두르다) 一绲(一緄) yī gǔn 한 묶음 绲一道边(儿) gǔn yī dào biān(r) (옷에) 가선을 한 줄 두르다
줄 승 / 셩 shéng	绳 繩	绳索(繩索) shéng suǒ 밧줄, 새끼줄 麻绳(麻繩) má shéng 삼으로 꼬아 만든 끈 绳锯木断(繩鋸木斷) shéng jù mù duàn 노끈으로 나무를 자르다 (작은 힘이라도 끊임없이 노력하면 성공할 수 있다는 뜻) 砍断套在身上的绳索 kǎn duàn tào zài shēn shàng de shéng suǒ 몸에 얽어 매인 밧줄을 잘라 버리다
오추마 추 / 주이 zhuī	骓 騅	乌骓马(烏騅馬) wū zhuī mǎ 오추마(초나라 항우가 탔었다는 말) 时不利兮骓不逝 shí bù lì xī zhuī bù shì 시운이 불리하니 오추마저 나아가지 않는다
바 유 / 웨이 wéi	维 維	维持(維持) wéi chí 지탱하여 나감 维修(維修) wéi xiū (기계 따위를) 보수(하다) 维妙维肖(維妙維肖) wéi miào wéi xiào (묘사를 잘해서) 진짜와 똑같다 维持秩序 wéi chí zhì xù 질서를 유지하다

脚脖子 jiǎo bó zi 발목   脚 jiǎo 발   脚指 jiǎo zhǐ 발가락   脚踵 jiǎo zhǒng 발꿈치

11획

이어질 면 몐 mián	绵 綿	绵延(綿延) mián yán 길게 이어져 있다 绵软(綿軟) mián ruǎn (털, 옷 따위가) 부드럽다, 무력하다 绵里藏针(綿里藏針) mián lǐ cáng zhēn 외유내강(겉으로는 선한 듯하나 속으로는 흉악함을 뜻함) 全身软绵绵的, 没有劲(儿) quán shēn ruǎn mián mián de, meí yǒu jìn(r) 온몸이 나른하고 맥이 없다
인끈 수 서우 shòu	绶 綬	绶带(綬帶) shòu dài 옛날에 인장을 매던 끈 印绶(印綬) yìn shòu 도장끈 绶鸟 shòu niǎo (중국 원산의) 칠면조
묶을 붕 뼁 bēng běng, bèng	绷 繃	绷带(繃帶) bēng dài 붕대 绷直(繃直) bēng zhí 팽팽하게 잡아 당기다 绷(儿)硬(繃(兒)硬) bēng(r) yìng 매우 단단하다 绷着脸(儿)说话 běng zhe jiǎn(r) shuō huà 얼굴을 찌푸리고 말하다
얽을 주 처우 chóu	绸 綢	绸伞(綢傘) chóu sǎn 비단 양산 未雨绸缪(未雨綢繆) wèi yǔ chóu móu 비오기 전에 들창이나 지게문을 미리 손질하다(사전에 준비한다는 뜻) 中国的宁绸, 拷绸, 府绸很出名 zhōng guó de nìng chóu, kǎo chóu, fǔ chóu hěn chū míng 중국의 난징주단, 광둥비단과 산둥 단자는 매우 이름있다
끈목 류 류 liǔ	绺 綹	绺贼(綹賊) liǔ zéi 소매치기 绺窃(綹竊) liǔ qiè 소매치기하다 一绺丝线(一綹絲線) yī liǔ sī xiàn 실 한 타래 小心绺贼 xiǎo xīn liǔ zéi 소매치기를 조심하다
정다운 권 취안 quǎn	绻 綣	缱绻(繾綣) qiǎn quǎn 정이 깊어 헤어지기 어렵다 缱绻之情(繾綣之情) qiǎn quǎn zhī qíng 서로 헤어지기 어려운 정
잉아 종 중 zōng	综 綜	综述(綜述) zōng shù 종합하여 서술하다 错综(錯綜) cuò zōng 교착하다, 이리저리 뒤얽히다 综核名实(綜核名實) zōng hé míng shí 명(名)과 실(實)을 종합적으로 고찰하다 进行综合研究 jìn xíng zōng hé yán jiū 종합된 연구를 진행하다

医院 yī yuàn 병원   医生 yī sheng (大夫 dài fu) 의사   护士 hù shi 간호사

훈음	간체	번체	예시
옷터질 탄 잔 zhàn	绽	綻	绽裂(綻裂) zhàn liè 터지다 破绽(破綻) pò zhàn (옷 솔기가) 터진 자리, 결점, 흠 皮开肉绽(皮開肉綻) pí kāi ròu zhàn (얻어 맞아) 살갗이 갈라지고 살이 터지다 花蕾绽开 huā lěi zhàn kāi 꽃망울이 터지다
얽을 관 완 wǎn	绾	綰	绾带子(綰帶子) wǎn dài zi 끈을 매다 绾线(綰線) wǎn xiàn 실을 감다 绾个扣儿(綰個扣兒) wǎn ge kòu(r) 둥글게 매듭을 짓다 绾袖子 wǎn xiù zi 소매를 걷어 올리다
초록빛 록 뤼 lǜ	绿	綠	绿卡(綠卡) lǜ kǎ 그린카드(미국의 외국인 영주허가증) 绿豆(綠豆) lǜ dòu 녹두(콩과의 일년초) 绿叶成阴(綠葉成陰) lǜ yè chéng yīn 푸른 잎이 무성하여 그늘이 지다(자손이 많음을 뜻함) 绿化祖国 lǜ huà zǔ guó 조국의 숲을 무성하게 가꾸다
곁마 참 찬 cān	骖	驂	骖乘(驂乘) cān shèng 배승(옛날 수레에 탄 귀인을 호위한 사람) 两骖如舞 liǎng cān rú wǔ 두 마리의 참마는 마치 춤추는 듯하다
꿰맬 철 쭈이 zhuì	缀	綴	缀辑(綴輯) zhuì jí 편집하다 缀学(綴學) zhuì xué 학문을 이어받다 缀文(綴文) zhuì wén 문장을 짓다, 작문하다 繁星点缀夜空 fán xīng diǎn zhuì yè kōng 뭇별들이 밤하늘을 장식하다
검은비단 치 쯔 zī	缁	緇	缁门(緇門) zī mén 불문(佛門), 불가 缁衣(緇衣) zī yī (검게 물들인) 승복 涅而不缁(涅而不緇) niè ér bù zī 검게 물들여도 검어지지 않는다 (나쁜 영향을 받지 않는다는 뜻) 身着缁衣 shuó zhó zī yī 몸에 승복을 입다
단장할 정 징 jìng	靓	靚	靓衣(靚衣) jìng yī 아름답게 단장한 옷 靓质(靚質) jìng zhì 품질이 좋음 靓艳(靚艷) jìng yàn 아름답고 보기 좋다 靓妆无华 jìng zhuāng mú huá 아름다운 장식이지만 수수하다

西医 xī yī 양의사　　中医 zhōng yī 한의사　　中医院 zhōng yī yuàn 한방병원

12획

옥 경 / 츙 qióng — 琼 / 瓊
- 琼阁(瓊閣) qióng gé 아름다운 누각
- 琼楼玉宇(瓊樓玉宇) qióng lóu yù yǔ 달나라 궁전(호사스러운 저택)
- 琼枝玉叶(瓊枝玉葉) qióng zhī yù yè 황실 자손(귀한 가문 자손을 뜻함)
- 展示琼姿 zhǎn shì qióng zī 아름다운 자태를 나타내다

손수레 련 / 냰 niǎn — 辇 / 輦
- 辇车(輦車) niǎn chē 손수레
- 辇毂(輦轂) niǎn gū 천자가 타는 수레
- 辇毂下(輦轂下) niǎn gū xià 나라의 중심지, 수도
- 辇运 niǎn yùn 수레(차량)로 운반하다

자라 원 / 위안 yuán — 鼋 / 黿
- 鼋鱼(黿魚) yuán yú 큰 자라
- 鼋鼎(黿鼎) yuán dǐng 큰 자라를 삶는 솥
- 鼋鼍(黿鼉) yuán tuó 큰 자라와 양자강 악어(중국 특산물)
- 鼋鸣鳖应 yuán míng biē yìng 큰 자라가 울면 보통 자라도 따라서 운다(군신이 서로 감응한다는 뜻)

달릴 추 / 취 qū — 趋 / 趨
- 趋势(趨勢) qū shì 세상 일이 되어가는 형편, 경향
- 大势所趋(大勢所趨) dà shì suǒ qū 대세의 흐름
- 趋之若鹜(趨之若鶩) qū zhī ruò wù 오리처럼 뛰어가다, 떼를 지어 모여들다(옳지 않은 일에 마구 달려든다는 뜻)
- 南北统一是大势所趋 nán běi tǒng yī shì dà shì suǒ qū 남북 통일은 대세의 흐름이다

잡을 람 / 란 lǎn — 揽 / 攬
- 揽货(攬貨) lǎn huò 물품을 모으다, (상품을) 매점하다
- 揽网(攬網) lǎn wǎng 망을 끌어당기다
- 揽月捉鳖(攬月捉鱉) lǎn yuè zhuō biē 하늘의 달을 따고 바다의 자라를 잡는다(험난을 두려워하지 않고 대담하게 싸움을 비유)
- 要多揽客, 就得搞好服务 yào duō lǎn kè, jiù děi gǎo hǎo fú wù 손님을 많이 끌려면 반드시 서비스를 잘 해야 한다

곧은목 힐 / 셰 xié — 颉 / 頡
- 颉顽(頡頑) xié háng 우열을 가리기 어렵다
- 颉滑(頡滑) xié huá 뒤섞여 어지러워짐, 뒤틀린 모양
- 仓颉(倉頡) cāng xié 창힐(중국 문자를 만들었다는 사람)
- 二人技艺相颉 èr rén jì yì xiāng xié 두 사람의 기예가 비슷하다

누를 흠 / 친 qìn — 揿 / 撳
- 揿门铃(撳門鈴) qìn mén líng 초인종을 누르다
- 揿钮(撳鈕) qìn niǔ 똑딱단추
- 揿头朝里(撳頭朝裏) qìn tóu cháo lǐ 언제나 자기만 생각하는 이기적인 사람을 비유하는 말
- 揿着头走 qìn zhe tóu zǒu 머리를 숙이고 가다

病房 bìng fáng 병실, 병동   病历 bìng lì 진료카드   诊断书 zhěn duàn shū 진단서

12획

찌를 참 찬 chān	搀	攙	搀和(攙和) chān huo 섞다, 끼어들다, 엉망진창이 되다 搀假(攙假) chān jiǎ 가짜를 섞다 搀话接舌(攙話接舌) chān huà jiē shé 주제넘게 말참견하다 搀着老人上车 chān zhe lǎo rén shàng chē 노인을 부축하여 차에 오르다
숨을 칩 저 zhé	蛰	蟄	蛰兽(蟄獸) zhé shòu 동면하는 짐승 蛰居(蟄居) zhé jū 나가서 활동하지 않고 집안에만 있음 蛰龙(蟄龍) zhé lóng 엎드려 있는 용(때를 만나지 못해 숨어 있는 영웅을 뜻함) 惊蛰过后开始忙 jīng zhé guò hòu kāi shǐ máng 경칩이 지나면서부터 분주하다
맬 집 즈 zhí	絷	縶	絷拘(縶拘) zhí jū 연루되어 잡힘 絷维(縶維) zhí wéi 묶음, 밧줄 絷马 zhí mǎ 말을 매다
놓을 각 거 gē	搁	擱	搁笔(擱筆) gē bǐ 붓을 놓다, 글쓰는 일을 중단하다 搁坏(擱壞) gē huài 쓰지 않고 버려두어 못쓰게 되다 搁不住(擱不住) gē bù zhù 견디지 못하다 把东西搁在那(儿) bǎ dōng xi gē zài nà(r) 물건을 거기에 놓으세요
끌어모을 루 러우 lōu, lǒu	搂	摟	搂钱(摟錢) lōu qián 돈을 긁어 모으다 搂揽(摟攬) lōu lǎn 혼자 도맡다, 긁어 모으다 搂在怀里(摟在懷里) lǒu zài huái lǐ 제 주머니를 채우다 姐妹俩搂抱一起放声大哭 jiě mèi liǎ lǒu bào yī qǐ fàng shēng dà kū 두 자매가 (서로) 끌어안고 목놓아 울다
어지러울 교 쟈오 jiǎo	搅	攪	搅拌(攪拌) jiǎo bàn 휘저어 섞다 搅醒(攪醒) jiǎo xǐng 시끄럽게 잠을 깨우다 搅是搅非(攪是攪非) jiǎo shì jiǎo fēi 시비를 가릴 수 없게 만들어 놓다, 혼란스럽게 하여 옳고 그른 것을 전도시키다 搅乱秩序 jiǎo luàn zhì xù 질서를 어지럽히다
잇달 련 랜 lián	联	聯	联系(聯系) lián xì 결부(하다), 연결(하다) 联欢(聯歡) lián huān 함께 모여 즐기다 联翩而至(聯翩而至) lián piān ér zhì (큰 집회 따위에) 사람들이 계속 밀려 오다, 잇달아 오다 联合行动 lián hé xíng dòng 연합하여 행동하다

病人 bìng rén (患者 huàn zhe) 환자　　住(出)院 zhù (chū) yuàn 입원(퇴원)하다　　急诊室 jí zhěn shì 응급실

12획

경계할 천 / 찬 chǎn — 葳 / 葳
- 葳饬(葳飭) chǎn chì 경계하다
- 葳事(葳事) chǎn shì 일을 끝내다
- 葳备(葳備) chǎn bèi 준비하다
- 准备工作业已葳事 zhǔn bèi gōng zuò yè yǐ chǎn shì 준비 사업이 이미 끝나다

삼태기 궤 / 쿠이 kuì — 蒉 / 蕢
- 蒉(蕢) kuì 궤(주로 성으로 쓰임)
- 蒉桴(蕢桴) kuì fú 흙으로 만든 북채
- 蒉运(蕢運) kuì yùn 삼태기로 나르다

줄 장 / 쟝 jiǎng — 蒋 / 蔣
- 蒋(蔣) jiǎng 장(허난성 고시현에 있던 주시대의 나라)
- 蒋席(蔣席) jiǎng xí 줄(벼과의 하나)로 짠 자리 또는 깔개
- 蒋蒋 jiǎng jiǎng 번쩍번쩍 빛나는 모습, 빛이 멀리까지 퍼지는 모습

쑥 루 / 러우 lóu — 蒌 / 蔞
- 蒌蒿(蔞蒿) lóu hāo 물쑥
- 蒌叶(蔞葉) lóu yè 나도후추
- 割蒌蒿 gē lóu hāo 물쑥을 베다

나라이름 한 / 한 hán — 韩 / 韓
- 韩国(韓國) hán guó 대한민국
- 韩文(韓文) hán wén 한글
- 韩潮苏海(韓潮蘇海) hán cháo sū hǎi 한유(韓愈) 문장은 조수와 같고 소순(蘇洵) 부자의 문장은 바다와 같다
- 我是韩国人 wǒ shì hán guó rén 나는 한국인이다

함 독 / 두 dú — 椟 / 櫝
- 椟丸(櫝丸) dú wán 화살을 넣은 통
- 买椟还珠 mǎi dú huán zhū 상자를 사고 구슬은 돌려주다(무용한 것에 현혹되어 유용한 것을 잊어버리다는 뜻)

돌배나무 라 / 뤄 luó — 椤 / 欏
- 桫椤(桫欏) suō luó 사라나무

内科 nèi kē 내과　　外科 wài kē 외과　　牙科 yá kē 치과　　眼科 yǎn kē 안과　　皮肤科 pí fū kē 피부과

12획

| 가져갈 재
지 jī | 赍 (賫) | 赍恨(賫恨) jī hèn 원한을 품다
赍志(賫志) jī zhì 품은 뜻을 이루지 못하다
赍志以终(賫志以終) jī zhì yǐ zhōng 뜻을 이루지 못하고 죽다
赍还 jī huán 가지고 가서 반환하다 |

| 길쭉할 타
튀 tuǒ | 椭 (橢) | 椭圆形(橢圓形) tuǒ yuán xíng 타원형
椭面(橢面) tuǒ miàn 타원면
椭率(橢率) tuǒ lǜ 타원율
鸡蛋是椭圆形的 jī dàn shì tuǒ yuán xíng de 달걀은 타원형이다 |

| 집비둘기 발
버 bó | 鹁 (鵓) | 鹁鸽(鵓鴿) bó gē 비둘기
鹁鸪(鵓鴣) bó gū 산비둘기
养鹁鸽 yǎng bó gē 비둘기를 기르다 |

| 꾀꼬리 리
리 lí | 鹂 (鸝) | 黄鹂(黃鸝) huáng lí 꾀꼬리 |

| 볼 적
디 dí | 觌 (覿) | 觌面(覿面) dí miàn 맞대면하다, 직접 만나다
觌武(覿武) dí wǔ 힘이 세다고 우쭐거리다
觌面商量(覿面商量) dí miàn shāng liang 직접 만나서 의논하다
觌面谈谈 dí miàn tán tán 직접 만나서 얘기를 하다 |

| 소금기 감
잿물 감
잰 jiǎn | 硷 (鹼) | 硷(鹼) jiǎn 소다(탄산나트륨 Na₂CO₃)
土硷(土鹼) tǔ jiǎn 정제되지 않은 천연산 소다
纯硷才能食用 chún jiǎn cái néng shí yòng 순 소다만이 식용이 가능하다 |

| 굳을 확
춰 què | 确 (確) | 确实(確實) què shí 틀림이 없음
正确(正確) zhèng què 자세하고 확실함
确定不移(確定不移) què dìng bù yí 확고부동하다
确实饿了 què shí è le 확실히 배가 고프다 |

小儿科 xiǎo ér kē 소아과   妇产科 fù chǎn kē 산부인과   泌尿科 bì niào kē 비뇨기과

12획

두려워할 섭 저 zhé	慴 (懾)	慴服(懾服) zhé fú 두려워 복종하다 慴伏(懾伏) zhé fú 두려워서 엎드리다 慴怖(懾怖) zhé bù 두려워서 떨다 慴服于强者 zhé fú yú qiáng zhě 강자에게 (쩔쩔매며) 복종하다
다할 탄 딴 dān	殚 (殫)	殚心(殫心) dān xīn 마음을 다하다 殚竭(殫竭) dān jié 힘을 다하다 殚精竭虑(殫精竭慮) dān jīng jié lǜ 전심전력하다 殚力服务 dān lì fú wù 힘을 다해 봉사하다
뺨 협 쟈 jiá	颊 (頰)	面颊(面頰) miàn jiá 뺨 颊车(頰車) jiá chē 잇몸 颊上添毫(頰上添毫) jiá shàng tiān háo 문장이나 그림의 묘사가 생생하다, 문장이 수정을 거쳐 더욱 훌륭해지다 两颊绯红 liǎng jiá fēi hóng 두 뺨이 새빨갛다
벼락 력 리 lì	雳 (靂)	霹雳(霹靂) pī lì 벼락, 갑작스런 사건 霹雳手(霹靂手) pī lì shǒu 민첩하게 일처리를 잘 하는 사람 青天霹雳(青天霹靂) qīng tiān pī lì 뜻밖의 일(사고) 这消息犹如青天霹雳, 叫人不敢相信 zhè xiāo xi yóu rú qīng tiān pī lì, jiào rén bù gǎn xiāng xìn 이 소식은 청천벽력과도 같아 사람들이 믿기 어려울 정도다
빨리구를 곤 꾼 gǔn	辊 (輥)	辊子(輥子) gǔn zi 롤러 辊轴(輥軸) gǔn zhóu 롤러 축 辊光(輥光) gǔn guāng 문질러서 광택을 내다 辊道 gǔn dào 롤러로 길을 닦다
바퀴테 망 왕 wǎng	辋 (輞)	辋板(輞板) wǎng bǎn 수레바퀴의 나무테 更换辋板 gēng huàn wǎng bǎn 수레바퀴의 나무테를 바꾸다
판 참 챈 qiàn	椠 (槧)	椠本(槧本) qiàn běn 목판으로 인쇄한 책 椠人(槧人) qiàn rén 독서하는 사람 古椠(古槧) gǔ qiàn 옛날 판본 买一本(儿)宋椠 mǎi yī běn(r) sòng qiàn 송체 판본을 한 권 사다

神经科 shén jīng kē 신경과   耳鼻喉科 ěr bí hóu kē 이비인후과

12획

잠시 잠 / 짠 zàn — 暂

- 暂行(暫行) zàn xíng 일시적으로 시행하다
- 暂停(暫停) zàn tíng 잠시 멈추다
- 暂从缓议(暫從緩議) zàn cóng huǎn yì 잠깐 상담하는 것을 후일로 미루다
- 暂时不去 zàn shí bù qù 잠시 가지 않다

그칠 철 / 춰 chuò — 辍 輟

- 辍工(輟工) chuò gōng 일을 그만두다
- 辍业(輟業) chuò yè 폐업
- 辍耕陇上(輟耕隴上) chuò gēng lǒng shàng 남에게 복종하려 하지 않고 큰 포부를 품다는 뜻
- 不允许学生辍学 bù yǔn xǔ xué shēng chuò xué 학생이 중도에 학업을 그만두는 것을 허용하지 않는다

짐수레 치 / 쯔 zī — 辎 輜

- 辎车(輜車) zī chē 짐수레, 군수품을 나르는 수레
- 辎重(輜重) zī zhòng 나그네의 짐, 군대의 하물(荷物)
- 辎驾(輜駕) zī jià 덮개가 있는 수레
- 辎重部队 zī zhòng bù duì 치중부대

꼬리긴깃털 교 / 챠오 qiáo, qiào — 翘 翹

- 翘足而待(翹足而待) qiáo zú ér dài 발돋음하고 기다리다
- 翘尾巴(翹尾巴) qiào wěi ba 꼬리를 쳐들다, 잘난체하며 뽐내다
- 翘舌音(翹舌音) qiào shé yīn 현대중국어 권설음(zh, ch, sh, r) 발음
- 翘首瞻仰 qiáo shǒu zhān yǎng 목을 빼고 바라보다

무리 배 / 뻬이 bèi — 辈 輩

- 晚辈(儿)(晚輩(兒)) wǎn bèi(r) 후배
- 辈子(輩子) bèi zi 한평생, 생애
- 人材辈出(人材輩出) rén cái bèi chū 인재가 배출되다
- 尊敬长辈(儿) zūn jìng zhǎng bèi(r) 연장자를 존경하다

뚫을 착 / 짜오 záo — 凿 鑿

- 凿子(鑿子) záo zi 끌, 정
- 凿通(鑿通) záo tōng (구멍, 터널을) 뚫다
- 方枘圆凿(方枘圓鑿) fāng ruì yuán záo 네모난 장부를 둥근 장부 구멍에 맞추다(사물이 서로 맞지 않음을 비유)
- 用凿子凿眼(儿) yòng záo zi záo yǎn(r) 정으로 구멍을 뚫다

빛날 휘 / 후이 huī — 辉 輝

- 光辉(光輝) guāng huī 광채, 빛
- 辉映(輝映) huī yìng 눈부시게 빛나다
- 星月交辉(星月交輝) xīng yuè jiāo huī 별과 달이 반짝거리다
- 建设成就辉煌 jiàn shè chéng jiù huī huáng 건설 성취가 휘황하다

救护车 jiù hù chē 구급차   太平间 tài píng jiān (병원의) 영안실

12획

| 상줄 상
상 shǎng | 賞 賞 | 賞賜(賞賜)shǎng cì 상을 내리다, 하사하다
賞金(賞金)shǎng jīn 상금
賞心悅目(賞心悅目)shǎng xīn yuè mù 눈과 마음을 즐겁게 하다
　(아름다운 정경을 감상하며 마음을 즐겁게 한다는 뜻)
領賞 lǐng shǎng 상품을 받다 |

한눈팔 래
라이 lài

睐 睞

善睐(善睞)shàn lài 곁눈질(하다)
青睐(青睞)qīng lài 호감, 인기, 총애
盼睐(盼睞)pàn lài 희망하다, 바라다
这个纪念品得到众游客的青睐 zhè ge jì niàn pǐn dé dào zhòng yóu kè de qīng lài 이 기념품은 많은 유람객들의 인기를 끌었다

눈꺼풀 검
쟨 jiǎn

睑 瞼

上睑(上瞼)shàng jiǎn 윗눈꺼풀
下睑(下瞼)xià jiǎn 아래눈꺼풀
睑腺炎(瞼腺炎)jiǎn xiàn yán 다래끼
治睑炎 zhì jiǎn yán 다래끼를 치료하다

뿜을 분
펀 pēn, pèn

喷 噴

喷射(噴射)pēn shè 세차게 내뿜음
喷水(噴水)pēn shuǐ (물뿌리개 따위로) 물을 뿌리다
喷薄欲出(噴薄欲出)pēn bó yù chū 기운차게 솟아오르는 모양
喷香扑鼻 pèn xiāng pū bí (뿜어져 나오는) 향기가 코를 찌르다

밭두둑 주
처우 chóu

畴 疇

田畴(田疇)tián chóu 밭
畴辈(疇輩)chóu bèi 동년배
平畴千里(平疇千里)píng chóu qiān lǐ 끝없이 펼쳐진 농지
音乐, 舞蹈, 诗歌都属于文化范畴 yīn yuè, wǔ dǎo, shí gē dōu shǔ yú wén huà fàn chóu 음악, 무용, 시가는 모두 문화 범주에 속한다

밟을 천
쟨 jiàn

践 踐

践踏(踐踏)jiàn tà 짓밟음, 유린
践约(踐約)jiàn yuē 약속을 이행하다
践危负重(踐危負重)jiàn wēi fù zhòng 위험 무릅쓰고 중책을 맡다
实践诺言 shí jiàn nuò yán 약속을 이행하다

끼칠 유
이 yí

遗 遺

遗传(遺傳)yí chuán 끼치어 내려옴
遗嘱(遺囑)yí zhǔ 유언
不遗余力(不遺余力)bù yí yú lì 있는 힘을 다하다
甚感遗憾 shèn gǎn yí hàn 매우 유감스럽게 생각한다

门诊室 mén zhěn shì 진찰실　　诊断 zhěn duàn 진찰하다　　看病 kàn bìng 진찰하다

12획

나비 협 쟈 jiá	蛱 蛺	蛱蝶(蛺蝶) jiá dié 네발나비, 호랑나비 蛱蝶对农作物有害 jiá dié duì nóng zuò wù yǒu hài 호랑나비는 농작물에 해롭다
요충 요 나오 náo	蛲 蟯	蛲虫(蟯蟲) náo chóng 기생충의 하나 服药打掉蛲虫 fú yào dǎ diào náo chóng 약을 써서 요충을 없애 버리다
다슬기 사 스 sī	蛳 螄	螺蛳(螺螄) luó sī 우렁이 淡水螺蛳味道鲜 dàn shuǐ luó sī wèi dào xiān 담수에서 자란 우렁이가 맛이 좋다
굼벵이 제 치 qí	蛴 蠐	蛴螬(蠐螬) qí cáo 매미의 유충, 굼벵이 蛴螬蠕动 qí cáo rú dòng 굼벵이가 꿈틀거리다
두견이 견 쥐안 juān	鹃 鵑	杜鹃(杜鵑) dù juān 두견새 杜鹃花(杜鵑花) dù juān huā 진달래꽃 鹃血满胸(鵑血滿胸) juān xuè mǎn xiōng 두견새가 피를 토하여 가슴에 가득차다는 뜻으로 사모하는 마음이 간절함을 이름 杜鹃花开满山红 dù juān huā kāi mǎn shān hóng 진달래꽃이 피어 온 산이 빨갛다
시끄러울 루 러우 lóu	喽 嘍	喽唳(嘍唳) lóu lì 새 우는 소리 起来喽!(起來嘍) qǐ lái lou 일어나지요! 唆使喽啰干坏事 suō shǐ lóu luó gàn huài shì 부하를 시켜 나쁜 짓을 하다
가파를 영 룽 róng	嵘 嶸	峥嵘(崢嶸) zhēng róng 산세가 험준한 모양, 재능이 뛰어남을 비유 崖壁峥嵘(崖壁崢嶸) yá bì zhēng róng 절벽이 가파르다 头角峥嵘(頭角崢嶸) tóu jiǎo zhēng róng 재능이 뛰어나다 才气峥嵘 cái qì zhēng róng 재기가 뛰어나다

往诊 wǎng zhěn 왕진, 이동진찰　　号脉 hào mài (切脉 qiè mài) 진맥하다　　治疗 zhì liáo 치료하다

12획

높고험할 금
친 qīn
嵚 嶔
嵚岖(嵚嶇) qīn qū 산이 험한 모양
嵚崟(嵚崟) qīn yín 산이 우뚝 솟은 모양
嵚岩(嵚岩) qīn yán 험악하게 생긴 바위
攀登嵚崖 pān dēng qīn yá 높고 험한 절벽을 기어오르다

봉우리 루
러우 lǒu
嵝 嶁
岣嵝山(岣嶁山) gǒu lǒu shān 구루산(후난성 형양현 북쪽의 산)

구실 부
푸 fù
赋 賦
赋有(賦有) fù yǒu (기질을) 지니다
赋给(賦給) fù gěi 주다, 부여하다
赋性(賦性) fù xìng 천성, 타고난 성품
赋予历史使命 fù yǔ lì shǐ shǐ mìng 역사적 사명을 부여하다

받을 청
칭 qíng
赗 賵
赗等(賵等) qíng děng (비판이나 징계를) 차분히 앉아서 기다리다
赗等遗产 qíng děng yí chǎn 유산을 이어받다

걸 도
두 dǔ
赌 賭
赌博(賭博) dǔ bó 노름
赌犯(賭犯) dǔ fàn 도박범
赌神发咒(賭神發咒) dǔ shén fā zhòu 신 앞에서 굳게 맹세하다
耍赌 shuǎ dǔ 도박하다

속바칠 속
수 shú
赎 贖
赎罪(贖罪) shú zuì 공을 세워 지은 죄를 없앰
赎款(贖款) shú kuǎn (저당물을 찾기 위해) 갚아야 할 돈, (인질의) 몸값, 배상금
赎刑(贖刑) shú xíng 돈을 내어 형벌을 면하다
立功赎罪 lì gōng shú zuì 공을 세워 속죄하다

줄 사
츠 cì
赐 賜
赏赐(賞賜) shǎng cì 상을 내림, 하사한 물건
赐恩(賜恩) cì ēn 은혜를 베풀다
赐予(賜予) cì yǔ 하사하다, 내려주다
皆受其赐 jiē shòu qí cì 모두 그 혜택을 받다

动手术 dòng shǒu shù 수술하다   打针 dǎ zhēn 주사를 맞다, 침을 맞다   吃药 chī yào(服药 fú yào) 약을 먹다(쓰다)

12획

| 진휼할 주
저우 zhōu | 赒 賙 | 赒济(賙濟) zhōu jì (물질적으로) 도와주다
赒穷(賙窮) zhōu qióng 가난한 사람을 구하다
赒赡(賙贍) zhōu shàn 가난한 사람을 구하다
赒急为人 zhōu jí wèi rén 위급한 사람을 구하고 도와주다 |

| 물어줄 배
페이 péi | 赔 賠 | 赔罪(賠罪) péi zuì 사과하다, 사죄하다
赔本(儿)(賠本(兒)) péi běn (r) 밑천을 잃다
赔了夫人又折兵 péi le fū rén yòu zhé bīng 부인을 잃고 병졸마저 잃다(이중으로 손해를 본다는 뜻)
赔偿损失 péi cháng sǔn shī 손실을 배상하다 |

| 속바칠 탐
단 dǎn | 赕 賧 | 赕佛(賧佛) dǎn fó 재물을 바치고 부처에게 복을 빌다(중국 소수민족 따이족이 사용하는 말)
赕物(賧物) dǎn wù 속죄하기 위해 바치는 재물
赕罪 dǎn zuì 재물로 속죄하다 |

| 쇠부어만들 주
주 zhù | 铸 鑄 | 铸造厂(鑄造廠) zhù zào chǎng 주조공장
铸成(鑄成) zhù chéng 빚어내다
铸山煮海(鑄山煮海) zhù shān zhǔ hǎi 구리를 캐내 돈을 주조하고 바닷물을 끓여 소금을 만들다(노력하여 돈을 모은다는 뜻)
铸成大错 zhù chéng dà cuò 큰 잘못을 저지르다 |

| 놋그릇 로
라오 láo | 铹 鐒 | 铹(鐒) láo 로렌슘 Lr(화학원소) |

| 가게 포
펼 포
푸 pù | 铺 鋪 | 肉铺(肉鋪) ròu pù 정육점
铺床(鋪床) pū chuáng 이불을 깔다
铺天盖地(鋪天蓋地) pū tiān gài dì 천지를 뒤덮다(기세가 대단히 맹렬함을 뜻함)
铺轨 pū guǐ 철길을 놓다 |

| 레늄 래
라이 lái | 铼 錸 | 铼(錸) lái 레늄 Re(화학원소) |

脉搏 mài bó 맥박　　体温 tǐ wēn 체온　　血压 xuè yā 혈압　　血型 xuè xíng 혈액형

12획

테르븀 **특**
터 tè
铽 鋱
铽(鋱) tè 테르븀 Tb(화학원소)

쇠사슬 **련**
랜 liàn
链 鏈
表链(表鏈) biǎo liàn 시계줄
项链(項鏈) xiàng liàn 목걸이
拉链(拉鏈) lā liàn 지퍼
修理自行车链子 xiū lǐ zì xíng chē liàn zi 자전거 체인을 수리하다

금속소리 **갱**
컹 kēng
铿 鏗
铿铿(鏗鏗) kēng kēng 땅땅(금속이 부딪쳐서 나는 소리)
铿锵(鏗鏘) kēng qiāng 아름답게 울리는 악기소리, 듣기좋은 소리
铿然(鏗然) kēng rán 소리가 잘 울려 맑고 세찬 모양
铿锵有力的声音 kēng qiāng yǒu lì de shēng yīn 아름답고 힘 있는 소리

녹일 **소**
샤오 xiāo
销 銷
注销(注銷) zhù xiāo (장부에서) 삭제하다
畅销(暢銷) chàng xiāo 잘 팔리다
销声匿迹(銷聲匿迹) xiāo shēng nì jì 소리없이 자취를 감추다
销毁证据 xiāo huǐ zhèng jù 증거물을 없애다

쇠사슬 **쇄**
쒀 suǒ
锁 鎖
锁链(鎖鏈) suǒ liàn 쇠사슬
锁不上(鎖不上) suǒ bù shàng (자물쇠가) 채워지지 않는다
闭门锁国(閉門鎖國) bì mén suǒ guó 쇄국정책을 실시하다
锁门 suǒ mén 문을 잠그다

칼갈 **정**
쩡 zèng
锃 鋥
锃亮(鋥亮) zèng liàng 번쩍번쩍 빛이 나다
锃光(鋥光) zèng guāng 번쩍번쩍 광이 나다
锃光瓦亮(鋥光瓦亮) zèng guāng wǎ liàng 번쩍번쩍 광 나는 모양
把车擦得锃亮 bǎ chē cā de zèng liàng 차가 번쩍번쩍 빛날 정도로 닦다

호미 **서**
추 chú
锄 鋤
锄头(鋤頭) chú tóu 호미
锄奸(鋤奸) chú jiān 배반자(반역자)를 제거하다
锄强扶弱(鋤强扶弱) chú qiáng fú ruò 강한 자를 제거하고 약한 자를 돕다
锄地 chú dì (밭) 기음을 매다

药店 yào diàn 약국 西药 xī yào 양약 中药 zhōng yào 한약

12획

| 리튬 리
리 lǐ | 锂 鋰 | 锂(鋰)lǐ 리튬 Li(화학원소) |

| 노구솥 과
궈 guō | 锅 鍋 | 锅炉(鍋爐)guō lú 보일러
饭锅(飯鍋)fàn guō 밥솥
锅清灶冷(鍋清竈冷)guō qīng zào lěng 솥은 비어 있고 부뚜막은 차갑다(먹을 것이 없다는 뜻)
四川火锅很有特色 sì chuān huǒ guō hěn yǒu tè sè 쓰촨성의 신선로는 매우 특색이 있다 |

| 지르코늄 고
가오 gào | 锆 鋯 | 锆(鋯)gào 지르코늄 Zr(화학원소) |

| 오스뮴 아
어 é | 锇 鋨 | 锇(鋨)é 오스뮴 Os(화학원소) |

| 녹슬 수
슈 xiù | 锈 銹 | 铁锈(鐵銹)tiě xiù 쇠의 녹
锈红(銹紅)xiù hóng 녹슬어 붉어지다
锈病(銹病)xiù bìng 녹병(식물에 발생하는 병해)
刀子生锈了 dāo zi shēng xiù le 칼에 녹이 슬었다 |

| 가마 좌
춰 cuò | 锉 銼 | 锉光(銼光)cuò guāng 줄로 갈아 광내다
锉平(銼平)cuò píng 줄로 갈아 편평하게 하다
屡锉不馁(屢銼不餒)lǚ cuò bù něi 실패를 거듭해도 꺾이지 않는다
用锉刀磨菜刀 yòng cuò dāo mó cài dāo 줄로 식칼을 갈다 |

| 칼끝 봉
펑 fēng | 锋 鋒 | 锋芒(鋒芒)fēng máng 칼끝, 겉으로 드러난 재간
交锋(交鋒)jiāo fēng 싸우다, 겨루다
锋芒毕露(鋒芒畢露)fēng máng bì lù 예기와 재주를 모두 드러내다, 지나치게 뽐내며 자신을 과시해 보이다
针锋相对 zhēn fēng xiāng duì (의견, 행동이) 첨예하게 대립되다 |

消化不良 xiāo huà bù liáng 소화불량   食物中毒 shí wù zhòng dú 식중독

12획

아연 **신** 신 xīn	锌 鋅	锌(鋅) xīn 아연 Zn(화학원소) 锌板(鋅板) xīn bǎn 아연판 氧化锌(氧化鋅) yǎng huà xīn 산화아연 锌板车间 xīn bǎn chē jiān 아연판 직장	
칼리포르늄 **개** 카이 kāi	锎 鐦	锎(鐦) kāi 칼리포르늄 Cf(화학원소)	
쇳덩이 **간** 잰 jiǎn, jiàn	锏 鐗	锏(鐗) jiǎn 간(고대 병기의 하나) 锏(鐗) jiàn 굴대, 덧방쇠	
날카로울 **예** 루이 ruì	锐 銳	锐利(銳利) ruì lì (칼날 등이) 예리하다, (말, 눈빛 따위가) 날카롭다 尖锐(尖銳) jiān ruì 첨예하다 锐不可当(銳不可當) ruì bù kě dāng 기세 당당하여 막아낼 수 없다 感觉敏锐 gǎn jué mǐn ruì 감각이 예민하다	
안티몬 **제** 티 tī	锑 銻	锑(銻) tī 안티몬 Sb(화학원소) 生锑(生銻) shēng tī 조(粗) 안티몬 纯锑 chún tī 표준 안티몬	
사슬 **랑** 랑 láng	锒 鋃	银铛(銀鐺) láng dāng 옛날에 죄수를 묶던 쇠사슬, 쨍그랑쨍그랑 (금속이 부딪치는 소리) 银铛入狱 láng dāng rù yù 쇠사슬을 차고 옥에 들어가다	
새길 **침** 친 qǐn	锓 鋟	锓版(鋟版) qǐn bǎn 판목에 (글을) 새기다 锓梓(鋟梓) qǐn zǐ 판목을 새기다, 책을 인쇄하다 锓板(鋟板) qǐn bǎn 널빤지에 판각함, 책을 판목에 새김 学一手锓版技术 xué yī shǒu qǐn bǎn jì shù 판목에 글을 새기는 기술을 배우다	

拉(泻)肚 lā (xiè) dù 설사　　便秘 biàn mì 변비증　　胃痉挛 wèi jìng luán 위경련　　溃疡 kuì yáng 궤양

12획

큐륨 국 쥐 jú, jū	锅 鍋	锅(鍋) jú 큐륨 Cm(화학원소) 锅锅(鍋鍋) jū guō 가마를 때우다 锅碗儿的(鍋碗兒的) jū wǎn ér de 도자기 등을 수리하는 사람 予备锅子 yù bèi jū zi 거멀못을 예비해 두다
악티늄 아 아 ā	锕 錒	锕(錒) ā 악티늄 Ac(화학원소)
송아지 독 두 dú	犊 犢	犊子(犢子) hù dú zi 송아지 犊车(犢車) dú chē 소 달구지 老牛舐犊(老牛舐犢) lǎo niú shì dú 어미소가 송아지를 혀로 핥아 주다(부모가 자식을 대단히 귀여워함을 비유) 初生牛犊不怕虎 chū shēng niú dú bù pà hǔ 갓난 송아지가 범 무서운 줄 모른다(어리거나 경험이 없는 사람이 담대함을 비유)
고니 곡 과녁 곡 후 hú 구 gǔ	鹄 鵠	天鹅(天鵠) tiān hú 백조 鹄面鸟形(鵠面鳥形) hú miàn niǎo xíng 굶주려 여윈 모양 中鹄(中鵠) zhòng gǔ 과녁에 맞다 鹄候回音 hú hòu huí yīn 회답을 간절하게 기다리겠습니다
거위 아 어 é	鹅 鵝	鹅子(鵝子) é zi 거위 天鹅(天鵝) tiān é 백조 鹅行鸭步(鵝行鴨步) é xíng yā bù 거위 걸음, 느릿느릿 걷는 걸음 下(起)鹅毛大雪 xià (qǐ) é máo dà xuě (거위털 같은) 함박눈이 내리다
곧을 정 팅 tǐng	颋 頲	头颋(頭頲) tóu tǐng 머리를 곧바로 세우다, 올바르다 头颋眼不走神(儿) tóu tǐng yǎn bù zǒu shén(r) 머리를 곧바로 쳐들고 눈의 주의력을 분산시키지 않는다
쌓을 축 주 zhù	筑 築	建筑(建築) jiàn zhù 집, 다리 등을 세워 지음 筑路(築路) zhù lù 도로를 건설하다 筑室道谋(築室道謀) zhù shì dào móu 집 짓는데 길가는 사람과 상의하다(주관 없이 이 사람 저 사람과 의논한다는 뜻) 筑堤防大水 zhù dī fáng dà shuǐ 제방을 쌓아 홍수에 대비하다

炎症 yán zhèng 염증　　骨折 gǔ shé 골절　　脑震荡 nǎo zhèn dàng 뇌진탕　　脑出血 nǎo chū xuè 뇌출혈

12획

울타리 필 筚 (篳) 삐 bì
- 筚门圭窦(篳門圭竇) bì mén guī dòu 허술한 지게문, 가난한 집
- 筚路篮缕(篳路籃縷) bì lù lán lǚ 섶나무로 만든 초라한 수레와 누덕누덕 기운 해진 옷
- 蓬门筚户(蓬門篳戶) péng mén bì hù 가난한 사람의 집
- 请到蓬门筚户稍坐 qǐng dào péng mén bì hù shāo zuò (저의) 허술한 집에 잠깐이라도 들르시지요

체 사 筛 (篩) 사이 shāi
- 筛子(篩子) shāi zi 체
- 筛孔(篩孔) shāi kǒng 체눈, 체구멍
- 筛屑(篩屑) shāi xiè 모래나 찌꺼기를 체질하여 쳐내다
- 筛选骨干 shāi xuǎn gǔ gàn 중견 일꾼을 선별하다

편지 독 牍 (牘) 두 dú
- 信牍(信牘) xìn dú 서신
- 文牍(文牘) wén dú 문서
- 牍笺(牘箋) dú jiān 편지지, 시문(詩文)을 쓰는 종이
- 连篇累牍 lián piān lěi dú 지루하게 늘어놓은 긴 문장

빼어날 당 傥 (儻) 탕 tǎng
- 傥荡(儻蕩) tǎng dàng 방탕하다, 제멋대로 하다
- 傥朗(儻朗) tǎng lǎng 분명하지 않은 모양
- 傥来之物(儻來之物) tǎng lái zhī wù 횡재한 물건
- 傥荡不拘 tǎng dàng bù jū 구속없이 제멋대로 하다

인도할 빈 傧 (儐) 빈 bìn
- 傧相(儐相) bìn xiàng 옛날에 손님을 맞이하던 사람, 들러리
- 傧者(儐者) bìn zhě 손님을 안내하는 사람
- 男傧相(男儐相) nán bìn xiàng 신랑 들러리
- 女傧相伴新娘 nǚ bìn xiàng bàn xīn niáng 신부 들러리가 신부를 동반하다

쌓을 저 储 (儲) 추 chǔ
- 储金(儲金) chǔ jīn 예금
- 储藏(儲藏) chǔ cáng 저장, 매장(량)
- 储粮备荒(儲糧備荒) chǔ liáng bèi huāng 식량을 저장하여 흉년에 대비하다
- 每月储蓄壹千元 měi yuè chǔ xù yī qiān yuán 매월 천 원씩 저축하다

역귀쫓을 나 傩 (儺) 눠 nuó
- 傩神(儺神) nuó shén 역귀(疫鬼)를 쫓다, 역귀를 쫓는 신

肝炎 gān yán 간염   肺炎 fèi yán 폐렴   扁桃腺炎 biǎn táo xiàn yán 편도선염   阑尾炎 lán wěi yán 맹장염

혼날 징 쳥 chéng	惩 懲	惩罚(懲罰) chéng fá 장래를 경계하기 위해 벌을 가함 惩警(懲警) chéng jǐng 징계하다 惩前毖后(懲前毖後) chéng qián bì hòu 이전의 과오를 후일의 경계로 삼다 惩办凶手 chéng bàn xiōng shǒu 흉수를 징벌하여 다스리다
막을 어 위 yù	御 禦	防御(防禦) fáng yù 막아냄 御寒(禦寒) yù hán 추위를 막다 共御外侮(共禦外侮) gōng yù wài wǔ 함께 협력하여 외국 침략과 압박에 항거하다 饮酒御寒 yǐn jiǔ yù hán 술을 마셔서 추위를 막다
귀밑뼈 합 허 hé	颌 頜	上颌骨(上頜骨) shàng hé gǔ 위턱뼈 下颌骨(下頜骨) xià hé gǔ 아래턱뼈 颌下腺(頜下腺) hé xià xiàn 턱밑샘 下颌骨歪了 xià hé gǔ wāi le 아래턱뼈가 비뚤어지다
풀 석 스 shì	释 釋	假释(假釋) jiǎ shì 가석방 释手(釋手) shì shǒu 손을 떼다 释根灌注(釋根灌注) shì gēn guàn zhù 뿌리는 내버려두고 가지에 물을 주다, 본말을 전도하다 刑满释放 xíng mǎn shì fàng 형기가 만료되어 석방하다
구관조 욕 위 yù	鸲 鴝	鸲鹆(鴝鵒) qú yù 구관조
납향 랍 라 là	腊 臘	腊肉(臘肉) là ròu 소금에 절여 말린 고기 腊烛(臘燭) là zhú 초, 양초 腊尽春来(臘盡春來) là jìn chūn lái 겨울이 끝나고 봄이 오다 腊月初五去上海 là yuè chū wǔ qù shàng hǎi (음력) 섣달 초닷샛날 상하이로 간다
오금 괵 오금 국 궈 guó	腘 膕	腘窝(膕窩) guó wō 오금 腘肌(膕肌) guó jī 괵근 腘动脉(膕動脈) guó dòng mài 괵동맥 伤了腘窝 shāng le guó wō 오금을 다치다

神经痛 shén jīng tòng 신경통　　糖尿病 táng niào bìng 당뇨병　　中风 zhòng fēng 중풍(걸리다)

12획

오징어 우 유 yóu	鱿 鱿	鱿鱼(鱿魚) yóu yú 오징어의 총칭 鱿干(鱿干) yóu gān 말린 오징어 炒他鱿鱼 chǎo tā yóu yú 그의 목을 자르다	
노둔할 로 루 lǔ	鲁 魯	鲁钝(魯鈍) lǔ dùn 우둔하다 鲁莽(魯莽) lǔ mǎng 경솔하다, (성격이) 거칠다 鲁鱼不辨(魯魚不辨) lǔ yú bù biàn 좋고 나쁨을 가리지 않다 言语粗鲁 yán yǔ cū lǔ 말이 거칠다	
방어 방 방 fáng	鲂 魴	鲂鱼(魴魚) fáng yú 방어(전갱이과의 바다물고기) 鲂鱼(魴鱼) fáng fú 성대(바다물고기) 鲂鱼赪尾 fáng yú chēng wěi 방어의 꼬리가 붉어지다(방어꼬리는 본래 희지만 피곤하면 붉어지는데, 사람의 노고가 상당함을 비유)	
강이름 영 잉 yíng	颍 潁	颍河(潁河) yíng hé 영하(허난성에서 안후이성으로 흘러가는 강)	
구풍 구 쥐 jù	飓 颶	飓风(颶風) jù fēng 허리케인 飓母(颶母) jù mǔ 강한 바람, 열대성 저기압이 불어올 조짐 飓风刮倒了房屋 jù fēng guā dǎo le fáng wū 강한 바람이 집을 무너뜨리다	
잔 상 상 shāng	觞 觴	称觞(稱觴) chēng shāng 술잔을 들어 축하함 觞客(觴客) shāng kè 연회를 베풀어 손님을 접대함 觞酒(觴酒) shāng jiǔ 잔에 따른 술 举觞祝贺 jǔ shāng zhù hè 술잔을 들어 축하하다	
고달플 비 뻬이 bèi	惫 憊	惫卧(憊臥) bèi wè 몸이 피곤하여 눕다 惫喘(憊喘) bèi chuǎn 고달파 헐떡거리다 疲惫不堪(疲憊不堪) pí bèi bù kān 몹시 피곤하다 满脸惫色 mǎn liǎn bèi sè 얼굴 전체에 피곤한 기색이 가득하다	

感冒 gǎn mào 감기　　发烧 fā shāo 열이 나다　　咳嗽 ké sou 기침　　呕吐 ǒu tù 구토　　气喘 qì chuǎn 천식

12획

한글	간체	번체	용례
끓일 사 차 chā	馇	餷	馇粥(餷粥) chā zhōu 죽을 쑤다 馇猪食 chā zhū shí 돼지 사료를 끓이다
먹일 궤 쿠이 kuì	馈	饋	馈饯(饋餞) kuì jiàn 연회를 베풀어 전송하다, 송별연회 馈中无人(饋中無人) kuì zhōng wú rén 음식을 챙겨주는 사람이 없다(독신남자 신세를 가리키는 말) 馈赠天津特产品 '狗不理' 包子 kuì zhèng tiān jīn tè chǎn pǐn 'gǒu bù lǐ' bāo zi 텐진 특산물인 '거우부리' 찐고기만두를 선물하다
고기만두 골 구 gǔ	馉	餶	馉饳(餶飿) gǔ duò 고기만두의 일종(혼돈자와 비슷함) 馉饳好吃 gǔ duò hǎo chī 작은 고기만두가 맛있다
쉴 수 써우 sōu	馊	餿	馊气(餿氣) sōu qì 쉰내 馊味(儿)(餿味(兒)) sōu wèi (r) 쉰 맛, 쉰 냄새 馊饭户头(餿飯戶頭) sōu fàn hù tóu 달갑지 않은 거래처를 비유 不能吃馊饭 bù néng chī sōu fàn 쉰 밥은 먹을 수 없다
탐할 참 찬 chán	馋	饞	馋死(饞死) chán sǐ 먹고 싶어 죽겠다, 부러워 못견디다 馋相(饞相) chán xiàng 몹시 갖고 싶어하는 표정 馋涎欲滴(饞涎欲滴) chán xián yù dī 군침이 돌다(갈망한다는 뜻) 这孩子好馋嘴 zhè hái zi hǎo chán zuǐ 이 아이가 매우 게걸스럽다
더러울 설 셰 xiè	亵	褻	亵渎(褻瀆) xiè dú 얕보고 깔보다 亵衣(褻衣) xiè yī 속옷, 내의 亵器(褻器) xiè qì 변기(便器) 亵语伤人 xiè yǔ shāng rén 음담으로 타인을 해하다
꾸밀 장 쭝 zhuāng	装	裝	装饰(裝飾) zhuāng shì 치장하다, 장식하다 行装(行裝) xíng zhuāng 여행할 때 쓰는 제구, 행장, 여장 装模作样(裝模作樣) zhuāng mú zuò yàng 허세를 부리다 装备齐全 zhuāng bèi qí quán 장비가 모두 마련되다

头疼 tóu téng 두통　　腰疼 yāo téng 요통　　肚子疼 dù zi téng 복통　　牙疼 yá téng 치통

12획

오랑캐 만 蛮(蠻) 만 mán
- 野蛮(野蠻) yě mán 미개함, 교양이 없음
- 蛮好(蠻好) mán hǎo 매우 좋다
- 胡搅蛮缠(胡攪蠻纏) hú jiǎo mán chán 생트집을 잡다
- 蛮横不讲理 mán hèng bù jiǎng lǐ 전혀 사리를 가리지 않고 막무가내로 행동하다

저민고기 련 脔(臠) 롼 luán
- 脔割(臠割) luán gē 잘게 썰다
- 脔肉(臠肉) luán ròu 저민 고기
- 脔脔(臠臠) luán luán (몸이) 여윈 모양
- 尝鼎一脔 cháng dǐng yī luán 솥 안의 고기 한 점만 맛봐도 그 맛을 다 알 수 있다(부분을 통해 전체를 알 수 있다는 뜻)

중독 로 痨(癆) 라오 láo
- 痨病(癆病) láo bìng 폐결핵, 폐병
- 痨虫(癆蟲) láo chóng 결핵균
- 肠痨(腸癆) cháng láo 장결핵
- 打防痨注射 dǎ fáng láo zhù shè 결핵 예방주사를 놓다

경풍 간 痫(癇) 샌 xián
- 癫痫(癲癇) diān xián 지랄병, 간질
- 痫病(癇病) xián bìng 간병(소아병의 하나)
- 癫痫不好治 diān xián bù hǎo zhì 간질은 잘 치료되지 않는다

이을 갱 赓(賡) 겅 gēng
- 赓唱(賡唱) gēng chàng 시나 노래를 주고 받으며 잇다
- 赓扬(賡揚) gēng yáng 계속하다, 연속하다
- 赓酬(賡酬) gēng chóu 시를 지어서 서로 주고받는 것
- 物价赓续下跌 wù jià gēng xù xià diē 물가가 계속 하락하다

턱 해 颏(頦) 커 kē
- 颏颌(頦頜) kē hé 턱
- 颏颊(頦頰) kē jiá 뺨 부분의 턱
- 颏下绦(頦下絛) kē xià tāo 턱수염
- 成了结巴颏子 chéng le jiē bā kē zi 말더듬이로 변해 버리다

소리개 한 鹇(鷳) 샌 xián
- 白鹇(白鷳) bái xián 흰 꿩(명, 청시대 정5품 문관의 흉배)

外伤 wài shāng 외상   内伤 nèi shāng 내상

12획

가로막을 **란** 란 lán	阑 闌	岁阑(歲闌) suì lán 해가 저물다, 연말이 되다 阑入(闌入) lán rù 함부로 들어가다, 끼워넣다 夜阑人静(夜闌人靜) yè lán rén jìng 밤이 깊어 인기척이 없다 治疗阑尾炎 zhì liáo lán wěi yán 맹장염을 치료하다
고요할 **격** 취 qù	阒 闃	阒寂(闃寂) qù jì 고요하다 阒无一人(闃無一人) qù wú yī rén 쥐죽은 듯 고요하다 阒然无声(闃然無聲) qù rán wú shēng 인기척 하나 없이 아주 고요하다 四野阒然 sì yě qù rán 사방 들판이 조용하다
트일 **활** 쿼 kuò	阔 闊	阔气(闊氣) kuò qì (복장이나 씀씀이가) 사치스럽다 阔别(闊別) kuò bié 오래 떨어져 지내다 海阔天空(海闊天空) hǎi kuò tiān kōng 사방이 가없이 넓다 大地辽阔 dà dì liáo kuò 대지가 광활하다
문닫을 **결** 마칠 **계** 췌 què	阕 闋	阕者(闋者) què zhě 마음이 공허한 사람 乐阕(樂闋) yuè què 음악이 끝나다 弹琴一阕(彈琴一闋) tán qín yī què 거문고를 한 곡 타다 乐阕, 场内响起了掌声 yuè què, chǎng nèi xiǎng qí le zhǎng shēng 음악이 끝나자 공연장에는 박수소리가 터져나왔다
똥 **분** 번 fèn	粪 糞	粪便(糞便) fèn biàn 대소변 粪污(糞污) fèn wū 오물, 더러운 것, 보잘 것 없는 것 粪田(糞田) fèn tián 논밭에 거름을 주다 粪土之墙不可污 fèn tǔ zhī qiáng bù kě wū 더러운 흙으로 쌓은 담은 하찮은 것이어서 덧바를 여지도 없다(양성할 나위조차 없는 사람을 가리키는 말)
사다새 **제** 티 tí	鹈 鵜	鹈鹕(鵜鶘) tí hù 펠리컨, 사다새
숨을 **찬** 촨 cuàn	窜 竄	窜改(竄改) cuàn gǎi (글, 구절을) 나름대로 고치다 隐窜(隱竄) yǐn cuàn 숨다 抱头鼠窜(抱頭鼠竄) bào tóu shǔ cuàn 머리를 싸쥐고 쥐새끼처럼 달아나다 四处窜逃 sì chù cuàn táo 사방으로 도망치다

体育场 tǐ yù chǎng 경기장   运动 yùn dòng 운동   足球 zú qiú 축구   排球 pái qiú 배구

12획

움집 와 워 wō	窝 / 窩	窝巢(窩巢) wō cháo 보금자리, 은신처 窝囊(窩囊) wō nāng (억울한 일을 당해) 분하다, 무능하다 喜鹊搭窝(喜鵲搭窩) xǐ què dā wō 까치가 둥지를 치다 窝藏罪犯 wō cáng zuì fàn 범인을 감추어 두다
제왕이름 곡 쿠 kù	喾 / 嚳	帝喾(帝嚳) dì kù 제곡(전설에 나오는 고대중국 오제의 하나)
결낼 분 번 fèn	愤 / 憤	愤怒(憤怒) fèn nù 분해 성냄 泄愤(泄憤) xiè fèn 울분을 풀다 愤世嫉俗(憤世嫉俗) fèn shì jí sú 세상의 모든 불합리한 것을 분개하고 증오하다 愤恨敌人 fèn hèn dí rén 적을 증오하다
심란할 궤 쿠이 kuì	愦 / 憒	愦愦(憒憒) kuì kuì 확실하지 않다, 어지럽다 昏愦(昏憒) hūn kuì 어리석다 天下愦愦(天下憒憒) tiān xià kuì kuì 천하가 어지럽다 整顿愦乱之心 zhěng dùn kuì luàn zhī xīn 산란한 마음을 정리하다
막힐 체 즈 zhì	滞 / 滯	滞误(滯誤) zhì wù 체납 滞货(滯貨) zhì huò 팔리지 않아 적체된 물건 滞滞泥泥(滯滯泥泥) zhì zhì nì nì 융통성이 없는 모양 滞销削价 zhì xiāo xuē jià 판매가 부진하여 값을 내리다
축축할 습 스 shī	湿 / 濕	湿气(濕氣) shī qì 축축한 기운, 습기 湿度(濕度) shī dù 대기의 건기와 습기의 정도 湿手抓面(濕手抓面) shī shǒu zhuā miàn 젖은 손으로 밀가루를 쥐다(관계를 끊을 수가 없다는 뜻) 湿透衣服 shī tòu yī fú 옷이 흠뻑 젖다
무너질 궤 쿠이 kuì	溃 / 潰	溃灭(潰滅) kuì miè 무너져서 망함 溃疡(潰瘍) kuì yáng 진무르고 허는 증상, 궤양(병 이름) 溃不成军(潰不成軍) kuì bù chéng jūn 군대가 패하여 뿔뿔이 흩어지다, 참패하다 全军崩溃 quán jūn bēng kuì 전군이 붕괴되다

篮球 lán qiú 농구　　棒球 bàng qiú 야구　　乒乓球 pīng pāng qiú 탁구　　羽毛球 yǔ máo qiú 배드민턴

12획

| 흩뿌릴 천
쟨 jiàn | 溅 濺 | 溅溅(濺濺) jiàn jiàn 물이 빨리 흐르는 모양, 눈물이 흐르는 모양
溅瀑(濺瀑) jiàn bào 폭우
水花四溅(水花四濺) shuǐ huā sì jiàn 물보라가 사방으로 튀다
溅了一身水 jiàn le yī shēn shuǐ 온몸에 물이 튀다 |

| 강이름 루
러우 lóu | 溇 漊 | 溇水(漊水) lóu shuǐ 누수(후난성에 있는 강) |

| 물굽이 만
완 wān | 湾 灣 | 港湾(港灣) gǎng wān 항구 시설을 갖춘 해안
湾泊(灣泊) wān bó 정박하다
湾转(灣轉) wān zhuǎn 여러 가지 수단을 써서 찾다
把船湾在那边(儿) bǎ chuán wān zài nà biān(r) 배를 저쪽에 정박시키다 |

| 꾀 모
머 mó | 谟 謨 | 宏谟(宏謨) hóng mó 거대한 계획
远谟(遠謨) yuǎn mó 원대한 계획
谟虑(謨慮) mó lǜ 계획, 계략
胸有远谟 xiōng yǒu yuǎn mó 가슴에 원대한 계획이 서 있다 |

| 전대 련
랜 lián | 褡 褡 | 褡裢(褡褳) dā lián 전대(纏帶), 도복(道服)의 상의
褡裢布(褡褳布) dā lián bù 무늬가 있는 무명천
肩挎褡裢 jiān kuà dā lián 어깨에 전대를 걸치다 |

| 옷깃여밀 첨
랜 liǎn | 裣 襝 | 裣衽(襝衽) liǎn rèn (옛날 부녀자가) 절을 하다
拉起衣角裣衽 lā qí yī jiǎo liǎn rèn 옷자락을 걷어 쥐고 절하다 |

| 바지 고
쿠 kù | 裤 褲 | 裤子(褲子) kù zi 바지
运动裤(運動褲) yùn dòng kù 운동바지
裤长(褲長) kù cháng 바지의 길이(치수)
穿短裤 chuān duǎn kù 반바지를 입다 |

网球 wǎng qiú 테니스　　高尔夫球 gāo ěr fū qiú 골프　　保龄球 bǎo líng qiú 볼링　　台球 tái qiú 당구

12획

치마주름 간
襉(襉)
잰 jiǎn

襉(襉) jiǎn 치마주름
细襉(細襉) xì jiǎn 가는 치마주름
穿百襉裙 chuān bǎi jiǎn qún 주름치마를 입다

봉선 선 / 고요할 선
禅 禪
산 shàn
찬 chán

禅位(禪位) shàn wèi 양위, 자리를 물려주다
受禅(受禪) shòu shàn 선위받다, 양위받다
坐禅(坐禪) zuò chán 앉아서 참선하다
参禅 cán chán 좌선하여 선을 수행하다

곧은말 당
谠 讜
당 dǎng

谠言(讜言) dǎng yán 직언, 바른 의견
谠直(讜直) dǎng zhí 정직하다
谠论(讜論) dǎng lùn 정당한 논의
提出谠论 tí chū dǎng lùn 정당한 논의를 제기하다

일어날 속
谡 謖
쑤 sù

谡谡(謖謖) sù sù 우뚝한 모양, 쑥 솟아난 모양
谡然(謖然) sù rán 옷깃을 여미는 모양
谡谡长松(謖謖長松) sù sù cháng sōng 높이 우뚝 솟아 있는 장송
谡然敬佩 sù rán jìng pèi 옷깃을 여미며 공경하다

사례할 사
谢 謝
셰 xiè

谢过(謝過) xiè guò 잘못에 대해 용서를 빎
谢谢(謝謝) xiè xiè 감사합니다, 고맙습니다
谢天谢地(謝天謝地) xiè tiān xiè dì 고맙기 그지 없다
表示谢意 biǎo shì xiè yì 사의를 표하다

노래 요
谣 謠
야오 yáo

歌谣(歌謠) gē yáo 민요, 동요, 유행가의 총칭
辟谣(辟謠) pì yáo 헛소문을 논박하다
谣传不实(謠傳不實) yáo chuán bù shí 사실이 아닌 것을 퍼뜨리다
歌唱一首民谣 gē chàng yī shǒu mín yáo 민요 한 곡을 부르다

헐뜯을 방
谤 謗
빵 bàng

谤言(謗言) bàng yán 욕설, 비방하는 말
谤骂(謗罵) bàng mà 비방하며 욕하다
谤诮(謗誚) bàng qiào 헐뜯다, 욕하다
不怕敌人毁谤 bù pà dí rén huǐ bàng 적이 훼방놓는 것을 두려워하지 않는다

游泳 yóu yǒng 수영　　赛马 sài mǎ 경마　　柔道 róu dào 유도　　举重 jǔ zhòng 역도　　拳击 quán jī 권투

12획

| 시호 **시** 스 shì | 谥 諡 | 谥号(諡號) shì hào 옛날 지위 높은 사람이 죽은 뒤에 붙여진 칭호
汉武帝是刘彻的谥号 hàn wǔ dì shì liú chè de shì hào (중국의) 한무제는 유철의 시호이다 |

| 겸손할 **겸** 챈 qiān | 谦 謙 | 谦虚(謙虛) qiān xū 겸손하여 교기가 없음
谦谢(謙謝) qiān xiè 겸손하게 사양함
谦恭和气(謙恭和氣) qiān gōng hé qì 겸허하고 온화하다
谦让他人 qiān ràng tā rén 다른 사람을 겸손하게 사양하다 |

| 고요할 **밀** 미 mì | 谧 謐 | 谧谧(謐謐) mì mì 적막한(고요한) 모양
谧然(謐然) mì rán 고요한 모양
安谧(安謐) ān mì 평온 무사하다
安谧之世 ān mì zhī shì 평안하고 무사한 세상 |

| 무리 **속** 이을 **촉** 수 shǔ 추 zhǔ | 属 屬 | 属于(屬于) shǔ yú (…의 범위)에 속하다
属目(屬目) zhǔ mù 주목하다
属垣有耳(屬垣有耳) zhǔ yuán yǒu ěr 벽에 귀가 붙어 있다(엿듣는 사람이 있음을 뜻함)
你属什么? 我属马 nǐ shǔ shén me? wǒ shǔ mǎ 당신은 무슨 띠인가요? 나는 말띠입니다 |

| 여러 **루** 뤄 lǚ | 屡 屢 | 屡次(屢次) lǚ cì 자주, 여러 번
屡空(屢空) lǚ kōng 늘 가난하다
屡月(屢月) lǚ yuè 여러 달
屡教不改 lǚ jiào bù gǎi 여러 번 타일러도 고치지 않는다 |

| 수말 **즐** 즈 zhì | 骘 騭 | 草骘(草騭) cǎo zhì 암말과 수말
骘是非(騭是非) zhì shì fēi 시비를 평정하다
阴骘(陰騭) yīn zhì 하늘이 사람의 길흉화복을 결정한다는 뜻
评骘高低 píng zhì gāo dī 높고 낮음을 평정하다 |

| 수황기 **규** 츄 qiú | 巯 巰 | 巯基(巰基) qiú jī 메르캅토기 -SH (硫 liú와 氢 qīng의 합성자) |

摔跤 shuāi jiāo 씨름, 레슬링　　太极拳 tài jí quán 태극권　　跆拳道 tái quán dào 태권도

12획

털길 삼 毵 毵
싼 sān

毵毵(毵毵) sān sān 털이나 나뭇가지 따위가 가늘고 긴 모양
杨柳毵毵(楊柳毵毵) yáng liǔ sān sān 버드나무 가지가 가늘고 길게 늘어져 있다
白毛毵毵下垂 bái máo sān sān xià chuí 흰 털이 아래로 늘어지다

훨훨날 휘 翚 翚
후이 huī

翚雉(翚雉) huī zhì 휘치(흰 바탕에 오색무늬가 있는 꿩)
翚飞(翚飛) huī fēi 휘치가 날다(주택이 크고 화려함을 뜻함)
翚翚(翚翚) huī huī 훨훨(새가 빨리 날 때 날개치는 소리)
大鹰翚翚飞过 dà yīng huī huī fēi guò 큰 매가 훨훨 날아가다

달릴 무 骛 鶩
우 wù

旁骛(旁鶩) páng wù 다른 일에 힘을 쏟다
骛驰(鶩馳) wù chí 차나 말이 질주하다
时光若骛(時光若鶩) shí guāng ruò wù 세월은 유수와 같다
不能好高骛远 bù néng hào gāo wù yuǎn 실제에 맞지 않게 높은 것을 추구해서는 안 된다

꿰맬 격 缂 緙
커 kè

缂丝(緙絲) kè sī 자수
苏州缂丝工艺品很出名 sū zhōu kè sī gōng yì pǐn hěn chū míng 쑤저우 자수품은 매우 이름있다

담황색 상 缃 緗
샹 xiāng

缃帙(緗帙) xiāng zhì 담황색 비단으로 만든 책갑(册匣)
缃缥(緗縹) xiāng piǎo 담황색의 비단 옷감으로 지은 옷

봉할 함 缄 緘
잰 jiān

缄封(緘封) jiān fēng (편지를) 봉하다
缄口(緘口) jiān kǒu 입을 다물다
缄口无言(緘口無言) jiān kǒu wú yán 입을 다물고 말이 없다
缄默不语 jiān mò bù yǔ 묵묵히 입을 다물고 말하지 않다

가는실 면 缅 緬
몐 miǎn

缅怀(緬懷) miǎn huái 추억
缅邈(緬邈) miǎn miǎo 요원하다, 아득히 멀다
缅甸(緬甸) miǎn diàn 미얀마(나라 이름)
缅怀先驱 miǎn huái xiān qū 선구자를 추모하다

滑冰 huá bīng 스케이팅　　滑雪 huá xuě 스키　　马拉松 mǎ lā sōng 마라톤　　田径赛 tián jìng sài 육상경기

12획

닻줄 람 란 lǎn	缆 / 纜	缆索(纜索) lǎn suǒ 케이블 缆船(纜船) lǎn chuán 배를 매다 电缆(電纜) diàn lǎn 전력 케이블 解缆下水 jiě lǎn xià shuǐ (배가) 밧줄을 끊고 진수하다
붉은비단 제 티 tí	缇 / 緹	缇幕(緹幕) tí mù 감빛 장막 缇(緹) tí 제(인명에 주로 쓰임) 落下缇幕 luò xià tí mù 감빛 장막이 내리다
아득할 묘 먀오 miǎo	缈 / 緲	缥缈(縹緲) piāo miǎo 가물가물하고 희미하다(소리가 길게 이끌리는 것을 나타내는 말) 他说的缥缈不清 tā shuō de piāo miǎo bù qīng 그의 말은 어렴풋하고 명백하지 않다
낳을 집 자을 즙 지 jī 치 qī	缉 / 緝	缉拿(緝拿) jī ná 체포하다 缉边儿(緝邊兒) qī biānr (옷의) 가장자리를 박음질하다 缉拿归案(緝拿歸案) jī ná guī àn 체포하여 법적 심판에 맡기다 通缉罪犯 tōng jī zuì fàn 범인을 지명수배하다
어지러울 온 헌솜 온 윈 yūn, yùn	缊 / 縕	缊缊(縕縕) yīn yūn (연기 따위가) 자욱하다 缊绪(縕緒) yùn xù 거친 옷 缊袍不耻(縕袍不恥) yùn páo bù chǐ 허름한 옷을 입고도 부끄러워하지 않는다(뜻이 높아 자질구레한 일에 구애되지 않는다는 뜻) 身穿缊袍 shēn chuān yùn páo 허름한 옷을 걸치다
시마복 시 스 sī	缌 / 緦	缌(緦) sī 가는 삼베 缌麻服(緦麻服) sī má fú 시마복(상복의 일종) 缌麻冠(緦麻冠) sī má guān 시마관(3개월간 상복에 쓰는 관) 戴缌麻冠 dài sī má guān 시마관을 쓰다
비단 단 돤 duàn	缎 / 緞	绸缎(綢緞) chóu duàn 주단, 비단 따위 견직물의 총칭 花缎(花緞) huā duàn 무늬 있는 단자 素缎(素緞) sù duàn 무늬 없는 단자 身盖缎面儿被子 shēn gài duàn miànr bèi zi 몸에 단자(겉감의) 이불을 덮다

体操 tǐ cāo 체조   射击 shè jī 사격   射箭 shè jiàn 양궁   击剑 jī jiàn 검도, 펜싱

12획

칼자루감을 **구** 거우 gōu	缑 緱	蒯缑(蒯緱) kuǎi gōu 칼자루에 감은 새끼줄 缑氏(緱氏) gōu shì 구시(허난성에 있는 지명) 缑(緱) gōu 구(주로 성으로 쓰임)
느릴 **완** 환 huǎn	缓 緩	缓刑(緩刑) huǎn xíng 집행유예 缓和(緩和) huǎn hé 급박한 것을 느슨하게 하다 缓兵之计(緩兵之計) huǎn bīng zhī jì 적의 공격을 늦추는 계책, 시간을 얻자는 지연책 缓期付款 huǎn qī fù kuǎn 기한을 늦추어 돈을 지급하다
매어달 **추** 주이 zhuì	缒 縋	缒登(縋登) zhuì dēng 밧줄을 걸어 타고 올라가다 缒绳(縋繩) zhuì shéng 밧줄을 걸다 缒城而出(縋城而出) zhuì chéng ér chū 줄에 매달려 성(城)을 내려가다 从屋顶上把蓝子缒下来 cóng wū dǐng shàng bǎ lán zi zhuì xià lái 지붕 위에서 바구니를 줄에 달아 내려보내다
맺을 **체** 띠 dì	缔 締	缔交(締交) dì jiāo (친구, 나라간에) 친교를 맺다, 수교하다 缔约(締約) dì yuē 조약을 맺다 取缔(取締) qǔ dì 해체하다, 금지하다, 단속하다 缔结条约 dì jié tiáo yuē 조약을 체결하다
실 **루** 뤼 lǚ	缕 縷	缕述(縷述) lǚ shù 상세히 말하다 一丝一缕(一絲一縷) yī sī yī lǚ 실 한 가닥(미세한 것을 가리킴) 千丝万缕(千絲萬縷) qiān sī wàn lǚ 천 갈래 만 갈래의 실(복잡하게 얽혀 있다는 뜻) 一丝一缕的希望也没有 yī sī yī lǚ de xī wàng yě méi yǒu 한 가닥의 희망도 없다
속일 **편** 팬 piàn	骗 騙	骗子(騙子) piàn zǐ 사기꾼 骗人(騙人) piàn rén 남을 속이다 骗口张舌(騙口張舌) piàn kǒu zhāng shé 거짓말로 속이다 上当受骗 shàng dàng shòu piàn 꾐에 걸려 속임을 당하다
엮을 **편** 밴 biān	编 編	编织(編織) biān zhī 엮다, 짜다 编号(編號) biān hào 번호를 매기다 信口胡编(信口胡編) xìn kǒu hú biān 입에서 나오는 대로 떠들다 编辑出版 biān jí chū bǎn 편집하여 출판하다

金牌 jīn pái 금메달　　银牌 yín pái 은메달　　冠军 guàn jūn 우승　　亚军 yà jūn 준우승

12/13획

낚싯줄 민 / 민 mín — 缗 縉
- 缗纶(緡綸) mín lún 낚싯줄
- 缗钱(緡錢) mín qián 꿰미에 꿴 돈
- 缗缗(緡緡) mín mín 어리석은 모양, 무지한 모양
- 缗鱼 mín yú 낚시질하다

떠들 소 / 싸오 sāo — 骚 騷
- 骚骚(騷騷) sāo sāo 황망하다, 다급하다, 어수선하다, 쏴쏴(바람소리)
- 骚话(騷話) sāo huà 음란한 말
- 骚人雅士(騷人雅士) sāo rén yǎ shì 풍류인사
- 防止敌人的骚扰 fáng zhǐ dí rén de sāo rǎo 적의 소란을 방지하다

연줄 연 / 위안 yuán — 缘 緣
- 缘故(緣故) yuán gù 사유, 인연
- 边缘(邊緣) biān yuán 가장자리, 근처
- 无缘无故(無緣無故) wú yuán wú gù 아무런 이유도 없다
- 这也许是我们之间的缘分 zhè yě xǔ shì wǒ mén zhī jiān de yuán fèn 이는 아마 우리 사이의 연분인가 보다

잔치할 향 / 샹 xiǎng — 飨 饗
- 飨贺(饗賀) xiǎng hè 주연을 베풀어 축하하다
- 飨告(饗告) xiǎng gào 제물을 차려 제사지내고 신에게 고하는 일
- 以飨读者(以饗讀者) yǐ xiǎng dú zhě 독자들의 요구에 부응하다
- 以酒食飨客 yǐ jiǔ shí xiǎng kè 술과 음식으로 손님을 대접하다

고무래 로 / 라오 lào — 耢 耮
- 耢(耮) lào 고무래(밭을 가는 농구)
- 耢地(耮地) lào dì 땅을 평평하게 고르다

앵무새 무 / 우 wǔ — 鹉 鵡
- 鹦鹉(鸚鵡) yīng wǔ 앵무새
- 鹦鹉学舌 yīng wǔ xué shé (앵무새처럼) 남의 말을 되뇌이다

해오라기 청 / 징 jīng — 鹡 鶄
- 䴔䴖(鵁鶄) jiāo jīng 푸른 백로(옛날의 물새)

亚运会 yà yùn huì 아시안게임　　奥运会 ào yùn huì 올림픽　　世界杯 shì jiè bēi 월드컵

13획

감출 온 윈 yùn	韫 韞	韫价(韞價) yùn jià 재능, 학식이 있으면서 세상에 알려지지 않음 韫椟(韞櫝) yùn dú 함 속에 감추다(재능이 있는 데도 등용되지 못함을 비유함) 韫藉(韞藉) yùn jiè 국량(局量)이 넓어 그 깊이를 알 수 없다 韫玉 yùn yù 재산이나 재능을 갖고 있다는 뜻
준마 오 아오 áo	骜 驁	骥骜(驥驁) jì áo 천리마 骜岸(驁岸) áo àn 거만하다 骜放(驁放) áo fàng 교만하고 방자하다 这匹马桀骜不驯 zhè pǐ mǎ jié ào bù xùn 이 말은 사납고 말을 듣지 않는다
당길 섭 서 shè	摄 攝	摄取(攝取) shè qǔ 흡수하다 摄生(攝生) shè shēng 양생(養生) 惟望珍摄(惟望珍攝) wéi wàng zhēn shè 아무쪼록 건강에 유의하시기 바랍니다 野外摄影 yě wài shè yǐng 야외에서 사진을 찍음
펼 터 수 shū	摅 攄	摅诚(攄誠) shū chéng 성의를 표시하다 摅意(攄意) shū yì 정의(情意)를 표현하다 各摅己见(各攄己見) gè shū jǐ jiàn 각기 자기 의견을 진술하다 促膝摅怀 cù xī shū huái 무릎을 맞대고 속마음을 털어놓다
열릴 파 바이 bǎi	摆 擺	摆桌(擺桌) bǎi zhuō (밥)상을 차리다 摆货(擺貨) bǎi huò 상품을 진열하다 摆脱(擺脫) bǎi tuō (어려운 상황 등에서) 벗어나다 摆神弄鬼 bǎi shén nòng guǐ (사람을 우롱하려고) 귀신, 유령 이야기를 꺼내다, 갖가지 미신을 퍼뜨리다
붉을 정 청 chēng	赪 赬	赪面(赬面) chēng miàn 붉은 얼굴 赪霞(赬霞) chēng xiá 붉은 노을 赪面长髯(赬面長髯) chēng miàn cháng rán 붉은 얼굴에 긴 수염 赪怒 chēng nù 노여워 얼굴까지 빨갛게 상기되다
물리칠 빈 빈 bìn	摈 擯	摈斥(擯斥) bìn chì 배척하다, 쫓아내다 摈除(擯除) bìn chú 배제하다, 제거하다 摈诸门外(擯諸門外) bìn zhū mén wài 문밖으로 내쫓다 摈弃在外 bìn qì zài wài 밖으로 쫓겨나다, 포기되다

气候 qì hòu 기후 　　天气 tiān qì 날씨　　风 fēng 바람　　雨 yǔ 비　　云 yún 구름　　露水 lù shuǐ 이슬

13획

| 바퀴통 곡
구 gū, gǔ | 毂 (轂) | 毂辘(轂轆) gū lù 수레바퀴, (원주형 물체의) 마디, 토막
毂击(轂擊) gǔ jī 수레바퀴통이 서로 부딪치다(수레의 왕래가 빈번하고 사람들이 많이 모여드는 것을 뜻함)
毂击肩摩(轂擊肩摩) gǔ jī jiān mó 도시의 번화함을 뜻함
车毂辘转 chē gū lù zhuàn 수레바퀴가 돌아가다 |

| 펼 탄
탄 tān | 摊 (攤) | 摊子(攤子) tān zi 노점, (거래의) 규모
摊派(攤派) tān pài (임무, 기부금 따위를) 균등하게 분담하다
摊开(攤開) tān kāi 고르게 펴다, 속속들이 드러내다
摊派任务 tān pài rèn wù 임무를 분담시키다 |

| 까치 작
췌 què | 鹊 (鵲) | 喜鹊(喜鵲) xǐ què 까치
鹊报(鵲報) què bào 기쁜 소식
鹊笑鸠舞(鵲笑鳩舞) què xiào jiū wǔ 까치가 웃고 비둘기가 춤을 추다(매우 경사스럽다는 뜻)
喜鹊叫是个好征兆 xǐ què jiào shì ge hǎo zhēng zhào 까치가 울어대니 길조인가 보다 |

| 쪽 람
란 lán | 蓝 (藍) | 蓝布(藍布) lán bù 남색 무명천
蓝碧(藍碧) lán bì 짙은 푸른 빛
蓝田生玉(藍田生玉) lán tián shēng yù 명문에서 현명한 자제가 나온다는 말
青出于蓝而胜于蓝 qīng chū yú lán ér shèng yú lán 쪽에서 얻은 푸른 물감이 쪽보다 더 푸르다(제자가 선생보다 낫다는 뜻) |

| 새이름 묘
먀오 miáo | 鹋 (鶓) | 鸸鹋(鴯鶓) ér miáo 에뮤(emu, 에뮤과의 새) |

| 말탈 맥
뭐 mò | 蓦 (驀) | 蓦地(驀地) mò dì 갑자기, 돌연
蓦进(驀進) mò jìn 똑바로 힘차게 나아가다
蓦越(驀越) mò yuè 뛰어넘다, 초월하다
蓦然(地)站了起来 mò rán (de) zhàn le qǐ lái 갑자기 일어서다 |

| 삽주 계
지 jì | 蓟 (薊) | 蓟马(薊馬) jì mǎ 삽주벌레
大蓟(大薊) dà jì 지느러미 엉겅퀴, 엉거시
小蓟(小薊) xiǎo jì 조뱅이 |

雾 wù 안개　雪 xuě 눈　冰 bīng 얼음　霜 shuāng 서리

13획

청맹과니 몽 / 가랑비올 몽
蒙 矇 濛
멍 mēng
méng, měng

蒙骗(矇騙) mēng piàn 속이다, 기만하다
下蒙雨(下濛雨) xià méng yǔ 보슬비가 내리다
蒙懂(懞懂) mēng dǒng 얼떨떨하다
欺上蒙下 qī shàng mēng xià 윗사람을 기만하고 아랫사람을 속이다

턱 이
颐 頤
이 yí

支颐(支頤) zhī yí 턱을 괴다
发颐(發頤) fā yí 턱이 붓다
颐指气使(頤指氣使) yí zhǐ qì shǐ 남을 마음대로 부린다는 뜻
到颐和园去游玩(儿) dào yí hé yuán qù yóu wán(r) 이화원(청나라 서태후가 만든 정원)에 가서 유람하다

바칠 헌
献 獻
샌 xiàn

献花(獻花) xiàn huā 꽃을 드리다
献身(獻身) xiàn shēn 몸을 바쳐 있는 힘을 다함
献计定策(獻計定策) xiàn jì dìng cè 방도(계책)를 내놓다
献给父母 xiàn gěi fù mǔ 부모님께 드리다

참마 여
蓣 蕷
위 yù

薯蓣(薯蕷) shǔ yù 참마(마과에 속하는 덩굴풀)

감람나무 람
榄 欖
란 lǎn

橄榄(橄欖) gǎn lǎn 감람, 감람수
橄榄球(橄欖球) gǎn lǎn qiú 럭비공
榄糖(欖糖) lǎn táng 감람나무 줄기에서 나온 진을 껍질, 잎 등과 함께 삶아서 아교 상태로 만든 물질(도료의 원료)
玩儿橄榄球(儿) wǎnr gǎn lǎn qiú(r) 럭비공을 치다

널 츤
榇 櫬
츤 chèn

榇(櫬) chèn 관
扶榇归乡 fú chèn guī xiāng 영구를 호송하여 고향에 모시다

종려나무 려
榈 櫚
뤼 lǘ

棕榈(棕櫚) zōng lǘ 종려나무

暴雨 bào yǔ 폭우　　阵雨 zhèn yǔ 소나기　　毛毛雨 máo máo yǔ 이슬비

13획

다락 루 러우 lóu	楼 樓	楼梯(樓梯) lóu tī 계단, 층계 大楼(大樓) dà lóu 빌딩 近水楼台先得月 jìn shuǐ lóu tái xiān dé yuè 물가의 누대에 제일 먼저 달빛이 비친다(거리나 관계가 가까운 사람이 먼저 덕본다는 뜻) 住楼房 zhù lóu fáng 층집에서 살다
느티나무 거 쥐 jǔ	榉 欅	榉树(欅樹) jǔ shù 느티나무(느릅나무과의 낙엽교목) 打榉木家具 dǎ jǔ mù jiā jù 느티나무로 가구를 만들다
힘입을 뢰 라이 lài	赖 賴	依赖(依賴) yī lài 남에게 의지(부탁)함 赖皮(賴皮) lài pí 뻔뻔스럽다, 능글맞다, 파렴치하다 赖衣求食(賴衣求食) lài yī qiú shí 남에게 의지하여 생활하다 依赖国家 yī lài guó jiā 나라에 의뢰하다
거리낄 애 아이 ài	碍 礙	碍事(礙事) ài shì 방해가 되다, 위험하다, 심각하다 碍面子(礙面子) ài miàn zi 인정에 끌리다, 사사로운 정에 끌리다 碍手碍脚(礙手礙脚) ài shǒu ài jiǎo 방해가 되다 排除障碍 pái chú zhàng ài 장애물을 제거하다
모래섞일 참 천 chěn	碜 磣	牙碜(牙磣) yá chěn (말이 저속하거나 야비해서) 역겹다, 민망하다, (음식을 먹는데) 모래가 씹히다 碜死了(磣死了) chěn sǐ le 부끄러워 죽겠다 寒碜(寒磣) hán chěn 추하다, 초라하다, 창피하다 他长得多么寒碜 tā zhǎng de duō me hán chěn 그의 생김새가 얼마나 초라한가
메추리 암 안 ān	鹌 鵪	鹌鹑(鵪鶉) ān chún 메추라기 鹌鹑蛋有营养 ān chún dàn yǒu yíng yǎng 메추라기 알은 영양이 풍부하다
서덜 적 치 qì	碛 磧	碛历(磧曆) qì lì 얕은 물 속의 모래와 자갈(길이 평탄치 않다는 뜻) 碛卤(磧鹵) qì lǔ 소금기를 머금고 있는 모래땅, 불모지 改碛卤为良田 gǎi qì lǔ wéi liáng tián 소금기를 머금은 모래땅을 옥토로 만들다

倾盆大雨 qīng pén dà yǔ 호우　　雷 léi 천둥　　闪电 shǎn diàn 번개　　台风 tái fēng 태풍

13획

껄끄러울 감 깐 gān	尬 尷	尴尬(尷尬) gān gà 난처하다, 거북하다, 곤혹스럽다 尴尬场面(尷尬場面) gān gà chǎng miàn 거북한 장면 尴尬处境(尷尬處境) gān gà chǔ jìng 곤란한 처지, 난처한 입장 多么尴尬 duō me gān gà 얼마나 난처한가
궤양 궤 후이 huì	溃 潰	溃脓(潰膿) huì nóng 화농하다 溃疡(潰瘍) huì yáng 궤양, (몸의 일부분이) 썩어 문드러지다 治疗溃疡 zhì liáo huì yáng 궤양을 치료하다
안개 무 우 wù	雾 霧	云雾(雲霧) yún wù 구름안개 雾沫(霧沫) wù mò 물보라 喷雾器(噴霧器) pēn wù qì 분무기 雾里观花 wù lǐ guān huā 안개 속에서 꽃을 보다(희미하고 분명하지 못하다는 뜻)
모일 주 처우 còu	辏 輳	辐辏(輻輳) fú còu 바퀴살이 바퀴통에 모이다 辏集(輳集) còu jí 모여들다, 집결하다 辏集兵力 còu jí bīng lì 병력을 집결하다
바퀴살 복 부 fú	辐 輻	辐条(輻條) fú tiáo 수레의 바퀴살 辐散(輻散) fú sàn 발산, 방사상으로 흩어지다 辐射(輻射) fú shè 방사(하다) 辐射面广 fú shè miàn guǎng 복사 폭이 넓다
모일 집 지 jí	辑 輯	编辑(編輯) biān jí 신문, 잡지, 책자 등을 간행하기 위해 원고를 배열하여 형식을 갖추는 것 收辑(收輯) shōu jí 거두어 편집하다 逻辑(邏輯) luó jí 논리 合乎(符合)逻辑 hé hū (fú hé) luó jí 논리에 부합되다
나를 수 수 shū	输 輸	输出(輸出) shū chū 국내 상품이나 기술을 외국으로 팔아 내보냄 输送(輸送) shū sòng 차, 선박 등으로 사람, 물건을 실어 보냄 输入(輸入) shū rén 거두어 들임, 소득 输财助边 shū cái zhù biān 의연금을 내어 변강을 보위하는데 보태다

冰雹 bīng báo 우박　　彩虹 cǎi hóng 무지개　　天气预报 tiān qì yù bào 일기예보　　阴天 yīn tiān 흐린날

13획

자주 빈	频 頻	频道(頻道) pín dào 채널
핀 pín		频率(頻率) pín lǜ 주파수, 빈도
		捷报频传(捷報頻傳) jié bào pín chuán 승전보가 자주 전해지다
		交流频繁 jiāo liú pín fán 교류가 잦다

어긋날 저	龃 齟	龃龉(齟齬) jǔ yǔ 치아의 아래 위가 맞지 않다, 의견이 엇갈리다
쥐 jǔ		双方发生龃龉 shuāng fāng fā shēng jǔ yǔ 쌍방간에 (의견) 충돌이 생기다

나이 령	龄 齡	年龄(年齡) nián líng 나이
링 líng		婚龄(婚齡) hūn líng 결혼 연령
		工龄(工齡) gōng líng 노동자나 직원의 근무연수
		他的年龄多大? tā de nián líng duō dà? 그의 나이는 몇인가?

뻐드렁니 포	龅 齙	龅牙(齙牙) bāo yá 뻐드렁니
바오 bāo		龅眼龅牙(齙眼齙牙) bāo yǎn bāo yá 퉁방울눈과 뻐드렁니(못생긴 얼굴을 비유)
		露龅牙 lòu bāo yá 뻐드렁니를 드러내다

이갈 초	龆 齠	龆龀(齠齔) tiáo chèn (어린 아이가) 이갈이를 하다
탸오 tiáo		龆年(齠年) tiáo nián 유년(어린이가 이갈이를 할 때라는 뜻)
		龆容(齠容) tiáo róng 미소년, 아동의 아름다운 용모
		八岁龆齿 bā suì tiáo chǐ 여덟살에 이갈이를 하다

거울 감	鉴 鑒	鉴戒(鑒戒) jiàn jiè 교훈
잰 jiàn		鉴定(鑒定) jiàn dìng 감정, 평가(하다)
		鉴往知来(鑒往知來) jiàn wǎng zhī lái 지난날을 거울삼아 앞날을 내다보다
		前车之鉴 qián chē zhī jiàn 앞 수레가 번져진 것을 교훈으로 삼다 (선인의 실패를 교훈으로 삼는다는 뜻)

바를 위	韪 韙	不韪(不韙) bù wěi 나쁜짓
웨이 wěi		敢冒大不韪(敢冒大不韙) gǎn mào dà bù wěi 과감히 나쁜짓하다
		冒天下之大不韪 mào tiān xià zhī dà bù wěi 천하의 극악한 짓을 행하다

雨季 yǔ jì 우기   晴天 qíng tiān 맑은날   潮湿 cháo shī 습하다   干燥 gān zào 건조하다

13획

소곤거릴 섭 / 녜 niè — 嗫
- 嗫嚅(囁嚅) niè rú 말하고 싶으나 감히 꺼내지 못해 우물거리는 모양
- 嗫嚅半天, 终于开了口 niè rú bàn tiān, zhōng yú kāi le kǒu 반나절이나 우물거리다가 마침내 입을 열었다

발돋움할 교 / 챠오 qiāo — 跷 蹺
- 跷脚(蹺脚) qiāo jiǎo 발돋움하다, 절름발이
- 跷腿(蹺腿) qiāo tuǐ 다리를 들다(꼬다)
- 跷捷(蹺捷) qiāo jié 몸이 가볍고 민첩하다
- 跷起大拇指称赞 qiāo qǐ dà mǔ zhǐ chēng zàn 엄지 손가락을 치켜세우고 칭찬하다

길치울 필 / 삐 bì — 跸 蹕
- 跸路(蹕路) bì lù 길을 치워 깨끗이 함, 임금이 거둥하는 길
- 跸御(蹕御) bì yù 길을 치우다
- 驻跸(駐蹕) zhù bì 임금의 행차가 잠깐 멈추다

오를 제 / 지 jī — 跻 躋
- 跻览(躋覽) jī lǎn 높은 곳에 올라가 먼 곳을 바라보다
- 自跻于光明之路 zì jī yú guāng míng zhī lù 스스로 올바른 길에 오르다
- 跻身于世界先进之列 jī shēn yú shì jiè xiān jìn zhī liè 세계 선진 대열에 오르다

춤출 선 / 샨 xiān — 跹 躚
- 跹跹(躚躚) xiān xiān 너울너울, 아름답게 춤추는 모양
- 翩跹(翩躚) piān xiān (동작이) 민첩하다, 경쾌하다
- 跹跹起舞 xiān xiān qǐ wǔ 너울너울 춤추다

달팽이 와 / 워 wō — 蜗 蝸
- 蜗牛(蝸牛) wō niú 달팽이
- 蜗螺(蝸螺) wō luó 다슬기, 와라
- 蜗行牛步(蝸行牛步) wō xíng niú bù 달팽이와 소의 느린 걸음(행동이나 일의 진전이 매우 느린 모양을 비유)
- 房屋蜗窄 fáng wū wō zhǎi 집이 매우 비좁다

숨 애 / 어머나 애 / 아이 ǎi, ài — 嗳 噯
- 嗳气(噯氣) ǎi qì 트림
- 嗳, 不是这样的 ǎi, bù shì zhè yàng de 에이, 이런 게 아니야
- 嗳, 怎么会有这样的事(儿) ǎi, zěn me huì yǒu zhè yàng de shì (r) 아니, 어떻게 이런 일이 있을 수 있나?

温度 wēn dù 온도　　热 rè 덥다　　冷 lěng 춥다　　凉 liáng 차다　　凉快 liáng kuài 시원하다

13획

보낼 봉
붱 fèng
赗 賵
赙赗(賻賵) fù fèng 부의(賻儀)하다
赗临(賵臨) fèng lín 부의를 보내는 일, 여럿이 모여 곡을 하는 일
赗 fèng suì 거마, 의복 따위를 상주(喪主)에게 보내다

게르마늄 저
저 zhě
锗 鍺
锗(鍺) zhě 게르마늄 Ge(화학원소)

섞일 착
춰 cuò
错 錯
错误(錯誤) cuò wù 실수, 잘못
错觉(錯覺) cuò jué 잘못 깨닫거나 생각함
错综复杂(錯綜復雜) cuò zōng fù zá 여러 가지가 엉켜 복잡하다
改正错误 gǎi zhèng cuò wù 잘못된 것을 고치다

노벨늄 낙
눠 nuò
锘 鍩
锘(鍩) nuò 노벨늄 No(화학원소)

닻 묘
마오 máo
锚 錨
锚地(錨地) máo dì 정박지
锚缆(錨纜) máo lǎn 닻줄
抛锚(抛錨) pāo máo 닻을 내리다(일 따위가 중도에서 막힘을 뜻함)
船在海上抛锚 chuán zài hǎi shàng pāo máo 배가 바다에서 닻을 내렸다

자귀 분
뻔 bēn
锛 錛
锛柴(錛柴) bēn chái 자귀로 깎은 나무조각
锛口(錛口) bēn kǒu (도끼 따위가) 날이 빠지다
锛凿斧锯(錛鑿斧鋸) bēn záo fǔ jù 자귀와 끌과 도끼와 톱(목수 일을 가리키는 말)
用锛子锛木头 yòng bēn zi bēn mù tóu 자귀로 나무를 깎다

테크네튬 득
더 dé
锝 鍀
锝(鍀) dé 테크네튬 Tc(화학원소)

大前年 dà qián nián 재재작년   前年 qián nián 재작년   去年 qù nián 작년   今年 jīn nián 금년

13획

덩어리 **과** 커 kè	锞 錁	锞子(錁子) kè zi 옛날에 화폐로 쓰이던 작은 금괴 金锞(金錁) jīn kè 금괴 银锞(銀錁) yín kè 은괴
붉은쇠 **곤** 쿤 kūn	锟 錕	锟铻(錕鋙) kūn wú 고서에 나오는 산(여기서 나는 철로 도검을 만들기 때문에 보검을 가리키기도 함) 锟刀(錕刀) kūn dāo 곤오(錕鋙)의 쇠로 만든 칼(명검) 挥锟刀 huī kūn dāo 명검을 휘두르다
주석 **석** 줄 **사** 시 xī	锡 錫	锡(錫) xī 주석 Sn(화학원소) 锡矿(錫礦) xī kuàng 주석 광 锡福(錫福) xī fú 복을 내려주다 锡恩 xī ēn 은혜를 베풀어 주다
땜질할 **고** 구 gù	锢 錮	锢露(錮露) gù lòu 땜질하다 禁锢(禁錮) jìn gù (관직, 정치활동을) 금하다 锢身(錮身) gù shēn 구금하다 禁锢思想 jìn gù sī xiǎng 사상을 속박하다
징 **라** 뤄 luó	锣 鑼	铜锣(銅鑼) tóng luó 구리로 만든 징 锣鼓(鑼鼓) luó gǔ 징과 북 敲锣打鼓(敲鑼打鼓) qiāo luó dǎ gǔ 징을 치고 북을 두드리다 (야단법석을 떤다는 뜻) 锣鼓喧天 luó gǔ xuān tiān 징과 북소리가 하늘을 진동하다
저울추 **추** 추이 chuí	锤 錘	秤锤(秤錘) chèng chuí 저울추 锤子(錘子) chuí zi 쇠망치 千锤百炼(千錘百煉) qiān chuí bǎi liàn 단련에 단련을 거듭하다 锤炼意志 chuí liàn yì zhì 의지를 단련하다
송곳 **추** 주이 zhuī	锥 錐	锥子(錐子) zhuī zi 송곳 锥眼(儿)(錐眼(兒)) zhuī yǎn(r) (송곳으로) 구멍을 뚫다 锥扎之地(錐扎之地) zhuī zhā zhī dì 송곳 하나 꽂을 만한 땅 (아주 작은 땅을 뜻함) 用锥子锥眼(儿) yòng zhuī zi zhuī yǎn(r) 송곳으로 구멍을 뚫다

明年 míng nián 내년　　后年 hòu nián 내후년　　第二年 dì èr nián 다음해

13획

비단 금 진 jǐn	锦 錦	锦标(錦標) jǐn biāo 우승패, 우승기 锦上添花(錦上添花) jǐn shàng tiān huā 좋은 일에 또 좋은 일이 더함 锦绣河山美如画 jǐn xiù hé shān měi rú huà 금수강산은 (한 폭의) 그림같이 아름답다
모루 질 즈 zhì	锧 鑕	锧砧(鑕砧) zhì zhēn 모루(대장간 연장의 하나) 锧铁(鑕鐵) zhì tiě 도끼 斧锧(斧鑕) fǔ zhì 고대 살인 형구를 이르는 말
삽 흔 샌 xiān	锨 鍁	锨头(鍁頭) xiān tóu 가래 铁锨(鐵鍁) tiě xiān 철제 가래 用锨掏沟(用鍁掏溝) yòng xiān tāo gōu 가래로 도랑을 치다 用锨铲雪 yòng xiān chǎn xuě 가래로 눈을 치다
대못 부 페이 péi	锫 錇	锫(錇) péi 버클늄 Bk(화학원소)
제기이름 정 띵 dìng	锭 錠	锭(錠) dìng 옛날에 익은 제수를 담는 세 발 달린 제기, 방추 金锭(金錠) jīn dìng 금괴 黄铜锭(黃銅錠) huáng tóng dìng 놋쇠 덩어리 纺织厂有十万锭 fǎng zhī chǎng yǒu shí wàn dìng 방직공장에는 10만 개의 방추가 있다
열쇠 건 잰 jiàn	键 鍵	键盘(鍵盤) jiàn pán 피아노, 타자기 등에 건이 늘어놓인 면 关键(關鍵) guān jiàn 사물의 중요한 곳, 요점 键闭(鍵閉) jiàn bì 열쇠와 자물쇠 攻破关键环节 gōng pò guān jiàn huán jié 관건이 되는 고리를 돌파하다
톱 거 쥐 jù	锯 鋸	拉锯(拉鋸) lā jù 톱질하다(밀었다 당겼다 한다는 뜻) 电锯(電鋸) diàn jù 전기톱 锯末(子)(鋸末(子)) jù mò (zi) 톱밥 进行拉锯战 jìn xíng lā jù zhàn 일진일퇴의 싸움을 벌이다

春天 chūn tiān 봄   夏天 xià tiān 여름   秋天 qiū tiān 가을   冬天 dōng tiān 겨울

13획

망간 맹
멍 měng

锰(錳)

锰(錳) měng 망간 Mn(화학원소)
锰钢(錳鋼) měng gāng 망간 강
锰铁(錳鐵) měng tiě 망간철, 페로망간(ferromanganess)

저울눈 치
쯔 zī

锱(錙)

锱(錙) zī (고대의) 중량 단위(1량의 4분의 1)
锱铢(錙銖) zī zhū 극히 미세한 것, 아주 사소한 일이나 돈
锱铢必较 zī zhū bì jiào 매우 적은 돈이나 대단히 하찮은 일까지도 꼼꼼하게 따지다

말 사
츠 cí

辞(辭)

辞职(辭職) cí zhí 직책에서 물러남
致辞(致辭) zhì cí 인사말을 하다
辞旧迎新(辭舊迎新) cí jiù yíng xīn 묵은 해를 보내고 새해를 맞다, 낡은 것을 버리고 새 것을 맞이하다
查辞典 chá cí diǎn 사전을 찾다

피 삼
찬 cǎn

穇(穇)

穇子(穇子) cǎn zi 돌피(씨), 피(모아풀과에 속하는 한해살이 풀)

무너질 퇴
투이 tuí

颓(頹)

颓落(頹落) tuí luò 무너지고 떨어짐
颓然(頹然) tuí rán 무너지는 모양, 낙담한 모양
颓垣败壁(頹垣敗壁) tuí yuán bài bì 허물어져 내린 담벽
颓势已定 tuí shì yǐ dìng 쇠퇴해 가는 형세는 이미 정해진 것이다

투호살 주
처우 chóu

筹(籌)

筹办(籌辦) chóu bàn 계획하여 실시하다
筹款(籌款) chóu kuǎn 돈을 조달함, 자금을 마련하다
一筹莫展(一籌莫展) yī chóu mò zhǎn 어찌할 방법이 없다
筹备酒席 chóu bèi jiǔ xí 술 좌석을 준비하다

농 첨
제비 첨
챈 qiān

签(簽)

牙签(儿)(牙簽(兒)) yá qiān(r) 이쑤시개
签字(簽字) qiān zì 서명, 조인
签证(簽證) qiān zhèng (여권 따위에) 서명하여 출입국을 허가하다, (계약서 등에) 서명하다
办理签证 bàn lǐ qiān zhèng 비자 수속을 밟다

盛夏 shèng xià 한여름   隆冬 lóng dōng 한겨울, 엄동

13획

대쪽 간 쟨 jiǎn	简 簡	简单(簡單) jiǎn dān 간편하고 단출함 简直(簡直) jiǎn zhí 그야말로, 전혀, 정말, 차라리, 아예 精兵简政(精兵簡政) jīng bīng jiǎn zhèng 군대를 정예화하고 행정기구를 간소화하다 简单说两句 jiǎn dān shuō liǎng jù 간단하게 몇 마디를 하다
넘겨다볼 유 위 yú	觎 覦	觎视(覦視) yú shì 엿보다, 살피다 觎心(覦心) yú xīn 분수에 넘치는 일을 바라는 마음, 추구하는 마음 觎心急切 yú xīn jí qiè (공명을) 추구하는 마음이 급하고 박절하다
턱 함 끄덕일 암 한 hàn	颔 頷	颔骨(頷骨) hàn gǔ 아래턱 뼈, 하악골 颔首(頷首) hàn shǒu 고개를 끄덕이다 颔首微笑(頷首微笑) hàn shǒu wēi xiào 미소 지으며 고개를 끄덕이다 白须满颔 bái xū mǎn hàn 흰 수염이 턱에 가득하다
기름질 니 니 nì	腻 膩	腻味(膩味) nì wèi 아주 귀찮다, 짜증이 나다, 싫증나다 腻爱(膩愛) nì ài (아이를) 지나치게 사랑하다 腻歪(膩歪) nì wai 혐오하다, 미워하다, 싫증나다 肥肉腻人 féi ròu nì rén 비계는 먹기에 느끼하다
대붕새 붕 펑 péng	鹏 鵬	鹏鸟(鵬鳥) péng niǎo 붕새 鹏程(鵬程) péng chéng 양양한 전도 鹏举(鵬舉) péng jǔ 거사(하다) 鹏程万里 péng chéng wàn lǐ 장래가 유망하다
오를 등 텅 téng	腾 騰	飞腾(飛騰) fēi téng 날아 오르다 欢腾(歡騰) huān téng 기뻐서 (껑충껑충) 뛰다 腾云驾雾(騰云駕霧) téng yún jià wù 구름과 안개를 타고 하늘을 날다(아주 빠름을 뜻함) 一马当先, 万马奔腾 yī mǎ dāng xiān, wàn mǎ bēn téng 말 한 필이 앞장서니 만 마리가 뛰따라 달린다
삼치 발 빠 bà	鲅 鮁	鲅鱼(鮁魚) bà yú 삼치 鲅鱼味道鲜 bà yú wèi dào xiān 삼치 맛이 신선하다

星期天 xīng qī tiān 일요일　　星期一 xīng qī yī 월요일　　星期六 xīng qī liù 토요일

13획

넙치 **평** 핑 píng	鮃	鮃	牙鮃(牙鮃) yá píng 넙치 牙鮃生拌特好吃 yá píng shēng bàn tè hǎo chī 넙치회가 특별히 맛이 좋다
메기 **점** 냰 nián	鮎	鮎	鮎鱼(鮎魚) nián yú 메기 鮎皮(鮎皮) nián pí 거칠거칠한 피부 鮎鱼难捕 nián yú nán bǔ 메기는 (미끌미끌하여) 붙잡기 어렵다
농어 **로** 루 lú	鲈	鱸	鲈鱼(鱸魚) lú yú 농어 鲈鱼脍(鱸魚膾) lú yú kuài 얇게 썬 농어 고기 鲈鲤(鱸鯉) lú lǐ 농어의 일종 鲈鱼也能生拌吗? lú yú yě néng shēng bàn ma? 농어로도 회를 칠 수 있나요?
젓 **자** 자 zhǎ	鲝	鮓	鲝脯干(儿)(鮓脯干(兒)) zhǎ fǔ gān(r) 소금에 절인 생선을 말린 것 扁豆鲝(扁豆鮓) biǎn dòu zhǎ 불콩으로 만든 음식 我喜欢吃鲝脯干(儿) wǒ xǐ huān chī zhǎ fǔ gān(r) 나는 소금에 절여 말린 생선을 즐겨 먹는다
소생할 **소** 쑤 sū	稣	穌	稣生(穌生) sū shēng 다시 살아남 稣息(穌息) sū xī 피로할 때 휴식을 취하다 耶稣教(耶穌教) yē sū jiào 예수교 礼拜日去耶稣教堂 lǐ bài rì qù yē sū jiào táng 일요일에 교회에 가다
붕어 **부** 부 fù	鲋	鮒	鲋鱼(鮒魚) fù yú 붕어 涸辙之鲋(涸轍之鮒) hé zhé zhī fù 물 마른 수레바퀴 자국 속에 든 붕어 (궁지에 빠져 간절히 도움을 바라는 신세를 비유) 他成了涸辙之鲋 tā chéng le hé zhé zhī fù 그는 물이 마른 수레바퀴 자국 속에 든 붕어 신세가 되었다
얼룩고기 **인** 인 yìn	鲫	䲟	鲫鱼(鮣魚) yìn yú 빨판상어 鲫头鱼(鮣頭魚) yìn tóu yú 빨판상어

上个星期 shàng ge xīng qī 지난주　　这个星期 zhè ge xīng qī 이번주　　下个星期 xià ge xīng qī 다음주

13획

절인어물 **포**	鲍 鮑	鲍鱼(鮑魚) bào yú 소금에 절여 말린 물고기, 전복 鲍鱼壳(儿)(鮑魚殼(兒)) bào yú ké (r) 전복 껍질 鲍鱼之肆(鮑魚之肆) bào yú zhī sì 건어물을 파는 상점 久呆鲍鱼之肆, 不知其味(儿)臭 jiǔ dāi bào yú zhī sì, bù zhī sì wèi (r) chòu 건어물 가게에 오래 있으면 그 고약한 냄새를 느끼지 못한다
빠오 bào		

납줄개 **피**	鲏 鮍	鳑鲏(鰟鮍) páng pí 납줄개(잉어과에 속하는 민물고기)
피 pí		

복 **태**	鲐 鮐	鲐鱼(鮐魚) tái yú 복어, 고등어 鲐背(鮐背) tái bèi 복어 반점같이 얼룩이 있는 등(늙은이를 비유) 鲐稚(鮐稚) tái zhì 노인과 어린이 吃鲐鱼就得吃鲜的 chī tái yú jiù děi chī xiān de 고등어를 먹으려면 반드시 생선을 먹어야 한다
타이 tái		

이삭 **영**	颖 穎	颖花(穎花) yǐng huā 영화(식물) 颖悟(穎悟) yǐng wù 총명하다(대부분 소년에 대해 쓰임) 脱颖而出(脫穎而出) tuō yǐng ér chū (송곳 끝이) 물건을 뚫고 나오듯이 남보다 재능이 뛰어나다 人才脱颖而出 rén cái tuō yǐng ér chū 인재가 뛰어 나오다
잉 yǐng		

쪼을 **감**	鹐 鵮	鸡鹐麦穗(鷄鵮麥穗) jī qiān mài suì 닭이 보리 이삭을 쪼아먹다 乌鸦鹐黄瓜 wū yā qiān huáng guā 까마귀가 오이를 쪼아먹다
챈 qiān		

양풍 **시**	飔 颸	飔风(颸風) sī fēng 질풍, 빠른 바람 飔飔(颸颸) sī sī 살살, 쏴쏴(바람소리) 飔飔来风(颸颸來風) sī sī lái fēng 쏴쏴 바람이 불어온다 飔飔来风, 精神焕发 sī sī lái fēng, jīng shén huàn fā 쏴쏴 바람이 불어오니 정신이 분발되다
쓰 sī		

바람소리 **수**	飕 颼	飕飕(颼颼) sōu sōu 쏴쏴, 윙윙, 쌩쌩(바람 소리) 冷飕飕的(冷颼颼的) lěng sōu sōu de 으스스 춥다 衣服被风飕干了 yī fú bèi fēng sōu gān le 바람에 옷이 말랐다
써우 sōu		

上个月 shàng ge yuè 지난달　　这个月 zhè ge yuè 이번달　　下个月 xià ge yuè 다음달

13획

| 닿을 촉 촉 chù | 触 觸 | 接触(接觸) jiē chù 맞붙어 닿음
触犯(觸犯) chù fàn (법 따위에) 저촉되다, 위반하다
触目惊心(觸目驚心) chù mù jīng xīn 보기만 해도 몸서리치다
感触很深 gǎn chù hěn shēn 감수가 깊다 |

| 병아리 추 추 chú | 雏 雛 | 雏鸡(雛鷄) chú jī 병아리
雏形(雛形) chú xíng 원래의 물건에 의해 축소한 모형, 최초의 모양
雏鹰展翅(雛鷹展翅) chú yīng zhǎn chì 새끼 매가 하늘 높이 날아가다 (젊은이들이 두각을 나타낸다는 뜻)
露出雏形 lòu chū chú xíng (축소된) 새로운 모형이 드러나다 |

| 수제비 박 버 bó | 馎 餺 | 馎饦(餺飥) bó tuō 옛날에 가루로 만든 수제비의 일종
吃馎饦方便 chī bó tuō fāng biàn 수제비를 먹으면 편리하다 |

| 찐빵 모 머 mó | 馍 饃 | 馍馍(饃饃) mó mo 찐빵, 만두
山东人喜欢吃玉米馍馍 shān dōng rén xǐ huān chī yù mǐ mó mo 산동 사람들은 수수로 만든 찐빵을 즐겨 먹는다 |

| 찔 류 류 liú, liù | 馏 餾 | 蒸馏(蒸餾) zhēng liú 증기를 냉각시켜 다시 액화, 성분을 분류함
馏份(餾份) liú fèn 분별 증류(하다)
馏馒头(餾饅頭) liù mán tou 빵을 다시 찌다
中午馏馒头吃 zhōng wǔ liù mán tou chī 점심식사로 빵을 다시 쪄먹다 |

| 반찬 수 슈 xiū | 馐 饈 | 珍馐美味(儿)(珍饈美味(兒)) zhēn xiū měi wèi(r) 진찬
馐善嘉肴(饈善嘉肴) xiū shàn jiā yáo 맛있는 음식, 진미
满桌皆是珍馐美味(儿) mǎn zhuō jiē shì zhēn xiū měi wèi(r) 식탁에 오른 것은 모두 진찬이다 |

| 젓갈 장 쟝 jiàng | 酱 醬 | 虾酱(蝦醬) xiā jiàng 새우젓
大酱(大醬) dà jiàng 된장
酱肉(醬肉) jiàng ròu 간장에 조린 (돼지)고기
每顿饭少不了大酱 měi dùn fàn shǎo bù liǎo dà jiàng 끼니마다 된장이 없어서는 안 된다 |

大前天 dà qián tiān 그그저께   前天 qián tiān 그저께

메추라기 순 춘 chún	鹑 鶉	鹌鹑(鵪鶉) ān chún 메추라기 鹑居(鶉居) chún jū 메추리처럼 거처가 일정하지 않다 鹑鹑百结(鶉鶉百結) chún chún bǎi jié 누더기 옷 鹑居不定 chún jū bù dìng 메추리처럼 거처가 고정되어 있지 않다	
앓을 단 피로할 다 단 dān, dàn	瘅 癉	瘅疟(癉瘧) dān nüè 열이 몹시 나는 학질 彰瘅(彰癉) zhāng dàn 표창과 증오 下民卒瘅(下民卒癉) xià mín zú dàn 백성들이 피곤하여 병이 들다 患瘅疟 huàn dān nüè 학질에 걸리다	
무서울 삼 선 shèn	瘆 瘆	瘆人(瘆人) shèn rén 사람을 무서워 떨게 하다 瘆懔(瘆懍) shèn lǐn (병으로 인해) 떨다 瘆得慌 shèn de huāng 몹시 놀라다	
꾀꼬리 경 겅 gēng	鹒 鶊	鸧鹒(鶬鶊) cāng gēng 꾀꼬리	
문짝 합 허 hé	阖 闔	阖扇(闔扇) hé shàn 문짝 阖户(闔戶) hé hù 문을 닫다 阖门(闔門) hé mén 온 집안, 일족 전체 阖家欢乐 hé jiā huān lè 온 집안이 즐겁다	
성할 전 탠 tián	阗 闐	喧阗(喧闐) xuān tián 소리가 아주 요란하다 阗阗(闐闐) tián tián 떼지어 가는 모양(북, 천둥 소리가 요란함) 阗溢(闐溢) tián yì 꽉 차서 넘치다 古籍阗架 gū jí tián jià 고서가 서가에 꽉 차서 넘치다	
대궐 궐 춰 quē, què	阙 闕	阙失(闕失) quē shī 과실, 잘못, 실수 宫阙(宮闕) gōng què 임금이 거처하는 집 上书阙下(上書闕下) shàng shū què xià 임금에게 글을 올리다 暂付阙疑 zàn fù quē yí 의문스러운 것을 잠시 보류하여 두다	

昨天 zuó tiān 어제   今天 jīn tiān 오늘   明天 míng tiān 내일   后天 hòu tiān 모레

13획

| 베낄 등
텅 téng | 誊 謄 | 誊写(謄寫) téng xiě 베끼다, 옮겨 쓰다
誊写版(謄寫版) téng xiě bǎn 등사기
誊本(謄本) téng běn 원본을 베껴서 쓴 서류
再誊写一遍 zài téng xiě yī biàn 다시 한 번 베끼다 |

| 양식 량
량 liáng | 粮 糧 | 粮食(糧食) liáng shí 곡류, 두류 등 양곡의 총칭
粮市(糧市) liáng shì 곡물시장, 양곡시장
粮断米绝(糧斷米絶) liáng duàn mǐ jué 양식이 떨어지다
去买粮 qù mǎi liáng 식량을 사러 가다 |

| 셀 수
숫자 수
수 shǔ, shù | 数 數 | 数数目(數數目) shǔ shù mù 수를 세다
数落(數落) shǔ luò 남의 잘못을 열거하며 꾸짖다, 잔소리하다
数不胜数(數不勝數) shǔ bù shèng shǔ 너무 많아 셀래야 다 셀 수 없다
数一数有多少 shǔ yī shǔ yǒu duō shǎo 얼마인가를 세어 보다 |

| 출렁거릴 염
얜 yàn | 滟 灧 | 潋滟(瀲灧) liàn yàn 물이 넘치다
滟滟(灧灧) yàn yàn 달빛이 물에 비치어 아름답게 빛나는 모양
湖水潋滟如画 hú shuǐ liàn yàn rú huà 넘실넘실 물결이는 호수는 마치 그림과도 같다 |

| 강이름 섭
서 shè | 滠 灄 | 滠水(灄水) shè shuǐ 섭수(후베이성에 있는 강)
滠口(灄口) shè kǒu 섭구(후베이성에 있는 지명) |

| 찰 만
만 mǎn | 满 滿 | 满期(滿期) mǎn qī 정한 기한이 다 차다
满面春风(滿面春風) mǎn miàn chūn fēng 만면에 웃음을 띠다
满不在乎(滿不在乎) mǎn bù zài hū 조금도 걱정하지 않는다
满足要求 mǎn zú yāo qiú 요구를 만족시키다 |

| 거를 려
뤼 lǜ | 滤 濾 | 过滤(過濾) guò lǜ 거르다
滤器(濾器) lǜ qì 여과기
滤纸(濾紙) lǜ zhǐ 여과지
把水滤清 bǎ shuǐ lǜ qīng 물을 맑게 거르다 |

大后天 dà hòu tiān 글피   第二天 dì èr tiān 다음날

13획

퍼질 람 / 란 làn — 滥 (濫)
- 泛滥(泛濫) fàn làn 범람하다
- 滥写(濫寫) làn xiě 낙서하다, 되는 대로 쓰다
- 滥用职权(濫用職權) làn yòng zhí quán 직권을 남용하다
- 滥竽充数 làn yú chōng shù (재능이 없으면서) 끼어들어 머리 숫자만 채우다, 모르면서 아는 척하다

거를 필 / 비 bì — 滗 (潷)
- 滗汤(潷湯) bì tāng 국물을 짜내다
- 滗水(潷水) bì shuǐ 물을 짜내다
- 别把壶里的茶滗干了 bié bǎ hú lǐ de chá bì gān le 주전자의 찻물을 다 부어내지 말아라

새어흐를 란 / 롼 luán — 滦 (灤)
- 滦河(灤河) luán hé 난강(후베이성에 있는 강)

스며들 리 / 리 lí — 漓 (灕)
- 淋漓(淋漓) lín lí (흠뻑 젖어 물방울이) 뚝뚝 떨어지다
- 漓江(灕江) lí jiāng 이강(광시 쫭족자치구에 있는 강)
- 淋漓尽致(淋漓盡致) lín lí jìn zhì 남김없이 다 드러내다 (뜻이 충분히 전달되었다는 뜻)
- 大汗淋漓 dà hàn lín lí 큰 땀방울이 뚝뚝 떨어지다

물가 빈 / 빈 bīn — 滨 (濱)
- 海滨(海濱) hǎi bīn 해변, 해안
- 滨近(濱近) bīn jìn 근접하다, 가까이에 있다
- 滨江公园(濱江公園) bīn jiāng gōng yuán 강변 공원
- 来到滨海都市 lái dào bīn hǎi dū shì 임해 도시에 오다

여울 탄 / 탄 tān — 滩 (灘)
- 海滩(海灘) hǎi tān 해변의 모래사장
- 沙滩(沙灘) shā tān 사주, 모래톱
- 险滩(險灘) xiǎn tān 위험한 여울
- 征服急流险滩 zhēng fú jí liú xiǎn tān 급류와 위험한 여울을 정복하다 (어려움과 위험을 이겨낸다는 뜻)

강이름 예 / 위 yù — 滪 (澦)
- 滟滪堆(灧澦堆) yàn yù duī 염예퇴(장강 구당협 입구의 거석)

时候 shí hou 때, 시각　　工夫 gōng fu 시간, 틈　　钟点 zhōng diǎn 시각, 시간

13획

두려워할 섭 懾 셔 shè
- 慑息(懾息) shè xī 두려워서 숨을 죽임
- 慑服(懾服) shè fú 두려워서 순종함, 겁을 주어 굴복시킴
- 威慑(威懾) wēi shè 무력으로 위협하다
- 慑于我军的声势 shè yú wǒ jūn de shēng shì 아군 기세에 겁먹다

기릴 예 誉 譽 위 yù
- 荣誉(榮譽) róng yù 영광스러운 명예
- 称誉(稱譽) chēng yù 칭찬하다
- 珍惜荣誉(珍惜榮譽) zhēn xī róng yù 영예를 귀중히 여기다
- 誉之为英雄 yù zhī wéi yīng xióng 영웅이라고 칭찬하다

참게 후 鲎 鱟 허우 hòu
- 鲎鱼(鱟魚) hòu yú 참게, 투구게, 중국게
- 鲎虫(鱟蟲) hòu chóng 갑옷새우

이지러질 건 骞 騫 챈 qiān
- 骞骞(騫騫) qiān qiān 나는 모양, 경솔한 모양
- 骞腾(騫騰) qiān téng 높이 날아 오르다, 출세하다
- 骞污(騫污) qiān wū 손실과 모욕
- 一步骞腾 yī bù qiān téng 단번에 출세하다

잠잘 침 寝 寢 친 qǐn
- 就寝(就寢) jiù qǐn 잠자리에 듦
- 寝室(寢室) qǐn shì 잠자는 곳
- 废寝忘食(廢寢忘食) fèi qǐn wàng shí 침식을 잊다
- 晚上十点(钟)就寝 wǎn shàng shí diǎn (zhōng) jiù qǐn 저녁 10시에 취침하다

엿볼 규 窥 窺 쿠이 kuī
- 窥视(窺視) kuī shì 엿보다, 정탐하다
- 窥听(窺聽) kuī tīng 엿듣다, 몰래 듣다
- 管窥蠡测(管窺蠡測) guǎn kuī lí cè 대나무 구멍으로 하늘을 보고 표주박으로 바닷물 재다(식견이 좁아 깊은 도리를 알지 못한다는 뜻)
- 窥听电话 kuī tīng diàn huà 전화를 엿듣다

구멍 두 窦 竇 더우 dòu
- 疑窦(疑竇) yí dòu 의문스러운 곳
- 鼻窦炎(鼻竇炎) bí dòu yán 비두염
- 闭门塞窦(閉門塞竇) bì mén sè dòu 문을 단단히 걸고 빈틈없이 지키다, 방비를 튼튼히 하다
- 治鼻窦炎 zhì bí dòu yán 비두염을 치료하다

上午 shàng wǔ 오전　　下午 xià wǔ 오후　　天亮 tiān liàng 새벽, 동틀 무렵　　早晨 zǎo chén 아침

13획

| 삼갈 근
진 jǐn | 谨 謹 | 谨慎(謹慎) jǐn shèn 신중하다
谨防(謹防) jǐn fáng 몹시 경계하다, …에 주의하다
谨言慎行(謹言慎行) jǐn yán shèn xíng 말, 행동을 각별히 조심하다
谨慎办事(儿) jǐn shèn bàn shì(r) 신중하게 사무를 처리하다 |

| 속일 만
업신여길 만
만 mán, màn | 谩 謾 | 谩欺(謾欺) mán qī 기만하다, 속이다
谩骂(謾罵) màn mà 조소하다, 경멸하다
谩语(謾語) màn yǔ 업신여기는 말
谩骂使对方伤了感情 màn mà shǐ duì fāng shāng le gǎn qíng 상대방을 조소하여 감정을 상하게 했다 |

| 귀양갈 적
저 zhé | 谪 謫 | 谪居(謫居) zhé jū 귀양살이를 하다
谪降(謫降) zhé jiàng 외직으로 좌천되다, 신선이 인간세계로 내려오다
众人交谪(眾人交謫) zhòng rén jiāo zhé 뭇사람이 모두 꾸짖다
谪居满州里 zhé jū mǎn zhōu lǐ 만주리에서 귀향살이를 하다 |

| 얕을 전
잰 jiǎn | 谫 譾 | 谫劣(譾劣) jiǎn liè 천박하고 졸렬하다
谫陋(譾陋) jiǎn lòu 천박하고 고루하다
谫识(譾識) jiǎn shí 학식이 천박하다
学识谫陋 xué shí jiǎn lòu 학식이 천박하고 고루하다 |

| 그릇될 류
뮤 miù | 谬 謬 | 谬论(謬論) miù lùn 잘못된 의론, 황당무계한 논리
谬传(謬傳) miù chuán 잘못 전해짐
谬种流传(謬種流傳) miù zhǒng liú chuán 잘못된 것이 후세에 전해지다
反驳谬论 fǎn bó miù lùn 황당무계한 논리를 반박하다 |

| 열 벽
피 pì | 辟 闢 | 开辟(開闢) kāi pì 열다, 창립하다, 개척하다
辟门路(闢門路) pì mén lù 살 길을 개척하다, 출세를 모색하다
开天辟地(開天闢地) kāi tiān pì dì 천지가 처음으로 열림
开辟新的市场 kāi pì xīn de shì chǎng 새로운 시장을 개척하다 |

| 계집 애
아이 ài | 嫒 嬡 | 令嫒(令嬡) lìng ài 따님(남의 딸에 대한 경칭) |

中午 zhōng wǔ 정오   白天 bái tiān 낮   晚上 wǎn shàng 저녁, 밤   夜里 yè li 밤중

13획

아내 빈 / 핀 pín — 嫔(嬪)
- 妃嫔(妃嬪) fēi pín 임금의 소실
- 嫔娥(嬪娥) pín é 아름다운 궁녀
- 嫔嫱(嬪嬙) pín qiáng 고대 궁중 여관(女官)의 명칭
- 嫔娥起舞 pín é qǐ wǔ 아름다운 궁녀들이 춤을 추다

꽂을 진 / 진 jìn — 缙(縉)
- 缙绅(縉紳) jìn shēn 벼슬에서 물러난 사람
- 他是清代的缙绅出身 tā shì qīng dài de jìn shēn chū shēn 그는 청나라 때의 벼슬아치 출신이다

촘촘할 진 / 전 zhěn — 缜(縝)
- 缜密(縝密) zhěn mì 치밀하다, 주도면밀하다
- 缜致(縝致) zhěn zhì 세밀하다
- 心思缜密(心思縝密) xīn sī zhěn mì 생각이 치밀하다
- 缜密研究 zhěn mì yán jiū 치밀하게 연구하다

묶을 박 / 부 fù — 缚(縛)
- 缚缠(縛纏) fù chán 동여 묶다
- 束缚手脚(束縛手脚) shù fù shǒu jiǎo 손발을 옭아매다(정신적으로 자유롭지 못하게 구속한다는 뜻)
- 手无缚鸡之力 shǒu wú fù jī zhī lì 닭 한 마리 묶을 힘도 없다, 힘이 매우 약하다, 무기력하다

화문놓을 욕 / 루 rù — 缛(縟)
- 缛丽(縟麗) rù lì 정교하게 장식하여 아름답다
- 缛礼(縟禮) rù lǐ 번거롭고 귀찮은 의식이나 예절
- 繁文缛节(繁文縟節) fán wén rù jié 불필요한 번잡스런 예절
- 废除繁文缛节 fèi chú fán wén rù jié 불필요하고 번거로운 예의 범절을 폐기하다

고삐 비 / 페이 pèi — 辔(轡)
- 辔头(轡頭) pèi tóu (말의) 고삐와 재갈
- 辔勒(轡勒) pèi lè 고삐와 굴레
- 鞍辔(鞍轡) ān pèi 안장과 고삐
- 按辔徐行 ān pèi xú xíng 고삐를 당기며 천천히 가다

꿰맬 봉 / 솔기 봉 / 펑 féng, fèng — 缝(縫)
- 缝衣(縫衣) féng yī 옷을 꿰매다
- 缝隙(縫隙) fèng xi 틈, 갈라진 곳
- 见缝插针(見縫插針) jiàn fèng chā zhēn 틈만 보이면 곧 뚫고 들어가다(기회만 있으면 곧 그것을 이용한다는 뜻)
- 缝补衣服 féng bǔ yī fú 옷을 꿰매어 수선하다

半夜 bàn yè 한밤중, 심야   几天 jǐ tiān 며칠   整天 zhěng tiān 온종일, 진종일   整夜 zhěng yè 온밤

13획

월다말 류 류 liú	骝 騮	骝马(驪馬) liú mǎ 유마(검정 갈기에 검정 꼬리를 한 붉은 말) 骅骝(驊驪) huá liú 고대 주나라 목왕의 명마
상복이름 최 추이 cuī	缞 縗	缞衣(縗衣) cuī yī 옛날 상복 缞墨(縗墨) cuī mò 검은 상복 缞素(縗素) cuī sù 흰 상복 穿缞衣 chuān cuī yī 상복을 입다
명주 호 가오 gǎo	缟 縞	缟冠(縞冠) gǎo guān 상중에 쓰는 흰 견직으로 짠 두건 缟服(縞服) gǎo fú 흰 명주 옷, 흰 상복 缟素(縞素) gǎo sù 흰 명주, 서화의 바탕이 되는 흰 비단 戴缟冠 dài gǎo guān (조상용) 두건을 쓰다
얽힐 전 찬 chán	缠 纏	缠住(纏住) chán zhù 달라붙다, 얽매이다, 감기다 缠绵(纏綿) chán mián (병, 감정 등에) 사로잡히다 缠门缠户(纏門纏戶) chán mén chán hù 옆집까지 못살게 굴다 纠缠不清 jiū chán bù qīng 뒤엉켜 똑똑치 못하다
신꾸미개 리 빗질할 리 리 lí	缡 縭	结缡(結縭) jié lí 옛날 여자가 시집 간다는 뜻
목맬 액 이 yì	缢 縊	自缢(自縊) zì yì 목을 매고 자살하다 缢杀(縊殺) yì shā 줄로 목을 졸라 죽이다 缢虫(縊蟲) yì chóng 나뭇가지에 매달려 있는 나비 따위의 번데기 犯罪自缢 fàn zuì zì yì 죄를 범하여 목매어 자살하다
합사비단 겸 잰 jiān	缣 縑	缣帛(縑帛) jiān bó 합사(合絲)로 짠 비단 缣素(縑素) jiān sù 서화에 쓰는 흰 비단 赠缣帛, 以示谢意 zèng jiān bó, yǐ shì xiè yì 합사로 짠 비단을 기증하는 것으로 사의를 표하다

几个钟头 jǐ ge zhōng tóu 몇 시간   几点钟 jǐ diǎn zhōng 몇 시   几分钟 jǐ fēn zhōng 몇 분

어지러울 빈 빈 bīn	缤	繽	缤纷(繽紛) bīn fēn 너저분하다, 난잡하다, 화려하다 缤缤(繽繽) bīn bīn 많은 모양, 얽혀 어지러운 모양 五彩缤纷(五彩繽紛) wǔ cǎi bīn fēn 오색찬란하다 五彩缤纷的夜晚 wǔ cǎi bīn fēn de yè wǎn 오색찬란한 밤 (경축행사를 치르는 밤을 가리키는 말)
불깔 선 산 shàn	骟	騸	骟马(騸馬) shàn mǎ 거세한 말 骟树(騸樹) shàn shù 접목하다 那是骟过的羊 nà shì shàn guò de yáng 그것은 거세한 양이다
옥이름 애 아이 ài	瑷	璦	瑷(璦) ài 아름다운 옥 瑷珲(璦琿) ài huī 애훈(헤이룽장성의 러시아와 잇닿은 현)
혹 췌 주이 zhuì	赘	贅	累赘(累贅) léi zhuì 거추장스럽다, 혹 赘婿(贅婿) zhuì xù 데릴사위 赘疣(贅疣) zhuì yóu 혹, 사마귀, 군더더기 免了赘言 miǎn le zhuì yán 불필요한 군말은 삼가하다
만날 구 거우 gòu	觏	覯	罕觏(罕覯) hǎn gòu 드물게 만나다 觏闵(覯閔) gòu mǐn 근심이 생기다 觏面(覯面) gòu miàn 만나다 真是罕觏! zhēn shì hǎn gòu 정말 오래간만에 만나는데요!
감출 도 타오 tāo	韬	韜	韬光(韜光) tāo guāng 광채를 감추다, 재주를 감추다 韬笔(韜筆) tāo bǐ 붓을 멈추다, 글쓰기를 그만두다 韬光养晦(韜光養晦) tāo guāng yǎng huì 재능을 감추고 드러내지 않다 钳口韬笔 qián kǒu tāo bǐ 입을 봉하고 붓을 감추다(의사표시를 하지 않는다는 뜻)
구름낄 애 아이 ài	叆	靉	叆叆(靉靉) ài ài 구름이 자욱이 낀 모양, 수목이 우거진 모양 叆叇(靉靆) ài dài 구름이 자욱이 낀 모양 朝云叆叇 zhāo yún ài dài 아침 구름이 자욱하다

将来 jiāng lái 장래, 앞으로   从前 cóng qián 종전, 이전   以前 yǐ qián 이전   以后 yǐ hòu 이후

14획

담 장
챵 qiáng
墙 / 墻
- 墙壁(墻壁) qiáng bì 벽
- 围墙(圍墻) wéi qiáng 울타리 벽, 담벽
- 墙倒屋塌(墻倒屋安) qiáng dǎo wū tā 담이 넘어지고 집이 무너지다, 집이 형편없이 되다
- 铜墙铁壁 tóng qiáng tiě bì 금성철벽, 방비가 아주 견고한 성

다가설 영
잉 yīng
撄 / 攖
- 撄其锋(攖其鋒) yīng qí fēng 정면으로 맞선다는 뜻
- 撄怒(攖怒) yīng nù (직간하여) 노여움을 사다
- 利害撄其心(利害攖其心) lì hài yīng qí xīn 이해관계가 그 마음을 어지럽히다
- 敌人莫敢撄 dí rén mò gǎn yīng 적들이 감히 접근하지 못한다

장미 장
챵 qiáng
蔷 / 薔
- 蔷薇(薔薇) qiáng wēi 장미(장미과의 낙엽관목)
- 蔷薇石英(薔薇石英) qiáng wēi shí yīng 장미 석영
- 蔷薇科(薔薇科) qiáng wēi kē 장미과
- 五月蔷薇开花 wǔ yuè qiáng wēi kāi huā 오월 장미는 꽃이 핀다

모독할 멸
몌 miè
蔑 / 衊
- 蔑视(衊視) miè shì 업신여김, 깔보다
- 诬蔑(誣衊) wū miè 사실을 날조하여 명예를 손상시키다
- 蔑伦(衊倫) miè lún 인륜을 어기다
- 诬蔑他人要犯罪 wū miè tā rén yào fàn zuì 타인을 모독하고 중상하면 죄를 범한다

거지덩굴 렴
랜 liǎn
蔹 / 蘞
- 白蔹(白蘞) bái liǎn 가위톱, 백렴

골풀 린
린 lìn
蔺 / 藺
- 蔺席(藺席) lìn xí 골풀로 만든 돗자리
- 蔺石(藺石) lìn shí 옛날 성에서 적에게 던지던 방어용의 돌
- 铺蔺席 pū lìn xí 돗자리를 펴다

우거질 애
아이 ǎi
蔼 / 藹
- 蔼然(藹然) ǎi rán 온화하다, 부드럽다
- 蔼彩(藹彩) ǎi cǎi 신선한 모양
- 和蔼可亲(和藹可親) hé ǎi kě qīn 매우 친절하여 가까이 하기 쉽다
- 他是一位和蔼可亲的人 tā shì yī wèi hé ǎi kě qīn de rén 그는 온화하고 친절한 분이시다

半天 bàn tiān 한참 동안   好久 hǎo jiǔ 오랫동안   临时 lín shí 임시   有时 yǒu shí 때로, 이따금

14획

사다새 호
후 hú
鹕 鶘
鹈鹕(鵜鶘) tí hú 펠리컨, 사다새, 가람조

개오동나무 가
쟈 jiǎ
槚 檟
槚树(樹) jiǎ shù 차나무, 개오동나무
槚楚(檟楚) jiǎ chǔ 개오동나무나 가시나무로 만든 회초리
槚楚治懒 jiǎ chǔ zhì lǎn 회초리로 배움에 게으름을 다스리다

우리 함
쟨 jiàn
칸 kǎn
槛 檻
兽槛(獸檻) shòu jiàn 짐승 우리
槛车(檻車) jiàn chē 옛날에 짐승, 죄수를 운반하던 수레
门槛儿(門檻兒) mén kǎnr 문턱, 넘어야할 난관
推入兽槛 tuī rù shòu jiàn 짐승 우리에 밀어 넣다

빈랑나무 빈
빙 bīng
槟 檳
槟榔(檳榔) bīng láng 빈랑나무(또는 그 열매)
槟榔膏(檳榔膏) bīng láng gāo 빈랑 열매를 달여서 만든 약
口嚼槟榔 kǒu jiáo bīng láng 입에 빈랑을 씹다

종가시나무 저
주 zhū
槠 櫧
槠树(櫧樹) zhū shù 종가시나무

진할 엄
얜 yàn
酽 釅
酽茶(釅茶) yàn chá 진한 차
酽冷(釅冷) yàn lěng 매우 춥다
酽白(釅白) yàn bái 새하얗다, 순수하게 희다
这茶太酽了,加点(儿)水吧 zhè chá tài yàn le, jiā diǎn(r) shuǐ ba 이 차는 너무 진하니 물을 좀 부어라

거를 시
스 shī
酾 釃
酾渠(釃渠) shī qú 도랑을 갈라서 새 도랑을 냄
酾酒(釃酒) shī jiǔ 술을 거름, 거른 술
酾茶(釃茶) shī chá 차를 거르다
酾渠灌溉 shī qú guàn gài 새로 도랑을 터서 관개하다

东 dōng 동　西 xī 서　南 nán 남　北 běi 북

14획

| 빚을 양
냥 niàng | 酿 釀 | 酿酒(釀酒) niàng jiǔ 술을 빚음
酿成(釀成) niàng chéng 빚어지다
酿造(釀造) niàng zào (술, 간장 따위를) 빚어 만드는 일, 양조
酿成大祸 niàng chéng dà huò 큰 재화를 빚어 내다 |

| 갤 제
지 jì | 霁 霽 | 雪霁(雪霽) xuě jì 눈이 멎고 날이 갬
色霁(色霽) sè jì 얼굴빛이 온화해지다
气平怒霁(氣平怒霽) qì píng nù jì 노여움이 풀리다
光风霁月 guāng fēng jì yuè 시원한 바람과 밝은 달(인품이 고상하고 도량이 넓음을 뜻함, 또는 태평성대) |

| 원할 원
위안 yuàn | 愿 願 | 心愿(心願) xīn yuàn 염원, 소원
如愿以偿(如願以償) rú yuàn yǐ cháng 바라는 대로 이루어지다
甘心情愿(甘心情願) gān xīn qíng yuàn 달가워하다
南北统一是我们全民族共同的心愿 nán běi tǒng yī shì wǒ mén quán mín zú gòng tóng de xīn yuàn 남북통일은 우리 민족의 공통된 소원이다 |

| 염할 빈
빈 bìn | 殡 殯 | 殡车(殯車) bìn chē 영구차
出殡(出殯) chū bìn 장례를 지내기 전, 집 밖의 빈소에 시신을 옮김
殡仪馆(殯儀館) bìn yí guǎn 장의사
目送殡车 mù sòng bìn chē 영구차를 눈으로 전송하다 |

| 끌채 원
위안 yuán | 辕 轅 | 辕牛(轅牛) yuán niú 수레를 끄는 소
辕子(轅子) yuán zi 끌채
垫辕窝(墊轅窩) diàn yuán wō 바퀴자국을 메우다(타인을 위해 희생함을 비유)
成了辕下驹 chéng le yuán xià jū 끌채에 메인 노새(구속당한 신세를 비유) |

| 비녀장 할
샤 xiá | 辖 轄 | 直辖(直轄) zhí xiá 직접 관할함
辖区(轄區) xiá qū 관할 구역
统辖(統轄) tǒng xiá 통할하다
北京是中央直辖市 běi jīng shì zhōng yāng zhí xiá shì 베이징은 중앙 직할시이다 |

| 구를 전
연자매 년
잔 zhǎn
냰 niǎn | 辗 輾 | 辗转(輾轉) zhǎn zhuǎn (몸을) 엎치락뒤치락하다
辗转反侧(輾轉反側) zhǎn zhuǎn fǎn cè 이리저리 몸을 뒤척이다
辗平路面(輾平路面) niǎn píng lù miàn 노면을 평평하게 하다
辗转不眠 zhǎn zhuǎn bù mián 엎치락뒤치락하여 잠을 못 이루다 |

前 qián 전   后 hòu 후   左 zuǒ 좌   右 yòu 우

14획

이갈 재	龇 齜	龇牙(齜牙)zī yá 이를 드러내다 龇牙瞪眼(齜牙瞪眼)zī yá dèng yǎn 이를 드러내고 눈을 부릅뜨다 龇牙裂嘴(齜牙裂嘴)zī yá liè zuǐ 이를 드러내고 입을 일그러뜨리다(흉악한 몰골을 비유) 龇着牙说 zī zhe yá shuō 이를 드러내고 말하다
즈 zī		

잇몸 은	龈 齦	牙龈(牙齦)yá yín 잇몸 龈龈(齦齦)yín yín 이빨을 드러내고 언쟁할 때의 모양 牙龈发炎 yá yín fā yán 잇몸에 염증이 생기다
인 yín		

때까치 격	鵙 鵙	鵙(鵙)jú 때까치
쥐 jú		

낟알 과	颗 顆	颗粒(顆粒)kē lì (양식의) 낟알 一颗珠子(一顆珠子)yī kē zhū zi 구슬 한 알 一颗星星(一顆星星)yī kē xīng xīng 별 하나 颗粒不收 kē lì bù shōu 한 알의 낟알도 거두지 못하다
커 kē		

주시할 루	瞜 瞜	眍瞜(膒瞜)kōu lóu 오목한 눈 瞜他一眼(瞜他一眼)lóu tā yī yǎn 힐끔 보다, 피뜩보다 瞜着点儿(瞜着點兒)lóu zhe diǎnr 살펴 조심해라 让我瞜一眼 ràng wǒ lóu yī yǎn 나에게 한 번 보여다오
러우 lóu		

가릴 애	暧 曖	暧昧(曖昧)ài mèi (태도, 의도 따위가) 애매모호하다, 미심쩍다 暮色暧(暮色曖)mù sè ài 저녁빛이 어스레하다 他的态度暧昧 tā de tài dù ài mèi 그의 태도는 애매모호하다
아이 ài		

새이름 할	鹖 鶡	鹖鸡(鶡鷄)hé jī 산새 鹖旦(鶡旦)hé dàn 산박쥐, 큰 박쥐 鹖苏(鶡蘇)hé sū 할(鶡)의 꼬리로 만든 관(冠)의 술
허 hé		

上 shàng 상   下 xià 하   内 nèi 안   外 wài 밖

14획

머뭇거릴 주 처우 chóu	踌 (躊)	踌躇(躊躇) chóu chú 망설임 踌踌(躊躊) chóu chóu 머뭇거리다, 마음 아파하다 踌躇满志(躊躇滿志) chóu chú mǎn zhì 득의양양하다 踌躇不前 chóu chú bù qián 주저하며 앞으로 나가지 않는다
뛸 용 융 yǒng	踊 (踴)	踊跃(踴躍) yǒng yuè 펄쩍 뛰어 오르다, 활기가 있다 踊贵(踴貴) yǒng guì (물가가) 등귀하다 踊身投海(踴身投海) yǒng shēn tóu hǎi 몸을 날려 바다에 뛰어들다 踊跃参加 yǒng yuè cān jiā 다투어 참가하다
밀 랍 라 là	蜡 (蠟)	蜡烛(蠟燭) là zhú 초, 양초 蜡饼(蠟餅) là bǐng (재봉할 때 사용하는) 밀랍덩이 蜡自来火(蠟自來火) là zì lái huǒ 파라핀을 먹인 성냥개비 点蜡烛 diǎn là zhú 초에 불을 붙이다
청개구리 괵 궈 guō	蝈 (蟈)	蝈蝈儿(蟈蟈兒) guō guōr 철써기(여치과의 곤충)
파리 승 잉 yíng	蝇 (蠅)	灭蝇(滅蠅) miè yíng 파리를 잡다 蝇拍(蠅拍) yíng pāi 파리채 蝇头微利(蠅頭微利) yíng tóu wēi lì 극히 적은 이익을 뜻하는 말 打苍蝇 dǎ cāng yíng 파리를 (때려) 잡다
매미 선 찬 chán	蝉 (蟬)	马蝉(馬蟬) mǎ chán 말매미 蝉鸣(蟬鳴) chán míng 매미의 울음소리, 매미가 울다 蝉腹龟肠(蟬腹龜腸) chán fù guī cháng 매미는 이슬 먹고 거북은 물을 먹는다(굶주린다는 뜻) 蝉联世界冠军 chán lián shì jiè guān jūn 세계챔피언 자리를 계속 유지하다
물수리 악 어 è	鹗 (鶚)	鹗视(鶚視) è shì 물수리처럼 날카롭게 보다 鹗表(鶚表) è biǎo 추천서 鹗荐(鶚薦) è jiàn 인품을 보증하여 추천하다 鹗荐人才 è jiàn rén cái 인재를 추천하다

面前 miàn qián 면전(앞)   旁边 páng biān 옆   对面儿 duì miànr 맞은쪽   中间儿 zhōng jiānr 중간

14획

| 새소리 앵
잉 yīng | 嚶 嚶 | 嚶鸣(嚶鳴) yīng míng (새가) 지저귀다
嚶泣(嚶泣) yīng qì 낮은 소리를 내며 흐느껴 울다
群鸟在树上嚶鸣 qún niǎo zài shù shàng yīng míng 뭇새들이 나무에서 지저귀다 |

| 큰곰 비
피 pí | 羆 羆 | 羆熊(羆熊) pí xióng 큰 곰
熊羆(熊羆) xióng pí 보통 곰과 큰 곰(무사나 용사를 뜻함)
熊羆入梦(熊羆入夢) xióng pí rù mèng 보통 곰과 큰 곰이 꿈에 보이다(귀동자를 낳을 징조 또는 남의 아들의 출생을 축하하는 말)
不惧熊羆 bù jù xióng pí 그 어떤 곰도 겁내지 않다 |

| 부의 부
부 fù | 賻 賻 | 赙仪(賻儀) fù yí 조의금
赙赠(賻贈) fù zèng 초상집에 부의금을 보내다
赙助(賻助) fù zhù 부의를 상가에 보내어 돕다
拿多少赙仪 ná duō shǎo fù yí? 부의금을 얼마나 낼까요? |

| 양병 앵
잉 yīng | 罌 罌 | 罂瓶(罌瓶) yīng píng 술병(배가 부르고 아가리가 작은 병)
罂缶(罌缶) yīng fǒu 양병(배가 부르고 아가리가 작은 병)
罂粟(罌粟) yīng sù 양귀비(식물의 일종) |

| 속일 잠
속일 렴
쫜 zhuàn | 赚 賺 | 赚钱(賺錢) zhuàn qián 이윤을 내다, 돈을 벌다
赚食(賺食) zhuàn shí 밥벌이하다
有赚无赔(有賺無賠) yǒu zhuàn wú péi 이익은 있어도 손해는 없다
做买卖赚钱 zuò mǎi mài zhuàn qián 장사를 하여 돈을 벌다 |

| 송골매 골
후 hú
구 gǔ | 鹘 鶻 | 鹘鸠(鶻鳩) hú jiū 산비둘기
鹘突(鶻突) hú tū 흐리멍텅하다, 어리벙벙하다(糊涂라고도 함)
鹘鵃(鶻鵃) gǔ zhōu 산비둘기 |

| 새길 계
체 qiè | 锲 鍥 | 锲薄(鍥薄) qiè báo 돈을 깎아 박하게 하다, 각박하다, 잔혹하다
锲而不舍(鍥而不舍) qiè ér bù shě 새기다가 중도에서 그만두지 않는다(인내심을 갖고 일을 계속한다는 뜻)
锲而不舍, 金石可镂 qiè ér bù shě, jīn shí kě lòu 정성이 지극하면 돌 위에도 꽃이 핀다 |

彩色 cǎi sè 칼라　　黑白 hēi bái 흑백　　白色 bái sè 흰색　　黑色 hēi sè 검정색

14획

| 쇠 **개** | 锴 鍇 | 锴铁(鍇鐵)kǎi tiě 좋은 철, 잘 정제된 철
锴(鍇) kǎi 개(주로 인명에 쓰임) |

카이 kǎi

| 스트론튬 **사** | 锶 鍶 | 锶(鍶)sī 스트론튬 Sr(화학원소) |

쓰 sī

| 칼날 **악** | 锷 鍔 | 锷(鍔)è 칼과 검의 날
锋锷(鋒鍔)fēng è 창 끝과 칼날
锷利(鍔利)è lì 칼날이 예리하다
锷未残 è wèi cán 칼날이 무뎌지지 않다 |

어 è

| 가래 **초** | 锹 鍬 | 铁锹(鐵鍬)tiě qiāo 삽
两锹土(兩鍬土)liǎng qiāo tǔ 흙 두 삽
挥锹(揮鍬)huī qiāo 삽질하다
挖一锹深 wā yī qiāo shēn 한 삽 깊이로 파다 |

챠오 qiāo

| 가래 **삽** | 锸 鍤 | 操锸(操鍤)cāo chā 삽을 잡다
荷锸(荷鍤)hè chā 삽을 메다 |

챠 chā

| 쇠불릴 **단** | 锻 鍛 | 锻铁(鍛鐵)duàn tiě 쇠를 단련함, 연철(鍊鐵)
锻工(鍛工)duàn gōng 단조, 단조공
锻接(鍛接)duàn jiē 단접하다
锻炼身体 duàn liàn shēn tǐ 신체를 단련하다 |

똰 duàn

| 아로새길 **수** | 锼 鎪 | 雕锼(雕鎪)diāo sōu 조각하다
锼镂(鎪鏤)sōu lòu 조각하다
锼弓子(鎪弓子)sōu gōng zi (조각 등에 쓰이는) 실톱, 쇠줄톱
锼花纹(儿) sōu huā wén(r) 꽃무늬를 새기다 |

써우 sōu

黄色 huáng sè 노랑색　　红色 góng sè 붉은색　　绿色 lǜ sè 녹색　　紫色 zǐ sè 보라색

중국어 간체자 쉽게 배우기 | 305

14획

무게단위 환 환 huán	锾	鍰	锾(鍰) huán 환(고대의 무게 단위, 지금의 6량에 해당) 罚锾(罰鍰) fá huán 벌금(을 부과하다)
금옥소리 장 챵 qiāng	锵	鏘	锵金(鏘金) qiāng jīn 소리가 울려나는 금 锵锵(鏘鏘) qiāng qiāng 뚱땅뚱땅, 쟁쟁(금속, 옥 따위가 부딪치는 소리 또는 타악기 따위의 소리) 锣声锵锵(鑼聲鏘鏘) luó shēng qiāng qiāng 징소리가 쟁쟁 울리다 铿锵悦耳 kēng qiāng yuè ěr 소리가 귀에 듣기 좋다
아인슈타이늄 애 아이 āi	锿	鎄	锿(鎄) āi 아인슈타이늄 Es(화학원소)
도금할 도 뚜 dù	镀	鍍	镀金(鍍金) dù jīn 도금하다, 간판을 따다 电镀(電鍍) diàn dù 전기 도금 镀首饰(鍍首飾) dù shǒu shì 금 도금한 장신구 留学不是为了镀金 liú xué bù shì wèi le dù jīn 유학은 간판을 따내기 위해서가 아니다
마그네슘 미 메이 měi	镁	鎂	镁(鎂) měi 마그네슘 Mg(화학원소) 镁光(鎂光) měi guāng (마그네슘 광) 플래시 라이트 镁砂(鎂砂) měi shā 마그네시아, 산화 마그네슘
새길 루 러우 lòu	镂	鏤	镂身(鏤身) lòu shēn 문신하다 镂骨(鏤骨) lòu gǔ 마음에 깊이 새기다 镂骨铭心(鏤骨銘心) lòu gǔ míng xīn 마음속 깊이 명심하다 镂月裁云 lòu yuè cái yún 달을 새기고 구름을 재단하다(솜씨가 교묘함을 비유)
호미 자 쯔 zī	镃	鎡	镃基(鎡基) zī jī 큰 호미(고대에 사용하던 호미)

棕色 zōng sè 갈색　　蓝色 lán sè 남색　　灰色 huī sè 회색　　银色 yín sè 은색

14획

페르뮴 **비**

베이 fèi

镄 鐨

镄(鐨) fèi 페르뮴 Fm·Ct(화학원소)

아메리슘 **미**

메이 méi

镅 鎇

镅(鎇) méi 아메리슘 Am(화학원소)

무수리 **추**

츄 qiū

鹙 鶖

鹙(鶖) qiū 무수리(고서에 나오는 물새의 일종)
秃鹙(禿鶖) tū qiū 무수리, 독추, 대머리(속어)
秃鹙叼走一条蛇 tū qiū diāo zǒu yī tiáo shé 무수리가 뱀 한 마리를 물고 가다

평온할 **온**

원 wěn

稳 穩

稳定(穩定) wěn dìng 안정(하다), 가라앉음
稳静(穩靜) wěn jìng (태도나 상황이) 조용하다, 온화하다
稳如泰山(穩如泰山) wěn rú tài shān 태산처럼 끄떡이지 않다
稳定情绪 wěn dìng qíng xù 정서를 안정시키다

살평상 **책**

쩌 zé

簀 簀

簀床(簀床) zé chuáng 살평상(쪽나무로 된 침대)
簀子(簀子) zé zi 대오리로 만든 자리, 삿자리
易簀(易簀) yì zé 임종
睡簀床 shuì zé chuáng 살평상에서 자다

상자 **협**

체 qiè

箧 篋

箧衍(篋衍) qiè yǎn 대나무 혹은 갈대로 짠 바구니
藤箧(藤篋) téng qiè 등나무로 짠 상자
行箧(行篋) xíng qiè (길 갈 때 지니는) 작은 상자
手提行箧 shǒu tí xíng qiè 손에 작은 상자를 들다

대거풀 **탁**

퉈 tuò

箨 籜

箨(籜) tuò 죽순껍질
箨龙(籜龍) tuò lóng 죽순의 별칭

味儿 wèir 맛　　香 xiāng 향기롭다, 맛좋다　　甜 tián 달다　　苦 kǔ 쓰다

14획

광주리 라	箩(籮)	箩筐(籮筐) luó kuāng 광주리
뤄 luó		箩筛(籮篩) luó shāi 체
		箩头(籮頭) luó tóu 광주리
		背箩筐 bēi luó kuāng 광주리를 짊어지다

대광주리 단 箪(簞)
단 dān
- 箪笥(簞笥) dān sì 대로 만든 둥글거나 네모난 음식상자
- 箪食瓢饮(簞食瓢飲) dān sì piáo yǐn 소쿠리 밥과 표주박 물
- 箪食壶浆(簞食壺漿) dān sì hú jiāng 소쿠리 밥과 항아리 국 (백성들이 음식을 마련하여 군대를 환영함을 비유)

책상자 록 箓(籙)
루 lù
- 图箓(圖籙) tú lù 도록(미래의 길흉을 예언하여 기록한 책)
- 符箓(符籙) fú lù 부적
- 墙上贴符箓 qiáng shàng tiē fú lù 벽에 잡귀신 쫓는 부적을 붙이다

퉁소 소 箫(簫)
샤오 xiāo
- 箫管(簫管) xiāo guǎn 퉁소, 소와 피리
- 吹箫(吹簫) chuī xiāo 소를 불다
- 箫韶九成(簫韶九成) xiāo sháo jiǔ chéng 소소(순 임금의 음악)를 아홉 번 연주함
- 吹箫欢乐 chuī xiāo huān lè 소를 불며 즐기다

수레 여 舆(輿)
위 yú
- 舆论(輿論) yú lùn 세상 사람들의 의론
- 舆情(輿情) yú qíng 대중의 의향
- 舍舆登舟(舍輿登舟) shě yú dēng zhōu 수레에서 내려 배에 오르다
- 重视舆论 zhòng shì yú lùn 여론을 중시하다

종지뼈 빈 膑(臏)
빈 bìn
- 膑骨(臏骨) bìn gǔ 종지뼈, 슬개골
- 膑脚(臏脚) bìn jiǎo 옛날 발을 자르는 형벌
- 伤了膑骨 shāng le bìn gǔ 슬개골을 다치다

복 규 鲑(鮭)
구이 guī
셰 xié
- 鲑鱼(鮭魚) guī yú 연어
- 鲑菜(鮭菜) xié cài 물고기 요리
- 鲑鱼生在江河, 长在海里 guī yú shēng zài jiāng hé, zhǎng zài hǎi lǐ 연어는 민물에서 나서 바다에서 자란다

淡 dàn 싱겁다   酸 suān 시다   咸 xián 짜다   涩 sè 떫다   辣 là 맵다

14획

대합 길 제 jié	鲒 鮚	鲒(鮚) jié 대합, 무명조개 鲒埼亭(鮚埼亭) jié qí tíng 길기정(지금의 저장성 은현 부근) 鲒酱(鮚醬) jié jiàng 조개장(대합살로 만든 장) 鲒酱可口 jié jiàng kě kǒu 조개장이 입맛에 맞다
다랑어 유 웨이 wěi	鲔 鮪	鲔(鮪) wěi 다랑어 鲔鱼长三米, 重三百五十公斤, 冬季味道好 wěi yú cháng sān mǐ, zhòng sān bái wǔ shí gōng jīn, dōng jì wèi dào hǎo 다랑어는 길이 3m에 무게는 350kg이며, 겨울에 맛이 좋다
가물치 동 퉁 tóng	鲖 鮦	鲖鱼(鮦魚) tóng yú 가물치 鲖城(鮦城) tóng chéng 동성(안후이성에 있는 지명) 鲖鱼头活象蛇头 tóng yú tóu huó xiàng shé tóu 가물치 머리는 신기하게도 뱀의 머리와 비슷하다
오징어 즉 쩨이 zéi	鲗 鰂	鲗鱼(鰂魚) zéi yú 오징어 鲗鱼生拌味道好 zéi yú shēng bàn wèi dào hǎo 오징어회가 맛이 좋다
회 회 콰이 kuài	鲙 鱠	鲙鱼(鱠魚) kuài yú 준치 鲙鱼虽然味道鲜, 但是鱼刺多 kuài yú suī rán wèi dào xiān, dàn shì yú cì duō 준치는 맛이 좋으나 가시가 많다
갈치 제 지 jì	鲚 鱭	鲚鱼(鱭魚) jì yú 갈치, 싱어 油炸鲚鱼(油炸鱭魚) yóu zhá jì yú 갈치를 기름에 튀기다
상어 교 쟈오 jiāo	鲛 鮫	鲛鱼(鮫魚) jiāo yú 상어 防备鲛鱼伤人 fáng bèi jiāo yú shāng rén 상어가 사람 해치는 것을 방비하다

腥 xīng 비리다   油腻 yóu nì 기름지다   清淡 qīng dàn 담백하다

14획

고울 선 셴 xiān	鲜 鮮	新鲜(新鮮) xīn xiān 새롭고 깨끗함 鲜花(儿)(鮮花(兒)) xiān huā (r) 생화 屡见不鲜(屢見不鮮) lǚ jiàn bù xiān 자주 봐서 신기하지 않다 每天喝鲜奶 měi tiān hē xiān nǎi 매일 매일 생우유를 마시다
칼철갑상어 상 쉰 xún	鲟 鱘	鲟鱼(鱘魚) xún yú 철갑상어 鲟鱼卵(鱘魚卵) xún yú luǎn 철갑상어의 알젓(캐비어) 鲟骨(鱘骨) xún gǔ 철갑상어 머리의 연골 鲟鱼多产于韩国西南海和中国海 xún yú duō chǎn yú hán guó xī nán hǎi hé zhōng guó hǎi 철갑상어는 한국의 서남연해와 중국의 바다에서 많이 잡힌다
바람소리 류 류 liú	飗 飀	飗飗(飀飀) liú liú 바람소리, 미풍이 부는 모양 耳听飗飗风声 ěr tīng liú liú fēng shēng (귓가에) 솔솔 불어오는 바람소리를 듣다
흉년들 근 진 jǐn	馑 饉	饥馑(飢饉) jī jǐn 먹을 양식이 없어 굶주림 馑年(饉年) jǐn nián 흉년 连年饥馑, 贫民逃荒 lián nián jī jǐn, pín mín táo huāng 해마다 흉작이니 빈궁한 백성들이 살던 곳을 버리고 동냥하러 떠나다
만두 만 만 mán	馒 饅	馒头(饅頭) mán tou 만두, (소가 없는) 찐빵 蒸馒头(蒸饅頭) zhēng mán tou 만두를 찌다, 빵을 찌다 爱吃馒头 ài chī mán tou 만두를 즐겨먹다
방울 란 롼 luán	銮 鑾	起銮(起鑾) qǐ luán 임금이 행차하다 回銮(回鑾) huí luán 환궁하다 銮舆(鑾輿) luán yú 천자의 수레 起銮随行 qǐ luán suí xíng 임금의 행차에 수행하다
묻을 예 이 yì	瘗 瘞	瘗埋(瘞埋) yì mái 지신(地神)에게 제사 지낸 제물을 땅에 묻는 의식 瘗位(瘞位) yì wèi 제사가 끝난 후 축(祝)과 백(帛)을 묻는 곳 瘗埋祭品 yì mái jì pǐn 제물을 땅에 묻다

踢 tī 차다　拍 pāi 치다, 찍다　走 zǒu 걷다, 가다　去 qù 가다　来 lái 오다

14획

부스럼 루 러우 lòu	瘻 瘘	瘻疮(瘻瘡)lòu chuāng 농이 빠지고 딱지가 앉은 부스럼 瘻管(瘻管)lòu guǎn 몸 속 화농한 부분과 바깥이 연결되는 통로 瘻痔(瘻痔)lòu zhì 치질 服中药,根治瘻痔 fú zhōng yào, gēn zhì lòu zhì 한약을 써서 치질을 근치하다
바라볼 감 칸 kàn	阚 闞	俯阚(俯闞)fǔ kàn 굽어보다 俯阚市容 fǔ kàn shì róng 도시의 모습을 굽어보다
담글 자 자 zhǎ	鲝 鮺	鲝(鮺)zhǎ 젓갈 鲝草(鮺草)zhǎ cǎo 붕어나 마름 따위의 생물 鲝草滩(鮺草灘)zhǎ cǎo tān 스촨성에 있는 지명 野餐带鲝鱼方便 yě cān dài zhǎ yú fāng biàn 야외식사로 소금에 절인 물고기를 갖고 가는 것이 편리하다
건어 상 샹 xiǎng	鲞 鯗	白鲞(白鯗)bái xiǎng 굴비 鳗鲞(鰻鯗)mán xiǎng 말린 뱀장어 鲞货(鯗貨)xiǎng huò 말린 물고기, 절인 물고기 商店进一批鲞货 shāng diàn jìn yī pī xiǎng huò 상점에서 한 더미의 말린 물고기를 들여오다
나물죽 삼 싼 sǎn	糁 糝	糁粒(糝粒)sǎn lì 낟알, 쌀알 糁糁(糝糝)sǎn sǎn 분분하게 흩어지는 모양 糁食(糝食)sǎn shí 쌀가루를 넣어 끓인 죽 面粉糁了满地 miàn fěn sǎn le mǎn dì 밀가루가 온 바닥에 뿌려져 있다
가마우지 자 츠 cí	鹚 鷀	鸬鹚(鸕鷀)lú cí 가마우지
강이름 소 샤오 xiāo	潇 瀟	潇水(瀟水)xiāo shuǐ 소수(후난성에 있는 강) 潇洒(瀟灑)xiāo sǎ (모습, 행동 따위가) 자연스럽고 대범하다, 구속을 받지 않다 潇潇(瀟瀟)xiāo xiāo 비바람이 세찬 모양 秋风潇潇 qiū fēng xiāo xiāo 가을 바람이 강하게 불다

坐 zuò 앉다　　站 zhàn (起 qǐ) 서다　　看 kàn 보다　　望 wàng 바라보다　　听 tīng (闻 wén) 듣다

14획

넘칠 렴 潋(瀲) 랜 liàn
- 潋潋(瀲瀲) liàn liàn 물이 넘실거리는 모양
- 潋江水(瀲江水) liàn jiāng shuǐ 염강수(장쑤성에 있는 강)
- 翠潋(翠瀲) cuì liàn 푸른 물가
- 湖水潋艳 hú shuǐ liàn yàn 호수의 물결이 반짝거리다

강이름 유 潍(濰) 웨이 wéi
- 潍河(濰河) wéi hé 유하(싼둥성 거현에서 황해로 흐르는 강)
- 潍县(濰縣) wéi xiàn 유현(싼둥성에 있는 현)

굿할 새 赛(賽) 싸이 sài
- 竞赛(競賽) jìng sài 경쟁하다, 경기하다
- 足球赛(足球賽) zú qiú sài 축구시합
- 赛跑(賽跑) sài pǎo 달리기 경주
- 进行友谊比赛 jìn xíng yǒu yì bǐ sài 친선 경기를 하다

가난할 구 窭(窶) 쥐 jù
- 窭(窶) jù 빈궁하다
- 窭薮(窶藪) jù sǒu (물건을 일 때 머리 위에 얹어서 받치는) 또아리
- 救济窭困户 jiù jì jù kùn hù 빈곤한 집을 구제하다

이야기 담 谭(譚) 탄 tán
- 谭思(譚思) tán sī 깊이 생각하다
- 谭谭(譚譚) tán tán 고요하고 깊은 모양
- 这简直是天方夜谭 zhè jiǎn zhí shì tiān fāng yè tán 이는 그야말로 허황되고 터무니없는 이야기이다

참소할 참 谮(譖) 쩐 zèn
- 谮人(譖人) zèn rén 남을 헐뜯다
- 谮言(譖言) zèn yán 남을 헐뜯는 말
- 谮诉(譖訴) zèn sù 남을 헐뜯어 윗사람에게 거짓으로 고해 바치는 일
- 不理会其谮言 bù lǐ huì qí zèn yán 그 헐뜯는 말은 상관하지 않는다

끈 괴 襀(襀) 쿠이 kuì
- 活襀儿(活襀兒) huó kuìr 풀매듭
- 死襀儿(死襀兒) sǐ kuìr 옭매듭
- 襀个襀儿(襀個襀兒) kuì ge kuìr 매듭짓다
- 把牲口襀上 bǎ shēng kǒu kuì shàng 가축을 매어 놓다

吃 chī 먹다　喝 hē 마시다　洗 xǐ 씻다　笑 xiào 웃다　哭 kū 울다　说 shuō 말하다

14획

남루할 루
뤼 lǚ
褛 褸
褴褛(襤褸) lán lǚ 누더기, 옷 따위가 낡고 해져서 너절함
他身着褴褛 tā shēn zhuó lán lǚ 그의 옷차림은 남루하다

망루 초
꾸짖을 초
챠오 qiáo, qiào
谯 譙
谯楼(譙樓) qiáo lóu 문루
谯门(譙門) qiáo mén 초루의 문
谯责(譙責) qiào zé 질책하다
谯责不负责任行为 qiào zé bù fù zé rèn xíng wéi 무책임한 행위를 질책하다

헐뜯을 란
란 lán
谰 讕
谰言(讕言) lán yán 중상모략의 말, 허튼소리, 망언
谰辞(讕辭) lán cí 아무 생각없이 불쑥 한 말
谰言恶语(讕言惡語) lán yán è yǔ 근거 없는 악담
谰言不值一驳 lán yán bù zhí yī bó 허튼소리는 반박할 가치가 없다

계보 보
푸 pǔ
谱 譜
家谱(家譜) jiā pǔ 한 집안의 계보, 족보
乐谱(樂譜) yuè pǔ 악곡을 일정한 기호를 써서 기록한 것
谱写(譜寫) pǔ xiě 작곡(창작)하다, 아로새기다, 짓다
谱写歌曲 pǔ xiě gē qǔ 노래를 짓다

속일 휼
쒜 jué
谲 譎
谲诡(譎詭) jué guǐ 간교하다, 거짓(말)
谲谏(譎諫) jué jiàn 에둘러 충고하다
云谲波诡(云譎波詭) yún jué bō guǐ 구름과 파도처럼 변화무쌍하여 종잡을 수 없다
谲诈大众 jué zhà dà zhòng 간교하게 여러 사람을 얼러넘기다

멧새 미
메이 méi
鹛 鶥
鹛(鶥) méi 미조(멧새의 일종)
鹛鸟叫声婉转好听 méi niǎo jiào shēng wǎn zhuǎn hǎo tīng 미조의 울음소리가 유창하고 구성지어 듣기 좋다

궁녀 장
챵 qiáng
嫱 嬙
嫱媛(嬙媛) qiáng yuán 급이 높은 첩, 궁빈(宮嬪)

问 wèn (打听 dǎ tīng) 묻다   谈 tán 이야기하다   吸 xī 들이 마시다, 빨아들이다   做(作) zuò 하다, 만들다

14획

집오리 목 우 wù	鹜 鶩	鹜列(鶩列) wù liè 집오리처럼 늘어서다(관리들의 행렬을 비유) 鹜没(鶩没) wù mò 집오리처럼 물속에 잠기다 趋之若鹜(趨之若鶩) qū zhī ruò wù 집오리처럼 떼지어 달려가다, 　(부정적인 뜻에서) 우르르 몰려가다, 옳지 않은 일에 확 달려들다 鸡鹜成群 jī wù chéng qún 닭과 집오리가 무리를 짓다
옥색 표 퍄오 piǎo, piāo	缥 縹	缥色(縹色) piāo sè 엷은 남색 缥缈(縹緲) piāo miǎo 멀리 희미하게 보이는 모양 云烟缥缈(云烟縹緲) yún yān piāo miǎo 구름과 연기가 앞을 가려 　어렴풋하다 前途缥缈 qián tú piāo miǎo 앞길이 희미하다
표절따 표 뱌오 biāo 퍄오 piào	骠 驃	黄骠马(黃驃馬) huáng biāo mǎ 누런 바탕에 흰점이 있는 말 骠勇(驃勇) piào yǒng 용맹스럽다 骠骑将军(驃騎將軍) piào qí jiāng jūn 무관 품계의 하나 战马骠勇 zhàn mǎ piào yǒng 군마가 용맹스럽다
무늬없을 만 만 màn	缦 縵	缦立(縵立) màn lì 가만히 멈춰 서다 缦裆裤(縵襠褲) màn dāng kù 통바지 缦缦(縵縵) màn màn 완만하다, 구름이 서서히 엷어지는 모양 倚栏缦立 yǐ lán màn lì 난간에 기대여 하염없이 서 있다
노새 라 뤄 luó	骡 騾	骡子(騾子) luó zi 노새 骡驹子(騾駒子) luó jū zi 새끼 노새 骡夫(騾夫) luó fū 노새를 부리는 사람 骑骡子 qí luó zi 노새를 타다
포승 류 레이 léi	缧 縲	缧绁(縲絏) léi xiè 오랏줄, 옛날의 감옥 缧萦(縲縈) léi yíng 레이온, 인조견사 缧囚(縲囚) léi qiú 수감된 죄인 关进缧绁, 剥夺自由 guān jìn léi xiè, bō duó zì yóu 감옥에 　가둬 넣고 자유를 박탈하다
갓끈 영 잉 yīng	缨 纓	缨子(纓子) yīng zi 장식용의 술 缨帽(纓帽) yīng mào 청나라 관리가 쓰던 모자 萝卜缨(蘿卜纓) luó bo yīng 무잎 戴缨帽 dài yīng mào 술이 달린 모자를 쓰다

拽 zhuài 잡아당기다　　拉 lā 당기다, 끌다　　推 tuī 밀다　　买 mǎi 사다　　卖 mài 팔다

14획 / 15획

훈음	간체	번체	용례
총이말 총 충 cōng	骢	驄	青骢马(青驄馬) qīng cōng mǎ 총이말 五花骢(五花驄) wǔ huā cōng 얼룩말 跨青骢马 kuà qīng cōng mǎ 총이말을 타다
다스릴 축 쒀 suō	缩	縮	缩短(縮短) suō duǎn 짧게 줄어듦 또는 줄임 缩紧(縮緊) suō jǐn 꽉 죄다, 바싹 움츠리다 缩头拱肩(縮頭拱肩) suō tóu gǒng jiān 머리를 움츠리고 어깨를 꼬부리다(추위를 타거나 겁내는 모양) 缩短距离 suō duǎn jù lí 거리를 단축하다
삼열단 무 잘못할 류 머우 móu 뮤 miù	缪	繆	绸缪(綢繆) chóu móu (감정 등이) 서로 얽혀 떨어지지 않다, 사전에 준비하다, 꽃봉오리가 빽빽한 모양 纰缪(紕繆) pī miù 잘못, 착오, 오류 纠正纰缪 jiū zhèng pī miù 오류를 바로잡다
고치켤 소 싸오 sāo	缫	繅	缫丝(繅絲) sāo sī 고치를 켜 실을 뽑다 缫茧(繅繭) sāo jiǎn 고치에서 실을 뽑다 缫车(繅車) sāo chē 물레 缫丝织布 sāo sī zhī bù 고치에서 실을 뽑아 천을 짜다
씨뿌리는기구 루 러우 lóu	耧	耬	耧子(耬子) lóu zi 파종용 농기구 耧播(耬播) lóu bō 농기구를 사용하여 파종하다 耧地 lóu dì (파종용 농기구로) 밭에 파종하다
구슬목걸이 영 잉 yīng	璎	瓔	璎(瓔) yīng 옥과 비슷한 돌 璎珞(瓔珞) yīng luò 영락(목에 두르는 구슬을 꿰어 만든 장식품) 璎珞木(瓔珞木) yīng luò mù 영락목 璎珞枣(儿) yīng luò zǎo (r) 타원형 대추의 일종
구름낄 체 따이 dài	叇	靆	叆叇(靉靆) ài dài 구름이 자욱히 낀 모양, 구름이 해를 덮어 어두운 모양 叆叇不清 ài dài bù qīng 구름이 자욱하여 맑지 못하다

穿 chuān 입다, 신다　　脱 tuō 벗다　　躺 tǎng 눕다　　爬 pá 기다　　想 xiǎng 생각하다

15획

쫓을 련 냰 niǎn	撵 撵	撵走(撵走) niǎn zǒu 쫓아내다 撵不上(撵不上) niǎn bù shàng 쫓아갈 수 없다 撵不动(撵不動) niǎn bù dòng (힘이 없어서) 쫓아낼 수 없다 撵走围观者 niǎn zǒu wéi guān zhě 에워싸고 구경하는 사람들을 쫓아 버리다
딸 힐 셰 xié	撷 擷	采撷(采擷) cǎi xié 따다 撷取精华(擷取精華) xié qǔ jīng huá 정수(精髓)를 취하다 采撷果子 cǎi xié guǒ zi 과일을 따다
던질 찬 촨 cuān	撺 攛	撺去(攛去) cuān qù 던져 버리다 撺掇(攛掇) cuān duo 부추김, 꼬드기다 撺弦子(攛弦子) cuān xuán zi 화를 내다 他撺掇我一起出国 tā cuān duo wǒ yī qǐ chū guó 그는 나에게 함께 출국하자고 권했다
귀머거리 외 쿠이 kuì	聩 聵	聩聩(聵聵) kuì kuì 우매하고 무지한 모양 昏聩(昏聵) hūn kuì 눈이 잘 보이지 않고 귀가 잘 들리지 않다 振聋发聩(振聾發聵) zhèn lóng fā kuì 귀머거리도 들을 수 있도록 큰 소리를 내다, 깨우쳐 주다 不能再过昏聩的日子 bù néng zài guò hūn kuì de rì zi 또 다시 흐리멍덩한 나날을 지낼 수 없다
귀밝을 총 충 cōng	聪 聰	聪明(聰明) cōng míng 똑똑하고 영리함 耳聪目明(耳聰目明) ěr cōng mù míng 귀와 눈이 밝다, 분명하게 보고 들을 수 있다 聪明才智(聰明才智) cōng míng cái zhì 총명한 재질 这孩子很聪明 zhè hái zi hěn cōng míng 이 아이는 매우 총명하다
뵐 근 진 jìn	觐 覲	觐见(覲見) jìn jiàn 만나 뵙다, 배알하다 觐亲(覲親) jìn qīn 시집 간 여자가 친정에 가서 부모를 뵙는 일, 스님이 속가의 부모를 찾아 뵙는 일 入觐(入覲) rù jìn 궁중에 들어가 천자를 만나뵈다 觐见君主 jìn jiàn jūn zhǔ 군주를 배알하다
종족이름 달 다 dá	鞑 韃	鞑子(韃子) dá zi 몽고인 鞑子馆(韃子館) dá zi guǎn 옛날 북경의 몽고인이 많이 살던 곳 鞑靼 dá dá 타타르, 달단(옛날 북방 유목민족에 대한 총칭)

喜欢 xǐ huān 좋아하다　　拿 ná 쥐다, 잡다　　搬 bān 옮기다　　运 yùn 운송하다　　打 dǎ 치다, 때리다

15획

뜻/한자	간체	예문
말안장 교 챠오 qiáo	鞒 (轎)	鞍鞒(鞍轎) ān qiáo 말 안장 前鞒(前轎) qián qiáo 말 안장의 앞턱 后鞒(后轎) hòu qiáo 말 안장의 뒤턱 下鞍鞒 xià ān qiáo 말에서 내리다
풀이름 기 치 qí	蕲 (蘄)	蕲求(蘄求) qí qiú 기구(祈求)하다 蕲艾(蘄艾) qí ài 후베이성 기춘현에서 나는 쑥 蕲竹(蘄竹) qí zhú 후베이성 기춘현에서 생산되는 대나무 蕲求老天下雨 qí qiú lǎo tiān xià yǔ 비 내리라고 하늘에 빌다
깊숙할 색 쩌 zé	赜 (賾)	探赜(探賾) tàn zé 오묘한 것을 탐구함 探赜索隐(探賾索隱) tàn zé suǒ yǐn 깊고 오묘한 것을 찾다 钩深探赜 gōu shēn tàn zé (학문을) 깊이 파고 들다
쌓을 온 윈 yùn	蕴 (蘊)	蕴藏(蘊藏) yùn cáng 묻히다, 간직해 두다 蕴涵(蘊涵) yùn hán 포함하다, 내포하다 石中蕴玉(石中蘊玉) shí zhōng yùn yù 돌 속에 옥이 박혀 있다 蕴涵丰富的内容 yùn hán fēng fù de nèi róng 풍부한 내용이 내포되다
돛대 장 챵 qiáng	樯 (檣)	樯竿(檣竿) qiáng gān 돛대 帆樯如林(帆檣如林) fān qiáng rú lín 배가 많이 떠 있다 樯倾楫摧(檣傾楫摧) qiáng qīng jí cuī 폭풍우로 말미암아 돛대는 기울고 노는 부러지다(배가 한 척도 나갈 수 없다는 뜻) 海上帆樯如林 hǎi shàng fān qiáng rú lín 바다에 돛대가 수림처럼 떠 있다
앵두나무 앵 잉 yīng	樱 (櫻)	樱桃(櫻桃) yīng táo 앵두나무, 앵두 樱花(櫻花) yīng huā 벚나무, 벚꽃 樱桃小口(櫻桃小口) yīng táo xiǎo kǒu 앵두 같이 작고 예쁜 입 樱花盛开 yīng huā shèng kāi 벚꽃이 만발하다
회오리바람 표 퍄오 piāo	飘 (飄)	飘摇(飄搖) piāo yáo (바람에) 나부끼다 飘散(飄散) piāo sàn 사방으로 흩날리다, (향기를) 풍기다 神采飘逸(神采飄逸) shén cǎi piāo yì 풍채가 뛰어나다 一表扬, 他就飘飘然 yī biǎo yáng, tā jiù piāo piāo rán 드러내 칭찬하기만 하면 그는 곧 우쭐거린다

开 kāi 열다, 켜다   闭(关 guān) bì 닫다, 끄다   唱 chàng (노래) 부르다   跳 tiào (높이) 뛰다, (춤을) 추다

15획

보조개 **엽** 보조개 **압** 예 yè	靥	靨	酒靥(酒靨) jiǔ yè 보조개 靥子(靨子) yè zi 볼에 있는 검은 점 迷人的靥笑 mí rén de yè xiào 보조개가 패이는 매혹적인 웃음 脸上露出靥笑 liǎn shàng lòu chū yè xiào 얼굴에 보조개가 팬 매혹적인 웃음을 띠다
가위눌릴 **염** 얜 yǎn	魇	魘	梦魇(夢魘) mèng yǎn 무서운 꿈을 꾸고 놀람 魇魅(魘魅) yǎn mèi 요술로 사람을 죽이다 魇语(魘語) yǎn yǔ 잠꼬대하다 一夜梦魇, 没睡好觉 yī yè mèng yǎn, méi shuì hǎo jiào 밤새 악몽을 꾸느라 잠을 제대로 자지 못했다
물릴 **염** 얜 yàn	餍	饜	餍饱(饜飽) yàn bǎo 배불리 먹음 餍望(饜望) yàn wàng 욕망 餍我老饕(饜我老饕) yàn wǒ lǎo tāo 물릴 만큼 배불리 먹다 人心无餍 rén xīn wú yàn 인간의 마음에 만족이란 없다
곰팡이 **미** 메이 méi	霉	黴	霉味(儿)(黴味(兒)) méi wèi (r) 곰팡내 霉污(黴污) méi wū 곰팡이가 피어 더럽다, 곰팡이 얼룩 霉烂(黴爛) méi làn 곰팡이가 피어 썩다 不能吃发霉的食品 bù néng chī fā méi de shí pǐn 곰팡이가 핀 식료품은 먹지 못한다
도르래 **록** 루 lù	辘	轆	辘轳(轆轤) lù lú (두레박용의) 고패, 도르래 辘轳线(轆轤線) lù lú xiàn 재봉틀 실 辘辘(轆轆) lù lú 덜커덕덜커덕, 덜컹덜컹(수레바퀴 소리) 摇辘轳汲水 yáo lù lú jí shuǐ 두레박의 고패를 돌려서 물을 긷다
어긋날 **어** 위 yǔ	龉	齬	龃龉(齟齬) jǔ yǔ 치아의 아래위가 맞지 않다, 의견이 엇갈리다 双方发生龃龉 shuāng fāng fā shēng jǔ yǔ 쌍방간에 의견 충돌이 생기다
악착할 **착** 춰 chuò	龊	齪	龌龊(齷齪) wò chuò 더럽다, 옹졸하다, 쓸모없다 龊龊(齪齪) chuò chuò 경건한 모양, 삼가는 모양 龌龊得很(齷齪得很) wò chuò de hěn 매우 옹졸하다 他是个龌龊小人 tā shì ge wò chuò xiǎo rén 그는 옹졸한 졸장부이다

大 dà 크다　　小 xiǎo 작다　　长 cháng 길다　　短 duǎn 짧다　　高 gāo 높다　　低 dī 낮다

15획

엿볼 **처** 취 qù	覷 覰	覷空(覷空) qù kòng 기회를 엿보다 覷步(覷步) qù bù 여기저기 살펴보면서 걸어가다 面面相覷(面面相覷) miàn miàn xiāng qù 얼굴을 서로 마주보다 覷空逃跑 qù kòng táo pǎo 기회를 타서 도망치다
속일 **만** 만 mán	瞞 瞞	隐瞒(隱瞞) yǐn mán 속이다 瞒上欺下(瞞上欺下) mán shàng qī xià 윗사람을 속이고 아랫사람을 업신여기다 瞒心昧己(瞞心昧己) mán xīn mèi jǐ 양심을 저버리고 스스로를 속이다 隐瞒错误 yǐn mán cuò wù 착오를 속이다
표제 **제** 티 tí	題 題	标题(標題) biāo tí (책, 연설, 기사 등의) 제목 试题(試題) shì tí 시험문제 题名道姓(題名道姓) tí míng dào xìng 성과 이름을 대다 解决问题 jiě jué wèn tí 문제를 해결하다
공경할 **옹** 융 yóng	顒 顒	颙望(顒望) yóng wàng 간절히 바람 颙坐(顒坐) yóng zuò 단정하게 앉다 颙戴(顒戴) yóng dài 흠모하며 받들다, 옹호하며 받들다 受人颙戴 shòu rén yóng dài 사람들의 옹호와 지지를 받다
넘어질 **지** 넘어질 **질** 즈 zhì	踬 躓	颠踬(顛躓) diān zhì 걸려 넘어지다 屡试屡踬(屢試屢躓) lǚ shì lǚ zhì 여러번 해봐도 번번이 실패하다 踬仆(躓僕) zhì pū 걸려 엎어지다 踬仆再起 zhì pū zài qǐ 걸려 엎어지면 다시 일어나다(실패에 굴하지 않고 견지한다는 뜻)
머뭇거릴 **척** 즈 zhí	踯 躑	踯跼(躑跼) zhí jú 주저하다, 배회하다 踯躅(躑躅) zhí zhú 배회하다, 왔다갔다 하다 踯腾(躑騰) zhí téng 뛰어 날다 踯躅屋外 zhí zhú wū wài 집 밖에서 배회하다
영원 **영** 룽 róng	蝾 蠑	蝾螈(蠑螈) róng yuán 영원(도롱뇽류의 총칭) 蝾螺(蠑螺) róng luó 소라 蝾螺贝壳(儿)能制作工艺品 róng luó bèi ké(r) néng zhì zuò gōng yì pǐn 소라의 패각으로 공예품을 만들 수 있다

宽 kuān 넓다　　窄 zhǎi 좁다　　远 yuǎn 멀다　　近 jìn 가깝다　　厚 hòu 두껍다　　薄 báo 얇다

15획

뜻/음	한자	예문
땅강아지 루 러우 lóu	蝼 蝼	蝼蛄(螻蛄) lóu gū 땅강아지 蝼蝈鸣(螻蟈鳴) lóu guō míng 개구리가 울다 蝼蛄负山(螻蛄負山) lóu gū fù shān 도저히 불가능한 일을 비유하는 말 救救蝼蚁之命 jiù jiù lóu yǐ zhī mìng 땅강아지나 개미같이 보잘 것없는 사람의 목숨을 살려주다
아까워할 로 루 lǔ	噜 噜	噜苏(嚕蘇) lǔ sū 군소리가 많다, 자꾸 시끄럽게 말하다 咕噜(咕嚕) gū lū 중얼거리다, 속삭이다, 투덜거리다 打呼噜(打呼嚕) dǎ hū lū 코를 골다 咕噜几句 gū lū jǐ jù 몇 마디 중얼거리다
부탁할 촉 주 zhǔ	嘱 囑	嘱托(囑託) zhǔ tuō 의뢰, 부탁 遗嘱(遺囑) yí zhǔ 유언(하다) 再三叮嘱(再三叮囑) zài sān dīng zhǔ 재삼 부탁하다 妈妈再三嘱咐我外出要小心 mā ma zài sān zhǔ fù wǒ wài chū yào xiǎo xīn 어머니는 출장 때 조심하라고 신신당부하셨다
전단할 전 쫜 zhuān	颛 顓	颛兵(顓兵) zhuān bīng 병권을 제멋대로 휘두르다 颛蒙(顓蒙) zhuān méng 우매하다, 어리석다 伤害颛民(傷害顓民) shāng hài zhuān mín 어진 백성을 상해하다 颛兵治天下 zhuān bīng zhì tiān xià 병권을 독차지하고 천하를 다스리다
족집게 섭 녜 niè	镊 鑷	镊子(鑷子) niè zi 족집게, 핀셋 镊毛(鑷毛) niè máo 털을 뽑다 镊白(鑷白) niè bái 흰머리를 뽑다 用镊子镊出酒精棉球 yòng niè zi niè chū jiǔ jīng mián qiú 핀셋으로 알콜을 묻힌 소독용 솜덩어리를 집어내다
진압할 진 쩐 zhèn	镇 鎮	镇压(鎮壓) zhèn yā 억지로 진정시킴, 억누름 镇痛(鎮痛) zhèn tòng 아픔을 가라앉힘 神色镇定(神色鎮定) shén sè zhèn dìng (다급한 상황에서도) 침착하다, 냉정하다 吃镇痛药 chī zhèn tòng yào 진통제를 먹다
카드뮴 격 거 gé	镉 鎘	镉(鎘) gé 카드뮴 Cd(화학원소)

多 duō 많다　少 shǎo 적다　新 xīn 새롭다　旧 jiù 낡다　轻 qīng 가볍다　重 zhòng 무겁다

15획

| 종고소리 당
탕 tǎng | 锐 鐺 | 锐把枪(钂把槍) tǎng bǎ qiāng 고대의 병기(손잡이 달린 반달 모양의 병기) |

| 새길 전
쥐안 juān | 镌 鐫 | 镌刻(鐫刻) juān kè 조각하다, 새기다
镌碑(鐫碑) juān bēi 비문을 새기다
永镌金石(永鐫金石) yǒng juān jīn shí 영구히 금석에 새겨 놓다
镌刻英名流芳万世 juān kè yīng míng liú fāng wàn shì 영명을 새기여 훌륭한 명성을 길이 후세에 전하다 |

| 니켈 니
네 niè | 镍 鎳 | 镍(鎳) niè 니켈 Ni(화학원소)
镍币(鎳幣) niè bì 백동전
开采镍黄铁矿 kāi cǎi niè huáng tiě kuàng 니켈 원광을 채굴하다 |

| 냅투륨 나
나 ná | 镎 鎿 | 镎(鎿) ná 넵투늄 Np(화학원소) |

| 도금할 류
류 liú, liù | 镏 鎦 | 镏(鎦) liú 루테튬 Lu의 옛 이름
镏金(鎦金) liú jīn 금도금
金镏(金鎦) jīn liú 금반지
镏金品辨不出真假 liú jīn pǐn biàn bù chū zhēn jiǎ 금도금을 한 물건은 진위를 구별하기 어렵다 |

| 호경 호
가오 gǎo
하오 hào | 镐 鎬 | 镐头(鎬頭) gǎo tou (곡)괭이
镐车(鎬車) gǎo chē 권양기(卷揚機)
镐(鎬) hào 주나라 초기의 도읍(싼시성 서안시의 서남쪽에 위치, 이름자로 많이 쓰임)
用镐(头)刨地 yòng gǎo(tou) páo dì 괭이로 땅을 파다 |

| 깎을 방
방 bāng | 镑 鎊 | 镑(鎊) bāng 파운드(영국의 화폐단위)
镑纸(鎊紙) bāng zhǐ 파운드 지폐
镑亏(鎊虧) bāng kuī 파운드화를 국내통화로 환산한 경우의 차액
最近英镑汇率多少 zhì jìn yīng bāng huì lǜ duō shǎo? 최근의 영국 파운드 환율은 어떻게 되지요? |

缓 huǎn 느리다, 늦추다　急 jí 급하다　快 kuài 빠르다　慢 màn 느리다　早 zǎo 이르다　晚 wǎn 늦다

15획

중량 일
이 yì
镒 鎰
镒(鎰) yì 옛날 중량의 단위(24량)

갈륨 가
쟈 jiā
镓 鎵
镓(鎵) jiā 갈륨 Ga(화학원소)

강철 빈
빈 bīn
镔 鑌
镔刀(鑌刀) bīn dāo 강철로 만든 칼
镔铁(鑌鐵) bīn tiě 단철(鍛鐵), 단조하다

벨 삼
산 shàn
镨 鐥
镨草(鐥草) shàn cǎo 풀을 베다
*镨(鐥) 'shàn'은 '钐(shàn)'의 표준자체가 아닌 이체자이고, '镨'은 '鐥'의 간체자라고 하지만 사전에는 오르지 않았음

삼태기 궤
쿠이 kuì
篑 簣
功亏一篑(功一虧簣) gōng kuī yī kuì 삼태기 하나의 흙이 부족하여 산을 쌓는 일을 완성하지 못함(최후의 노력이 부족해 실패했다는 뜻)
要善始善终, 不能功亏一篑 yào shàn shǐ shàn zhōng, bù néng gōng kuī yī kuì 처음부터 끝까지 잘 해야지 마지막 노력이 부족하여 실패해서는 안 된다

대채롱 루
러우 lǒu
篓 簍
篓子(簍子) lǒu zi 대바구니
字纸篓(字紙簍) zì zhǐ lǒu 종이 휴지통
纸篓(子)(紙簍(子)) zhǐ lǒu (zi) 종이 휴지통
把纸屑等垃圾扔到纸篓(子)里 bǎ zhǐ xiè děng lā jī rēng dào zhǐ lǒu (zi) lǐ 종이조각 등 쓰레기들을 종이 휴지통에 버리다

농병아리 제
티 tī
䴘 鷈
䴙䴘(鸊鷈) pì tī 되강오리, 농병아리(물새의 일종)

好 hǎo 좋다　　坏 huài 나쁘다　　软 ruǎn 연하다　　硬 yìng 딱딱하다　　冷 lěng 춥다　　热 rè 덥다

15획

| 할미새 척
지 jí | 鹡 鶺 | 鹡鸰(鶺鴒) jí líng 척령, 할미새 |

| 익더귀 요
야오 yào | 鹞 鷂 | 鹞子(鷂子) yào zi 새매의 총칭, 연
纸鹞(紙鷂) zhǐ yào 종이연
放鹞(放鷂) fàng yào 연을 띄우다
鹞子翻身 yào zi fān shēn 새매 몸돌리기(무술에서 윗몸을 뒤로 젖히며 몸을 돌리는 동작) |

| 생선뼈 경
껑 gěng | 鲠 鯁 | 鲠直(鯁直) gěng zhí 강하고 바름
鲠论(鯁論) gěng lùn 굳고 바른 의론
如鲠在喉(如鯁在喉) rú gěng zài hóu 목에 가시가 걸린 듯하다
吃鱼时要小心,不要被鱼刺鲠在喉里 chī yú shí yào xiǎo xīn, bù yào bèi yú cì gěng zài hóu lǐ 생선가시가 목에 걸리지 않도록 생선을 먹을 때 조심해야 한다 |

| 뱀장어 리
리 lí | 鲡 鱺 | 鳗鲡(鰻鱺) mán lí 뱀장어
鳗鲡(鱼)长相很像蛇 mán lí (yú) zhǎng xiàng hěn xiàng shé 뱀장어 생김새는 뱀과 매우 비슷하다 |

| 연어 련
랜 lián | 鲢 鰱 | 鲢鱼(鰱魚) lián yú 연어
做鲢鱼豆腐吃 zuò lián yú dòu fǔ chī 연어를 지지다가 두부를 넣어 끓여 먹다 |

| 가물치 견
잰 jiān | 鲣 鰹 | 鲣鱼(鰹魚) jiān yú 가다랑어
鲣鸟(鰹鳥) jiān niǎo 견어조 |

| 준치 시
스 shí | 鲥 鰣 | 鲥鱼(鰣魚) shí yú 준치, 전어 |

干净 gān jìng 깨끗하다   脏 zāng 더럽다   热闹 rè nào 시끄럽다   安静 ān jìng 조용하다

15획

잉어 리 리 lǐ	鲤鯉	鲤鱼(鯉魚) lǐ yú 잉어 鲤跳龙门(鯉跳龍門) lǐ tiào lóng mén 벌떡 일어나다, 출세하다 他一个鲤跳龙门, 来到我身边 tā yī ge lǐ tiào lóng mén, lái dào wǒ shēn biān 그는 벌떡 일어나 내 옆에 다가왔다 中国人喜欢煎鲤鱼吃 zhōng guó rén xǐ huān jiān lǐ yú chī 중국 사람들은 잉어를 기름에 지져 먹는 것을 즐긴다	
피라미 조 탸오 tiáo	鲦鰷	鲦鱼(鰷魚) tiáo yú 피라미(잉어과의 민물고기)	
물고기이름 곤 군 gǔn	鲧鯀	鲧(鯀) gǔn 곤(고서에서 나오는 큰 물고기) 鲧(鯀) gǔn 곤(우왕의 아버지)	
산천어 혼 산천어 완 환 huàn	鲩鯇	鲩鱼(鯇魚) huàn yú 산천어, 초어(연어과의 민물고기) 鲩鱼在淡水鱼中数上等鱼 huàn yú zài dàn shuǐ yú zhōng shǔ shàng děng yú 산천어는 민물고기 중에서 으뜸으로 꼽히는 물고기이다	
붕어 즉 지 jì	鲫鯽	鲫鱼(鯽魚) jì yú 붕어 海鲫(海鯽) hǎi jì 바다 망성어 鲫鱼找鲫鱼, 鲤鱼找鲤鱼 jì yú zhǎo jì yú, lǐ yú zhǎo lǐ yú 붕어는 붕어를 찾고 잉어는 잉어를 찾는다(끼리끼리 모인다는 뜻) 钓鲫鱼 diào jì yú 붕어를 낚다	
밥풀과자 산 싼 sǎn	馓饊	馓子(饊子) sǎn zi 꽈배기 馓子铺(饊子鋪) sǎn zi pù 꽈배기 가게	
반찬 찬 좐 zhuàn	馔饌	馔具(饌具) zhuàn jù 찬을 담는 그릇 肴馔(肴饌) yáo zhuàn 안주와 반찬 用馔(用饌) yòng zhuàn 식사하다 请大家用馔 qǐng dà jiā yòng zhuàn 여러분, 식사하세요	

奇怪 jí guài 이상하다, 괴상하다   复杂 fù zá 복잡하다   简单 jiǎn dān 간단하다   方便 fāng biàn 편리하다

15획

| 꺼질 별
볘 biē, biě | **瘪** 癟 | 瘪三儿(癟三兒) biē sānr 부랑아, 뜨내기
瘪气(癟氣) biě qì 낙담하다, 실망하다, 의기소침하다
瘪肚子(癟肚子) biě dù zi 홀쭉하게 꺼진 배, 납작해진 것
车带瘪了 chē dài biě le 타이어의 공기가 빠져나가다 |

| 사지틀릴 탄
탄 tān | **瘫** 癱 | 瘫痪(癱瘓) tān huàn 반신불수, 중풍
瘫巴(癱巴) tān bā 비틀거리다, 무너지다, 반신 불수자
吓瘫了(嚇癱了) xià tān le 놀라서 꼼짝 못하게 되다
护送瘫痪患者 hù sòng tān huàn huàn zhě 중풍 환자를 옮기다 |

| 회 제
지 jī | **斋** 齏 | 斋粉(齏粉) jī fěn 잘게 부순 가루
斋盐(齏鹽) jī yán 채소 요리(변변하지 않은 음식을 뜻함)
变为斋粉 biàn wéi jī fěn 가루가 되어 버리다 |

| 얼굴 안
얜 yán | **颜** 顏 | 颜色(顏色) yán sè 얼굴빛, 용모
颜料(顏料) yán liào 도료, 물감
和颜悦色(和顏悅色) hé yán yuè sè 온화하고 기쁜 표정
厚颜无耻 hòu yán wú chǐ 뻔뻔스럽다, 파렴치하다 |

| 비익조 겸
잰 jiān | **鹣** 鶼 | 鹣鹣(鶼鶼) jiān jiān 비익조(정분이 두터운 부부를 비유)
鹣鲽(鶼鰈) jiān dié 비익조와 비목어
他们俩似一对(儿)鹣鹣, 难分难离 tā men liǎ shì yī duì(r) jiān jiān, nán fēn nán lí 두 사람은 비익조마냥 서로 떨어지지 못한다 |

| 문절망둑 사
사 shā | **鲨** 鯊 | 鲨鱼(鯊魚) shā yú 상어
鲨鱼皮(鯊魚皮) shā yú pí 상어 가죽
鲨鱼皮绸(鯊魚皮綢) shā yú pí chóu 샤크스킨(여름옷 옷감)
鲨鱼凶暴, 被称为海上老虎 shā yú xiōng bào, bèi chēn wéi hǎi shàng lǎo hǔ 상어는 흉포하여 바다의 범이라고 불린다 |

| 물결 란
란 lán | **澜** 瀾 | 波澜(波瀾) bō lán 파도
推波助澜(推波助瀾) tuī bō zhù lán 부채질하다(나쁜 뜻으로 쓰임)
波澜壮阔(波瀾壯闊) bō lán zhuàng kuò 기세가 웅장하고 규모가 크다(문장이나 운동에 쓰임)
力挽狂澜 lì wǎn kuáng lán 힘써 위험한 국면을 힘써 바로잡다 |

愉快 yú kuài 유쾌하다   高兴 gāo xìng 좋아하다, 기뻐하다   贵 guì 비싸다   贱 jiàn (便宜 pián yi) 싸다

15획

훈음	한자	예문
이마 액 어 é	额 额	额头 (額頭) é tóu 이마 定额 (定額) dìng é 일정한 액수 名额 (名額) míng é 일정한 인원 额头出了汗 é tóu chū le hàn 이마에 땀이 나다
죄의논할 언 앤 yàn	谳 讞	定谳 (定讞) dìng yàn 판결하다 谳官 (讞官) yàn guān 재판관 详谳 (詳讞) xiáng yàn 분명(자세)하게 판결하다 断谳如神 duàn yàn rú shén 안건 판결이 귀신같다
누더기 람 란 lán	褴 襤	褴褛 (襤褸) lán lǚ 누더기, 낡고 너절함 褴衣 (襤衣) lán yī 해어진 옷 他身着褴褛, 作风朴实 tā shēn zhuó lán lǚ, zuò fēng pǔ shí 그는 남루한 차림에 작풍이 검소하다
꾸짖을 견 챈 qiǎn	谴 譴	谴责 (譴責) qiǎn zé 잘못을 꾸짖고 나무람 谴黜 (譴黜) qiǎn chù 죄를 문책하여 직위를 떨어뜨리다 严谴其过 (嚴譴其過) yán qiǎn qí guò 그의 잘못을 엄하게 꾸짖다 受到谴责 shòu dào qiǎn zé 꾸지람을 받다
학 학 허 hè	鹤 鶴	仙鹤 (仙鶴) xiān hè 학 鹤企 (鶴企) hè qǐ 학수고대하다 鹤立鸡群 (鶴立鷄群) hè lì jī qún 용모, 재능이 뛰어남을 비유 鹤发童颜 hè fà tóng yán 백발홍안(노인의 혈색이 좋다는 뜻)
헛소리 섬 잔 zhān	谵 譫	谵语 (譫語) zhān yǔ (앓는 사람의) 헛소리 谵妄 (譫妄) zhān wàng 섬망(의식 장애의 하나) 说谵语 shuō zhān yǔ 헛소리를 하다
신 구 쥐 jù	屦 屨	屦 (屨) jù 옛날 삼이나 칡으로 만든 신 屦及剑及 (屨及劍及) jù jí jiàn jí 행동이 단호하고 신속하다 削足适屦 xuē zú shì jù 발을 깎아 신발에 맞추다(무리한 일을 한다 거나 적절하지 않은 방법을 취한다는 뜻)

粗 cū 굵다   细 xì 가늘다   胖 pàng 뚱뚱하다   瘦 shòu 여위다   老 lǎo 늙다   年轻 nián qīng 젊다

홀치기염색 **힐** 셰 xié	缬	纈	缬夹(纈夾)xié jiā 무늬가 있는 판을 이용하여 염색한 견직물 蜡缬(蠟纈)là xié 납결(염색법의 하나) 缬眼(纈眼)xié yǎn 술에 취해 몽롱한 눈
감길 **료** 랴오 liáo	缭	繚	缭乱(繚亂)liáo luàn 뒤섞임, 난잡함 缭绕(繚繞)liáo rào 빙빙 돌며 올라가다, 피어오르다 眼花缭绕(眼花繚繞)yǎn huā liáo rào 색채가 요란하여 어지럽다, 눈이 어리어리하다 白云缭绕 bái yún liáo rào 흰구름이 빙빙 감돌아치다
기울 **선** 산 shàn	缮	繕	修缮(修繕)xiū shàn 낡은 것을 손보아 고침 缮本(繕本)shàn běn 등본, 사본 缮妥呈阅(繕妥呈閱)shàn tuǒ chéng yuè 서류를 작성하여 열람에 이용하게 하다 修缮房子 xiū shàn fáng zi 집을 수리하다
비단 **증** 쩡 zēng, zèng	缯	繒	缯彩(繒彩)zēng cǎi 오색비단 文缯(文繒)wén zēng 무늬가 있는 고운 비단 缯(繒)zèng 동여매다 用绳子缯口袋口 yòng shéng zi zèng kǒu dài kǒu 끈으로 자루 아가리를 동여매다
써레 **파** 빠 bà	耙	耙	耙耜(耙耜)bà sì 써레 用耙碎土整地 yòng bà suì tǔ zhěng dì 써레로 흙덩이를 부수고 땅을 고르다
버릴 **수** 써우 sǒu, sòu	擞	擻	抖擞(抖擻)dǒu sǒu 벌벌 떠는 모양, 정신이 분발하다 擞火(擻火)sòu huǒ 부젓가락으로 재를 떨어내 화력을 강하게 하다 把炉子擞一擞 bǎ lú zi sòu yī sòu 난로의 재를 흔들어 떨어내다 他吓得擞抖抖的颤 tā xià de sǒu dǒu dǒu de chàn 그는 놀라서 벌벌 떨었다
관자놀이 **섭** 녜 niè	颞	顳	颞骨(顳骨)niè gǔ 관자놀이 뼈 颞颥(顳顬)niè rú 관자놀이 颞骨凸出(顳骨凸出)niè gǔ tū chū 관자놀이 뼈가 두드러지다 颞骨凹进去了 niè gǔ āo jìn qù le 관자놀이 뼈가 오목하게 들어가다

浓 nóng 짙다, 진하다   淡 dàn 엷다, 연하다   清 qīng 맑다   浑 hún 흐리다, 혼탁하다

16획

훈음	간체	번체	용례
얼굴클 만 만 mán	颟	顢	颟顸(顢頇) mān hān 멍청하다 糊涂颟顸(糊塗顢頇) hú tú mān hān 흐리멍덩하다 那个人太颟顸, 什么事都做不好 nà ge rén tài mān hān, shén mo shì dōu zuò bù hǎo 그 사람은 멍청해서 어떤 일도 잘 못하다
늪 수 써우 sǒu	薮	藪	薮幽(藪幽) sǒu yōu 큰 못의 그윽한 곳 薮泽(藪澤) sǒu zé 잡목이나 잡초가 우거진 곳 渊薮(淵藪) yuān sǒu 사람 또는 사물이 많이 모이는 곳 薮中荆曲 sǒu zhōng jīng qū 덩굴 속에 난 가시나무가 구부러지다 (좋지 않은 것이 주위 환경으로 더욱 나쁘게 됨을 비유)
꼭대기 전 댄 diān	颠	顛	山颠(山顛) shān diān 산꼭대기 颠倒(顛倒) diān dǎo (상하, 전후의 위치 또는 시비가) 뒤바뀜 颠倒是非(顛倒是非) diān dǎo shì fēi 시비를 전도하다 坐车颠簸几个小时 zuò chē diān bǒ jǐ ge xiǎo shí 차에 앉아 몇 시간 털털거리며 흔들거렸다
방패 로 루 lǔ	橹	櫓	摇橹(搖櫓) yáo lǔ 노를 젓다 橹声(櫓聲) lǔ shēng 노를 젓는 소리 楼橹(樓櫓) lóu lǔ 망루 摇橹出海 yáo lǔ chū hǎi 노를 저어 바다로 나가다
구연 연 위안 yuán	橼	櫞	枸橼(枸櫞) jǔ yuán 레몬 香橼(香櫞) xiāng yuán 시트론(citron) 喝枸橼汁(儿) hē jǔ yuán zhī(r) 레몬 쥬스를 마시다
갈매기 예 이 yī	鹥	鷖	鹥(鷖) yī 갈매기(海鷗, 白鷗라고도 함)
옳지않을 안 얜 yàn	赝	贋	赝本(贋本) yàn běn (명인의 작품을) 위조한 고서화 赝品(贋品) yàn pǐn 위조품 赝造(贋造) yàn zào 위조하다, 가짜 물건을 만들다 这是赝本(品) zhè shì yàn běn (pǐn) 이것은 위조품이다

很 hěn (非常 fēi cháng) 매우, 잘   最 zuì 가장, 제일   太 tài 너무   更 gèng 더욱   比较 bǐ jiào 비교적

16획

| 폭풍 표
뱌오 biāo | 飙 飆 | 狂飙(狂飆) kuáng biāo 미친 듯이 사납게 부는 바람
飙架(飆架) biāo jià (차량이) 질주하다
飙飙溜溜(飆飆溜溜) biāo biāo liū liū 두서없는 모양
狂飙席卷大地 kuáng biāo xí juǎn dà dì 광풍이 대지를 휩쓸다 |

| 불깐돼지 분
번 fén | 豮 豶 | 豮猪(豶豬) fén zhū 수퇘지, 불깐 돼지 |

| 끌 참
짠 zàn | 錾 鏨 | 錾子(鏨子) zàn zi (금석 조각용의) 작은 끌 또는 정
錾字(鏨字) zàn zì 끌로 글자를 새기다
錾花(儿) zàn huā(r) 끌로 (금속이나 돌에) 꽃무늬를 조각하다 |

| 바퀴자국 철
저 zhé | 辙 轍 | 辙迹(轍迹) zhé jì 수레바퀴 자국, 어떤 사물의 흔적
辙环天下(轍環天下) zhé huán tiān xià 천하를 두루 돌아다니다
辙鲋之急(轍鮒之急) zhé fù zhī jí 수레바퀴 자국 속의 물고기마냥 위급하다
如出一辙 rú chū yī zhé 여럿의 언행이 일치하다는 뜻 |

| 수레소리 린
린 lín | 辚 轔 | 辚辚(轔轔) lín lín 덜커덩 덜커덩
辚轹(轔轢) lín lì 업신여기다
殷辚(殷轔) yīn lín 성대하다
传来辚辚车声 chuán lái lín lín chē shēng 수레가 덜거덕 덜거덕 하며 달리는 소리가 들려오다 |

| 소금 차
춰 cuó | 鹾 鹺 | 鹾贾(鹺賈) cuó gǔ 소금장사
鹾务(鹺務) cuó wù 소금을 다루는 일
鹾鱼(鹺魚) cuó yú 소금에 절인 생선 |

| 진드기 만
만 mǎn | 螨 蟎 | 螨虫(蟎蟲) mǎn chóng 진드기 |

特别 tè bié 특별히   格外 gé wài 각별히, 유달리   稍微 shāo wēi 약간, 조금

16획

앵무새 앵 / 잉 yīng — 鹦 (鸚)

鹦鹉(鸚鵡) yīng wǔ 앵무새
鹦鹉螺(鸚鵡螺) yīng wǔ luó 앵무조개
鹦鹉学舌(鸚鵡學舌) yīng wǔ xué shé 앵무새처럼 되뇌다
要有主见, 不可鹦鹉学舌 yào yǒu zhǔ jiàn, bù kě yīng wǔ xué shé 주관이 있어야 앵무새처럼 남의 말을 되뇌어서는 안 된다

보낼 증 / 쩡 zèng — 赠 (贈)

赠送(贈送) zèng sòng 증정(증여)하다, 선사하다
赠言(贈言) zèng yán 헤어질 때 충고나 격려의 말을 남기다
赠品(贈品) zèng pǐn 선물, 증정품, 경품
赠送礼物 zèng sòng lǐ wù 선물을 증정하다

괭이 작 / 줘 zhuō — 锗 (鐯)

锗钩(鐯鈎) zhuō gōu 괭이
锗玉米(鐯玉米) zhuō yù mǐ 옥수수의 그루터기를 파내다
锗高粱(鐯高粱) zhuō gāo liáng 수수의 그루터기를 파내다
挥锗钩 huī zhuō gōu 괭이를 휘두르다

칼끝 표 / 뱌오 biāo — 镖 (鏢)

镖枪(鏢槍) biāo qiāng 표창, 수리검
飞镖(飛鏢) fēi biāo 표창을 날리다, 날리는 단검
镖局子(鏢局子) biāo jú zi 옛날 여객 또는 화물 안전을 위해 경영되었던 일종의 운송업
飞镖伤害人 fēi biāo shāng hài rén 표창을 날려 사람을 다치게 함

종고소리 당 / 탕 tāng, táng — 镗 (鏜)

镗(鏜) tāng 댕댕, 탕탕, 텅텅(종, 북 등을 칠 때 나는 소리)
镗头(鏜頭) tāng tóu 선반의 머리 부분, 보링헤드
镗工(鏜工) tāng gōng 선반공, 보링공
镗孔 tāng kǒng (보링머신, 선반으로) 구멍을 뚫다

흙손 만 / 만 màn — 镘 (鏝)

镘刀(鏝刀) màn dāo 흙손
泥镘(泥鏝) ní màn 흙손
用泥镘抹墙 yòng ní màn mò qiáng 흙손으로 벽을 바르다

동전 붕 / 뻥 bèng — 镚 (鏰)

镚子儿(鏰子兒) bèng zǐr 청나라 말에 사용되었던 구멍 없는 동전
金镚儿(金鏰兒) jīn bèngr 금화
黄镚儿(黃鏰兒) huáng bèngr 황동화
钢镚儿 gāng bèngr 소액의 경화(硬貨)

差不多 chà bu duō 거의, 대체로   大致 dà zhì 대체로, 대강   尽量 jìn liàng 가능한 한

16획

| 종 용
용 yōng | 镛 鏞 | 镛鼓(鏞鼓) yōng gǔ 종고(고대 악기의 일종)
镛鼓之乐(鏞鼓之樂) yōng gǔ zhī lè 음악의 즐거움 |

| 거울 경
징 jìng | 镜 鏡 | 镜子(鏡子) jìng zi 거울
镜头(鏡頭) jìng tou (카메라 따위의) 렌즈
镜花水月(鏡花水月) jìng huā shuǐ yuè 거울 속의 꽃과 물 속의 달(환영이 오묘하며, 말로 표현할 수 없는 경지를 뜻함)
对着镜子化妆 duì zhe jìng zi huà zhuāng 거울 보며 화장하다 |

| 살촉 적
디 dī, dí | 镝 鏑 | 镝(鏑) dī 디스프로슘 Dy(화학원소)
锋镝(鋒鏑) fēng dí 칼 끝과 화살촉
镝衔(鏑銜) dí xián 말 입에 물리는 재갈
鸣镝开战 míng dí kāi zhàn 화살을 적진에 날려 보내고 싸움을 시작하다(전쟁포고를 하고 전쟁을 시작한다는 뜻) |

| 살촉 촉
주 zú | 镞 鏃 | 镞矢(鏃矢) zú shǐ 살촉이 날카롭고 가벼운 화살
箭镞(箭鏃) jiàn zú 화살촉
镞镞 zú zú 새롭고 눈에 잘 뜨이다, 빼어나다 |

| 모직물 로
루 lǔ | 氆 氌 | 氆氇(氆氌) pǔ lǔ 야크털로 짠 검은색 또는 다갈색의 모포(중국 짱족들의 나들이 웃옷 또는 깔개)
穿着氆氇上衣上街 chuān zhe pǔ lǔ shàng yī shàng jiē 야크털로 짠 모포 옷을 입고 시내로 가다 |

| 도울 찬
짠 zàn | 赞 贊 | 赞助(贊助) zàn zhù 찬성하여 도움
赞扬(贊揚) zàn yáng 아름다움을 기리고 착함을 표창함
赞不绝口(贊不絕口) zàn bù jué kǒu 칭찬이 자자하다
受到赞扬 shòu dào zàn yáng 칭찬을 받다 |

| 거둘 색
써 sè | 穑 穡 | 穑夫(穡夫) sè fū 농부
穑事(穡事) sè shì 농사
稼穑(稼穡) jià sè 모심기와 수확(농사, 농업을 뜻하는 말)
穑事缠身 sè shì chán shēn 농사일에 말려들다 |

至少 zhì shǎo 최소한, 적어도   实在 shí zài 참으로, 실제로   果然 guǒ rán 과연   白 bái 헛되이

16획

바구니 람 란 lán	籃 籃	籃子(籃子) lán zi 바구니, 광주리 籃球(籃球) lán qiú 농구, 농구공 投籃(儿)(投籃(兒)) tóu lán(r) (농구에서) 슛(하다) 学校是培养人才的摇篮 xué xiào shì péi yǎng rén cái de yáo lán 학교는 인재를 양성하는 요람이다
울타리 리 리 lí	篱 籬	篱门(籬門) lí mén 울타리 문 篱窥(籬窺) lí kuī 울타리 사이로 엿보다 没有不透风的篱笆 méi yǒu bù tòu fēng de lí bā 바람이 새지 않는 울타리는 없다(나쁜일은 언제나 꼭 새어 나간다는 뜻) 篱牢犬不入 lí láo quǎn bù rù 울타리가 튼튼하면 개가 못 들어온다(방비를 잘 하면 실수가 없다는 뜻)
도깨비 량 량 liǎng	魉 魎	魍魉(魍魎) wǎng liǎng (전설의) 괴물, 도깨비, 요귀 魍魉鬼(魍魎鬼) wǎng liǎng guǐ 약수(若水)에 산다는 귀신 魍魉鬼魅(魍魎鬼魅) wǎng liǎng guǐ mèi 도깨비와 두억시니 不怕魍魉鬼魅 bù pà wǎng liǎng guǐ mèi 그 어떤 도깨비와 두억시니도 겁내지 않는다
청어 청 칭 qīng	鲭 鯖	鲭鱼(鯖魚) qīng yú 청어, 고등어 鲭鱼好吃, 可腥味(儿)太大 qīng yú hǎo chī, kě xīng wèi(r) tài dà 청어는 먹기 좋으나 비린내가 대단하다
천산갑 릉 링 líng	鲮 鯪	鲮鲤(鯪鯉) líng lǐ 천산갑(한약재로 쓰임) 鲮鱼(鯪魚) líng yú 황어
뱅어 추 쩌우 zōu	鲰 鯫	鲰鱼(鯫魚) zōu yú 잡어, 자질구레한 물고기 鲰生(鯫生) zōu shēng 소인, 도량이 좁은 사람
곤이 비 베이 fēi	鲱 鯡	鲱鱼(鯡魚) fēi yú 청어

只要 zhǐ yào 만약, …만 하면   只有 zhǐ yǒu 오직   还是 hái shi 여전히   一定 yí dìng 반드시, 꼭

16획

곤이 곤 쿤 kūn	鲲 鯤	鲲鹏(鯤鵬) kūn péng 장자(莊子)에 나오는 세상에서 제일 큰 물고기와 큰새(북해에 사는 '곤'이란 물고기는 그 길이가 몇 천리나 되며 후에 '붕'이란 큰 새로 변했다고 함) 鲲鲕(鯤鮞) kūn ér 물고기 뱃속의 알
병어 창 창 chāng	鲳 鯧	鲳鱼(鯧魚) chāng yú 병어
도롱뇽 예 니 ní	鲵 鯢	鲵鱼(鯢魚) ní yú 도롱뇽 鲵鳅(鯢鰌) ní qiū 미꾸라지 鲸鲵(鯨鯢) jīng ní 악인, 죄인을 비유 鲵鳅汤能解酒 ní qiū tāng néng jiě jiǔ 추어탕은 해장이 잘 된다
메기 염 냰 nián	鲶 鯰	鲶鱼(鯰魚) nián yú 메기 炖鲶鱼好吃 dùn nián yú hǎo chī 메기를 고면 맛이 좋다
도미 조 댜오 diāo	鲷 鯛	黑鲷(黑鯛) hēi diāo 감성돔 真鲷(真鯛) zhēn diāo 참돔 髭鲷(髭鯛) zī diāo 꼽새돔
고래 경 징 jīng	鲸 鯨	鲸鱼(鯨魚) jīng yú 고래 鲸仔(鯨仔) jīng zǎi 고래새끼 蚕食鲸吞(蠶食鯨吞) cán shí jīng tūn 잠식 병탄하다 警惕敌人的蚕食鲸吞策略 jǐng tì dí rén de cán shí jīng tūn cè lüè 차츰차츰 침략하다 나중에 병탄하는 적의 책략을 경계하다
숭어 치 쯔 zī	鲻 鯔	鲻鱼(鯔魚) zī yú 숭어

一直 yī zhí 곧바로, 줄곧　　大概 dà gài 대략, 대개　　仍然 réng rán 여전히, 변함없이

16획

수달 달 타 tǎ	獭 獺	水獭(水獺) shuǐ tǎ 수달 海獭(海獺) hǎi tǎ 해달 旱獭(旱獺) hàn tǎ 마르모트 獭皮很值钱 tǎ pí hěn zhí qián 수달피는 꽤 값이 나간다
자고 자 저 zhè	鹧 鷓	鹧鸪(鷓鴣) zhè gū 자고 鹧鸪菜(鷓鴣菜) zhè gū cài 해인초
혹 영 잉 yǐng	瘿 癭	瘿(癭) yǐng 혹 虫瘿(蟲癭) chóng yǐng (나무의) 충영, 벌레혹 切除颈窝瘿 qiē chú jǐng wō yǐng 목덜미의 혹을 절제하다
두드러기 은 인 yǐn	瘾 癮	烟瘾(煙癮) yān yǐn 담배 인, 아편 중독 过瘾(過癮) guò yǐn 유감이 없이 실컷하다 吸烟吸上瘾了 xī yān xī shàng yǐn le 담배를 피워 인이 박히다 只抽一支烟, 过过瘾 zhǐ chōu yī zhī yān, guò guò yǐn 담배 한 대만 피워 인을 좀 풀다
문채 란 란 lán	斓 斕	斑斓(斑斕) bān lán 여러 빛깔이 섞여서 알록달록하게 빛나다 色彩斑斓 sè cǎi bān lán 색깔이 알록달록 빛나다
말잘할 변 뺀 biàn	辩 辯	辩论(辯論) biàn lùn 사리를 밝혀 옳고 그름을 말함, 논쟁하다 辩明(辯明) biàn míng 사리를 분별하여 똑똑히 밝힘 辩才无碍(辯才無礙) biàn cái wú ài 말재주가 대단하다 越辩越明 yuè biàn yuè míng 논쟁할수록 분명해지다
여울 뢰 라이 lài	濑 瀨	江濑(江瀨) jiāng lài 강의 여울 急濑(急瀨) jí lài 급류 濑仔(瀨仔) lài zǐ 수상 생활자를 낮추어 부르는 말 船在江濑被搁浅 chuán zài jiāng lài bèi gē qiǎn 배가 강 여울에 걸려 멈추다

又 yòu 또   再 zài 다시   还 hái 또한   从此 cóng cǐ 이제부터

16획

훈음	간체	번체	예시
물가 빈 빈 bīn	濒	瀕	濒海(瀕海) bīn hǎi 해안, 바닷가 濒危(瀕危) bīn wēi 위험에 처하다, 위급하게 되다 濒于破产(瀕于破産) bīn yú pò chǎn 파산 직전에 달하다 濒临绝境 bīn lín jué jìng 절박한 지경에 이르다
게으를 란 란 lǎn	懒	懶	懒人(懶人) lǎn rén 게으름뱅이 懒散(懶散) lǎn sǎn 나태하고 산만한 모양 懒吃懒喝(懶吃懶喝) lǎn chī lǎn hē 먹기도 마시기도 싫다, 식사를 할 기운이 없다(식욕이 나지 않는 모양) 懒人嘴馋 lǎn rén zuǐ chán 게으른 사람은 게걸스럽다
글방 횡 홍 hóng	黉	黌	黉宇(黌宇) hóng yǔ 고대의 학교, 교사 黉门(黌門) hóng mén 학교 黉教(黌教) hóng jiào 고대의 학교 교육
종달새 류 류 liù	鹨	鷚	鹨(鷚) liù 종다리(종다리과에 속하는 새의 총칭)
이마 상 쌍 sǎng	颡	顙	广颡(廣顙) guǎng sǎng 넓은 이마 颡汗(顙汗) sǎng hàn 이마의 땀 颡汗淋淋 sǎng hàn lín lín 이마에 땀이 흔건하다
고삐 강 쟝 jiāng	缰	繮	缰绳(繮繩) jiāng shéng 고삐 收缰(收繮) shōu jiāng 고삐를 조이다 信马由缰(信馬由繮) xìn mǎ yóu jiāng 내버려두다, 주관없이 남이 하는 대로 따라 하다 脱缰的野马 tuō jiāng de yě mǎ 고삐 풀린 야생마
곡진할 견 챈 qiǎn	缱	繾	缱绻(繾綣) qiǎn quǎn 정이 깊어 헤어지기 어렵다 缱绻之情(繾綣之情) qiǎn quǎn zhī qíng 서로 헤어지기 어려운 정 缱绻难分 qiǎn quǎn nán fēn 정이 깊어 갈라지기 어렵다

从而 cóng ér 따라서, 그리하여　　从来 cóng lái 지금까지, 여태껏　　从未 cóng wèi 여지껏 … 없다(않다)

16획 / 17획

| 고치켤 **소**
야청통견 **저**
챠오 qiāo
싸오 sāo | 缲 繰 | 缲边(儿)(繰邊(兒)) qiāo biān (r) (바느질에서) 가장자리를 공그르다
缲车(繰車) sāo chē 고치를 켜는 물레
缲布(繰布) sāo bù 청홍색의 견직물 |

| 얽을 **현**
환 huán | 缳 繯 | 投缳(投繯) tóu huán 목을 매달아 죽다
缳首(繯首) huán shǒu 교수(绞首), 올가미로 목을 졸라 죽이다
投缳自缢 tóu huán zì yì 목을 매달아 자살하다 |

| 얽힐 **교**
쟈오 jiǎo | 缴 繳 | 上缴(上繳) shàng jiǎo 상납하다
缴回(繳回) jiǎo huí 반환(반납)하다
缴款(繳款) jiǎo kuǎn 돈을 납부하다
上缴税金 shàng jiǎo shuì jīn 세금을 바치다 |

| 이끼 **선**
샌 xiǎn | 藓 蘚 | 水藓(水蘚) shuǐ xiǎn 물이끼
藓崖(蘚崖) xiǎn yá 이끼 낀 절벽
藓苔(蘚苔) xiǎn tái 이끼
爬藓崖 pá xiǎn yá 이끼 낀 절벽을 기어오르다 |

| 굴뚝새 **료**
랴오 liáo | 鹩 鷯 | 鹪鹩(鷦鷯) jiāo liáo 굴뚝새
鹩哥(鷯哥) liáo gē 구관조 |

| 충치 **우**
취 qǔ | 龋 齲 | 龋齿(齲齒) qǔ chǐ 벌레 먹은 이
拔掉龋齿 bá diào qǔ chǐ 충치를 뽑아 버리다 |

| 악착할 **악**
워 wò | 龌 齷 | 龌龊(齷齪) wò chuò 더럽다, 악착하다, 쩨쩨하다
龌龊钱(齷齪錢) wò chuò qián 비열한 수단으로 번 돈
龌龊不堪 wò chuò bù kān 그지없이 더럽다(쩨쩨하다) |

数字 shù zì 숫자   零 líng 영

17획

볼 촉 주 zhǔ	瞩 矚	瞩目(矚目) zhǔ mù 눈여겨보다 高瞻远瞩(高瞻遠矚) gāo zhān yuǎn zhǔ 높이 바라보고 멀리 내다보다(식견이 높다는 뜻) 举世瞩目(舉世矚目) jǔ shì zhǔ mù 온세상 사람이 모두 주목하다 世人所瞩目 shì rén suǒ zhǔ mù 세인들이 주목하는 바(이다)
비틀거릴 반 판 pán	蹒 蹣	蹒跚(蹣跚) pán shān 비틀거리며 걷는 모양 步履蹒跚(步履蹣跚) bù lǚ pán shān 발걸음이 비틀거리다 他蹒跚地走了几步 tā pán shān de zǒu le jǐ bù 그는 비틀거리며 몇 발자국 걸어 갔다
밟을 섭 녜 niè	蹑 躡	蹑步(躡步) niè bù 살금살금 걷다 蹑踪(躡踪) niè zōng 살금살금 뒤를 밟다 蹑手蹑脚(躡手躡脚) niè shǒu niè jiǎo 발소리를 죽여 조용히 걷는 모양 蹑步进屋 niè bù jìn wū 살금살금 (걸어) 집에 들어오다
갈거미 소 샤오 xiāo	蟏 蠨	蟏蛸(蠨蛸) xiāo shāo 갈거미 满屋都是蟏蛸网 mǎn wū dōu shì xiāo shāo wǎng 온 집안은 거미줄 천지이다
으르렁거릴 감 한 hǎn	㘚 㘚	㘚㘚(㘚㘚) hǎn hǎn 범이 노해 울부짖는 모양 㘚如哮虎(㘚如哮虎) hǎn rú xiào hǔ 포효하는 호랑이처럼 용감하다 军容㘚㘚 jūn róng hǎn hǎn 군용의 기세가 대단하다
굴레 기 지 jī	羁 羈	羁绊(羈絆) jī bàn 굴레, 구속, 속박 羁留(羈留) jī liú 구금하다, (외지에서) 머무르다, 기거하다 羁旅(羈旅) jī lǚ 오랫 동안 객지 생활을 하다 像个无羁之马 xiàng ge wú jī zhī mǎ 마치 굴레 벗은 말과 같다
넉넉할 섬 싼 shàn	赡 贍	充赡(充贍) chōng shàn 충분하다 详赡(詳贍) xiáng shàn 상세하고 충분하다 赡养(贍養) shàn yǎng 먹여 살림 赡养父母 shàn yǎng fù mǔ 부모를 부양하다

一二三四五六七八九十 yī èr sān sì wǔ liù qī bā jiǔ shí 일 이 삼 사 오 육 칠 팔 구 십

17획

괭이 궐 줴 jué	镢	钁	镢头(钁頭) jué tóu 곡괭이 用镢头刨地 yòng jué tóu bào dì 곡괭이로 땅을 파다
은 료 랴오 liào	镣	鐐	镣金(鐐金) liào jīn 품질이 좋은 은 镣盎(鐐盎) liào àng 은으로 만든 바릿대 镣铐(鐐銬) liào kào 족쇄와 수갑 上镣铐 shàng liào kào 족쇄와 수갑을 채우다
무쇠 복 푸 pú	镤	鏷	镤(鏷) pú 프로탁티늄 Pa(화학원소)
루테튬 로 루 lǔ	镥	鑥	镥(鑥) lǔ 루테튬 Lu(화학원소)
철퇴 퇴 둔 dūn	镦	鐓	冷镦(冷鐓) lěng dūn 열을 가하지 않고 금속판에 압력을 가해 변형시키는 일 热镦(熱鐓) rè dūn 열을 가하면서 금속판에 압력을 가해 변형시킴 镦羊 dūn yáng 불깐 양, 양을 불까다
란타늄 란 란 lán	镧	鑭	镧(鑭) lán 란타늄 La(화학원소)
복자 선 산 shàn	镨	鐥	'鐥'은 일반사전에 오르지 않았음. 사전에 '鐥'의 간체자는 '钐' (shàn)으로 되었음

十一 十二 十三 十四 十五 shí yī shí èr shí sān shí sì shí wǔ 십일 십이 십삼 십사 십오

17획

| 모포 보 / 푸 pǔ | 镨 鐠 | 镨(鐠) pǔ 프라세오디뮴 Pr(화학원소) |

| 창 찬 / 찬 cuàn | 镩 鑹 | 镩子(鑹子) cuàn zi 얼음을 깨는 송곳(冰鑹이라고도 함)
镩冰 cuàn bīng 얼음을 쪼개다 |

| 돈 강 / 챵 qiāng, qiǎng | 锵 鏹 | 锵水(鏹水) qiāng shuǐ 강산(화학약품)
白锵(白鏹) bái qiǎng 은전 꿰미 |

| 등자 등 / 떵 dèng | 镫 鐙 | 马镫(馬鐙) mǎ dèng 말등자(말을 탔을 때 두 발을 디디는 제구)
认镫(認鐙) rèn dèng 발을 등자에 걸치다
执鞭随镫 zhí biān suí dèng 채찍을 들고 말뒤를 따르다(수고를 마다 않고 남에게 봉사한다는 뜻) |

| 통발 단 / 똰 duàn | 簖 籪 | 鱼簖(魚籪) yú duàn 어살, 통발
下鱼簖捕鱼 xià yú duàn bǔ yú 통발을 놓아 물고기를 잡다 |

| 뱀새 초 / 쟈오 jiāo | 鹪 鷦 | 鹪鹩(鷦鷯) jiāo liáo 굴뚝새 |

| 고기이름 춘 / 춘 chūn | 鰆 鰆 | 鰆鱼(鰆魚) chūn yú 줄삼치, 재방어 |

二十 三十 四十 五十 六十 èr shí sān shí sì shí wǔ shí liù shí 이십 삼십 사십 오십 육십

17획

훈음	한자	번체	용례
가자미 탑 뎨 dié	鲽	鰈	星鲽(星鰈) xīng dié 범가자미 木叶鲽(木葉鰈) mù yè dié 도다리 高眼鲽(高眼鰈) gāo yǎn dié 용가자미 鲽鹣 dié jiān 가자미와 비익조(의좋은 부부를 비유)
자가사리 상 챵 cháng	鲿	鱨	鲿鱼(鱨魚) cháng yú 자가사리
아가미 새 싸이 sāi	鳃	鰓	鳃骨(鰓骨) sāi gǔ 물고기의 아감뼈 鳃盖(鰓蓋) sāi gài 아감딱지
정어리 온 원 wēn	鳁	鰮	鳁鱼(鰮魚) wēn yú 정어리 鳁鲸(鰮鯨) wēn jīng 멸치고래(큰고래과의 하나)
악어 악 어 è	鳄	鱷	鳄鱼(鱷魚) è yú 악어 鳄鱼片(鱷魚片) è yú piàn 악어의 비늘 鳄蜥(鱷蜥) è xī 큰 도마뱀 鳄鱼眼泪 è yú yǎn lèi 악어 눈물(나쁜 사람이 자비를 가장한다는 뜻)
미꾸라지 추 츄 qiū	鳅	鰍	泥鳅(泥鰍) ní qiū 미꾸라지 泥塘里泥鳅多 ní táng lǐ ní qiū duō 늪에는 미꾸라지가 많다
전복 복 부 fù	鳆	鰒	鳆鱼(鰒魚) fù yú 복어(전복류에 속하나 전복보다 작음)

一百 二百 三百 四百 五百 yī bǎi èr bǎi sān bǎi sì bǎi wǔ bǎi 일백 이백 삼백 사백 오백

17획

뜻/훈	간체	번체	용례
용상어 **황** 황 huáng	鳇	鰉	鳇鱼(鰉魚) huáng yú 줄철갑상어
미꾸라지 **추** 츄 qiū	鳅	鰌	泥鳅(泥鰌) ní qiū 미꾸라지
방어 **편** 뺀 biān	鳊	鯿	鳊鱼(鯿魚) biān yú 모샘치(잉어과의 민물고기)
수리 **취** 쥬 jiù	鹫	鷲	鹫雕(鷲雕) jiù diāo 콘도르, 독수리, 매
땋을 **변** 뺀 biàn	辫	辮	辫绳(儿)(辮繩(兒)) biàn shéng(r) 댕기 蒜辫(蒜辮) suàn biàn 마늘타래 梳小辫(梳小辮) shū xiǎo biàn 머리를 땋다 抓辫子 zhuā biàn zi 약점을 들어쥐다
남을 **영** 잉 yíng	赢	贏	赢得(贏得) yíng dé 이기다 赢利(贏利) yíng lì 이익, 이윤(을 보다) 赢缩(贏縮) yíng suō 남음과 모자람, 흑자와 적자 赢得胜利 yíng dé shèng lì 승리를 얻다
번민할 **만** 먼 mèn	懑	懣	愤懑(憤懣) fèn mèn 번민, 고민, 화가 나서 속을 끓임 懑然(懣然) mèn rán 고민하는 모양 发泄愤懑 fā xiè fèn mèn 번민한 심정을 털어 놓다

一千 一万 一亿 一兆 yī qiān yī wàn yī yì yī zhào 일천 일만 일억 일조

17 / 18 획

한글	한자	예시
도요새 휼 위 yù	鷸 鷸	鹬(鷸) yù 도요새 鹬驼(鷸駝) yù tuó 키위(새의 일종) 鹬蚌相争(鷸蚌相爭) yù bàng xiāng zhēng 도요새와 조개가 싸우다가 둘 다 어부에게 잡히다 鹬蚌相争, 渔人得利 yù bàng xiāng zhēng, yú rén dé lì 양편이 싸우고 있는 틈을 타서 제삼자가 이득을 본다는 뜻, 어부지리
달릴 취 쩌우 zhòu	骤 驟	骤雨(驟雨) zhòu yǔ 소나기 骤变(驟變) zhòu biàn 급변하다 狂风骤起(狂風驟起) kuáng fēng zhòu qǐ 광풍이 홀연히 일어나다 天气骤变 tiān qì zhòu biàn 날씨가 갑자기 변하다
자라 오 아오 áo	鳌 鰲	鳌头(鰲頭) áo tóu 장원 鳌背负山(鰲背負山) áo bèi fù shān 은덕이 대단히 깊고 크다는 말 鳌里夺尊(鰲里奪尊) áo lǐ duó zūn 무리 가운데서 출중하다 独占鳌头 dú zhàn áo tóu 장원 자리를 독점하다(겨룸에서 제1인자 자리를 차지함을 뜻함)
언치 천 쟨 jiān	鞯 韉	鞍鞯(鞍韉) ān jiān 안장과 말다래, 마구의 총칭 鞍鞯铺(鞍韉鋪) ān jiān pù 마구점
검정사마귀 염 얜 yǎn	黡 黶	黡子(黶子) yǎn zi 검정사마귀 黡然(黶然) yǎn rán 감추어 두는 모양 黡翳(黶翳) yǎn yì 어둠으로 뒤덮인 모양, 또는 쓸쓸한 모양
고기잡을 어 위 yú	渔 漁	渔船(漁船) yú chuán 어선 渔村(漁村) yú cūn 어촌 渔夫(漁夫) yú fū 어부
클 호 하오 hào	颢 顥	颢苍(顥蒼) hào cāng 푸른 하늘 颢气(顥氣) hào qì 하늘에 떠도는 기운 颢露(顥露) hào lù 흰 이슬 颢穹万里 hào qióng wàn lǐ 만리창공

第一 第二 第三 dì yī dì èr dì sān 첫째 둘째 셋째

18획

해오라기 로 루 lù	鷺 鷺	白鹭(白鷺) bái lù 해오라기(백로과의 물새) 鹭鸶(鷺鷥) lù sī 백로 鹭城(鷺城) lù chéng 노성(부쟨성 아모이의 별칭) 一行白鹭飞上青天 yī háng bái lù fēi shàng qīng tiān 백로들이 줄지어 하늘에 날아오르다
들렐 효 샤오 xiāo	嚣 囂	叫嚣(叫囂) jiào xiāo 와자지껄 떠들다, 울부짖다 嚣嚣(囂囂) xiāo xiāo 뭇소리가 시끄러운 모양 嚣张(囂張) xiāo zhāng (나쁜 사람이나 세력이) 날뛰다, 판을 치다 打掉敌人的嚣张气焰 dǎ diào dí rén de xiāo zhāng qì yàn 적들이 날뛰며 행패부리는 기세를 꺾어 버리다
해골 루 러우 lóu	髅 髏	髑髅(髑髏) dú lóu 해골 髅骨累累 lóu gǔ lěi lěi 해골이 산더미처럼 첩첩이 쌓이다
가마 확 훠 huò	镬 鑊	镬子(鑊子) huò zi (옛날) 가마솥(鍋) 镬煮(鑊煮) huò zhǔ 솥에 삶다 镬烹(鑊烹) huò pēng 큰 솥에 넣어 삶아 죽이던 옛날의 형벌 斧锯镬烹 fǔ jù huò pēng 도끼로 목을 베고 솥에 삶아 죽이는 벌
병 뢰 레이 léi	镭 鐳	镭(鐳) léi 라듐 Ra(화학원소) 镭盐(鐳鹽) léi yán 라듐염 镭柚(鐳柚) léi yòu 감귤의 일종 采用镭锭疗法 cǎi yòng léi dìng liáo fǎ 라듐요법을 채택하다
고리 환 환 huán	镮 鐶	镮(鐶) huán 환(금속으로 만든 고리) 镮扭(鐶扭) huán niǔ 손잡이 고리 镮锁(鐶鎖) huán suǒ 고리 자물쇠 打开镮锁 dǎ kāi huán suǒ 고리 자물쇠를 열다
징 탁 줘 zhuó	镯 鐲	镯子(鐲子) zhuó zi 팔찌, 발찌 玉镯(玉鐲) yù zhuó 옥환 钗镯(釵鐲) chāi zhuó 비녀와 팔(발)찌 戴玉镯子 dài yù zhuó zi 옥팔찌를 끼다

三分之一 sān fēn zhī yī 3분의 1   百分之二 bǎi fēn zhī èr 100분의 2

18획

훈음	한자	예시
낫 겸 랜 lián	镰 鐮	镰刀(鐮刀) lián dāo 낫 镰鱼(鐮魚) lián yú 낫고기 镰利(鐮利) lián lì 낫처럼 예리하다 用镰刀割地 yòng lián dāo gē dì 낫으로 곡식을 베이다
이테르븀 의 이 yì	镱 鐿	镱(鐿) yì 이테르븀 Yb(화학원소)
원수 수 처우 chóu	雠 讎	雠校(讎校) chóu jiào 교정하다 雠问(讎問) chóu wèn 따지어 묻다, 힐문하다 雠杀(讎殺) chóu shā 원수로 여겨 죽이다 雠问其罪 chóu wèn qí zuì 그(의) 죄를 힐책하다
쑤기미 등 텅 téng	螣 䲢	螣鱼(䲢魚) téng yú 쑤기미(쑥치과의 바닷물고기) 螣鱼无鳞 téng yú wú lín 쑤기미는 비늘이 없다
지느러미 기 치 qí	鳍 鰭	脊鳍(脊鰭) jǐ qí 등지느러미 鳍刺(鰭刺) qí cì 지느러미뼈 尾鳍(尾鰭) wěi qí 꼬리지느러미
도롱뇽 탑 타 tǎ	鳎 鰨	鳎板鱼(鰨板魚) tǎ bǎn yú 개서대(참서댓과의 바닷물고기)
환어 환 관 guān	鳏 鰥	鳏夫(鰥夫) guān fū 홀아비, 독신 남자 鳏居(鰥居) guān jū (남자가) 독신생활을 하다 鳏寡孤独(鰥寡孤獨) guān guǎ gū dú 홀아비, 과부, 고아 및 늙고 자식이 없는 사람(의지할 데 없고 고독한 사람을 뜻함) 鳏居他乡 guān jū tā xiāng 외지에서 독신생활을 하다

一倍 两倍 yī bèi liǎng bèi 한 배, 두 배

18획

훈음	간체	번체	용례
빙어 **방** 팡 páng	鳑	鰟	鳑鲏(鰟鮍) páng pí 납줄개 鳑鲏是淡水鱼 páng pí shì dàn shuǐ yú 납줄개는 민물고기이다
넙치 **겸** 챈 qiàn	鲝	鰜	鲝鱼(鰜魚) qiàn yú 넙치 鲝鱼生拌格外香 qiàn yú shēng bàn gé wài xiāng 넙치회는 특히 맛있다
새매 **전** 잔 zhān	鹯	鸇	鹯(鸇) zhān 새매(매과에 딸린 맹조) 鹯视(鸇視) zhān shì 매처럼 노려본다(탐욕스러움을 뜻함) 鹯雀(鸇雀) zhān què 새매와 참새(간악한 것을 주륙함을 비유) 鹯视眈眈 zhān shì dān dān 탐욕스런 매 눈초리처럼 기회를 노리다
매 **응** 잉 yīng	鹰	鷹	苍鹰(蒼鷹) cāng yīng 참매 鹰视(鷹視) yīng shì 매처럼 (날카롭게) 노려보다 鹰鼻鹞眼(鷹鼻鷂眼) yīng bí yào yǎn 간사하고 흉악한 인상 雄鹰展翅 xióng yīng zhǎn chì 날샌 매가 날개를 펼쳐 날다(지혜 있고 용감한 사람이 마음껏 장끼를 피운다는 뜻)
문둥병 **라** 라이 lài	癞	癩	癞疮(癩瘡) lài chuāng 문둥병, (악성) 피부병 癞皮狗(癩皮狗) lài pí gǒu 비루 먹은 개(시시한 놈을 비유) 癞皮狗生毛要咬人 lài pí gǒu shēng máo yào yǎo rén 비루 먹은 개도 털이 나면 사람을 물려고 한다(시시껄렁한 놈도 한번 잘되면 날뛴다는 뜻) 治癞疮 zhì lài chuāng 심한 피부병(문둥병)을 치료하다
웃는모양 **천** 찬 chǎn	䡇	囅	䡇然(囅然) chǎn rán 웃는 모양 䡇然而笑(囅然而笑) chǎn rán ér xiào 껄껄 웃다
잔치 **연** 얜 yàn	䜩	讌	䜩会(讌會) yàn huì 연회 䜩贺(讌賀) yàn hè 축하연을 베풀다 䜩席(讌席) yàn xí 연회석 䜩安鸩毒 yàn ān zhèn dú 향락을 일삼는 것은 독술로 자살하는 것과 같다(안일에 빠지면 큰 해를 입는다는 뜻)

公里 gōng lǐ 킬로미터　　米 mǐ 미터　　厘米 lí mǐ, 公分 gōng fēn 센티미터　　毫米 háo mǐ 밀리미터

18/19획

농병아리 벽 / 피 pì — 鸊 [鸊]
鸊鷉(鸊鷈鳥) pì tī 농병아리

모일 찬 / 찬 cuán, 짠 zǎn — 攒 [攢]
攒动(攢動) cuán dòng 떼를 지어 움직임
积攒(積攢) jī zǎn 조금씩 모아서 쌓다, 저축하다
攒少成多(攢少成多) zǎn shǎo chéng duō 티끌모아 태산
把钱攒下来 bǎ qián zǎn xià lái 돈을 모으다

아지랑이 애 / 아이 ǎi — 霭 [靄]
霭霭(靄靄) ǎi ǎi (구름이) 운집한 모양, (눈이) 펑펑 내리는 모양
烟霭(煙靄) yān ǎi 연무
暮霭(暮靄) mù ǎi 저녁 안개
暮霭消散 mù ǎi xiāo sàn 저녁 안개가 걷히다

자라 별 / 볘 biē — 鳖 [鱉]
鳖(鱉) biē 자라
鳖蛋(鱉蛋) biē dàn 자라알
鳖裙(鱉裙) biē qún 자라등의 연하고 맛있는 살 부분
骂他是个鳖蛋下的 mà tā shì ge biē dàn xià de 그를 자라알에서 깨어나온 후레자식이라고 욕하다

솟을 찬 / 촨 cuān — 蹿 [躥]
蹿高(躥高) cuān gāo 높이 뛰어오름
蹿进(躥進) cuān jìn 돌진하다, 뛰어들어오다
蹿山跳涧(躥山跳澗) cuān shān tiào jiàn 산과 계곡을 날아 뛰어다니다
蹿稀 cuān xī 설사하다

꼭대기 전 / 뎬 diān — 巅 [巔]
山巅(山巔) shān diān 산꼭대기
巅峰(巔峰) diān fēng 최고봉
巅峰状态(巔峰狀態) diān fēng zhuàng tài 최상의 컨디션
登上了泰山之巅 dēng shàng le tài shān zhī diān 태산 꼭대기에 올랐다

궁둥이뼈 관 / 콴 kuān — 髋 [髖]
髋骨(髖骨) kuān gǔ 관골, 궁둥이뼈
髋骨有点(儿)毛病 kuān gǔ yǒu diǎn(r) máo bìng 관골에 탈이 좀 생겼다

公顷 gōng qǐng 헥타르   平方公里 píng fāng gōng lǐ 평방킬로미터   平方米 píng fāng mǐ 평방미터

19획

종지뼈 **빈**	髌 髕	髌骨(髕骨) bìn gǔ 종지, 슬개골 踢伤了髌骨 tī shāng le bìn gǔ (발로) 채여서 슬개골이 상하다
삔 bìn		

동발 **찰**	镲 鑔	镲(鑔) chǎ 동발(銅鈸), 제금(타악기의 일종)
차 chǎ		

세구멍퉁소 **뢰**	籁 籟	籁(籟) lài 뢰(고대 퉁소의 일종) 万籁俱寂(萬籟俱寂) wàn lài jù jì 모든 게 고요하고 아무 소리도 없다 夜深了, 万籁俱寂 yè shēn le, wàn lài jù jì 밤이 깊어지자 모든 것이 고요하다
라이 lài		

준치 **륵**	鯏 鰳	鯏鱼(鰳魚) lè yú 준치 鯏鲞(鰳鯗) lè xiǎng 햇볕에 말린 준치 吃鯏鱼要小心鱼刺 chī lè yú yào xiǎo xīn yú cì 준치를 먹을 때에 가시를 조심해야 한다
러 lè		

민어 **민**	鳘 敏魚	鳘鱼(鰵魚) mǐn yú 민어 鳘鱼肝油(鰵魚肝油) mǐn yú gān yóu 민어간유(강장제로 쓰임)
민 mǐn		

부레 **표**	鳔 鰾	鱼鳔(魚鰾) yú biào (물고기의) 부레 鳔胶(鰾膠) biào jiāo 부레풀(민어의 부레를 끓여 만든 풀) 鳔住(鰾住) biào zhù 아교로 붙이다, 꼼짝 못하게 하다 他们俩人鳔在一块(儿) tā men liǎ rén biào zài yī kuài(r) 그들 두 사람은 함께 붙어 있다
뱌오 biào		

대구 **설**	鳕 鱈	鳕鱼(鱈魚) xuě yú 대구 鳕肝油(鱈肝油) xuě gān yóu 대구 간유 鳕鱼口特别大 xuě yú kǒu tè bié dà 대구의 입은 특별히 크다
쉐 xuě		

立方米 lì fāng mǐ 입방미터　　立方厘米 lì fāng lí mǐ 입방센티미터

19획

| 뱀장어 만
만 mán | 鰻 鰻 | 鳗鱼(鰻魚) mán yú 뱀장어
鳗鲡(鰻鱺) mán lí 뱀장어
中国长江盛产鳗鱼 zhōng guó cháng jiāng shèng chǎn mán yú 중국의 장강에서는 뱀장어가 굉장히 많이 잡힌다 |

| 전어 용
용 yōng | 鳙 鱅 | 鳙鱼(鱅魚) yōng yú 금강바리, 화련어 |

| 미꾸라지 습
시 xí | 鳛 鰼 | 鳛鱼(鰼魚) xí yú 미꾸라지
鳛水(鰼水) xí shuǐ 습수(꾸이저우성에 있는 현)
水田养殖鳛鱼 shuǐ tián yǎng zhí xí yú 논에 미꾸라지를 양식하다 |

| 떨릴 전
찬 chàn | 颤 顫 | 颤抖(顫抖) chàn dǒu 부들부들 떨다
颤声(顫聲) chàn shēng 떨리는 소리
颤悠(顫悠) chàn yōu (걸음걸이가) 휘청휘청거리다
全身颤抖 quán shēn chàn dǒu 온몸을 부들부들 떨다 |

| 옴 선
쉬안 xuǎn | 癣 癬 | 癣疥(癬疥) xuǎn jiè 버짐
癣疥之疾(癬疥之疾) xuǎn jiè zhī jí 쉽게 처리할 수 있는 작은 일, 대국에 관계없는 하찮은 과실이나 결점
有脚癣, 走路不得劲(儿) yǒu jiǎo xuǎn, zǒu lù bù dé jìn(r) 발에 무좀이 있어 길을 걷기에 불편하다 |

| 참서 참
천 chèn | 谶 讖 | 谶语(讖語) chèn yǔ 거짓 꾸민 말
谶步(讖步) chèn bù 미래를 예지하는 술법
谶书(讖書) chèn shū 참서, 참위서
谶语可听不可全信 chèn yǔ kě tīng bù kě quán xìn 참어는 듣기는 해도 모두 믿기는 어렵다 |

| 천리마 기
지 jì | 骥 驥 | 骥尾(驥尾) jì wěi 천리마의 꼬리, 뛰어난 사람의 뒤
骥子(驥子) jì zǐ 준마, 재능이 뛰어난 사람
骥子龙文(驥子龍文) jì zǐ lóng wén 훌륭한 자제(子弟를 비유)
附骥尾 fù jì wěi 파리가 천리마의 꼬리에 붙어 멀리 가다(뛰어난 사람의 뒤를 따라 행동한다는 뜻) |

公升 gōng shēng 리터   毫升 háo shēng 밀리리터   吨 dūn 톤   公斤 gōng jīn 킬로그램   克 kè 그램

19 / 20획

훈음	간체	번체	용례
이을 찬 쫜 zuǎn	缵	纘	缵继(纘繼) zuǎn jì 계속(계승)하다 缵述(纘述) zuǎn shù 잇달아 서술하다 缵先烈之业 zuǎn xiān liè zhī yè 선열의 유업을 계승하다 缵先父之业 zuǎn xiān fù zhī yè 돌아가신 아버지 유업을 이어받다
제기 찬 짠 zàn	瓒	瓚	瓒(瓚) zàn 찬, (옛날 제사 때 사용하던) 옥으로 만든 국자 瓒(瓚) zàn 찬(주로 인명에 쓰임)
살쩍 빈 삔 bìn	鬓	鬢	鬓发(鬢發) bìn fà 살쩍, 빈모(鬢毛) 鬓乱钗横(鬢亂釵橫) bìn luàn chāi héng 잠에서 막 깨어난 여자의 　흐트러진 머리나 마음이 산란하여 손질하지 않은 머리 모양 鬓发苍白(鬢發蒼白) bìn fà cāng bái 살쩍이 희끗희끗하다 鬓角(儿)挂霜 bìn jiǎo(r) guà shuāng 귀밑머리가 허옇게 세다
관자놀이 유 루 rú	颥	顬	颞颥(顳顬) niè rú 관자놀이
악어 타 퉈 tuó	鼍	鼉	鼍(鼉) tuó 양자강 악어 鼍鼓(鼉鼓) tuó gǔ 악어의 가죽으로 메운 북
더럽힐 독 두 dú	黩	黷	黩职(黷職) dú zhí 직책을 더럽힘 黩烦(黷煩) dú fán 남에게 폐를 끼치다 穷兵黩武(窮兵黷武) qióng bīng dú wǔ 무력을 남용하여 전쟁을 　일삼다 贪污是个黩职行为 tān wū shì ge dú zhí xíng wéi 탐오하는 것은 　독직행위이다
재갈 표 뱌오 biāo	镳	鑣	镳辔(鑣轡) biāo pèi 재갈과 고삐 镳镳(鑣鑣) biāo biāo 성한 모양 镳车(鑣車) biāo chē 여객을 보호하거나 보험품을 운반하는 수레 分道扬镳 fēn dào yáng biāo 길을 나누어 달리다(서로 지향하는 　뜻이 같지 않아 갈라진다는 뜻)

元旦 yuán dàn 신정(1월 1일)　　春节 chūn jié 구정(음력 1월 1일)　　元宵节 yuán xiāo jié 정월 대보름(음력 1월 15일)

20획

주석 **랍** 라 là	镴 鑞	镴箔(鑞箔) là bó 옛날 지전(紙錢)을 만들 때 쓴 주석 종이 镴枪头(鑞槍頭) là qiāng tou 납창의 끝(유명무실하다는 뜻) 镴纸(鑞紙) là zhǐ 종이같이 얇게 넓힌 납과 주석의 합금, 은종이 焊镴 hàn là 땜납
더러울 **잠** 짜 zā 짠 zān	臜 臢	腌臜(腌臢) ā zā 불결하다, 언짢다 暗臜(暗臢) ān zān 더럽다, 불결하다 事情没办成, 腌臜极了 shì qíng méi bàn chéng, ā zā jí le 일을 성사시키지 못하여 매우 언짢다
쏘가리 **궐** 구이 guì	鳜 鱖	鳜鱼(鱖魚) guì yú 쏘가리 烤着吃鳜鱼片(儿) kǎo zhe chī guì yú piàn(r) 쏘가리 살코기를 구워서 먹다
두렁허리 **선** 싼 shàn	鳝 鱔	鳝鱼(鱔魚) shàn yú 두렁허리(두렁허리과의 민물고기) 鳝鱼面(鱔魚面) shàn yú miàn 삶거나 볶은 두렁허리를 채 썰어서 얹은 우동 吃一碗鳝鱼面 chī yī wǎn shàn yú miàn 볶은 두렁허리를 얹은 우동을 한 그릇 먹다
비늘 **린** 린 lín	鳞 鱗	鳞片儿(鱗片兒) lín piànr (물고기 따위의) 비늘조각 鳞介(鱗介) lín jiè 어류와 패류 遍体鳞伤(遍體鱗傷) biàn tǐ lín shāng 온몸이 상처투성이다 建筑物鳞次栉比 jiàn zhù wù lín cì zhì bǐ 건축물이 물고기 비늘이나 참빗살같이 빽빽이 들어서다
송어 **준** 준 zūn	鳟 鱒	鳟鱼(鱒魚) zūn yú 송어 鳟鱼也溯江产卵 zūn yú yě sù jiāng chǎn luǎn 송어도 강물을 거슬러 올라가 산란한다
머리들 **양** 샹 xiāng	骧 驤	骧腾(驤騰) xiāng téng (말이 머리를 쳐들고) 질주하다 骧眉(驤眉) xiāng méi 눈썹을 치켜 올리다 骧眉怒斥 xiāng méi nù chì 눈썹을 치켜 올리고 대노하여 질책하다

妇女节 fù nǚ jié 국제부녀의 날(3월 8일)   劳动节 láo dòng jié 국제노동절(5월 1일)

21획

훈음	번체	간체	예문

찡그릴 빈 / 핀 pín — 顰 / 颦
- 颦眉(顰眉) pín méi 눈살을 찌푸리다
- 一颦一笑 yī pín yī xiào 눈살을 찌푸리기도 하고 웃기도 하다
- 东施效颦(東施效顰) dōng shī xiào pín 남을 흉내내다가 오히려 더 추하게 되다(무턱대고 모방하여 실패한다는 것을 뜻함)
- 颦眉狞笑 pín méi níng xiào 상을 찡그리고 징그럽게 웃다

짓밟을 린 / 린 lìn — 躏 / 躪
- 蹂躏(蹂躪) róu lìn 함부로 짓밟음
- 躏践(躪踐) lìn jiàn 짓밟다
- 蹂躏邻国 róu lìn lín guó 이웃나라를 유린하다

가물치 례 / 리 lǐ — 鳢 / 鱧
- 鳢鱼(鱧魚) lǐ yú 가물치과에 속하는 고기의 총칭
- 鳢鱼头像蛇头, 生长在泥塘里 lǐ yú tóu xiàng shé tóu, shēng zhǎng zài ní táng lǐ 가물치는 머리가 뱀의 머리와 비슷하며 진흙탕에서 자란다

철갑상어 전 / 잔 zhān, 산 shàn — 鳣 / 鱣
- 鳣鱼(鱣魚) zhān yú 철갑상어
- 鳣鱼(鱣魚) shàn yú 두렁허리

미칠 전 / 댄 diān — 癫 / 癲
- 癫痫(癲癇) diān xián 지랄병
- 癫狂(癲狂) diān kuáng (말과 행동거지가) 경솔하다
- 疯癫(瘋癲) fēng diān 정신병의 하나, 미치다
- 疯疯癫癫地闹事 fēng fēng diān diān de nào shì 미친 것처럼 난폭하게 굴다

강이름 감 / 깐 gàn — 赣 / 贛
- 赣江(贛江) gàn jiāng 감강(쟝시성에 있는 강, 쟝시성의 별칭)
- 赣县(贛縣) gàn xiàn 감현(쟝시성에 있는 현)

넓을 호 / 하오 hào — 灏 / 灝
- 灏灏(灝灝) hào hào 평평하고 끝없이 넓음
- 灏气(灝氣) hào qì 천상의 맑은 기운
- 声势灏大 shēng shì hào dà 기세가 드높다

清明节 qīng míng jié 청명절(음력 4월 5일)　　儿童节 ér tóng jié 국제아동의 날(6월 1일)

22 23 25 획

황새 관
관 guàn
鹳 鸛

鹳鸟(鸛鳥) guàn niǎo 황새
鹳鸟是保护鸟(类) guàn niǎo shì bǎo hù niǎo (lèi) 황새는 보호 새이다

거푸집속 양
샹 xiāng
镶 鑲

镶住(鑲住) xiāng zhù (움직이지 않게 꼭) 끼워 넣다
镶边(儿)(鑲邊(兒)) xiāng biān(r) 테를 두르다
金镶玉嵌(金鑲玉嵌) jīn xiāng yù qiàn 금이나 옥을 상감하다
到牙科医院去镶牙 dào yá kē yī yuàn qù xiāng yá 치과에 가서 의치를 하다

놀라흩어질 찬
짠 zǎn
趱 趲

趱路(趲路) zǎn lù (길을) 재촉하다, 급히 가다
趱足(趲足) zǎn zú 집어넣다, 저축
趱马向前(趲馬向前) zǎn mǎ xiàng qián 말을 앞으로 급히 몰다
连夜趱运 lián yè zǎn yùn 밤을 새워서 급히 운반하다

광대뼈 관
취안 quán
颧 顴

颧骨(顴骨) quán gǔ 광대뼈
颧骨高杀夫不用刀 quán gǔ gāo shā fū bù yòng dāo 광대뼈가 튀어 나온 여자는 칼을 쓰지 않아도 남편을 죽인다(광대뼈가 튀어 나온 여자는 남편을 휘어잡을 만큼 드세다는 뜻의 속담)
他的颧骨特别凸出 tā de quán gǔ tè bié tū chū 그의 광대뼈는 남달리 튀어나왔다

치솟을 찬
쫜 zuān
躜 躦

躜程(躦程) zuān chéng 갈 길을 재촉하다
跳跳躜躜(跳跳躦躦) tiào tiào zuān zuān 깡충깡충뛰다, 마구 날뛰다
燕子躜天(儿) yàn zi zuān tiān(r) 제비가 하늘로 치솟아 오르다
小羊羔(儿)在院子里跳跳躜躜 xiǎo yáng gāo(r) zài yuàn zi lǐ tiào tiào zuān zuān 어린 양이 뜰에서 깡충깡충 뛰놀다

괭이 곽
줴 jué
镢 钁

镢头(钁頭) jué tou 곡괭이
用镢头刨地 yòng jué tou páo dì 곡괭이로 땅을 파다

마구먹을 낭
낭 náng, nǎng
馕 饢

馕(饢) náng (위구르족과 카자흐족들이 먹는) 구운 빵
拼命馕食 pīn mìng nǎng shí 필사적으로 게걸스레 먹어대다

建党日 jiàn dǎng rì 중국공산당 창건일(7월 1일)   建军节 jiàn jūn jié 건군기념일(8월 1일)

25획

어리석을 당

戆

戆

쟝 zhuàng
강 gàng

戆直(戆直) zhuàng zhí 우직하고 강직하다
戆大(戆大) zhuàng dà 고집불통, 융통성이 없는 완고한 사람
为人戆直(爲人戆直) wéi rén zhuàng zhí 사람됨이 우직하다
这小子戆头戆脑的 zhè xiǎo zi gàng tóu gàng nǎo de 그 녀석 덤벙덤벙하기도 하네

中秋节 zhōng qiū jié 추석(음력 8월 15일)   国庆节 guó qìng jié 건국 기념일(10월 1일)

간체자 천자문

하늘 **천** tiān 탠	땅(따) **지** dì 띠	검을 **현** xuán 쉬안	누를 **황** huáng 황
天 天	地 地	玄 玄	黄 黄
天地 tiān dì 하늘과 땅 天气 tiān qì 일기, 날씨 天长日久 tiān cháng rì jiǔ 시간이 가고 세월이 흘러가다	地图 dì tú 지리부도 地理 dì lǐ 토지의 상태 地利人和 dì lì rén hé (지리적으로) 살기 좋고 사람들이 화목하다	玄发 xuán fà 검은 머리카락 玄古 xuán gǔ 먼 옛날 玄之又玄 xuán zhī yòu xuán 아주 현묘하여 이해하기 어렵다	黄色 huáng sè 누런색 黄土 huáng tǔ 누런색 흙 黄粱美梦 huáng liáng měi mèng 실현될 수 없는 허무한 꿈
집 **우** yǔ 위	집 **주** zhòu 쩌우	넓을 **홍** hóng 홍	거칠 **황** huāng 황
宇 宇	宙 宙	洪 洪	荒 荒
宇宙 yǔ zhòu 천지 宇航员 yǔ háng yuán 우주비행사 望衡对宇 wàng héng duì yǔ 거리가 가까워 서로 바라볼 수 있다	宙始 zhòu shǐ 예로부터 지금까지의 시간 宇宙空间 yǔ zhòu kōng jiān 행성간의 공간, 아주 넓은 공간	洪水 hóng shuǐ 장마 洪恩 hóng ēn 큰 은덕 洪水猛兽 hóng shuǐ měng shòu 홍수나 야수가 덮친 듯한 큰 재화	荒原 huāng yuán 거친 들 荒唐 huāng táng 거칠고 허탄함 黄淫无耻 huāng yín wú chǐ 주색에 빠졌어도 수치스러움을 모르다
날 **일** rì 르	달 **월** yuè 웨	찰 **영** yíng 잉	기울 **측** zè 쩌
日 日	月 月	盈 盈	昃 昃
日记 rì jì 매일 생긴 일의 기록 日夜 rì yè 낮과 밤 日新月异 rì xīn yuè yì 날마다 달마다 새롭다	月亮 yuè liàng 달 月光 yuè guāng 달빛 月晕而风 yuè yùn ér fēng 달무리가 서니 바람이 일 징조이다	盈余 yíng yú 차고 남음 盈满之咎 yíng mǎn zhī jiù 달도 차면 기울듯 모든 일이 다 이루어질 때 도리어 재앙이 닥침	日昃 rì zè 해가 기울어짐 石昃 shí zè 돌이 기울어 무너짐 日昃之离 rì zè zhī lí 해가 기울어질 때 지구와 분리됨을 뜻함
별 **진** chén 천	잘 **숙** sù 쑤	벌릴 **렬** liè 레	베풀 **장** zhāng 장
辰 辰	宿 宿	列 列	张 張
辰时 chén shí 오전 7~9시 星辰 xīng chén 해, 달, 별등의 총칭 良辰美景 liáng chén měi jǐng 좋은 시절에 아름다운 경물	宿舍 sù shè 숙소 投宿 tóu sù 여관에 듦 风餐露宿 fēng cān lù sù 야외에서 먹고 자다	排列 pāi liè 죽 벌여서 열을 지음 罗列 luō liè 죽 늘어 놓음 名列前茅 míng liè qián máo 이름이 앞자리에 놓이다	开张 kāi zhāng 개업, 개장 张嘴 zhāng zuǐ 입을 벌리다 张口结舌 zhāng kǒu jié shé 말문이 막히다

天地玄黄 하늘은 검(붉)고 땅은 누르다
宇宙洪荒 우주는 넓고 거칠다

日月盈昃 해는 (바로 위에 있다가도) 기울고
　　　　달은 (둥글었다가도) 이즈러진다
辰宿列张 별무리는 (하늘에 흐트러짐 없이) 규칙적으로 배열되어 있다

찰 한 hán 한	올 래 lái 라이	더울 서 shǔ 수	갈 왕 wǎng 왕
寒 寒	来 來	暑 暑	往 往
寒风 hán fēng 찬바람 嘘寒问暖 xū hán wèn nuǎn 입김으로 추위를 녹여주듯 타인을 관심있게 대하다	来去 lái qù 오가다 来意 lái yì 다녀온 의도 来之不易 lái zhī bù yì 성공하거나 손에 넣기가 쉽지 않다	暑天 shǔ tiān 더운 날, 여름날 暑假 shǔ jià 여름방학 暑热炎天 shǔ rè yán tiān 찌는 듯한 날씨	往事 wǎng shì 지나간 일 来而不往非礼也 lái ér bù wǎng fēi lǐ yě 와주었는데 답례로 가지 않는 것은 예의에 어긋나는 것이다

가을 추 qiū 츄	거둘 수 shōu 서우	겨울 동 dōng 둥	감출 장 cáng 창
秋 秋	收 收	冬 冬	藏 藏
秋收 qiū shōu 가을걷이 秋千 qiū qiān 그네 秋风落叶 qiū fēng luò yè 가을바람에 잎이 지다	收入 shōu rù 소득 收据 shōu jù 영수증 收回成命 shōu huí chéng mìng 이미 발표한 결정(명령)을 회수하다	冬天 dōng tiān 겨울날 冬季 dōng jì 겨울철 冬日可爱 dōng rì kě ài 겨울 햇빛마냥 온화하고 자애롭다	藏书 cáng shū 간직해 둔 책 藏身 cáng shēn 몸을 숨기다 包藏祸心 bāo cáng huò xīn 마음속에 나쁜 심보를 감추다

윤달 윤 rùn 룬	남을 여 yú 위	이룰 성 chéng 청	해 세 suì 쑤이
闰 閏	余 餘	成 成	岁 歲
闰年 rùn nián 윤달, 윤일이 든 해 闰秋 rùn qiū 윤 9월 黄杨厄闰 huáng yáng è rùn 운수가 사납다(매염봉우와 같은 뜻)	余款 yú kuǎn 남은 돈 余地 yú dì 남은 땅, 나위 死有余辜 sǐ yǒu yú gū 죽어도 그 죄는 남아 있다	成功 chéng gōng 뜻을 이룸 成立 chéng lì 사물이 이루어짐 成千上万 chéng qiān shàng wàn 수천만(수량이 많음을 뜻함)	岁数 suì shǔ 연세, 나이 岁寒知松柏 suì hán zhī sōng bǎi 오랜 세월의 고난을 거쳐야 사람의 품격을 보이낼 수 있다는 뜻

법칙 률 lǜ 뤼	법칙 려 lǚ 뤼	고를 조 tiáo 탸오	볕 양 yáng 양
律 律	吕 呂	调 調	阳 陽
律己 lǜ jǐ 자기를 단속함 律师 lǜ shī 변호사 金科玉律 jīn kē yù lǜ 아주 완미한 법률, 규정	律吕 lǜ lǚ 율려(중국 고대 악기의 기수와 우수의 여섯관을 가리킴) 黄钟大吕 huáng zhōng dà lǚ 음악, 문장이 정대하고 오묘함을 뜻함	调和 tiáo hé 잘 어울리게 함 调配 tiáo pèi 배합, 조합 风调雨顺 fēng tiáo yǔ shùn 바람, 비가 조화를 이루다(농사에 알맞다)	阳光 yáng guāng 태양의 빛 太阳 tài yáng 태양 阳关大道 yáng guān dà dào 목적지에 이를 수 있는 넓고 큰 길

寒来暑往 겨울이 오고 여름이 간다
秋收冬藏 가을철에는 거두어 들이고 겨울철에는 저장한다
闰余成岁 (양력과 음력 시간 차이로) 남는 시각이 합쳐져 윤년이 된다
律吕调阳 (음악의 12음률을 조화하는) 율(양)과 려(음)에 의해 (세상의) 음과 양이 조화된다

구름 운 yún 윈	날 등 téng 텅	이를 치 zhì 즈	비 우 yǔ 위
云 雲	腾 騰	致 致	雨 雨
云雾 yún wù 구름안개 云集 yún jí 구름처럼 많이 모임 云开见日 yún kāi jiàn rì 운무가 걷히니 해가 보인다(오해가 풀림)	奔腾 bēn téng 날래게 내달림 腾蛟起凤 téng jiāo qǐ fèng 용이 날아오르고 봉황이 날아가듯이 재간이 뛰어나다는 뜻	致敬 zhì jìng 경의를 표하다 致残 zhì cán 불구가 되다 毫无二致 háo wú èr zhì 조금도 다르지 않고 완전히 같다	雨天 yǔ tiān 비오는 날 雨过天晴 yǔ guò tiān qíng 소나기가 지나자 하늘이 다시 개이다(상황이 좋아짐을 뜻함)

이슬 로 lù 루	맺을 결 jié 제	할 위 wèi/wéi 웨이	서리 상 shuāng 솽
露 露	结 結	为 爲	霜 霜
露水 lù shuǐ 이슬 暴露 bào lù 비밀 등이 드러남 人生朝露 rén shēng zhāo lù 인생은 아침 이슬같이 덧없다	结束 jié shù 덩이가 되게 묶음 结果 jié guǒ 결말의 상태 结党营私 jié dǎng yíng sī 소집단을 두어 사리를 도모하다	为民 wèi mín 백성을 위함 成为 chéng wéi 이룩되다 为非作歹 wéi fēi zuò dǎi 나쁜짓을 다 하다	霜天 shuāng tiān 가을날 霜叶 shuāng yè 단풍잎 雪上加霜 xuě shàng jiā shuāng 연속적으로 재난을 받다

쇠 금 jīn 진	날 생 shēng 성	빛날 려 lì 리	물 수 shuǐ 수이
金 金	生 生	丽 麗	水 水
金额 jīn é 가격 金城汤池 jīn chéng tāng chí 끓는 못물에 둘러싸인 무쇠성(방비가 견고하다는 뜻)	生活 shēng huó 살아 활동함 生气 shēng qì 노여워하다 白面书生 bái miàn shū shēng 글만 읽고 세상물정 모르는 선비를 뜻함	美丽 měi lì 아름답다 丽都 lì dū 아름다운 도시 风和日丽 fēng hé rì lì 바람은 부드럽고 날씨는 화창하다	河水 hé shuǐ 강물, 냇물 水滴穿石 shuǐ dī chuān shí 물방울이 돌을 뚫는다(미력이나마 노력하면 성공한다는 뜻)

구슬 옥 yù 위	날 출 chū 추	뫼 곤 kūn 쿤	뫼 강 gāng 강
玉 玉	出 出	昆 崑	冈 岡
玉容 yù róng 아름다운 얼굴 玉姿 yù zī 아름다운 몸매 玉石混淆 yù shí hùn xiáo 옥과 돌이 뒤섞이듯이 선과 악이 뒤섞임	出席 chū xí 자리에 나감 出入口 chū rù kǒu 출입하는 어구 神出鬼没 shén chū guǐ mò 자유자재로 출몰함	昆仑 kūn lún 곤륜산 昆山片玉 kūn shān piàn yù 곤륜산 옥(옥 가운데 상등품이라는 뜻)	山冈 shān gāng 높지 않은 산 冈峦起伏 gāng luán qǐ fú 산등성이가 기복을 이루며 이어지다

云腾致雨 구름이 날아 올라 비가 된다
露结为霜 이슬이 맺혀 서리가 된다

金生丽水 금은 여수강(중국 운남성 대리자치주)에서 난다
玉出昆冈 옥은 곤륜산(중국 신강, 청해, 서장 자치구에 뻗음)에서 난다

칼 검 jiàn 쟨	이름 호 hào 하오	클 거 jù 쥐	집 궐 què 췌
剑 劍	号 號	巨 巨	阙 闕
剑术 jiàn shù 검술 剑拔弩张 jiàn bá nǔ zhāng 칼을 뽑고 활을 당기다(일촉즉발의 긴장된 순간을 뜻함)	号称 hào chēng 자랑하다, 불리다 号叫 hào jiào 울부짖다 发号施令 fā hào shī lìng 명령을 내려 시행하다	巨大 jù dà 엄청나게 큼 巨响 jù xiǎng 큰 울림소리 创巨痛深 chuāng jù tòng shēn 상처가 크고 고통이 심하다	宫阙 gōng què 임금이 사는 곳 阙下 què xià 천자에 대한 존칭 弥缝其阙 mí féng qí què 잘못된 것을 미봉하다
구슬 주 zhū 주	일컬을 칭 chēng 청	밤 야 yè 예	빛 광 guāng 광
珠 珠	称 稱	夜 夜	光 光
珠宝 zhū bǎo 구슬, 보배 鱼目混珠 yú mù hùn zhū 물고기 눈알을 진주에 뒤섞다(가짜를 진짜로 속인다는 뜻)	称呼 chēng hū 부르는 호칭 称王称霸 chēng wáng chēng bà 세상에 자기밖에 없는 것처럼 판치며 세를 부리다	夜间 yè jiān 밤 夜班儿 yè bānr 야간근무 夜以继日 yè yǐ jì rì 낮에 밤을 이어가다, 밤낮 없이 돌아치다	光荣 guāng róng 영광 光线 guāng xiàn 광선, 빛 光辉灿烂 guāng huī càn làn 광휘가 찬란하다
과실 과 guǒ 귀	보배 진 zhēn 쩐	오얏 리 lǐ 리	벚 내 nài 나이
果 果	珍 珍	李 李	柰 柰
果实 guǒ shí 과수에 생긴 열매 水果 shuǐ guǒ 과일 果不其然 guǒ bù qí rán 과연, 아니나 다를까	珍重 zhēn zhòng 귀중하다 珍视 zhēn shì 귀중히 여기다 奇珍异宝 qí zhēn yì bǎo 보배롭고 기이한 보물	李树 lǐ shù 오얏나무 桃李满天下 táo lǐ mǎn tiān xià 복숭아, 오얏나무처럼 우수한 후대를 많이 배양함을 뜻함	柰园 nài yuán 능금나무 동산 柰子 nài zi 능금, 벚 果珍李柰 guǒ zhēn lǐ nài 과실 중에서 진품은 오얏과 능금이다
나물 채 cài 차이	무거울 중 zhòng 쭝	겨자 개 jiè 제	생강 강 jiāng 쟝
菜 菜	重 重	芥 芥	姜 薑
菜单儿 cài chānr 요리 메뉴 蔬菜 shū cài 야채, 채소 面有菜色 miàn yǒu cài sè 얼굴에 굶주린 빛이나 병색이 돈다	重要 zhòng yào 귀중하고 중요로움 重点 zhòng diǎn 중시해야 할 점 重于泰山 zhòng yú tài shān 태산보다도 무겁다(뜻있는 죽음을 비유)	芥子油 jiè zi yóu 겨자기름 芥菜 jiè (gài) cài 갓 视若草芥 shì ruò cǎo jiè 보잘것없는 것으로 여기다	生姜 shēng jiāng 생강 姜是老的辣 jiāng shì lǎo de là 생강은 여문 것이 맵다(나이가 들면 노련하다는 뜻)

剑号巨阙 보검은 거궐(구야자가 만든 월국의 보검)을 제일로 꼽는다
珠称夜光 구슬은 야광주를 으뜸으로 친다

果珍李柰 과실 중의 진품은 오얏(자두)과 능금(벚)이다
菜重芥姜 야채 중의 으뜸은 겨자와 생강이다

바다 해 hǎi 하이	짤 함 xián 섄	물 하 hé 허	싱거울 담 dàn 딴
海 海	咸 鹹	河 河	淡 淡
海洋 hǎi yáng 큰 바다 海味 hǎi wèi 해물 맛 海底捞月 hǎi dǐ lāo yuè 바다에서 달 건지듯 헛심을 쓰다	咸味 xián wèi 짠맛 咸淡 xián dàn 짜고 싱겁다 咸兴差使 xián xīng chāi shǐ 심부름 가서 무소식(늦게 오는 것을 비유)	河流 hé liú 물의 흐름 河清海晏 hé qīng hǎi yàn 황하의 물은 맑고 바다는 고요하다(천하태평함을 비유)	淡水 dàn shuǐ 못이나 늪의 물 淡泊明志 dàn bó míng zhì 생활이 소박해야만 자신의 뜻과 의지를 나타낼 수 있다는 뜻

비늘 린 lín 린	잠길 잠 qián 챈	깃 우 yǔ 위	날개 상 xiáng 샹
鳞 鱗	潜 潛	羽 羽	翔 翔
鱼鳞 yú lín 물고기의 비늘 鳞毛 lín máo 어류와 수류 鳞次栉比 lín cì zhì bǐ 물고기 비늘과 빗살처럼 들어서다	潜水 qián shuǐ 물속에 잠기다 潜力 qián lì 잠재력 潜移默化 qián yí mò huà 모르는 사이에 점차적으로 감화되다	羽毛 yǔ máo 새의 깃털 羽毛丰满 yǔ máo fēng mǎn 새의 몸에 털이 빽빽히 돋아나다(재간이 늘어났음을 비유)	飞翔 fēi xiáng 날아가다 翔步 xiáng bù 느린 걸음을 하다 鸾翔凤翥 luán xiáng fèng zhù 붓놀림이 날듯이 절묘함을 비유

룡 롱 lóng 룽	스승 사 shī 스	불 화 huǒ 훠	임금 제 dì 띠
龙 龍	师 師	火 火	帝 帝
龙王 lóng wáng 용왕 苍龙 cháng lóng 푸른용 龙飞凤舞 lóng fēi fèng wǔ 문필이 (날고 춤추듯이) 활발함을 비유	师弟 shī dì 스승과 제자, 동문후배 老师 lǎo shī 스승, 선생 师老兵疲 shī lǎo bīng pí 군대는 노쇠하고 병사들은 지치다	火山 huǒ shān 화산 火速 huǒ sù 신속히, 빠르다 火上加油 huǒ shàng jiā yóu 붙는 불에 부채질하다, 불에 기름치다	帝国主义 dì guó zhǔ yì 영토나 권력을 넓히려는 주의 帝王将相 dì wáng jiàng xiàng 황제와 문무관원

새 조 niǎo 냐오	벼슬 관 guān 관	사람 인 rén 런	임금 황 huáng 황
鸟 鳥	官 官	人 人	皇 皇
鸟飞 niǎo fēi 새가 날다 鸟语花香 niǎo yǔ huā xiāng 새가 지저귀고 꽃 향기가 그윽하다(봄날의 정취를 뜻함)	官员 guān yuán 관리 武官 wǔ guān 군에 적을 둔 관리 官逼民反 guān bī mín fǎn 관리들의 핍박에 백성들이 반대하다	人民 rén mín 백성 人山人海 rén shān rén hǎi 사람으로 산과 바다를 이룬다(사람이 많이 모인다는 뜻)	皇帝 huáng dì 임금 皇位 huáng wèi 왕위, 황제 자리 张皇失措 zhāng huáng shī cuò 황송하여 어찌할 바를 모르다

海咸河淡 바다물은 짜지만 냇물은 싱겁다
鳞潜羽翔 물고기는 (물속에) 잠겨있지만 새는 (하늘을) 날아간다
龙师火帝 (천황 복희씨와 지황 신농씨는 각기) '룡'자와 '화'자로 관명을 칭했다
鸟官人皇 '조'자로 관명을 칭한 사람은 인황 소호씨이다

비로소 시 shǐ 스	지을 제 zhì 즈	글월 문 wén 원	글자 자 zì 쯔
始 始	制 制	文 文	字 字
开始 kāi shǐ 시작 始终 shǐ zhōng 시작부터 끝까지 始终如一 shǐ zhōng rú yī 시작부터 마지막까지 변함없이	制造 zhì zào 만들어 내다 体制 tǐ zhì 조직의 양식, 상태 因人制宜 yīn rén zhì yí 각자의 실정에 비추어 알맞게 처신하다	文明 wén míng 진보된 상태 文不对题 wén bù duì tí 문장 내용과 제목이 어울리지 않는다(동문서답과 같은 말)	文字 wén zì 글자 字典 zì diǎn 사전 字斟句酌 zì zhēn jù zhuó 글자마다 구절마다 자세히 따지며 수정하다
이에 내 nǎi 나이	입을 복 fú 부	옷 의 yī 이	치마 상 shang 샹
乃 乃	服 服	衣 衣	裳 裳
乃知 nǎi zhī 비로소 알다 乃能 nǎi néng 비로소…할 수 있다 乃心王室 nǎi xīn wáng shì 몸은 밖에 있어도 마음은 늘 조정에 있다	服装 fú zhuāng 옷차림 服务 fú wù 복무, 봉사 心悦诚服 xīn yuè chéng fú 달갑게 복종하며 탄복하다	衣服 yī fú 옷 衣类 yī lèi 옷 등속의 총칭 衣冠处处 yī guān chǔ chǔ 옷 매무새가 단정하고 아름답다	衣裳 yī shang 옷 同价红裳 tóng jià hóng shang 같은 값이면 다홍치마(기왕이면 좋은 것을 선택한다는 뜻)
밀 추 tuī 투이	자리 위 wèi 웨이	사양 양 ràng 랑	나라 국 guó 궈
推 推	位 位	让 讓	国 國
推测 tuī cè 미루어 헤아림 推车 tuī chē 수레를 밀다 推陈出新 tuī chén chū xīn 낡은 것을 버리고 새 것을 만들어 내다	位置 wèi zhì 자리, 지위 诸位 zhū wèi 여러분 不得其位 bù dé qí wèi 그의 자질에 알맞은 지위를 얻지 못하다	让位 ràng wèi 자리를 양보하다 互让 hù ràng 서로 사양하다 让枣推梨 ràng zǎo tuī lí 권하거나 사양함(우정이 두터움을 비유)	国家 guó jiā 나라 国籍 guó jí 국가 구성원 되는 자격 国计民生 guó jì mín shēng 국가경제와 인민의 생활
있을 유 yǒu 유	나라 우 yú 위	질그릇 도 táo 타오	당나라 당 táng 탕
有 有	虞 虞	陶 陶	唐 唐
占有 zhàn yǒu 자기 소유로 함 私有 sī yǒu 개인이 소유함 有备无患 yǒu bèi wú huàn 사전에 준비가 있으면 재화를 면한다	虞廷 yú tíng 우나라 순왕 정부 虞心 yú xīn 다행을 바라는 심리 不虞之誉 bù yú zhī yù 생각지도 못한 영예와 찬양	陶冶 táo yě 길러내다, 다듬다 陶犬瓦鸡 táo quǎn wǎ jī 도자기로 만든 개와 흙으로 빚은 닭(무용지물이라는 뜻)	唐诗 táng shī 당나라의 시 唐皇 táng huáng 기세가 웅장하다 唐诗宋词 táng shī sòng cí 당나라 시와 송나라의 가사

始制文字 (상고시대, 복희 황제가 창힐에게 명해) 처음 문자를 만들었다
乃服衣裳 이에 (비로소) 옷을 지어입기 시작했다

推位让国 (상고시대, 다섯 임금이) 양위하여 나라를 다스리게 했다
有虞陶唐 (그 대표 인물로는) 우순왕과 당요왕(도당)이다

조상 조 diào 땨오	백성 민 mín 민	칠 벌 fá 바	허물 죄 zuì 쭈이
吊 弔	民 民	伐 伐	罪 罪
吊丧 diào sāng 조의를 표함 吊桥 diào qiáo 다락교 吊诡衿奇 diào guǐ jīn qí 언행이 기이하다	民众 mín zhòng 인민대중 民主 mín zhǔ 주권이 국민에게 있음 民富国强 mín fù guó qiáng 백성이 부유하고 나라가 강대하다	伐木 fá mù 나무를 베어냄 伐毛洗髓 fá máo xǐ suǐ 털을 깎고 골수를 깨끗이 하다, 자신의 그릇됨을 철저히 씻다	罪人 zuì rén 죄를 범한 사람 犯罪 fàn zuì 죄를 범하다 罪有应得 zuì yǒu yīng dé 벌을 받아 마땅하다

두루 주 zhōu 저우	펄 발 fā 바	나라 은 yīn 인	끓을 탕 tāng 탕
周 週	发 發	殷 慇	汤 湯
周日 zhōu rì 일요일 周密 zhōu mì 아주 세밀함 周而复始 zhōu ér fù shǐ 한바퀴 돌고 다시 시작하다(계속하다의 뜻)	发展 fā zhǎn 널리 뻗어 나감 出发 chū fā 시작(하다) 发愤图强 fā fèn tú qiáng 분발하여 강해지기를 꾀하다	殷谢 yīn xiè 깊이 감사드림 殷勤 yīn qín 열정적이며 주밀하다 殷鉴不远 yīn jiàn bù yuǎn 선인의 실패한 교훈이 얼마 지나지 않았다	汤火 tāng huǒ 끓는 물과 불 肉汤 ròu tāng 고기국 赴汤蹈火 fù tāng dǎo huǒ 물불을 가리지 않고 뛰어들다

앉을 좌 zuò 쮜	아침 조 cháo 차오 / zhāo 자오	물을 문 wèn 원	길 도 dào 따오
坐 坐	朝 朝	问 問	道 道
坐车 zuò chē 차를 타다 坐堂 zuò táng 집안일을 주관하다 坐井观天 zuò jǐng guān tiān 우물 안에서 하늘을 보다, 견식이 좁음	朝鲜 cháo xiān 조선 朝南 cháo nán 남쪽을 향하다 朝气蓬勃 zhāo qì péng bó 생기발랄하다	问答 wèn dá 물음과 대답 问题 wèn tí 문제 问道于盲 wèn dào yú máng 소경에게 길 묻기	道路 dào lù 길 道理 dào lǐ 바른 길 道听途说 dào tīng tú shuō 길가에서 들은 말, 근거 없는 풍문

드리울 수 chuí 추이	모을 공 gǒng 꿍	평할 평 píng 핑	글 장 zhāng 장
垂 垂	拱 拱	平 平	章 章
垂死 chuí sǐ 죽음에 이름 垂手 chuí shǒu 손을 드리우다 垂头丧气 chuí tóu sàng qì 풀이 죽고 기가 꺾이다, 소침하다	拱手 gǒng shǒu 두 손을 모으다 拱土 gǒng tǔ 땅을 뚫고(나오다) 拱肩缩背 gǒng jiān suō bèi 어깨를 움츠리고 허리를 꼬부리다	平时 píng shí 평소 平地 píng dì 평평한 땅 平白无故 píng bái wú gù 아무런 이유도 없이	章程 zhāng chéng 조목으로 나누어 정한 규정 相得益彰 xiāng dé yì zhāng 상부상조로 상호능력이 잘 나타나다

吊民伐罪 만백성의 질고에 관심을 두고 죄 지은 자들을 처단했다
周发殷汤 (그 대표 인물은) 주나라의 발무왕과 은나라의 성탕왕이었다
坐朝问道 나라를 다스림에는 (주로) 치국의 방도를 따져야 한다
垂拱平章 옷깃을 드리우고 두 손을 모아 (겸허하게) 공정처사해야 한다

사랑 애 ài 아이	기를 육 yù 위	검을 려 lí 리	머리 수 shǒu 서우
爱 愛	育 育	黎 黎	首 首
爱人 ài rén 사랑하는 사람 爱国 ài guó 나라를 사랑함 爱财如命 ài cái rú mìng 재산을 목숨처럼 중히 여기다	育人 yù rén 사람을 양성하다 教育 jiào yù 가르치어 기름 生儿育女 shēng ér yù nǚ 아들딸을 낳아 기르다	黎明 lí míng 희망의 빛 黎民 lí mín 백성, 군중 黎明即起 lí míng jí qǐ 날이 밝을 무렵에 바로 일어나다	首都 shǒu dū 한 나라의 서울 首先 shǒu xiān 우선, 먼저 首屈一指 shǒu qū yī zhǐ 첫째로 꼽히다, 제일, 으뜸

신하 신 chén 천	엎드릴 복 fú 부	되 융 róng 룽	되 강 qiāng 챵
臣 臣	伏 伏	戎 戎	羌 羌
大臣 dà chén 신하 忠臣 zhōng chén 충성스런 신하 臣心如水 chén xīn rú shuǐ 충신의 마음은 물같이 결백하다	伏地 fú dì 땅에 엎드리다 伏老 fú lǎo 부모님께 순종하다 伏首贴耳 fú shǒu tiē ěr 순종하다, 굽신거리다	戎族 róng zú 옛중국 서부의 야만족 戎甲 róng jiǎ 무기(武裝) 投笔从戎 tóu bǐ cóng róng 펜대를 내려놓고 참군하다	羌族 qiāng zú 사청성의 소수민족 羌无故实 qiāng wú gù shí 이야기 거리도 없고 출처도 없다(羌은 문언 조사로 사용)

멀 하 xiá 샤	가까울 이 ěr 얼	한 일 yī 이	몸 체 tǐ 티
遐 遐	迩 邇	壹 壹	体 體
遐迩 xiá ěr 멀고 가깝다 遐福 xiá fú 큰 복(洪福) 遐迩闻名 xiá ěr wén míng 이름이 널리 알려지다	迩日 ěr rì 근일, 최근 迩言 ěr yán 얕은 말(言) 室迩人远 shì ěr rén yuǎn 집은 곁에 있으나 사람은 멀리 떨어짐	壹个 yī gè 하나, 일 壹万 yī wàn 일만 遐迩壹体 xiá ěr yī tǐ 원근이 하나가 되다	体育 tǐ yù 건강한 몸을 위한 교육 身体 shēn tǐ 몸 体贴入微 tǐ tiē rù wēi 세세한 것까지 극진히 돌보다

거느릴 솔 shuài 쏴이	손 빈 bīn 빈	돌아갈 귀 guī 구이	임금 왕 wáng 왕
率 率	宾 賓	归 歸	王 王
率兵 shuài bīng 군대를 거느림 率先 shuài xiān 앞장서서 함 率由旧章 shuài yóu jiù zhāng 모든 것을 이전의 관례대로 하다	宾客 bīn kè 손님, 귀빈 宾馆 bīn guǎn 호텔 宾至如归 bīn zhì rú guī (손님이) 제 집에 돌아온 것 같다	归家 guī jiā 집에 돌아옴 归纳 guī nà 귀납 归心似箭 guī xīn sì jiàn 집에 가고 싶은 마음이 간절하다	王朝 wáng cháo 왕가의 계열 大王 dà wáng 왕의 존칭 混世魔王 hùn shì mó wáng 세상을 혼잡하게 하는 악당

爱育黎首 백성을 사랑하며 가르치다
臣伏戎羌 (변강의) 다른 민족들도 신하처럼 (임금에) 충성을 다하다
遐迩壹体 원근(변강의 다른 민족이나 제후들)이 하나로 뭉치다
率宾归王 타국인들도 몰려와서 귀화하여 왕을 섬기다

울 명 míng 밍	새 봉 fèng 뻥	있을 재 zài 짜이	나무 수 shù 수
鸣 鳴	凤 鳳	在 在	树 樹
鸣响 míng xiǎng 소리가 울림 鸣谢 míng xiè 감사드리다 鸣冤叫屈 míng yuān jiào qū 억울함을 호소하다	凤车 fèng chē 황제가 타는 가마 凤鸣朝阳 fèng míng zhāo yáng 이른 아침에 봉황이 울다(드문 길조임을 뜻함)	在家 zài jiā 집에 있음 存在 cún zài 현실에 있음, 있는 일 在所难免 zài suǒ nán miǎn 피할 수 없다, 불가피하다	树木 shù mù 나무 树林 shù lín 나무가 우거진 모양 百年树人 bǎi nián shù rén 인재 양성에 오랜 시간이 걸린다는 뜻

흰 백 bái 빠이	망아지 구 jū 쥐	밥 식 shí 스	마당 장 cháng 창
白 白	驹 駒	食 食	场 場
白色 bái sè 흰색 白发 bái fà 하얗게 센 머리털 白手起家 bái shǒu qǐ jiā 맨손으로 살림을 꾸리다	驹犊 jū dú 말의 새끼 白驹过隙 bái jū guò xì 시간이 빠르게 지나감을 이름	食堂 shí táng 음식점 食谱 shí pǔ 음식 메뉴 食而不化 shí ér bù huà 먹어도 소화 못하다(배운 지식에 대한 비유)	场地 cháng dì 마당, 장소 剧场 jù cháng 극장 逢场作戏 féng cháng zuò xì 기회를 보아가며 얼버무리다

조화 화 huà 화	입을 피 bèi 뻬이	풀 초 cǎo 초	나무 목 mù 무
化 化	被 被	草 草	木 木
变化 biàn huà 사물의 형상, 성질 등이 달라짐 化整为零 huà zhěng wéi líng 집중된 것을 분산시키다	被褥 bèi rù 이불과 자리 被动 bèi dòng 피동 泽被天下 zé bèi tiān xià 은혜와 덕택이 온 세상을 덮다	草木 cǎo mù 풀과 나무 草案 cǎo àn 초잡은 글발 草木皆兵 cǎo mù jiē bīng 초목이 모두 (적)군으로 보이다	木头 mù tóu 건축의 나무재료 木已成舟 mù yǐ chéng zhōu 나무가 이미 배로 되다, 쏜 죽이 밥되랴

힘 입을 뢰 lài 라이	미칠 급 jí 지	일만 만 wàn 완	모 방 fāng 방
赖 賴	及 及	万 萬	方 方
依赖 yī lài 남에게 의지(부탁)함 赖皮 lài pí 무치하다 赖衣求食 lài yī qiú shí 먹고 입는 것을 남에게 의지하다	及时 jí shí 제때에 波及 bō jí 여파가 멀리 미침 及锋而试 jí fēng ér shì 사기가 왕성할 때 승부를 겨루다	万岁 wàn suì 만년, 영원히 삶 千万 qiān wàn 천만 万古长青 wàn gǔ cháng qīng 영원히 봄처럼 푸르고 싱싱하다	方向 fāng xiàng 향하는 쪽 方面 fāng miàn 방향, 측 方兴未艾 fāng xīng wèi ài 바야흐로 흥기하여 끝나지 않다

鸣凤在树 (천하태평을 고하는) 봉황새는 나무에 (앉아서) 울어 댄다
白驹食场 (평화를 상징하는) 흰 망아지는 마당가에서 풀을 뜯는다
化被草木 덕화에 초목(백성)도 감화되었다
赖及万方 은혜와 덕택은 천리만방에까지 미쳤다

덮을 개 gài 까이	이 차 cǐ 츠	몸 신 shēn 션	터럭 발 fà 바
盖 蓋	此 此	身 身	发 髮
盖子 gài zi 마개, 덮개 复盖 fù gài 덮다 盖世无双 gài shì wú shuāng 세상에 더 비할 것이 없다	此人 cǐ rén 이 사람 此时 cǐ shí 이 시각 此起彼伏 cǐ qǐ bǐ fú 여기저기에서 일어났다가 사라지다	身体 shēn tǐ 몸 身心 shēn xīn 몸과 마음 身不由己 shēn bù yóu jǐ 몸이 자기 마음대로 되지 않는다	理发 lǐ fà 머리털을 깎음 白发 bái fà 하얗게 흰 머리칼 发短心长 fà duǎn xīn cháng 나이가 드니 지모가 깊다

넉 사 sì 쓰	큰 대 dà 따	다섯 오 wǔ 우	항상 상 cháng 창
四 四	大 大	五 五	常 常
四个 sì ge 네 개 四十 sì shí 사십, 마흔 四海为家 sì hǎi wéi jiā 온 천하를 자기집으로 삼다	大小 dà xiǎo 크고 작은 것 大人 dà rén 어른 大材小用 dà cái xiǎo yòng 큰 인재가 작은 일에 쓰이다	五个 wǔ ge 다섯 개 五十 wǔ shí 오십, 쉰 五湖四海 wǔ hú sì hǎi 세계 각지, 전국 방방곡곡	经常 jīng cháng 계속해 변치 않음 往常 wǎng cháng 이왕 常备不懈 cháng bèi bù xiè 항상 준비에 게으름이 없다

공손 공 gōng 궁	오직 유 wéi 웨이	기를 국 jū 쥐	기를 양 yǎng 양
恭 恭	惟 惟	鞠 鞠	养 養
恭敬 gōng jìng 공손히 섬김 恭贺 gōng hè 축하하다 必恭必敬 bì gōng bì jìng 매우 공경하는 태도를 취하다	惟所欲为 wéi suǒ yù wéi 하고 싶은 대로 하다 惟妙惟肖 wéi miào wéi xiào 아주 묘하여 진짜와 꼭 같다	鞠躬 jū gōng 허리 굽혀 인사하다 鞠场 jū cháng 제기 놀이장 鞠躬尽瘁 jū gōng jìn cuì 나라를 위해 모든 힘을 다하다	养育 yǎng yù 부양하여 기름 培养 péi yǎng 북돋아 기름 养生送死 yǎng shēng sòng sǐ 생전과 사후까지 효도를 다하다

어찌 기 qǐ 치	용감할 감 gǎn 깐	헐 훼 huǐ 후이	상할 상 shāng 샹
岂 豈	敢 敢	毁 毀	伤 傷
岂敢 qǐ gǎn 어찌 감히 岂能 qǐ néng 어찌 …할 수 있으랴 岂有此理 qǐ yǒu cǐ lǐ 어찌 이런 도리가 있을 수 있는가	敢干 gǎn gàn 대담하게 함 勇敢 yǒng gǎn 용기가 있어 과감하다 敢怒不言 gǎn nù bù yán 분하지만 말하지 못하다	毁灭 huǐ miè 망가뜨림, 훼손 毁损 huǐ sǔn 손상함 毁形灭性 huǐ xíng miè xìng 비통해 마지않음(몹시 슬퍼함을 비유)	伤员 shāng yuán 부상자 治伤 zhì shāng 상처를 치료하다 伤天害理 shāng tiān hài lǐ 천리(天理)를 떠난 못할 짓을 하다

盖此身发 이 몸을 지배하는 것은
四大五常 4대(천, 지, 왕, 도) 요소와 5상(인, 의, 예, 지, 신)이다
恭惟鞠养 (부모님이) 길러주심에 (삼가) 공경의 마음을 가진다
岂敢毁伤 (부모님이 낳아주신 이 몸을) 어찌 감히 훼손할 수 있으랴

계집 녀 nǚ 뉘	사모할 모 mù 무	곧을 정 zhēn 전	매울 렬 liè 레
女 女	慕 慕	贞 貞	烈 烈
女人 nǚ rén 여자 女士 nǚ shì 품위있는 여자의 존칭 女生外向 nǚ shēng wài xiàng 여자는 시집을 가면 남편을 따른다	美慕 xiàn mù 흠모함 爱慕 ài mù 사랑하고 사모함 慕名来拜 mù míng lái bài 명성을 사모하여 찾아 배알하다	贞洁 zhēn jié 정조가 굳고 행실이 결백함 忠贞不渝 zhōng zhēn bù yú 변함 없이 충성과 지조를 다하다	热烈 rè liè 열렬함 烈火见真金 liè huǒ jiàn zhēn jīn 열화 속에서만이 비로소 순금을 가려낼 수 있다

사내 남 nán 난	본받을 효 xiào 싸오	재주 재 cái 차이	어질 량 liáng 량
男 男	效 效	才 才	良 良
男人 nán rén 남자 男性 nán xìng 남자의 총칭 男尊女卑 nán zūn nǚ bēi 남자는 귀하고 여자는 천하다	效仿 xiào fǎng 본받음 效果 xiào guǒ 보람이 있는 결과 东施效颦 dōng shī xiào pín 남의 허물도 덩달아 흉내냄을 비유	才能 cái néng 재주와 능력 才华 cái huá 뛰어난 재능 才高八斗 cái gāo bā dǒu 재능이 풍부하다(재간이 비범함을 뜻함)	良好 liáng hǎo 매우 좋음 优良 yōu liáng 우량 良药苦口 liáng yào kǔ kǒu 좋은 약은 쓰다, 충언은 귀에 거슬린다

알 지 zhī 즈	허물 과 guò 꿔	반드시 필 bì 삐	고칠 개 gǎi 까이
知 知	过 過	必 必	改 改
知识 zhī shí 알고 있는 내용 知道 zhī dào 알다 知难而进 zhī nán ér jìn 어려움을 번연히 알면서 전진하다	过去 guò qù 지난날, 지나가다 过失 guò shī 실수 过河拆桥 guò hé chāi qiáo 강을 건넌 뒤 다리를 부숴버리다	必须 bì xū 반드시 必要 bì yào 꼭 소용이 됨 必由之路 bì yóu zhī lù 반드시 거쳐 가야 하는 길	改正 gǎi zhèng 고치다 改革 gǎi gé 개혁 改邪归正 gǎi xié guī zhèng 잘못을 고치고 바른길에 들어서다

얻을 득 dé 더	능할 능 néng 넝	말 막 mò 뭐	잊을 망 wàng 왕
得 得	能 能	莫 莫	忘 忘
得到 dé dào 얻다 所得 suǒ dé 얻은 것 得寸进尺 dé cùn jìn chǐ 점차적으로 자기의 욕심을 차리다	能力 néng lì 일을 감당해 내는 힘 才能 cái néng 재주, 비로소 能者为师 néng zhě wéi shī 능력이 있는 사람을 스승으로 모시다	莫要 mò yào 그리지 말라 莫忘 mò wàng 잊지 않는다 莫名其妙 mò míng qí miào 그 오묘함을 알 리가 없다, 영문을 모르다	忘记 wàng jì 잊다 忘想 wàng xiǎng 망상 忘恩负义 wàng ēn fù yì 배은망덕

女慕贞烈 여자는 정조를 굳게 지키는 것을 따라야 한다
男效才良 남자는 덕재를 본받아야 한다

知过必改 허물을 알면 반드시 고쳐야 한다
得能莫忘 익힌 재능은 잊지 말아야 한다

없을 망 wǎng 왕	말씀 담 tán 탄	저 피 bǐ 삐	짧을 단 duǎn 돤
罔 冈	谈 談	彼 彼	短 短
罔然 wǎng rán 멀거니 있는 모양 罔死 wǎng sǐ 값없이 죽다 置若罔闻 zhì ruò wǎng wén 들은 체 만체 하다	谈话 tán huà 이야기(하다) 谈笑 tán xiào 웃으면서 이야기함 谈笑风生 tán xiào fēng shēng 흥미진진하게 이야기하다	此起彼伏 cǐ qǐ bǐ fú 여기저기서 연속해서 일어나다 知己知彼 zhī jǐ zhī bǐ 자기를 알고 상대방도 알다	短命 duǎn mìng 명이 짧음 短处 duǎn chù 부족한 점 短小精悍 duǎn xiǎo jīng hàn 작지만 정교하고 깔끔하다
아닐 미 mǐ 미	믿을 시 shì 스	몸소 기 jǐ 지	긴 장 cháng 창
靡 靡	恃 恃	己 己	长 長
委靡 wěi mǐ 정신이 흐리터분하다 靡日不思 mǐ rì bù sī 생각하지 않는 날이 없다 靡靡之音 mǐ mǐ zhī yīn 퇴폐음악	恃宠 shì chǒng 총애에 의지하다 仗恃 zhàng shì 의뢰하다 恃才傲物 shì cái ào wù 자기 재능을 믿고 남을 깔보다	自己 zì jǐ 그 사람 자신 己见 jǐ jiàn 자기의 견해 损人利己 sǔn rén lì jǐ 남에게 해를 끼치며 자신의 이익을 꾀하다	长短 cháng duǎn 길고 짧음 长途 cháng tú 장거리 长生不老 cháng shēng bù lǎo 늙지 않고 오래 살다
믿을 신 xìn 씬	하여금 사 shǐ 스	옳을 가 kě 커	덮을 복 fù 부
信 信	使 使	可 可	覆 覆
信任 xìn rèn 믿고 일을 맡김, 믿다 信心 xìn xīn 믿는 마음 信口开河 xìn kǒu kāi hé 입에서 나오는대로 거침없이 지껄이다	使用 shǐ yòng 쓰거나 부림 使人 shǐ rén 사람들로 하여금 使臂使指 shǐ bì shǐ zhǐ 팔과 손가락 쓰듯 마음대로 휘두르다	可以 kě yǐ 괜찮다 可是 kě shì 허나, 그러나 可乘之机 kě chéng zhī jī 틈탈 기회	覆盖 fù gài 덮다 覆灭 fù miè 멸망(하다) 覆水难收 fù shuǐ nán shōu 쏟아진 물은 다시 담기 어렵다
그릇 기 qì 치	하고자 할 욕 yù 위	어려울 난 nán 난	헤아릴 량 liàng 량
器 器	欲 欲	难 難	量 量
器重 qì zhòng 중요시하다 武器 wǔ qì 전쟁에 쓰이는 기구 破器相接 pò qì xiāng jiē 깨진 그릇 맞추기, 공연한 헛수고	欲望 yù wàng 누리고자 탐함 食欲 shí yù 음식을 먹으려는 욕망 欲盖弥彰 yù gài mí zhāng 감추려 할수록 더 드러나다	难题 nán tí 어려운 과제 困难 kùn nán 어려움 难能可贵 nán néng kě guì 귀중하여 얻기 힘들다, 매우 갸륵하다	量力 liàng lì 힘을 가늠하다 力量 lì liàng 일을 해낼 수 있는 힘 量力而行 liàng lì ér xíng 능력을 헤아려 행하다

罔谈彼短 타인의 단점을 (무작정) 꼬집지 말라
靡恃己长 자신의 장점도 (너무) 믿지 말라

信使可覆 믿음은 행동으로 옮겨져야 한다
器欲难量 기량은 헤아리기 어려울 정도여야 한다

먹 묵 mò 머	슬플 비 bēi 뻬이	실 사 sī 쓰	물들 염 rǎn 란
墨 墨	悲 悲	丝 絲	染 染
墨汁 mò zhī 먹물, 검은색 잉크 墨客 mò kè 문인, 문객 墨汁未干 mò zhī wèi gān 먹물이 채 마르지도 않다	悲愤 bēi fèn 슬프고 분함 悲伤 bēi shāng 슬프고 쓰림 悲欢离合 bēi huān lí hé 슬픔과 기쁨, 이별과 만남	丝毫 sī háo 조금, 실끝만큼 蚕丝 cán sī 누에 실 丝恩发怨 sī ēn fà yuàn 극히 사소한 은혜와 원한	染料 rǎn liào 물감 污染 wū rǎn 더러움에 물듦, 오염 一尘不染 yī chén bù rǎn 티끌만큼도 세상 물욕에 물들지 않다
글 시 shī 스	칭찬할 찬 zàn 짠	염소 고 gāo 가오	양 양 yáng 양
诗 詩	赞 讚	羔 羔	羊 羊
诗文 shī wén 시와 글 诗人 shī rén 시를 짓는 사람 画中有诗 huà zhōng yǒu shī 그림 속에 시감이 흘러 넘치다	赞扬 zàn yáng 기리고 표창함 赞成 zàn chéng 동의(하다) 赞不绝口 zàn bù jué kǒu 칭찬이 자자하다	羊羔 yáng gāo 염소, 새끼양 狐裘羔袖 hú qiú gāo xiù 여우 가죽 옷에 달린 양가죽 소매(전체에 어울리지 않는다는 뜻)	羊群 yáng qún 양떼 羊肉 yáng ròu 양고기 羊肠小道 yáng cháng xiǎo dào 꼬불꼬불한 오솔길
경치 경 jǐng 징	다닐 행 xíng 싱	얽을 유 wéi 웨이	어질 현 xián 샌
景 景	行 行	维 維	贤 賢
景色 jǐng sè 경치 风景 fēng jǐng 풍경 高山景行 gāo shān jǐng xíng 높은 산 밝은 길(덕행이 고상함을 뜻함)	行动 xíng dòng 행동 行为 xíng wéi 행위 行之有效 xíng zhī yǒu xiào 실행하니 효과가 있다, 효과적이다	维系 wéi xì 얽어 매다 思维 sī wéi 생각함 步履维艰 bù lǚ wéi nán 행동하기 곤란하다, 행동이 불편하다	贤人 xián rén 어진 사람 贤妻 xián qī 어진 처 贤妻良母 xián qī liáng mǔ 어진 어머니인 동시에 착한 아내
이길 극 kè 커	생각 념 niàn 낸	지을 작 zuò 쭤	성인 성 shèng 씅
克 剋	念 念	作 作	圣 聖
克服 kè fú 이겨냄 克敌 kè dí 적을 공격, 제압하다 克己奉公 kè jǐ fèng gōng 자기를 버리고 공적으로 힘써 일하다	思念 sī niàn 생각, 그리다 念旧 niàn jiù 옛날을 회상하다 念念不忘 niàn niàn bù wàng 늘 생각하여 잊지 않다, 전념하다	作文 zuò wén 글을 지음, 지은 글 作品 zuò pǐn 만든 물품 作法自毙 zuò fǎ zì bì 제가 만든 법에 제가 걸려 죽다	神圣 shén shèng 성스러움 圣人门前卖孝经 shèng rén mén qián mài xiào jīng 부처님 앞에서 설법하다

墨悲丝染 묵자는 흰 실이 검게 물드는 것을 가슴아파 했다
诗赞羔羊 〈시경〉 고양은 어린 염소가죽옷을 입은 (주나라) 관리들의 청렴함을 찬양했다
景行维贤 행동거지가 어엿하면 현인이 된다
克念作圣 잡념을 버리면 성인이 된다

큰 덕 dé 더	세울 건 jiàn 젠	이름 명 míng 밍	설 립 lì 리
德 德	建 建	名 名	立 立
道德 dào dé 인류의 대도 积德 jī dé 덕을 쌓다 德高望重 dé gāo wàng zhòng 덕성과 명망이 높다	建设 jiàn shè 새로 만들어 세움 建立 jiàn lì 이룩하여 세움 建功立业 jiàn gōng lì yè 공을 세우고 업적을 쌓다	名字 míng zi 이름 名誉 míng yù 명예 名副其实 míng fù qí shí 이름과 실제가 부합된다(명실상부)	成立 chéng lì 이루어짐 立竿见影 lì gān jiàn yǐng 장대를 세우면 그림자가 나타난다(즉시 효과가 나타남을 비유)
형상 형 xíng 싱	끝 단 duān 똰	겉 표 biǎo 뱌오	바를 정 zhèng 쩡
形 形	端 端	表 表	正 正
形象 xíng xiàng 형체와 생긴 모양 形态 xíng tài 사물의 생김새 形影不离 xíng yǐng bù lí 그림자처럼 떨어지지 않다	端正 duān zhèng 얌전하고 바름 尖端 jiān duān 뾰족한 끝 感慨万端 gǎn kǎi wàn duān 회포의 느낌이 한이 없다, 감개무량함	表示 biǎo shì 겉으로 드러내 보임 代表 dài biǎo 전체를 대신함 表里如一 biǎo lǐ rú yī 안팎이 같다, 언행이 일치되다	正确 zhèng què 정확(하다) 正在 zhèng zài 바야흐로 正大光明 zhèng dà guāng míng 언행이 정당하고 떳떳하다
빌 공 kōng 쿵	골 곡 gǔ 구	전할 전 chuán 촨	소리 성 shēng 성
空 空	谷 谷	传 傳	声 聲
空气 kōng qì 공기, 분위기 空虚 kōng xū 속이 텅 빔 空前绝后 kōng qián jué hòu 전무후무하다	山谷 shān gǔ 산골짜기 五谷 wǔ gǔ 다섯 가지 곡식 五谷丰登 wǔ gǔ fēng dēng 오곡이 풍성하다, 풍년이 들다	传达 chuán dá 전달(하다) 传统 chuán tǒng 이어받은 계통 传闻失实 chuán wén shī shí 뜬 소문은 진실성이 없다	声音 shēng yīn 목소리 声望 shēng wàng 성망 声势浩大 shēng shì hào dà 기세가 드높다
빌 허 xū 쉬	집 당 táng 탕	익힐 습 xí 시	들을 청 tīng 팅
虚 虛	堂 堂	习 習	听 聽
虚心 xū xīn 마음속에 망상이 없음 虚弱 xū ruò 기력이 약함 座无虚席 zuò wú xū xí 빈 자리가 없다	堂兄 táng xiōng 사촌 형 课堂 kè táng 교실 堂堂正正 táng táng zhèng zhèng 정정당당, 공명정대하다	学习 xué xí 배워서 익힘 习惯 xí guàn 버릇 习以为常 xí yǐ wéi cháng 습관화하자 예사로운 일로 되다	听从 tīng cóng 복종(하다) 倾听 qīng tīng 경청하다 听天由命 tīng tiān yóu mìng 운명을 하늘에 맡기다

德建名立 덕을 쌓으면 이름이 날린다
形端表正 형상이 단정하면 정직함이 드러난다
空谷传声 (아름다운 덕행은) 산골짜기의 메아리마냥 (널리) 퍼진다
虚堂习听 (웃어른이 없는) 빈 집에서도 스스로 (그 교시를) 본받는다

재화 화 huò 훠	인할 인 yīn 인	모질 악 è 어	쌓을 적 jī 지
祸 禍	因 因	恶 惡	积 積
祸根 huò gēn 재앙의 근원 车祸 chē huò 자동차사고 祸不单行 huò bù chān xíng 재앙이 겹쳐오다, 엎친 데 덮친다	因为 yīn wéi 때문에 原因 yuán yīn 일어나는 근본 因材施教 yīn cái shī jiào 대상에 맞게 교육하다	恶习 è xí 나쁜 습관, 못된 버릇 罪恶 zuì è 중죄가 될 만한 악행 恶语中伤 è yǔ zhòng shāng 악담으로 중상하다(모욕하다)	积蓄 jī xū 저금, 저축 积极 jī jí 적극적이다 积小成多 jī xiǎo chéng duō 티끌모아 태산이란 뜻

복 복 fú 푸	인연 연 yuán 위안	착할 선 shàn 싼	경사 경 qìng 칭
福 福	缘 緣	善 善	庆 慶
幸福 xìng fú 복된 좋은 운수 祝福 zhù fú 행복을 빎 福无双至 fú mú shuāng zhì 복은 겹쳐서 오지 않는다	边缘 biān yuán 변두리 缘木求鱼 yuán mù qiú yú 나무에 올라 물고기를 찾다(도저히 될 수 없는 일을 하려고 한다는 뜻)	善良 shàn liáng 착하고 어짊 善于 shàn yú 능란함 善气迎人 shàn qì yíng rén 상냥하게 사람을 맞이하다	庆祝 qìng zhù 경사를 축하함 喜庆 xǐ qìng 기꺼이 경축함 庆功行赏 qìng gōng xíng shǎng 공로를 축하하여 상을 베풀다

자 척 chǐ 츠	구슬 벽 bì 삐	아닐 비 fēi 베이	보배 보 bǎo 빠오
尺 尺	璧 璧	非 非	宝 寶
尺寸 chǐ cùn 계량의 표준 计算尺 jì suàn chǐ 계산기 尺短寸长 chǐ duǎn cùn cháng 저마다 장단점이 있다는 뜻	璧玉 bì yù 구슬, 옥 白璧 bǎi bì 흰 구슬 白璧无瑕 bǎi bì wú xiá 희고 맑은 옥에 티 하나 없다, 완전무결하다	非常 fēi cháng 매우, 아주 是非 shì fēi 잘잘못 非同小可 fēi tóng xiǎo kě 작은 일이 아니다	宝石 bǎo shí 보옥 宝贵 bǎo guì 진귀함 宝中之宝 bǎo zhōng zhī bǎo 보배중의 보배, 가장 중요한 것

마디 촌 cùn 춘	그늘 음 yīn 인	이 시 shì 스	다툴 경 jìng 찡
寸 寸	阴 陰	是 是	竞 競
一寸 yī cùn 한 촌 寸志 cùn zhì 조그마한 성의 寸步难行 cùn bù nán xíng 조금 움직이기도 곤란하다	阴历 yīn lì 태음력 阴险 yīn xiǎn 내흉스럽고 우악함 阴错阳差 yīn cuò yáng chā 우연한 일로 잘못되다	就是 jiù shì 곧, 곧바로 凡是 fán shì 무릇 是古非今 shì gǔ fēi jīn 옛것을 긍정하며 지금의 것을 부정하다	竞赛 jìng sài 경기 竞争 jìng zhēng 겨루어 다툼 竞短争长 jìng duǎn zhēng cháng 우열을 다투다, 길고 짧음을 대보다

祸因恶积 재화(灾祸)는 악이 쌓인 데서 비롯된다
福缘善庆 복은 착하고 경사스러운 데서 온다
尺璧非宝 (직경이) 한 자나 되는 구슬도 보배가 아니다
寸阴是竞 짧은 시간이라도 다투어야 한다

자료 자 zī 쯔	아비 부 fù 부	일 사 shì 스	임금 군 jūn 쥔
资 資	父 父	事 事	君 君
资产 zī chǎn 재산 负薪之资 fù xīn zhī zī 땔나무같이 질이 용렬한 사람(자기의 타고난 자질을 겸손하게 이르는 말)	父亲 fù qin 아버지 夸父追日 kuā fù zhuī rì 과부가 해를 좇다가 목이 말라 죽다(자기 능력을 무시하고 덤빈다는 뜻)	事情 shì qíng 일의 곡절, 형편 事业 shì yè 일 事在人为 shì zài rén wéi 일은 사람이 하기에 달려 있다	君子一言, 驷马难追 jūn zi yī yán, sì mǎ nán zhuī 군자가 한번 말하면 네 필의 말도 따라잡기 어렵다 (장부일언이면 중천금과 같은 말)

가로 왈 yuē 웨	엄할 엄 yán 앤	더불 여 yǔ 위	공경할 경 jìng 찡
曰 曰	严 嚴	与 與	敬 敬
君王曰 jūn wáng yuē 임금께서 이르되 谁曰不可 shéi yuē bù kě 누가 안 된다고 말할 것이냐	严格 yán gé 엄숙하고 딱딱함 严密 yán mì 엄중하고 세밀함 严于律己 yán yú lǜ jǐ 자신을 스스로 엄하게 단속하다	与他 yǔ tā 그와 함께 与否 yǔ fǒu 그러함과 그렇지 않음 与众不同 yǔ zhòng bù tóng 보통 사람과 다르다, 남보다 뛰어나다	敬礼 jìng lǐ 경의를 표함 敬酒 jìng jiǔ 공경하여 술을 권함 敬而远之 jìng ér yuǎn zhī 존경은 해도 가까이는 하지 않는다

효도 효 xiào 샤오	마땅할 당 dāng 당	다할 갈 jié 제	힘 력 lì 리
孝 孝	当 當	竭 竭	力 力
孝子 xiào zǐ 부모를 잘 섬기는 자식 孝顺 xiào shùn 효성을 다 하다 孝子贤孙 xiào zǐ xián sūn 효성스런 아들과 어진 손자	应当 yīng dāng 으레 当天 dāng tiān 당일 当机立断 dāng jī lì duàn 제 때에 즉시 결단을 내리다	竭尽 jié jìn 다하다, 들이다 竭泽而渔 jié zé ér yú 늪의 물을 말려 고기를 잡다(눈앞의 이익만 보고 여지를 두지 않는다는 뜻)	力量 lì liàng 해낼 수 있는 힘 权力 quán lì 강제로 복종시키는 힘 力不从心 lì bù cóng xīn 힘이 약해 생각대로 되지 않는다, 생각뿐이다

충성 충 zhōng 쭝	법칙 칙 zé 저	다할 진 jìn 찐	목숨 명 mìng 밍
忠 忠	则 則	尽 盡	命 命
忠诚 zhōng chéng 진정으로 우러나는 정성 忠心耿耿 zhōng xīn gěng gěng 충성심에 불타다, 지극히 충성하다	原则 yuán zé 근본 법칙 准则 zhǔn zé 준용할 규칙 以身作则 yǐ shēn zuò zé 솔선수범하다	尽量 jìn liàng 힘껏 尽力 jìn lì 힘을 다함 尽力而为 jìn lì ér wéi 힘을 다해서 하다	命令 mìng lìng 분부 生命 shēng mìng 목숨 命该如此 mìng gāi rú cǐ 이렇게 되는 것도 당연한 운명이다

资父事君 아버지를 모시는 것처럼 임금을 섬긴다
曰严与敬 이를 일러 엄숙하고도 공경한 도리라 하겠다
孝当竭力 (부모님께) 효도함에는 (혼신의) 힘을 다해야 한다
忠则尽命 (임금께) 충성함에는 목숨까지 바쳐야 한다

임할 림 lín 린	깊을 심 shēn 선	밟을 리 lǚ 뤼	얇을 박 báo 바오
临 臨	深 深	履 履	薄 薄
光临 guāng lín '남이 찾아옴'의 높임말 临别赠言 lín bié zèng yán 헤어질 때 충고와 축원의 말을 선사하다	深刻 shēn kè 아주 깊고 절실함 深浅 shēn qiǎn 깊고 얕다 深情厚谊 shēn qíng hòu yì 깊고 두터운 정의	履历 lǚ lì 학업, 직업의 내력 履险如夷 lǚ xiǎn rú yí 험한 길을 가면서도 평탄한 길을 가는 것처럼 위험을 개의치 않다	稀薄 xī báo 정도가 엷거나 얕음 薄田 báo tián 척박한 땅 薄唇轻言 báo chún qīng yán 입술이 얇고 말이 가볍다

이를 숙 sù 쑤	흥할 흥 xīng 싱	따뜻할 온 wēn 원	서늘할 청 qīng 칭
夙 夙	兴 興	温 溫	清 淸
夙愿 sù yuàn 오래 묵은 원한 夙夜 sù yè 이른 아침 늦은 밤 夙兴夜寐 sù xīng yè mèi 아침 일찍 일어나고 밤 늦게 자다	兴衰 xīng shuāi 흥망성쇠 振兴 zhèn xīng 떨쳐 일으킴 兴风作浪 xīng fēng zuò làng 풍파를 일으키다, 소동을 일으키다	温度 wēn dù 덥고 찬 정도 温水 wēn shuǐ 더운 물 温柔敦厚 wēn róu dūn hòu 온유하고 독실하다, 부드럽고 순하다	清凉 qīng liáng 서늘함 冬温夏清 dōng wēn xià qīng 여름에는 따뜻하고 겨울에는 차다

같을 사 sì 쓰	란초 란 lán 란	이 사 sī 쓰	향기 형 xīn 신
似 似	兰 蘭	斯 斯	馨 馨
似乎 sì hū …과 같다 相似 xiāng sì 서로 비슷함 似是而非 sì shì ér fēi 비슷한 것 같으면서 서로 다르다	兰色 lán sè 남색 兰草 lán cǎo 난초(난초과의 다년초) 兰摧玉折 lán cuī yù zhé 군자, 재사, 미인 등의 요절을 일컫는 말	斯时 sī shí 이때, 이 시각 斯世 sī shì 금세기 斯文扫地 sī wén sǎo dì 문화가 쇠퇴하고 존중받지 못하다	馨香扑鼻 xīn xiāng pū bí 향기가 코를 찌르다 如兰之馨 rú lán zhī xīn 난초의 그윽한 향기와 같다

같을 여 rú 루	솔 송 sōng 쑹	갈 지 zhī 즈	성할 성 shèng 썽
如 如	松 松	之 之	盛 盛
如果 rú guǒ 만약, 만일 如意 rú yì 뜻과 같음 如鱼得水 rú yú dé shuǐ 고기가 물을 만난듯 적합한 환경을 찾다	松子儿 sōng zǐr 잣 岁寒松柏 suì hán sōng bǎi 엄한에도 우뚝 서 있는 소나무(역경에서도 절개 굽히지 않는 사람을 비유)	之一 zhī yī …(가운데) 하나 无价之宝 wú jià zhī bǎo 값을 매길 수 없는 보물, 더없이 귀중한 것	盛大 shèng dà 성하고 큼 兴盛 xīng shèng 왕성하게 흥함 盛极一时 shèng jí yī shí 한 시기 동안 매우 성행하다

临深履薄 깊은 연못에 들어가고 엷은 살얼음 건너듯 조심해야 한다
夙兴温清 (부모님 모실 때) 일찍 일어나 (추우면) 따뜻하고 (더우면) 시원하게 해 드려야 한다

似兰斯馨 (명성은) 난초의 향기같이 (멀리 퍼진다)
如松之盛 (절개는) 소나무의 푸름같이 (굳세다)

내 **천** chuān 촨	흐를 **류** liú 류	아니 **불** bù 부	쉴 **식** xī 시
川 川	流 流	不 不	息 息
河川 hé chuān 냇물 山河 shān hé 산과 큰 내 川流不息 chuān liú bù xī (사람, 차량이) 냇물처럼 끊임없이 오가다	流水 liú shuǐ 흐르는 물 流动 liú dòng 흘러 움직임 流言飞语 liú yán fēi yǔ 아무 근거 없이 널리 퍼진 풍설, 뜬소문	不是 bù shì 아니다 不去 bù qù 가지 않음 不出所料 bù chū suǒ liào 추측한 대로, 예상한 바와 같이	休息 xiū xī 잠깐 쉼 消息 xiāo xī 상황이나 동정을 알림 息息相关 xī xī xiāng guān 서로 관계되어 있다, 관계가 밀접하다
못 **연** yuān 위안	맑을 **징** chéng 청	취할 **취** qǔ 취	비칠 **영** yìng 영
渊 渊	澄 澄	取 取	映 映
渊博 yuān bó (학식이) 깊고 넓음 揭斧入渊 jiē fǔ rù yuān 도끼를 들고 못에 들어가다(재능을 발휘할 장소를 잘못 선택함을 비유)	澄清 chéng qīng 맑음, 해명함 澄空 chéng kōng 맑게 개인 하늘 澄清天下 chéng qīng tiān xià 천하를 맑게 평정하다	取胜 qǔ shèng 승리를 쟁취함 争取 zhēng qǔ 다투어 빼앗아 가짐 取长补短 qǔ cháng bǔ duǎn 장점을 취하여 단점을 보충하다	映照 yìng zhào 비치다 映雪读书 yìng xuě dú shū 눈 빛에 공부하다(어려운 속에서 열심히 공부에 열중한다는 뜻)
얼굴 **용** róng 룽	그칠 **지** zhǐ 즈	같을 **약** ruò 뤄	생각 **사** sī 쓰
容 容	止 止	若 若	思 思
容貌 róng mào 얼굴 모습 美容 měi róng 용모를 단장함 容光焕发 róng guāng huàn fā 얼굴이 윤기나고 혈색이 좋다	止步 zhǐ bù 발걸음을 멈춤 止谈风月 zhǐ tán fēng yuè 풍월만 이야기할 따름으로 국사는 논하지 않다	若干 ruò gān 어느 정도, 조금 如若 rú ruò 만일, 만약 若无其事 ruò wú qí shì 아무 일도 없었던 것처럼 태연스럽다	思考 sī kǎo 생각하고 궁리함 饮水思源 yǐn shuǐ sī yuán 물 마실 때 물의 근원을 잊지 않다(근본을 잊지 않는다는 뜻)
말씀 **언** yán 앤	말씀 **사** cí 츠	편안 **안** ān 안	정할 **정** dìng 띵
言 言	辞 辭	安 安	定 定
言行 yán xíng 말과 행실 语言 yǔ yán 말 言外之意 yán wài zhī yì 말 이외의 뜻, 본의가 아닌 암시의 뜻	辞典 cí diǎn 사전 致祝辞 zhì zhù cí 축사를 하다 辞严义正 cí yán yì zhèng 이치가 정당하고 언사가 날카롭다	安全 ān quán 위험이 없음 平安 píng ān 무사히 잘 있음 安居乐业 ān jū lè yè 편안히 살면서 즐겁게 일하다	决定 jué dìng 결단하여 정함 定婚 dìng hūn 약혼(하다) 定于一尊 dìng yú yī zūn 최고 권위자를 유일한 기준으로 삼다

川流不息 흐르는 냇물은 쉬지 않는다
渊澄取映 맑은 못에는 영상이 비친다
容止若思 용모와 거지는 (깊이) 생각하는 것처럼 (침착)해야 한다
言辞安定 언사는 안정되게 (신중) 해야 한다

중국어 간체자 쉽게 배우기 | 373

두터울 독 dǔ 두	처음 초 chū 추	정성 성 chéng 청	아름다울 미 měi 메이
笃 / 篤	初 / 初	诚 / 誠	美 / 美
笃病 dǔ bìng 병이 심함 病笃乱投医 bìng dǔ luàn tóu yī 위독하면 아무 의사에게나 내보인다(위험하면 마구 덤빈다는 뜻)	初级 chū jí 맨처음의 등급 年初 nián chū 새해 초 初露锋芒 chū lù fēng máng 처음으로 두각을 나타내다	诚意 chéng yì 참되고 정성스런 뜻 诚实 chéng shí 거짓없고 참됨 诚惶诚恐 chéng huáng chéng kǒng 대단히 두렵고 불안하다	美人 měi rén 아름다운 여자 美丽 měi lì 아름답다 美中不足 měi zhōng bù zú 옥에 티, 미흡한 점이 있다는 뜻

삼갈 신 shèn 쎤	마지막 종 zhōng 중	마땅 의 yí 이	하여금 령 lìng 링
慎 / 愼	终 / 終	宜 / 宜	令 / 令
慎重 shèn zhòng 매우 조심스러움 谨慎 jǐn shèn 삼가함 谨言慎行 jǐn yán shèn xíng 말과 행동을 각별히 조심하다	终结 zhōng jié 끝맺음 终日 zhōng rì 하루낮 동안 终身大事 zhōng shēn dà shì 일생에 있어서의 큰일	适宜 shì yí 걸맞음, 적당함 便宜 bián yí 편리하고 마땅함 不合时宜 bù hé shí yí 시기에 적합하지 않다	禁令 jìn lìng 금지 명령 令人发指 lìng rén fà zhǐ 사람들로 하여금 치가 떨리도록 화나게 하다

영화 영 róng 룽	업 업 yè 예	바 소 suǒ 쒀	터 기 jī 지
荣 / 榮	业 / 業	所 / 所	基 / 基
光荣 guāng róng 영광 生荣死哀 shēng róng sǐ āi 살아서는 명성을 날리고 죽은 후엔 추모를 받는다	业务 yè wù 맡아하는 일 作业 zuò yè 일터에서 일함 业精于勤 yè jīng yú qín 학문과 기예의 진보는 근면함에 달려 있다	所以 suǒ yǐ 때문에 场所 chǎng suǒ 곳 所向无敌 suǒ xiàng wú dí 가는 곳마다 당할 자가 없다(천하무적)	基础 jī chǔ 토대 基本 jī běn 근본 奠下基石 diàn xià jī shí 초석을 세우다, 기초를 닦다

호적 적 jí 지	심할 심 shèn 쎤	없을 무 wú 우	마침내 경 jìng 징
籍 / 籍	甚 / 甚	无 / 無	竟 / 竟
户籍 hù jí 호적 书籍 shū jí 책자 名声狼籍 míng shēng láng jí 명성(평판)이 매우 나쁘다	甚至 shèn zhì 심지어 甚佳 shèn jiā 매우 훌륭함 不为已甚 bù wéi yǐ shèn 지나치지 않고 적당한 정도에서 멈추다	无用 wú yòng 쓸모없음 无数 wú shù 한없이 많음 无精打采 wú jīng dǎ cǎi 의기소침하다, 정신을 못 차리다	竟日 jìng rì 하루 온종일 未竟之业 wèi jìng zhī yè 못다한 일 有志竟成 yǒu zhì jìng chéng 뜻만 있으면 반드시 성취한다

笃初诚美 처음을 돈독히 하면 실로 좋을 것이다
慎终宜令 마감을 신중히 하면 꼭 대길할 것이다

荣业所基 (훌륭한 덕행은) 번영하는 사업의 기본이 될 것이다
籍甚无竟 훌륭한 명성은 영원할 것이다

배울 학 xué 쉐	뛰어날 우 yōu 유	오를 등 dēng 떵	벼슬 사 shì 스
学 學	优 優	登 登	仕 仕
学生 xué shēng 학생 学习 xué xí 배워서 익힘 学而不厌 xué ér bù yàn 배움에 싫증내지 않다	优秀 yōu xiù 뛰어나고 빼어남 优待 yōu dài 특별히 잘 대우함 优柔寡断 yōu róu guǎ duàn 어물어물하며 결단을 잘 내리지 못하다	登记 dēng jì 문서에 올림 登峰造极 dēng fēng zào jí (학문과 수준 등이) 최고봉에 이르다, 나쁜 일이 극도에 달하다	仕途 shì tú 출세하는 길 学而优则仕 xué ér yōu zé shì 학업이 우수하면 곧 벼슬한다
잡을 섭 shè 써	벼슬 직 zhí 즈	좇을 종 cóng 충	정사 정 zhèng 정
摄 攝	职 職	从 從	政 政
摄影 shè yǐng 촬영 摄水 shè shuǐ 물을 빨아들임 惟望珍摄 wéi wàng zhēn shè 아무쪼록 건강에 유의하시길 바랍니다	职业 zhí yè 일상 종사하는 업무 职员 zhí yuán 일을 담당하는 사람 以身殉职 yǐ shēn xùn zhí 목숨을 바쳐 나라일에 충성을 다하다	从来 cóng lái 지금까지 내려온대로 顺从 shùn cóng 순순히 복종함 从容不迫 cóng róng bù pò 태연자약하다	政府 zhèng fǔ 행정부 政治 zhèng zhì 주권자가 다스림 政通人和 zhèng tōng rén hé 정치가 잘 되면 인심이 부드러워진다
있을 존 cún 춘	써 이 yǐ 이	달 감 gān 깐	아가위 당 táng 탕
存 存	以 以	甘 甘	棠 棠
保存 bǎo cún 원상대로 유지함 存而不论 cún ér bù lùn 잠시 보류하고 당분간 논하지 않다	以后 yǐ hòu 이 다음 以来 yǐ lái …부터, …이래 以毒攻毒 yǐ dú gōng dú 독으로써 독을 치다	甘心 gān xīn 달갑게 여김 甘苦 gān kǔ 단 것과 쓴 것 甘心情愿 gān xīn qíng yuàn 기꺼이 진심으로 원하다	甘棠 gān táng 팥배나무 甘棠之爱 gān táng zhī ài 어진 벼슬아치를 사모함이 애절하다는 뜻
갈 거 qù 취	말이을 이 ér 얼	더할 익 yì 이	읊을 영 yǒng 융
去 去	而 而	益 益	咏 詠
去世 qù shì 별세(하다) 出去 chū qù 나가다 去粗取精 qù cū qǔ jīng 거친 잡물을 버리고 깔끔한 정수를 취하다	而且 ér qiě 뿐만 아니라, 게다가 然而 rán ér 그러나, 하지만 乘兴而来 chéng xìng ér lái 신이 나서 오다	利益 lì yì 보탬이 된 것 有益 yǒu yì 이로움 集思广益 jí sī guǎng yì 널리 의견을 모으면 큰 효과를 거둔다	咏诗 yǒng shī 시를 읊다 歌咏 gē yǒng 노래 부르다 反复咏叹 fǎn fù yǒng tàn 반복하여 영탄하다

学优登仕 학문을 잘 닦으면 벼슬길에 오른다
摄职从政 관직에 임하면 정사에 참여한다
存以甘棠 (주나라 소공이 일을 본던) 감당나무 터를 (기념으로) 보존했다
去而益咏 (소공이) 별세한 후 더욱 (시와 노래로) 그를 추모했다

풍류 악 yuè 웨	다를 수 shū 수	귀할 귀 guì 꾸이	천할 천 jiàn 쩬
乐 樂	殊 殊	贵 貴	贱 賤
乐器 yuè qì 소리에 의한 예술 乐团 yuè tuán 음악 연주하는 단체 不亦乐乎 bù yì yuè hū 어찌 기쁘지 않으랴, 그지없이 기쁘다	特殊 tè shū 특별히 뛰어남 不殊 bù shū 죽지 않음 殊途同归 shū tú tóng guī 방법은 달라도 결과는 같다	贵重 guì zhòng 진귀하고 중요함 贵人多忘 guì rén duō wàng 귀인은 잊어버리는 일이 잦다(거만하다는 것을 뜻함)	贱卖 jiàn mài 싸게 팔다 贵贱 guì jiàn 귀하고 천함 贫贱骄人 pín jiàn jiāo rén 빈곤해도 긍지를 잊지 않고 떳떳하다

예도 례 lǐ 리	다를 별 bié 볘	높을 존 zūn 쭌	낮을 비 bēi 베이
礼 禮	别 別	尊 尊	卑 卑
礼貌 lǐ mào 예절에 맞는 모양 礼节 lǐ jié 예의와 범절 礼尚往来 lǐ shàng wǎng lái 오는 것이 있으면 가는 것이 있다	别称 bié chēng 달리 부르는 명칭 特别 tè bié 특별함 别具一格 bié jù yī gé 독특한 풍격을 지니다	尊重 zūn zhòng 높이고 중히 여김 尊敬 zūn jìng 높여 공경함 尊师重道 zūn shī zhòng dào 스승을 존경하고 도의를 중히 여기다	卑鄙 bēi bǐ 비열함 自卑 zì bēi 비굴함 卑躬屈膝 bēi gōng qū xī 비굴하게 굽신거리며 아첨하다

윗 상 shàng 쌍	화할 화 hé 허	아래 하 xià 쌰	화목할 목 mù 무
上 上	和 和	下 下	睦 睦
上课 shàng kè 수업하다 上面 shàng miàn 윗면, 위 上千上万 shàng qiān shàng wàn 수천 수만	和平 hé píng 평화 你和我 nǐ hé wǒ 너와 나 和气致祥 hé qì zhì xiáng 부드러움이 복을 가져다 주다	下班 xià bān 퇴근하다 下面 xià miàn 아랫면, 아래 下笔成章 xià bǐ chéng zhāng 붓을 대기만 하면 문장이 되다	睦邻 mù lín 가까운 이웃 和睦 hé mù 뜻이 맞고 정다움 和睦相亲 hé mù xiāng qīn 화목하게 지내다

남편 부 fū 부	부를 창 chàng 창	며느리 부 fù 부	따를 수 suí 쑤이
夫 夫	唱 唱	妇 婦	随 隨
丈夫 zhàng fū 남편 夫唱妇随 fū chàng fù suí 남편 주장에 아내가 따르는 것이 부부 화합의 도리라는 뜻	唱歌 chàng gē 노래를 부름 独唱 dú chàng 혼자서 부름 一唱一和 yī chàng yī hé 서로 호응하여 맞장구를 치다	媳妇儿 xí fur 아내(며느리는 媳妇 xí fù 라고함) 妇人之仁 fù rén zhī rén 하찮은 인정을 나타냄	随时 suí shí 그때그때 随便 suí biàn 마음대로, 나름대로 随机应变 suí jī yìng biàn 임기응변하다

乐殊贵贱 풍류는 (지위의) 귀천에 따라 달리한다
礼别尊卑 예의는 (신분의) 존비에 따라 구별된다

上和下睦 웃사람이 온화하니 아랫사람도 화목하다
夫唱妇随 남편이 노래 부르니 아내도 따라 부른다

밖 외 wài 와이	받을 수 shòu 써우	스승 부 fù 부	가르칠 훈 xùn 쉰
外　外	受　受	傅　傅	训　訓
内外 nèi wài 안팎 外强中干 wài qiáng zhōng gān 밖으로는 강해 보이지만 속은 텅 비었다	受灾 shòu zāi 재해가 들다 接受 jiē shòu 받아들임 受宠若惊 shòu chǒng ruò jīng 놀랄 정도로 총애를 받다	傅佐 fù zuǒ 보좌, 협조(하다) 师傅 shī fù 스승, 선생 傅粉施朱 fù fěn shī zhū 분칠하듯이 원래의 모습을 덮어 감춤을 뜻함	训练 xùn liàn 배워 익힘, 단련함 教训 jiào xùn 가르치고 이끌어 줌 训练有素 xùn liàn yǒu sù 평소에 훈련을 잘 하다

들 입 rù 루	받들 봉 fèng 벙	어미 모 mǔ 무	거동 의 yí 이
入　入	奉　奉	母　母	仪　儀
入口 rù kǒu 들어가는 어귀 收入 shōu rù 소득 入情入理 rù qíng rù lǐ 이치에 맞다	奉献 fèng xiàn 기여(하다) 奉养 fèng yǎng 삼가 섬김 奉公守法 fèng gōng shǒu fǎ 공무에 충실하고 법을 지키다	母亲 mǔ qīn 어머니 母爱 mǔ ài 모성애 慈母败子 cí mǔ bài zǐ 지나친 모성애가 자식을 망친다	仪式 yí shì 예식을 갖추는 법 礼仪 lǐ yí 예로써 나타내는 경의 仪态万方 yí tài wàn fāng 용모나 몸가짐 모두 다 아름답다

모두 제 zhū 주	할미 고 gū 구	맏 백 bó 버	아재비 숙 shū 수
诸　諸	姑　姑	伯　伯	叔　叔
诸位 zhū wèi 여러분 诸人 zhū rén 다른 사람 诸如此类 zhū rú cǐ lèi 대체적으로 이러한 것들과 같다	大姑 dá gū 큰 고모 姑息养奸 gū xī yǎng jiān 악한 자에게 관용을 베풀어 계속 나쁜 짓을 하도록 조장하다	伯父 bó fù 큰아버지 伯兄 bó xiōng 큰형 将伯之助 jiāng bó zhī zhù 장자(長者)에게 원조를 청하다	叔叔 shū shu 삼촌, 아저씨 叔父 shū fù 아버지의 동생 叔伯弟兄 shū bǎi(bó) dì xiōng 사촌 형제

같을 유 yóu 유	아들 자 zǐ 즈	견줄 비 bǐ 비	아이 아 ér 얼
犹　猶	子　子	比　比	儿　兒
犹如 yóu rú 마치 … 같다 犹新 yóu xīn 새롭다 犹豫不决 yóu yù bù jué 우유부단, 주저하다	子女 zǐ nǚ 아들과 딸 儿子 ér zi 아들 千金之子 qiān jīn zhī zǐ 부잣집의 자제	比较 bǐ jiào 견주어 고찰함 比赛 bǐ sài 경기, 비기다 比比皆是 bǐ bǐ jiē shì 어느 것이나 모두 그렇다	儿童 ér tóng 어린이 儿媳 ér xí 며느리 孤儿寡妇 gū ér guǎ fù 고아와 과부 (의지할 데 없는 모자를 뜻함)

外受傅训 밖에서는 스승의 가르침을 받아야 한다
入奉母仪 집에서는 어머님의 예의를 본받아야 한다
诸姑伯叔 고모, 백부, 숙부 (모두가 한 혈통이다)
犹子比儿 조카들도 친자식처럼 대해야 한다

구멍 **공** kǒng 쿵	품을 **회** huái 화이	맏 **형** xiōng 슝	아우 **제** dì 띠
孔 孔	**怀** 懷	**兄** 兄	**弟** 弟
鼻孔 bí kǒng 콧구멍 小孔 xiǎo kǒng 작은 구멍 无孔不入 wú kǒng bù rù 틈만 있으면 파고들다	怀念 huái niàn 사모함 关怀 guān huái 관심, 배려 怀才不遇 huái cái bù yù 재능을 발휘할 기회를 만나지 못하다	兄弟 xiōng dì 형과 아우 兄妹 xiōng mèi 오빠와 여동생 兄宽弟让 xiōng kuān dì ràng 형은 너그럽고 아우는 양보하다	弟弟 dì dì 동생 弟妹 dì mèi 제수 纨裤子弟 wán kù zǐ dì 호강스레 자란 부잣집 자식

한가지 **동** tóng 퉁	기운 **기** qì 치	연할 **련** lián 랜	가지 **지** zhī 즈
同 同	**气** 氣	**连** 連	**枝** 枝
同学 tóng xué 학우, 동창생 同志 tóng zhì 뜻이 같은 사람 同心协力 tóng xīn xié lì 한 마음 한 뜻이란 말	空气 kōng qì 공기 气氛 qì fēn 기분, 분위기 气势汹汹 qì shì xiōng xiōng 기세가 등등하다, 서슬이 시퍼렇다	连接 lián jiē 이어 맞닿음 连续 lián xù 끊이지 않고 죽 이음 连篇累牍 lián piān lěi dú 쓸데없이 장황하게 늘어 놓은 문장	树枝 shù zhī 나뭇가지 一枝枪 yī zhī qiāng 총 한 자루 节外生枝 jié wài shēng zhī 생각 밖의 다른 문제가 파생되다

사귈 **교** jiāo 쟈오	벗 **우** yǒu 유	던질 **투** tóu 터우	나눌 **분** fēn 번
交 交	**友** 友	**投** 投	**分** 分
交通 jiāo tōng 오고 가는 일 交款 jiāo kuǎn 납금하다 交口称誉 jiāo kǒu chēn yù 이구동성으로 칭찬하다	朋友 péng yǒu 벗, 친구 友好 yǒu hǎo 사이가 좋음 莫逆之友 mò nì zhī yǒu 허물 없이 친한 친구	投入 tóu rù 더 넣음 投降 tóu xiáng 적에게 항복함 投机倒把 tóu jī dǎo bǎ 투기 모리 행위	分析 fēn xī 분해하여 가름 分手 fēn shǒu 갈라짐 分秒必争 fēn miǎo bì zhēng 분초를 다투다, 일분 일초를 다투다

자를 **절** qiè 체	갈 **마** mó 머	경계 **잠** zhēn 전	법 **규** guī 구이
切 切	**磨** 磨	**箴** 箴	**规** 規
切开 qiè kāi 썰어 가름 一切 yī qiè 모든 것 切肤之痛 qiè fū zhī tòng 뼈에 사무치는 고통	磨察 mó chá 닿아서 비빔 磨面 mó miàn 가루를 갈아냄 磨唇费舌 mó chún fèi shé 입이 닳도록 말하다	箴砭 zhēn biān 시정(하다) 箴石 zhēn shí 돌로 만든 침 以勤勉相箴 yī qín miǎn xiāng zhēn 근면으로써 훈계하다	规律 guī lǜ 일정한 질서나 차례 规定 guī dìng 작정한 표준, 규칙 规行矩步 guī xíng jǔ bù 법규대로 행동하다 (융통성이 없다는 뜻)

孔怀兄弟 (서로) 지극히 생각하는 (사이는) 형제간이다
同气连枝 (형제는 모두) 부모의 기운을 받은 한 나뭇가지이다
交友投分 벗을 사귐에는 명분이 맞아야 한다
切磨箴规 열심히 닦으며 규례에 맞도록 일깨워 주어야 한다

어질 **인** rén 런	인자할 **자** cí 츠	숨을 **은** yǐn 인	슬플 **측** cè 처
仁 仁	慈 慈	隐 隱	恻 惻
仁慈 rén cí 인후하고 자애스러움 仁人 rén rén 덕망이 높은 사람 仁至义尽 rén zhì yì jìn 모든 성의를 다하다	慈善 cí shàn 선의를 베풂 慈爱 cí ài 도타운 사랑 慈眉善目 cí méi shàn mù 자비롭고 인자한 얼굴 모양	隐私 yǐn sī 개인적인 비밀 隐瞒 yǐn mán 속이다 隐恶杨善 yǐn è yáng shàn 나쁜 것은 감싸주고 좋은 것만 치켜 세움	凄恻 qī cè 슬프고 비감함 缠绵悱恻 chán mián fěi cè 시문, 노래 등이 너무 애절하여 사람을 감동시키다
지을 **조** zào 짜오	버금 **차** cì 츠	말 **불** fú 부	떠날 **리** lí 리
造 造	次 次	弗 弗	离 離
制造 zhì zào 만듦, 지음 改造 gǎi zào 고쳐 다시 만듦 造谣生事 zào yáo shēng shì 유언비어로 사건을 일으키다	名次 míng cì 등수, 차례 次子 cì zǐ 둘째 아들, 차남 鳞次栉比 lín cì zhì bǐ 물고기 비늘이나 참빗살처럼 총총히 들어서다	弗怠 fú dài 태만하지 않음 弗乱 fú luàn 혼란스럽지 않음 自愧弗如 zì kuì fú rú 남보다 못함을 자책하다	分离 fēn lí 서로 나뉘어 떨어짐 区分 qū fēn 따로따로 갈라 나눔 离乡背井 lí xiāng bèi jǐng 고향을 등지고 떠나다
마디 **절** jié 제	옳을 **의** yì 이	청렴 **렴** lián 랜	물러갈 **퇴** tuì 투이
节 節	义 義	廉 廉	退 退
节约 jié yuē 아껴 씀 节日 jié rì 명절 节衣缩食 jié yī suō shí 먹고 입는 것을 아끼다	正义 zhèng yì 올바른 도리 义捐 yì juān 자선을 위해 금품을 냄 义不容辞 yì bù róng cí 도의상 거절할 수 없다	廉洁 lián jié 청렴하고 강직함 低廉 dī lián 물건 값이 쌈 寡廉鲜耻 guǎ lián xiǎn chǐ 수치를 수치로 알지 못하다, 파렴치하다	退学 tuì xué 학교를 못다니게 함 后退 hòu tuì 뒤로 물러섬 退避三舍 tuì bì sān shè 양보해서 충돌을 피하다
기울어질 **전** diān 댄	자빠질 **패** pèi 페이	아닐 **비** fěi 베이	이지러질 **휴** kuī 쿠이
颠 顚	沛 沛	匪 匪	亏 虧
颠倒 diān dǎo 위, 아래를 바꾸어서 거꾸로 함 颠倒是非 diān dǎo shì fēi 옳고 그릇됨이 뒤바뀌다	沛然 pèi rán 비가 세차게 내리는 모양, 왕성하다 颠沛流离 diān pèi liú lí 영락(零落)하여 유랑하다	盗匪 dào fěi 도적 土匪 tǔ fěi 지방 도둑의 떼 匪夷所思 fěi yí suǒ sī 보통 사람은 생각해 낼 수 없다	幸亏 xìng kuī 다행히 亏损 kuī sǔn 손해 보다 月满则亏 yuè mǎn zé kuī 달도 차면 기운다

仁慈隐恻 어진 마음으로 남을 사랑하며 측은히 여기다
造次弗离 아무리 급해도 (의리를) 버리지 않는다
节义廉退 절개와 예의와 청렴을 지켜야 한다
颠沛匪亏 엎어져도 (그 형상이) 이지러지지 말아야 한다

성품 성 xìng 씽	고요 정 jìng 찡	뜻 정 qíng 칭	편안할 일 yì 이
性 性	**静** 靜	**情** 情	**逸** 逸
性别 xìng bié 남녀, 암수의 구별 性命交关 xìng mìng jiāo guān 생사가 걸리다(관계가 중대하고 긴요함을 뜻함)	安静 ān jìng 평안하고 고요함 静机思动 jìng jī sī dòng 고요한 상태가 오래 지속되면 움직일 생각이 나다	人情 rén qíng 사람의 마음씨 情报 qíng bào 사정, 정황의 보고 情同手足 qíng tóng shǒu zú 인정이 친형제처럼 두텁다	劳逸 láo yì 일과 휴식 逸亡 yì wáng 잊어버림 一劳永逸 yī láo yǒng yì 한 번의 고생으로 영원히 편안해지다

마음 심 xīn 신	움직일 동 dòng 뚱	귀신 신 shén 선	가쁠 피 pí 피
心 心	**动** 動	**神** 神	**疲** 疲
心情 xīn qíng 마음과 정 中心 zhōng xīn 한가운데 心中有数 xīn zhōng yǒu shù 타산이 있다, 속셈이 있다	行动 xíng dòng 행위, 동작 运动 yùn dòng 돌아다니며 움직임 动人心弦 dòng rén xīn xuán 심금을 울리다	精神 jīng shén 마음, 생각 神奇 shén qí 신묘하고 기이함 神机妙算 shén jī miào suàn 신묘한 지략과 기묘한 계책	疲劳 pí láo 지침, 고단함 疲乏 pí fá 피곤함 疲于奔命 pí yú bēn mìng 바빠서 숨돌릴 새도 없다

지킬 수 shǒu 서우	참 진 zhēn 전	뜻 지 zhì 즈	찰 만 mǎn 만
守 守	**真** 眞	**志** 志	**满** 滿
守门 shǒu mén 문지기 保守 bǎo shǒu 보전하여 지킴 守口如瓶 shǒu kǒu rú píng 입이 무겁다(비밀을 엄수함을 비유)	真理 zhēn lǐ 참된 이치, 도리 真假 zhēn jiǎ 진짜와 가짜 真心实意 zhēn xīn shí yì 진심, 성심성의	意志 yì zhì 뜻 志愿 zhì yuàn 지극히 바람 志同道合 zhì tóng dào hé 의기가 투합되고 지향하는 바가 같다	满足 mǎn zú 마음에 흡족함 丰满 fēng mǎn 풍만함 心满意足 xīn mǎn yì zú 마음이 몹시 흐뭇하다, 흡족하다

쫓을 축 zhú 주	만물 물 wù 우	뜻 의 yì 이	옮길 이 yí 이
逐 逐	**物** 物	**意** 意	**移** 移
逐渐 zhú jiàn 점차 逐客 zhú kè 손님을 내쫓음 随波逐流 suí bō zhú liú (입장과 주견 없이) 대세를 따르다	动物 dòng wù 새, 짐승 등의 총칭 物质 wù zhì 물건의 본바탕 物尽其用 wù jìn qí yòng 모든 물건을 십분 활용하다	注意 zhù yì 마음에 새겨 조심함 意见 yì jiàn 마음의 생각 意在言外 yì zài yán wài 말의 뜻 외에 숨어 있는 딴 뜻(言外之意)	移山 yí shān 산을 옮김 移动 yí dòng 옮겨 움직임 移山倒海 yí shān dǎo hǎi 산을 옮기고 바다를 메우다

性静情逸 성품이 부드러우면 마음도 편안해진다
心动神疲 마음이 격동되면 신기가 피로해진다

守真志满 참된 것을 지키면 뜻이 이루어진다
逐物意移 물욕을 추구하면 마음이 변한다

굳을 견 jiān 잰	가질 지 chí 츠	맑을 아 yǎ 야	잡을 조 cāo 차오
坚 堅	持 持	雅 雅	操 操
坚定 jiān dìng 꿋꿋하고 바름 坚固 jiān gù 굳고 튼튼함 坚持不懈 jiān chí bù xiè 해이되지 않고 견지하다	持久 chí jiǔ 오래 버티어 감 坚持 jiān chí 굳게 지킴 持之有恒 chí zhī yǒu héng 오래도록 견지하다	文雅 wén yǎ (말, 행동 따위가) 고상하고 우아하다, 점잖다 雅人深致 yǎ rén shēn zhì 인품이 고상하고 정취가 심원하다	体操 tǐ cāo 체조(운동의 하나) 操纵 cāo zòng 교묘하게 부림 操之过急 cāo zhī guò jí 너무 성급하게 일을 처리하다
좋을 호 hǎo 하오	벼슬 작 jué 쉐	스스로 자 zì 쯔	얽을 미 mí 미
好 好	爵 爵	自 自	縻 縻
好人 hǎo rén 좋은 사람 好事 hǎo shì 좋은 일 好景不长 hǎo jǐng bù cháng 호경기는 늘 계속되는 것이 아니다	爵位 jué wèi 벼슬 자리 封爵 fēng jué 작위에 봉함 加官进爵 jiā guān jìn jué 승차하다, 관작을 주다	自然 zì rán 천연 그대로의 상태 自始至终 zì shǐ zhì zhōng 처음부터 끝까지, 시종일관	揽縻 lǎn mí 소 고삐를 당김 羁縻 jī mí 견제하다 好爵自縻 hǎo jué zì mí 벼슬이 스스로 이루어지다
도읍 도 dū 두	고을 읍 yì 이	빛날 화 huá 화	여름 하 xià 싸
都 都	邑 邑	华 華	夏 夏
首都 shǒu dū 서울 都市 dū shì 도회지 滨海都市 bīn hǎi dū shì 바다에 잇닿은 도시	迁邑 qiān yì 고을을 옮김 邑宰 yì zǎi 고을 우두머리 通都大邑 tōng dū dà yì 대도시	华丽 huá lì 번화하고 고움 年华 nián huá 시절 华而不实 huá ér bù shí 겉만 번지르 하고 실속이 없다	夏天 xià tiān 여름 夏炉冬扇 xià lú dōng shàn 여름의 화로와 겨울의 부채(시기가 지나서 아무 데도 쓸데없는 것이라는 뜻)
동녘 동 dōng 둥	서녘 서 xī 시	두 이 èr 얼	서울 경 jīng 징
东 東	西 西	二 二	京 京
东西 dōng xī 동서(dōng xi 물건) 东方 dōng fāng 동쪽 东扶西倒 dōng fū xī dǎo 동쪽을 받쳐주니 서쪽의 것이 무너지다	西医 xī yī 양의사 西服 xī fú 양복 东零西碎 dōng líng xī suì 너저분하다(여기저기 마구 흩어진 모양)	二人 èr rén 두 사람 二等 èr děng 2등 一干二净 yī gān èr jìng 깨끗이, 모조리	京城 jīng chéng 수도, 서울 北京 běi jīng 베이징 大莫与京 dà mò yǔ jīng 더 이를 데 없이 크다

坚持雅操 우아한 지조를 굳게 지킨다
好爵自縻 좋은 벼슬이 스스로 따른다
都邑华夏 (행정관리 체제로 볼 때) 도와 읍으로 된 중국
东西二京 동쪽과 서쪽 두 곳(낙양과 장안)에 서울을 두었다

등 배 bèi 뻬이	터 망 máng 망	낯 면 miàn 맨	낙수 락 luò 뤄
背 背	邙 邙	面 面	洛 洛
手背 shǒu bèi 손등 背诵 bèi sòng 암송하다 背道而驰 bèi dào ér chí 서로 반대 되는 방향으로 가다	邙 máng 중국 허난성의 산	脸面 liǎn miàn 낯 方面 fāng miàn 어떤 방향의 지방 面不改色 miàn bù gǎi sè 얼굴빛이 하나도 변하지 않다	洛河 luò hé 중국 산시성의 강 洛阳纸贵 luò yáng zhǐ guì 책이 잘 팔리니 종이 값이 오른다는 뜻

뜰 부 fú 부	위수 위 wèi 웨이	웅거할 거 jù 쥐	경수 경 jīng 징
浮 浮	渭 渭	据 據	泾 涇
浮水 fú shuǐ 물에 뜨다 漂浮 piāo fú 뜨다 浮想联翩 fú xiǎng lián piān 끊임없이 생각이 떠오르다	渭河 wèi hé 중국 간쑤성의 강 泾渭不分 jīng wèi bù fēn 선악과 시비의 구별이 확실치 않다	证据 zhèng jù 증명할 수 있는 근거 收据 shōu jù 영수증 据理力争 jù lǐ lì zhēng 도리에 비추어 애써 논쟁하다	泾河 jīng hé 중국 간쑤성의 강 泾渭分明 jīng wèi fēn míng 선악, 시비나 한계가 분명하다

집 궁 gōng 궁	대궐 전 diàn 댄	소반 반 pán 판	답답할 울 yù 위
宫 宮	殿 殿	盘 盤	郁 鬱
皇宫 huáng gōng 황제의 궁궐 少年宫 shào nián gōng 소년궁 清宫除道 qīng gōng chú dào 손님 맞을 준비를 하다	殿下 diàn xià 신하가 임금을 이르는 경칭 鲁殿灵光 lǔ diàn líng guāng 명망 높은 살아 있는 인물	算盘 suàn pán 주산판, 속셈 盘子 pán zi 접시(그릇의 일종) 盘根究底 pán gēn jiū dǐ 일의 근본을 끝까지 캐다	郁闷 yù mèn 마음이 답답함 忧郁 yōu yù 우울하다 郁郁葱葱 yù yù cōng cōng 큰나무가 우거진 모양

다락 루 lóu 러우	볼 관 guān 관	날 비 fēi 뻬이	놀랄 경 jīng 징
楼 樓	观 觀	飞 飛	惊 驚
楼房 lóu fáng 아파트 茶楼 chá lóu 다방 平地楼台 píng dì lóu tái 기초없이 해 놓은 일	观点 guān diǎn 사물을 볼 때 그 사람의 입장, 각도 走马观花 zǒu mǎ guān huā 말 타고 꽃구경하다, 대충 보고 지나가다	飞机 fēi jī 비행기 飞跑 fēi pǎo 날듯이 달리다 飞来横祸 fēi lái héng huò 뜻밖의 재난	惊喜 jīng xǐ 놀라운 기쁨 吃惊 chī jīng 놀라다 惊惶失措 jīng huáng shī cuò 놀라 허둥대며 어쩔 줄 모르다

背邙面洛 (동서울 낙양은) 뒤로 북망산을 등지고 앞쪽은 낙수에 임했다
浮渭据泾 (서서울 장안은) 서북쪽으로 위수와 경수를 끼고 앉았다
宫殿盘郁 울창한 숲 사이로 궁궐이 세워졌다
楼观飞惊 경탄을 자아내는 누각은 나는듯이 떠 있다

그림 도 tú 투	쓸 사 xiě 셰	새 금 qín 친	짐승 수 shòu 쎠우
图 圖	写 寫	禽 禽	兽 獸
地图 dì tú 지도 意图 yì tú 생각, 계획 图财害命 tú cái hài mìng 재물을 탐내며 사람을 해치다	写字 xiě zì 글을 씀 写作 xiě zuò 글을 지음 初写黄庭 chū xiě huáng tíng 꼭 들어맞다, 제격이다	禽兽 qín shòu 짐승 家禽 jiā qín 집짐승 衣冠禽兽 yī guān qín shòu 사람 탈을 쓴 짐승	兽行 shòu xíng 짐승같은 행실 野兽 yě shòu 야생 동물 人面兽心 rén miàn shòu xīn 사람 탈을 쓴 짐승
그림 화 huà 화	채색 채 cǎi 차이	신선 선 xiān 섄	신령 령 líng 링
画 畫	彩 綵	仙 仙	灵 靈
绘画 huì huà 그림을 그림 图画 tú huà 그림 画蛇添足 huà shé tiān zú 뱀을 그리는데 발을 그려 넣다, 쓸데없는 짓	彩虹 cǎi hóng 색 무지개 喝彩 hè cǎi 크게 소리 질러 칭찬함 丰富多彩 fēng fù duō cǎi 풍부하고 다채롭다	神仙 shén xiān 도에 통한 사람 仙女 xiān nǚ 선경에 사는 여자 仙山琼阁 xiān shān qióng gé 신선이 노니는 성산의 아름다운 누각	灵魂 líng hún 죽은 사람의 넋 灵利 líng lì 똑똑하고 민첩함 灵丹妙药 líng dān miào yào 효력 있고 신기한 약
남녘 병 bǐng 빙	집 사 shè 셔	곁 방 bàng 빵	열 계 qǐ 치
丙 丙	舍 舍	傍 傍	启 啓
甲乙丙 jiǎ yǐ bǐng 갑, 을, 병 丙子年 bǐng zi nián 병자년 付于丙丁 fù yú bǐng dīng 소각하다 (옛날 비밀문서 뒤에 쓰인 글자)	宿舍 sù shè 숙소, 기숙사 寒舍 hán shè 누추한 (저의) 집 退避三舍 tuì bì sān shè 멀찌감치 몸을 피하다	傍晚 bàng wǎn 저녁 무렵 傍边 bàng biān 옆 부근 傍人门户 bàng rén mén hù 남에게 의지하다	启发 qǐ fā 슬기와 재능을 열어줌 启开 qǐ kāi 열다, 떼다 承上启下 chéng shàng qǐ xià 앞의 것을 받아서 뒤에 잇다, 상하연결
갑옷 갑 jiǎ 쟈	장막 장 zhàng 짱	대답 대 duì 뚜이	기둥 영 yíng 잉
甲 甲	帐 帳	对 對	楹 楹
花甲 huā jiǎ 회갑 甲子年 jiǎ zi nián 갑자년 坚甲利兵 jiān jiǎ lì bīng 장비가 좋은 정에 부대를 말함	蚊帐 wén zhàng 모기장 帐幕 zhàng mù 둘러치는 막 帐实相符 zhàng shí xiāng fú 장부와 현금이 맞아 떨어지다	对手 duì shǒu 상대자 核对 hé duì 대조하다 对牛弹琴 duì niú tán qín 소귀에 거문고 뜯기, 소귀에 경 읽기	楹柱 yíng zhù 기둥 楹框 yíng kuàng 기둥과 틀 楹联 yíng lián 기둥에 붙인 대련

图写禽兽 (궁전에는) 날짐승이며 네 발 짐승들이 그려져 있다
画彩仙灵 (궁전에는) 신선과 신령도 채색되어 있다
丙舍傍启 별실(신하들이 거처하는 곳)은 (궁전의) 옆으로 통해졌다
甲帐对楹 장막(신을 모시는 곳)은 (궁전) 기둥을 마주하고 꾸며 졌다

베풀 **사** sì 쓰	자리 **연** yán 앤	베풀 **설** shè 써	자리 **석** xí 시
肆 肆	筵 筵	设 設	席 席

放肆 fàng sì 제멋대로
肆拾 sì shí 사십
肆无忌惮 sì wú jì dàn 방자하여 거리낌이 없다

筵席 yán xí 자리, 깔개
寿筵 shòu yán 생일잔치
盛筵难再 shèng yán nán zài 다시 없는 기회

建设 jiàn shè 건설(하다)
设宴 shè yàn 연회를 베풀다
设身处地 shè shēn chǔ dì 입장을 바꾸어 생각하다

缺席 quē xí 출석하지 않음
主席 zhǔ xí 주재하거나 다스리는 이
坐不安席 zuò bù ān xí 조마조마하다, 안절부절 못하다

북 **고** gǔ 구	비파 **슬** sè 써	불 **취** chuī 추이	저 **생** shēng 성
鼓 鼓	瑟 瑟	吹 吹	笙 笙

鼓励 gǔ lì 격려
打鼓 dǎ gǔ 북을 치다
鼓里做梦 gǔ lǐ zuò mèng 실정을 모르고 태평하게 있다

瑟 sè 비파(고대 악기)
瑟 sè 중국 허난성에 있는 강
胶柱鼓瑟 jiāo zhù gǔ sè 조금도 융통성이 없다

吹牛 chuī niú (사실을 확대하여) 불어 대다
吹毛求疵 chuī máo qiú cī 털을 불어 헤쳐가며 결점을 찾다, 꼬집다

笙 shēng 생황저(악기의 일종)
芦笙 lú shēng 갈대로 만든 생황저
笙磬同音 shēng qìng tóng yīn 마음이 아주 잘 어울리다

오를 **승** shēng 성	섬돌 **계** jiē 제	바칠 **납** nà 나	뜰 **폐** bì 삐
升 陞	阶 階	纳 納	陛 陛

升级 shēng jí 등급이 오름
上升 shàng shēng 위로 올라감
升堂入室 shēng táng rù shì 점점 높은 수준에 이르다

台阶 tāi jiē 계단, 층층대
阶级 jiē jí 지위, 관직 등의 등급
阶卑职高 jiē bēi zhí gāo 품계는 낮고 벼슬은 높다

纳入 nà rù 세금 등을 바침
纳税 nà shuì 나라에 세금을 바침
深文周纳 shēn wén zhōu nà 억지로 죄명을 들씌우다

陛槛 bì jiàn 계단 손잡이의 가름대
陛下 bì xià 임금에 대한 존칭

고깔 **변** biàn 삐엔	구를 **전** zhuàn 좐	의심할 **의** yí 이	별 **성** xīng 싱
弁 弁	转 轉	疑 疑	星 星

弁服 biàn fú 고대 귀족의 모자와 옷
弁言 biàn yán 머리말, 서문
弁冕群英 biàn miǎn qún yīng 영웅들 가운데서도 빼어나다

转弯(儿) zhuàn wān(r) 에두르다
转椅 zhuàn yǐ 회전의자
晕头转向 yūn tóu zhuàn xiàng 머리가 혼란스러워 뭐가 뭔지 모르다

怀疑 huái yí 의심(하다)
疑点 yí diǎn 의심스러운 점
疑神疑鬼 yí shén yí guǐ 이것저것을 의심하다

星期日 xīng qī rì 일요일
明星 míng xīng 명성이 뛰어난 사람
星火燎原 xīng huǒ liáo yuán 작은 불티가 들판을 태우다

肆筵设席 돗자리를 마련하고 주연을 베풀다
鼓瑟吹笙 비파를 타고 생황저를 불어 대다

升阶纳陛 (문무백관들이) 계단을 올라 예물을 바치다
弁转疑星 (그들이 쓴) 고깔의 움직임은 유성인가 의심할 정도이다

오른쪽 우 yòu 유	통할 통 tōng 통	넓을 광 guǎng 광	안 내 nèi 네이
右 右	通 通	广 廣	内 內
左右 zuǒ yòu 왼쪽과 오른쪽 右侧 yòu cè 오른쪽 방향 左顾右盼 zuǒ gù yòu pàn 사위를 두리번두리번 살피다	通行 tōng xíng 길을 통해 다님 交通 jiāo tōng 교통 通情达理 tōng qíng dá lǐ 사리에 밝다	广阔 guǎng kuò 넓고 전망이 트임 广大 guǎng dà 넓고 큼 广开言路 guǎng kāi yán lù 언론의 도경, 형식을 넓히다	内外 nèi wài 안과 밖 内衣 nèi yī 속옷 内外交困 nèi wài jiāo kùn 안팎으로 궁지에 빠지다

왼쪽 좌 zuǒ 쥐	통달할 달 dá 다	이을 승 chéng 청	밝을 명 míng 밍
左 左	达 達	承 承	明 明
左手 zuǒ shǒu 왼손 左侧 zuǒ cè 왼쪽 방향 左右为难 zuǒ yòu wéi nán 어느 쪽으로 해도 난처하다	表达 biǎo dá 표달하다 到达 dào dá 목적한 데에 미침 四通八达 sì tōng bā dá 이리저리 사방으로 통하다	继承 jì chéng 이어받음 承担 chéng dān 지다 承先启后 chéng xiān qǐ hòu 선인들의 뒤를 이어 계속 발전시키다	明白 míng bái 아주 분명함 明亮 míng liàng 환히 밝음 明知故犯 míng zhī gù fàn 번연히 알면서도 일부러 죄를 범하다

이미 기 jì 찌	모을 집 jí 지	무덤 분 fén 번	법 전 diǎn 댄
既 既	集 集	坟 墳	典 典
既然 jì rán …다면, …바 하고는 既成 jì chéng 이미 …되다 既来之, 则安之 jì lái zhī, zé ān zhī 기왕 온 바에 편안하게 지낸다	集会 jí huì 모임, 회합 集市 jí shì 시장 集思广益 jí sī guǎng yì 의견을 모으면 좋은 효과를 거둔다	坟墓 fén mù 묘, 묘지 上坟 shàng fén 성묘하다 自掘坟墓 zì jué fén mù 스스로 자기 무덤을 파다	词典 cí diǎn 사전 典礼 diǎn lǐ 중요한 행사 의식 引经据典 yǐn jīng jù diǎn 경서나 고사를 응용하다

또 역 yì 이	모듈 취 jù 쥐	무리 군 qún 췬	꽃부리 영 yīng 잉
亦 亦	聚 聚	群 群	英 英
亦然 yì rán 의연하다, 역시 그렇다 亦即 yì jí 즉, 다시 말하면 亦步亦趋 yì bù yì qū 남이 걸으면 걷는다, 남의 장단에 춤을 추다	聚众 jù zhòng 많은 사람을 끌어 모으다 聚精会神 jù jīng huì shén 정신을 집중하다	群众 qún zhòng 대중, 군중 兽群 shòu qún 짐승무리, 짐승떼 群威群胆 qún wēi qún dǎn 뭇사람의 힘과 용기를 발휘하다	英明 yīng míng 뛰어나게 사리에 밝음 英姿焕发 yīng zī huàn fā 씩씩하고 늠름한 자태가 빛나다

右通广内 (한 무제의 정전[正殿]) 오른쪽은 장서각으로 통했다
左达承明　왼쪽은 저서실(著书室)로 갈 수 있었다
既集坟典 이미 (3황5제의 글월인) 분, 전 등의 경전 명작을 모았다
亦聚群英 뿐만 아니라 수많은 영재들이 모여 들었다

막을 두 dù 뚜	짚 고 gǎo 가오	쇠북 종 zhōng 중	글씨 예 lì 리
杜 杜	槁 藁	钟 鐘	隶 隸
杜绝 dù jué 막아서 끊어버림 杜口 dù kǒu 구멍을 막음 杜门谢客 dù mén xiè kè 문을 닫고 손님을 사절하다	槁木 gǎo mù 말라빠진 나무 槁梧 gǎo wú 말라빠진 오동나무 槁木死灰 gǎo mù sǐ huī 말라죽은 나무와 불기 없는 재	钟表 zhōng biǎo 시계 九点钟 jiǔ diǎn zhōng 9시 钟灵毓秀 zhōng líng yù xiù 좋은 환경에서 우수한 인물이 나오다	奴隶 nú lì 종 隶属 lì shǔ 딸려서 매임 直隶中央 zhí lì zhōng yāng 중앙에 직속되다

옻칠 칠 qī 치	글 서 shū 수	벽 벽 bì 삐	글 경 jīng 징
漆 漆	书 書	壁 壁	经 經
漆黑 qī hēi 어두컴컴함 油漆 yóu qī 페인트 漆黑一团 qī hēi yī tuán 시꺼멓다, 깜깜하다	书法 shū fǎ 글씨 쓰는 법 证书 zhèng shū 사실 증명의 문서 书不尽言 shū bù jìn yán 글로써 말을 충분히 표현할 수 없다	壁画 bì huà 벽에 그린 그림 墙壁 qiáng bì 벽 铜墙铁壁 tóng qiáng tiě bì 금성철벽, 방어가 견고하다는 뜻	经营 jīng yíng 일을 해 나감 经过 jīng guò 거쳐 지나감 经年累月 jīng nián lěi yuè 오랜 세월이 지나다

마을 부 fǔ 부	벌릴 라 luō 뤄	장수 장 jiàng 쟝	서로 상 xiāng 샹
府 府	罗 羅	将 將	相 相
王府 wáng fǔ 왕궁 胸无城府 xiōng wú chéng fǔ 솔직하고 숨김없다 总统府 zǒng tǒng fǔ 대통령 관저	网罗 wǎng luó 통틀어 얽음, 그물 罗列 luó liè 벌여 놓음 罗雀掘鼠 luó què jué shǔ 애써 먹을 것을 얻어 들이다	将帅 jiàng shuài 군의 우두머리 将士 jiàng shì 장교와 병사 将门有将 jiàng mén yǒu jiàng 장군의 가문에 장군이 나다	互相 hù xiāng 상호, 피차가 서로 相爱 xiāng ài 서로 사랑함 相见恨晚 xiāng jiàn hèn wǎn 일찍 만나지 못함을 한탄하다

길 로 lù 루	낄 협 xiá 샤	괴화 괴 huái 화이	벼슬 경 qīng 칭
路 路	侠 俠	槐 槐	卿 卿
道路 dào lù 통행하는 길 路线 lù xiàn 일정한 길 路不拾遗 lù bù shí yí 길에 물건이 떨어져도 줍지 않는다	侠谷 xiá gǔ 좁은 골짜기 侠气 xiá qì 호협한 기상 侠义心肠 xiá yì xīn cháng 의협심	槐树 huái shù 홰나무 槐花 huái huā 홰나무 꽃 指桑骂槐 zhǐ sāng mà huái 빗대고 욕하다	卿相 qīng xiàng 재상 卿子 qīng zǐ 귀공자 干卿何事 gān qīng hé shì 남의 싸움에 칼 빼기

杜藁钟隶 두도(杜度)의 초서체와 종요(钟繇)의 예서체(가 눈길을 끌었다)
漆书壁经 (장자의) 남화진경(南华真经)과 (공자의 집벽의) 고문서경(古文书经)(이 황홀경을 이루었다)
府罗将相 관부에는 장수와 정승들이 늘어섰다
路侠槐卿 행길에는 경과 대부들이 화평하고 즐겁게 오갔다

집 호 hù 후	봉할 봉 fēng 벙	여덟 팔 bā 빠	고을 현 xiàn 쌘
户 户	封 封	八 八	县 縣
户口 hù kǒu 호수와 식구수 户枢不蠹 hù shū bù dù 문지도리는 좀이 먹지 않는다(정상적으로 움직이는 물건은 침식되지 않음을 뜻)	封闭 fēng bì 봉폐 封官许愿 fēng guān xǔ yuàn 관직을 주거나 요구를 들어주다	八开 bā kāi 팔등분 八折 bā zhé 80%, 8할 八方呼应 bā fāng hū yìng 여기 저기서 호응해 나서다	县 xiàn 중국의 행정구역(郡에 해당) 县长 xiàn zhǎng 현장(군수에 해당) 赤县神州 chì xiàn shén zhōu 중국의 별칭
집 가 jiā 쟈	줄 급 gěi 게이 / jǐ 지	일천 천 qiān 첀	군사 병 bīng 빙
家 家	给 給	千 千	兵 兵
家庭 jiā tíng 집안 家长 jiā zhǎng 집안의 어른 家常便饭 jiā cháng biàn fàn 평소 집에서 하는 식사(일반적임을 뜻함)	供给 gōng jǐ 물품을 제공함 让给 ràng gěi 양보해주다 自给自足 zì jǐ zì zú 자기의 수요를 자기가 생산하여 충당함	千万 qiān wàn 제발, 아무쪼록 千秋 qiān qiū 천년이라는 긴세월 千变万化 qiān biàn wàn huà 끊임없이 변하다	兵器 bīng qì 전쟁 기구의 총칭 炮兵 pào bīng 대포를 부리는 부대 兵荒马乱 bīng huāng mǎ luàn 전시에 세상이 어수선하다
높을 고 gāo 까오	갓 관 guān 꽌	모실 배 péi 페이	연 련 niǎn 낸
高 高	冠 冠	陪 陪	辇 輦
高低 gāo dī 높고 낮음 高唱 gāo chàng 높이 부름 高瞻远瞩 gāo zhān yuǎn zhǔ 멀리 앞일을 내다보다	冠军 guān jūn 월계관, 우승 鸡冠 jī guān 닭의 볏, 맨드라미 冠冕堂皇 guān miǎn táng huáng 겉모양이 번지르하다, 허울이 좋다	陪同 péi tóng 시중들다 陪客 péi kè 손님을 모시다 陪太子读书 péi tài zǐ dú shū 남의 비위를 맞추다	辇车 niǎn chē 임금을 뒤따르는 수레 辇土 niǎn tǔ 인력거로 흙을 옮기다 辇运 niǎn yùn 수레로 화물을 운송하다
몰 구 qū 취	바퀴 곡 gǔ 구	떨칠 진 zhèn 쩐	끈 영 yīng 잉
驱 驅	毂 轂	振 振	缨 纓
驱逐 qū zhú 몰아냄 长驱 cháng qū 빨리 내달리다 长驱直入 cháng qū zhí rù 파죽지세로 쳐들어가다	车毂 chē gǔ 수레바퀴 毂辘 gǔ lù 수레바퀴 肩摩毂击 jiān mó gǔ jī 오가는 사람과 수레들로 붐비다	振作 zhèn zuò 정신을 차리다, 정신을 가다듬다 振臂高呼 zhèn bì gāo hū 분기하여 높이 외치다	缨穗 yīng suì 옥수수 이삭 모양의 실로 만든 장식품 披发缨冠 pī fà yīng guān 머리가 흐트러진 채 관을 쓰다

户封八县 (한무제는 공에 따라) 제후들에게 여덟 개 현을 떼어 주었다
家给千兵 천 명의 군대도 상으로 주었다
高冠陪辇 (황제가 출행할 때에는) 관을 쓴 문관들이 배동해 나섰다
驱毂振缨 (거가가 달릴 때면) 갓이 달린 투구를 쓴 무관들이 뒤따랐다

인간 **세** shì 스	녹 **록** lù 루	사치할 **치** chǐ 츠	부자 **부** fù 부
世 世	**禄** 祿	**侈** 侈	**富** 富
世界 shì jiè 온 세상 今世 jīn shì 현시대 举世闻名 jǔ shì wén míng 온 세상에 널리 이름을 날리다	禄养 lù yǎng 녹봉으로 부모를 봉양하다 无功受禄 wú gōng shòu lù 하는 일 없이 보수를 받다	侈口 chǐ kǒu 너무 불어대다 奢侈 shē chǐ 분수없이 호사함 穷奢极侈 qióng shē jí chǐ 사치가 극도에 달하다	富裕 fù yù 재물이 넉넉함 丰富 fēng fù 풍부함 富贵荣华 fù guì róng huá 부귀와 영화

수레 **차** chē 처	멍에 **가** jià 쨔	살찔 **비** féi 페이	가벼울 **경** qīng 칭
车 車	**驾** 駕	**肥** 肥	**轻** 輕
车辆 chē liàng 여러 수레의 총칭 轿车 jiào chē 승용차 车水马龙 chē shuǐ mǎ lóng 차가 꼬리를 물고 이어지다	驾驶 jià shǐ 운전하다 驾临 jià lín 왕림하다 驾轻就熟 jià qīng jiù shú 아는 길을 가듯이 일을 쉽게 처리하다	肥胖 féi pàng 뚱뚱함 肥肉 féi ròu 기름진 고기 挑肥拣瘦 tiāo féi jiǎn shòu 자기에게 이로운 것만 고른다는 뜻	轻重 qīng zhòng 가벼움과 무거움 减轻 jiǎn qīng 감하여 가볍게 하다 轻而易举 qīng ér yì jǔ 가벼워 들기 쉽다, 매우 수월하다

꾀 **책** cè 처	공 **공** gōng 궁	무성할 **무** mào 마오	열매 **실** shí 스
策 策	**功** 功	**茂** 茂	**实** 實
政策 zhèng cè 정치, 시정의 방침 对策 duì cè 대응하는 방책 群策群力 qún cè qún lì 뭇 사람의 지혜와 힘을 합치다	成功 chéng gōng 목적을 이룸 功劳 gōng láo 일에 애쓴 공적 功成名就 gōng chéng míng jiù 공을 세워 이름이 날리다	茂盛 mào shèng 초목이 우거짐 丰茂 fēng mào 풍성함 根深叶茂 gēn shēn yè mào 뿌리가 깊고 잎이 무성하다	诚实 chéng shí 거짓 없고 참됨 果实 guǒ shí 열매 实事求是 shí shì qiú shì 사실에 기초하여 진리를 탐구하다

굴레 **륵** lè 러	비석 **비** bēi 뻬이	새길 **각** kè 커	새길 **명** míng 밍
勒 勒	**碑** 碑	**刻** 刻	**铭** 銘
勒马 lè mǎ 말고삐를 당겨 조임 悬崖勒马 xuán yá lè mǎ 벼랑에 이르러 말고삐를 당기듯 위험에 직면해 돌아선다는 뜻	石碑 shí bēi 돌비석 纪念碑 jì niàn bēi 기념하여 세운 비 有口皆碑 yǒu kǒu jiē bēi 칭송이 자자하다	深刻 shēn kè 깊고 절실함 刻字 kè zì 글을 새김 刻不容缓 kè bù róng huǎn 잠시도 지체할 수 없다	铭刻 míng kè 깊이 새기다 铭记 míng jì 마음에 새기어 둠 刻骨铭心 kè gǔ míng xīn 마음속에 깊이 간직하여 명심하다

世禄侈富 오랫동안 국록을 받아 사치하고 풍요롭게 지낸다
车驾肥轻 멍에를 멘 말까지 살찌니 수레도 가볍게 내달린다
策功茂实 모략과 전공이 없어 많고 뛰어나다
勒碑刻铭 (그 이름과 공을) 비석에 올리고 마음속 깊이 아로새긴다

돌 반 pán 판	시내 계 xī 시	저 이 yī 이	맏 윤 yǐn 인
磻 磻	**溪** 溪	**伊** 伊	**尹** 尹
磻溪 pán xī 반계(강태공이 낚시질 하던 강)	溪流 xī liú 산골짜기 흐르는 시냇물 溪涧 xī jiàn 계곡 溪洞碗蕨 xī dòng wǎn jué 황(黃)고사리	伊人 yī rén (먼 곳의) 저 사람 伊始 yī shǐ 처음, 시작 下车伊始 xià chē yī shǐ (관리가) 새로운 임지에 처음 도착하다	府尹 fǔ yǐn 부윤(관직명) 尹 yǐn 주로 성(姓)으로 쓰임

도울 좌 zuǒ 쭤	때 시 shí 스	언덕 아 ā 아	저울대 형 héng 헝
佐 佐	**时** 時	**阿** 阿	**衡** 衡
辅佐 fǔ zuǒ 상관을 도와 일을 처리함 佐食 zuǒ shí 배충해 먹다 王佐之材 wáng zuǒ zhī cái 임금을 도와 큰 일을 할 만한 인물	时间 shí jiān 시각과 시각 사이 费时 fèi shí 시간이 많이 들다 时不可失 shí bù kě shī 때를 놓쳐서는 안된다	阿姨 ā yí 아줌마, 이모(어린이가 어머니 연배의 여자를 부르는 호칭) 阿郎杂碎 ā láng zá suì 비열하고 천한 사람	平衡 píng héng 균형 衡量 héng liàng 가늠하다 权衡轻重 quán héng qīng zhòng 경중을 따져보다

문득 엄 yǎn 앤	집 택 zhái 자이	굽을 곡 qū 취	언덕 부 fù 부
奄 奄	**宅** 宅	**曲** 曲	**阜** 阜
奄口 yǎn kǒu 입을 다물다 奄忽 yǎn hū 돌연히 奄奄一息 yǎn yǎn yī xī 숨이 곧 끊어질 듯하다	住宅 zhù zhái 집 宅居 zhái jū 거주지 浮家泛宅 fú jiā fàn zhái 선상 생활로 정처없이 떠다니다	曲折 qū zhé 까닭 曲线 qū xiàn 부드럽게 구부러진 선 曲意逢迎 qū yì féng yíng 온갖 방법으로 남에게 아첨하다	阜陵 fù líng 높은 언덕 物阜 wù fù 물자가 풍부함 物阜民丰 wù fù mín fēng 물자가 풍부하고 백성은 풍요롭다

작을 미 wēi 웨이	아침 단 gàn 딴	누구 숙 shú 수	경영 영 yíng 잉
微 微	**旦** 旦	**孰** 孰	**营** 營
微笑 wēi xiào 방긋이 웃음 稍微 shāo wēi 약간 微不足道 wēi bù zú dào 보잘것 없다, 미약하다	元旦 yuán gàn 신정, 정월 초하루 一旦 yī gàn 한 번 旦不保夕 gàn bù bǎo xī (병이 위독하여) 저녁까지 가기 어렵다	孰知 shú zhī 누가 알랴, 어찌 알랴 孰谁 shú shéi 누구 孰取孰舍 shú qǔ shú shě 어느 것을 취하고 어느 것을 버릴 것인가	营业 yíng yè 영리를 목적으로 하는 사업 营私舞弊 yíng sī wǔ bì 사리를 꾀하여 부정한 일을 저지르다

磻溪伊尹 반계(강태공)와 이윤
佐时阿衡 왕을 보좌하는 반계와 이윤은 각기 때를 맞추어 주무왕과 은탕왕을 도와 천하를 통일했다
奄宅曲阜 (조카 주성왕을 보좌한 주공이) 곡부에 집을 잡고 봉지 지역을 다스렸다
微旦孰营 주공이 없었다면 누가 (주나라 대업을) 성취시키겠는가

굳셀 환 huán 환	귀 공 gōng 공	바를 광 kuāng 쾅	모을 합 hé 허
桓 桓	公 公	匡 匡	合 合
桓表 huán biǎo 푯대 桓桓 huán huán 굳센 모양	公布 gōng bù 널리 알림 公证 gōng zhèng 공적인 증거 公正无私 gōng zhèng wú sī 공평무사하다	匡正 kuāng zhèng 바로잡아 고침 匡助 kuāng zhù 돕다 一匡天下 yī kuāng tiān xià 천하를 바로잡다	合作 hé zuò 힘을 합해 만듦 适合 shì hé 알맞게 들어맞음 合情合理 hé qíng hé lǐ 공평하고 합리적이다

건널 제 jì 지	약할 약 ruò 뤄	붙들 부 fū 부	기울 경 qīng 칭
济 濟	弱 弱	扶 扶	倾 傾
经济 jīng jì 경제 救济 jiù jì 구하여 도움 不济于事 bù jì yú shì 아무런 도움도 되지 못한다, 쓸모없다	虚弱 xū ruò 기력이 약함 老弱 lǎo ruò 늙고 쇠약함 弱不禁风 ruò bù jīn fēng 몸이 허약해 바람에도 쓰러질 것 같다	扶养 fū yǎng 생활을 돌봄 抚育 fū yù 정성껏 키우다 扶老携幼 fū lǎo xié yòu 늙은이는 부축하고 어린이는 이끌다	倾斜 qīng xié 기울어짐 倾听 qīng tīng 주의 깊게 듣다 倾盆大雨 qīng pén dà yǔ 물을 퍼붓듯 세차게 내리는 비

비단 기 qǐ 치	돌아올 회 huí 후이	한수 한 hàn 한	은혜 혜 huì 후이
绮 綺	回 回	汉 漢	惠 惠
绮缟 qǐ gǎo 고급 비단 绮色 qǐ sè 화려한 색채 狂言绮语 kuáng yán qǐ yǔ 실속 없이 겉만 꾸미는 말	回家 huí jiā 귀가 回忆 huí yì 회억하다 回心转意 huí xīn zhuǎn yì 마음을 돌려 먹다	汉城 hàn chéng 서울 汉语 hàn yǔ 한어(중국어) 河汉之言 hé hàn zhī yán 전혀 이해할 수 없는 말	惠存 huì cún 받아 간직해 달라는 뜻 (자기 작품을 증정할 때 사용) 惠而不费 huì ér bù fèi 좋은 일을 하면서도 힘들지 않다

말할 설 shuō 쉬/shuì 수이	느낄 감 gǎn 깐	호반 무 wǔ 우	장정 정 dīng 딩
说 說	感 感	武 武	丁 丁
说话 shuō huà 말하다 游说 yóu shuì 돌아다니며 주장함 说长道短 shuō cháng dào duǎn 이러쿵 저러쿵 시비하다	感觉 gǎn jué 느낌 感谢 gǎn xiè 고마움 感人肺腑 gǎn rén fèi fǔ 깊은 감명을 주다(받다)	武器 wǔ qì 무기 武力 wǔ lì 군사상의 힘 威武不屈 wēi wǔ bù qū 그 어떤 위압에도 굴하지 않다	园丁 yuán dīng 정원사 壮丁 zhuàng dīng 성년 남자 不识一丁 bù shí yī dīng 낫 놓고 기역자도 모르다

桓公匡合 (제나라) 환공왕은 (제후들을 규합하여) 천하를 바로 잡았다
济弱扶倾 빈약한 사람을 구제하고 기울어 가는 나라를 다시 세웠다
绮回汉惠 기(진, 한 시대의 명인, 주휘의 별칭)는 혜제(한나라 유방의 아들)의 태자 신분을 회복시켰다
说感武丁 (은나라 재상) 부열은 (공을 세워) 무정왕을 탄복시켰다

준걸 준 jùn 쥔	다스릴 예 yì 이	빽빽할 밀 mì 미	말 물 wù 우
俊 俊	乂 乂	密 密	勿 勿
英俊 yīng jùn 영민하고 준수함 俊俏 jùn qiào 아름답다, 잘 나다 忍俊不禁 rěn jùn bù jīn 웃음을 참을 수 없다	乂安 yì ān 태평무사하다 俊乂 jùn yì 유능한 사람	密集 mì jí 빽빽이 모임 亲密 qīn mì 서로의 교제가 깊음 密不透风 mì bù tòu fēng 빽빽해서 바람이 통하지 않는다	勿忘 wù wàng 잊지 말라 请勿 qǐng wù …하지 말라 勿庸再议 wù yōng zài yì 재론할 필요가 없다

많을 다 duō 둬	선비 사 shì 스	이 식 shí 스	편안 녕 níng 닝
多 多	士 士	寔 寔	宁 寧
多数 duō shù 수효가 많음 增多 zēng duō 늘어남 多言多语 duō yán duō yǔ 말이 많다, 수다를 떨다	护士 hù shì 간호사 战士 zhàn shì 병사 身先士卒 shēn xiān shì zú 몸소 병사들의 앞에 서다	寔 shí 이, 이것 寔 shí 성(姓)으로 주로 쓰임 寔命不同 shí mìng bù tóng 실로 명이 다르다	安宁 ān níng '평안'의 경칭 宁静 níng jìng 평온하고 조용함 心神不宁 xīn shén bù níng 마음이 편안하지 않다

나라 진 jìn 찐	나라 초 chǔ 추	다시 갱 gèng 껑	으뜸 패 bà 빠
晋 晉	楚 楚	更 更	霸 霸
晋级 jìn jí 진급하다 晋京 jìn jīng 입경하다 加官晋爵 jiā guān jìn jué 관직이 오르다	楚国 chǔ guó 초나라(주조 시대) 清楚 qīng chǔ 분명함 楚楚可怜 chǔ chǔ kě lián 애처롭고 가련하다	更加 gèng jiā 더욱, 더 更上一层楼 gèng shàng yī céng lóu 다시 한 층 위로 오르다(새로운 성과를 이룩함을 비유)	霸王 bà wáng 천하를 다스리는 자 霸占 bà zhàn 독점, 강점(하다) 称王称霸 chēng wáng chēng bà 제멋대로 행세하다

나라 조 zhào 짜오	나라 위 wèi 웨이	곤할 곤 kùn 쿤	비낄 횡 héng 헝
赵 趙	魏 魏	困 困	横 橫
赵 zhào 조나라(전국시대) 赵行 zhào xíng 빨리 가다 围魏救赵 wéi wèi jiù zhào 위나라를 포위하여 조나라를 구하다	魏 wèi 위나라(주조 시대) 魏然 wèi rán 높이 우뚝 솟아 있음 姚黄魏紫 yáo huáng wèi zǐ 귀중한 모란꽃, 희귀한 화초	困难 kùn nán 어려움, 궁핍함 贫困 pín kùn 살림이 궁색함 困兽犹斗 kùn shòu yóu dòu 궁지에 몰린 짐승이 최후의 발악을 하다	横行 héng xíng 제멋대로 행동하다, 모로 가다 横行霸道 héng xíng bà dào 제멋대로 날뛰다

俊乂密勿 준걸과 같은 유능한 인재가 많다고 하지 말라
多士寔宁 선비들이 많으니 실로 천하가 태평스러운 것이다
晋楚更霸 진나라와 초나라는 엇바꾸이 패권을 잡았다
赵魏困横 조, 위나라는 (진나라) 연횡(连横) 정책으로 어려움을 겪었다

거짓 가 jiǎ 쟈	길 도 tú 투	멸할 멸 miè 몌	나라 괵 guó 귀
假 假	途 途	灭 滅	虢 虢
假币 jiǎ bì 가짜 화폐 假发 jiǎ fà 가짜 머리털 假心假意 jiǎ xīn jiǎ yì 겉으로만 진정인 체하다	前途 qián tú 앞으로 나아갈 길 途径 tú jìng 경로 半途而废 bàn tú ér fèi 중도에서 그만두다	消灭 xiāo miè 사라져 없어짐 灭火 miè huǒ 불을 끄다 灭绝人性 miè jué rén xìng 잔인무도하다	虢 guó 주대(周代)의 나라 虢 guó 성(姓)으로 주로 쓰임 假途灭虢 jiǎ tú miè guó 빚 주고 뺨 맞기

밟을 천 jiàn 잰	흙 토 tǔ 투	모일 회 huì 후이	맹세 맹 méng 멍
践 踐	土 土	会 會	盟 盟
践踏 jiàn tà 짓밟음 实践 shí jiàn 실지로 이행함 践危负重 jiàn wēi fù zhòng 위험을 무릅쓰고 중책을 맡다	沙土 shā tǔ 모래흙 国土 guó tǔ 나라의 땅 土崩瓦解 tǔ bēng wǎ jiě 산산히 해체되다	会社 huì shè 사단법인의 하나 会议 huì yì 여럿이 모여 의논함 能说会道 néng shuō huì dào 말 주변이 좋다	盟约 méng yuē 동맹조약 海誓山盟 hǎi shì shān méng 굳은 맹세

어찌 하 hé 허	좇을 준 zūn 준	언약 약 yuē 웨	법 법 fǎ 바
何 何	遵 遵	约 約	法 法
何人 hé rén 누구, 어떤 사람 任何 rèn hé 무슨, 어떤 何足挂齿 hé zú guà chǐ 말할 만한 것이 못된다	遵守 zūn shǒu 좇아서 지킴 遵循 zūn xūn 따르다 遵养时晦 zūn yǎng shí huì 은거하여 때를 기다리다	约会 yuē huì 만날 약속을 하다 预约 yù yuē 미리 약속함 约定俗成 yuē dìng sú chéng 사회적으로 약속되어 지키다	法律 fǎ lǜ 법률 方法 fāng fǎ 방법 无法无天 wú fǎ wú tiān 법도 하늘도 없이 난폭하다(무법천지)

나라 한 hán 한	해칠 폐 bì 삐	번거 번 fán 반	형벌 형 xíng 싱
韩 韓	弊 弊	烦 煩	刑 刑
韩币 hán bì 한국 지폐 韩卢逐兔 hán lú zhú tù 사나운 개가 토끼를 쫓듯이 강한 자가 약한 자를 능욕한다는 뜻	弊端 bì duān 귀찮고 해로운 일 作弊 zuò bì 부정행위를 하다 弊绝风清 bì jué fēng qīng 악의가 일소되어 사회풍기가 정화되다	烦脑 fán nǎo 마음이 시달려 괴로움 麻烦 má fán 시끄러움 心烦意乱 xīn fán yì luàn 마음을 걷잡을 수 없다	刑罚 xíng fá 범죄자에게 주는 벌 刑法 xíng fǎ 형벌의 법칙 先刑后闻 xiān xíng hòu wén 형을 먼저 집행하고 후에 아뢰다

假途灭虢 진 헌공은 우나라의 길을 빌어 괵나라를 치고 우나라까지 멸했다
践土会盟 진 문공은 (정나라의) 천토에서 여러 제후들과 동맹했다
何遵约法 소하는 (한 고조를 도와) 약법(3장)을 제정해 준수하게 했다
韩弊烦刑 한비는 (진시황을 달래서) 형벌을 시행하다가 그 형벌에 의해 패망했다

일어날 기 qǐ 치	자를 전 jiǎn 잰	자못 파 pō 퍼	칠 목 mù 무
起 起	剪 翦	颇 頗	牧 牧
起床 qǐ chuáng 잠을 깨어 자리에서 일어남 起死回生 qǐ sǐ huí shēng 기사회생하다, 죽음에서 다시 살아나다	剪子 jiǎn zi 가위 剪头 jiǎn tóu 이발하다 剪草除根 jiǎn cǎo chú gēn 뿌리째 없애버리다	颇多 pō duō 매우 많음 颇佳 pō jiā 매우 좋음 颇为可观 pō wéi kě guān 자못 볼 만하다	牧场 mù chǎng 소, 말, 양 따위를 기르는 곳, 목축장 如狼牧羊 rú láng mù yáng 늑대가 양을 기르는 격이다

쓸 용 yòng 융	군사 군 jūn 쥔	가장 최 zuì 쭈이	청할 정 jīng 징
用 用	军 軍	最 最	精 精
用处 yòng chù 쓸 곳 用尽心机 yòng jìn xīn jī 온갖 지혜를 다 짜내다	军队 jūn duì 군인집단 军官 jūn guān 장교 败军之将 bài jūn zhī jiàng 전쟁에서 패한 장군	最好 zuì hǎo 가장 좋음 最小 zuì xiǎo 가장 작음 为善最乐 wéi shàn zuì lè 착한 일을 하는 것이 큰 쾌락이다	精品 jīng pǐn 정제한 물품 精密 jīng mì 가늘고 촘촘함 精神焕发 jīng shén huàn fā 정신이 분발하다

베풀 선 xuān 쉬안	위엄 위 wēi 웨이	모래 사 shā 사	아득할 막 mò 머
宣 宣	威 威	沙 沙	漠 漠
宣传 xuān chuán 말하여 전함, 널리 전함 心照不宣 xīn zhào bù xuān 속으로 이해하여 말하지 않다	威力 wēi lì 위대한 힘 威望 wēi wàng 위세와 명망 威风扫地 wēi fēng sǎo dì 위세가 꺾이다	沙子 shā zi 모래 沙滩 shā tān 모래톱, 백사장 沙里淘金 shā lǐ táo jīn 모래 속에서 금을 가려내다	沙漠 shā mò 사막 漠然 mò rán 아득하여 분명하지 않음 漠不关心 mò bù guān xīn 전혀 관심을 갖지 않다

달릴 치 chí 츠	칭찬할 예 yù 위	붉을 단 dān 단	푸를 청 qīng 칭
驰 馳	誉 譽	丹 丹	青 青
奔驰 bēn chí 빨리 달림 驰名 chí míng 이름을 날림 背道而驰 bèi dào ér chí 반대 방향으로 달리다 (반대한다는 뜻)	荣誉 róng yù 영예 信誉 xìn yù 신용과 명예 无咎无誉 wú jiù wú yù 좋다거나 궂다거나 한마디도 하지 않다	丹心 dān xīn 붉은 마음 丹砂 dān shā 붉은 모래 一片丹心 yī piàn dān xīn 한 조각 붉은 마음, 참된 정성을 뜻함	青春 qīng chūn 젊은 시절 青年 qīng nián 청년기의 젊은 사람 青梅竹马 qīng méi zhú mǎ 소꿉동무

起剪颇牧 백기, 왕전은 진나라 장수이고 염파, 이목은 조나라 장수이다
用军最精 (그들의) 용병술은 매우 고명했다
宣威沙漠 (흉노를 물리친 명장들의) 위엄은 (북방의) 사막까지 떨쳤다
驰誉丹青 (그들의) 명성은 청사에 길이 빛날 것이다

아홉 **구** jiǔ 쥬	고을 **주** zhōu 저우	임금 **우** yǔ 위	자취 **적** jì 지
九 九	州 州	禹 禹	迹 跡
九月 jiǔ yuè 구월 九十 jiǔ shí 구십 九死一生 jiǔ sǐ yī shēng 죽을 고비를 여러 차례 겪고 겨우 살아나다	杭州 háng zhōu 중국의 항주 自治州 zì zhì zhōu 자치권 있는 주 州官放火 zhōu guān fàng huǒ 관리가 제멋대로 행동함을 뜻함	禹 yǔ 하(夏)나라를 세운 성왕 禹 yǔ 성(姓)에 주로 쓰임 大禹治水 dà yǔ zhì shuǐ 우왕이 물을 다스리다	足迹 zú jì 발자국 痕迹 hén jì 자취, 자국 略迹原情 lüè jì yuán qíng 사실을 떠나 인정상 참작해주다

일백 **백** bǎi 바이	고을 **군** jùn 쥔	나라 **진** qín 친	어우를 **병** bìng 삥
百 百	郡 郡	秦 秦	并 并
百花 bǎi huā 온갖 꽃 百货 bǎi huò 백화점 百事大吉 bǎi shì dà jí 모든 일이 뜻대로 잘 되다	郡 jùn 군(옛날 행정구역 단위) 郡王 jùn wáng 군왕(작위의 하나)	秦 qín 진(중국 최초의 통일제국) 秦始皇 qín shǐ huáng 진시황 秦晋之好 qín jìn zhī hǎo 혼인하는 친밀한 관계를 이름	并列 bìng liè 나란히 늘어섬 合并 hé bìng 합쳐 하나로 만듦 并日而食 bìng rì ér shí 하루 걸러 식사하다(구차함을 뜻함)

메 **악** yuè 웨	근본 **종** zōng 쭝	항상 **항** héng 헝	대산 **대** dài 따이
岳 嶽	宗 宗	恒 恒	岱 岱
五岳 wǔ yuè 중국의 오대명산 (泰山, 华山, 衡山, 恒山, 嵩山) 岳父 yuè fù 장인 岳立 yuè lì 우뚝 솟음	祖宗 zǔ zōng 조상, 선조 宗派 zōng pài 종가의 계통 传宗接代 chuán zōng jiē dài 대를 잇다, 혈통을 잇다	永恒 yǒng héng 길고 오램 恒常 héng cháng 늘, 언제나 持之以恒 chí zhī yǐ héng 항심을 가지고 견지해 나가다	岱 dài 태산의 별칭 岱 dài 고대 나라 이름

터닦을 **선** chán 찬	임금 **주** zhǔ 주	이를 **운** yún 윈	정자 **정** tíng 팅
禅 禪	主 主	云 云	亭 亭
禅坐 chán zuò 참선하여 앉음 口头禅 kǒu tóu chán 경문의 글귀만 읽고 참된 선리(禅理)를 닦음이 없는 수도, 입에 발린 말	主持 zhǔ chí 책임지고 집행함 房主 fáng zhǔ 집주인 喧宾夺主 xuān bīn duó zhǔ 주객이 전도되다	不知所云 bù zhī suǒ yún 무슨 말을 했는지 모르다 人云亦云 rén yún yì yún 남이 말하는 대로 따라 말하다, 주관이 없다	亭子 tíng zi 정자 亭立 tíng lì 곧바로 서다 亭亭玉立 tíng tíng yù lì 미녀의 몸매가 날씬한 모양

九州禹迹 (치수공신) 하 우왕은 (전국) 9개 주에 발자취를 남겼다
百郡秦并 (진시황은) 진나라에 1백 개 군을 두고 나라를 통일했다
岳宗恒岱 명산 중의 조종은 항산과 태산(이곳에서 하늘제를 지낸다)
禅主云亭 지신제는 (태산 남쪽의) 운운산과 정정산에서 올렸다

기러기 안 yàn 앤	문 문 mén 먼	붉을 자 zǐ 즈	변방 새 sài 싸이
雁 雁	门 門	紫 紫	塞 塞
雁飞 yàn fēi 기러기가 날다 沉鱼落雁 chén yú luò yàn 물고기가 물 속에 노닐고 기러기가 내려앉다(여자의 아름다움을 뜻함)	大门 dà mén 큰 문, 집의 정문 进门 jìn mén 대문으로 들어감 门当户对 mén dāng hù duì (혼인관계) 남녀간 두 집이 걸맞다	紫色 zǐ sè 자주빛 紫外线 zǐ wài xiàn 복사선의 하나 姹紫嫣红 chà zǐ yān hóng 울긋불긋, 여러 가지 색깔의 꽃을 형용	要塞 yào sài 요해의 성채, 보루 塞外 sài wài 국경 밖 塞翁失马 sài wēng shī mǎ 인생의 길흉화복을 예측할 수 없다는 뜻
닭 계 jī 지	밭 전 tián 탠	붉을 적 chì 츠	재 성 chéng 청
鸡 鷄	田 田	赤 赤	城 城
鸡蛋 jī dàn 계란 养鸡 yǎng jī 닭을 침 鸡毛蒜皮 jī máo suàn pí 사소한, 보잘것없는 일	种田 zhòng tián 농사를 지음 田地 tián dì 논, 밭, 경작지 解甲归田 jiě jiǎ guī tián 군에서 제대하여 고향으로 돌아가 농사짓다	赤色 chì sè 붉은색 赤手 chì shǒu 빈 주먹 赤胆忠心 chì dǎn zhōng xīn 충성하는 마음, 일편단심과 같은 뜻	城乡 chéng xiāng 도시와 시골 城下之盟 chéng xià zhī méng 적에게 항복한 패전국이 맺는 굴욕적인 강화의 맹약
맏 곤 kūn 쿤	못 지 chí 츠	돌 갈 jié 제	돌 석 shí 스
昆 昆	池 池	碣 碣	石 石
昆弟 kūn dì 형제 昆孙 kūn sūn 육대손자 昆山片玉 kūn shān piàn yù 곤륜산의 옥처럼 귀중한 것	游泳池 yóu yǒng chí 수영장 池水 chí shuǐ 못물 池鱼之殃 chí yú zhī yāng 뜻밖의 재난	碣文 jié wén 비문 墓碣 mù jié 묘지의 비석 残碑断碣 cán bēi duàn jié 갈라지고 깨여진 돌 비석	石油 shí yóu 석유 石头 shí tou 돌 石沉大海 shí chén dà hǎi 돌이 바다에 가라앉듯 무소식이다
톱 거 jù 쥐	들 야 yě 예	골 동 dòng 뚱	뜰 정 tíng 팅
鋸 鋸	野 野	洞 洞	庭 庭
鋸富 jù fù 거대한 부 鋸野 jù yě 산동성의 현	野外 yě wài 들판, 교외 田野 tián yě 들판 野心勃勃 yě xīn bó bó 야심이 가득하다	洞房 dòng fáng 신방, 결혼 첫날밤에 드는 집 洞察一切 dòng chá yī qiè 모든 것을 꿰뚫어 보다	法庭 fǎ tíng 재판정 门庭若市 mén tíng ruò shì 대문 안 뜰이 저자같다(방문객이 많음을 뜻함)

雁门紫塞 (산시성 대현 서북쪽의) 안문, (허베이성 이현 서쪽의) 자새
鸡田赤城 (닝샤 영무현의) 계전, (허베이성의) 적성 (모두 북방의 요새이다)

昆池碣石 (윈난성 곤명현의) 곤지와 (부평현의) 갈석
鋸野洞庭 (산동성 거야현의) 거야와 (후난성의) 동정호 (모두 유명한 산수로 알려진 곳이다)

빌 광 kuàng 쾅	멀 원 yuǎn 위안	솜 면 mián 맨	멀 막 miǎo 먀오
旷 曠	远 遠	绵 綿	邈 邈
心旷 xīn kuàng 마음이 후련함 旷日持久 kuàng rì chí jiǔ 헛된 나날을 보내면서 오래 끌다	永远 yǒng yuǎn 영원하다 远大 yuǎn dà (뜻이) 깊고 큼 远走高飞 yuǎn zǒu gāo fēi 머나먼 곳으로 가버리다	绵延 mián yán 끊임없이 이어짐 软绵 ruǎn mián 연하고 푹신함 绵言细语 mián yán xì yǔ 부드럽고 잔잔한 말씨	邈远 miǎo yuǎn 아득함 邈视 miǎo shì 멸시 邈不可闻 miǎo bù kě wén (소리가) 멀어서 들을 수 없다

바위 암 yán 얜	메뿌리 수 xiù 슈	아늑할 묘 yǎo 야오	어두울 명 míng 밍
岩 巖	岫 岫	杳 杳	冥 冥
岩石 yán shí 바위 岩层 yán céng 암석층 岩居穴处 yán jū xué chǔ 은둔 생활을 하다	岫居 xiù jū 깊이 잠겨 있음 岫顶 xiù dǐng 산봉오리 重峦叠岫 chóng luán dié xiù 첩첩이 겹친 산봉오리	杳然 yǎo rán 알쏭달쏭함, 그윽하고 멀어서 눈이 아물아물함 杳冥 yǎo míng 깊고 아득하다 杳无音信 yǎo wú yīn xìn 소식이 없다	冥途 míng tú 사람이 죽은 후 그 영혼이 간다는 암흑세계 冥思苦想 míng sī kǔ xiǎng 깊이 사색하다, 심사숙고와 같은 말

다스릴 치 zhì 즈	근본 본 běn 뻔	어조사 어 yú 위	농사 농 nóng 눙
治 治	本 本	于 於	农 農
治理 zhì lǐ 다스리다 治病 zhì bìng 병을 치료함 治病救人 zhì bìng jiù rén 병을 치료하여 사람을 구하다	本色 běn sè 본디의 형태 亏本 kuī běn 본전을 잃다 本大利宽 běn dà lì kuān 밑천이 커야 이익이 많다	对于 duì yú 대하여 生于 shēng yú …에 출생하다 于今为烈 yú jīn wéi liè 지금 와서 더욱 심해지다	农民 nóng mín 농민 农场 nóng chǎng 농업 경영하는 곳 不违农时 bù wéi nóng shí 농사철을 어기지 않다

힘쓸 무 wù 우	이 자 zī 즈	심을 가 jià 쟈	거둘 색 sè 써
务 務	兹 兹	稼 稼	穑 穡
务必 wù bì 반드시, 꼭 不务正业 bù wù zhèng yè 정당한 직업에 종사하지 않다	兹由 zī yóu 지금, 현재 兹事 zī shì 이 일 念兹在兹 niàn zī zài zī 자나 깨나 생각하다	庄稼 zhuāng jia 곡식 稼事 jià shì 농사일 务兹稼穑 wù zī jià sè 때를 놓치지 말고 농사일에 힘써야 한다	穑事 sè shì 농사일 穑夫 sè fū 농부 稼穑艰难 jià sè jiān nán 농사일이 어렵고 고되다

旷远绵邈 대지는 가없이 면면히 펼쳐졌다
岩岫杳冥 큰바위와 산봉우리는 묘연하고 아늑하게 뻗쳐졌다
治本于农 (모든 것을) 다스리는 근본은 농사이다
务兹稼穑 반드시 심고 거두는 (농사)일에 힘을 다해야 한다

비로소 **숙** chù 추	실을 **재** zài 짜이	남녘 **남** nán 난	이랑 **묘** mǔ 무
俶 俶	载 載	南 南	亩 畝
俶裝 chù zhuāng 옷차림을 단정히 하다 有俶其城 yǒu chù qí chéng 그 성을 쌓다	载送 zài sòng 실어 보냄 重载 zhòng zài 무거운 짐 载歌载舞 zài gē zài wǔ 노래와 춤으로 즐기다	南北 nán běi 남쪽과 북쪽 江南 jiāng nán 강의 이남 寿比南山 shòu bǐ nán shān 장수한다는 뜻(노인에게 하는 경어)	亩沟 mǔ gōu 밭고랑 一亩 yī mǔ 1무(토지 면적단위) 一亩三分地儿 yī mǔ sān fēn dìr 극히 좁은 땅이라는 뜻

나 **아** wǒ 워	재주 **예** yì 이	기장 **서** shǔ 수	피 **직** jì 지
我 我	艺 藝	黍 黍	稷 稷
我家 wǒ jiā 나의 집 我们 wǒ mén 우리 我行我素 wǒ xíng wǒ sù 평소 자기 멋대로 하다	艺术 yì shù 예술 艺人 yì rén 연예인 多才多艺 duō cái duō yì 재간둥이, 다방면에 재주가 많다	黍子 shǔ zi 기장(곡류의 하나) 黍酒 shǔ jiǔ 기장으로 만든 곡주 不差累黍 bù chā lěi shǔ 조금도 차이가 없다는 말	稷子 jì zi 기장, 조 社稷 shè jì 한 왕조의 기초 社稷为墟 shè jì wéi xū 나라가 멸망함을 이르는 말

부세 **세** shuì 쒀이	익힐 **숙** shú 수	바칠 **공** gòng 꿍	새 **신** xīn 신
税 稅	熟 熟	贡 貢	新 新
税务 shuì wù 조세의 부과, 징수에 관한 사무 食租衣税 shí zū yì shuì 바친 조세에 의해 생활하다	熟悉 shú xi 익숙함 熟人 shú rén 익숙한 사람 熟视无睹 shú shì wú dǔ 늘 보면서도 못본체하다	贡献 gòng xiàn 이바지함 贡助 gòng zhù 기부(부조) 贡奉不绝 gòng fèng bù jué 헌납이 끊이지 않다	新年 xīn nián 새해 更新 gēng xīn 다시 새로와짐 新陈代谢 xīn chén dài xiè 묵은 것이 사라지고 새 것이 생겨나다

권할 **권** quàn 취안	상줄 **상** shǎng 상	내칠 **출** chù 추	오를 **척** zhì 즈
劝 勸	赏 賞	黜 黜	陟 陟
劝诱 quàn yòu 권해서 하도록 함 劝善惩恶 quàn shàn chéng è 선한 것을 고무 격려하고 악한 것을 징벌하다	奖赏 jiǎng shǎng 상을 줌 赏罚分明 shǎng fá fēn míng 잘한 것에 상을 주고 잘못한 것에 벌을 주는 것이 분명하다	黜职 chù zhí 해임 黜陟幽明 chù zhì yōu míng 지혜에 밝은 자를 등용하고 어리석어 사리에 어두운 자를 파면시키다	陟降 zhì jiàng 오르고 내림 陟罚 zhì fá 승진 혹은 처벌함 登山陟岭 dēng shān zhì lǐng 험준한 산길을 오르내리다

俶载南亩 (봄이 와야) 비로소 남양 밭에서 농사일을 한다
我艺黍稷 나는 기장과 피 농사에 달라붙는다
税熟贡新 익은 곡식은 납세로 받고 햇곡은 종묘 제사에 올렸다
劝赏黜陟 상을 주어 면려하고 (공과에 따라) 진급시키거나 내쫓았다

말 **맹** mèng 멍	수레 **가** kē 커	두터울 **돈** dūn 뚠	흴 **소** sù 쑤
孟 孟	轲 軻	敦 敦	素 素
孟春 mèng chūn 음력 정월 孟母三迁 mèng mǔ sān qiān 맹자의 어머니는 아들의 교육을 위해 세 번이나 이사했다	孟轲 mèng kē 맹자의 이름 轲峨 kē é 높은 모양	敦厚 dūn hòu 인정이 두터움 敦实 dūn shí 옹골참, 야무짐 温柔敦厚 wēn róu dūn hòu 온화하고 친절하고 성실하다	素食 sù shí 비육류 음식 因素 yīn sù 요소 素昧平生 sù mèi píng shēng 평소에 서로 만난 적이 없다
사기 **사** shǐ 스	고기 **어** yú 위	잡을 **병** bǐng 삥	곧을 **직** zhí 즈
史 史	鱼 魚	秉 秉	直 直
历史 lì shǐ 겪어온 자취 史册 shǐ cè 역사를 기록한 책 史无前例 shǐ wú qián lì 역사상 전례가 없다	鱼肉 yú ròu 생선과 짐승의 고기 鱼龙混杂 yú lóng hùn zá 물고기와 용이 한데 섞여 있다(구성이 복잡하다는 뜻)	秉公 bǐng gōng 공평하게 함 秉笔 bǐng bǐ 집필 秉笔直书 bǐng bǐ zhí shū 붓을 쥐고 사실대로 쓰다	直线 zhí xiàn 곧은 줄 一直 yī zhí 줄곧 直接了当 zhí jiē liǎo dàng 단도직입적이다, 시원시원하다
뭇 **서** shù 수	거의 **기** jǐ 지	가운데 **중** zhōng 중	가운데 **용** yōng 융
庶 庶	几 幾	中 中	庸 庸
庶民 shù mín 백성 庶几 shù jī 거의 庶免误会 shù miǎn wù huì 오해가 없도록(하다)	几天 jǐ tiān 며칠 几个 jǐ gè 몇(개) 曾几何时 céng jǐ hé shí (시간이) 오래지 않아, 얼마 지나지 않아서	中国 zhōng guó 중국 中医 zhōng yī 한의사 中流砥柱 zhōng liú dǐ zhù 중견, 튼튼한 기둥	庸才 yōng cái 평범한 사람 庸拙 yōng zhuō 용렬하고 졸렬함 庸中佼佼 yōng zhōng jiǎo jiǎo 평범한 사람들 중에서 비범한 사람
수고할 **로** láo 라오	겸손 **겸** qiān 챈	삼갈 **근** jǐn 찐	칙서 **칙** chì 츠
劳 勞	谦 謙	谨 謹	敕 敕
劳动 láo dòng 일 劳累 láo lèi 일에 지치다 劳而无功 láo ér wú gōng 헛수고하다	谦虚 qiān xū 겸손하여 교기가 없음 谦让 qiān ràng 겸손히 사양함 谦恭和气 qiān gōng hé qì 겸허하고 온화하다	谨慎 jǐn shèn 언행을 삼가고 조심함 谨赠 jǐn zèng 삼가 드리다 谦虚谨慎 qiān xū jǐn shèn 겸허하고 신중하다	敕命 chì mìng 임금의 명령 敕许 chì xǔ 임금의 허가

孟轲敦素 맹자는 돈후하고 소박한 성품을 가졌다
史鱼秉直 사어(춘추시대 위나라 사람)는 강직한 성품을 가졌다
庶几中庸 모든 일은 (어느 한 쪽으로 기울지 말고) 중용을 지켜야 한다
劳谦谨敕 근로, 겸손하고 근엄하며 경계해야 한다

들을 **령** líng 링	소리 **음** yīn 인	살필 **찰** chá 차	다스릴 **리** lǐ 리
聆 聆	**音** 音	**察** 察	**理** 理
聆取 líng qǔ 귀담아 들음 聆受 líng shòu 공손히 접수함 拜聆一是 bài líng yī shì 자세한 내용을 공손히 듣다	音乐 yīn yuè 소리로 미감을 일으키는 예술 静待好音 jìng dài hǎo yīn 삼가 기쁜 소식을 기다리다	察觉 chá jué 느끼다 察言观色 chá yán guān sè 상대방 말과 안색을 살피면서 그 의중을 헤아리다	理论 lǐ lùn 이론 理国 lǐ guó 나라를 다스림 理所当然 lǐ suǒ dāng rán 당연하다, 두말할 것 없다
거울 **감** jiàn 젠	모양 **모** mào 마오	분별 **변** biàn 삔	빛 **색** sè 써
鉴 鑑	**貌** 貌	**辨** 辨	**色** 色
鉴证 jiàn zhèng 감별하여 증실함 鉴台 jiàn tái 경대 鉴貌辨色 jiàn mào biàn sè 남의 안색을 살피다	礼貌 lǐ mào 예절에 맞는 모양 容貌 róng mào 얼굴 모습 貌合神离 mào hé shén lí 서로 의가 좋은 듯 하지만 속은 딴판이다	辨别 biàn bié 시비, 선악을 구별함 辨驳 biàn bó 시비를 가려 논박함 真伪莫辨 zhēn wěi mò biàn 진짜인지 가짜인지 구분할 수 없다	颜色 yán sè 얼굴빛 黑色 hēi sè 검은 색 色厉内荏 sè lì nèi rěn 외모는 다부지게 생겼지만 마음은 무르다
남길 **이** yí 이	그 **궐** jué 쮜에	아름다울 **가** jiā 쟈	꾀 **유** yóu 유
贻 贻	**厥** 厥	**嘉** 嘉	**猷** 猷
贻患 yí huàn 우환, 근심거리 贻赠 yí zèng 증정 贻笑大方 yí xiào dà fāng 사람들의 웃음거리가 되다	厥子 jué zǐ 그 사람 厥初 jué chū 처음 大放厥词 dà fàng jué cí 쓸데없는 공론을 펴다	嘉友 jiā yǒu 좋은 친구 嘉庆 jiā qìng 즐겁고 경사로움 嘉言懿行 jiā yán jì xíng 아름다운 언행	鸿猷 hóng yóu 웅위로운 계획 猷裕 yóu yù 부유의 근본적인 책략
힘쓸 **면** miǎn 맨	그 **기** qí 치	공경 **지** zhī 즈	심을 **식** zhí 즈
勉 勉	**其** 其	**祗** 祗	**植** 植
勉励 miǎn lì 스스로 힘씀 勉强 miǎn qiáng 억지로 勉为其难 miǎn wéi qí nán 어려운 일을 참고 해내다	其它 qí tā 그 밖의 (것) 其实 qí shí 그 실상 其乐无穷 qí lè wú qióng 그 즐거움은 끝이 없다	祗敬 zhī jìng 공경함 祗候 zhī hòu 공경하여 기다림 祗颂台安 zhī sòng tāi ān 삼가 평안하기를 빕니다	植物 zhí wù 동물외의 생물 植树 zhí shù 나무를 심음 植根未坚 zhí gēn wèi jiān 기초가 아직 튼튼하지 않다

聆音察理 말을 귀담아 듣고 도리를 따져 보아야 한다
鉴貌辨色 용모를 살펴보고 심리를 파악해야 한다
贻厥嘉猷 (후세에) 그 좋은 것을 남겨 주어야 한다
勉其祗植 (후손들이) 그 본보기를 살려 나가도록 힘써 주어야 한다

살필 **성** xǐng 싱	몸 **궁** gōng 궁	기롱 **기** jī 지	경계 **계** jiè 졔
省 省	**躬** 躬	**讥** 譏	**诫** 誡
反省 fǎn xǐng 잘잘못을 고찰함 深省 shēn xǐng 깊이 깨닫다 一日三省 yī rì sān xǐng 하루에 세 번씩 자신을 되돌아보다	躬体 gōng tǐ 몸체 躬身 gōng shēn 허리를 굽힘 鞠躬尽瘁 jū gōng jìn cuì 숨지는 그 날까지 몸과 마음을 다 바치다	讥毁 jī huǐ 비방하여 헐뜯음 尺布斗粟之讥 chǐ bù dǒu sù zhī jī (형제간의) 자그마한 불화를 비방하고 나무람을 이름	告诫 gào jiè 경계함을 알림 警诫 jǐng jiè 타일러 주의시킴 小惩大诫 xiǎo chéng dà jiè 작은 책벌을 받아 큰 교훈을 얻다
사랑할 **총** chǒng 충	더할 **증** zēng 쩡	겨룰 **항** kàng 캉	극진할 **극** jí 지
宠 寵	**增** 增	**抗** 抗	**极** 極
宠爱 chǒng ài 몹시 사랑하다 宠辱不惊 chǒng rǔ bù jīng 총애를 받거나 모욕을 당해도 대수롭게 여기지 않다	增加 zēng jiā 수량을 늘림 增强 zēng qiáng 더하여 굳세게 함 有增无减 yǒu zēng wú jiǎn 증가할 뿐 줄지는 않다	抗拒 kàng jù 맞서서 겨누어 반항함 对抗 duì kàng 맞서 버티어 겨룸 抗老强身 kàng lǎo qiáng shēn 노후에 대비하여 신체를 단련하다	极端 jí duān 맨끝 极力 jí lì 힘을 다함 罔极之恩 mǎng jí zhī ēn 지극한 은혜
위태할 **태** dài 따이	욕할 **욕** rǔ 루	가까울 **근** jìn 찐	부끄러울 **치** chǐ 츠
殆 殆	**辱** 辱	**近** 近	**耻** 恥
殆危 dài wēi 위태로움 殆无 dài wú 거의 없음 车殆马烦 chē dài mǎ fán 노역으로 피로하다	耻辱 chǐ rǔ 수치와 모욕 污辱 wū rǔ 더럽히고 욕되게 함 丧权辱国 sàng quán rǔ guó 주권을 잃고 나라를 욕되게 하다	近亲 jìn qīn 성이 같은 가까운 사이 附近 fù jìn 근방(가까운 곳) 近在眉睫 jìn zài méi jié (일이) 눈 앞에 닥치다	羞耻 xiū chǐ 부끄러움 耻笑 chǐ xiào 비웃음 厚颜无耻 hòu yán wú chǐ 뻔뻔스러워서 부끄러운 줄 모르다
수풀 **림** lín 린	언덕 **고** gāo 가오	다행 **행** xìng 씽	곧 **즉** jí 지
林 林	**皋** 皋	**幸** 幸	**即** 即
森林 sēn lín 삼림 林业 lín yè 삼림을 경영하는 사업 长林丰草 cháng lín fēng cǎo 수풀이 우거진 곳, 은거하는 곳을 비유	江皋 jiāng gāo 강 언덕 皋月 gāo yuè 음력 오월	幸亏 xìng kuī 다행히 不幸 bù xìng 행복하지 못함 幸灾乐祸 xìng zāi lè huò 남의 재앙을 기뻐하다	即刻 jí kè 곧바로 即使 jí shǐ …일지라도 即景生情 jí jǐng shēng qíng 눈앞의 정경에 따라 감흥이 일다

省躬讥诫 비방과 경계 속에서 자기를 반성해 보아야 한다
宠增抗极 총애를 많이 받을수록 반항도 커지는 법이다
殆辱近耻 욕된 일을 하게 되면 멀지 않아 치욕을 당하게 된다
林皋幸即 (차라리) 산간 수림 속에 사는 것이 바로 행복일 것이다

두 량 liǎng 량
两 兩
两个 liǎng gè 둘, 두 개
两全其美 liǎng quán qí měi 누이 좋고 매부 좋다, 쌍방이 모두 다 좋다는 뜻

거칠 소 shū 수
疏 疏
疏远 shū yuǎn 멀리하다
仗义疏财 zhàng yì shū cái 의를 중하게 여기고 재물을 가볍게 보다

볼 견 jiàn 쩬
见 見
见面 jiàn miàn 만나다
再见 zài jiàn 다시 만남
见缝插针 jiàn fèng chā zhēn 시간과 기회를 충분히 이용하다

틀 기 jī 지
机 機
飞机 fēi jī 비행기
机器 jī qì 기계
机不可失 jī bù kě shī 기회를 놓치지 말아야 한다

풀 해 jiě 제
解 解
解放 jiě fàng 얽매인 것을 풀어놓음
解决 jiě jué 얽힌 일을 풀어 처리함
解囊相助 jiě náng xiāng zhù 주머니를 털어 타인을 돕다

짤 조 zǔ 주
组 組
组合 zǔ hé 조합(하다)
组织 zǔ zhī 짜서 이룸
组训民众 zǔ xùn mín zhòng 민중을 조직하여 훈련하다

누구 수 shéi 셰이
谁 誰
谁家 shéi jiā 누구의 집
有谁 yǒu shéi 누가 있는가
鹿死谁手 lù sǐ shéi shǒu 누가 이길 것인가

가까울 핍 bī 비
逼 逼
逼迫 bī pò 억지로 하게 함
逼上梁山 bī shàng liáng shān 어쩔 수 없다, 그렇게 할 수밖에 없다

찾을 색 suǒ 쒀
索 索
索引 suǒ yǐn 인덱스
探索 tàn suǒ 샅샅이 찾음
索然无味 suǒ rán wú wèi 따분하여 재미가 없다

살 거 jū 쥐
居 居
居民 jū mín 거주민
居住 jū zhù 일정한 곳에 머물러 삶
居功自傲 jū gōng zì ào 공로가 있다고 자처하며 자만하다

한가할 한 xián 섄
闲 閑
闲事 xián shì 관계없는 일
休闲 xiū xián 한가히 휴식함
闲情逸致 xián qíng yì zhì 한가한 마음과 안일한 정취

곳 처 chù 추
处 處
到处 dào chù 이르는 곳마다
好处 hǎo chù 좋은 점
所到之处 suǒ dào zhī chù 가는 곳마다, 이르는 곳마다

잠길 침 chén 천
沉 沈
沉睡 chén shuì 깊이 잠들다
沉默 chén mò 말이 없음
石沉大海 shí chén dà hǎi 돌이 바다에 가라앉듯 감감 무소식이다

잠잠할 묵 mò 머
默 默
默认 mò rèn 모르는 체하고 승인함
默写 mò xiě 받아쓰기
默不作声 mò bù zuò shēng 침묵하며 소리를 내지 않다

고요할 적 jì 지
寂 寂
寂寞 jì mò 쓸쓸하고 고요함
孤寂 gū jì 홀로 쓸쓸이
不甘寂寞 bù gān jì mò 외로이 있으려 하지 않다

고요할 료 liáo 랴오
廖 廖
廖稍 liáo shāo 드문드문함
寂廖 jì liáo 조용하고 고요함
寥寥无几 liáo liáo wú jǐ 극히 희소하다

两疏见机 두 소씨(한나라 소광과 소수)는 기회를 파악하며 처사하였다
解组谁逼 관직을 내놓고 귀향했으니 누가 (다시 그들을) 핍박하랴
索居闲处 (사회와 인연을 끊고) 조용한 곳을 찾아 한가히 지냈다
沉默寂寥 침묵과 더불어 적막하고 쓸쓸한 나날을 보냈다

구할 구 qiú 츄	옛 고 gǔ 구	찾을 심 xún 쉰	의논 론 lùn 룬
求 求	古 古	寻 尋	论 論
请求 qǐng qiú 달라고 요구함 求同存异 qiú tóng cún yì 일치한 점을 취하고 서로 다른 점을 보류하다	古迹 gǔ jì 남아 있는 옛 흔적 古今中外 gǔ jīn zhōng wài 모든 시대와 모든 지역을 통틀어, 고금동서와 같은 뜻	寻求 xún qiú 깊이 연구하여 찾음 寻常 xún cháng 예사로운 것 寻根问底 xún gēn wèn dǐ 꼬치꼬치 따지다	评论 píng lùn 비평하여 논함 议论 yì lùn 서로 공론함 论功行赏 lùn gōng xíng shǎng 공론에 따라 상을 주다
흩을 산 sàn 싼	생각 려 lǜ 뤼	노닐 소 xiāo 샤오	노닐 요 yáo 야오
散 散	虑 慮	逍 逍	遥 遙
分散 fēn sàn 갈라져서 흩어짐 散布 sàn bù 흩어져 퍼짐 烟消云散 yān xiāo yún sàn 연기나 구름처럼 사라지다	考虑 kǎo lǜ 생각하여 헤아림 忧虑 yōu lǜ 근심, 걱정하다 处心积虑 chǔ xīn jī lǜ 별의별 궁리를 다하다	逍遥自在 xiāo yáo zì zài 유유자적하다, 아무런 구속없이 자유롭다 逍遥法外 xiāo yáo fǎ wài 법적 제재에서 벗어나 자유로이 노닐다	遥远 yáo yuǎn 아득히 멀다 遥夜 yáo yè 지루한 밤 遥遥无期 yáo yáo wú qī 아직 한정이 없다, 까마득하다
기쁠 흔 xīn 신	아뢸 주 zòu 쩌우	여러 루 lěi 레이	보낼 견 qiǎn 챈
欣 欣	奏 奏	累 累	遣 遣
欣喜 xīn xǐ 환희, 기쁘다 欣赏 xīn shǎng 감상하다 欢欣鼓舞 huān xīn gǔ wǔ 환희로 들끓다	奏乐 zòu yuè (음악을) 연주하다 奏效 zòu xiào 효과가 나타남 大奏奇功 dà zòu qí gōng 큰 공을 세우다	累积 lěi jī 포개어 쌓음 连累 lián lěi (범죄 등에) 관련됨 累教不改 lěi jiào bù gǎi 여러 번 타일러도 고치지 않다	派遣 pài qiǎn 사람을 보냄 遣送 qiǎn sòng 보내다 遣兵调将 qiǎn bīng diào jiàng 군대를 이동시키고 지휘자를 파견하다
슬플 척 qī 치	사례 사 xiè 쎄	기쁠 환 huān 환	부를 초 zhāo 자오
戚 慼	谢 謝	欢 歡	招 招
亲戚 qīn qī 친족과 외척 戚惨 qī cǎn 처참함 休戚相关 xiū qī xiāng guān 이해관계가 밀접하다는 뜻	致谢 zhì xiè 사의를 표하다 谢过 xiè guò 잘못에 대해 용서를 빎 谢天谢地 xiè tiān xiè dì 고맙기 그지없다는 뜻	欢迎 huān yíng 즐거운 뜻으로 맞음 喜欢 xǐ huān 좋아함, 즐기다 欢天喜地 huān tiān xǐ dì 몹시 기뻐하다, 기쁨이 넘치다	招生 zhāo shēng 학생 모집 招待 zhāo dài 불러서 대접함 招摇撞骗 zhāo yáo zhuàng piàn 허장성세로 협잡하다

求古寻论 옛 문헌을 뒤적이며 선현들의 참뜻을 찾는다
散虑逍遥 근심 걱정을 흩어 버리며 조용히 지낸다
欣奏累遣 기쁜 소식 아뢰다가도 시끄러워지면 물러간다
戚谢欢招 부르면 섭섭한 마음을 없애고 기꺼이 응한다

개천 거 qú 취	연꽃 하 hé 허	과녁 적 dì 디	지날 력 lì 리
渠 渠	荷 荷	的 的	历 曆
渠道 qú dào 경로 水到渠成 shuǐ dào qú chéng 물이 흐르는 곳에 도랑이 생긴다(조건이 마련되면 자연히 이루어진다는 뜻)	荷花 hé huā 연꽃 荷叶 hé yè 연잎 荷包儿 hé bāor 두루주머니, 쌈지	目的 mù dì 일을 이루려 하는 목표 中的 zhòng dì 적중하다 无的放矢 wú dì fàng shǐ 과녁 없이 활을 쏘다(맹목적인 행동을 뜻함)	简历 jiǎn lì 이력 历程 lì jīng 이미 지나옴 历历在目 lì lì zài mù 눈앞에 삼삼히 떠오르다
동산 원 yuán 위안	풀 망 mǎng 망	빼낼 추 chōu 처우	가지 조 tiáo 탸오
园 園	莽 莽	抽 抽	条 條
园丁 yuán dīng 원예사, 교원 公园 gōng yuán 유원지, 동산 烈士陵园 liè shì líng yuán 열사의 묘역	莽原 mǎng yuán 사람의 손길이 닿지 않은 넓은 들판 鲁莽灭裂 lǔ mǎng miè liè 행동이 거칠고 무관심하다	抽烟 chōu yān 담배를 피우다 抽签 chōu qiān 제비를 뽑음 抽梁换柱 chōu liáng huàn zhù 몰래 바꿔놓다	条件 tiáo jiàn 조건, 기준, 조례 条例 tiáo lì 조목의 규례 条分缕析 tiáo fēn lǚ xī 한 조목 한 조목, 조목조목과 같은 뜻
비파나무 비 pí 피	비파나무 파 pá 파	늦을 만 wǎn 완	푸를 취 cuì 추이
枇 枇	杷 杷	晚 晚	翠 翠
枇杷 pí pá 비파나무 枇杷晚翠 pí pá wǎn cuì 비파는 늙어서도 변함없이 푸르다	杷子 pá zi 갈퀴	晚归 wǎn guī 늦게 돌아옴 早晚 zǎo wǎn 아침 저녁 黄花晚节 huáng huā wǎn jié 만년의 절개를 비유한 말	翠绿 cuì lǜ 짙게 푸르름 翠松 cuì sōng 푸른 소나무 珠围翠绕 zhū wéi cuì rǎo 비취나 구슬 등의 장신구를 몸에 가득 달다
오동 오 wú 우	오동 동 tóng 퉁	이를 조 zǎo 짜오	마를 조 diāo 댜오
梧 梧	桐 桐	早 早	凋 凋
梧桐树 wú tóng shù 오동나무 魁梧 kuí wú 웅장하다 梧鼠技穷 wú shǔ jì qióng 날다람쥐의 재주(변변한 것이 없다는 뜻)	桐子 tóng zi 오동나무 열매, 아이 桐棺三寸 tóng guān sān cùn 세 치 두께의 오동나무 관(보잘것없는 관을 일컬음)	早晨 zǎo chén 아침 早餐 zǎo cān 아침식사 早出晚归 zǎo chū wǎn guī 아침 일찍 나가 저녁 늦게 돌아오다	凋谢 diāo xiè 시들어짐 凋落 diāo luò 시들어 떨어짐 松柏后凋 sōng bǎi hòu diāo 난세에도 지조를 지키는 사람을 비유

渠荷的历 개천가의 연꽃은 아름답게 피어났다
园莽抽条 동산의 초목은 쭉쭉 가지를 뻗었다

枇杷晚翠 비파나무는 겨울에 푸르고 (꽃이 핀다)
梧桐早凋 오동나무는 초가을에 벌써 (시들고) 잎이 진다

묵을 진 chén 천	뿌리 근 gēn 건	맡길 위 wěi 웨이	가릴 예 yì 이
陈 陳	根 根	委 委	翳 翳
陈旧 chén jiù 낡다, 오래 되다 陈酒 chén jiǔ 오랫동안 저장된 술 陈言务去 chén yán wù qù 낡아빠진 논조는 없애버려야 한다	树根 shù gēn 나무뿌리 祸根 huò gēn 재앙의 근원 根深蒂固 gēn shēn dì gù 뿌리가 깊고 견고하다	国会议员 guó huì yì yuán 국회의원 委曲求全 wěi qū qiú quán 그럭저럭 좋게끔 하다	翳障 yì zhàng 가리다, 덮다 蔽翳 bì yì 가리다
떨어질 락 luò 뤄	잎 엽 yè 예	날릴 표 piāo 퍄오	나부낄 요 yáo 야오
落 落	叶 葉	飘 飄	飖 颻
花落 huā luò 꽃이 지다 落花流水 luò huā liú shuǐ 늦은 봄의 경치(산산히 부서짐 또는 실패함을 뜻함)	树叶 shù yè 나무잎 叶落归根 yè luò guī gēn 잎이 떨어져서 뿌리로 가다(무슨 일이나 다 근본으로 돌아간다는 뜻)	飘扬 piāo yáng 나부끼다 雪飘 xuě piāo 눈이 날리다 鸾飘凤泊 luán piāo fèng bó (부부가) 서로 갈라짐을 비유	飖飏 yáo yáng 바람이 서서히 불어 오다 飘飖上升 piāo yáo shàng shēng 하늘하늘 피어 오르다
놀 유 yóu 유	고기 곤 kūn 쿤	홀로 독 dú 두	운전 운 yùn 윈
游 遊	鲲 鯤	独 獨	运 運
闲游 xián yóu 한가롭게 노닐다 游览 yóu lǎn 구경하고 다님 游山玩水 yóu shān wán shuǐ 산수 간에 놀며 즐기다	鲲鹏 kūn péng 곤과 붕(큰 물고기와 큰 새) 鲲龙 kūn lóng 곤용(전설에 나오는 큰 물고기)	独身 dú shēn 형제자매, 또는 배우자가 없는 사람 独立自主 dú lì zì zhǔ 남에게 의지하지 않고 제 힘으로 일어섬	幸运 xìng yùn 좋은 운수 运输 yùn shū 운반 运用自如 yùn yòng zì rú 아주 능숙하게 응용하다
업신여길 릉 líng 링	만질 마 mó 머	붉을 강 jiàng 쨩	하늘 소 xiāo 샤오
凌 凌	摩 摩	绛 絳	霄 霄
凌蛮 líng mán 오만하고 야만적임 凌辱 líng rǔ 업신여겨 욕보임 盛气凌人 shèng qì líng rén 오만한 기세로 남을 깔보다	按摩 àn mó 마사지 摩肩接踵 mó jiān jiē zhǒng 어깨가 부딪치고 발 뒤꿈치가 잇닿다(매우 붐빔을 비유)	绛英 jiàng yīng 진붉은 꽃 绛红 jiàng hóng 진붉음	九霄 jiǔ xiāo 구중천 云霄 yún xiāo 높은 하늘 霄壤之别 xiāo rǎng zhī bié 하늘과 땅 차이(엄청난 차이가 있다는 뜻)

陈根委翳 묵은 뿌리는 시들어 버려진다
落叶飘飖 낙엽은 여기저기로 흩날린다
游鲲独运 (바다의) 곤어는 제 혼자 헤엄치며 노난다
凌摩绛霄 (붕새로 변해) 솟구칠 때면 (붉게 물든) 구중천까지 날아간다

즐길 탐 dān 딴	읽을 독 dú 두	구경 완 wán 완	저자 시 shì 스
耽 耽	读 讀	玩 翫	市 市
耽酒 dān jiǔ 술에 빠지다 耽误 dān wù 지연하다, 그르치다 耽(担)惊受怕 dān jīng shòu pà 놀라고 무서워서 흠칫흠칫하다	读书 dú shū 책을 읽음 读报 dú bào 신문을 읽음 百读不厌 bǎi dú bù yàn 백 번 읽어도 싫증이 나지 않다	玩月 wán yuè 상월, 달놀이 玩具 wán jù 장난감 玩火自焚 wán huǒ zì fén 자기가 지른 불에 자기가 타 죽다	市长 shì zhǎng 한 도시의 행정을 맡은 우두머리 招摇过市 zhāo yáo guò shì 사람들 앞에서 거들먹거리며 뽐내다
붙일 우 yù 위	눈 목 mù 무	주머니 낭 náng 낭	상자 상 xiāng 샹
寓 寓	目 目	囊 囊	箱 箱
公寓 gōng yù 공동주택, 아파트 寄寓 jì yù 기숙하다 咏桑寓柳 yǒng sāng yù liǔ 다른 것에 빗대어 읊다	目录 mù lù 제목을 순서대로 적은 조목, 또는 품목을 적은 기록 目中无人 mù zhōng wú rén 안하무인(교만함이 이를 데 없다는 뜻)	胆囊 dǎn náng 쓸개 囊空如洗 náng kōng rú xǐ 주머니 속이 씻긴 듯이 텅 비다(몹시 가난하다는 뜻)	箱子 xiāng zi 상자, 박스 倾箱倒篋 qīng xiāng dào qiè 샅샅이 뒤지다, 있는 것을 다 털어내다
쉬울 이 yì 이	가벼울 유 yóu 유	멀 유 yōu 유	두려울 외 wèi 웨이
易 易	辀 輶	攸 攸	畏 畏
贸易 mào yì 무역 容易 róng yì 쉬움, 어렵지 않음 易如反掌 yì rú fǎn zhǎng 손바닥을 뒤집는 것처럼 쉽다	辀车 yóu jū (chē) 가벼운 수레 辀轩 yóu xuān 천자 사신의 수레	攸攸 yōu yōu 아득히 멀음 攸然 yōu rán 유유하고 태연함 生死攸关 shēng sǐ yōu guān 생사 존망에 관계되다	无畏 mú wèi 겁이 없다, 두려움을 모르다 畏首畏尾 wèi shǒu wèi wěi 이것도 겁나고 저것도 두렵다
붙일 속 shǔ 수	귀 이 ěr 얼	담 원 yuán 위안	담 장 qiáng 챵
属 屬	耳 耳	垣 垣	墙 墻
亲属 qīn shǔ 친족 金属 jīn shǔ 쇠붙이 耳属于垣 ěr shǔ yú yuán 벽에도 귀가 있다(비밀이 없다는 뜻)	耳朵 ěr duo 귀 木耳 mù ěr 목이버섯, 귀버섯 耳目一新 ěr mù yī xīn 보고 듣는 것이 다 새롭다	省垣 shěng yuán 성의 행정 소재지 断壁颓垣 duàn bì tuí yuán 담장이 쓰러지고 벽이 무너지다(폐허가 되었다는 뜻)	砖墙 zhuān qiáng 벽돌담장 墙倒众人推 qiáng dǎo zhòng rén tuī 무너지는 담을 뭇사람들이 달려들어 밀다, 불난 집에 부채질하다

耽读玩市 (한나라 왕충은) 독서를 즐겨 시장의 책 가게에서도 탐독했다
寓目囊箱 (한 번) 눈을 대기만 하면 상자에 저장하듯이 (기억)했다
易辀攸畏 가벼운 언행도 삼가해야 한다
属耳垣墙 (낮고 높은) 담벽에도 귀가 있다 하거늘

갖출 구 jù 쮜	반찬 선 shàn 싼	밥 찬 cān 찬	밥 반 fàn 빤
具 具	膳 膳	餐 湌	饭 飯
工具 gōng jù 공작에 쓰이는 기구 具备 jù bèi 모두 갖춤 独具只眼 dú jù zhī yǎn 탁월한 식견을 가지다	膳食 shàn shí 식사, 음식 用膳 yòng shàn 식사하다 膳宿具备 shàn sù jù bèi 숙식이 완비되다	西餐 xī cān 서양식 음식 餐风饮露 cān fēng yǐn lù 바람을 마시고 이슬을 먹다(인생길의 고생을 비유)	吃饭 chī fàn 식사하다 饭菜 fàn cài 밥과 요리 饭来张口 fàn lái zhāng kǒu 밥이 오면 입을 벌리다(게으름을 뜻함)

맞힘 적 shì 스	입 구 kǒu 커우	채울 충 chōng 충	창자 장 cháng 창
适 適	口 口	充 充	肠 腸
适当 shì dāng 적합하고 합당함 适口 shì kǒu 입에 맞음 适得其反 shì dé qí fǎn (결과가 바라는 바와) 정반대로 되다	口味 kǒu wèi 입맛 胃口 wèi kǒu 식욕 空口无凭 kōng kǒu wú píng 말만을 근거로 삼을 수 없다	充满 chōng mǎn 가득 채워짐 充饥 chōng jī 요기하다 充耳不闻 chōng ěr bù wén 귀를 막고 듣지 않다, 못 들은 척하다	胃肠 wèi cháng 위와 장 肠子 cháng zi 소장, 대장의 총칭 肠肥脑满 cháng féi nǎo mǎn 피둥피둥 살찌고 무식한 사람을 비유

배부를 포 bǎo 바오	배부를 어 yù 위	삶을 팽 pēng 펑	재상 재, 고기져 밀 zǎi 짜이
饱 飽	饫 飫	烹 烹	宰 宰
吃饱 chī bǎo 배부르게 먹음 饱食终日 bǎo shí zhōng rì 하루 종일 아무런 일도 하지 않고 먹기만 하다	饫歌 yù gē 경례하며 인사할 때 부르는 노래 饫闻厌见 yù wén yàn jiàn 볼 만큼 보고 들을 만큼 듣다(싫증날 정도)	烹饪 pēng rèn 삶고 지짐 烹茶 pēng chá 차를 끓임 兔死狗烹 tù sǐ gǒu pēng 토끼를 잡은 후 사냥개를 삶아 먹다	主宰 zhǔ zǎi 주장하여 맡음, 지배함 宰羊 zǎi yáng 양을 도살하다 伴食宰相 bàn shí zǎi xiàng 밥이나 축내는 벼슬아치

주릴 기 jī 지	싫을 염 yàn 앤	재강 조 zāo 짜오	겨 강 kāng 캉
饥 飢	厌 厭	糟 糟	糠 糠
饥饿 jī è 굶주림 饥荒 jī huang 기근, 흉작 饥寒交迫 jī hán jiāo pò 헐벗고 굶주리다	厌烦 yàn fán 귀찮아 하다 厌食 yàn shí 먹기를 꺼리다 不厌其烦 bù yàn qí fán 귀찮게 생각하지 않다(인내심이 있다는 뜻)	糟糠 zāo kāng 술지게미와 겨(가난한 살림을 뜻함) 糟踏财物 zāo tà cái wù 재물을 소홀히 하다(낭비한다는 뜻)	稻糠 dào kāng 벼의 겉겨 糠皮 kāng pí 겨와 껍질 舐糠及米 shì kāng jí mǐ 겨부터 쌀까지 핥다(잠식한다는 뜻)

具膳餐饭 반찬을 갖추어 식사를 한다
适口充肠 구미에 맞추어 배를 불린다
饱饫烹宰 배가 부르면 생선이나 고기도 느끼하다
饥厌糟糠 주리면 겨, 지게미에도 만족해 한다

친할 친 qīn 친	겨레 척 qī 치	연고 고 gù 꾸	옛 구 jiù 쥬
亲 親	戚 戚	故 故	旧 舊
亲切 qīn qiè 친절하고 다정함 父亲 fù qin 아버지 亲密无间 qīn mì wú jiān 간격이 없이 매우 친하다	戚谊 qī yì 친척간의 정의 休戚相关 xiū qī xiāng guān 슬픔과 기쁨을 서로 같이하다(밀접한 관계를 뜻함)	故乡 gù xiāng 나서 자란 곳 缘故 yuán gù 사유, 인연 故伎重演 gù jì chóng yǎn 낡은 수법을 다시 쓰다	怀旧 huái jiù 옛일을 돌이키다 旧书 jiù shū 옛 도서 旧瓶新酒 jiù píng xīn jiǔ 낡은 형식에 새로운 내용을 담는다는 뜻

늙을 로 lǎo 라오	젊을 소 shào 싸오	다를 이 yì 이	양식 량 liáng 량
老 老	少 少	异 異	粮 糧
老人 lǎo rén 늙은이 衰老 shuāi lǎo 쇠약하고 늙음 老奸巨猾 lǎo jiān jù huá 늙은 여우 마냥 간교하다	少年 shào nián 어린이 老少 lǎo shào 노인과 젊은이 少不更事 shào bù gēng shì 나이가 어려 아는 것이 적다	异议 yì yì 같지 않은 견해 异味 yì wèi 다른 맛 异口同声 yì kǒu tóng shēng 여러 사람의 말이 한결같음(이구동성)	粮食 liáng shí 양곡 买粮 mǎi liáng 쌀을 사다 粮断米绝 liáng duàn mí jué 양식이 떨어지다

첩 첩 qiè 체	모실 어 yù 위	길쌈 적 jì 지	길쌈 방 fǎng 방
妾 妾	御 御	绩 績	纺 紡
妻妾 qī qiè 처와 첩 纳妾 nà qiè 첩을 들임 三妻四妾 sān qī sì qiè 수많은 처와 첩(많은 여인을 거느린다는 뜻)	御人 yù rén 마부, 시종자(侍從者) 御驾亲征 yù jià qīn zhēng 황제가 직접 출정하다	成绩 chéng jì 일이 이루어진 결과 业绩 yè jì 일의 공적 丰功伟绩 fēng gōng wěi jì 위대한 공적	纺纱工 fǎng shā gōng 방적공 纺纱织布 fǎng shā zhī bù 방적하여 천을 짜다

모실 시 shì 스	수건 건 jīn 진	장막 유 wéi 웨이	방 방 fáng 방
侍 侍	巾 巾	帷 帷	房 房
服侍 fú shì 시중들다 侍奉 shì fèng 모시다 侍奉不周 shì fèng bù zhōu (부모를) 잘 모시지 못하다	围巾 wéi jīn 목수건 手巾 shǒu jīn 타월 巾帼英雄 jīn guó yīng xióng 여장부, 여걸	帷帐 wéi zhàng 장막 帷床 wéi chuáng 장막과 침대 运筹帷幄 yùn chóu wéi wò 장막 안에서 작전계획을 짜다	房子 fáng zi 집 土房 tǔ fáng 흙집 洞房花烛 dòng fáng huā zhú 신혼 초야, 결혼 첫날밤을 이름

亲戚故旧 친척이나 친구(는 동일시해야 한다)
老少异粮 늙은이와 젊은이의 식사는 달리해야 한다
妾御绩纺 부녀자는 길쌈을 해야 한다
侍巾帷房 (남자들에게) 수건을 건네 주거나 규방의 시중을 들어야 한다

흰깁 환 wán 완	부채 선 shàn 싼	둥굴 원 yuán 위안	맑을 결 jié 제
纨 紈	扇 扇	圆 圓	洁 潔
纨牛 wán niú 송아지 纨扇 wán shàn 명주 비단 부채 纨裤子弟 wán kù zǐ dì 비단바지를 입은 귀공자, 부잣집 자식	扇子 shàn zi 부채 扇舞 shàn wǔ 부채춤 八扇屏风 bā shàn píng fēng 여덟 폭 병풍	圆月 yuán yuè 둥근달, 보름달 圆凿方枘 yuán záo fāng ruì 둥근 장부 구멍과 모난 장부촉 (서로 용납되지 않는다는 뜻)	洁白 jié bái 깨끗하고 희다 洁身自好 jié shēn zì hào 자신이 좋아하는 것만을 생각하다, 자기만 깨끗하면 그만이다

은 은 yín 인	촛불 촉 zhú 주	빛날 위 wěi 웨이	빛날 황 huáng 황
银 銀	烛 燭	炜 煒	煌 煌
金银 jīn yín 금과 은 银发 yín fà 흰머리카락 金银财宝 jīn yín cái bǎo 금과 은, 옥, 진주 등 귀한 재물(금은보화)	蜡烛 là zhú 양초 烛照 zhú zhào 환히 비치다 洞烛其奸 dòng zhú qí jiān 간계를 간파하다	炜管 wěi guǎn 빨간 붓대 光炜 guāng wěi 빛	辉煌 huī huáng 광채가 빛나는 모양 煌煌 huáng huáng 밝은 모양 金碧辉煌 jīn bì huī huáng 금빛 찬연하다

낮 주 zhòu 쩌우	잘 면 mián 맨	저녁 석 xī 시	잘 매 mèi 메이
昼 晝	眠 眠	夕 夕	寐 寐
昼寝 zhòu qīn 낮잠 衣绣昼行 yì xiù zhòu xíng 비단 옷을 차려 입고 대낮에 길을 가다(출세하여 고향에 돌아온다는 뜻)	睡眠 shuì mián 잠 催眠 cuī mián 잠이 오게하다 猫鼠同眠 māo shǔ tóng mián 서로 결탁하여 나쁜 짓을 한다는 뜻	夕阳 xī yáng 저녁 때의 해 早夕 zǎo xī 아침과 저녁 危在旦夕 wēi zài gàn xī 하루를 채우기 어렵다(매우 위험함을 비유)	喜而不寐 xǐ ér bù mèi 기뻐서 잠을 이루지 못하다 梦寐以求 mèng mèi yǐ qiú 꿈 속에서도 바라다

쪽 람 lán 란	대순 순 sǔn 쑨	코끼리 상 xiàng 썅	상 상 chuáng 촹
蓝 藍	笋 筍	象 象	床 床
蓝天 lán tiān 푸른 하늘 蓝墨水 lán mò shuǐ 푸른색 잉크 蓝天生玉 lán tiān shēng yù 훌륭한 아들을 두었다는 것을 비유	笋床 sǔn chuáng 대나무 침대 雨后竹笋 yǔ hòu zhú sǔn 비가 온 뒤에 많은 죽순이 솟는 것처럼 일이 한때 많이 일어남을 비유	象牙 xiàng yá 코끼리의 앞니 象箸玉杯 xiàng zhù yù bēi 상아 젓가락과 옥으로 만든 술잔	睡床 shuì chuáng 침대에서 자다 床头金尽 chuáng tóu jīn jìn 집에 있는 돈을 모두 써버리다(곤궁하다는 뜻)

纨扇圆洁 흰 비단 부채는 둥글고 말끔하다
银烛炜煌 은 촛대에서 타는 촛불은 밝게 빛난다
昼眠夕寐 낮잠도 자고 저녁에는 (일찍이) 잠자리에 든다
蓝笋象床 푸른 죽순(을 먹고) 상아 침상(에서 잠드는) 생활을 한다

줄 **현** xián 셴	노래 **가** gē 거	술 **주** jiǔ 쥬	잔치 **연** yàn 앤
弦 絃	**歌** 歌	**酒** 酒	**宴** 讌
弓弦 gōng xián 활시위 伯牙绝弦 bó yá jué xián 백아가 거문고의 줄을 끊다(친한 벗을 잃은 슬픔을 비유)	唱歌 chàng gē 노래하다 歌舞 gē wǔ 노래와 춤 歌功颂德 gē gōng sòng dé 공적과 은덕을 찬양하다	喝酒 hē jiǔ 술을 마심 醉酒 zuì jiǔ 술에 취함 酒后无德 jiǔ hòu wú dé 술을 마시면 주정을 부리다, 술버릇이 나쁨	设宴 shè yàn 연회를 베풀다 宴无好宴 yàn wú hǎo yàn 잔치 가운데 즐거운 잔치는 없다(연회 마무리가 좋기란 어렵다는 뜻)

이을 **접** jiē 제	잔 **배** bēi 뻬이	들 **거** jǔ 쥐	잔 **상** shāng 샹
接 接	**杯** 杯	**举** 擧	**觞** 觴
接待 jiē dài 손을 맞아 대접함 接二连三 jiē èr lián sān 연이어, 꼬리에 꼬리를 물다	干杯 gān bēi 잔을 비움 杯弓蛇影 bēi gōng shé yǐng 술잔에 비낀 활을 뱀으로 여기다, 걸맞지 않게 의심함을 비유	高举 gāo jǔ 높이 처들다 举手 jǔ shǒu 손을 듦 举世闻名 jǔ shì wén míng 천하에 소문나다	觞咏 shāng yǒng 술을 마시며 시를 짓고 읊다 滥觞 làn shāng 겨우 술잔에 넘칠 정도의 적은 물, 사물의 시초나 근원

고칠 **교** jiǎo 쟈오	손 **수** shǒu 서우	조아릴 **돈** dùn 뚠	발 **족** zú 주
矫 矯	**手** 手	**顿** 頓	**足** 足
矫捷 jiǎo jié 민첩함 矫枉过正 jiǎo wǎng guò zhèng 구부러진 것을 바로잡는데 정도가 지나치다	手足 shǒu zú 손과 발 挥手 huī shǒu 손을 흔들다 手急眼快 shǒu jí yǎn kuài 눈치가 빠르고 솜씨가 재다	顿足 dùn zú 발을 구르다(멈추다) 整顿 zhěng dùn 정돈하다 顿开茅塞 dùn kāi máo sè 문득 도리를 깨닫다	足球迷 zú qiú mí 축구 팬 足球比赛 zú qiú bǐ sài 축구시합 留下足迹 liú xià zú jì 발자취를 남기다

기쁠 **열** yuè 웨	즐길 **예**, 미리 **예** yù 위	또 **차** qiě 체	편안 **강** kāng 캉
悦 悦	**豫** 豫	**且** 且	**康** 康
喜悦 xǐ yuè 기쁨과 즐거움 悦耳 yuè ěr 듣기 좋음 心悦诚服 xīn yuè chéng fú 진심으로 기쁘게 탄복하다	不豫 bù yù 몸이 불편하다 逸豫亡身 yì yù wáng shēn 안일하게 놀며 즐기다가 신세를 망치다 面有不豫之色 miàn yǒu bù yù zhī sè 얼굴에 불쾌한 빛을 띠다	而且 ér qiě 뿐만 아니라, 아울러 况且 kuàng qiě 하물며, 게다가 得过且过 dé guò qiě guò 하루하루 되는 대로 지내다	康复 kāng fù 건강이 회복됨 康庄大道 kāng zhuāng dà dào 탄탄대로, 어려움이나 장애가 없이 수월한 앞길

弦歌酒宴 거문고 가락에 노래 부르며 술잔치를 베푼다
接杯举觞 잔을 주고 받으며 (축배의) 잔을 높이 든다
矫手顿足 손을 들었다 내렸다 하고 발을 구르며 (춤을 춘다)
悦豫且康 기쁘고 유쾌하고 마음 또한 편안하였다

맏 **적** dí 디	뒤 **후** hòu 허우	이을 **사** sì 쓰	이을 **속** xù 쉬
嫡 嫡	后 後	嗣 嗣	续 續
嫡系 dí xì 정통, 직계 嫡妻 dí qiè 본처와 첩 嫡脉相传 dí mài xiāng chuán 적가(嫡家)의 계통을 이어 나가다	后代 hòu dài 훗날, 후세 今后 jīn hòu 향후 后会有期 hòu huì yǒu qī 재회할 때가 있다, 후에 또 다시 만납시다	嗣承 sì chéng 계승하여 잇다 嗣王位 sì wáng wèi 왕위를 계승함 嗣续其祖 sì xù qí zǔ 그 할아버지의 대를 잇다	继续 jì xù 계속 续集 xù jí 속편 连续不断 lián xù bù duàn 계속하여 끊이지 않다

제사 **제** jì 찌	제사 **사** sì 쓰	찔 **증** zhēng 졍	맛볼 **상** cháng 챵
祭 祭	祀 祀	蒸 蒸	尝 嘗
祭日 jì rì 제사를 올리는 날 祭礼 jì lǐ 제사의 예절 女不祭灶 nǚ bù jì zào 여자는 부뚜막신에게 제사를 지내지 않는다	祀天 sì tiān 하늘에 제를 지내다 祀祖 sì zǔ 조상에게 제를 지내다 祭神祀祖 jì shén sì zǔ 신(령)에게 제사 지내고 조상에게 제를 지내다	蒸气 zhēng qì 수증기 蒸馒头 zhēng mán tou 빵을 찌다 蒸蒸日上 zhēng zhēng rì shàng 나날이 향상하고 발전하다	尝味 cháng wèi 맛을 보다 尝试 cháng shì 시험해 보다 备尝辛苦 bèi cháng xīn kǔ 온갖 고초를 다 겪다

조아릴 **계** jī 지	이마 **상** sǎng 쌍	둘 **재** zài 짜이	절 **배** bài 빠이
稽 稽	颡 顙	再 再	拜 拜
稽留 jī liú 머무름, 머무르게 함 稽查 jī chá 검사하다 无稽之谈 wú jī zhī tán 터무니없는 말	颡汗 sǎng hàn 이마에 땀이 나다 广颡 guǎng sǎng 넓은 이마	再见 zài jiàn 다시 만남 再起 zài qǐ 다시 일어남 再接再厉 zài jiē zài lì 더욱 더 힘쓰다, 한층 더 분발하다	拜年 bài nián 세배, 설 인사 拜托 bài tuō (삼가) 부탁 드리다 八拜之交 bā bài zhī jiāo 결의로 맺은 형제

두려울 **송** sǒng 쑹	두려울 **구** jù 쥐	두려울 **공** kǒng 쿵	두려울 **황** huáng 황
悚 悚	惧 懼	恐 恐	惶 惶
悚然 sǒng rán 두려워 옹숭그림 惶悚 huáng sǒng 두려움 毛骨悚然 máo gǔ sǒng rán 두려워 몸이나 털끝이 쭈뼛해진다는 뜻	恐惧 kǒng jù 몹시 두려움 畏惧 wèi jù 겁먹음 无所畏惧 wú suǒ wèi jù 조금도 두려워하는 바가 없다	恐吓 kǒng xià 얼음장 놓다 恐怖 kǒng bù 두려운 분위기 惶恐不安 huáng kǒng bù ān 겁에 질려 안절부절 못하다	惶惶 huáng huáng 무섭고 불안하여 당황스럽다 惶然若失 huáng rán ruò shī 두렵고 당황하여 제정신을 잃어버리다

嫡后嗣续 정실의 후예로 대를 이어간다
祭祀蒸尝 (익은 제물로) 증제(겨울제)를, (햇곡으로) 상제(가을제)를 올린다
稽颡再拜 이마를 조아리며 (조상에게) 재삼 절을 올린다
悚惧恐惶 (그 마음이) 송구하고 두렵다

편지 전 jiān 잰	문서 첩 dié 데	편지 간 jiǎn 잰	중요 요 yào 야오
笺 / 箋	牒 / 牒	简 / 簡	要 / 要
信笺 xìn jiān 편지용지, 편지 便笺 biàn jiān 메모용지 笺候 jiān hòu 편지로 문안 올리다	信牒 xìn dié 공문서 最后通牒 zuì hòu tōng dié 최후의 통첩	简单 jiǎn dān 간단하다 简便 jiǎn biàn 간단하고 편리함 简明扼要 jiǎn míng è yào 간단명료 하면서도 요점이 있다	要害 yào hài (신체의) 급소, (군사의) 요충지, (문장의) 요점 要言不烦 yào yán bù fán 말이 번거롭지 않고 간단 명료하다

돌아볼 고 gù 구	대답 답 dá 다	살필 심 shěn 션	자세할 상 xiáng 샹
顾 / 顧	答 / 答	审 / 審	详 / 詳
照顾 zhào gù 돌봄 顾客 gù kè 손님 顾全大局 gù quán dà jú 전반적인 면을 고려하다(돌보다)	答应 dá yìng 대답, 응답함 答非所问 dá fēi suǒ wèn 묻는 말에 당치도 않은 대답을 한다는 뜻으로 동문서답과 같은 말	审案 shěn àn 사건을 심의함 审时度势 shěn shí duó shì 시기와 형세를 판단하다, 시세를 잘 살피다	详细 xiáng xì 상세하다 详悉 xiáng xī 자세히 알다 耳熟能详 ěr shū néng xiáng 귀에 익어 줄줄 외울 수 있다

뼈 해 hái 하이	때 구 gòu 꺼우	생각할 상 xiǎng 샹	목욕할 욕 yù 위
骸 / 骸	垢 / 垢	想 / 想	浴 / 浴
骸骨 hái gǔ 몸의 뼈 形骸 xíng hái 몸체, 몸뚱이 放浪形骸 fàng làng xíng hái 구속을 모르다, 제멋대로 처신하다	污垢 wū gòu 때, 오물 水垢 shuǐ gòu 물때 藏垢纳污 cáng gòu nà wū 나쁜 것을 숨겨 두고 받아들이다	幻想 huàn xiǎng 현실에 없는 것을 있는 것같이 느끼는 상념 想入非非 xiǎng rù fēi fēi 터무니없는 허망한 생각을 하다	淋浴 lín yù 샤워 浴池 yù chí 목욕탕 浴血奋战 yù xuè fèn zhàn 피흘려 싸우다, 혈전을 벌이다

잡을 집 zhí 즈	뜨거울 열 rè 러	원할 원 yuàn 위안	서늘할 량 liáng 량
执 / 執	热 / 熱	愿 / 願	凉 / 凉
执政 zhí zhèng 정무를 잡음 执迷不悟 zhí mí bù wù 잘못을 고집하여 깨닫지 못하다	热情 rè qíng 열중하는 마음 炎热 yán rè 매우 무덥다 热火朝天 rè huǒ cháo tiān 기세가 드높다, 의기충천하다	愿望 yuàn wàng 소망, 원하다 志愿 zhì yuàn 지극히 바람 如愿以偿 rú yuàn yǐ cháng 소원 성취하다, 원하는 대로 실현되다	前人栽树, 后人乘凉 qián rén zāi shù, hòu rén chéng liáng 앞 세대가 나무를 심으면 그 다음 세대가 그 덕을 본다

笺牒简要 편지나 공문서는 간단 명료해야 한다
顾答审详 답장은 자세히 살펴서 써야 한다

骸垢想浴 몸에 때가 끼면 목욕할 생각을 한다
执热愿凉 더워하면 서늘하기를 바란다

나귀 려 lǘ 뤼
驴 驢
毛驴 máo lǘ 나귀
驴肉 lǘ ròu 나귀 고기
驴鸣狗吠 lǘ míng gǒu fèi 조잡한 글(서투른 문장을 비유)

노새 라 luó 뤄
骡 騾
骡子 luó zi 노새
骡马 luó mǎ 노새와 말
骡马成群 luó mǎ chéng qún 노새와 말이 떼를 이루다

송아지 독 dú 두
犊 犢
牛犊 niú dú 송아지
老牛舐犊 lǎo niú shì dú 어미소가 송아지를 핥다(자식을 애지중지한다는 뜻)

특별 특 tè 터
特 特
特点 tè diǎn 다른 것과 특별히 다른점
特立独行 tè lì dú xíng 세속에 구애됨이 없이 자기 뜻대로 행동하다

놀랄 해 hài 하이
骇 駭
惊骇 jīng hài 매우 놀라다
骇闻 hài wén 놀라운 소식
骇人听闻 hài rén tīng wén 듣는 사람으로 하여금 놀라게 하다

뛸 약 yuè 웨
跃 躍
飞跃 fēi yuè 비약, 높이 뛰어오름
跃进 yuè jìn 매우 빠르게 진보함
跃跃欲试 yuè yuè yù shì 해보고 싶어 안달이 나다, 해보려고 벼르다

뛸 초 chāo 챠오
超 超
超过 chāo guò 일정 정도를 지나침
超额 chāo é 초과 금액
超群绝伦 chāo qún jué lún 남보다 훨씬 뛰어나다

달릴 양 xiāng 샹
骧 驤
骧腾 xiāng téng 내달리다, 질주하다
龙骧虎步 lóng xiāng hǔ bù 위풍이 당당하다

벨 주 zhū 주
诛 誅
诛除 zhū chú 죽여 버림
诛奸 zhū jiān 사악한 자를 주벌함
诛求无已 zhū qiú wú yǐ 관청의 횡포가 끝이 없다

벨 참 zhǎn 짠
斩 斬
斩首 zhǎn shǒu 머리를 베어 죽임
斩草除根 zhǎn cǎo chú gēn 풀을 베고 뿌리를 뽑다(화근을 철저히 제거한다는 뜻)

도둑 적 zéi 쩨이
贼 賊
贼犯 zéi fàn 도적놈
抓贼 zhuā zéi 도적을 붙잡다
贼喊捉贼 zéi hǎn zhuō zéi 도적이 도적을 잡으라고 고함치다

도둑 도 dào 따오
盗 盜
盗贼 dào zéi 도둑
被盗 bèi dào 도난 당하다
盗憎主人 dào zēng zhǔ rén 나쁜 짓을 한 이가 도리어 원한을 품다

잡을 포 bǔ 부
捕 捕
捕鱼 bǔ yú 물고기를 잡음
逮捕 dài bǔ 죄인을 잡음
捕风捉影 bǔ fēng zhuō yǐng 바람이나 그림자를 잡다(허망한 일)

얻을 획 huò 훠
获 獲
收获 shōu huò 수확, 얻다
不劳而获 bù láo ér huò 일하지 않고 이익을 얻다

배반할 반 pàn 판
叛 叛
叛徒 pàn tú 역적, 배신자
背叛 bèi pàn 배신하여 돌아섬
招降纳叛 zhāo xiáng nà pàn 투항자나 배신자를 받아들이다

도망 망 wáng 왕
亡 亡
死亡 sǐ wáng 죽는 일
灭亡 miè wáng 망하여 없어짐
亡羊补牢 wáng yáng bǔ láo 소 잃고 외양간 고치다(헛된 일을 비유)

驴骡犊特 나귀, 노새, 송아지 와 둥굴이(등 가축들)
骇跃超骧 놀라 치솟아 오르는가 하면 머리를 쳐들고 내달리기도 한다
诛斩贼盗 도적은 참형에 처하여 목을 베었다
捕获叛亡 배신자와 도망하는 자는 잡아 가두었다

베 포 bù 뿌	쏠 사 shè 써	멀 료 liáo 랴오	둥글 환 wán 완
布 布	射 射	辽 遼	丸 丸
布置 bù zhì 배치 布料 bù liào 천, 옷감 布衣蔬食 bù yī shū shí 검소하고 소박한 생활	发射 fā shè 총, 활 등을 쏨 射箭 shè jiàn 활을 쏨 能骑善射 néng qí shàn shè 말을 잘 타고 활도 잘 쏜다	辽阔 liáo kuò 멀고 넓음 辽阔无边 liáo kuò wú biān 멀고 멀어 끝이 없다	丸药 wán yào 알약 丸子 wán zi (요리의) 완자 弹丸之地 dàn wán zhī dì 비좁은 땅, 작은 땅

뫼 혜 jī 지	거문고 금 qín 친	성 완 ruǎn 롼	휘파람 소 xiào 샤오
嵇 嵇	琴 琴	阮 阮	啸 嘯
嵇山 jī shān 혜산(중국 허난성의 산) 嵇 jī 혜, 성(姓)으로 주로 쓰임	琴声 qín shēng 거문고(악기) 소리 琴谱 qín pǔ 거문고의 악보 对牛弹琴 duì niú tán qín 소귀에 거문고 듣기, 쇠귀에 경 읽기	阮丈 ruǎn zhàng 남의 백부, 숙부 등의 존칭 阮囊羞涩 ruǎn náng xiū sè 주머니 사정이 말이 아니다(돈 없다는 뜻)	啸鸣 xiào míng 높고 길게 나는 소리 龙吟虎啸 lóng yín hǔ xiào 용과 호랑이가 소리를 지르다(영웅이 나타남을 뜻함)

편안 념 tián 톈	붓 필 bǐ 비	인륜 륜 lún 룬	종이 지 zhǐ 즈
恬 恬	笔 筆	伦 倫	纸 紙
恬安 tián ān 태연하고 편안함 恬退 tián tuì 깨끗이 물러남 恬不知耻 tián bù zhī chǐ 뻔뻔스레 수치를 모르다	毛笔 máo bǐ 붓 笔记 bǐ jì 글씨를 씀 笔拙词穷 bǐ zhuō cí qióng 문장이 유치하고 졸렬하다	天伦 tiān lún 부모, 형제 사이의 변하지 않은 떳떳한 도리 天伦之乐 tiān lún zhī lè 천륜의 즐거움, 세상의 즐거움	纸币 zhǐ bì 종이로 만든 지폐 信纸 xìn zhǐ 편지용지 纸上谈兵 zhǐ shàng tán bīng 실천성이 없는 허황한 이론, 탁상공론

고를 균 jūn 쥔	재주 교 qiǎo 챠오	맡길 임 rèn 런	낚시 조 diào 따오
钧 鈞	巧 巧	任 任	钓 釣
钧衡 jūn héng 평형 千钧 qiān jūn 천균(1균=30근) 一发千钧 yī fà qiān jūn 매우 위험하다, 위기일발의 순간	巧机 qiǎo jī 호기, 좋은 기회 花言巧语 huā yán qiǎo yǔ 상대방의 비위에 맞춰주는 입에 발린 이야기를 하다, 감언이설	任务 rèn wù 맡은 업무 责任 zé rèn 도맡아 해야할 임무 任重道远 rèn zhòng dào yuǎn 책임은 무겁고 갈 길은 멀다	钓具 diào jù 낚시 도구 钓鱼 diào yú 물고기를 낚음 沽名钓誉 gū míng diào yù 방법을 다하여 명예를 추구하다

布射辽丸 (한나라) 여포는 궁술에 능하고 (초나라) 웅선료는 탄자에 명수였다
嵇琴阮啸 (위나라) 혜강은 거문고를 잘 타고 완적은 휘파람을 잘 불었다
恬笔伦纸 (진나라) 몽념은 붓을, (후한나라) 채륜은 종이를 만들었다
钧巧任钓 (위나라) 마균은 목공일에 뛰어나고 (선진나라) 임공자는 낚시질을 잘 했다

놓을 석 shì 스	어지러울 분 fēn 펀	이할 리 lì 리	풍속 속 sú 수
释 釋	纷 紛	利 利	俗 俗
释放 shì fàng 풀어줌 解释 jiě shì 알기 쉽게 풀어 설명함 爱不释手 ài bù shì shǒu 매우 아껴서 손을 떼지 못하다	纠纷 jiū fēn 분규 纷乱 fēn luàn 분잡하고 떠들썩함 纷红骇绿 fēn hóng hài lǜ 어지럽게 흩날리는 모양	利益 lì yì 보탬이 된 것 有利 yǒu lì 이익이 있음 利市三倍 lì shì sān bèi 이익이 세 배나 되다(장사가 잘 된다는 뜻)	风俗 fēng sú 전해온 옛 생활습관 民俗 mín sú 민간의 풍속 俗不讲理 sú bù jiǎng lǐ 범속하고 예절과 도리를 모르다

아우를 병 bìng 삥	다 개 jiē 제	아름다울 가 jiā 쟈	묘할 묘 miào 먀오
并 竝	皆 皆	佳 佳	妙 妙
并且 bìng qiě 아울러, 뿐만 아니라 并列 bìng liè 나란히 늘어섬 并为一谈 bìng wéi yī tán 같은 것으로 여기다, 한데 얼버무리다	皆知 jiē zhī 모두 알다 皆行 jiē xíng 동행함 皆大欢喜 jiē dà huān xǐ 모두 몹시 기뻐하다	佳宾 jiā bīn 귀빈 极佳 jí jiā 최상, 제일 좋다 才子佳人 cái zǐ jiā rén 재주있는 남자와 아름다운 여자	妙药 miào yào 신통하게 잘 듣는 약 妙计 miào jì 매우 교묘한 꾀 妙手回春 miào shǒu huí chūn (의사의) 탁월한 솜씨로 건강을 되찾다

털 모 máo 마오	베풀 시 shī 스	맑을 숙 shū 수	모양 자 zī 즈
毛 毛	施 施	淑 淑	姿 姿
毛发 máo fà 머리털 毛病 máo bìng 약점, 나쁜 버릇 毛发倒竖 máo fà dào shù 머리카락이 모두 서다(소름 끼친다는 뜻)	施展 shī zhǎn 발휘하다 施工 shī gōng 공사를 시행함 施不望报 shī bù wàng bào 은혜는 베풀지만 보답은 바라지 않는다	淑姿 shū zī 아름다운 자태 淑女 shū nǚ 얌전한 여자 遇人不淑 yù rén bù shū 시집을 잘 못가다, 몹쓸 남자를 만나다	姿态 zī tài 모습과 태도 姿势 zī shì 몸을 가진 모양과 태도 英姿飒爽 yīng zī sà shuǎng 자태가 늠름하고 씩씩하다

장인 공 gōng 궁	찡그릴 빈 pín 핀	고을 연 yán 얜	웃음 소 xiào 싸오
工 工	嚬 嚬	妍 妍	笑 笑
工人 gōng rén 노동자 人工 rén gōng 사람이 하는 일 工愁善虑 gōng chóu shàn lǜ 조그마한 일에도 노심초사하다	嚬眉 pín méi 눈썹을 찡그림 嚬笑 pín xiào 상을 찡그리고 웃음 一嚬一笑 yī pín yī xiào 상을 찡그렸다 웃었다 하다	妍丽 yán lì 아름다움 妍容 yán róng 아름다운 얼굴 百花争妍 bǎi huā zhēng yán 온갖 꽃이 아름다움을 다투다	笑容 xiào róng 웃는 얼굴 微笑 wēi xiào 소리내지 않는 웃음 笑容满面 xiào róng mǎn miàn 희색이 만면하다

释纷利俗 번잡함을 풀고 세속을 이롭게 했다
并皆佳妙 모두가 다 훌륭하고 신묘했다

毛施淑姿 (월나라의) 모장과 서시는 자색이 아름다운 미녀였다
工嚬妍笑 상을 찡그려도 예쁘고 웃음띤 모습이었다

해 년 nián 녠	살 시 shǐ 스	매양 매 měi 메이	재촉 최 cuī 추이
年 年	矢 矢	每 每	催 催
新年 xīn nián 새해 年令 nián lìng 나이 年富力强 nián fù lì qiáng 젊고 기력이 왕성하다	放矢 fàng shǐ 화살을 쏘다 矢口 shǐ kǒu 맹세(선언)하다 矢口否认 shǐ kǒu fǒu rèn 완강히 부인하다	每个 měi gè ~마다, 각각 每秒 měi miǎo 매초(시간) 每况愈下 měi kuàng yù xià 정황이 갈수록 나빠지다	催逼 cuī bī 재촉하고 다그침 催急 cuī jí 몹시 급하게 독촉함 扬鞭催马 yáng biān cuī mǎ 채찍을 휘두르며 말을 재촉하다
복희 희 xī 시	빛날 휘 huī 후이	밝을 랑 lǎng 랑	빛날 요 yào 야오
羲 羲	晖 晖	朗 朗	曜 曜
羲 xī 성(姓)으로 주로 쓰임 羲皇上人 xī huáng shàng rén 태고 시대인으로 근심 걱정을 모르는 사람을 이름	春晖 chūn huī 봄빛 寸草春晖 cùn cǎo chūn huī 부모 은혜는 만분의 일도 보답하기 어렵다는 뜻	朗诵 lǎng sòng 소리내어 글을 읽음 月朗风清 yuè lǎng fēng qīng 달은 밝고 바람은 맑다, 밝고 고요한 밤	曜眼 yào yǎn 눈부시다 曜日 yào rì 칠요(七曜)의 각칭 曜眼增光 yào yǎn zēng guāng 빛에 눈이 부신 모습을 표현
구슬 선 xuán 쉬안	구슬 기 jī 지	달 현 xuán 쉬안	돌 알 wò 워
璇 璇	玑 璣	悬 懸	斡 斡
璇玉 xuán yù 미옥, 아름다운 구슬 璇玑 xuán jī 옛날의 천체 관측기계	珠玑 zhū jī 둥글지 않은 구슬 满腹珠玑 mǎn fù zhū jī 속에 주옥 같은 글이 가득 차다	悬挂 xuán guà 걸다, 달다 悬望 xuán wàng 바라다, 걱정하다 悬权而动 xuán quán ér dòng 상대방의 정형을 가늠해 보고 행동하다	斡流 wò liú 감돌아 흐르다 斡开 wò kāi (억지로) 비틀어 열다 日月斡旋 rì yuè wò xuán 해와 달이 공전하다
그믐 회 huì 후이	넋 백 pò 퍼	고리 환 huán 환	비칠 조 zhào 짜오
晦 晦	魄 魄	环 環	照 照
晦日 huì rì 그믐날 晦明 huì míng 명암, 낮과 밤 隐晦曲折 yǐn huì qū zhé 뜻이 명확하지 않고 복잡하게 얽혀 있다	魄力 pò lì 패기, 기백 魂魄 hún pò 혼백 魄散魂飞 pò sàn hún fēi 몹시 놀라 혼백이 흩어지다, 혼비백산	环境 huán jìng 주위의 사물, 사정 耳环 ěr huán 귀걸이 结草衔环 jié cǎo xián huán 은혜를 잊지 않고 보답하다	照片 zhào piàn 사진 照本宣科 zhào běn xuān kē 책에 쓰인대로 읽다(융통성 없음을 뜻함)

年矢每催 세월은 화살처럼 항상 재촉하듯이 흘러간다
羲晖朗曜 햇빛은 밝고 눈부시게 빛난다
璇玑悬斡 옥으로 만든 혼천의는 허공에서 회전한다
晦魄环照 (음력) 그믐과 초하루 밤에도 계속 빛을 뿌린다

손가락 지 zhǐ 즈	나무 신 xīn 신	닦을 수 xiū 슈	도울 우 yòu 유
指 指	薪 薪	修 修	佑 佑
手指 shǒu zhǐ 손가락 指导 zhǐ dǎo 가리키어 이끎 指手划脚 zhǐ shǒu huà jiǎo 손짓 발짓하며 말하다, 이러쿵저러쿵 하다	釜底抽薪 fǔ dǐ chōu xīn 솥 밑에 타는 장작을 꺼내어 물이 끓는 것을 막는다(문제를 근본적으로 해결한다는 뜻)	研修 yán xiū 연구하고 닦음 修旧利废 xiū jiù lì fèi 낡은 것을 수리하고 폐품을 이용하다(절약한다는 뜻)	保佑 bǎo yòu 보살피어 도와줌 上帝保佑 shàng dì bǎo yòu 하느님이 보우하다
길 영 yǒng 융	편안할 수 suí 수이	길할 길 jí 지	높을 소 shào 싸오
永 永	绥 綏	吉 吉	卲 卲
永久 yǒng jiǔ 길고 오램 永垂不朽 yǒng chuí bù xiǔ (이름, 공훈 등이) 오랫동안 사라지지 않고 전해지다	绥和 suí hé 평온하고 태평함 绥边 suí biān 변경을 평정함 顺颂台绥 shùn sòng tái suí 아울러 귀하의 평안을 기원합니다	吉祥 jí xiáng 운수가 좋은 조짐 吉庆 jí qìng 경사스럽다 万事大吉 wàn shì dà jí 모든 일이 썩 좋다(만사대길)	卲美 shào měi (덕행이) 매우 높고 아름답다 年高德卲 nián gāo dé shào 나이가 많고 덕이 훌륭하다
법 구 jǔ 쥐	걸음 보 bù 부	이끌 인 yǐn 인	이끌 령 lǐng 링
矩 矩	步 步	引 引	领 領
矩范 jǔ fàn 규범, 본보기 规矩 guī jǔ 규칙, 법칙 规矩准绳 guī jǔ zhǔn shéng (지켜야 할) 규범, 기준	进步 jìn bù 사물이 점차 발달하는 일 初步 chū bù (학문, 걸음 등의) 첫걸음 步调一致 bù diào yī zhì 걸음의 속도나 모양이 같다, 행동이 일치하다	引道 yǐn dào 길을 안내함 引起 yǐn qǐ 일으키다, (주의를) 끌다 引人注目 yǐn rén zhù mù 사람들의 이목을 끌다	领奖 lǐng jiǎng 상을 받음 领导 lǐng dǎo 거느려 이끎 心领神会 xīn lǐng shén huì 마음 속으로 깨닫고 이해하다
구부릴 부 fǔ 부	우러를 앙 yǎng 양	행랑 랑 láng 랑	사당 묘 miào 먀오
俯 俯	仰 仰	廊 廊	庙 廟
俯身 fǔ shēn 허리를 굽힘 俯卧 fǔ wò 엎드림 俯仰无愧 fǔ yǎng wú kuì 어떻게 봐도 양심에 부끄러움이 없다	仰天 yǎng tiān 하늘을 우러러 봄 仰卧 yǎng wò 반듯하게 눕다 仰首伸眉 yǎng shǒu shēn méi 목을 세우고 눈썹을 펴다, 의기양양하다	走廊 zǒu láng 복도 游廊 yóu láng 긴 복도 前廊后厦 qián láng hòu shà 앞의 포치와 뒤의 베란다	庙宇 miào yǔ 사당, 절 庙坛 miào tán 묘단(묘 앞에 쌓은 단) 残灯末庙 cán dēng mò miào 사물이 몰락하거나 쇠퇴함을 뜻함

指薪修佑 마음을 다하여 도를 닦으면 하느님의 도움을 받게 된다
永绥吉卲 길이길이 평안하고 대길할 것이며 고상해질 것이다
矩步引领 걸음걸이는 예에 맞게 의젓해야 한다
俯仰廊庙 전사(殿舍)에서의 행동거지도 예에 맞게 해야 한다

묶을 속 shù 쑤	띠 대 dài 따이	자랑 긍 jīn 진	씩씩할 장 zhuāng 좡
束 束	带 帶	矜 矜	庄 莊
约束 yuē shù 얽어매어 구속함 束紧 shù jǐn 꽉 (졸라) 매다 束手无策 shù shǒu mú cè 어쩔 도리가 없어 꼼짝 못함	束带 shù dài 띠를 (졸라) 매다 磁带 cí dài 테잎 带徒有方 dài tú yǒu fāng 제자를 거느림에는 방법이 있다	矜夸 jīn kuā 자랑하며 거만함 矜怜 jīn lián 가엾게 여김 矜才使气 jīn cái shǐ qì 재간만 믿고 제 마음대로 하다	庄园 zhuāng yuán 농장 庄严 zhuāng yán 장엄하고 엄숙함 亦庄亦谐 yì zhuāng yì xié (극 따위가) 장중하면서도 해학적이다

배회 배 pái 파이	배회 회 huái 화이	볼 첨 zhān 잔	볼 조 tiào 탸오
徘 徘	徊 徊	瞻 瞻	眺 眺
徘徊 pái huái 목적없이 거닒 徘徊歧路 pái huái qí lù 갈림길에서 우물쭈물하다	徘徊不定 pái huái bù dìng 우물거리며 결단을 내리지 못하다 徘徊观望 pái huái guān wàng 망설이면서 형세를 지켜보다	瞻视 zhān shì 바라보다 瞻仰 zhān yǎng 참배, 우러러 봄 瞻前顾后 zhān qián gù hòu 앞뒤를 살피다 (미리 신중히 생각한다는 뜻)	眺望 tiào wàng 먼 곳을 바라봄 眺瞻 tiào zhān 멀리 내다보다 登高眺远 dēng gāo tiào yuǎn 높은 곳에 올라 먼 곳을 바라보다

외로울 고 gū 구	더러울 루 lòu 러우	적을 과 guǎ 과	들을 문 wén 원
孤 孤	陋 陋	寡 寡	闻 聞
孤独 gū dú 외로움 孤儿 gū ér 부모를 여읜 아이 孤苦伶仃 gū kǔ líng dīng 외롭고 쓸쓸하다	简陋 jiǎn lòu 초라하고 누추함 陋俗 lòu sú 낡은 풍속 孤陋寡闻 gū lòu guǎ wén 학식이 얕고 견문이 좁다	寡母 guǎ mǔ 홀어머니 寡言 guǎ yán 말이 적음 寡廉鲜耻 guǎ lián xiǎn chǐ 염치가 없다, 파렴치하다	新闻 xīn wén 새 소식, 뉴스 闻讯 wén xùn 소식을 듣다 闻一知十 wén yī zhī shí 하나를 들으면 열을 안다

어리석을 우 yú 위	어릴 몽 méng 멍	무리 등 děng 떵	꾸짖을 초 qiào 챠오
愚 愚	蒙 蒙	等 等	诮 誚
愚笨 yú bèn 어리석고 미련함 愚弄 yú nòng 바보로 만들어 놀림 愚昧无知 yú mèi wú zhī 지식이 없고 사리에 어둡다	蒙胧 méng lóng 흐리멍덩함 蒙住 méng zhù 덮어 감춤 蒙在鼓里 méng zài gǔ lǐ 아무것도 모르고 있다, 오리무중과 같은 뜻	等车 děng chē 차를 기다림 等级 děng jí 위아래를 구별한 등수 等闲视之 děng xián shì zhī 등한시하다, 대수롭지 않게 여기다	讥诮 jī qiào 비난함 诮责 qiào zé 질책함 当面诮责 dāng miàn qiào zé 사람의 면전에서 책망하다

束带矜庄 관대를 두르는 등 예복 차림을 하니 점잖고 정중하다
徘徊瞻眺 (이곳 저곳) 배회하면서 두루 살펴본다
孤陋寡闻 학식이 얕고 견문이 좁다
愚蒙等诮 어리석고 무지몽매함을 질책해 주기를 바란다

이를 위 wèi 웨이	말씀 어 yǔ 위	도울 조 zhù 주	놈 자 zhě 저
谓 謂	语 語	助 助	者 者
所谓 suǒ wèi 이른바 何谓 hé wèi 무엇이라 하는가, 可谓神速 kě wèi shén sù (그야말로) 매우 빠르다고 말할 만하다	语法 yǔ fǎ 말의 조직에 관한 법칙 语言 yǔ yán 말, 언어 语重心长 yǔ zhòng xīn cháng 말이 간곡하고 의미심장하다	帮助 bāng zhù 돕다 补助 bǔ zhù 모자라는 것을 도와줌 助人为乐 zhù rén wéi lè 남을 돕는 것을 기쁘게 생각하다	劳动者 láo dòng zhě 근로자 能者多劳 néng zhě duō láo 유능한 자가 수고를 많이 한다(유능할수록 일을 더 한다는 뜻)
어조사 언 yān 앤	어조사 재 zāi 자이	어조사 호 hū 후	어조사 야 yě 예
焉 焉	哉 哉	乎 乎	也 也
焉知 yān zhī 어찌 …알겠는가 焉敢 yān gǎn 어찌 …수 있겠는가 心不在焉 xīn bù zài yān 정신을 딴 데 팔다, 제정신이 없다	有何难哉! yǒu hé nán zāi 무슨 어려움이 있겠는가! 呜呼哀哉! wū hū āi zāi 아, 슬프도다!(죽음을 뜻함)	几乎 jī hū 거의, 하마트면 天乎! tiān hū 하늘이여! 不亦乐乎! bù yì lè (yuè) hū 어찌 기쁘지 않을소냐!	何也 hé yě 어찌된 영문인가? 何其毒也! hé qí dú yě 그 얼마나 지독한가!

谓语助者 이른바(한문의) 어조사는
焉哉乎也 언·재·호·야 이다

ㄱ

가
钆 58
价 60
诃 95
驾 132
轲 147
家 208, 387
槚 300
镓 322
可 367
驾 388
假 392
稼 396
轱 398
嘉 399
歌 409
佳 414

각
壳 76
阁 166
觉 172
悫 216
铬 228
搁 249
刻 388

간
间 91
拣 103
艰 133
垦 174
赶 180
悭 207
涧 207
恳 211
羟 236
谏 239
锏 260
痫 266
裥 270
简 287, 411

갈
竭 371
碣 395

감
绀 133
监 188
龛 232
硷 251
尴 280
鉴 281, 399
阚 311
嗧 337
赣 351
敢 365
甘 375
感 390

갑
闸 124
钾 194
甲 383

강
冈 38, 358
刚 57
讲 65
㧑 75
岗 84
纲 100
枫 106
钢 156
钪 157
姜 167, 359
绛 178
缰 335
镪 339
羌 363
绛 404
糠 406
康 409

개
个 35
开 37
忾 94
剀 114
凯 114
垲 139
钙 154
闿 166
恺 171
铠 226
盖 236, 365
铜 260
锴 305
芥 359
改 366
皆 414

갱
铿 258
赓 266

갸
车 38
讵 66
举 171
据 216
榉 279
锯 285
巨 359
去 375

건
干 34
键 285
搴 294
建 369

검
俭 160
剑 160, 359
捡 181
检 218
脸 232
睑 254

격
击 43
觋 218
阒 267
绤 272
鸡 302
镉 320

견
见 39, 401
坚 80, 381

결
觋 107
茧 141
牵 146
绢 197
鹃 213
鲣 255
遣 323
缱 326
缱 335
遣 402

결
诀 68
洁 168, 408
结 176, 358
阕 267

겸
钳 192
谦 271, 398
缣 297
鹣 325
镰 344
鲽 345

겹
郏 110

경
庆 64, 370
到 99
劲 99
茎 106
茕 106
顷 107
径 119
泾 126, 382
经 137, 386
轻 148
氢 158
胫 161
烃 168
倾 197, 390
痉 203
竞 203, 370
绠 212
颈 234
惊 238, 382
颈 243
琼 248
鹧 291
鲠 323
镜 331
鲸 333
景 368
敬 371
竟 374
京 381
卿 386
轻 388

계
计 41
阶 69, 384
系 89
启 95, 383
鸡 99, 395
诫 172, 400
继 214
阋 267
蓟 277
锲 304
溪 389
稽 410

고
库 90
诂 94
轱 147
诰 173
绔 176
鸪 183
贾 185
顾 186, 411
钴 192
盅 223
铐 224
锆 259
裤 269
锢 284
羔 368
姑 377
鼓 384
槁 386
藁 386
高 387

곡
皋 400
古 402
故 407
孤 417

곡
曲 57, 389
谷 86, 369
鹄 261
营 268
毂 277, 387

곤
困 82, 391
阃 203
壸 216
绲 245
辊 252
锟 284
崑 358
昆 395
鲧 324
鲲 333, 404

골
馉 265
鹘 304

공
巩 52
贡 74, 397
龚 220
拱 362
恭 365
空 369
孔 378
功 388
公 390
恐 410
工 414

과
夸 54
过 54, 366
伙 60
挝 138
剐 152
埚 181

课 210	ㅚ	讴 66	굴	妫 99	记 50	ㄴ
娲 212		抠 74		规 103, 378	玑 51, 415	
稞 233	坏 74	呕 81	诎 96	闺 165	机 53, 401	납
騍 245	块 76	岖 84		窍 208	岂 58, 365	纳 100, 384
锅 259	槐 386	鸠 87	궁	筑 271	纪 71	钠 156
裹 284		沟 92	穷 94	窥 294	矶 79	
颗 302	곡	沤 92	劳 183	鲑 308	蚁 112	낭
果 359	捆 215	妪 98	宫 382		桤 184	馕 352
寡 417	胭 263	驱 100, 387	躬 400	균	觊 191	囊 405
	虢 392	构 108		钧 156, 413	颀 198	
곽		瓯 109	권		骑 244	내
镬 352	굉	殴 110	劝 42, 397	극	绮 244	奈 359
	轰 110	欧 110	权 53	克 78, 368	骐 244	乃 361
관		购 115	卷 124	极 78, 400	蕲 317	内 385
关 65	교	驹 135, 364	绻 246	剧 212	羁 337	
观 69, 382	乔 59	鸥 147			鳍 344	녀
贯 137	侨 118	躯 150	궐	근	骥 348	钕 116
宽 208	挢 139	钩 157	阙 291, 359	仅 40	己 367	女 366
掼 216	荞 141	鸲 200	镢 338	谨 295, 398	器 367	
馆 233	峤 154	阄 204	鳜 350	槿 310	基 374	년
惯 239	饺 163	躯 231	厥 399	觐 316	既 385	辗 301
绾 247	娇 176	惧 238, 410		近 400	绮 390	年 415
髋 346	骄 177	飓 264	궤	根 404	起 393	
鹳 352	绞 178	缑 274	轨 55		其 399	념
颧 352	桥 184	觏 298	匦 103	글		纤 70
官 360	较 186	窭 312	柜 106	讫 49	긴	念 368
冠 387	轿 186	屦 326	诡 130		紧 188	恬 413
	胶 199	九 394	匮 219	금		
괄	硗 219	求 402	篑 250	嵌 256	길	녕
刮 117	硚 220	具 406	馈 265	锦 285	吉 416	宁 48, 391
鸹 229	啮 222	口 406	溃 268	金 358	鲒 309	拧 105
	铰 228	垢 411	愤 268	禽 383		咛 113
광	矫 229, 409	矩 416	殨 280	琴 413	ㄴ	狞 121
广 36, 385	鹪 234		篑 322			泞 126
邝 47	搅 249	국		급	나	柠 145
圹 52	翘 253	曲 57	귀	级 71	傩 262	聍 217
犷 63	跷 282	国 112, 361	归 45, 363	给 178, 387	锋 321	
纩 71	鲛 309	锅 261	龟 87	及 364		네
旷 82, 396	鞒 317	腘 263	峁 113		낙	祢 173
矿 109	缴 336	鞠 365	刿 114	긍	诺 209	
诳 128	交 378		贵 151, 376	矜 417	锘 283	노
洸 173	巧 413	군	襀 312			鸳 132
光 359		军 66, 393		기	난	老 407
匡 390	구	鞠 240	궉	几 34, 398	难 212, 367	
	区 38	君 371	帼 224	气 39, 378		농
괘	旧 44, 407	群 385		讥 41, 400	남	农 67, 396
诖 128	岖 59	郡 394	규	叽 45	男 366	侬 118
			纠 51	饥 47, 406	南 397	哝 153
						浓 170

脓 200	短 367	贷 159	冬 46, 357	猡 233	랑	黎 363		
뇌	端 369	怼 175	动 52	椤 250	阆 204	력		
恼 171	旦 389	大 365	冻 89	锣 284	阋 260	历 38, 403		
脑 199	丹 393	岱 394	紫 113	箩 308	朗 415	坜 74		
馁 201	달	덕	栋 144	骡 314, 412	廊 416	苈 77		
뇨	达 55, 385	德 369	胨 160	癞 345	래	呖 82		
闹 124	挞 138	도	鸫 187	락	来 79, 357	沥 92		
挠 139	哒 150	导 68	铜 226	乐 46	莱 182	枥 106		
娆 176	闼 165	岛 88	鲖 309	泺 125, 447	崃 190	郦 145		
桡 184	沓 168	图 115, 383	同 378	荦 142	徕 198	栎 145		
袅 201	鞑 316	捣 181	动 380	骆 177	涞 206	轹 148		
铙 225	獭 334	鲕 200	洞 395	络 179	睐 254	疠 164		
눌	담	涛 205	桐 403	洛 382	铼 257	砾 185		
讷 66	坛 73	涂 206	두	落 404	랭	雳 252		
뉴	担 104	焘 214	头 48	란	两 78, 401	力 371		
纽 102	昙 112	祷 239	钭 157	兰 48, 372	俩 159	련		
钮 157	胆 161	赌 256	窦 294	乱 85	唡 189	连 80, 378		
능	谈 211, 367	韬 298	杜 386	拦 104	谅 211	怜 126		
能 366	谭 312	镀 306	둔	栏 145	辆 221	练 133		
니	淡 360	陶 361	钝 155	烂 168	粮 292	李 164		
铌 195	답	都 381	둥	栾 201	魉 332	炼 167		
腻 287	答 411	途 392	蚀 122	鸾 234	良 366	莲 182		
镍 321	당	道 392	胨 160	阑 267	量 367	孪 202		
	当 56, 371	盗 412	득	滦 293	粮 407	恋 202		
ㄷ	饧 63	독	锝 283	銮 310	凉 411	涟 206		
다	挡 139	笃 159, 374	得 366	阑 313	려	琏 215		
瘅 291	档 184	独 161, 404	등	澜 325	厉 43	辇 248, 387		
多 391	党 188	读 209, 405	邓 42	斓 334	丽 78, 358	联 249		
단	铛 225	渎 237	灯 65	懒 335	励 79	链 258		
团 57	裆 240	椟 250	腾 287, 358	镧 338	庐 90	裔 266		
抟 73	傥 262	犊 261, 412	誊 292	람	驴 102, 412	裢 269		
单 124	谠 270	牍 262	镫 339	岚 85	疠 123	撵 316		
钽 193	镗 321	黩 349	膯 344	览 149	俪 159	鲢 323		
郸 204	铛 330	돈	登 375	揽 248	胪 160	렬		
断 236	戆 353	饨 88	等 417	缆 273	闾 166	劣 220		
缎 273	堂 369	顿 187, 409		蓝 277, 408	砺 185	列 356		
瘅 291	棠 375	敦 187	**ㄹ**	榄 278	虑 188, 402	烈 366		
锻 305	唐 361	敦 398	라	滥 293	骊 212	렴		
簞 308	대	돌	罗 113, 386	褴 326	蛎 222	奁 79		
籣 339	队 42	蚀 122	萝 217	篮 332	铝 225	帘 127		
	台 51	동	逻 223	랍	梠 236	殓 221		
	对 51, 383	东 44, 381	脶 232	腊 263	榈 278	敛 232		
	带 141, 417			蜡 303	滤 292	蔹 299		
				镴 350	吕 357	赚 304		

溦 312
廉 379

렵
猎 233

령
灵 97, 383
岭 114
铃 194
鸰 198
棂 218
领 232, 416
龄 281
令 374
聆 399

례
礼 49, 376
隶 132
鳢 351

로
卢 44
芦 77
劳 78, 398
卤 80
垆 104
庐 111
炉 125
泸 125
栌 144
轳 147
辂 163
捞 180
铬 186
鸬 187
唠 189
崂 190
涝 205
掳 215
颅 221
铑 224
鲈 231
铹 257
鲁 264
磅 266
耧 275

鲈 288
噜 320
橹 328
氇 331
镥 338
鹭 343
露 358
路 386
老 407

록
录 132
累 223
绿 247
蒌 250
喽 255
嵝 256
溇 269
屡 271
缕 274
楼 279
瞜 302
镂 306
篓 308
瘘 311
楼 313
耧 315
辘 318
蝼 320
簏 322
髅 343
禄 388

耷 186
聋 220
笼 230

뢰
诔 128
赂 191
赉 221
赖 279, 364
濑 334
镭 343
籁 347

료
了 34
辽 50, 413
疗 90
缭 327
鹩 336
镣 338
廖 401

룡
龙 43, 360

루
娄 167
垒 175
偻 230
接 249
楼 382
累 402
陋 417

류
刘 64
类 167
浏 169
柳 195
绺 246
馏 290
谬 295
骝 297
鹨 310
缪 314
缪 315
馏 321
鹨 335

流 373
陆 98

륜
仑 39
伦 60, 413
抡 75
囵 84
沦 92
纶 101
轮 111

률
律 357

륵
鰳 347
勒 388

릉
绫 244
鲮 332
凌 404

리
里 81
逦 185
离 203, 379
鹂 251
鲤 259
漓 293
缡 297
鲡 323
鲤 324
篱 332
李 359
履 372
理 399
利 414

린
邻 87
蔺 299
鳞 329
鳞 350, 360
躏 351

림
临 149, 372
林 400

립
立 369

ㅁ

마
么 35
马 36
吗 57
犸 62
妈 69
玛 72
码 109
蚂 151
唛 188
磨 378
摩 404

막
莫 366
漠 393
邈 396

만
万 35, 364
峦 163
弯 164
蛮 266
湾 269
满 292, 380
谩 295
馒 310
缦 314
瞒 319
颟 328
螨 329
鳗 330
懑 341
鳗 348
晚 403

말
袜 209

망
网 58
铓 225
辋 252
忘 366
罔 367
莽 382
邙 403
亡 412

매
迈 55
买 70
卖 108
荬 143
骂 152
寐 188
每 415

맥
麦 72
蓦 277

맹
锰 286
盟 392
孟 398

멱
觅 120

면
页 54
面 146, 382
绵 246, 396
缅 272
勉 399
眠 408

멸
灭 44, 392
蔑 299

명
鸣 113, 364
铭 228, 388
名 369

命 371
明 385
冥 396

모
谋 239
谟 269
馍 290
慕 366
母 377
貌 399
毛 414

목
钼 193
鹜 314
木 364
睦 376
牧 393
目 405

몽
梦 218
蒙 278, 417

묘
亩 89, 397
庙 123, 416
纱 273
鹋 277
锚 283
杳 396
妙 414

무
无 37, 374
务 47, 396
抚 73
芜 76
呒 81
庑 89
怃 93
妩 99
贸 162
诬 172
鹜 272
鹉 275
雾 280

缪	315	밀		鳊	345	弁	384	부		鹏	287	人		
茂	388	谧	271	方	364	辨	399	讣	41	锵	330			
武	390	密	391	傍	383			凫	62			사		
				房	407	별		负	62	비		写	49	
묵		ㅂ				别	83, 376	妇	69, 376	飞	36, 382	丝	51, 368	
墨	368			배		瘪	325	肤	120	纰	100	师	56, 360	
默	401	박		辈	253	鳖	346	驸	134	备	122	词	96	
		扑	43	赔	257			釜	155	贲	139	诈	96	
문		朴	53	背	382	병		复	158	费	174	纱	100	
门	36, 395	钋	85	陪	387	饼	163	麸	215	诽	209	唑	113	
们	46	驳	101	杯	409	丙	383	赋	256	绯	245	舍	119, 383	
扪	52	铂	194	拜	410	兵	387	锫	285	惫	264	饲	122	
问	64, 362	馎	290	徘	417	并	394, 414	鲋	288	绺	296	泻	126	
纹	101	缚	296			秉	398	赙	304	黑	304	驷	134	
钔	116	薄	372	백				父	371	镄	307	驶	134	
闻	165, 417			白	364	보		夫	376	鲱	332		145	
阋	235	반		伯	377	报	75	傅	377	悲	368	碥	161	
文	361	饭	89, 406	百	394	补	95	浮	382	非	370	狮	169	
		板	107	魄	415	宝	127, 370	府	386	卑	376	铊	195	
물		矾	108			鸨	161	富	388	比	377	鸶	214	
物	380	绊	136	번		辅	221	阜	389	匪	379	赊	224	
勿	391	颁	199	烦	70, 204	谱	313	扶	390	肥	388	蛳	255	
		盘	231, 382			镨	339	俯	416	碑	388	赐	256	
미		蹒	337	벌		步	416			枇	403	筛	262	
弥	132	磻	389	罚	153			분				嘶	265	
猕	233	叛	412	阀	166	복		坟	76	빈		谢	270	
谜	242			伐	362	卜	34	纷	101, 414	贫	120	辞	286, 373	
镁	306	발				仆	39	奋	109	宾	208, 363	锡	284	
锱	307	发	50, 362, 365	범		复	158	贲	139	傧	262	锶	305	
鹛	313	拨	105	范	105	辐	280	愤	230	频	276	鲨	325	
霉	318	泼	126	钒	116	镁	338	喷	254	滨	281	四	365	
靡	367	钵	192			鲅	340	粪	267	嫔	293	使	367	
美	374	钹	193, 196	법		服	361	愤	268	缤	296	事	371	
縻	381	饽	201	法	392	伏	363	锛	283	槟	298	斯	372	
微	389	鹁	251			覆	367	獖	329	殡	300	似	372	
		鲅	287	벽		福	370	分	378	膑	301	思	373	
민				辟	295			坋	385	膑	308	仕	375	
闷	91	방		礔	346	본				镔	322	写	383	
闵	91	访	68	璧	370	本	396	불		濒	335	肆	384	
黾	111	纺	101, 407	壁	386			绂	133	髌	347	士	391	
闽	165	庞	123			봉		绋	136	鬓	349	沙	393	
悯	207	帮	137	변		凤	40, 364	钹	138	颦	351	史	398	
焖	236	钫	157	边	50	锋	259	不	373	嚬	414	谢	402	
渑	237	绑	176	变	123	赗	283	弗	379			嗣	410	
缗	275	鲂	264	骈	177	缝	296			빙		祀	410	
蟊	347	谤	270	迤	230	奉	377	봉		冯	47	射	413	
民	362	镑	321	辩	334	封	387	绷	246	凭	118			
				辨	341					骋	213			

삭		鳡 340	席 384	懾 294	邵 416	兽 236, 383	슬
烁 167		霜 358	石 395	镊 320	속	随 242, 376	瑟 384
铄 194		翔 360	夕 408	颞 327	续 244, 410	绥 246	습
산		裳 361	선	蹑 337	赎 256	锈 259	习 36, 369
闩 40		常 365	线 133	성	谡 270	馊 265	袭 220
讪 49		上 376	选 158	圣 51, 368	属 271, 405	输 280	湿 268
伞 62		相 386	铣 226	声 74, 369	俗 414	飕 289	鳎 348
产 64		箱 405	旋 234	诚 129, 374	束 417	鎍 290	승
沪 170		象 408	婵 243	成 357	손	数 292	胜 161
铲 228		床 408	禅 270	盛 372	孙 68	锼 305	渑 237
馓 324		想 411	跣 282	性 380	荪 143	擞 327	绳 245
散 402		새	骟 298	星 384	狲 162	薮 328	蝇 303
살		玺 200	蝉 303	城 395	逊 175	雏 344	升 384
杀 61		赛 312	鲜 310	省 400	损 180	收 357	承 385
萨 218		鳃 340	缮 327	세	솔	水 358	시
삼		塞 395	藓 336	岁 57, 357	率 363	垂 362	时 81, 389
钐 116		색	镨 338	势 104	송	首 363	试 128
掺 216		啬 218	癣 348	细 134	讼 67	树 364	视 129
渗 238		铯 228	鳝 350	贳 140	抠 76	殊 376	饻 163
毵 272		赜 317	善 370	世 388	松 107, 372	受 377	埘 180
穇 286		穑 331, 396	仙 383	税 397	诵 174	守 380	莳 182
糁 291		色 399	宣 393	소	颂 199	岫 396	铈 195
糝 311		索 401	禅 394	扫 52	悚 410	手 409	谥 271
鍂 322		생	膳 406	苏 78	쇄	修 416	缌 273
삽		设 67, 384	扇 408	钐 85	肃 131	숙	飔 289
飒 165		生 358	璇 415	诉 96	洒 168	宿 356	酾 300
涩 207		笙 384	설	绍 136	晒 188	叔 372	鲥 323
锸 305		서	绁 133	烧 204	唢 190	孰 377	始 361
상		书 42, 386	说 174, 390	萧 218	琐 215	熟 389	恃 367
伤 59, 365		犀 54	亵 265	啸 223, 413	铩 227	僬 397	诗 368, 128
状 89		屿 57	鳕 347	销 258	锁 258	淑 397	是 370
丧 108		纾 102	섬	骚 275		숙 414	市 405
详 131, 411		谞 242	闪 47	稣 288	수	순	侍 407
殇 147		绪 244	纤 70	箫 308	帅 44	驯 71	施 414
尝 150, 410		锄 258	歼 79	潇 311	寿 72	纯 100	矢 415
偿 230		暑 357	陕 132	缫 315	树 145	询 130	식
赏 254, 397		西 381	谵 326	缫 336	竖 150	顺 159	识 95
筋 264, 409		黍 397	赡 337	蟏 337	虽 151	蒓 183	饰 122
缃 272		庶 398	섭	所 374	须 160	谆 211	蚀 162
鲜 310		석	聂 182	素 398	谁 210, 401	鹑 291	轼 186
鲞 311		硕 219	亵 252	疏 401	谇 211	笋 408	食 364
颡 335, 410		释 263, 414	摄 276, 375	逍 402	绣 213	술	息 373
		锡 284	喢 282	宵 404	绥 213, 416	术 43	寔 391
			渉 292	少 407	铢 226		
				笑 414			

植 399	婭 175	앙	양	업	屠 219	譽 294, 393
신	鈳 193	鸯 190	让 49, 361	业 44, 374	阎 235	瘗 310
讯 50	氬 196	仰 416	扬 53	邺 80	滟 292	瞖 328
肾 112	饿 201	**애**	阳 69, 357	**여**	魇 318	鲵 333
绅 134	锇 259	閡 166	杨 78	与 35, 371	餍 318	隶 386
荩 143	铜 261	爱 198, 363	旸 82	欤 80	鲶 333	乂 391
煦 192	鹅 261	硋 219	炀 92	余 86, 357	鷰 342	翳 404
烬 205	雅 381	皑 231	钖 117	铻 229	染 368	**오**
锌 260	阿 389	碍 279	疡 123	蕷 278	**엽**	乌 40
臣 363	我 397	嗳 282	养 166, 365	舆 308	叶 45, 404	邬 63
身 365	**악**	嫒 295	样 185	如 372	晔 189	坞 75
信 367	垩 142	瑷 298	痒 234	**역**	烨 205	呜 83
慎 374	恶 183, 370	璦 298	酿 301	译 97	魘 318	钨 156
神 380	谔 241	蔼 299	驤 350, 412	峄 114	**영**	袄 172
新 397	鹗 303	暧 302	镶 352	怿 127	茔 106	误 173
薪 416	锷 305	锿 306	羊 368	驿 135	荥 142	恶 183
실	龌 336	霭 346	**어**	绎 136	荣 142, 374	鳌 276
实 128, 388	鳄 340	**액**	驭 51	阈 234	莹 183	鳌 342
심	乐 376	轭 111	饫 88, 406	亦 385	萦 217	五 365
寻 68, 402	岳 394	缢 297	鱼 121, 398	**연**	营 217, 389	梧 403
沈 93	**안**	额 326	语 172, 418	贮 84	婴 224	**옥**
审 127, 411	铵 229	**앵**	渔 237	鸢 111	嵘 255	狱 162
荨 142	颜 325	莺 183	御 263, 407	软 111	颖 264	钰 192
浔 170	贋 328	嘤 304	龉 318	砚 146	颍 289	玉 358
谂 210	安 373	罂 304	敔 342	铅 195	樱 299	**온**
讅 211	雁 395	樱 317	於 396	渊 237	缨 314, 387	酝 218
谌 239	**알**	鹦 330	**억**	缘 275, 370	瑛 315	缊 273
婶 243	轧 44	**야**	亿 35	橼 328	蝾 319	韫 276
深 372	讦 48	爷 61	忆 41	讌 345	瘿 334	稳 307
甚 374	阏 235	铘 155	**언**	渊 373	嬴 341	蕴 317
心 380	谒 240	夜 359	谚 241	筵 384	盈 356	鳁 340
쌍	斡 415	野 395	谳 326	宴 409	映 373	温 372
双 42	**암**	也 418	言 373	妍 414	咏 375	**옹**
	谙 241	**약**	焉 418	**열**	楹 383	拥 104
ㅇ	鹌 279	约 71, 392	**엄**	热 181, 411	英 385	痈 202
아	颔 287	药 144	严 77, 371	阅 204	永 416	顒 319
儿 34, 377	岩 396	哟 153	龚 147	悦 409	**예**	**와**
亚 53	**압**	钥 156	俨 159	**염**	艺 38, 397	讹 66
讶 66	压 54	跃 222, 412	阉 234	厌 54, 406	呓 81	洼 168
挜 138	鸭 189	若 373	醃 300	恹 171	诣 130	萬 182
垭 138	魇 318	弱 390	奄 389	艳 179	预 212, 409	呙 190
鸦 149				盐 180	勩 217	涡 206
哑 150					秽 229	娲 212
					锐 260	
					瀢 293	

와		용		원		유		응		인		작	
窝	268			원		谀	210	응		韧	73	错	330
蜗	282	용		远	72,396	铕	225	应	90	韧	80	作	368
		佣	86	园	81,403	谕	241	鹰	345	铟	226	爵	381
완		舂	198	员	83	维	245,368			卿	288		
顽	179	踊	303	谆	131	遗	254	의		人	360	잔	
缓	274	镛	331	圆	191,408	觎	287	义	36,379	因	370	划	73
鲩	324	鳙	348	鸳	201	鲔	309	仪	46,377	仁	379	栈	144
玩	405	容	373	鼋	248	潍	312	议	50	引	416	残	147
阮	413	用	393	愿	301,411	巍	349	拟	75			盏	180
		庸	398	辕	301	有	361	医	79	일			
왈				垣	405	惟	365	祎	129	轶	148	잠	
曰	371	우				猷	399	蚁	151	镒	322	拶	140
		优	59,375	월		游	404	饩	163	日	356	蚕	179
왕		纡	70	钺	193	辕	405	谊	211	壹	363	暂	253
往	357	邮	82	月	356	攸	405	铱	228	逸	380	潜	360
王	363	忧	93			帷	407	镱	344			赚	304
		怄	93	위				衣	361	임		朦	350
외		鱿	264	卫	36	육		宜	374	任	88	箴	378
碨	219	龋	336	韦	37	育	363	意	380	纴	100		
聩	316	宇	356	为	40,358			疑	384	赁	197	잡	
外	377	雨	358	伟	59	윤				任	413	夹	55
畏	405	羽	360	伪	60	闰	90,357	이				杂	62
		虞	361	违	73	润	207	尔	46	입			
요		友	378	苇	76	尹	389	治	97	入	377	장	
尧	55	右	385	围	82			迩	121,363			长	39,367
扰	74	禹	394	帏	84	융		饴	123	ᅐ		场	53,364
侥	117	寓	405	闱	91	绒	176	贰	137			庄	63,417
荛	140	祐	416	沩	93	戎	363	贻	154,399	자		壮	63
峣	153	愚	417	纬	99			饵	162	借	197	妆	63
饶	162			玮	102	은		鸸	220	资	203,371	帐	84,383
浇	169	욱		炜	125,408	银	229,408	铒	225	谘	241	肠	87,406
绕	177	顼	179	涠	206	隐	243,379	颐	278	鲊	288	状	89
窝	208			诿	210	龈	302	以	375	镃	306	张	97,356
峣	255	운		谓	240,418	瘾	334	而	375	鸬	311	账	115
谣	270	云	37,358,394	魃	281	殷	362	移	380	羞	311	驵	134
鹞	323	运	73,404	位	361			二	381	鹧	334	奖	164
遥	402	芸	77	渭	382	을		伊	389	字	361	将	164,386
鹩	404	纭	99	魏	391	钇	58	易	405	子	377	桩	185
要	411	郓	129	威	393			耳	405	慈	379	赃	191
曜	415	郧	152	委	404	음		异	407	自	381	脏	199
		恽	171			阴	69,370			紫	395	桨	202
욕		陨	175	유		饮	89	익		兹	396	浆	202
鹆	263	殒	206	吁	56	荫	143	益	375	姿	414	蒋	250
缛	296	殒	220	犹	87,377	音	399			者	418	装	265
欲	367			诱	173			인				酱	290
辱	400			莜	183	읍		认	41	작		蔷	299
浴	411			铀	194	邑	381	纫	72	绰	245	墙	299,405
												鹊	277	锵	306

426

嫱 313	的 403	渐 237	脐 199	**족**	筹 286	赟 181	
樯 317	嫡 410	鲇 288	诸 208, 377	足 409	踌 303	轻 186	
藏 357			绨 214		宙 356	鸷 215	
章 362	**전**	**접**	蛴 255	**존**	珠 359	渍 236	
	专 37	折 75	锑 260	存 375	周 362	踬 319	
재	戋 43	接 409	鹈 267	尊 376	主 394	地 356	
才 35, 366	电 45		缇 273		州 394	知 366	
财 83	传 59, 369	**정**	蹄 282	**종**	奏 402	之 372	
载 180, 397	转 110, 384	订 41	霁 301	从 39, 375	昼 408	止 373	
斋 202	肟 120	贞 56, 366	鲚 301	苁 77	酒 409	枝 378	
赍 251	诠 122	钉 85	题 309	纵 101		志 380	
龇 302	砖 130	顶 104	鹈 319	枞 107	**준**	持 381	
在 364	战 146	怅 107	斋 322	怂 119	准 203	池 395	
宰 406	毡 149	针 116	帝 360	肿 121	骏 214	祗 399	
再 410	钱 158	侦 117	弟 378	终 135, 374	鳟 350	指 416	
哉 418	钿 192	郑 124	祭 410	钟 155, 386	俊 391		
	啭 194	柽 145		种 158	遵 392	**직**	
쟁	铨 222	帧 153	**조**	综 246		织 136	
诤 131	笺 227	渍 169	鸟 47, 360	宗 394	**중**	职 216, 375	
铮 166	淀 230, 411	桢 184	钓 85		众 61	稷 397	
铮 228	阗 237	钲 192	条 87, 403	**좌**	重 359	直 398	
	谍 291	祯 209	灶 91	쏘	中 398		
저	缠 295	蛏 223	诏 97	门 204		**진**	
这 90	辗 297	铤 227	茑 105	锉 259	**즉**	尘 56	
诅 95	颉 301	靓 247	枣 108	坐 362	则 58	尽 68, 371	
诋 96	镌 320	锃 258	钓 116, 413	左 385	鲗 309	阵 68	
贮 115	颠 321	赪 261	组 133	佐 389	鲫 324	进 72	
储 262	巅 328, 379	帧 276	赵 139, 391		即 400	诊 96	
龃 281	鹣 345	锭 285	鸢 208	**죄**		陈 98	
锗 283	巅 346	正 369	调 210, 357	罪 362	**즐**	纼 102	
楮 300	颤 348	定 373	绦 213		栉 144	轸 148	
缲 336	癫 351	政 375	锦 226	**주**	鹭 271	沴 170	
	鳣 351	情 380	铫 227	朱 58		琎 214	
적	殿 382	静 380	枭 243	纣 70	**즙**	赈 224	
籴 120	典 385	丁 390	鲦 324	诛 129, 412	缉 273	缜 296	
适 158, 406	翦 393	精 393	鲷 333	绌 134		缙 296	
贼 191, 412	田 395	亭 394	缫 336	驻 135	**증**	镇 320	
敌 196		庭 395	吊 362	荮 143	证 94	辰 356	
积 196, 370	**절**		朝 362	俦 159	缯 327	珍 359	
绩 244, 407	节 43, 379	**제**	造 379	昼 174	赠 330	真 380	
觌 251	疖 90	齐 64	操 381	铸 227	增 400	振 387	
碛 279	窃 172	际 98	组 401	鸼 232	蒸 410	晋 391	
谪 295	绝 179	制 117, 361	凋 403	绸 246		秦 394	
镝 331	切 378	侪 118	早 403	畴 254	**지**	陈 404	
籍 374		剂 124	糟 406	赒 257	只 45		
迹 394	**점**	挤 140	照 415	铸 257	迟 97	**질**	
赤 395	垫 139	荠 141	眺 417	挚 181	纸 101, 413	质 119	
寂 401	点 149	济 170, 390	助 418	辏 280		经 177	

중국어 간체자 쉽게 배우기 | 427

锧 285
踬 319

짐

鸩 174

집

执 52
絷 249
缉 273
辑 280
集 385
执 411

징

徵 119
症 202
惩 263
澄 373

ㅊ

차

车 38
钗 117
碴 146
鹾 329
此 365
次 379
车 388
且 409

착

诼 209
凿 253
错 283
龊 318

찬

灿 91
钻 193
窜 267
撺 316
馔 324
赞 331, 368
镩 339
攒 346
蹿 346
缵 349
瓒 349
趱 352
躜 352
餐 406

찰

铡 226
镲 347
察 399

참

忏 65
斩 111, 412
参 132
堑 221
崭 223
惭 238
惨 238
谗 241
骖 247
搀 249
椠 252
馋 265
碜 279
谮 312
錾 329
谶 348

창

厂 34
仓 40
伧 60
伥 60
创 62
抢 75
苍 77
呛 83
怆 94
沧 94
怅 94
玱 103
枪 107
畅 112
戗 120
胀 121
炝 125
鸧 160
疮 164
舱 198
涨 207
跄 222
阊 235
鲳 333
唱 376

채

虿 149
债 197
菜 359
彩 383

책

责 102
啧 222
帻 223
箦 307
策 388

처

处 46, 401
觑 319

척

只 45
涤 206
掷 215
踯 319
鹡 323
尺 370
陟 397
戚 402, 407

천

千 35, 387
迁 59
钏 116
浅 125
荐 140
贱 154, 376
阐 235
蒇 250
践 254, 392
溅 269
鞯 342
韂 345
天 356
川 373

철

彻 86
铁 194
缀 247
辍 253
辙 329

첨

佥 86
谄 210
裣 269
签 286
瞻 417

첩

贴 154
辄 221
谍 239
妾 407
牒 411

청

厅 38
听 83
请 208
䝼 256
䴖 275
鲭 332
啨 369
凊 372
青 393

체

体 86, 363
递 205
谛 242
滞 268
缔 274
逮 315

초

诌 96
轺 148
钞 155
诮 173, 417
础 185
绡 213
龆 281
锹 305
谯 313
鹪 339
草 364
初 374
楚 391
招 402
超 412

촉

烛 205, 408
属 271
触 290
嘱 320
镞 331
瞩 337

촌

寸 370

총

丛 46
宠 127, 400
总 167
铳 229
骢 315
聪 316

최

缞 297
最 393
催 415

추

丑 42
刍 47
㑇 86
邹 88
坠 98
枢 106
㤘 126
驺 135
绉 136
秋 158, 357
皱 201
诹 209
骓 245
趋 248
缒 274
锥 284
锤 284
雏 290
鹙 307
鲰 332
鳅 340
䲡 341
推 361
抽 403

축

轴 148
筑 261
缩 315
逐 380

춘

䲠 339

출

出 50, 358
绌 136
黜 397

충

虫 57
冲 63
赘 298
忠 371
充 406

취

毳 271
鹫 341
骤 342
取 373
吹 384
聚 385
翠 403

췌

赘 298

측

厕 109
侧 118
测 169
恻 171, 379
昃 356

츤

龀 187
榇 278

층

层 97

치

驰 72
齿 111
帜 114
炽 167
致 187, 358
鸱 200
缁 247
辎 253
锱 286
鲻 333
侈 388
驰 393
治 396
耻 400

칙

则 58, 371
饬 88
敕 398

친

衬 129
亲 165, 407

칠

漆 386

침

针 85
骎 214
锓 260
寝 294

沈	401	탐		镦	338	骗	274	飒	146	娴	212	향	
칩		贪	120	退	379	编	274	疯	165	韩	250, 392	乡	37
蛰	249	赕	257	투		鳊	341	피		鹏	266	芗	53
칭		耽	405	斗	41	폄		铍	196	寒	357	向	61
称	197, 359	탑		投	378	贬	115	鲅	289	할		响	152
		鲽	340	특		평		被	364	辖	301	饷	163
ㅋ		鳎	344	忒	258	评	95	彼	367	鹖	302	飨	275
쾌		탕		特	412	苹	105	疲	380	함		허	
侩	118	汤	65, 362	틈		鲆	288	필		咸	146, 360	许	66
哙	153	砀	109	闯	64	平	362	毕	56	舰	198	虚	369
		荡	141					荜	141	衔	231	헌	
ㅌ		烫	207	**ㅍ**		폐		哔	151	馅	233	轩	80
타		태		파		币	39	铋	195	缄	272	宪	172
诧	131	驮	70	坝	74	闭	64	笔	197, 413	颔	287	献	278
驼	135	态	109	钯	157	废	124	筚	262	槛	300	험	
铊	195	骀	135	罢	190	毙	187	跸	282	啣	337	险	175
鸵	200	给	137	钷	193	陛	384	荜	293	합		猃	200
堕	242	钛	155	颇	243, 393	弊	392	必	366	合	61, 390	验	213
椭	251	鲐	289	摆	276	포		핍		铪	227	혁	
鼍	349	殆	400	粑	327	饱	122, 406	逼	401	鸽	232	吓	56
탁		택		杷	403	铺	257			颌	263	阅	235
饦	63	择	105	판		鲍	281	**ㅎ**		阖	291	현	
浊	169	泽	126	办	42	鲍	289	하				苋	77
铎	196	宅	389	贩	115	捕	412	吓	56	항		县	81, 387
箨	217	터		팔		布	413	虾	151	肮	121	岘	84
籜	307	撼	276	八	387	표		贺	175	项	138	现	103
镯	343	토		패		表	103, 369	河	360	顽	203	贤	112, 368
탄		讨	49	贝	38	标	144	遐	363	恒	394	显	150
叹	45	钍	115	坝	74	镖	314	下	376	抗	400	绚	178
诞	130	土	392	呗	83	骠	314	夏	381	해		蚬	190
掸	216	톤		狈	87	飘	317, 404	何	392	该	131	铉	195
悼	238	吨	82	败	114	飙	329	荷	403	骇	178, 412	悬	222, 415
弹	242	통		钡	155	镖	330	학		赅	191	缳	336
绽	247	恸	171	沛	379	镳	347	疟	123	谐	240	玄	356
殚	252	统	178	霸	391	镳	349	学	127, 375	颏	266	绚	409
摊	277	通	385	팽		풍		谑	240	海	360	혈	
滩	293	퇴		烹	406	丰	37	鹤	326	解	401	页	54
瘫	325	颓	286	편		风	40	한		骸	411	협	
탈				谝	242	冯	47	汉	48, 390	행		协	54
夺	55					讽	67	苋	77	绗	178	侠	117, 386
						沣	92	闲	91, 401	鸻	231		
						飒	92	顸	137	行	368		
						枫	107			幸	400		

협		혼		활		효		흔	
胁	121	浑	170	阔	267	枭	122	诉	67
挟	138	珲	179			哓	151	衅	231
荚	140	馄	233	황		骁	176	锨	285
峡	153	阍	235	贶	154	晓	188	欣	402
狭	161	鲩	324	谎	239	鸮	189		
恰	163			鳇	341	嚣	343	흘	
浃	168	홍		荒	356	效	366	纥	71
硖	219	江	48	黄	356	孝	371		
铗	225	红	70	皇	360			흠	
慊	238	荭	143	煌	408	후		钦	156
颊	252	喷	189	惶	410	后	61, 410	撖	248
蛱	255	鸿	237			诟	130		
箧	307	洪	356	홰		诩	131	흥	
				啰	152	鲎	294	兴	65, 372
형		화							
迥	95	华	60, 381	회		훈		희	
陉	98	画	108, 383	汇	48	训	49, 377	戏	69
荧	142	货	118	回	58, 390	驯	71	饩	88
钘	154	话	130	会	61, 392	荤	142	诶	174
萤	217	哗	152	怀	93, 378	勋	152	牺	196
铏	224	钬	157	扰	104	埙	181	羲	415
形	369	骅	177	郐	119	晕	189		
馨	372	桦	184	刽	119			힐	
兄	378	铧	227	诙	129	훤		诘	128
衡	389	祸	240	荟	141	谖	241	颉	248
刑	392	火	360	狯	162			撷	316
		化	364	浍	169	훼		缬	327
혜		祸	370	诲	173	毁	365		
惠	390	和	376	绘	177				
穗	413			桧	184	휘			
		확		贿	191	讳	65		
호		扩	52	脍	199	挥	140		
号	45, 359	镬	243	烩	205	辉	253		
护	76	确	251	鲙	309	翚	272		
沪	93			晦	415	晖	415		
胡	143	환		徊	417				
轷	148	欢	70			휴			
浒	170	纨	71, 408	획		亏	34, 379		
壶	182	还	79	划	55	鸺	230		
缟	297	环	102, 415	获	182				
鹕	300	锾	306	嫿	243	휼			
镐	321	镮	343	获	412	谲	313		
颢	342	鳏	344			鹬	342		
灏	351	桓	390	횡					
好	381	欢	402	黉	335	흉			
户	387	丸	413	横	391	讻	67		
乎	418								

임장춘(林長春)
1942년 중국 길림성 훈춘에서 출생.
북경 중앙민족대 한어어문학부 졸업.
연변대학 객원교수, 중국기자협회 이사 및
중국 연변일보 부사장, 한국 성공회대 초빙교수 역임.
주요 저서로는 '新聞學教程'(공저), '간체자 천자문'
'擧一反三중국어회화' 등이 있음.

한권으로 빨리 많이 쉽게 배우는 중국어 간체자 실용사전
중국어 간체자 쉽게 배우기
임장춘 지음

펴낸곳 | 도서출판 사람과 사람
펴낸이 | 김성호

제1쇄 인쇄 | 2001년 1월 10일
제7쇄 발행 | 2012년 9월 1일

등록번호 | 제1-1224호
등록일자 | 1991년 5월 29일
주소 | 서울 마포구 망원동 378-10 (101호)
대표전화 | (02)335-3905~6 팩스 | (02)335-3919

값은 표지 뒷면에 있습니다

ⓒ 임장춘, 2001, Printed In Korea
판권 본사소유/잘못된 책은 바꿔 드립니다.
ISBN 89-85541-62-5 03720